瑞达法考客观题系列

2024 国家统一法律职业资格考试

刑事诉讼法
真金题

⑤

◎杨雄 编著

中国民主法制出版社

图书在版编目（CIP）数据

2024国家统一法律职业资格考试．刑事诉讼法真金题．5／杨雄编著．—北京：中国民主法制出版社，2023.10

（瑞达法考客观题系列）

ISBN 978-7-5162-3404-4

Ⅰ.①2… Ⅱ.①杨… Ⅲ.①刑事诉讼法—中国—资格考试—习题集 Ⅳ.①D920.4

中国国家版本馆CIP数据核字（2023）第185254号

图书出品人： 刘海涛

责任编辑： 陈　曦　张雅淇　李　郎　魏敬仁

书　　名／2024国家统一法律职业资格考试·刑事诉讼法真金题5

作　　者／杨雄　编著

出版·发行／中国民主法制出版社

地址／北京市丰台区右安门外玉林里7号（100069）

电话／（010）63055259（总编室）　63058068　63057714（营销中心）

传真／（010）63055259

http://www.npcpub.com

E-mail:mzfz@npcpub.com

经销／新华书店

开本／16开　787毫米×1092毫米

印张／22.5　**字数**／574千字

版本／2023年11月第1版　2023年11月第1次印刷

印刷／三河市鑫鑫科达彩色印刷包装有限公司

书号／ISBN 978-7-5162-3404-4

定价／50.00元

真金不怕火炼

有些考生以为，刑事诉讼法属于记忆性学科，在考前突击地背诵一下重点，就可以斩获高分。但令人扼腕痛惜的是，很多考生到了考场上才追悔莫及，发现自己对刑事诉讼法的知识点或者法条记忆如此模糊！

原来，随着2012年、2018年刑事诉讼法及其司法解释的修改，刑事诉讼法的知识点以及法律规定变得愈加繁杂。加之，近年来刑事诉讼法的法考（司考）真题呈现“重者恒重、轻者不一定轻”的命题趋势，对法条的考查愈加精细化，考点常常集中于重点法条中的关键词。

刑事诉讼法的重要考点，在历年考试中反复考查，这种考题几乎占到60%～70%，偶尔会将往年考题稍加变换就再次出现在下一年的法考（司考）中，这样的重点章节如诉讼参与人、管辖、辩护、强制措施、证据、侦查、起诉、一审程序、二审程序、死刑复核程序、执行程序、特别程序等。但是，每年法考（司考）真题中也都会出一些之前从未考过的知识点或者从未考查的角度，近年来这类考题占30%～40%，需要考生对刑事诉讼法中具有可考性的知识点均有所掌握。

刑事诉讼法真题多数系“因法”而“设题”，即通过小案例考查知识点，这种“客观题主观化”的趋势愈发明显。法考（司考）中刑事诉讼法真题有80%以上可以在法律、法规及司法解释中找到明确具体的答案，这就要求考生密切注意相关联的法律及司法解释，准确理解并灵活运用。例如，最高人民法院《关于适用〈中华人民共和国刑事诉讼法〉的解释》（以下简称《高法解释》），最高人民检察院《人民检察院刑事诉讼规则》（以下简称《高检规则》），公安部《公安机关办理刑事案件程序规定》（以下简称《公安部规定》）等都是出题者命题的重要依据。另外，每年大纲新增的法律、司法解释也会在当年考试中及时体现。考生在准备2024年法律职业资格考试时，应当重点掌握2018年《刑事诉讼法修正案》、2019年《高检规则》、2020年《公安部规定》、2021年《高法解释》的修改之处、2024年法律职业资格考试大纲新增司法解释。

考生必须通过做真题和高质量的模拟题，巩固刑事诉讼法的重要知识点和法条，熟稔其命题角度，掌握其考点和考眼。

有些考生很困惑：为什么我把刑事诉讼法的重要知识点和法条都记住了，做题的时候还是不知道试题在考查什么知识点，还是不会运用理论知识和法条来化解试题中的难点呢？

殊不知，刑事诉讼法真题的理论性、综合性已经逐年增强。

刑事诉讼法真题的理论性体现在两方面：其一，考查纯理论性的试题。例如：2016年试卷二第22题考查刑事诉讼职能、审判原则、审判的特征、审判模式，第64题考查刑事诉讼法的独立价值；2017年试卷二第22题考查刑事诉讼构造，第67题考查犯罪嫌疑人、被告人的权利分类，第70题考查刑事诉讼的证明主体，第71题考查强制措施适用的变更性原则；2018年客观题中考查刑事审判特征、刑事审判原则、迅速审判权、刑事诉讼价值；2019 年客观题中考查效率价值、刑事诉讼职能、强制措施适用的原则、刑事审判特征；2020 年客观题中考查控审分离；2023 年客观题中考查刑事审判模式、集中审理原则、意见证据规则等。其二，结合法条，考查法条背后的理论。例如：2011 年试卷二第 21 题考查社会主义法治理念及取保候审的保证方式问题，第 26 题考查刑事证据规则，第 64 题考查犯罪嫌疑人、被告人有权获得辩护原则；2016 年试卷二第 74 题考查审判监督程序的理念和功能；2012 年试卷二第 22 题考查“尊重和保障人权”的基本理念。毋庸置疑，基于法律职业资格考试的特殊性，其对理论的考查会限制在一定的范围之内，即以“九大本”刑事诉讼法教材所提及的理论为范围，以法条的重要性与时事性为标准，不会给考生的应试带来过重负担。

近年来刑事诉讼法的选择题有一半以上均不止考一个知识点，这类综合性较强的题目，仅靠了解一个章节的知识点是不够的，它涉及好几个章节的内容，这就需要考生对刑事诉讼法各个章节以及刑事诉讼法与相关学科的知识点融会贯通。许多真题已经不能光靠强化记忆来解决。我们必须通过做真题和高质量模拟题，养成题感，才能将自己的专业知识转化为得分的能力，才不至于事倍而功半。

有些考生满脸疑惑：真题不是最好的题吗？还用做模拟题吗？

毫无疑问，法考（司考）真题能够凸显命题规律和重点。在复习法考时，要高度重视真题的作用。但是，对于 2012 年、2018 年刑事诉讼法及其司法解释的修改之处以及每年法律职业资格考试大纲新增知识点、司法解释，很多法条没有对应的真题。所以，考生必须依靠演练质量上乘的模拟题，针对这些新增知识点和法条做好充分的应考准备。

有些考生不禁会问：高质量的刑事诉讼法模拟题在哪里？

市面上销售的模拟题质量参差不齐、鱼龙混杂。有的模拟题的难度未达到法考真题的水平；有的模拟题过于怪异，甚至有超纲之嫌。做这种模拟题只会误导您的复习方向，浪费您宝贵的复习时间。而本书作者深谙法考（司考）命题规律，在《瑞达客观 168 金题》（杨雄讲刑事诉讼法）的撰写中融入了多年来的法考（司考）教学经验，所设计的模拟题力图与真题相媲美，甚至高于真题！我们相信，《瑞达客观 168 金题》（杨雄讲刑事诉讼法）会成为您法考之路上攻克刑事诉讼法难关的不二之选。

有些考生在思考：为什么做了很多题，在考试时遇见类似题目依然会做错？

考生在做真题和模拟题时，不能仅仅满足于选出正确答案，还应当阅读解析，看看自己的解题思路与解析是否一致，应通过解析识破命题者设置陷阱的方法（比如“张冠李戴”“以偏概全”“偷梁换柱”“声东击西”“无中生有”等）和掌握做题的技巧，才能避免在考场上错答类似的题目。

本书的作者杨雄在其新浪微博“刑诉杨雄”和微信公众号“杨雄刑诉法”上专门对读者在阅读本书时提出的问题进行答疑。

杨　雄

2023 年 11 月

目录

CONTENTS

第一章　刑事诉讼法概述

点评

本章是整个刑事诉讼法的理论基础，是深刻理解和灵活运用具体刑事诉讼法律制度的前提，在法律职业资格考试客观题中一般考查1道选择题。重要考点有：刑事诉讼法的工具价值和独立价值、惩罚犯罪与保障人权、程序公正与实体公正、刑事诉讼目的、刑事诉讼价值、刑事诉讼主体、刑事诉讼构造、刑事诉讼职能。本章知识点的考查更多地偏重于如何将理论与具体制度、程序相结合，在具体的刑事诉讼场景中考查对于理论的理解。例如：在自诉案件、认罪案件、侦查程序与审查起诉中对刑事诉讼构造的理解，针对专门机关和诉讼参与人在特定案件、特定诉讼阶段中所实施的诉讼行为来理解刑事诉讼职能等，均体现了这一考查思路。此外，本章中的基本理念和基本范畴在刑事诉讼法的主观题中也有“用武之地”。

考点1　刑事诉讼法与刑法的关系

1. 刑事诉讼法的独立价值之一是具有影响刑事实体法实现的功能。下列哪些选项体现了这一功能？（2016/2/64，多选）[1]

A. 被告人与被害人达成刑事和解而被法院量刑时从轻处理

B. 因排除犯罪嫌疑人的口供，检察院作出证据不足不起诉的决定

C. 侦查机关对于已超过追诉期限的案件不予立案

D. 只有被告人一方上诉的案件，二审法院判决时不得对被告人判处重于原判的刑罚

［解析］　本题考查刑事诉讼法的独立价值。依据“九大本”刑事诉讼法教材，刑事诉讼法具有影响刑事实体法实现的功能。依据刑事诉讼法定和正当程序的理念，刑事实体法需要通过法律程序来实施。然而，刑事诉讼法并非实施刑事实体法的被动的“服务器”，而是在启动或终结实施刑事实体法活动方面扮演着十分积极的角色。比如，依照不告不理原则，如果没有控诉机关或人员起诉，就不能对现实中的犯罪行为适用刑事实体法；当出现了某些法定情形时，就要结束适用刑事实体法的程序，而不能适用刑事实体法；对同一案件，如果选择不同的刑事程序，适用刑事实体法的结果可能会不同；一些刑事诉讼过程中发生的情形会直接影响到刑事实体法适用的结果，例如，认罪认罚会导致刑事实体法适用上的从宽。

A项属于适用了刑事和解（即“当事人和解的公诉案件诉讼程序”）而导致适用刑事实体法的结果不同，该项当选。

B项属于“当出现了某些法定情形时，就要结束适用刑事实体法的程序，而不能适用刑

〔1〕 括号中的内容为题目考查情况，司法考试（法考）考试年份/所在试卷/题号，后同。

事实体法”，该项当选。

C 项中，追诉期限属于刑事实体法的规定，该项属于依据刑法的规定不予追究刑事责任（即不予立案），没有体现刑事诉讼法影响刑事实体法的实现之独立价值。

D 项因为只有被告人一方上诉，二审不能加重被告人的刑罚，属于“选择不同的刑事程序，适用刑事实体法的结果可能会不同”，该项当选。

因此，本题的正确答案为 A、B、D 三项。

答案：ABD

✪ 考点 2　刑事诉讼的基本理念与范畴

2. 下列选项未体现控审分离的是？（2020 年法考客观题回忆版真题，单选）

A. 检察院起诉甲盗窃罪，法院在审理时发现新的事实，认为甲构成抢劫罪，通知检察院将盗窃罪变更为抢劫罪

B. 检察院起诉乙抢劫罪，法院在审理时，认为乙是精神病人，不负刑事责任，依照强制医疗程序决定对乙强制医疗

C. 丙故意伤害案审理中，检察院发现新的事实需要补充侦查，建议法院延期审理

D. 丁抢夺案中，法院对丁裁定减刑，检察院认为丁不符合减刑的条件，向法院提出书面纠正意见

［解析］　本题考查控审分离及其体现。按照“九大本”刑事诉讼法教材，控审分离与不告不理，即控诉与审判职能分离，控诉与审判职能分别由不同主体承担，未经起诉主体起诉的事项，审判主体不得审判，审判的范围受到起诉内容的制约。本题 A 项中，法院发现的新事实，超出了检察院原来起诉的事实范围，检察院变更起诉，系控审分离的体现，该项不当选。B 项中，检察院提起公诉后，法院在审理时发现被告人乙是精神病人，不负刑事责任，主动启动强制医疗程序后作出强制医疗的决定，这体现了控审分离，因为若没有检察院提起公诉或者提出强制医疗申请，法院不可能主动决定强制医疗的，该项不当选。C 项中，在审理中，检察院以发现新事实为由补充侦查，法院决定延期审理，是控审分离的体现，该项不当选。D 项中，法院审理减刑案件时，检察院不属于控诉方，是法律监督者，所以，检察院对法院的减刑裁定提出纠正意见，不属于控审分离的体现，该项当选。本题的正确答案为 D 项。

答案：D

3. 下列哪些做法体现了刑事诉讼效率的价值？（2019 年法考客观题回忆版真题，多选）

A. 对涉嫌交通肇事罪的犯罪嫌疑人，检察院不逮捕而直接起诉

B. 对未成年犯罪嫌疑人，检察院作出附条件不起诉决定

C. 对于证据材料较多的案件，法院召开庭前会议

D. 在被告人申请排除非法供述时，公诉人申请法院播放特定时间段讯问的录音录像

［解析］　本题考查诉讼效率价值的体现。诉讼效率指诉讼中所投入的司法资源（包括人力、财力、物力等）与案件处理数量的比例。讲求诉讼效率，要求投入一定司法资源处理尽可能多的案件。追求诉讼效率，意味着应当降低诉讼成本，加速诉讼进程，减少案件拖延和积压。A 项中的“不捕直诉”，是指司法实践中公安机关对于轻罪的犯罪嫌疑人不经提请批捕程序直接移送检察机关起诉，或检察机关对公安机关提请批捕的轻罪犯罪嫌疑人作出不予逮捕决定，犯罪嫌疑人被取保候审或监视居住后移送起诉的一种诉讼活动。这一做法能够节约审查批准逮捕和看守所羁押所投入的司法资源，提高诉讼效率。故 A 项正确。

对未成年人适用附条件不起诉，虽然不再起诉到法院而节省了法庭审理所需要的司法资

源，但附条件不起诉所增加的监督考察等环节反而大幅增加了检察机关的资源投入，其秉承的是教育感化挽救的方针和使未成年人复归社会的目标，诉讼效率并不是适用附条件不起诉制度所考虑的内容。故B项不正确。

庭前会议旨在针对程序问题了解情况、听取意见，为庭审做准备，缩短庭审时间，节约诉讼成本，有利于实现效率价值。故C项正确。

在被告人申请排除非法供述时，公诉人申请法院播放特定时间段讯问的录音录像，有利于节约庭审的时间，解决争议，从而提高效率。故D项正确。

因此，本题的正确答案为A、C、D三项。

答案：ACD

4. 下列关于刑事诉讼职能的表述，正确的是？（2019年法考客观题回忆版真题，单选）

A. 辩方证人作证是履行辩护职能

B. 检察院依申请排除侦查机关收集的非法证据，体现了控诉职能

C. 被害人在公诉和自诉案件中均承担控诉职能

D. 检察院提供被告人立功的证据，是行使控诉职能的体现

［解析］ 本题考查刑事诉讼职能。刑事诉讼有三种基本职能，即控诉、辩护和审判。控诉职能指向法院起诉并出庭支持控诉，要求追究被告人因犯罪行为所应承担的刑事责任，由代表国家行使控诉职能的检察机关和自诉人行使，被害人则在公诉案件中承担辅助性的控诉职能。故C项正确。检察院依申请排除侦查机关收集的非法证据，是其法律监督职能的体现，并非行使控诉职能。故B项错误。检察院提供被告人立功的证据，并非要求追究被告人因犯罪行为所应承担的刑事责任，故不是行使控诉职能的体现。因此，D项错误。辩护职能相对于控诉职能，指提出对被控诉人有利的事实和理由，维护被控诉人的合法权益，由犯罪嫌疑人、被告人行使，辩护人协助行使。证人独立于控辩审三方，既不行使控诉职能，也不行使辩护和审判职能。故A项错误。本题的正确答案为C项。

答案：C

5. 下列哪些做法体现刑事诉讼的效益价值？（2018年法考客观题回忆版真题，多选）

A. 秦某故意伤害案，秦某认罪认罚，法律援助机构安排值班律师在看守所为秦某提供法律帮助

B. 周某诈骗案，因证人温某在国外，短期内无法回国，法院准许温某不出庭作证

C. 宋某盗窃案，法院适用简易程序审理时用远程视频方式对在看守所的宋某开庭审理

D. 某法院扩大人民陪审员参与审理的案件范围

［解析］ 本题考查刑事诉讼的效益价值的体现。刑事诉讼的效益价值既包括效率，也包括在保证社会生产方面所产生的效益，即刑事诉讼对推动社会经济发展方面的效益。本题的B项减轻了证人的讼累，节省司法成本，体现了效益价值。C项的做法节省了司法资源，体现了效益价值。A项中，在看守所派驻值班律师为犯罪嫌疑人提供法律帮助更多地体现了程序公正和权利保障的理念，并未提升诉讼效率，反而增加了司法资源的投入。D项中的做法体现了司法民主。因此，本题的正确答案为B、C两项。

答案：BC

6. 关于我国刑事诉讼构造，下列哪一选项是正确的？（2017/2/22，单选）

A. 自诉案件审理程序适用当事人主义诉讼构造

B. 被告人认罪案件审理程序中不存在控辩对抗

C. 侦查程序已形成控辩审三方构造

D. 审查起诉程序中只存在控辩关系

[解析] 本题以各种具体情形考查对刑事诉讼构造的理解。当事人主义诉讼将开始和推动诉讼的主动权委于当事人，控诉、辩护双方当事人在诉讼中居于主导地位。我国不论公诉案件还是自诉案件审理程序都是在职权主义基础上吸收了当事人主义的因素，自诉案件审理程序不是适用当事人主义诉讼构造。故A项错误。

《高法解释》第278条第1款规定："对被告人认罪的案件，在确认被告人了解起诉书指控的犯罪事实和罪名，自愿认罪且知悉认罪的法律后果后，法庭调查可以主要围绕量刑和其他有争议的问题进行。"由此可见，被告人认罪案件审理中，对量刑和其他有争议的问题，仍然存在控辩双方的对抗。故B项错误。

我国侦查程序中只有侦查机关和犯罪嫌疑人两方参与，没有审判方（法院）参与，所以，我国侦查程序并无控辩审三方的构造。故C项错误。

我国审查起诉程序中只存在控（检察院）辩（犯罪嫌疑人）关系，没有审判方（法院）参与。故D项正确。

因此，本题的正确答案为D项。

答案：D

7. 社会主义法治公平正义的实现，应当高度重视程序的约束作用，避免法治活动的任意性和随意化。据此，下列哪一说法是正确的？(2014/2/22，单选)

A. 程序公正是实体公正的保障，只要程序公正就能实现实体公正

B. 刑事程序的公开与透明有助于发挥程序的约束作用

C. 为实现程序的约束作用，违反法定程序收集的证据均应予以排除

D. 对复杂程度不同的案件进行程序上的繁简分流会限制程序的约束作用

[解析] 本题考查刑事诉讼程序的价值、程序公正与实体公正的关系。诉讼公正，包括实体公正和程序公正两个方面。实体公正，即结果公正，指案件实体的结局处理所体现的公正。程序公正，指诉讼程序方面体现的公正。实体公正和程序公正各自都有独立的内涵和标准，不能互相代替，而且应当并重。程序公正一方面保障实体公正的实现，另一方面程序公正具有独立的价值。A项前半句话是正确的。但是，程序公正并不一定就能够实现实体的公正。因此，A项后半句话错误。刑事程序的公开和透明，可以让当事人以及社会监督刑事程序的运行，因而有助于发挥程序的约束作用。故B项正确。C项的错误在于，依据我国刑事诉讼法和司法解释的规定，违反法定程序收集的证据并非都应予以排除，有的瑕疵证据经过合理解释或者补正后，可以作为定案根据。D项的错误在于，对复杂程度不同的案件进行程序上的繁简分流，有利于提高诉讼效率，将司法资源进行有效的配置，进而发挥程序的约束作用。本题的正确答案为B项。

答案：B

8. 关于刑事诉讼构造，下列哪一选项是正确的？(2014/2/24，单选)

A. 刑事诉讼价值观决定了刑事诉讼构造

B. 混合式诉讼构造是当事人主义吸收职权主义的因素形成的

C. 职权主义诉讼构造适用于实体真实的诉讼目的

D. 当事人主义诉讼构造与控制犯罪是矛盾的

[解析] 本题考查刑事诉讼构造。一个国家特定时期的刑事诉讼目的与构造具有内在的一致性，它们都受到当时占主导地位的关于刑事诉讼的法律价值观的深刻影响。故A项不正确。混合式诉讼构造可能是当事人主义吸收

职权主义的因素形成的，也可能是职权主义吸收当事人主义的因素形成的。故B项不正确。职权主义诉讼构造将诉讼的主动权委于国家专门机关，适用于实体真实的诉讼目的。故C项正确。当事人主义将开始和推动诉讼的主动权委于当事人，控诉、辩护双方当事人在诉讼中居于主导地位，适用于程序上保障人权的诉讼目的。但是，保障人权和控制犯罪二者既对立又统一，所以，D项不正确。本题的正确答案为C项。

答案：C

9. 关于"宪法是静态的刑事诉讼法、刑事诉讼法是动态的宪法"，下列哪些选项是正确的？（2014/2/64，多选）

A. 有关刑事诉讼的程序性条款，构成各国宪法中关于人权保障条款的核心

B. 刑事诉讼法关于强制措施的适用权限、条件、程序与辩护等规定，都直接体现了宪法关于公民人身、住宅、财产不受非法逮捕、搜查、扣押以及被告人有权获得辩护等规定的精神

C. 刑事诉讼法规范和限制了国家权力，保障了公民享有宪法规定的基本人权和自由

D. 宪法关于人权保障的条款，都要通过刑事诉讼法保证刑法的实施来实现

［解析］ 本题考查宪法与刑事诉讼法的关系。有关刑事诉讼的程序性条款在宪法条文中具有重要地位。这些体现法治主义的有关刑事诉讼的程序性条款，构成了各国宪法或者宪法性文件中关于人权保障条款的核心。故A项正确。各国刑事诉讼法律规范中有关强制措施的适用权限、条件、程序，羁押期限，辩护，侦查、审判的原则和程序等规定，都直接体现了宪法或者宪法性文件关于公民人身、住宅、财产不受非法搜查、逮捕、扣押以及犯罪嫌疑人、被告人有权获得辩护等规定的精神。故B项正确。由于刑事诉讼法规范和限制了国家权力，因而成为保障公民基本人权和自由的基石。故C项正确。宪法的许多规定，一方面要通过刑事诉讼法保证刑法的实施来实现；另一方面要通过刑事诉讼法本身的实施来实现。故D项不正确。本题的正确答案为A、B、C三项。

答案：ABC

10. 在刑事司法实践中坚持不偏不倚、不枉不纵、秉公执法原则，反映了我国刑事诉讼"惩罚犯罪与保障人权并重"的理论观点。如果有观点认为"司法机关注重发现案件真相的立足点是防止无辜者被错误定罪"，该观点属于下列哪一种学说？（2013/2/22，单选）

A. 正当程序主义

B. 形式真实发现主义

C. 积极实体真实主义

D. 消极实体真实主义

［解析］ 本题考查刑事诉讼目的理论。依据"九大本"刑事诉讼法教材，实体真实主义可以分为积极实体真实主义和消极实体真实主义。传统的实体真实主义仅指前者，认为凡是出现了犯罪，就应当毫无遗漏地加以发现、认定并予以处罚；为不使一个犯罪人逃脱，刑事程序以发现真相为要。消极实体真实主义是将发现真实与保障无辜相联系的目的观，认为刑事诉讼目的在于发现实体真实，本身应包含力求避免处罚无罪者的意思，而不单纯是无遗漏地处罚任何一个犯罪者。正当程序的目的观认为，刑事诉讼目的重在维护正当程序。正当程序主义的认识论基础是，刑事诉讼对案件事实的认识能力是十分有限的，刑事诉讼中的真实只是作为认识的真实。因此，当在诉讼中根据能够利用的资料作出合理的事实认定时，只能是视为真实的相对的观念。故本题中的观点体现了消极实体真实主义的理念，本题的正确答案为D项。

答案：D

11. 在刑事诉讼中，法官消极中立，通过当

事人举证、辩论发现事实真相，并由当事人推动诉讼进程。这种诉讼构造属于下列哪一种类型？（2013/2/23，单选）

A. 职权主义

B. 当事人主义

C. 纠问主义

D. 混合主义

［解析］ 本题考查刑事诉讼构造。依据“九大本”刑事诉讼法教材，“当事人主义将开始和推动诉讼的主动权委于当事人，控诉、辩护双方当事人在诉讼中居于主导地位，适用于程序上保障人权的诉讼目的；而职权主义诉讼将诉讼的主动权委于国家专门机关，适用于实体真实的诉讼目的。”混合式诉讼模式是指吸收当事人主义和职权主义模式的长处，使两种模式融合的一种诉讼模式。纠问式诉讼结构的主要特征是，法官集侦查、控诉、审判职能于一身，即使没有被害人或其他人的控告，法官也可以依职权主动追究犯罪；法官负责调查事实、收集证据，侦查和审判秘密进行；刑讯合法化、制度化，对被告人广泛采用刑讯，对原告和证人也可以刑讯。在这种诉讼结构中，无论是原告还是被告都不具有现代意义上的当事人的诉讼地位，被害人只是提供线索、引起诉讼的人，被告人处于诉讼客体的地位，是被拷问、被追究的对象。在证据制度方面，欧洲君主专制制度的国家实行法定证据制度，我国则实行“五声听狱讼”，主要由法官个人决断。根据上述理论可知，本题中提到的诉讼构造属于当事人主义。故本题选 B 项。

答案：B

12. 关于《刑事诉讼法》“尊重和保障人权，保护公民的人身权利、财产权利、民主权利和其他权利”的规定，下列哪一选项是正确的？（2012/2/22，单选）

A. 体现了以人为本、保障和维护公民基本权利和自由的理念

B. 体现了犯罪嫌疑人、被告人权利至上的理念

C. 体现了实体公正与程序公正并重的理念

D. 体现了公正优先、兼顾效率的理念

［解析］ 本题考查“尊重和保障人权”的基本理念。维护社会主义法制，尊重和保障人权，保护公民人身权利、财产权利、民主权利和其他权利，保障社会主义建设事业的顺利进行，这是刑事诉讼法的根本任务。刑事诉讼法关于“尊重和保障人权，保护公民的人身权利、财产权利、民主权利和其他权利”的规定，体现了以人为本、保障和维护公民基本权利和自由的理念。故 A 项正确。尊重和保障人权，就是尊重和保障诉讼参与人的人权，其核心是尊重和保障犯罪嫌疑人、被告人的人权，但是并非以犯罪嫌疑人、被告人权利至上。故 B 项错误。“尊重和保障人权”并未体现实体公正与程序公正并重的理念和公正优先、兼顾效率的理念。故 C、D 两项错误。

答案：A

13. 甲发现自家优质甜瓜常被人夜里偷走，怀疑乙所为。某夜，甲带上荧光恐怖面具，在乙偷瓜时突然怪叫，乙受到惊吓精神失常。甲后悔不已，主动承担乙的治疗费用。公安机关以涉嫌过失致人重伤将甲拘留，乙父母向公安机关表示已谅解甲，希望不追究甲的责任。在公安机关主持下，乙父母与甲签订和解协议，公安机关将案件移送检察院并提出从宽处理建议。下列社会主义法治理念和刑事诉讼理念的概括，哪一选项与本案处理相一致？（2012/2/23，单选）

A. 既要充分发挥司法功能，又要构建多元化的矛盾纠纷化解机制

B. 既要坚持法律面前人人平等，又要考虑对特殊群体区别对待

C. 既要追求公平正义，又要兼顾诉讼效率

D. 既要高度重视程序的约束作用，又不

应忽略实体公正

[解析] 本题考查社会主义法治理念和刑事诉讼理念的体现。社会主义法治理念中的“公平正义”要求正确处理司法与其他社会纠纷解决手段的关系。在社会矛盾和纠纷的解决中，恰当地发挥司法的功能，克服过度依赖司法、过多依靠裁判的偏向，把有限的司法资源运用于维护和实现公平正义的关键环节，广泛调动各种社会力量，构建多元化的社会矛盾纠纷化解机制，运用多方面社会资源解决矛盾和纠纷。

本题中的刑事和解这一做法不同于传统的公诉案件办案方式，在当事人和解程序中，国家通过其刑罚权的部分退让，促使加害人与被害人通过和解方式化解他们之间的刑事纠纷并在此基础上处理刑事案件。本题中案件的处理方式体现了既要充分发挥司法功能，又要构建多元化的矛盾纠纷化解机制。故A项正确。B项的错误在于，甲并非特殊群体。C项的错误在于，刑事和解并非追求诉讼效率的体现，而是为了解决纠纷，促进社会的和谐。D项的错误在于，本案的处理与“兼顾程序和实体公正的理念”联系不大。

综上，本题的正确答案为A项。

答案：A

14. 关于刑事诉讼价值的理解，下列哪一选项是错误的？（2015/2/22，单选）

A. 公正在刑事诉讼价值中居于核心的地位

B. 通过刑事程序规范国家刑事司法权的行使，是秩序价值的重要内容

C. 效益价值属刑事诉讼法的工具价值，而不属刑事诉讼法的独立价值

D. 适用强制措施遵循比例原则是公正价值的应有之义

[解析] 本题考查刑事诉讼价值。公正在刑事诉讼价值中居于核心的地位。刑事诉讼公正价值包括实体公正和程序公正两方面。程序公正是指程序本身符合特定的公正标准，如强制措施的适用应当适度等。故A、D两项表述正确。刑事诉讼秩序价值包括两方面含义：(1) 通过惩治犯罪，维护社会秩序，即恢复犯罪破坏的社会秩序及预防社会秩序被犯罪所破坏；(2) 追究犯罪的活动是有序的。国家刑事司法权的行使，必须受到刑事程序的规范。故B项表述正确。刑事诉讼秩序、公正、效益价值是通过刑事诉讼法的制定和实施来实现的。一方面，刑事诉讼法保证刑法的正确实施，实现秩序、公正、效益价值，这是刑事诉讼法的工具价值；另一方面，刑事诉讼法的制定和适用本身也在实现着秩序、公正、效益价值，这是刑事诉讼法的独立价值。由此可见，效益价值既属于刑事诉讼法的工具价值，也属于刑事诉讼法的独立价值。故C项表述不正确。本题的正确答案为C项。

答案：C

15. 关于刑事诉讼的秩序价值的表述，下列哪些选项是正确的？（2012/2/64，多选）

A. 通过惩罚犯罪维护社会秩序

B. 追究犯罪的活动必须是有序的

C. 刑事司法权的行使，必须受到刑事程序的规范

D. 效率越高，越有利于秩序的实现

[解析] 本题考查刑事诉讼的秩序价值。刑事诉讼秩序价值包括两方面含义：(1) 通过惩治犯罪，维护社会秩序，即恢复被犯罪破坏的社会秩序以及预防社会秩序被犯罪所破坏；(2) 追究犯罪的活动是有序的。故A项和B项正确。维护社会秩序的需要表现为对社会及其成员的安全的追求。这不仅要控制社会暴力冲突，还要防止政府及其官员滥用权力导致社会成员没有安全保障。所以，国家刑事司法权的行使，必须受到刑事程序的规范。故C项正确。D项的错误在于，效率价值和秩序价值之间没有直接的必然联系。故本题的正确答

案为A、B、C三项。

答案：ABC

16. 李某系富家子弟，王某系下岗职工子女，二人共同伤害（轻伤）被害人张某。在侦查过程中，公安机关鉴于二人犯罪情节较轻且认罪态度较好，决定取保候审，对李某采取了保证金的保证方式，由于王某经济困难，对其采取了保证人的保证方式。公安机关的做法，体现了社会主义法治理念的下列哪一要求？（2011/2/21，单选）

A. 实体公正

B. 追求效率

C. 执法为民

D. 公平正义

［解析］ 实体公正，指案件实体的结局处理所体现的公正，实体公正是结果的公正，罚当其罪。本题中取保候审的适用方式属于程序问题，不涉及案件的实体结果是否正确。故A项不当选。追求效率，则是要降低执法的成本和提高执法的产出，本案中对不同人采取不同方法保护其权利，与效率无关。故B项不当选。本案说明的问题与执法为民无直接联系，因此，C项不当选。

公平正义是社会主义法治的价值追求。公平，是指处理事情合情合理，不偏袒哪一方面；正义是指公正，公平正直，没有偏私。公平正义朴素的含义包括惩恶扬善、是非分明、办事公道、态度公允、利益平衡、多寡相匀等内容。社会主义法治理念中的公平正义，是指社会全体成员能够按照宪法和法律规定的方式公平地实现权利和义务，并受到法律的保护。本案中公安机关的做法即是为了让李某和王某都能够依照法律规定的方式公平地实现权利，受到法律的保护，因此体现了公平正义的要求，D项当选。

答案：D

17. 下列关于刑事诉讼中程序公正含义的表述哪一项不正确？（2005/2/21，单选）

A. 诉讼参与人对诉讼能充分有效地参与

B. 程序违法能得到救济

C. 刑事诉讼程序能得到遵守

D. 刑事诉讼判决结果符合事实真相

［解析］ 解答本题关键是对程序公正与实体公正的含义把握清晰，了解其各自的具体要求。本题实质上是考查考生对“实体”与“程序”内涵的理解。诉讼公正，包括实体公正和程序公正两个方面。实体公正，即结果公正，指案件实体的结局处理所体现的公正。刑事案件的实体公正的具体要求是：（1）据以定罪量刑的犯罪事实的认定，应当做到证据确实充分；（2）正确适用刑法，准确认定犯罪嫌疑人、被告人是否有罪及其罪名；（3）按照罪刑相适应原则，依法适度判定刑罚；（4）对于错误处理的案件，采取救济方法及时纠正、及时补偿。

程序公正是过程的公正，指诉讼参与人对诉讼能充分有效地参与，程序得到遵守，程序违法得到救济。刑事案件的程序公正的具体要求是：（1）严格遵守刑事诉讼法的规定；（2）认真保障当事人和其他诉讼参与人，特别是犯罪嫌疑人、被告人和被害人的诉讼权利；（3）严禁刑讯逼供和以其他非法手段取证；（4）司法机关依法独立行使职权；（5）保障诉讼程序的公正性和透明度；（6）按法定期限办案、结案。

本题的A项体现了程序参与，B项体现了程序救济，C项体现了程序遵守，该三项都是程序公正的表现。D项意味着判决结果正确，是实体公正的体现，不是程序公正的体现，依据题意，D项当选。

答案：D

第二章　刑事诉讼法的基本原则

点评

本章在法律职业资格考试客观题中一般考查 1—2 道选择题。本部分考查的知识点涉及刑事诉讼法的基本原则的特点，严格遵守法律程序原则，法院、检察院独立行使职权原则，未经法院依法判决，对任何人都不得确定有罪，认罪认罚从宽，法定情形不追究刑事责任原则等，尤其是认罪认罚从宽、法定情形不追究刑事责任原则几乎每年必考。2024 年法考中应特别注意认罪认罚从宽原则。

本部分从命题方式来看，主要有三个特点：（1）多以客观题为主，并通过小案例考查；（2）实体法与程序法综合考查；（3）将基本原则和后面的具体诉讼制度、程序结合起来，考查这些原则在具体诉讼制度和程序中的体现。

考点 1　具有法定情形不予追究刑事责任原则

1. 张某因盗窃被公安机关立案侦查，在侦查中，公安机关发现张某系侵占他人财产，应如何处理？（2023 年法考客观题回忆版真题，单选）

A. 将该案移送法院，并通知被害人

B. 作出撤销案件的决定

C. 公安机关以侵占罪向检察院提出起诉意见

D. 公安机关对该案继续侦查

［解析］　本题考查具有法定情形不予追究刑事责任原则。《刑事诉讼法》第 16 条规定：“有下列情形之一的，不追究刑事责任，已经追究的，应当撤销案件，或者不起诉，或者终止审理，或者宣告无罪：（一）情节显著轻微、危害不大，不认为是犯罪的；（二）犯罪已过追诉时效期限的；（三）经特赦令免除刑罚的；（四）依照刑法告诉才处理的犯罪，没有告诉或者撤回告诉的；（五）犯罪嫌疑人、被告人死亡的；（六）其他法律规定免予追究刑事责任的。”本题中，在侦查阶段，公安机关认为犯罪嫌疑人不构成盗窃罪，而构成侵占罪，因为侵占罪是绝对告诉才处理的犯罪，只能由被害人向法院提起自诉，所以，本题属于“依照刑法告诉才处理的犯罪，没有被害人告诉”的情形，故公安机关在侦查阶段应作出撤销案件的决定。故 B 项正确。

答案：B

2. 甲将一只乌龟交给朋友乙帮助饲养，乙将该乌龟变卖，检察院以盗窃罪起诉乙，法院经过审理后认为乙构成侵占罪，法院应如何处理？（2020 年法考客观题回忆版真题，单选）

A. 宣告无罪

B. 裁定终止审理

C. 退回检察院

D. 继续审理

[解析] 本题考查具有法定情形不予追究刑事责任的原则。《刑事诉讼法》第16条规定:“有下列情形之一的,不追究刑事责任,已经追究的,应当撤销案件,或者不起诉,或者终止审理,或者宣告无罪:(一)情节显著轻微、危害不大,不认为是犯罪的;(二)犯罪已过追诉时效期限的;(三)经特赦令免除刑罚的;(四)依照刑法告诉才处理的犯罪,没有告诉或者撤回告诉的;(五)犯罪嫌疑人、被告人死亡的;(六)其他法律规定免予追究刑事责任的。”本题中,侵占罪属于绝对告诉才处理的犯罪。在审理中,法院发现告诉才处理的犯罪,没有告诉的情形,应当裁定终止审理。本题的正确答案为B项。

答案:B

3. 社会主义法治要通过法治的一系列原则加以体现。具有法定情形不予追究刑事责任是《刑事诉讼法》确立的一项基本原则,下列哪一案件的处理体现了这一原则?(2014/2/23,单选)

A. 甲涉嫌盗窃,立案后发现涉案金额400余元,公安机关决定撤销案件

B. 乙涉嫌抢夺,检察院审查起诉后认为犯罪情节轻微,不需要判处刑罚,决定不起诉

C. 丙涉嫌诈骗,法院审理后认为其主观上不具有非法占有他人财物的目的,作出无罪判决

D. 丁涉嫌抢劫,检察院审查起诉后认为证据不足,决定不起诉

[解析] 本题考查具有法定情形不予追究刑事责任原则。《刑事诉讼法》第16条规定,有下列情形之一的,不追究刑事责任,已经追究的,应当撤销案件,或者不起诉,或者终止审理,或者宣告无罪:(1)情节显著轻微、危害不大,不认为是犯罪的;(2)犯罪已过追诉时效期限的;(3)经特赦令免除刑罚的;(4)依照刑法告诉才处理的犯罪,没有告诉或者撤回告诉的;(5)犯罪嫌疑人、被告人死亡的;(6)其他法律规定免予追究刑事责任的。这一规定确立了具有法定情形不予追究刑事责任原则。判断题中的选项有没有体现该原则,要看选项中有没有出现《刑事诉讼法》第16条规定的不予追究刑事责任的情形和相应的处理方式,只有《刑事诉讼法》第16条规定的不予追究刑事责任的情形和相应的处理方式都出现了,才体现该原则。

本题中,依据最高人民法院、最高人民检察院《关于办理盗窃刑事案件适用法律若干问题的解释》第1条第1款的规定,盗窃公私财物价值1000元~3000元以上、3万元~10万元以上、30万元~50万元以上的,应当分别认定为《刑法》第264条规定的“数额较大”“数额巨大”“数额特别巨大”。本题A项,盗窃400余元,未达到定罪的数额标准,故属于“情节显著轻微、危害不大,不认为是犯罪的”这一情形,公安机关决定撤销案件。该项体现了具有法定情形不予追究刑事责任原则。依据《刑事诉讼法》第177条第2款的规定,对于犯罪情节轻微,依照刑法规定不需要判处刑罚或者免除刑罚的,检察院可以作出不起诉决定。B项的处理方式正确,但是,该不起诉属于酌定不起诉,未体现具有法定情形不予追究刑事责任原则。C项是因为丙的行为未满足犯罪构成要件,而作出的无罪判决,不是因为《刑事诉讼法》第16条规定的情形作出的无罪判决,也未体现具有法定情形不予追究刑事责任原则。D项的不起诉属于证据不足不起诉,不是依据《刑事诉讼法》第16条规定的情形作出的法定不起诉,所以,也未体现具有法定情形不予追究刑事责任原则。本题的正确答案为A项。

答案:A

考点2　严格遵守法律程序原则

4. 关于程序法定，下列哪些说法是正确的？（2015/2/64，多选）

A. 程序法定要求法律预先规定刑事诉讼程序

B. 程序法定是大陆法系国家法定原则的重要内容之一

C. 英美国家实行判例制度而不实行程序法定

D. 以法律为准绳意味着我国实行程序法定

［解析］本题考查程序法定原则。程序法定原则包括两层含义：（1）立法方面的要求，即刑事诉讼程序应当由法律事先明确规定；（2）司法方面的要求，即刑事诉讼活动应当依据国家法律规定的刑事程序来进行。故A项正确。大陆法系国家，程序法定原则与罪刑法定原则共同构成法定原则的内容。也就是说，法定原则既包括实体上的罪刑法定原则，也包括程序上的程序法定原则。故B项正确。在英美法系国家，刑事程序法定原则具体表现为正当程序原则。故C项不正确。从我国宪法和刑事诉讼法“以法律为准绳”等项规定来看，可以说，我国法律已基本确立了刑事程序法定原则。故D项正确。因此，本题的正确答案为A、B、D三项。

答案：ABD

5. 二审法院发现一审法院的审理违反《刑事诉讼法》关于公开审判、回避等规定的，应当裁定撤销原判、发回原审法院重新审判。关于该规定，下列哪些说法是正确的？（2012/2/65，多选）

A. 体现了分工负责、互相配合、互相制约的原则

B. 体现了严格遵守法定程序原则的要求

C. 表明违反法定程序严重的，应当承担相应法律后果

D. 表明程序公正具有独立的价值

［解析］本题考查刑事诉讼法的基本原则以及刑事诉讼程序的独立价值。《刑事诉讼法》第3条第2款规定，法院、检察院和公安机关进行刑事诉讼，必须严格遵守《刑事诉讼法》和其他法律的有关规定。《刑事诉讼法》第238条规定：“第二审人民法院发现第一审人民法院的审理有下列违反法律规定的诉讼程序的情形之一的，应当裁定撤销原判，发回原审人民法院重新审判：（一）违反本法有关公开审判的规定的；（二）违反回避制度的；（三）剥夺或者限制了当事人的法定诉讼权利，可能影响公正审判的；（四）审判组织的组成不合法的；（五）其他违反法律规定的诉讼程序，可能影响公正审判的。”《刑事诉讼法》第238条确立的程序违法能够带来法律后果的规定，体现了严格遵守法定程序原则。同时，也体现了程序公正的独立价值。故本题B、C、D三项均正确。A项的错误在于，二审法院以程序违法发回重审体现的是上下级法院之间的监督，而非公、检、法三机关的制约。

答案：BCD

考点3　分工负责、互相配合、互相制约

6. 下列关于分工负责、互相配合、互相制约原则的表述，正确的是？（2020年法考客观题回忆版真题，不定选）

A. 法律援助机构指派值班律师为犯罪嫌疑人、被告人提供法律帮助，体现了互相制约

B. 侦查机关未告知犯罪嫌疑人享有的诉讼权利和认罪认罚的法律规定，检察院在审查起诉阶段予以告知，体现了互相配合

C. 在侦查阶段犯罪嫌疑人未认罪认罚，检察机关和法院在审查起诉和审判阶段继续开展工作并促使犯罪嫌疑人、被告人最终认罪认罚并悔罪，体现了互相配合

D. 在适用认罪认罚从宽制度中，侦查终

结时公安机关建议对犯罪嫌疑人适用认罪认罚从宽，检察机关审查起诉时认为不适用而未向法院提出相应的建议，体现了互相制约

[解析] 本题考查公、检、法三机关分工负责、互相配合、互相制约原则。“分工负责”是指法院、检察院和公安机关在刑事诉讼中根据法律有明确的职权分工，应当在法定范围内行使职权，各司其职，各负其责，既不能相互替代，也不能相互推诿。“互相配合”是指法院、检察院和公安机关进行刑事诉讼，应当在分工负责的基础上，相互支持，通力合作，使案件的处理能够前后衔接，协调一致，共同完成查明案件事实，追究犯罪的任务。“互相制约”是指法院、检察院和公安机关进行刑事诉讼，应当按照诉讼职能的分工和程序上的设置，相互制约，相互制衡，以防止发生错误或及时纠正错误，保证准确执行法律，做到不错不漏，不枉不纵。本题的A项中的法律援助机构不属于公、检、法机关，未体现互相制约，B项体现了分工负责，C项体现了检察院、法院与公安机关的互相配合，D项体现了检察院对公安机关的制约。

因此，本题的正确答案为C、D两项。

答案：CD

考点4 未经法院依法判决，对任何人都不得确定有罪

7. 社会主义法治的公平正义，要通过法治的一系列基本原则加以体现。“未经法院依法判决，对任何人都不得确定有罪”是《刑事诉讼法》确立的一项基本原则。关于这一原则，下列哪些说法是正确的？（2013/2/64，多选）

A. 明确了定罪权的专属性，法院以外任何机关、团体和个人都无权行使这一权力

B. 确定被告人有罪需要严格依照法定程序进行

C. 表明我国刑事诉讼法已经全面认同和确立无罪推定原则

D. 按照该规定，可以得出疑罪从无的结论

[解析] 本题考查“未经法院依法判决，对任何人都不得确定有罪”原则。依据“九大本”刑事诉讼法教材第二章第九节“未经法院依法判决，对任何人都不得确定有罪”的相关论述，“未经法院依法判决，对任何人都不得确定有罪”原则，明确规定了确定被告人有罪的权力由法院统一行使，其他任何机关、团体和个人都无权行使。定罪权是刑事审判权的核心，法院作为我国唯一的审判机关，代表国家统一独立行使刑事审判权。法院判决被告人有罪，必须严格依照法定程序，在保障被告人享有充分的辩护权的基础上，依法组成审判庭进行公正、公开地审理。故A、B两项说法正确。“未经法院依法判决，对任何人都不得确定有罪”原则在一定程度上吸收了无罪推定原则的精神，未全面认同和确立无罪推定原则。故C项说法错误。我国刑事诉讼法只是在审查起诉和第一审程序中彻底体现了疑罪从无的精神，从“未经法院依法判决，对任何人都不得确定有罪”原则中无法得出疑罪从无的结论。故D项说法错误。本题的正确答案为A、B两项。

答案：AB

考点5 保障诉讼参与人的诉讼权利原则

8. 关于保障诉讼参与人的诉讼权利原则，下列哪些选项是正确的？（2016/2/65，多选）

A. 是对《宪法》和《刑事诉讼法》尊重和保障人权的具体化

B. 保障诉讼参与人的诉讼权利，核心在于保护犯罪嫌疑人、被告人的辩护权

C. 要求诉讼参与人在享有诉讼权利的同时，还应承担法律规定的诉讼义务

D. 保障受犯罪侵害的人的起诉权和上诉

权，是这一原则的重要内容

[解析] 本题考查保障诉讼参与人的诉讼权利原则、被害人的诉讼权利。《宪法》第33条第3款规定："国家尊重和保障人权。"2012年修改刑事诉讼法时，将宪法"尊重和保障人权"的原则写入《刑事诉讼法》第2条的刑事诉讼法的任务中。《刑事诉讼法》第14条第1款规定："人民法院、人民检察院和公安机关应当保障犯罪嫌疑人、被告人和其他诉讼参与人依法享有的辩护权和其他诉讼权利。"这一条文是对《宪法》和《刑事诉讼法》尊重和保障人权的具体化，是对"尊重和保障人权"条款贯彻和落实的保障。故A项表述正确。

2012年《刑事诉讼法》对该法第14条的修改主要有两处，其中之一就是在诉讼参与人和诉讼权利的规定中明确增加了保障"犯罪嫌疑人、被告人"依法享有的"辩护权"的内容，这就突出了辩护权保障的重要性。而且，犯罪嫌疑人、被告人在刑事诉讼中对抗指控，维护自身合法权益，主要依靠行使自身的辩护权。所以，保障诉讼参与人的诉讼权利，核心在于保护犯罪嫌疑人、被告人的辩护权。B项表述正确。

依据"九大本"刑事诉讼法教材，保障诉讼参与人的诉讼权利原则的基本含义是，诉讼权利是诉讼参与人享有的法定权利，法律予以保护，公安司法机关不得以任何方式加以剥夺。公安司法机关有义务保障诉讼参与人充分行使诉讼权利，对于刑事诉讼中妨碍诉讼参与人行使诉讼权利的各种行为，公安司法机关有义务采取措施予以制止。另外，权利和义务是对应的，诉讼参与人在享有诉讼权利的同时，还应当承担法律规定的诉讼义务。公安司法机关有义务保障诉讼参与人的诉讼权利，也有权利要求诉讼参与人履行相应的诉讼义务。因此，C项表述正确。

D项中的"受犯罪侵害的人"在公诉案件中称为被害人，自诉案件中称为自诉人。自诉案件中的被害人享有向法院起诉权（向法院提起自诉的权利）和上诉权。公诉案件中的被害人可以报案、控告，但是不享有起诉权。同时，公诉案件的被害人不享有上诉权，但享有申请抗诉的权利。因此，总体而言，D项的表述不正确。

综上所述，本题的正确答案为A、B、C三项。

答案：ABC

考点6 认罪认罚从宽原则

9. 下列关于认罪认罚后从宽处理的表述，正确的是？（2023年法考客观题回忆版真题，多选）

A. 对于累犯、再犯，从宽幅度应当从严把握

B. 犯罪嫌疑人认罪认罚，公安机关积极促进当事人自愿达成和解，体现了从宽处理

C. 从宽处理应考虑犯罪嫌疑人、被告人的态度

D. 从宽处理既包括实体上从宽处罚，也包括程序上从简处理

[解析] 本题考查认罪认罚从宽制度。《关于适用认罪认罚从宽制度的指导意见》第9条第3款规定："对罪行较轻、人身危险性较小的，特别是初犯、偶犯，从宽幅度可以大一些；罪行较重、人身危险性较大的，以及累犯、再犯，从宽幅度应当从严把握。"故A项正确。B项属于对认罪认罚案件处理的程序，而不是从宽处理的体现，该项表述不正确。《关于适用认罪认罚从宽制度的指导意见》第9条第1款规定，办理认罪认罚案件，应当区别认罪认罚的不同诉讼阶段、对查明案件事实的价值和意义、是否确有悔罪表现，以及罪行严重程度等，综合考量确定从宽的限度和幅度。故C项表述正确。《关于适用认罪认罚从宽制度的指导意见》第8条规定，从宽处理既

包括实体上从宽处罚，也包括程序上从简处理。故D项正确。

答案：ACD

10. 下列对认罪认罚从宽制度的理解，正确的是？（2022年法考客观题回忆版真题，不定选）

A. 积极引导适用认罪认罚从宽制度，有助于提升被追诉人的诉讼地位

B. 体现了刑事诉讼法的独立价值

C. 体现了我国刑事诉讼构造的职权主义

D. 推动了无罪推定的进一步贯彻

［解析］ 本题结合刑事诉讼的基本范畴、基本原则考查认罪认罚从宽制度。认罪认罚从宽制度中，被追诉人即犯罪嫌疑人、被告人可以通过主动选择认罪认罚，获得从宽处罚，有利于提升被追诉人的诉讼地位。故A项正确。认罪认罚从宽程序的适用会导致刑事实体法上适用的从宽，这是刑事诉讼法影响刑法实现的表现，体现了刑事诉讼法的独立价值。故B项正确。职权主义构造下，专门机关积极主动，控辩双方消极被动。认罪认罚从宽制度借鉴了英美法系的辩诉交易的做法，能发挥控辩双方的积极主动作用，是当事人主义构造的体现，而不是职权主义构造的体现。故C项不正确。无罪推定的基本含义是，任何人在未经确定有罪以前，应假定其无罪。认罪认罚从宽制度不能推动无罪推定的进一步贯彻。故D项不正确。本题的正确答案为A、B两项。

答案：AB

11. 甲涉嫌集资诈骗罪，其认罪认罚，检察院对甲提出从宽的量刑建议。下列关于该案的说法，正确的是？（2021年法考客观题回忆版真题，多选）

A. 甲不同意适用速裁程序，不影响对其认罚的认定

B. 甲认罪认罚，但隐匿、转移财产，则不能适用认罪认罚从宽制度

C. 检察院须经法院同意后，才可调整量刑建议

D. 检察院在庭审后调整量刑建议，法院认为调整后的量刑建议适当的，应当予以采纳

［解析］ 本题考查认罪认罚从宽制度。《关于认罪认罚从宽制度的指导意见》第7条第2款规定，犯罪嫌疑人、被告人享有程序选择权，不同意适用速裁程序、简易程序的，不影响“认罚”的认定。故A项正确。《关于认罪认罚从宽制度的指导意见》第7条第2款还规定，犯罪嫌疑人、被告人虽然表示“认罚”，却暗中串供、干扰证人作证、毁灭、伪造证据或者隐匿、转移财产，有赔偿能力而不赔偿损失，则不能适用认罪认罚从宽制度。可见，B项正确。

《关于适用认罪认罚从宽制度的指导意见》第41条第1款规定：“人民法院经审理，认为量刑建议明显不当，或者被告人、辩护人对量刑建议有异议且有理有据的，人民法院应当告知人民检察院，人民检察院可以调整量刑建议。人民法院认为调整后的量刑建议适当的，应当予以采纳；人民检察院不调整量刑建议或者调整后仍然明显不当的，人民法院应当依法作出判决。”故D项正确，C项的错误在于，检察院调整量刑建议，无须经法院同意。

综上，本题的正确答案为A、B、D三项。

答案：ABD

12. 下列案件对认罪认罚从宽制度的适用，哪一选项是正确的？（2020年法考客观题回忆版真题，单选）

A. 卫某故意杀害陆某案社会影响重大，卫某没有能力赔偿，陆某的家属不谅解，则不能对卫某适用认罪认罚从宽制度

B. 苏某侵犯著作权案，其自愿认罪认罚，但要求适用普通程序，法院对其适用认罪认罚从宽制度

C. 杨某涉嫌受贿罪和滥用职权罪，其承认受贿的犯罪，但不承认滥用职权的犯罪，全案不适用认罪认罚从宽制度，法院不得对杨某从宽处罚

D. 未成年人没有签署认罪认罚具结书，不得对其适用认罪认罚从宽制度

[解析] 本题考查认罪认罚从宽制度。《关于适用认罪认罚从宽制度的指导意见》第7条第2款规定，“认罚”考察的重点是犯罪嫌疑人、被告人的悔罪态度和悔罪表现，应当结合退赃退赔、赔偿损失、赔礼道歉等因素来考量。犯罪嫌疑人、被告人虽然表示“认罚”，却暗中串供、干扰证人作证、毁灭、伪造证据或者隐匿、转移财产，有赔偿能力而不赔偿损失，则不能适用认罪认罚从宽制度。《关于适用认罪认罚从宽制度的指导意见》第16条规定，办理认罪认罚案件，应当听取被害人及其诉讼代理人的意见，并将犯罪嫌疑人、被告人是否与被害方达成和解协议、调解协议或者赔偿被害方损失，取得被害方谅解，作为从宽处罚的重要考虑因素。所以，A项中“卫某没有能力赔偿，陆某的家属不谅解”的情形下，依然有可能对卫某适用认罪认罚从宽制度。该项表述错误。

《关于适用认罪认罚从宽制度的指导意见》第7条规定，犯罪嫌疑人、被告人享有程序选择权，不同意适用速裁程序、简易程序的，不影响“认罚”的认定。所以，B项中，法院对苏某可以适用认罪认罚从宽制度，该项表述正确。

《关于适用认罪认罚从宽制度的指导意见》第6条规定，犯罪嫌疑人、被告人犯数罪，仅如实供述其中一罪或部分罪名事实的，全案不作“认罪”的认定，不适用认罪认罚从宽制度，但对如实供述的部分，检察院可以提出从宽处罚的建议，法院可以从宽处罚。所以，C项中，法院虽然对全案不适用认罪认罚从宽制度，但是，法院可以对杨某的受贿罪从宽处罚，该项表述错误。

《高检规则》第272条第2、3款规定：“犯罪嫌疑人具有下列情形之一的，不需要签署认罪认罚具结书：（一）犯罪嫌疑人是盲、聋、哑人，或者是尚未完全丧失辨认或者控制自己行为能力的精神病人的；（二）未成年犯罪嫌疑人的法定代理人、辩护人对未成年人认罪认罚有异议的；（三）其他不需要签署认罪认罚具结书的情形。有前款情形，犯罪嫌疑人未签署认罪认罚具结书的，不影响认罪认罚从宽制度的适用。”因此，D项中，未成年人没有签署认罪认罚具结书，不影响对其适用认罪认罚从宽制度，该项表述错误。

本题的正确答案为B项。

答案：B

13. 下列关于认罪认罚从宽制度适用的表述，正确的是？（2020年法考客观题回忆版真题，单选）

A. 甲杀害妻子的情人乙，甲认罪，但是表示不后悔杀人，公安机关认为其认罪不真诚，未将其认罪认罚的情况记录在案

B. 丙交通肇事案，其认罪认罚，但是表示因被害人有过错而不同意全额退赔，检察院未将认罪认罚写入起诉书

C. 丁故意伤害案，其认罪认罚，公安机关可建议检察院适用速裁程序办理

D. 戊故意伤害案，其认罪认罚并与被害人和解，公安机关撤销案件

[解析] 本题考查认罪认罚从宽制度。《刑事诉讼法》第162条第2款规定：“犯罪嫌疑人自愿认罪的，应当记录在案，随案移送，并在起诉意见书中写明有关情况。”故A项中公安机关不将甲认罪认罚的情况记录在案，是错误的。

《关于适用认罪认罚从宽制度的指导意见》第7条第2款规定，“认罚”考察的重点是犯罪嫌疑人、被告人的悔罪态度和悔罪表现，应当结合退赃退赔、赔偿损失、赔礼道歉

等因素来考量。犯罪嫌疑人、被告人虽然表示“认罚”，却暗中串供、干扰证人作证、毁灭、伪造证据或者隐匿、转移财产，有赔偿能力而不赔偿损失，则不能适用认罪认罚从宽制度。本题B项中“丙表示因被害人有过错而不同意全额退赔”，也可能对丙适用认罪认罚从宽制度。《高检规则》第274条规定，认罪认罚案件，检察院向法院提起公诉的，应当提出量刑建议，在起诉书中写明被告人认罪认罚情况，并移送认罪认罚具结书等材料。故检察院应当将丙认罪认罚的情况写入起诉书中。B项表述错误。

《关于适用认罪认罚从宽制度的指导意见》第24条规定，对移送审查起诉的案件，公安机关应当在起诉意见书中写明犯罪嫌疑人自愿认罪认罚情况。认为案件符合速裁程序适用条件的，可以在起诉意见书中建议检察院适用速裁程序办理，并简要说明理由。故C项表述正确。对于D项，在只有犯罪嫌疑人认罪认罚并与被害人和解的情形下，公安机关不得撤销案件。该项表述不正确。本题的正确答案为C项。

答案：C

考点7　基本原则的综合考查

14. 王某因故意杀人罪被立案侦查，公安机关在侦查阶段对王某刑讯逼供，王某申请检察院排除以刑讯逼供方法取得的非法供述，检察院经调查核实，对非法供述予以排除。下列关于这一做法的理解，正确的是？（2022年法考延考客观题回忆版真题，多选）

A. 检察院排除非法供述，体现刑事诉讼程序的独立价值

B. 体现了分工负责，互相配合，互相制约原则

C. 体现了检察院的法律监督权

D. 体现了程序法定原则

［解析］ 本题考查刑事诉讼法的基本原则。检察院排除公安机关收集的非法供述，可以体现刑事诉讼程序本身的法治和人权的精神，能体现刑事诉讼程序的独立价值。故A项正确。检察院依法对刑事诉讼实行法律监督，这种监督贯穿于刑事诉讼活动的始终，当然包括对侦查活动的监督，本题中检察院排除公安机关收集的非法供述，体现了检察院对公安机关的监督，同时也体现了检察院对公安机关的制约。故B、C两项均正确。《刑事诉讼法》第3条第2款规定，法院、检察院和公安机关进行刑事诉讼，必须严格遵守《刑事诉讼法》和其他法律的有关规定。本题中检察院排除公安机关收集的非法供述，有助于促使公安机关按照法定的程序进行侦查，体现了程序法定原则。故D项正确。因此，本题的正确答案为A、B、C、D四项。

答案：ABCD

15. 某检察院认为某法院审理案件违反法定程序，在庭审后提出书面纠正意见。关于这一做法的表述，正确的是？（2021年法考福建延考客观题回忆版真题，多选）

A. 体现了检察监督原则

B. 体现了程序的独立价值

C. 体现了分工负责，互相配合，互相制约原则

D. 有助于实现严格遵守法律程序原则

［解析］ 本题综合考查刑事诉讼法的基本原则。本题中的做法体现了检察院对法院审理程序的监督。故A项正确。刑事诉讼法独立价值之一，体现在刑事诉讼法所规定的诉讼结构、原则、制度、程序，体现着程序本身的民主、法治、人权精神。本题中检察院对法院审理程序的监督，体现了程序违法可能会引起一定的法律后果，体现了刑事诉讼程序的独立价值。故B项正确。本题中检察院对法院的监督，体现了公、检、法三机关的分工负责，互

相配合，互相制约中的“互相制约”。故C项正确。《刑事诉讼法》第3条第2款规定，法院、检察院和公安机关进行刑事诉讼，必须严格遵守《刑事诉讼法》和其他法律的有关规定。这一条文规定了严格遵守法律程序原则，本题中检察院对法院的监督，有助于法院更好地遵守法律程序。故D项正确。

综上，本题的正确答案为A、B、C、D四项。

答案：ABCD

16. 某市发生一起社会影响较大的绑架杀人案。在侦查阶段，因案情重大复杂，市检察院提前介入侦查工作。检察官在开展勘验、检查等侦查措施时在场，并就如何进一步收集、固定和完善证据以及适用法律向公安机关提出了意见，对已发现的侦查活动中的违法行为提出了纠正意见。关于检察院提前介入侦查，下列哪些选项是正确的？（2017/2/64，多选）

A. 侵犯了公安机关的侦查权，违反了侦查权、检察权、审判权由专门机关依法行使的原则

B. 体现了分工负责，互相配合，互相制约的原则

C. 体现了检察院依法对刑事诉讼实行法律监督的原则

D. 有助于严格遵守法律程序原则的实现

［解析］ 本题综合考查刑事诉讼法的基本原则，具体而言考查对重大刑事案件中检察机关提前介入侦查工作的理解。《刑事诉讼法》第3条第1款规定：“对刑事案件的侦查、拘留、执行逮捕、预审，由公安机关负责。检察、批准逮捕、检察机关直接受理的案件的侦查、提起公诉，由人民检察院负责。审判由人民法院负责。除法律特别规定的以外，其他任何机关、团体和个人都无权行使这些权力。”这是刑事诉讼原则中侦查权、检察权、审判权由专门机关依法行使原则的体现。《刑事诉讼法》第7条规定，法院、检察院和公安机关进行刑事诉讼，应当分工负责，互相配合，互相制约，以保证准确有效地执行法律。在本题中，题干中明确指出，检察机关只是在开展侦查措施时在场并提供意见，检察机关提前介入并不是代替公安机关进行侦查，而是为帮助公安机关更好地行使侦查权，并未侵犯公安机关的侦查权。检察机关提前介入侦查后，公安机关和检察机关仍各有职责，检察机关对于证据收集和适用法律提供更为专业的意见属于互相配合，同时纠正违法行为属于互相制约。因此A项错误，B项正确。

检察院依法对刑事诉讼实行法律监督，这种监督贯穿于刑事诉讼活动的始终，当然包括对侦查活动的监督，检察院提前介入侦查活动，如果发现公安机关的侦查活动有违法情况，应当通知公安机关予以纠正，公安机关应当将纠正情况通知检察院。检察院提前介入后纠正违法行为体现了法律监督机关的职能，C项正确。

《刑事诉讼法》第3条第2款规定，法院、检察院和公安机关进行刑事诉讼，必须严格遵守《刑事诉讼法》和其他法律的有关规定。检察机关提前介入有助于公安机关的侦查工作更为符合法律规定的程序，D项正确。

本题的正确答案为B、C、D三项。

答案：BCD

第三章　刑事诉讼中的专门机关和诉讼参与人

点评

本章在法律职业资格考试客观题中一般考查1道选择题。我国刑事诉讼的专门机关主要包括公安机关、检察院和法院，这三者在我国国家机构中的性质、地位有所不同。诉讼参与人包括当事人和其他诉讼参与人，掌握这两类诉讼参与人在诉讼地位、诉讼权利、参与诉讼活动的范围与方式以及对刑事诉讼过程的影响程度等方面的差异，这也是本部分的考查重点所在。复习本章时，除了在专门机关和诉讼参与人之间进行横向比较外，更需要将其地位、职责和权利义务等置于某一诉讼制度和诉讼阶段中进行理解。

考点1　专门机关

1. 下列哪些做法可以体现检察一体化？（2022年法考客观题回忆版真题，多选）

A. 已满12周岁未满14周岁的未成年人故意杀人，需要追诉的，由下级检察院层报最高人民检察院核准

B. 地方各级检察院的检察长不同意本院检察委员会多数人的意见，可以报请上一级检察院决定

C. 上级检察院如果认为下级检察院抗诉不当，可以向同级法院撤回抗诉，并且通知下级检察院

D. 对监察机关移送的案件，经上一级检察院批准，作出不起诉的决定

［解析］　本题考查检察一体化的体现。检察一体化的含义是，在上下级检察机关和检察官之间存在着上命下从的领导关系，各地和各级检察机关之间具有职能协助的义务，检察官之间和检察院之间在职务上可以发生相互承继、移转和代理的关系。本题的A、B、C、D四项均能体现上级检察院对下级检察院的领导关系，故均能体现检察一体化原则。

本题的正确答案为A、B、C、D四项。

答案：ABCD

2. 某地影响较大的一起涉嫌危害公共安全犯罪案件被公安机关移送审查起诉，办案检察官经全面审查移送材料，听取辩护律师的意见，收集相关证据，提出该案犯罪事实不清、证据不足的意见，最终被公安机关接受。对检察官的以上办案行为，下列哪些说法是正确的？（2021年法考客观题回忆版真题，不定选）

A. 听取辩护律师意见，有助于保障犯罪嫌疑人的辩护权及律师诉讼权利

B. 检察官坚持正确意见，体现了“坚持担当精神，强化法律监督”的职业道德准则

C. 依据事实和证据查明罪与非罪，收集证据，体现检察官以法律为准绳，秉持客观公正的办案立场

D. 检察官审查认罪认罚情况，有助于了

解犯罪嫌疑人真实意愿，确保认罪认罚制度正确实施

［解析］　本题考查审查起诉的程序、检察院的立场、检察官的职业道德。对于A项，检察院审查起诉时听取辩护律师的意见，不仅保障了辩护律师的诉讼权利，还有助于实现犯罪嫌疑人的辩护权，该项正确。对于B项，本题中的做法体现了检察院对公安机关的监督权，体现了检察官“坚持担当精神，强化法律监督”的职业道德准则，该项正确。检察院办理刑事案件，以事实为根据，以法律为准绳，秉持客观公正的立场；检察官既是犯罪的追诉者，也是无辜的保护者；客观公正立场要求检察官作为检察院的代表在参与刑事诉讼过程中不能单纯站在公诉人或追诉者的立场一味地考虑如何追诉犯罪，而应当既注重不利于被追诉者的内容，又注重有利于被追诉者的因素。本题中检察官的做法表明，检察官依据事实和证据查明罪与非罪，收集证据，体现检察官以法律为准绳，秉持客观公正的办案立场。故C项正确。检察官在审查起诉时审查认罪认罚情况，有助于保障犯罪嫌疑人认罪认罚的自愿性、真实性和合法性，确保认罪认罚制度正确实施，故D项正确。

综上，本题的正确答案为A、B、C、D四项。

答案：ABCD

3. 关于检察院的性质与组织，下列表述正确的是？（2020年法考客观题回忆版真题，不定选）

A. 检察院内设业务机构的负责人对本部门的办案活动进行监督管理

B. 上级检察院可调用下级检察院检察官办理案件并代表上级检察院出庭支持公诉，体现了检察一体化

C. 检察官在法庭审理中提交被告构成坦白的证据，体现了其客观公正的立场

D. 检察官在检察长领导下开展工作，办案事项由检察长决定

［解析］　本题考查检察院的性质和组织。《高检规则》第6条规定，检察院根据检察工作需要设置业务机构，在刑事诉讼中按照分工履行职责。业务机构负责人对本部门的办案活动进行监督管理。故A项表述正确。

《高检规则》第9条第2款规定：“上级人民检察院可以依法统一调用辖区的检察人员办理案件，调用的决定应当以书面形式作出。被调用的检察官可以代表办理案件的人民检察院履行出庭支持公诉等各项检察职责。”一般认为，检察一体的基本内涵主要有以下三个方面：在上下级检察机关和检察官之间存在着上命下从的领导关系；各地和各级检察机关之间具有职能协助的义务；检察官之间和检察院之间在职务上可以发生相互承继、移转和代理的关系。上级检察院可调用下级检察院检察官办理案件并代表上级检察院出庭支持公诉，体现了检察一体化。故B项表述正确。

检察院办理刑事案件，以事实为根据，以法律为准绳，秉持客观公正的立场；检察官既是犯罪的追诉者，也是无辜的保护者；客观公正立场要求检察官作为检察院的代表在参与刑事诉讼过程中不能单纯站在公诉人或追诉者的立场一味地考虑如何追诉犯罪，而应当既注重不利于被追诉者的内容，又注重有利于被追诉者的因素。检察官在法庭审理中提交被告构成坦白的证据，体现了其客观公正的立场。故C项表述正确。

《高检规则》第4条第2款规定：“检察官在检察长领导下开展工作。重大办案事项，由检察长决定。检察长可以根据案件情况，提交检察委员会讨论决定。其他办案事项，检察长可以自行决定，也可以委托检察官决定。”故D项的错误在于后半句话，办案事项不一定由检察长决定，也可能是检察委员会决定或委托检察官决定。

本题的正确答案为A、B、C三项。

答案：ABC

4. 关于检察院办理刑事案件，下列说法正确的是？（2020年法考客观题回忆版真题，单选）

A. 检察委员会可以对部分办案事项作出决定并承担相应司法责任

B. 检察官办案组办理案件时应请求检察长或副检察长主办

C. 检察官可以授权助理签发相应的法律文书

D. 上级检察院认为下级检察院作出不起诉决定错误的，应当撤销不起诉决定

[解析] 本题考查检察院的职权分工以及上下级检察院的关系。《高检规则》第4条第1款规定："人民检察院办理刑事案件，由检察官、检察长、检察委员会在各自职权范围内对办案事项作出决定，并依照规定承担相应司法责任。"故A项表述正确。

《高检规则》第5条第1款规定："人民检察院办理刑事案件，根据案件情况，可以由一名检察官独任办理，也可以由两名以上检察官组成办案组办理。由检察官办案组办理的，检察长应当指定一名检察官担任主办检察官，组织、指挥办案组办理案件。"可见，检察官办案组可以独立办理案件。故B项表述错误。

《高检规则》第4条第4款规定："以人民检察院名义制发的法律文书，由检察长签发；属于检察官职权范围内决定事项的，检察长可以授权检察官签发。"可见，检察官不得授权助理签发相应的法律文书。故C项表述错误。

《高检规则》第389条规定："最高人民检察院对地方各级人民检察院的起诉、不起诉决定，上级人民检察院对下级人民检察院的起诉、不起诉决定，发现确有错误的，应当予以撤销或者指令下级人民检察院纠正。"可见，D项的错误在于，检察院认为下级检察院作出不起诉决定错误的，不是只有"撤销不起诉决定"这一种做法，而是还可以指令下级检察院纠正。

因此，本题的正确答案为A项。

答案：A

5. 某案件经中级法院一审判决后引起社会的广泛关注。为回应社会关注和保证办案质量，在案件由高级法院作出二审判决前，基于我国法院和检察院的组织体系与上下级关系，最高法院和最高检察院可采取下列哪些措施？（2017/2/65，多选）

A. 最高法院可听取高级法院对该案的汇报并就如何审理提出意见

B. 最高法院可召开审判业务会议对该案的实体和程序问题进行讨论

C. 最高检察院可听取省检察院的汇报并对案件事实、证据进行审查

D. 最高检察院可决定检察机关在二审程序中如何发表意见

[解析] 本题考查上下级法院、检察院的关系。《刑事诉讼法》第5条规定："人民法院依照法律规定独立行使审判权，人民检察院依照法律规定独立行使检察权，不受行政机关、社会团体和个人的干涉。"法院和检察院在上下级关系上有所不同。检察院上下级之间是领导与被领导的关系，上级检察院有权就具体案件对下级检察院作出命令、指示。独立行使检察权实质上是指整个检察系统作为一个整体独立行使检察权，这在理论上称为检察一体化。与检察系统不同，法院上下级之间是监督与被监督的关系，各级法院在具体案件的审判过程中独立行使审判权，包括上级法院在内的其他法院无权干涉。上级法院对下级法院的监督必须通过法定的程序进行，如改变管辖、在第二审程序中撤销错误的判决等。本题中，A、B两项的错误在于，最高人民法院不得就尚未作出判决的个案对高级法院进行指导和监督。但是，最高人民检察院可以针对具体案件对下级检察院作出命令和指示。故C、D两项正确。

答案：CD

6. 关于公检法机关的组织体系及其在刑事诉

讼中的职权，下列哪些选项是正确的？（2015/2/65，多选）

A. 公安机关统一领导、分级管理，对超出自己管辖的地区发布通缉令，应报有权的上级公安机关发布

B. 基于检察一体化，检察院独立行使职权是指检察系统整体独立行使职权

C. 检察院上下级之间是领导关系，上级检察院认为下级检察院二审抗诉不当的，可直接向同级法院撤回抗诉

D. 法院上下级之间是监督指导关系，上级法院如认为下级法院审理更适宜，可将自己管辖的案件交由下级法院审理

［解析］ 本题考查公、检、法机关的组织体系及其在刑事诉讼中的职权（具体包括通缉、二审中检察院撤回抗诉、级别管辖的流转）。《刑事诉讼法》第155条规定："应当逮捕的犯罪嫌疑人如果在逃，公安机关可以发布通缉令，采取有效措施，追捕归案。各级公安机关在自己管辖的地区以内，可以直接发布通缉令；超出自己管辖的地区，应当报请有权决定的上级机关发布。"故A项正确。

检察机关上下级之间是领导关系，奉行"检察一体，上命下从"的体制，整体独立于外部的行政机关、社会团体、个人。故B项正确。

《高检规则》第589条第2款规定，上一级检察院认为抗诉不当的，应当听取下级检察院的意见。听取意见后，仍然认为抗诉不当的，应当向同级法院撤回抗诉，并且通知下级检察院。故C项的错误在于缺少了"听取下级检察院的意见"这一必经程序。

《高法解释》第17条第1款规定："基层人民法院对可能判处无期徒刑、死刑的第一审刑事案件，应当移送中级人民法院审判。"由此可见，下级法院不能审理应由上级法院管辖的案件。故D项错误。

答案：AB（原答案为ABC）

7. 关于监狱在刑事诉讼中的职权，下列哪一选项是正确的？（2016/2/23，单选）

A. 监狱监管人员指使被监管人体罚虐待其他被监管人的犯罪，由监狱进行侦查

B. 罪犯在监狱内犯罪并被发现判决时所没有发现的罪行，应由监狱一并侦查

C. 被判处有期徒刑罪犯的暂予监外执行均应当由监狱提出书面意见，报省级以上监狱管理部门批准

D. 被判处有期徒刑罪犯的减刑应当由监狱提出建议书，并报法院审核裁定

［解析］ 本题考查监狱的职权、立案管辖、监外执行、减刑程序。《刑事诉讼法》第19条第2款规定，检察院在对诉讼活动实行法律监督中发现的司法工作人员利用职权实施的非法拘禁、刑讯逼供、非法搜查等侵犯公民权利、损害司法公正的犯罪，可以由检察院立案侦查。对于公安机关管辖的国家机关工作人员利用职权实施的重大犯罪案件，需要由检察院直接受理的时候，经省级以上检察院决定，可以由检察院立案侦查。A项中的监狱监管人员指使被监管人体罚虐待其他被监管人的犯罪，属于虐待被监管人案，可以由检察院侦查，也可以由监察机关立案调查，而不是监狱侦查，所以，A项错误。

《监狱法》第60条规定，对罪犯在监狱内犯罪的案件，由监狱进行侦查。本题B项中，罪犯被发现判决时所没有发现的罪行，则由有管辖权的公安机关或者检察院侦查，故B项错误。

《刑事诉讼法》第265条第5款规定，在交付执行前，暂予监外执行由交付执行的法院决定；在交付执行后，暂予监外执行由监狱或者看守所提出书面意见，报省级以上监狱管理机关或者设区的市一级以上公安机关批准。对被判处有期徒刑的罪犯，在交付执行后，暂予监外执行一般是由监狱提出书面意见，报省级以上监狱管理机关批准。但是，对被判处有期

徒刑的罪犯，在被交付执行刑罚前，剩余刑期在3个月以下的，由看守所代为执行，那么，在执行期间，该罪犯需要暂予监外执行，由看守所提出书面意见，报设区的市一级以上公安机关批准。因此，C项的表述有例外，该项错误。

《最高人民法院关于减刑、假释案件审理程序的规定》第1条规定：“对减刑、假释案件，应当按照下列情形分别处理：……（三）对被判处有期徒刑和被减为有期徒刑的罪犯的减刑、假释，由罪犯服刑地的中级人民法院在收到执行机关提出的减刑、假释建议书后一个月内作出裁定，案情复杂或者情况特殊的，可以延长一个月……”直接适用此法条，可知D项表述正确。

综上所述，本题的正确答案为D项。

答案：D

考点2 诉讼参与人

8. 关于刑事诉讼中被害人的近亲属的权利，下列表述正确的是？（2023年法考客观题回忆版真题，多选）

A. 某盗窃案中，被害人精神失常，其子代为对涉案财物申请重新鉴定

B. 某故意伤害案中，被害人基于恐惧而不敢告诉，其子代为提起附带民事诉讼

C. 某绑架案中，在审查起诉阶段，被害人的胞妹代为委托诉讼代理人

D. 某强制医疗案中，被害人死亡，其父亲不服强制医疗决定，向上一级法院申请复议

［解析］ 本题考查被害人的近亲属的诉讼权利。《高检规则》第221条第1、2款规定：“用作证据的鉴定意见，人民检察院办案部门应当告知犯罪嫌疑人、被害人；被害人死亡或者没有诉讼行为能力的，应当告知其法定代理人、近亲属或诉讼代理人。犯罪嫌疑人、被害人或被害人的法定代理人、近亲属、诉讼代理人提出申请，可以补充鉴定或者重新鉴定，鉴定费用由请求方承担。但原鉴定违反法定程序的，由人民检察院承担。”本题A项中被害人之子作为被害人的近亲属，可以申请重新鉴定。该项正确。《刑事诉讼法》第101条第1款规定：“被害人由于被告人的犯罪行为而遭受物质损失的，在刑事诉讼过程中，有权提起附带民事诉讼。被害人死亡或者丧失行为能力的，被害人的法定代理人、近亲属有权提起附带民事诉讼。”本题B项中因为被害人基于恐惧而不敢告诉，其子不能代为提起附带民事诉讼。该项错误。《刑事诉讼法》第46条第1款规定：“公诉案件的被害人及其法定代理人或者近亲属，附带民事诉讼的当事人及其法定代理人，自案件移送审查起诉之日起，有权委托诉讼代理人。”本题C项中，被害人的胞妹系被害人的近亲属，在审查起诉阶段可以委托诉讼代理人。该项正确。《刑事诉讼法》第305条第2款规定：“被决定强制医疗的人、被害人及其法定代理人、近亲属对强制医疗决定不服的，可以向上一级人民法院申请复议。”故D项中被害人的父亲作为其近亲属，可以向上一级法院申请复议。该项正确。

答案：ACD

9. 在袁某涉嫌故意杀害范某的案件中，下列哪些人员属于诉讼参与人？（2017/2/66，多选）

A. 侦查阶段为袁某提供少数民族语言翻译的翻译人员

B. 公安机关负责死因鉴定的法医

C. 就证据收集合法性出庭说明情况的侦查人员

D. 法庭调查阶段就范某死因鉴定意见出庭发表意见的有专门知识的人

［解析］ 本题考查诉讼参与人的范围。依据《刑事诉讼法》第108条第（四）项的规定，“诉讼参与人”是指当事人、法定代理人、诉讼代理人、辩护人、证人、鉴定人和翻

译人员。其中，当事人包括犯罪嫌疑人、被告人、被害人、自诉人、附带民事诉讼原告人、附带民事诉讼被告人。诉讼参与人指的是专门机关以外的人。本题A项中的“翻译人员”、B项中的“法医”是鉴定人，都属于诉讼参与人。特别注意，B项中的法医尽管是公安机关的工作人员，但是，其是以鉴定人身份参与诉讼，故其为诉讼参与人。但是，C项中的侦查人员是专门机关的人，不属于诉讼参与人。D项的“有专门知识的人”尽管参加诉讼，但不是诉讼参与人。因此，本题的正确答案为A、B两项。

答案：AB

10. 犯罪嫌疑人、被告人在刑事诉讼中享有的诉讼权利可分为防御性权利和救济性权利。下列哪些选项属于犯罪嫌疑人、被告人享有的救济性权利？（2017/2/67，多选）

A. 侦查机关讯问时，犯罪嫌疑人有申辩自己无罪的权利

B. 对办案人员人身侮辱的行为，犯罪嫌疑人有提出控告的权利

C. 对办案机关应退还取保候审保证金而不退还的，犯罪嫌疑人有申诉的权利

D. 被告人认为一审判决量刑畸重，有提出上诉的权利

［解析］本题考查犯罪嫌疑人、被告人的权利分类。刑事诉讼中犯罪嫌疑人、被告人的诉讼权利按其性质和作用的不同，可分为防御性权利和救济性权利两种。所谓防御性权利，是指犯罪嫌疑人、被告人为对抗追诉方的指控、抵消其控诉效果所享有的诉讼权利。主要有：(1) 辩护权。(2) 拒绝回答权。(3) 被告人有权在开庭前10日内收到起诉书副本。(4) 参加法庭调查权。(5) 参加法庭辩论权。(6) 最后陈述权。(7) 反诉权。所谓救济性权利，是指犯罪嫌疑人、被告人对国家专门机关所作的对其不利的行为、决定或裁判，要求另一专门机关予以审查并作出改变或撤销的诉讼权利。主要包括：(1) 申请复议权。(2) 控告权。(3) 申请变更、解除强制措施权。(4) 申诉权。(5) 上诉权。(6) 对缺席审判的异议权。本题中B项的控告权、C项的申诉权、D项的上诉权，属于救济性权利，故B、C、D三项正确。A项中申辩自己无罪的权利，属于防御性权利，该项不当选。

答案：BCD

11. 关于刑事诉讼当事人中的被害人的诉讼权利，下列哪些选项是正确的？（2015/2/66，多选）

A. 撤回起诉、申请回避

B. 委托诉讼代理人、提起自诉

C. 申请复议、提起上诉

D. 申请抗诉、提出申诉

［解析］本题考查公诉案件的被害人的权利。依据《刑事诉讼法》第29、32条的规定，有权申请回避的主体是当事人及其法定代理人、诉讼代理人、辩护人，公诉案件的被害人是当事人，有权申请回避。公诉案件的被害人无权撤回起诉，因为公诉案件中由检察院撤回起诉。故A项不当选。《刑事诉讼法》第46条第1款规定：“公诉案件的被害人及其法定代理人或者近亲属，附带民事诉讼的当事人及其法定代理人，自案件移送审查起诉之日起，有权委托诉讼代理人。自诉案件的自诉人及其法定代理人，附带民事诉讼的当事人及其法定代理人，有权随时委托诉讼代理人。”对于B项而言，公诉案件的被害人有权委托诉讼代理人。依据《刑事诉讼法》第210条的规定，若公安机关、检察院对公诉案件不追究犯罪嫌疑人的刑事责任，被害人可以向法院提起自诉。因此，B项当选。依据《刑事诉讼法》第112条的规定，被害人作为控告人，对不立案的决定如果不服，可以申请复议。但是，依据《刑事诉讼法》第227条的规定，被害人没有提起

上诉的权利。故C项不当选。对于D项，依据《刑事诉讼法》第229条的规定，被害人及其法定代理人不服地方各级法院第一审的判决的，自收到判决书后五日以内，有权请求检察院提出抗诉。而且，依据《刑事诉讼法》第252条的规定，当事人及其法定代理人、近亲属，对已经发生法律效力的判决、裁定，可以向法院或者检察院提出申诉。被害人作为当事人的一种，享有该申诉的权利。故D项当选。因此，本题的正确答案为B、D两项。

答案：BD

12. 关于被害人在刑事诉讼中的权利，下列哪一选项是正确的？（2014/2/25，单选）

A. 自公诉案件立案之日起有权委托诉讼代理人

B. 对因作证而支出的交通、住宿、就餐等费用，有权获得补助

C. 对法院作出的强制医疗决定不服的，可向作出决定的法院申请复议一次

D. 对检察院作出的附条件不起诉决定不服的，可向上一级检察院申诉

［解析］本题考查被害人的诉讼权利。《刑事诉讼法》第46条第1款规定，公诉案件的被害人及其法定代理人或者近亲属，附带民事诉讼的当事人及其法定代理人，自案件移送审查起诉之日起，有权委托诉讼代理人。自诉案件的自诉人及其法定代理人，附带民事诉讼的当事人及其法定代理人，有权随时委托诉讼代理人。故A项的错误在于，不是“立案之日起”，而是“移送审查起诉之日起”。

《刑事诉讼法》第65条第1款规定：“证人因履行作证义务而支出的交通、住宿、就餐等费用，应当给予补助。证人作证的补助列入司法机关业务经费，由同级政府财政予以保障。”故B项的错误在于，只需要补助证人，不需要补助被害人。

《刑事诉讼法》第305条第2款规定：“被决定强制医疗的人、被害人及其法定代理人、近亲属对强制医疗决定不服的，可以向上一级人民法院申请复议。”故C项的错误在于，不是向作出决定的法院申请复议一次，而是向上一级法院申请复议。

《全国人民代表大会常务委员会关于〈中华人民共和国刑事诉讼法〉第二百七十一条（现第二百八十二条）第二款的解释》规定，检察院办理未成年人刑事案件，在作出附条件不起诉的决定以及考验期满作出不起诉的决定以前，应当听取被害人的意见。被害人对检察院对未成年犯罪嫌疑人作出的附条件不起诉的决定和不起诉的决定，可以向上一级检察院申诉，不适用《刑事诉讼法》第180条关于被害人可以向法院起诉的规定，故D项正确。

本题的正确答案为D项。

答案：D

第四章 管辖

点评

本章内容比较复杂，命题点较细。本章每年在法律职业资格考试客观题中一般考查1—2道选择题。考生应主要对监察机关、公安机关、检察院和法院直接受理的刑事案件，交叉管辖，并案管辖，中级法院管辖的第一审刑事案件，一般地域管辖，指定管辖，特殊地域管辖等内容着重记忆。关于本章考查中的难点，需要注意以下几个方面：一是立案管辖中公诉案件与自诉案件的区分，尤其是自诉案件与公诉案件的转换；二是审判管辖中的并案管辖与分案处理，需要与第一审程序中有关分案的规定结合起来学习；三是指定管辖常常与回避的相关知识点结合起来，考查有管辖权但不适宜管辖的情形如何处理；四是特殊情况的管辖，常常结合一般的地区管辖和级别管辖进行考查。另外，有关管辖的考查也常常与侦查程序、审查起诉程序以及审判程序一并综合考查。

刑事诉讼法真题中经常将管辖作为陷阱加以设置予以考查，故审题应谨慎，以防因不必要的遗漏而误选。2021年《高法解释》对特殊地域管辖、指定管辖、并案管辖作出了修改，考生应高度重视。

考点1 立案管辖

1. 甲殴打乙，致乙轻伤。下列关于该案的说法，正确的是？（2022年法考客观题回忆版真题，不定选）

A. 乙向法院提起自诉，法院应当告知乙向公安机关控告

B. 乙向公安机关提出控告，公安机关决定不立案的，乙可以向法院提起自诉

C. 乙向公安机关提出控告，公安机关在侦查中撤销案件的，告知乙可以向法院提起自诉

D. 乙向法院提起自诉，法院不予受理的，可告知乙向公安机关报案，或者移送公安机关立案侦查

［解析］ 本题考查自诉案件的受理。依据《高法解释》第1条的规定，轻伤害属于被害人有证据证明的轻微刑事案件，该类案件的特点是既可以公诉，也可以自诉。对于A项而言，乙向法院提起自诉，法院可以受理，不是应当告知乙向公安机关控告，该项错误。乙向公安机关控告，公安机关不论是不立案还是撤销案件，乙均可以向法院提起自诉，故B、C两项表述正确。《高法解释》第1条规定："……（二）人民检察院没有提起公诉，被害人有证据证明的轻微刑事案件：1. 故意伤害案（刑法第二百三十四条第一款规定的）……本项规定的案件，被害人直接向人民法院起诉的，人民法院应当依法受理。对其中证据不足，可以由公安机关受理的，或者认为对被告人可能判处三年有期徒刑以上刑罚的，应当告知被害人向公安机关报案，或者移送公安机关立案侦查……"由此可见，对于被害人有证据证明的轻微刑事案件，被害人向法院提起自诉，法院对其中证

据不足，可以由公安机关受理的，或者认为对被告人可能判处三年有期徒刑以上刑罚的，应当告知被害人向公安机关报案，或者移送公安机关立案侦查。故D项正确。因此，本题的正确答案为B、C、D三项。

答案：BCD

2. 下列哪一案件可由检察院立案侦查？（2021年法考客观题回忆版真题，单选）

A. 某海警工作站站长刘某在办理刑事案件时询问证人苏某，对苏某进行殴打，致其重伤

B. 某县副县长张某隐瞒自己发热的事实，参加打牌并致使多人感染新冠肺炎

C. 某县检察院副检察长周某在办公大楼建设招标过程中收受巨额贿赂

D. 警察王某利用职务之便为境外刺探国家情报

［解析］ 本题考查立案管辖。《刑事诉讼法》第19条第1、2款规定：“刑事案件的侦查由公安机关进行，法律另有规定的除外。人民检察院在对诉讼活动实行法律监督中发现的司法工作人员利用职权实施的非法拘禁、刑讯逼供、非法搜查等侵犯公民权利、损害司法公正的犯罪，可以由人民检察院立案侦查。对于公安机关管辖的国家机关工作人员利用职权实施的重大犯罪案件，需要由人民检察院直接受理的时候，经省级以上人民检察院决定，可以由人民检察院立案侦查。”本题A项中的刘某涉嫌暴力取证致人重伤，属于检察院管辖的第一类案件，可以由检察院立案侦查，也可以由监察机关立案调查，A项当选。B项中的张某涉嫌妨害传染病防治罪，由公安机关立案侦查，该项不当选。依据《监察法》第11条的规定，监察委员会对涉嫌贪污贿赂、滥用职权、玩忽职守、权力寻租、利益输送、徇私舞弊以及浪费国家资财等职务违法和职务犯罪进行调查。本题C项中的周某涉嫌受贿罪，属于监察机关管辖的案件，该项不当选。《刑事诉讼法》第4条规定：“国家安全机关依照法律规定，办理危害国家安全的刑事案件，行使与公安机关相同的职权。”本题D项中的王某涉嫌为境外非法提供国家秘密、情报罪，该罪系危害国家安全的犯罪，属于国家安全机关立案侦查的案件，该项不当选。综上，本题的正确答案为A项。

答案：A

3. 周某系某监狱警察，在值班期间，严重不负责任，懈怠职守，未严格执行有关规定，从而未能及时发现罪犯越狱行为，导致8名在押罪犯全部翻窗越狱逃跑的严重后果。对周某涉嫌犯罪的管辖，下列表述，正确的是？（2020年法考新疆延考客观题回忆版真题，不定选）

A. 可由公安机关立案侦查

B. 可由检察院立案侦查，但须经省级以上检察院批准

C. 可由监察委员会立案调查

D. 可由监狱立案侦查

［解析］ 本题考查立案管辖。本题中的周某涉嫌失职致使在押人员脱逃罪。依据《刑事诉讼法》第19条第2款的规定，检察院在对诉讼活动实行法律监督中发现的司法工作人员利用职权实施的非法拘禁、刑讯逼供、非法搜查等侵犯公民权利、损害司法公正的犯罪，可以由检察院立案侦查。对于公安机关管辖的国家机关工作人员利用职权实施的重大犯罪案件，需要由检察院直接受理的时候，经省级以上检察院决定，可以由检察院立案侦查。本题中，周某涉嫌的失职致使在押人员脱逃罪属于司法工作人员利用职权实施的损害司法公正的犯罪，可以由检察院立案侦查，但无须经省级以上检察院批准。故B项后半句话错误。依据《监察法》第11条的规定，监察机关有权对公职人员和有关人员涉嫌的贪污贿赂、滥用职权、玩忽职守、权力寻租、利益输送、徇私舞

弊以及浪费国家资财等职务违法和职务犯罪进行调查。本题中周某涉嫌的失职致使在押人员脱逃罪属于公职人员的职务犯罪，可以由监察机关立案调查。故C项正确。监狱侦查的是监狱内部的犯罪，虽然周某的犯罪发生在监狱内部，但是其属于职务犯罪，不属于监狱侦查的案件范围。故D项错误。本题的正确答案为C项。

答案：C

4. 孙某系甲省乙市海关科长，与走私集团通谋，利用职权走私国家禁止出口的文物，情节特别严重。关于本案管辖，下列哪些选项是正确的？（2015/2/67，多选）

A. 可由公安机关立案侦查

B. 经甲省检察院决定，可由检察院立案侦查

C. 甲省检察院决定立案侦查后可根据案件情况自行侦查

D. 甲省检察院决定立案侦查后可根据案件情况指定甲省丙市检察院侦查

［解析］ 本题考查检察院直接受理的刑事案件范围。《刑事诉讼法》第19条第2款规定，对于公安机关管辖的国家机关工作人员利用职权实施的重大犯罪案件，需要由检察院直接受理的时候，经省级以上检察院决定，可以由检察院立案侦查。本题中孙某作为国家机关工作人员参与走私文物，而且情节特别严重，属于重大犯罪案件，可以由检察院立案侦查，但是，也可以由海关走私侦查部门（属于专门的公安机关）立案侦查。故A、B两项正确。依据《高检规则》第15条的规定，对《高检规则》第13条第2款规定的案件，检察院需要直接立案侦查的，应当层报省级检察院决定。省级检察院应当在收到提请批准直接受理书后10日以内作出是否立案侦查的决定。省级检察院可以决定由设区的市级检察院立案侦查，也可以自行立案侦查。故本题中C、D两项正确。

答案：ABCD

考点2 级别管辖

5. A省B市检察院以张某故意杀人罪起诉至B市中级法院，B市中级法院经过一审，判处张某死缓，张某上诉，A省高级法院经过二审，认为原判事实不清、证据不足、适用法律错误，遂裁定撤销原判，发回B市中级法院重新审判。在重审时，B市检察院撤回起诉后，指令B市C区检察院向C区法院提起公诉。下列关于该案诉讼程序的表述，正确的是？（2020年法考新疆延考客观题回忆版真题，不定选）

A. A省高级法院裁定撤销原判，发回B市中级法院重新审判，是错误的

B. B市检察院可以向B市中级法院撤回起诉

C. A省高级法院可以将该案移送给B市中级法院审理

D. A省高级法院应当将该案移送给B市中级法院以外的法院审理

［解析］ 本题考查管辖、撤回起诉。《刑事诉讼法》第236条第1款规定："第二审人民法院对不服第一审判决的上诉、抗诉案件，经过审理后，应当按照下列情形分别处理：（一）原判决认定事实和适用法律正确、量刑适当的，应当裁定驳回上诉或者抗诉，维持原判；（二）原判决认定事实没有错误，但适用法律有错误，或者量刑不当的，应当改判；（三）原判决事实不清楚或者证据不足的，可以在查清事实后改判；也可以裁定撤销原判，发回原审人民法院重新审判。"本案二审时，A省高级法院发现事实不清、证据不足，可以裁定撤销原判，发回B市中级法院重新审判。故A项错误。《高检规则》第424条第1款规定："人民法院宣告判决前，人民检察院发现具有下列情形之一的，经检察长批准，可以撤回

起诉：（一）不存在犯罪事实的；（二）犯罪事实并非被告人所为的；（三）情节显著轻微、危害不大，不认为是犯罪的；（四）证据不足或证据发生变化，不符合起诉条件的；（五）被告人因未达到刑事责任年龄，不负刑事责任的；（六）法律、司法解释发生变化导致不应当追究被告人刑事责任的；（七）其他不应当追究被告人刑事责任的。”因为本案符合该条第（四）项规定的“证据不足，不符合起诉条件的”情形，在B市中级法院重新审判时，B市检察院可以撤回起诉。故B项正确。《高法解释》第23条规定，第二审法院发回重新审判的案件，检察院撤回起诉后，又向原第一审法院的下级法院重新提起公诉的，下级法院应当将有关情况层报原第二审法院。原第二审法院根据具体情况，可以决定将案件移送原第一审法院或者其他法院审判。本案中，B市中级法院是第一审法院，A省高级法院作为第二审法院，可以将该案移送B市中级法院或者其他法院审判。故C项正确，D项错误。

答案：BC

6. 某县破获一抢劫团伙，涉嫌多次入户抢劫，该县法院审理后认为，该团伙中只有主犯赵某可能被判处无期徒刑。关于该案的移送管辖，下列哪些选项是正确的？（2014/2/66，多选）

A. 应当将赵某移送中级法院审理，其余被告人继续在县法院审理

B. 团伙中的未成年被告人应当一并移送中级法院审理

C. 中级法院审查后认为赵某不可能被判处无期徒刑，可不同意移送

D. 中级法院同意移送的，应当书面通知其同级检察院

［解析］ 本题考查移送管辖、级别管辖、分案审理。《高法解释》第17条第1款规定：“基层人民法院对可能判处无期徒刑、死刑的第一审刑事案件，应当移送中级人民法院审判。”《高法解释》第15条规定：“一人犯数罪、共同犯罪或者其他需要并案审理的案件，其中一人或者一罪属于上级人民法院管辖的，全案由上级人民法院管辖。”但是，依据《人民检察院办理未成年人刑事案件的规定》第51条第1款的规定：“人民检察院审查未成年人与成年人共同犯罪案件，一般应当将未成年人与成年人分案起诉，但是具有下列情形之一的，可以不分案起诉：（一）未成年人系犯罪集团的组织者或者其他共同犯罪中的主犯的；（二）案件重大、疑难、复杂，分案起诉可能妨碍案件审理的；（三）涉及刑事附带民事诉讼，分案起诉妨碍附带民事诉讼部分审理的；（四）具有其他不宜分案起诉情形的。”

本题所描述的案情中，如果团伙中有未成年被告人，一般的处理情形是检察机关应当将该案划分为成年被告人和未成年被告人两个案件，分案起诉至县法院。当县法院审理后发现主犯赵某可能判处无期徒刑而需要将全案移送中级法院审理时，移送的应当是赵某及其他成年被告人的案件，而不包括已经被另行审理的未成年被告人的案件，故A项错误。B项中“团伙中的未成年被告人应当一并移送中级法院审理”的表述过于绝对，与司法解释所要求的一般处理原则矛盾，故该项错误。《高法解释》第17条第3款规定，需要将案件移送中级法院审判的，应当在报请院长决定后，至迟于案件审理期限届满15日以前书面请求移送。中级法院应当在接到申请后10日以内作出决定。不同意移送的，应当下达不同意移送决定书，由请求移送的法院依法审判；同意移送的，应当下达同意移送决定书，并书面通知同级检察院。故C、D两项正确。本题的正确答案为C、D两项。

答案：CD

7. 美国人杰克与香港居民赵某在内地私藏枪

支、弹药，公安人员查缉枪支、弹药时，赵某以暴力方法阻碍公安人员依法执行职务。下列哪一说法是正确的？（2011/2/23，单选）

A. 全案由犯罪地的基层法院审判，因为私藏枪支、弹药罪和妨碍公务罪都不属于可能判处无期徒刑以上刑罚的案件

B. 杰克由犯罪地中级法院审判，赵某由犯罪地的基层法院审判

C. 杰克由犯罪地中级法院审判，赵某由中级法院根据具体案件情况而决定是否交由基层法院审判

D. 全案由犯罪地的中级法院审判

［解析］　本题考查级别管辖。依据《刑事诉讼法》第21条规定：“中级人民法院管辖下列第一审刑事案件：（一）危害国家安全、恐怖活动案件；（二）可能判处无期徒刑、死刑的案件。”本案中尽管被告人之一是外国人，属于外国人犯罪的刑事案件，但是按照刑事诉讼法的规定，该种犯罪也不属于中级法院管辖。而且，私藏枪支、弹药罪和妨碍公务罪都不属于可能判处无期徒刑以上刑罚的案件，所以A项正确，B、C、D三项均错误。

答案：A（原答案为D）

考点3　一般地域管辖

8. 居住在A市的张某，在邻省B市盗窃李某的摩托车后，驾车逃往A市，李某见其摩托车被盗，驾车追赶张某，张某逃到A市C区撞伤王某后逃跑，王某因未得到及时救治而死亡，张某在A市C区被抓。下列关于该案管辖权的说法，正确的是？（2022年法考延考客观题回忆版真题，2021年法考黑龙江延考客观题回忆版真题，单选）

A. 应当由A市中级法院管辖

B. 应当由B市基层法院管辖

C. 应当由A市C区法院和B市基层法院分别管辖

D. 应当由A市C区法院管辖

［解析］　本题考查地域管辖和级别管辖。《刑事诉讼法》第25条规定：“刑事案件由犯罪地的人民法院管辖。如果由被告人居住地的人民法院审判更为适宜的，可以由被告人居住地的人民法院管辖。”本题中，张某涉嫌盗窃罪和交通肇事罪，犯罪地包括B市和A市C区。《刑事诉讼法》第21条规定：“中级人民法院管辖下列第一审刑事案件：（一）危害国家安全、恐怖活动案件；（二）可能判处无期徒刑、死刑的案件。”按照《刑法》第264条关于盗窃罪的规定和《刑法》第133条关于交通肇事罪的规定，二罪数罪并罚，也不可能判处无期徒刑、死刑，该案属于基层法院管辖的案件。故A项错误。依据《六机关规定》第3条的规定，该案属于一人犯数罪的情形，可以并案审理。故本案“可以”由B市基层法院或者A市C区法院管辖，而不是“应当”由A市基层法院或者C区法院管辖。故B、D两项不正确。本题的正确答案是C项，即张某的盗窃罪由B市基层法院管辖，张某的交通肇事罪由A市C区法院管辖。

答案：C

9. 周某采用向计算机植入木马程序的方法窃取齐某的网络游戏账号、密码等信息，将窃取到的相关数据存放在其租用的服务器中，并利用这些数据将齐某游戏账户内的金币、点券等虚拟商品放在第三方网络交易平台上进行售卖，获利5000元。下列哪些地区的法院对本案具有管辖权？（2013/2/65，多选）

A. 周某计算机所在地

B. 齐某计算机所在地

C. 周某租用的服务器所在地

D. 经营该网络游戏的公司所在地

［解析］　本题考查网络犯罪的管辖地。《高法解释》第2条第2款规定：“针对或者主要利用计算机网络实施的犯罪，犯罪地包括用

于实施犯罪行为的网络服务使用的服务器所在地，网络服务提供者所在地，被侵害的信息网络系统及其管理者所在地，犯罪过程中被告人、被害人使用的信息网络系统所在地，以及被害人被侵害时所在地和被害人财产遭受损失地等。”本题中，A、B两项中的周某、齐某计算机所在地是被告人、被害人使用的计算机信息系统所在地，C项中的周某租用的服务器所在地是用于实施犯罪行为的网络服务使用的服务器所在地，D项中的经营该网络游戏的公司所在地是网络服务提供者所在地，因此，A、B、C、D四项中涉及的地区的法院对该案都有管辖权。

答案：ABCD

考点4　指定管辖

10. 中国澳门籍公民苏某在S市注册某公司，在H县和L区设立了办事机构，以公司名义非法吸收公众存款450万元，之后，潜逃境外，在越南被发现，抓捕后从P市入境。下列关于该案管辖的表述，正确的是？（2020年法考客观题回忆版真题，不定选）

A. P市法院作为入境地法院管辖

B. S市、H县和L区法院均享有管辖权

C. 经最高人民检察院指定，H县检察院可以向L区法院提起公诉

D. 应由S市法院管辖

［解析］　本题考查地域管辖。本题的苏某系中国澳门公民，在中国领域内实施犯罪，不是在中国领域外实施的犯罪，故不适用特殊地域管辖的规定，故A项错误。依据《刑事诉讼法》第25条的规定，刑事案件由犯罪地的法院管辖。如果由被告人居住地的法院审判更为适宜的，可以由被告人居住地的法院管辖。《高法解释》第3条第2款规定：“被告单位登记的住所地为其居住地。主要营业地或者主要办事机构所在地与登记的住所地不一致的，主要营业地或者主要办事机构所在地为其居住地。”本题中，S市是登记地，H县和L区是主要办事机构所在地，这三个地方均是被告单位的居住地，均有管辖权，故B项正确，D项错误。C项的错误在于，H县检察院只能向H县法院提起公诉，不能向L区法院提起公诉，因为起诉的检察院与审判的法院必须在级别和地域上对应。因此，本题的正确答案为B项。

答案：B

11. 黄某是甲市中级法院审判委员会委员，黄某之前曾担任甲市乙区法院副院长，经查，黄某在甲市中级法院任职期间干扰某民事案件的审判，涉嫌枉法裁判罪，被乙区检察院起诉至乙区法院，黄某对该案的管辖提出异议。下列关于乙区法院的处理方式，正确的是？（2019年法考客观题回忆版真题，单选）

A. 黄某可申请乙区法院全体法官回避

B. 报请甲市中级法院，由甲市中级法院指定乙区法院以外其他的法院审理

C. 报请甲市中级法院，由甲市中级法院进行审理

D. 逐级层报省高级法院，由省高级法院指令其他法院审理

［解析］　本题考查回避和指定管辖。《刑事诉讼法》第29条规定：“审判人员、检察人员、侦查人员有下列情形之一的，应当自行回避，当事人及其法定代理人也有权要求他们回避：（一）是本案的当事人或者是当事人的近亲属的；（二）本人或者他的近亲属和本案有利害关系的；（三）担任过本案的证人、鉴定人、辩护人、诉讼代理人的；（四）与本案当事人有其他关系，可能影响公正处理案件的。”我国没有规定集体回避，故A项表述错误。《高法解释》第18条规定：“有管辖权的人民法院因案件涉及本院院长需要回避或者其他原因，不宜行使管辖权的，可以请求移送上一级人民法院管辖。上一级人民法院可以管辖，也

可以指定与提出请求的人民法院同级的其他人民法院管辖。”黄某是甲市中级法院审判委员会委员，由甲市中级法院审理，可能影响公正处理案件，甲市中级法院不宜审理该案，应报请省高级法院指定其他法院审理。故C项错误，D项正确。本案也不能由甲市中级法院指定乙区法院以外其他的法院审理，因为甲市中级法院的下级基层法院审理该案后，若对该案上诉或者抗诉，该案会由甲市中级法院进行二审，也是不适宜的。故B项错误。因此，本题的正确答案为D项。

答案：D

12. 甲省检察院查办A市公安局侦查人员蔡某暴力取证案，为保证诉讼顺利进行，拟指定甲省B市管辖。关于本案指定管辖，下列哪一选项是正确的？（单选）

A. 如指定B市中级法院审理，应由B市检察院侦查并提起公诉

B. 甲省检察院可指定B市检察院审查起诉并指定B市中级法院审理

C. 可由最高检察院直接指定B市检察院立案侦查

D. 如甲省高级法院指定B市中级法院审理，A市中级法院应将案卷材料移送B市中级法院

［解析］ 本题考查指定管辖、检察院与法院的关系、上下级检察院和法院的关系。对于A项，如指定B市中级法院审理，则由B市检察院提起公诉，但并不是应由B市检察院侦查，这个案件犯罪地是A市，所以可能是A市检察院侦查或者由上级检察院将该案指定给B市检察院以及其他的检察院侦查。立案侦查的检察院与提起公诉的检察院并不完全一致。立案侦查的检察院与审判的法院并不完全对应。故A项错误。

在我国，检察院和法院是分立的两个机关，上级检察院领导下级检察院，但不能领导下级法院，所以，指定管辖是由检察院、法院分别进行的。甲省检察院可以指定甲省B市检察院审查起诉，但不能指定甲省B市中级法院审理。此案若由B市中级法院审理，应由上级法院指定，所以B项错误。

《高检规则》第22条规定：“对于下列案件，上级人民检察院可以指定管辖：（一）管辖有争议的案件；（二）需要改变管辖的案件；（三）需要集中管辖的特定类型的案件；（四）其他需要指定管辖的案件。对前款案件的审查起诉指定管辖的，人民检察院应当与相应的人民法院协商一致。对前款第三项案件的审查逮捕指定管辖的，人民检察院应当与相应的公安机关协商一致。”本案即属于可能需要改变管辖的案件，可由最高检察院直接指定B市检察院立案侦查，这体现了上下级检察院的领导关系，故C项正确。

《高法解释》第22条规定，原受理案件的法院在收到上级法院改变管辖决定书、同意移送决定书或者指定其他法院管辖的决定书后，对公诉案件，应当书面通知同级检察院，并将案卷材料退回，同时书面通知当事人；对自诉案件，应当将案卷材料移送被指定管辖的法院，并书面通知当事人。本案属于公诉案件，故指定管辖后，A市中级法院应将案卷材料退回A市检察院，故D项错误。

综上所述，本题的正确答案为C项。

答案：C

考点5　特殊地域管辖

13. 徐某在A市B区实施故意伤害罪被判处有期徒刑8年，其在A市监狱服刑3年后，徐某逃往C市，在C市D区持刀抢劫致一人死亡，最后在E市车站被抓获，下列哪一法院对该案有管辖权？（2023年法考客观题回忆版真题，单选）

A. A市B区法院

B. C市D区法院

C. A市中级法院

D. C市中级法院

［解析］ 本题考查特殊地域管辖和级别管辖。《高法解释》第13条第2、3款规定："罪犯在服刑期间又犯罪的，由服刑地的人民法院管辖。罪犯在脱逃期间又犯罪的，由服刑地的人民法院管辖。但是，在犯罪地抓获罪犯并发现其在脱逃期间犯罪的，由犯罪地的人民法院管辖。"本题中徐某在A市监狱服刑，脱逃到C市D区犯罪，在E市车站被抓获。这种情形下，由服刑地即A市的法院管辖。此外，该案属于可能判处无期徒刑、死刑的案件，最低由中级法院管辖，故A市中级法院有管辖权。因此，本题的正确答案为C项。

答案：C

14. 曹某在行驶的高铁列车上盗窃旅客财物，在停靠的下一站下车逃离，随后在其居住地被抓获。下列哪一公安机关对该案享有管辖权？（2022年法考客观题回忆版真题，单选）

A. 曹某下车的车站所在地的铁路公安机关

B. 负责该列高铁乘务的铁路公安机关

C. 曹某居住地的公安机关

D. 该列高铁始发地的公安机关

［解析］ 本题考查火车上的犯罪的管辖地。《公安部规定》第26条第4款规定："在列车上发生的刑事案件，犯罪嫌疑人在列车运行途中被抓获的，由前方停靠站所在地的铁路公安机关管辖；必要时，也可以由列车始发站、终点站所在地的铁路公安机关管辖。犯罪嫌疑人不是在列车运行途中被抓获的，由负责该列车乘务的铁路公安机关管辖；但在列车运行途经的车站被抓获的，也可以由该车站所在地的铁路公安机关管辖。"本题中，曹某不是在列车运行途中被抓获的，其实施的盗窃罪，应由负责该列车乘务的铁路公安机关管辖。故B项正确。

答案：B

15. 居住于我国A省的甲在我国海域内乘坐从B省大江市到大河市的轮船，在途经大海市时，在轮船卫生间内拍摄淫秽视频，到达大河市后，乘坐交通工具到达大山市，在大山市的酒店内把淫秽视频上传到网络。甲因涉嫌传播淫秽物品罪被立案侦查。下列哪些法院对该案享有管辖权？（2021年法考客观题回忆版真题，多选）

A. 大江市法院

B. 大河市法院

C. 大海市法院

D. 大山市法院

［解析］ 本题考查地域管辖。《高法解释》第4条规定："在中华人民共和国内水、领海发生的刑事案件，由犯罪地或者被告人登陆地的人民法院管辖。由被告人居住地的人民法院审判更为适宜的，可以由被告人居住地的人民法院管辖。"本题属于在中国内水实施的犯罪，大海市属于犯罪预备地，大山市属于犯罪实施地，都系犯罪地，都有管辖权。大河市属于登陆地，也有管辖权。因此，本题的正确答案为B、C、D三项。

答案：BCD

16. 中国公民曹某是巴拿马籍"翡翠公主号"游轮船员，游轮进入公海，曹某与中国籍乘客罗某争吵，后杀死罗某抛尸公海，曹某随即离开游轮。下列选项正确的是？（2020年法考客观题回忆版真题，多选）

A. 由曹某离境前居住地公安机关侦查

B. 此案属于重大疑难案件，检察机关可以派员介入侦查

C. 由船舶首个停靠中国口岸地海警机构侦查

D. 由曹某入境地海警机构侦查

［解析］ 本题考查海上刑事案件的管辖、海警局管辖的案件范围、检察院对侦查的监

督。依据《关于海上刑事案件管辖等有关问题的通知》第1条第1款第（三）项的规定：“对海上发生的刑事案件，按照下列原则确定管辖：……（三）中国公民在中华人民共和国领海以外的海域犯罪，由其登陆地、入境地、离境前居住地或者现居住地的人民法院管辖；被害人是中国公民的，也可以由被害人离境前居住地或者现居住地的人民法院管辖……”本题C项中的船舶首个停靠中国口岸地海警机构没有侦查权，D项中的曹某入境地海警机构有侦查权。故C项错误，D项正确。依据《关于海上刑事案件管辖等有关问题的通知》第2条的规定，海上发生的刑事案件的立案侦查，由海警机构根据本通知第1条规定的管辖原则进行。故A项的错误在于，曹某离境前居住地的公安机关无权侦查，曹某离境前居住地海警机构有权侦查。依据《关于海上刑事案件管辖等有关问题的通知》第6条第3款的规定，海警机构办理重大、疑难、复杂的刑事案件，可以商请检察院介入侦查活动，并听取检察院的意见和建议。检察院认为确有必要时，可以派员介入海警机构的侦查活动，对收集证据、适用法律提出意见，监督侦查活动是否合法，海警机构应当予以配合。故本题的B项表述正确。

因此，本题的正确答案为B、D两项。

答案：BD

17. 甲、乙二人同为中国A市居民，一同去日本留学，在留学期间，甲伙同外国人丙将乙绑架，向乙的家属索要赎金，之后，甲和丙在中国B市入境，居住C市，乙从D市入境回国，关于本案，下列哪些地区享有管辖权？（2018年法考客观题回忆版真题，多选）

A. A市法院

B. B市法院

C. C市法院

D. D市法院

［解析］　本题考查特殊地域管辖。依据《高法解释》第10条的规定，中国公民在中华人民共和国领域外的犯罪，由其登陆地、入境地、离境前居住地或者现居住地的法院管辖；被害人是中国公民的，也可以由被害人离境前居住地或者现居住地的法院管辖。《高法解释》第11条规定，外国人在中华人民共和国领域外对中华人民共和国国家或者公民犯罪，根据《中华人民共和国刑法》应当受处罚的，由该外国人登陆地、入境地或者入境后居住地的法院管辖，也可以由被害人离境前居住地或者现居住地的法院管辖。本案既涉及中国公民在中国领域外的犯罪，又涉及外国人在中国领域外对我国公民实施的犯罪。A市属于被告人甲和被害人乙的离境前居住地，B市属于被告人甲和丙的入境地，C市属于被告人丙的入境后居住地，此三地均有管辖权。D市属于被害人乙的入境地，没有管辖权。本题的正确答案为A、B、C三项。

答案：ABC

18. 甲、乙（户籍地均为M省A市）共同运营一条登记注册于A市的远洋渔船。某次在公海捕鱼时，甲、乙二人共谋杀害了与他们素有嫌隙的水手丙。该船回国后首泊于M省B市港口以作休整，然后再航行至A市。从B市起航后，在途经M省C市航行至A市过程中，甲因害怕乙投案自首一直将乙捆绑拘禁于船舱，该船于A市靠岸后案发。关于本案管辖，下列选项正确的是？（2016/2/92，不定选）

A. 故意杀人案和非法拘禁案应分别由中级法院和基层法院审理

B. A市和C市对非法拘禁案有管辖权

C. B市中级法院对故意杀人案有管辖权

D. A市中级法院对故意杀人案有管辖权

［解析］　本题考查级别管辖、一般地域管辖、特殊地域管辖。《刑事诉讼法》第21条

规定，中级法院管辖下列第一审刑事案件：(1) 危害国家安全、恐怖活动案件；(2) 可能判处无期徒刑、死刑的案件。《高法解释》第15条规定，一人犯数罪、共同犯罪或者其他需要并案审理的案件，其中一人或者一罪属于上级法院管辖的，全案由上级法院管辖。本题A项中，故意杀人案可能判处无期徒刑、死刑，非法拘禁案不可能判处无期徒刑、死刑，均由中级法院审理，此案就高不就低，全案由中级法院审理，故A项错误。

《刑事诉讼法》第25条规定，刑事案件由犯罪地的法院管辖。如果由被告人居住地的法院审判更为适宜的，可以由被告人居住地的法院管辖。本题中，在途经M省C市航行至A市过程中，甲将乙非法拘禁于船舱，因为非法拘禁属于持续犯，其所经过的地方均是犯罪地，因此，A市和C市对非法拘禁案有管辖权，B项正确。

《高法解释》第7条规定，在中华人民共和国领域外的中国船舶内的犯罪，由该船舶最初停泊的中国口岸所在地或者被告人登陆地、入境地的法院管辖。本题中，甲、乙二人在远洋渔船上共谋杀害了丙，该船回国后首泊于M省B市港口以作休整，然后再航行至A市，因此，B市属于该船舶最初停泊的中国口岸所在地。故B市中级法院对该故意杀人案有管辖权，C项正确，D项错误。

综上所述，本题的正确答案为B、C两项。

答案：BC

第五章 回避

点评

本章在历年法律职业资格考试客观题中偶尔考查1道选择题。重要知识点包括：回避适用的人员，回避的理由，回避的申请、审查与决定以及对驳回回避申请的复议。本部分在考试中的考查难度不大，只要熟悉相关法条和司法解释的规定，就可以准确作答。从历年试题可以发现，对回避制度的命题越来越趋向于细节的考查以及与其他知识点相结合的综合性考查。

考点1 回避的适用人员及法定情形

1. 王某涉嫌合同诈骗罪，提出以下回避的申请。在哪一情形下，法院可以决定回避？（2022年法考延考客观题回忆版真题，单选）

A. 王某以被害人的诉讼代理人是自己曾经的法律顾问为由申请回避

B. 王某以法官助理是被害人的侄子为由申请其回避，未提供证明材料

C. 王某以鉴定人学历造假为由申请其回避，并提供相关证明材料

D. 王某以公诉人讯问语气严厉为由申请其回避

［解析］ 本题考查回避的法定理由。《关于审判人员在诉讼活动中执行回避制度若干问题的规定》第1条规定："审判人员具有下列情形之一的，应当自行回避，当事人及其法定代理人有权以口头或者书面形式申请其回避：（一）是本案的当事人或者与当事人有近亲属关系的；（二）本人或者其近亲属与本案有利害关系的；（三）担任过本案的证人、翻译人员、鉴定人、勘验人、诉讼代理人、辩护人的；（四）与本案的诉讼代理人、辩护人有夫妻、父母、子女或者兄弟姐妹关系的；（五）与本案当事人之间存在其他利害关系，可能影响案件公正审理的。本规定所称近亲属，包括与审判人员有夫妻、直系血亲、三代以内旁系血亲及近姻亲关系的亲属。"本题A、C、D三项的理由不属于上述条文规定的回避理由，故无须回避。本题B项中的"法官助理"属于回避的对象，而且，B项中的"侄子"属于三代以内旁系血亲的人，属于此处的近亲属，故其属于该条第（一）项的回避理由，法院可以该理由决定法官助理回避。因此，本题的正确答案为B项。

答案：B

2. 齐某在A市B区利用网络捏造和散布虚假事实，宣称刘某系当地黑社会组织"大哥"，A市中级法院院长王某为其"保护伞"。刘某以齐某诽谤为由，向B区法院提起自诉。关于本案处理，下列哪一选项是正确的？（2017/2/24，单选）

A. B区法院可以该案涉及王某为由裁定不予受理

B. B区法院受理该案后应请求上级法院指定管辖

C. B区法院受理该案后，王某应自行回避

D. 齐某可申请A市中级法院及其下辖的所有基层法院法官整体回避

［解析］ 本题以一个较为特殊的情形考查刑事诉讼中回避的理由与程序及指定管辖的运用。根据本题所述情形，虽然王某并非B区法院的院长，但由于A市中级法院系B区法院的上一级法院，一旦B区法院一审后可能上诉至A市中级法院，因此王某与本案存在一定的关系，需要考虑是否符合回避的情形。《刑事诉讼法》第29条规定："审判人员、检察人员、侦查人员有下列情形之一的，应当自行回避，当事人及其法定代理人也有权要求他们回避：（一）是本案的当事人或者是当事人的近亲属的；（二）本人或者他的近亲属和本案有利害关系的；（三）担任过本案的证人、鉴定人、辩护人、诉讼代理人的；（四）与本案当事人有其他关系，可能影响公正处理案件的。"本题中，B区法院受理此案后，王某是上一级法院即A市中级法院院长，并非此案审理法院的审判人员，所以，不符合上述回避情形，尚不用自行回避。C项错误。

而根据题干所述，本案系利用网络实施的诽谤案件，B区法院系诽谤行为的实施地法院，对于本案具有管辖权，不应裁定不予受理，A项错误。我国《刑事诉讼法》尚未规定整体回避，D项错误。指定管辖是指当管辖不明或者有管辖权的法院不宜或不能行使管辖权时，由上级法院以指定的方式确定案件的管辖。《高法解释》第18条规定，有管辖权的法院因案件涉及本院院长需要回避或者其他原因，不宜行使管辖权的，可以请求移送上一级法院管辖。上一级法院可以管辖，也可以指定与提出请求的法院同级的其他法院管辖。在本案中，B区法院受理此案后考虑到本案一审后可能上诉至A市中级法院，而A市中级法院的院长需要回避，A市中级法院不宜作为本案的二审法院，包括B区在内的A市下属的所有基层法院都不宜作为本案一审法院，符合指定管辖的适用情形，B区法院应当逐级请求A市中级法院的上一级法院对本案指定管辖，B项正确。

因此，本题的正确答案为B项。

答案：B

3. 林某盗版销售著名作家黄某的小说涉嫌侵犯著作权罪，经一审和二审后，二审法院裁定撤销原判，发回原审法院重新审判。关于该案的回避，下列哪些选项是正确的？（2014/2/67，多选）

A. 一审法院审判委员会委员甲系林某辩护人妻子的弟弟，黄某的代理律师可申请其回避

B. 一审书记员乙系林某的表弟而未回避，二审法院可以此为由裁定发回原审法院重审

C. 一审合议庭审判长丙系黄某的忠实读者，应当回避

D. 丁系二审合议庭成员，如果林某对一审法院重新审判作出的裁判不服再次上诉至二审法院，丁应当自行回避

［解析］ 本题考查回避程序、回避的法定理由。《高法解释》第27条规定："审判人员具有下列情形之一的，应当自行回避，当事人及其法定代理人有权申请其回避：（一）是本案的当事人或者是当事人的近亲属的；（二）本人或者其近亲属与本案有利害关系的；（三）担任过本案的证人、鉴定人、辩护人、诉讼代理人、翻译人员的；（四）与本案的辩护人、诉讼代理人有近亲属关系的；（五）与本案当事人有其他利害关系，可能影响公正审判的。"

《关于审判人员在诉讼活动中执行回避制度若干问题的规定》第1条规定："审判人员具有下列情形之一的，应当自行回避，当事人及其法定代理人有权以口头或者书面形式申请

其回避：（一）是本案的当事人或者与当事人有近亲属关系的；（二）本人或者其近亲属与本案有利害关系的；（三）担任过本案的证人、翻译人员、鉴定人、勘验人、诉讼代理人、辩护人的；（四）与本案的诉讼代理人、辩护人有夫妻、父母、子女或者兄弟姐妹关系的；（五）与本案当事人之间存在其他利害关系，可能影响案件公正审理的。本规定所称近亲属，包括与审判人员有夫妻、直系血亲、三代以内旁系血亲及近姻亲关系的亲属。”

通过这两个规定可以发现，A项属于《高法解释》第27条第（四）项“与本案的辩护人、诉讼代理人有近亲属关系的情形”，故A项正确。C项中审判长丙尽管与当事人黄某有其他利害关系，但是没有达到可能影响公正审判的程度，故C项不正确。B项中“一审书记员乙系林某的表弟”属于法定回避理由，乙应当回避，但是其没有回避，依据《刑事诉讼法》第238条的规定：“第二审人民法院发现第一审人民法院的审理有下列违反法律规定的诉讼程序的情形之一的，应当裁定撤销原判，发回原审人民法院重新审判：（一）违反《刑事诉讼法》有关公开审判的规定的；（二）违反回避制度的；（三）剥夺或者限制了当事人的法定诉讼权利，可能影响公正审判的；（四）审判组织的组成不合法的；（五）其他违反法律规定的诉讼程序，可能影响公正审判的。”所以，二审法院可以此为由裁定发回原审法院重审。故B项正确。

《高法解释》第29条规定：“参与过本案调查、侦查、审查起诉工作的监察、侦查、检察人员，调至人民法院工作的，不得担任本案的审判人员。在一个审判程序中参与过本案审判工作的合议庭组成人员或者独任审判员，不得再参与本案其他程序的审判。但是，发回重新审判的案件，在第一审人民法院作出裁判后又进入第二审程序、在法定刑以下判处刑罚的复核程序或者死刑复核程序的，原第二审程序、在法定刑以下判处刑罚的复核程序或者死刑复核程序中的合议庭组成人员不受本款规定的限制。”本题D项即属于该规定中“程序只能参加一次”的例外，丁可以参加该案第二次的二审，故D项不正确。

本题的正确答案为A、B两项。

答案：AB

4. 某诈骗案，被告人甲17岁。在开庭审理过程中，甲的父亲乙提出申请，要求担任本案庭审记录工作的书记员丙回避，理由是听人说被害人的父亲丁在开庭前曾请丙出去吃过饭。关于本案中的回避，下列说法哪些是正确的？（2003/2/61，多选）

A. 乙提出回避申请，应当经过甲同意

B. 乙提出回避申请时，应当提供相应的证明材料

C. 是否批准本案中的回避申请，由审判长决定

D. 是否批准本案中的回避申请，由法院院长决定

［解析］　本题考查回避的申请主体、回避的法定理由和决定回避的主体。《刑事诉讼法》第29条规定：“审判人员、检察人员、侦查人员有下列情形之一的，应当自行回避，当事人及其法定代理人也有权要求他们回避：……”可知，法定代理人有权申请回避。因甲仅有17岁，故乙作为其父亲是法定代理人，因此乙若提出回避申请并不需要甲的同意，排除A项。

《高法解释》第38条规定：“法官助理、书记员、翻译人员和鉴定人适用审判人员回避的有关规定，其回避问题由院长决定。”书记员丙的回避应由法院院长决定，据此排除C项，D项当选。

《刑事诉讼法》第30条规定：“审判人员、检察人员、侦查人员不得接受当事人及其委托的人的请客送礼，不得违反规定会见当事

人及其委托的人。审判人员、检察人员、侦查人员违反前款规定的，应当依法追究法律责任。当事人及其法定代理人有权要求他们回避。”《高法解释》第33条规定：“当事人及其法定代理人依照刑事诉讼法第三十条和本解释第二十八条的规定申请回避的，应当提供证明材料。”乙是听说书记员丙曾与被害人的父亲丁在一起吃过饭，对此申请回避需要提供证明材料，故B项正确。

答案：BD

考点2 回避的适用程序

5. 未成年人小付涉嫌故意伤害袁某，袁某向法院提起自诉。小付的父亲委托律师黄某担任辩护人，袁某委托其在法学院上学的儿子担任诉讼代理人。本案中，下列哪些人有权要求审判人员回避？（2015/2/68，多选）

A. 黄某

B. 袁某

C. 袁某的儿子

D. 小付的父亲

［解析］ 本题考查回避的申请主体。《刑事诉讼法》第29条规定：“审判人员、检察人员、侦查人员有下列情形之一的，应当自行回避，当事人及其法定代理人也有权要求他们回避：（一）是本案的当事人或者是当事人的近亲属的；（二）本人或者他的近亲属和本案有利害关系的；（三）担任过本案的证人、鉴定人、辩护人、诉讼代理人的；（四）与本案当事人有其他关系，可能影响公正处理案件的。”《刑事诉讼法》第32条规定：“本章关于回避的规定适用于书记员、翻译人员和鉴定人。辩护人、诉讼代理人可以依照本章的规定要求回避、申请复议。”本题中，黄某是辩护人，袁某是自诉人（属于当事人之一），袁某的儿子是诉讼代理人，小付的父亲是未成年被告人小付的法定代理人，这四人均有权申请回避。故本题的正确答案为A、B、C、D四项。

答案：ABCD

6. 甲涉嫌刑讯逼供罪被立案侦查。甲以该案侦查人员王某与被害人存在近亲属关系为由，提出回避申请。对此，下列哪一选项是错误的？（2010/2/21，单选）

A. 王某可以口头提出自行回避的申请

B. 作出回避决定以前，王某不能停止案件的侦查工作

C. 王某的回避由公安机关负责人决定

D. 如甲的回避申请被驳回，甲有权申请复议一次

［解析］ 本题考查回避的程序。《高检规则》第25条规定：“检察人员自行回避的，应当书面或者口头提出，并说明理由。口头提出的，应当记录在案。”据此，侦查人员王某可以口头提出自行回避的申请，A项正确。

《刑事诉讼法》第31条第2款规定：“对侦查人员的回避作出决定前，侦查人员不能停止对案件的侦查。”据此，作出回避决定以前，侦查人员王某不能停止案件的侦查工作，B项正确。

《刑事诉讼法》第31条第1款规定：“审判人员、检察人员、侦查人员的回避，应当分别由院长、检察长、公安机关负责人决定……”本案中的甲涉嫌刑讯逼供罪，依据《刑事诉讼法》第19条第2款关于管辖之规定，刑讯逼供罪可由检察院立案侦查，该案的侦查人员是检察院的侦查人员，据此，王某的回避应由检察长决定，而非公安机关负责人决定，C项错误。

《刑事诉讼法》第31条第3款规定：“对驳回申请回避的决定，当事人及其法定代理人可以申请复议一次。”本题中，甲以法定理由申请回避，故甲在回避申请被驳回后，有权申请复议一次，D项正确。

答案：C

7. 郭某（16岁）与罗某发生争执，被打成轻伤，遂向法院提起自诉。法庭审理中，罗某提出，审判员李某曾在开庭前违反规定与自诉人父亲及姐姐会见，要求李某回避，但郭某父亲及姐姐均否认此事。法院院长经过审查作出李某回避的决定。下列何人有权要求对回避决定进行复议？（2011/2/24，单选）

A. 郭某

B. 郭某父亲

C. 郭某姐姐

D. 李某

［解析］《高法解释》第35条第2款规定："当事人及其法定代理人申请回避被驳回的，可以在接到决定时申请复议一次。不属于刑事诉讼法第二十九条、第三十条规定情形的回避申请，由法庭当庭驳回，并不得申请复议。"本题中，罗某申请回避，被驳回后，可以申请复议，但是，郭某、郭某父亲、郭某姐姐和李某都不是申请回避的主体，均无权对回避决定申请复议。故本题无正确答案。

答案：无答案（原答案为D）

8. 庭审过程中，被告人赵某指出，公诉人的书记员李某曾在侦查阶段担任鉴定人，并据此要求李某回避。对于赵某的回避申请，下列哪一选项是正确的？（2007/2/34，单选）

A. 法庭应以不属于法定回避情形为由当庭驳回

B. 法庭应以符合法庭回避情形为由当庭作出回避决定

C. 李某应否回避需提交法院院长决定

D. 李某应否回避需提交检察院检察长决定

［解析］依据《刑事诉讼法》第32条第1款规定："本章关于回避的规定适用于书记员、翻译人员和鉴定人。"本案书记员李某因曾在侦查阶段担任过鉴定人，符合《刑事诉讼法》第29条第（三）项的规定，具有法定回避情形，故A项错误。依据《高法解释》第36条规定："当事人及其法定代理人申请出庭的检察人员回避的，人民法院应当区分情况作出处理：（一）属于刑事诉讼法第二十九条、第三十条规定情形的回避申请，应当决定休庭，并通知人民检察院尽快作出决定；（二）不属于刑事诉讼法第二十九条、第三十条规定情形的回避申请，应当当庭驳回，并不得申请复议。"本案中，赵某以法定理由申请公诉人的书记员李某回避，法庭不得当庭作出回避决定，而应决定休庭，通知检察院决定，故B项错误。李某属于检察院的书记员，其回避应由检察长决定，故D项正确，C项错误。

答案：D

考点3 回避对证据和诉讼行为效力的影响

9. 赵某涉嫌暴力取证罪被检察机关立案侦查，在侦查即将终结时，赵某得知负责办理该案的侦查人员蔡某是被害人的胞兄，遂申请其回避。检察长经审查作出了蔡某回避的决定。对于蔡某在侦查阶段收集的证据，下列哪一选项是正确的？（单选）

A. 应当排除，不得用作认定案件事实的根据

B. 由检察机关侦查部门负责人根据情况决定

C. 由检察长根据案件具体情况决定

D. 在审判时，由法院根据案件具体情况作出裁判

［解析］《高检规则》第36条规定："被决定回避的检察长在回避决定作出以前所取得的证据和进行的诉讼行为是否有效，由检察委员会根据案件具体情况决定。被决定回避的其他检察人员在回避决定作出以前所取得的证据和进行的诉讼行为是否有效，由检察长根据案件具体情况决定。被决定回避的公安机关负

责人在回避决定作出以前所进行的诉讼行为是否有效，由作出决定的人民检察院检察委员会根据案件具体情况决定。”本案蔡某是被害人的胞兄，属于当事人的近亲属，符合《刑事诉讼法》第29条第（一）项规定，因此应当回避。同时依据《高检规则》第36条规定，蔡某属于“被决定回避的其他检察人员”，其在回避决定作出以前所取得的证据是否有效，由检察长根据案件具体情况决定。故C项正确。

答案：C

第六章 辩护与代理

点评

本章在法律职业资格考试客观题中一般考查 1 道选择题。其重要知识点有：辩护人的范围；辩护人的诉讼地位；辩护人的诉讼权利和诉讼义务；侦查阶段辩护律师的诉讼地位和权利；法律援助辩护和拒绝辩护；法律援助值班律师；辩护人与诉讼代理人的区别。

本部分的试题主要集中在辩护制度上，从命题方式上来看，多以客观试题形式对传统重点知识进行考查。另外，2012 年、2018 年《刑事诉讼法修正案》及其司法解释、2021 年《法律援助法》对辩护制度作了较大幅度的修改，主要体现在辩护人的范围、委托辩护、法律援助辩护、法律援助值班律师、辩护人的诉讼权利和义务以及追诉辩护人伪证罪的程序等问题，需要考生高度重视。

考点 1　辩护人的诉讼地位

1. 关于有效辩护原则，下列哪些理解是正确的？（2015/2/69，多选）

A. 有效辩护原则的确立有助于实现控辩平等对抗

B. 有效辩护是一项主要适用于审判阶段的原则，但侦查、审查起诉阶段对辩护人权利的保障是审判阶段实现有效辩护的前提

C. 根据有效辩护原则的要求，法庭审理过程中一般不应限制被告人及其辩护人发言的时间

D. 指派没有刑事辩护经验的律师为可能被判处无期徒刑、死刑的被告人提供法律援助，有违有效辩护原则

［解析］ 本题考查有效辩护原则。有效辩护原则的确立，体现了犯罪嫌疑人、被告人刑事诉讼主体地位的确立和人权保障的理念，有助于维系控辩平等对抗和审判方居中“兼听则明”的刑事诉讼构造。故 A 项正确。

有效辩护原则包括以下几方面的内容：(1) 犯罪嫌疑人、被告人作为刑事诉讼的当事人在整个诉讼过程中应当享有充分的辩护权；(2) 允许犯罪嫌疑人、被告人聘请合格的能够有效履行辩护职责的辩护人为其辩护，这种辩护同样应当覆盖从侦查到审判甚至执行阶段的整个刑事诉讼过程；(3) 国家应当保障犯罪嫌疑人、被告人自行辩护权的充分行使，并通过设立法律援助制度确保犯罪嫌疑人、被告人能够获得符合最低标准并具有实质意义的律师帮助。本题中，B 项的错误在于，有效辩护不仅适用于审判阶段，还适用于侦查、审查起诉阶段。C 项中的说法，能保障被告人的自行辩护权和委托辩护权的充分行使，该项正确。D 项中的做法，无法让可能判处无期徒刑、死刑的被告人获得实质意义上、有效的辩护，故 D 项正确。

答案：ACD

考点2　辩护人的范围

2. 唐某在A市B区盗窃朱某的财物，在A市B区法院接受审判，下列哪一主体可以担任唐某的辩护人？（2022年法考延考客观题回忆版真题，单选）

A. 唐某的表哥，曾因犯伪证罪被吊销公证员执业证书

B. 唐某的母亲，系A市B区法院立案庭庭长

C. 唐某的同学，系美籍华人，拥有美国执业律师资格

D. 唐某的舅舅，系A市C区检察院的副检察长

［解析］　本题考查辩护人的范围。《高法解释》第40条第2、3款规定："……下列人员不得担任辩护人：（一）正在被执行刑罚或者处于缓刑、假释考验期间的人；（二）依法被剥夺、限制人身自由的人；（三）被开除公职或者被吊销律师、公证员执业证书的人；（四）人民法院、人民检察院、监察机关、公安机关、国家安全机关、监狱的现职人员；（五）人民陪审员；（六）与本案审理结果有利害关系的人；（七）外国人或者无国籍人；（八）无行为能力或者限制行为能力的人。前款第三项至第七项规定的人员，如果是被告人的监护人、近亲属，由被告人委托担任辩护人的，可以准许。"本题A项中唐某的表哥属于该条第（三）项中的人员，B、D项中唐某的母亲、舅舅属于该条第（四）项中的人员，C项中唐某的同学属于该条第（七）项中的人员，均属于相对禁止担任辩护人的主体，A、C、D三项中的人员不是唐某的近亲属、监护人，不能担任唐某的辩护人。B项中唐某的母亲系唐某的近亲属，可以担任唐某的辩护人，故B项当选，A、C、D三项不当选。

答案：B

3. 甲涉嫌盗窃罪被立案侦查，K县检察院审查起诉时，甲欲委托辩护人，下列人员中可以担任甲的辩护人的有？（2020年法考新疆延考客观题回忆版真题，不定选）

A. 甲的母亲，是K县检察院的现职人员

B. 甲的表姐，是H县检察院的现职人员

C. 甲的朋友汤姆（美国人），系美国执业律师

D. 甲的父亲，系美籍华人

［解析］　本题考查辩护人的范围。《高法解释》第40条第2、3款规定："被告人除自己行使辩护权以外，还可以委托辩护人辩护。下列人员不得担任辩护人：（一）正在被执行刑罚或者处于缓刑、假释考验期间的人；（二）依法被剥夺、限制人身自由的人；（三）被开除公职或者被吊销律师、公证员执业证书的人；（四）人民法院、人民检察院、监察机关、公安机关、国家安全机关、监狱的现职人员；（五）人民陪审员；（六）与本案审理结果有利害关系的人；（七）外国人或者无国籍人；（八）无行为能力或者限制行为能力的人。前款第三项至第七项规定的人员，如果是被告人的监护人、近亲属，由被告人委托担任辩护人的，可以准许。"本题中，A项和B项符合上述第（四）项规定的情形，属于相对禁止担任辩护人的范围，但是，甲的母亲是甲的近亲属，可以担任甲的辩护人，A项当选。但是，甲的表姐不是甲的近亲属，不能担任甲的辩护人，B项不当选。本题的D项属于《高法解释》第40条第2款第（七）项的情形，属于相对禁止担任辩护人的范围，但甲的父亲是甲的近亲属，则可以担任甲的辩护人，故D项当选。依据《刑事诉讼法》第33条的规定，甲可以委托中国律师担任辩护人，不能委托美国律师担任辩护人，故C项错误。因此，本题的正确答案为A、D两项。

答案：AD

4. 法官齐某从A县法院辞职后，在其妻洪某开办的律师事务所从业。关于齐某与洪某的辩护人资格，下列哪一选项是正确的？（2016/2/25，单选）

A. 齐某不得担任A县法院审理案件的辩护人

B. 齐某和洪某不得分别担任同案犯罪嫌疑人的辩护人

C. 齐某和洪某不得同时担任同一犯罪嫌疑人的辩护人

D. 洪某可以律师身份担任A县法院审理案件的辩护人

［解析］ 本题考查辩护人的范围和人数。《高法解释》第41条第1、2款规定，审判人员和法院其他工作人员从法院离任后2年内，不得以律师身份担任辩护人。审判人员和法院其他工作人员从法院离任后，不得担任原任职法院所审理案件的辩护人，但系被告人的监护人、近亲属进行辩护的除外。本题中，法官齐某在离任后，如果作为被告人的监护人、近亲属进行辩护，就可以担任A县法院审理案件的辩护人，故A项表述存在例外，该项错误。

《高法解释》第43条第2款规定："一名辩护人不得为两名以上的同案被告人，或者未同案处理但犯罪事实存在关联的被告人辩护。"因此，齐某和洪某这两个人可以分别担任同案犯罪嫌疑人的辩护人。故B项表述错误。

《高法解释》第43条第1款规定，一名被告人可以委托1～2人作为辩护人。本题中，齐某和洪某可以同时担任同一犯罪嫌疑人的辩护人，故C项表述错误。

《高法解释》第41条第3款规定，审判人员和法院其他工作人员的配偶、子女或者父母不得担任其任职法院所审理案件的辩护人，但系被告人的监护人、近亲属的除外。本题中，法官齐某已经离任，所以，其妻洪某就可以律师身份担任A县法院审理案件的辩护人，故D项表述正确。

综上所述，本题的正确答案为D项。

答案：D

5. 鲁某与洪某共同犯罪，洪某在逃。沈律师为鲁某担任辩护人。案件判决生效三年后，洪某被抓获并被起诉。关于沈律师可否担任洪某辩护人，下列哪一说法是正确的？（2013/2/29，单选）

A. 沈律师不得担任洪某辩护人

B. 如果洪某系法律援助对象，沈律师可以担任洪某辩护人

C. 如果被告人洪某同意，沈律师可以担任洪某辩护人

D. 如果公诉人未提出异议，沈律师可以担任洪某辩护人

［解析］ 本题考查辩护人的范围。依据《高法解释》第43条第2款的规定："一名辩护人不得为两名以上的同案被告人，或者未同案处理但犯罪事实存在关联的被告人辩护。"本题中，鲁某与洪某共同犯罪，二者之间有利益冲突，沈律师为鲁某担任辩护人，就不得再为洪某担任辩护人，由此可知，本题的正确答案为A项。

答案：A

考点3 辩护人的诉讼权利和诉讼义务

6. 甲和乙涉嫌共同诈骗丙，甲委托张律师担任其辩护人，乙委托其在检察院担任检察官的儿子小乙担任辩护人。下列表述正确的是？（2021年法考黑龙江延考客观题回忆版真题，不定选）

A. 张律师和小乙都可以向丙核实案情

B. 小乙在审判阶段会见乙，须经法院同意

C. 张律师和小乙都可以申请取保候审

D. 小乙在侦查阶段可以会见乙

［解析］ 本题考查辩护律师和非律师辩

护人的区别。《刑事诉讼法》第43条规定："辩护律师经证人或者其他有关单位和个人同意，可以向他们收集与本案有关的材料，也可以申请人民检察院、人民法院收集、调取证据，或者申请人民法院通知证人出庭作证。辩护律师经人民检察院或者人民法院许可，并且经被害人或者其近亲属、被害人提供的证人同意，可以向他们收集与本案有关的材料。"可见，辩护律师可向被害人调查取证，而非律师的辩护人无权向被害人调查取证，故A项的错误在于，小乙作为非律师辩护人，无权向被害人丙核实案情。《刑事诉讼法》第39条第1款规定："辩护律师可以同在押的犯罪嫌疑人、被告人会见和通信。其他辩护人经人民法院、人民检察院许可，也可以同在押的犯罪嫌疑人、被告人会见和通信。"本题中，小乙作为非律师辩护人在审判阶段会见被告人乙，须经法院同意，故B项正确。《刑事诉讼法》第97条规定，犯罪嫌疑人、被告人及其法定代理人、近亲属或者辩护人有权申请变更强制措施。此条中的辩护人既包括辩护律师，还包括非律师辩护人，故张律师和非律师辩护人小乙都可以申请取保候审，C项正确。《刑事诉讼法》第34条第1款规定，犯罪嫌疑人自被侦查机关第一次讯问或者采取强制措施之日起，有权委托辩护人；在侦查期间，只能委托律师作为辩护人。本题中，小乙不是律师，其不得在侦查阶段担任乙的辩护人，也就不得在侦查阶段会见乙，故D项错误。综上，本题的正确答案为B、C两项。

答案：BC

7. 甲在A省B市涉嫌故意伤害罪，被B市公安局立案侦查，聘请律师乙作为辩护人，乙在A省C市D区帮助甲毁灭、伪造证据。对于乙的犯罪，有管辖权的侦查机关是？（2019年法考客观题回忆版真题，不定选）

A. B市公安局

B. B市公安局的下级公安机关

C. C市公安局

D. A省公安厅

［解析］ 本题考查追究辩护人犯罪的程序。《六机关规定》第9条规定，公安机关、检察院发现辩护人涉嫌犯罪，或者接受报案、控告、举报、有关机关的移送，依照侦查管辖分工进行审查后认为符合立案条件的，应当按照规定报请办理辩护人所承办案件的侦查机关的上一级侦查机关指定其他侦查机关立案侦查，或者由上一级侦查机关立案侦查。不得指定办理辩护人所承办案件的侦查机关的下级侦查机关立案侦查。本案中，B市公安局是律师乙所承办案件的侦查机关，律师乙所涉嫌的犯罪，不得由B市公安局立案侦查，也不能由B市公安局的下级公安机关立案侦查，但是，可由B市公安局的上一级侦查机关即A省公安厅立案侦查，或者由A省公安厅指定其他侦查机关（比如C市公安局）立案侦查。因此，本题的正确答案为C、D两项。

答案：CD

8. 张某涉嫌故意杀人罪被K市公安局刑事拘留，张某委托秦律师担任辩护人，下列关于秦律师的说法，不正确的是？（2018年法考客观题回忆版真题，多选）

A. 秦律师在拘留后可向证人刘某了解案件有关情况

B. 秦律师可向K市公安局查阅起诉意见书

C. 秦律师在审查起诉中可申请K市检察院调取K市公安局收集的无罪的证据材料

D. 法院在开庭前7日给秦律师送达起诉书副本，秦律师以此拒绝出庭辩护

［解析］ 本题考查辩护人的诉讼权利。《刑事诉讼法》第43条规定，辩护律师经证人或者其他有关单位和个人同意，可以向他们收集与本案有关的材料，也可以申请检察院、法

院收集、调取证据，或者申请法院通知证人出庭作证。辩护律师经检察院或者法院许可，并且经被害人或者其近亲属、被害人提供的证人同意，可以向他们收集与本案有关的材料。本条中的辩护律师既包括侦查阶段的辩护律师，还包括审查起诉、审判阶段的辩护律师，由此可知，辩护律师可以在侦查阶段调查取证。故A项正确。《刑事诉讼法》第40条规定，辩护律师自检察院对案件审查起诉之日起，可以查阅、摘抄、复制本案的案卷材料。其他辩护人经法院、检察院许可，也可以查阅、摘抄、复制上述材料。由此可见，辩护律师在侦查阶段没有阅卷权，只有从审查起诉之日起才可阅卷，而且在审查起诉阶段向检察院阅卷，不得向公安机关阅卷。故B项错误。

依据《刑事诉讼法》第41条的规定，辩护人认为在侦查、审查起诉期间公安机关、检察院收集的证明犯罪嫌疑人、被告人无罪或者罪轻的证据材料未提交的，有权申请检察院、法院调取。故C项正确。

《刑事诉讼法》第187条第1款规定，法院决定开庭审判后，应当确定合议庭的组成人员，将检察院的起诉书副本至迟在开庭10日以前送达被告人及其辩护人。本题的D项中“法院在开庭前7日给秦律师送达起诉书副本”的确程序违法，但是，辩护律师不得以此为由拒绝出庭辩护。故D项错误。

因此，本题的正确答案为B、D两项。

答案：BD

9. 甲涉嫌故意伤害罪（轻伤害）被Y县公安局立案侦查，3日内再次讯问甲时始告知其可委托律师、亲友等人员担任辩护人。甲委托了律师田某担任辩护人，田某提出了会见甲并向Y县公安局了解案情的两项请求。Y县公安局批准会见甲并派员在场，为不妨碍侦查活动，Y县公安局不同意向田某介绍案件有关情况。关于该案，下列哪一选项是正确的？（2018年法考客观题回忆版真题，单选）

A. Y县公安局在侦查阶段通知甲可委托亲友担任辩护人，充分保障了甲的辩护权

B. 经批准会见甲，侦查机关派员在场，是依法保障律师执业权利的表现

C. Y县公安局再次讯问甲时告知其可委托辩护人，符合《刑事诉讼法》的规定

D. Y县公安局以妨碍侦查为由拒绝告知田某案件的有关情况，破坏了律师的知情权

［解析］ 本题考查辩护人的诉讼权利和委托辩护人。《刑事诉讼法》第34条规定，犯罪嫌疑人自被侦查机关第一次讯问或者采取强制措施之日起，有权委托辩护人；在侦查期间，只能委托律师作为辩护人。故A项的错误在于，在侦查阶段，甲只能委托律师而不得委托普通公民担任辩护人。

《关于依法保障律师执业权利的规定》第7条第4款规定，辩护律师会见犯罪嫌疑人、被告人时不被监听，办案机关不得派员在场。故B项的错误在于，侦查机关派员在场。

《刑事诉讼法》第34条第2款规定，侦查机关在第一次讯问犯罪嫌疑人或者对犯罪嫌疑人采取强制措施的时候，应当告知犯罪嫌疑人有权委托辩护人。故C项中“Y县公安局再次讯问甲时告知其可委托辩护人”，违反了《刑事诉讼法》的规定。

《刑事诉讼法》第38条规定：“辩护律师在侦查期间可以为犯罪嫌疑人提供法律帮助；代理申诉、控告；申请变更强制措施；向侦查机关了解犯罪嫌疑人涉嫌的罪名和案件有关情况，提出意见。”故D项表述正确。

因此，本题的正确答案为D项。

答案：D

10. 成年人钱甲教唆未成年人小沈实施诈骗犯罪，钱甲委托其在邻市检察院担任检察官助理的哥哥钱乙担任辩护人，小沈由法律援助律师武某担任辩护人。关于本案处理，下列哪一

选项是正确的？（2017/2/25，单选）

A. 钱甲被拘留后，钱乙可为其申请取保候审

B. 本案移送审查起诉时，公安机关应将案件移送情况告知钱乙

C. 检察院讯问小沈时，武某可在场

D. 如检察院对钱甲和小沈分案起诉，法院可并案审理

［解析］ 本题考查辩护人的诉讼权利和并案审理。对于A项，《刑事诉讼法》第97条规定，犯罪嫌疑人、被告人及其法定代理人、近亲属或者辩护人有权申请变更强制措施。钱乙作为钱甲的非律师辩护人，可以申请取保候审即变更强制措施。故A项正确。

《刑事诉讼法》第162条规定，公安机关侦查终结的案件，应当做到犯罪事实清楚，证据确实、充分，并且写出起诉意见书，连同案卷材料、证据一并移送同级检察院审查决定；同时将案件移送情况告知犯罪嫌疑人及其辩护律师。本题中钱乙作为钱甲的近亲属且属于检察院的现职人员，不得在侦查阶段担任钱甲的辩护人，公安机关也无须将案件移送情况告知钱乙。故B项错误。

《刑事诉讼法》第281条第1款规定，对于未成年人刑事案件，在讯问和审判的时候，应当通知未成年犯罪嫌疑人、被告人的法定代理人到场。无法通知、法定代理人不能到场或者法定代理人是共犯的，也可以通知未成年犯罪嫌疑人、被告人的其他成年亲属，所在学校、单位、居住地基层组织或者未成年人保护组织的代表到场，并将有关情况记录在案。到场的法定代理人可以代为行使未成年犯罪嫌疑人、被告人的诉讼权利。由此可见，讯问未成年犯罪嫌疑人、被告人时，在场的不包括为犯罪嫌疑人、被告人辩护的律师。故C项中武某不得在场。因此C项错误。

分案处理原则是指公安司法机关在刑事诉讼过程中应当对未成年人案件与成年人案件实行诉讼程序分离、分案处理，对犯罪的未成年人与犯罪的成年人分别关押、分别执行。其中一方面就是在处理未成年人与成年人共同犯罪或者有牵连的案件时，尽量适用不同的诉讼程序，在不妨碍审理的前提下，坚持分案处理，包括分案侦查、分案起诉和分案审理。同时，《高法解释》第551条第1款规定，对分案起诉至同一法院的未成年人与成年人共同犯罪案件，可以由同一个审判组织审理；不宜由同一个审判组织审理的，可以分别审理。如检察院对钱甲和小沈分案起诉，可以由同一审判组织审理，但不能并案审理，故D项错误。

本题的正确答案为A项。

答案：A

11. 郭某涉嫌参加恐怖组织罪被逮捕，随后委托律师姜某担任辩护人。关于姜某履行辩护职责，下列哪一选项是正确的？（2016/2/26，单选）

A. 姜某到看守所会见郭某时，可带1～2名律师助理协助会见

B. 看守所可对姜某与郭某的往来信件进行必要的检查，但不得截留、复制

C. 姜某申请法院收集、调取证据而法院不同意的，法院应书面说明不同意的理由

D. 法庭审理中姜某作无罪辩护的，也可当庭对郭某从轻量刑的问题发表辩护意见

［解析］ 本题考查辩护律师的会见、通信、调查取证、提出量刑意见的权利。《关于依法保障律师执业权利的规定》第7条第4款规定，辩护律师可以带1名律师助理协助会见。故律师姜某到看守所会见郭某时，带1～2名律师助理协助会见，这里的数量表述错误。故A项不当选。

《关于依法保障律师执业权利的规定》第13条规定，看守所应当及时传递辩护律师同犯罪嫌疑人、被告人的往来信件。看守所可以对信件进行必要的检查，但不得截留、复制、

删改信件，不得向办案机关提供信件内容，但信件内容涉及危害国家安全、公共安全、严重危害他人人身安全以及涉嫌串供、毁灭证据等情形的除外。故B项的表述有例外，因为信件内容涉及危害国家安全、公共安全、严重危害他人人身安全以及涉嫌串供、毁灭证据等情形，就可以截留、复制，因此B项不当选。

《关于依法保障律师执业权利的规定》第18条规定，辩护律师申请检察院、法院收集、调取证据的，检察院、法院应当在3日以内作出是否同意的决定，并通知辩护律师。辩护律师书面提出有关申请时，办案机关不同意的，应当书面说明理由；辩护律师口头提出申请的，办案机关可以口头答复。故C项的错误在于，不是“应书面说明不同意的理由”，因为在辩护律师口头提出申请时，办案机关还可以“口头答复”。

《关于依法保障律师执业权利的规定》第35条规定，辩护律师作无罪辩护的，可以当庭就量刑问题发表辩护意见，也可以庭后提交量刑辩护意见。故法庭审理中姜某作无罪辩护的，也可当庭对郭某从轻量刑的问题发表辩护意见，D项表述正确。

综上所述，本题的正确答案为D项。

答案：D

12. 根据《刑事诉讼法》的规定，辩护律师收集到的下列哪一证据应及时告知公安机关、检察院？（2016/2/27，单选）

A. 强奸案中被害人系精神病人的证据

B. 故意伤害案中犯罪嫌疑人系正当防卫的证据

C. 投放危险物质案中犯罪嫌疑人案发时在外地出差的证据

D. 制造毒品案中犯罪嫌疑人犯罪时刚满16周岁的证据

［解析］ 本题考查辩护人的特定证据开示义务。《刑事诉讼法》第42条规定，辩护人收集的有关犯罪嫌疑人不在犯罪现场、未达到刑事责任年龄、属于依法不负刑事责任的精神病人的证据，应当及时告知公安机关、检察院。

本题A项的错误在于，不是“被害人”而是“犯罪嫌疑人”属于依法不负刑事责任的精神病人的证据，应当告知公安机关、检察院。B项中的“正当防卫”的证据不属于上述三类，不需要告知。C项中，投放危险物质案中犯罪嫌疑人案发时在外地出差的证据，属于犯罪嫌疑人不在犯罪现场的证据，应当及时告知公安机关、检察院。故C项正确。

《刑法》第17条第1、2、3款规定：“已满十六周岁的人犯罪，应当负刑事责任。已满十四周岁不满十六周岁的人，犯故意杀人、故意伤害致人重伤或者死亡、强奸、抢劫、贩卖毒品、放火、爆炸、投放危险物质罪的，应当负刑事责任。已满十二周岁不满十四周岁的人，犯故意杀人、故意伤害罪，致人死亡或者以特别残忍手段致人重伤造成严重残疾，情节恶劣，经最高人民检察院核准追诉的，应当负刑事责任。”本题的D项中，制造毒品案中犯罪嫌疑人犯罪时刚满16周岁，已经达到刑事责任年龄，不属于未达到刑事责任年龄的证据，不需要告知。

综上所述，本题的正确答案为C项。

答案：C

13. 关于辩护律师在刑事诉讼中享有的权利和承担的义务，下列哪一说法是正确的？（2012/2/25，单选）

A. 在侦查期间可以向犯罪嫌疑人核实证据

B. 会见在押的犯罪嫌疑人、被告人，可以了解案件有关情况

C. 收集到的有利于犯罪嫌疑人的证据，均应及时告知公安机关、检察院

D. 在执业活动中知悉犯罪嫌疑人、被告

人曾经实施犯罪的，应及时告知司法机关

［解析］ 本题考查辩护律师的诉讼权利和诉讼义务。依据《刑事诉讼法》第39条第4款的规定，辩护律师会见在押的犯罪嫌疑人、被告人，可以了解案件有关情况，提供法律咨询等；自案件移送审查起诉之日起，可以向犯罪嫌疑人、被告人核实有关证据。所以，在侦查阶段，辩护律师无权向犯罪嫌疑人核实证据。本题中A项错误，B项正确。

依据《刑事诉讼法》第42条的规定，辩护人收集的有关犯罪嫌疑人不在犯罪现场、未达到刑事责任年龄、属于依法不负刑事责任的精神病人的证据，应当及时告知公安机关、检察院。而不是将“有利于犯罪嫌疑人的证据”均应告知公安机关、检察院，故C项错误。

依据《刑事诉讼法》第48条的规定，辩护律师对在执业活动中知悉的委托人的有关情况和信息，有权予以保密。但是，辩护律师在执业活动中知悉委托人或者其他人，准备或者正在实施危害国家安全、公共安全以及严重危害他人人身安全的犯罪的，应当及时告知司法机关。这就意味着，犯罪嫌疑人、被告人曾经实施犯罪的信息，无须告知司法机关，故D项错误。

答案：B

14. 关于犯罪嫌疑人、被告人有权获得辩护原则，下列哪些说法是正确的？（2011/2/64，多选）

A. 在任何情况下，对任何犯罪嫌疑人、被告人都不得以任何理由限制或者剥夺其辩护权

B. 辩护权是犯罪嫌疑人、被告人最基本的诉讼权利，有关机关应当为每个犯罪嫌疑人、被告人免费提供律师帮助

C. 为保障辩护权，任何机关都有为犯罪嫌疑人、被告人提供辩护帮助的义务

D. 辩护不应当仅是形式上的，而且应当是实质意义上的

［解析］ 本题考查对犯罪嫌疑人、被告人有权获得辩护原则的理解。《刑事诉讼法》第11条规定：“……被告人有权获得辩护，人民法院有义务保证被告人获得辩护。”辩护权是犯罪嫌疑人、被告人各项诉讼权利中最为基本的权利，在各项权利中居于核心地位。辩护权贯穿于整个刑事诉讼的过程中，不受诉讼阶段，犯罪嫌疑人、被告人是否有罪及罪行轻重，案件调查状况，犯罪嫌疑人、被告人的认罪态度以及辩护理由的限制。所以在任何情况下，对任何犯罪嫌疑人、被告人都不得以任何理由限制或者剥夺其辩护权，故A项正确，B项前半句正确。

《刑事诉讼法》第35条规定：“犯罪嫌疑人、被告人因经济困难或者其他原因没有委托辩护人的，本人及其近亲属可以向法律援助机构提出申请。对符合法律援助条件的，法律援助机构应当指派律师为其提供辩护。犯罪嫌疑人、被告人是盲、聋、哑人，或者是尚未完全丧失辨认或者控制自己行为能力的精神病人，没有委托辩护人的，人民法院、人民检察院和公安机关应当通知法律援助机构指派律师为其提供辩护。犯罪嫌疑人、被告人可能被判处无期徒刑、死刑，没有委托辩护人的，法院、检察院和公安机关应当通知法律援助机构指派律师为其提供辩护。”由该条可知，只有在被告人存在法定的特殊情形下，法院才会通知法律援助机构指派承担法律援助义务的律师为其提供辩护，并非“有关机关应当为每个犯罪嫌疑人、被告人免费提供律师帮助”，B项后半句说法过于绝对，故B项错误。且根据上述法条，承担法律援助辩护义务的主体仅限于公安机关、检察院和法院，并非“任何机关都有为犯罪嫌疑人、被告人提供辩护帮助的义务”，故C项说法错误。

辩护应当是实质意义上的，而不应当仅是形式上的，这是有效辩护原则的要求。故D项

说法正确。

因此，本题的正确答案为 A、D 两项。

答案：AD

考点 4　辩护人的种类

15. 下列关于辩护的种类的说法，正确的是？（2023 年法考客观题回忆版真题，不定选）

A. 甲对乙提起自诉，乙反诉甲，甲的代理律师王某在反诉中的辩护是委托辩护

B. 甲被申请强制医疗，法律援助中心指派律师乙为其提供法律援助，属于法律援助辩护

C. 乙公司涉嫌犯罪，甲作为乙公司的法定代表人为其辩护，属于自行辩护

D. 对境外的被告人缺席审判中被告人的近亲属出庭辩护，属于自行辩护

［解析］ 本题考查辩护的种类。委托辩护，指在侦查、审查起诉和审判阶段，犯罪嫌疑人、被告人依法委托律师或其他公民担任辩护人，协助其进行辩护。本题 A 项中的甲是反诉案件中的被告人，其律师王某为其辩护，属于委托辩护，该项正确。B 项的错误在于，律师乙为甲提供法律援助，而不是法律援助辩护，因为，强制医疗案件中不是为了追究甲的刑事责任。自行辩护是指犯罪嫌疑人、被告人针对指控进行反驳、申辩和辩解，自己为自己所做的辩护。C 项中，被告单位乙公司是拟制的主体，其法定代表人为乙公司进行的辩护，属于自行辩护。该项正确。缺席审判程序中被告人为自己进行的辩护属于自行辩护，被告人的近亲属为被告人进行的辩护不属于自行辩护，故 D 项错误。

答案：AC

考点 5　法律援助辩护和拒绝辩护

16. 关于法律援助的说法，正确的是？（2022 年法考延考客观题回忆版真题，多选）

A. 外国人汤姆涉嫌强制猥亵罪，在审判阶段，汤姆未委托辩护人，法院应当通知法律援助机构为其指派律师辩护

B. 刑事案件的被害人有权申请法律援助

C. 非讼程序中可以申请法律援助

D. 甲盗窃案，值班律师乙在侦查阶段为甲提供法律帮助，该案的审判阶段，法律援助机构可以指派乙为甲辩护

［解析］ 本题考查法律援助和值班律师制度。《高法解释》第 485 条第 4 款规定，外国籍被告人没有委托辩护人的，法院可以通知法律援助机构为其指派律师提供辩护。可见，外国犯罪嫌疑人、被告人属于可以法律援助辩护的对象。本题 A 项的错误在于，不是“应当”而是“可以”为外国人汤姆提供法律援助辩护。《法律援助法》第 29 条规定：“刑事公诉案件的被害人及其法定代理人或者近亲属，刑事自诉案件的自诉人及其法定代理人，刑事附带民事诉讼案件的原告人及其法定代理人，因经济困难没有委托诉讼代理人的，可以向法律援助机构申请法律援助。”故 B 项中，刑事案件的被害人有权申请法律援助，该项正确。《法律援助法》第 22 条规定：“法律援助机构可以组织法律援助人员依法提供下列形式的法律援助服务：（一）法律咨询；（二）代拟法律文书；（三）刑事辩护与代理；（四）民事案件、行政案件、国家赔偿案件的诉讼代理及非诉讼代理；（五）值班律师法律帮助；（六）劳动争议调解与仲裁代理；（七）法律、法规、规章规定的其他形式。”本题 C 项符合该条第（四）项的情形，该项当选。本题 D 项中，若甲符合法律援助辩护的条件，在审判阶段，可以指派乙为甲提供法律援助辩护。该项正确。

答案：BCD

17. 下列关于辩护的说法，不正确的是？（2021 年法考客观题回忆版真题，不定选）

A. 甲涉嫌故意杀人罪，法律援助机构为

甲指派张律师辩护，甲的近亲属代为委托甲的叔叔为甲担任辩护人，则应当由张律师为甲辩护

B. 乙涉嫌盗窃罪，其不服一审判决，提出上诉，乙的辩护律师丙在二审中申请开庭审理，法院告知不予开庭，也未听取丙的意见，裁定驳回乙的上诉请求

C. 丁涉嫌恐怖活动犯罪，在审查起诉期间，丁的辩护律师要求会见在押的丁，被告知须经许可才能会见

D. 戊涉嫌故意伤害罪，公安机关对该案移送检察院起诉，未将移送的情况告知辩护律师

［解析］ 本题考查辩护律师的诉讼权利、委托辩护和法律援助辩护并存情况下的处理。《高法解释》第51条规定："对法律援助机构指派律师为被告人提供辩护，被告人的监护人、近亲属又代为委托辩护人的，应当听取被告人的意见，由其确定辩护人人选。"故A项的错误在于，不是由法律援助机构指派的张律师为甲辩护，而是由被告人甲自行确定辩护人的人选。

《刑事诉讼法》第234条第2款规定："第二审人民法院决定不开庭审理的，应当讯问被告人，听取其他当事人、辩护人、诉讼代理人的意见。"本题B项的错误在于，二审法院不开庭审理，应当听取辩护人丙的意见。

《刑事诉讼法》第39条第3款规定，危害国家安全犯罪、恐怖活动犯罪案件，在侦查期间辩护律师会见在押的犯罪嫌疑人，应当经侦查机关许可。这就意味着，危害国家安全犯罪、恐怖活动犯罪案件，在审查起诉和审判期间，辩护律师会见在押犯罪嫌疑人、被告人，无须检察院、法院许可。故C项错误。

《刑事诉讼法》第161条规定："在案件侦查终结前，辩护律师提出要求的，侦查机关应当听取辩护律师的意见，并记录在案。辩护律师提出书面意见的，应当附卷。"因此，D项中公安机关未告知辩护律师该案移送的情况，是错误的。

综上，本题的正确答案为A、B、C、D四项。

答案：ABCD

18. 下列关于辩护的说法，正确的是？（2021年法考客观题回忆版真题，不定选）

A. 法律援助机构指派的辩护律师的权利大于委托的辩护律师的权利

B. 张某涉嫌故意杀人罪，其辩护律师秦某收买线索后在会见张某时私下用纸条告诉该线索，张某依据该线索进行揭发，秦某在法庭上称张某构成立功。秦某的行为是正确行使辩护权的表现

C. 刑事诉讼中，只有犯罪嫌疑人和被告人有权申请法律援助

D. 在犯罪嫌疑人、被告人选择近亲属为其辩护后，法律援助机构应终止提供法律援助

［解析］ 本题考查辩护人的权利、法律援助辩护等。A项的错误在于，法律援助辩护律师和委托的辩护律师权利一样。B项中辩护律师秦某的行为不是正当行使辩护权的表现，而是扰乱司法秩序的体现，应当追究法律责任。《法律援助法》第24条规定："刑事案件的犯罪嫌疑人、被告人因经济困难或者其他原因没有委托辩护人的，本人及其近亲属可以向法律援助机构申请法律援助。"《法律援助法》第29条规定："刑事公诉案件的被害人及其法定代理人或者近亲属，刑事自诉案件的自诉人及其法定代理人，刑事附带民事诉讼案件的原告人及其法定代理人，因经济困难没有委托诉讼代理人的，可以向法律援助机构申请法律援助。"由此可见，在刑事诉讼中，不只是犯罪嫌疑人和被告人有权申请法律援助。对于D项，因为法律援助辩护的前提是，犯罪嫌疑人、被告人没有委托辩护人辩护。若犯罪嫌疑人、被告人选择近亲属为其辩护，法律援助辩护也就随即终止。故D项正确。综上，本

题的正确答案为D项。

答案：D

19. 在法庭审判中，被告人翻供，否认犯罪，并当庭拒绝律师为其进行有罪辩护。合议庭对此问题的处理，下列哪一选项是正确的？（2013/2/38，单选）

A. 被告人有权拒绝辩护人辩护，合议庭应当准许

B. 辩护律师独立辩护，不受当事人意思表示的约束，合议庭不应当准许拒绝辩护

C. 属于应当提供法律援助的情形的，合议庭不应当准许拒绝辩护

D. 有多名被告人的案件，部分被告人拒绝辩护人辩护的，合议庭不应当准许

［解析］ 本题考查拒绝辩护的处理。《高法解释》第311条第2～5款规定，被告人当庭拒绝辩护人辩护，要求另行委托辩护人或者指派律师的，合议庭应当准许。被告人拒绝辩护人辩护后，没有辩护人的，应当宣布休庭；仍有辩护人的，庭审可以继续进行。有多名被告人的案件，部分被告人拒绝辩护人辩护后，没有辩护人的，根据案件情况，可以对该部分被告人另案处理，对其他被告人的庭审继续进行。重新开庭后，被告人再次当庭拒绝辩护人辩护的，可以准许，但被告人不得再次另行委托辩护人或者要求另行指派律师，由其自行辩护。被告人属于应当提供法律援助的情形，重新开庭后再次当庭拒绝辩护人辩护的，不予准许。由此法条可知A项正确。B项的错误在于，辩护人尽管依据事实和法律辩护，具有独立的诉讼地位，但是，被告人有委托和拒绝辩护人辩护的权利。C项的错误在于，应当提供法律援助的被告人可以拒绝辩护一次，被告人属于应当提供法律援助的情形，重新开庭后再次当庭拒绝辩护人辩护的，合议庭不予准许。D项的错误在于，有多名被告人的案件，部分被告人拒绝辩护人辩护的，合议庭也应当准许。因此，本题的正确答案为A项。

答案：A

20. 关于辩护，下列哪一选项是正确的？（单选）

A. 被告人王某在犯罪时17周岁，在审判时已满18周岁，法院应当通知法律援助机构指派律师为其辩护

B. 被告人李某可能被判处死刑，在审判时法院通知法律援助机构指派律师为其辩护。在法庭审理过程中，李某当庭拒绝指定的辩护人为其辩护，法院另行通知法律援助机构指派律师为其辩护。在重新开庭审理后，李某再次拒绝法律援助机构为其指派的辩护人，合议庭不予准许

C. 法院为外籍被告人汤姆（25周岁）通知法律援助机构指派律师担任辩护人，在法庭审理过程中，汤姆拒绝法律援助机构为其指派的辩护人，提出自行委托辩护人，法庭准许后，汤姆自行委托了辩护人。再次开庭审理后，汤姆再次拒绝辩护人为其辩护，要求另行委托辩护人，合议庭不予准许

D. 被告人当庭拒绝辩护人为其辩护的，法庭应当允许，宣布延期审理。延期审理的期限为10日，准备辩护时间计入审限

［解析］ 本题考查法律援助辩护和拒绝辩护。《法律援助法》第25条规定："刑事案件的犯罪嫌疑人、被告人属于下列人员之一，没有委托辩护人的，人民法院、人民检察院、公安机关应当通知法律援助机构指派律师担任辩护人：（一）未成年人；（二）视力、听力、言语残疾人；（三）不能完全辨认自己行为的成年人；（四）可能被判处无期徒刑、死刑的人；（五）申请法律援助的死刑复核案件被告人；（六）缺席审判案件的被告人；（七）法律法规规定的其他人员。其他适用普通程序审理的刑事案件，被告人没有委托辩护人的，人民法院可以通知法律援助机构指派律师担任辩

护人。”《刑事诉讼法》第278条规定：“未成年犯罪嫌疑人、被告人没有委托辩护人的，人民法院、人民检察院、公安机关应当通知法律援助机构指派律师为其提供辩护。”需要注意的是，判断是否需要通知法律援助机构为其指派律师是以到案和审判时的年龄为标准。本题A项中的王某在开庭审理时已满18周岁，不属于应当提供法律援助辩护的被告人范围，所以A项不正确。

《高法解释》第50条规定：“被告人拒绝法律援助机构指派的律师为其辩护，坚持自己行使辩护权的，人民法院应当准许。属于应当提供法律援助的情形，被告人拒绝指派的律师为其辩护的，人民法院应当查明原因。理由正当的，应当准许，但被告人应当在五日以内另行委托辩护人；被告人未另行委托辩护人的，人民法院应当在三日以内通知法律援助机构另行指派律师为其提供辩护。”《高法解释》第311条第2～5款规定：“被告人当庭拒绝辩护人辩护，要求另行委托辩护人或者指派律师的，合议庭应当准许。被告人拒绝辩护人辩护后，没有辩护人的，应当宣布休庭；仍有辩护人的，庭审可以继续进行。有多名被告人的案件，部分被告人拒绝辩护人辩护后，没有辩护人的，根据案件情况，可以对该部分被告人另案处理，对其他被告人的庭审继续进行。重新开庭后，被告人再次当庭拒绝辩护人辩护的，可以准许，但被告人不得再次另行委托辩护人或者要求另行指派律师，由其自行辩护。被告人属于应当提供法律援助的情形，重新开庭后再次当庭拒绝辩护人辩护的，不予准许。”本题B项中的李某可能被判处死刑，属于应当提供法律援助辩护的情形，在重新开庭审理后，李某再次当庭拒绝辩护人辩护的，合议庭不予准许的做法是正确的，故B项正确。

《高法解释》第485条第4款规定：“外国籍被告人没有委托辩护人的，人民法院可以通知法律援助机构为其指派律师提供辩护。被告人拒绝辩护人辩护的，应当由其出具书面声明，或者将其口头声明记录在案；必要时，应当录音录像。被告人属于应当提供法律援助情形的，依照本解释第五十条规定处理。”本题C项中法院为外籍被告汤姆指派辩护人的做法正确，但被告人拒绝辩护人辩护的，法院应予准许，所以C项不正确。

《高法解释》第313条第1款规定：“依照前两条规定另行委托辩护人或者通知法律援助机构指派律师的，自案件宣布休庭之日起至第十五日止，由辩护人准备辩护，但被告人及其辩护人自愿缩短时间的除外。”D项的错误有两处，一处在于不是“10日”，另一处在于不是“延期审理”而是“休庭”。

答案：B

✪ 考点6 法律援助值班律师

21. 董某涉嫌非法经营罪被立案侦查，其未委托辩护律师，约见值班律师黄某。下列表述正确的是？（2023年法考客观题回忆版真题，单选）

A. 董某未约见黄某，黄某经过办案机关允许可以主动会见董某

B. 为了保障安全，黄某会见董某时，看守所可派员在场

C. 董某自愿认罪认罚，其签署认罪认罚具结书时，黄某可以检察院量刑过重为由拒绝在具结书上签字

D. 在审查起诉阶段，黄某可以查阅、复制、摘抄案卷材料

[解析] 本题考查值班律师的职责和权利。《法律援助值班律师工作办法》第6条第3款规定：“值班律师办理案件时，可以应犯罪嫌疑人、被告人的约见进行会见，也可以经办案机关允许主动会见；自人民检察院对案件审查起诉之日起可以查阅案卷材料、了解案情。”故A项正确，D项的错误在于，值班律

师黄某不能复制、摘抄案卷材料。《法律援助值班律师工作办法》第24条规定："值班律师会见犯罪嫌疑人、被告人时不被监听。"故B项表述错误。《法律援助值班律师工作办法》第10条第1、2款规定："犯罪嫌疑人签署认罪认罚具结书时，值班律师对犯罪嫌疑人认罪认罚自愿性、人民检察院量刑建议、程序适用等均无异议的，应当在具结书上签名，同时留存一份复印件归档。值班律师对人民检察院量刑建议、程序适用有异议的，在确认犯罪嫌疑人系自愿认罪认罚后，应当在具结书上签字，同时可以向人民检察院提出法律意见。"本题C项中，黄某以检察院量刑过重为由拒绝在具结书上签字，是不正确的。因此，本题的正确答案为A项。

答案：A

22. 下列关于值班律师的表述，正确的是？（2020年法考客观题回忆版真题，单选）

A. 值班律师让犯罪嫌疑人、被告人充分认识到认罪认罚的性质和法律后果，是履行有效辩护职责的体现

B. 值班律师享有阅卷权、会见权以及提出意见权，有助于其为犯罪嫌疑人、被告人提供有效法律帮助

C. 值班律师在侦查阶段有权申请检察院调取公安机关没有调取的可能证明犯罪嫌疑人无罪的证据

D. 毒品犯罪案件中，值班律师在侦查阶段会见在押的犯罪嫌疑人，须经侦查机关批准

［解析］ 本题考查值班律师的地位、权利和有效辩护。值班律师是为犯罪嫌疑人、被告人提供法律帮助的人，不是犯罪嫌疑人、被告人的辩护人，所以，其提供法律帮助的目的不是为犯罪嫌疑人、被告人提供有效辩护，而是提供有效的法律帮助，故A项错误。《刑事诉讼法》第36条规定，犯罪嫌疑人、被告人没有委托辩护人，法律援助机构没有指派律师为其提供辩护的，由值班律师为犯罪嫌疑人、被告人提供法律咨询、程序选择建议、申请变更强制措施、对案件处理提出意见等法律帮助。《关于适用认罪认罚从宽制度的指导意见》第12条第2款规定，值班律师可以会见犯罪嫌疑人、被告人，看守所应当为值班律师会见提供便利。危害国家安全犯罪、恐怖活动犯罪案件，侦查期间值班律师会见在押犯罪嫌疑人的，应当经侦查机关许可。自检察院对案件审查起诉之日起，值班律师可以查阅案卷材料、了解案情。法院、检察院应当为值班律师查阅案卷材料提供便利。由此可见，值班律师享有阅卷权、会见权以及提出意见权，但没有调查取证权，故B项正确，C项错误。D项的错误在于，只有在"危害国家安全犯罪、恐怖活动犯罪案件"的侦查阶段，值班律师会见在押犯罪嫌疑人，应当经侦查机关许可，毒品犯罪案件侦查阶段，值班律师会见在押犯罪嫌疑人，无须经侦查机关许可。本题的正确答案为B项。

答案：B

23. 下列关于值班律师和辩护律师的表述，正确的是？（2019年法考客观题回忆版真题，多选）

A. 值班律师是我国法律援助制度的新发展

B. 值班律师和法律援助辩护律师的权利义务完全相同

C. 值班律师不能出庭辩护

D. 辩护律师申请排除非法证据，检察院依辩护律师申请，调取有利于犯罪嫌疑人的证据时，辩护律师可以在场

［解析］ 本题考查值班律师和辩护律师的异同点。值班律师的派驻由法律援助机构负责，并由法律援助机构确定人选、进行指导和管理。值班律师制度使我国法律援助制度在刑事案件领域得以覆盖更大范围，为更多的犯

罪嫌疑人、被告人提供法律援助。值班律师制度是我国法律援助制度的重要组成部分，也是我国法律援助制度的新发展。故A项表述正确。值班律师和法律援助辩护律师二者的诉讼地位不同，二者的权利义务有相似之处，但也有区别。辩护律师的权利比值班律师大，比如，辩护律师可出庭辩护，可在被告人同意的情况下提出上诉，但是，值班律师则没有这些权利。故B项表述错误，C项表述正确。《高检规则》第52条第2款规定："人民检察院根据辩护律师的申请收集、调取证据时，辩护律师可以在场。"故D项表述正确。本题的正确答案为A、C、D三项。

答案：ACD

24. 下列关于值班律师的表述，正确的是？（2019年法考客观题回忆版真题，多选）

A. 值班律师提出意见主要指对量刑提出意见

B. 值班律师对程序提出建议主要指根据案情建议认罪认罚或者适用速裁程序

C. 值班律师是我国刑事诉讼主体

D. 值班律师体现了保障诉讼参与人诉讼权利原则，有利于完善司法制度

［解析］ 本题考查值班律师制度、刑事诉讼主体的范围。《刑事诉讼法》第36条第1款规定："法律援助机构可以在人民法院、看守所等场所派驻值班律师。犯罪嫌疑人、被告人没有委托辩护人，法律援助机构没有指派律师为其提供辩护的，由值班律师为犯罪嫌疑人、被告人提供法律咨询、程序选择建议、申请变更强制措施、对案件处理提出意见等法律帮助。"值班律师提出意见，意味着其可以根据案件情况，为犯罪嫌疑人、被告人对本案的定罪、量刑、程序适用等问题向办案机关提出处理意见，故A项错误。值班律师对程序提出建议主要指根据案情建议认罪认罚或者适用速裁程序，这一表述正确，故B项当选。

保障诉讼参与人诉讼权利原则要求，法院、检察院和公安机关应当保障犯罪嫌疑人、被告人和其他诉讼参与人依法享有的辩护权和其他诉讼权利。诉讼参与人对于审判人员、检察人员和侦查人员侵犯公民诉讼权利和人身侮辱的行为，有权提出控告。值班律师制度体现了这一原则，有利于完善司法制度。故D项正确。

刑事诉讼主体是所有参与刑事诉讼活动，在刑事诉讼中享有一定权利、承担一定义务的国家专门机关和诉讼参与人。根据刑事诉讼法的规定，我国刑事诉讼主体包括三大类：一是代表国家行使侦查权、起诉权、审判权、刑罚执行权的国家专门机关，包括公安机关、国家安全机关、军队保卫部门、监狱、检察院、法院等；二是直接影响诉讼进程并且与诉讼结果有直接利害关系的诉讼当事人，包括犯罪嫌疑人、被告人、被害人、自诉人、附带民事诉讼的原告人和被告人；三是协助国家专门机关和诉讼当事人进行诉讼活动的其他诉讼参与人，包括法定代理人、诉讼代理人、辩护人、证人、鉴定人和翻译人员等。本题中的值班律师不属于国家专门机关、当事人、其他诉讼参与人，因而不是刑事诉讼主体。故C项错误。

因此，本题的正确答案为B、D两项。

答案：BD

考点7 刑事诉讼代理

25. 甲涉嫌故意杀害丁一案，被K市公安局立案侦查，K市公安局局长乙是甲的儿子，丁的父亲提起附带民事诉讼。下列关于该案的说法，不正确的是？（2020年法考新疆延考客观题回忆版真题，不定选）

A. 乙在被决定回避之前应停止对该案的侦查活动

B. 甲的女儿可以在侦查阶段担任甲的辩护人

C. 负责该案审查逮捕和审查起诉的应是不同的检察官

D. 丁的父亲在侦查阶段可委托诉讼代理人

［解析］ 本题考查回避、辩护人的范围、捕诉合一制度、委托诉讼代理人。《刑事诉讼法》第31条第2款规定，对侦查人员的回避作出决定前，侦查人员不能停止对案件的侦查。故A项的错误在于，乙无须停止侦查活动。《刑事诉讼法》第34条第1款规定，犯罪嫌疑人自被侦查机关第一次讯问或者采取强制措施之日起，有权委托辩护人；在侦查期间，只能委托律师作为辩护人。本题B项中，甲的女儿不是律师，不得在侦查阶段担任甲的辩护人。该项错误。《高检规则》第8条第1款规定，对同一刑事案件的审查逮捕、审查起诉、出庭支持公诉和立案监督、侦查监督、审判监督等工作，由同一检察官或者检察官办案组负责，但是审查逮捕、审查起诉由不同检察院管辖，或者依照法律、有关规定应当另行指派检察官或者检察官办案组办理的除外。故C项的错误在于，负责该案审查逮捕和审查起诉的应是同一检察官或者检察官办案组。《刑事诉讼法》第46条第1款规定，公诉案件的被害人及其法定代理人或者近亲属，附带民事诉讼的当事人及其法定代理人，自案件移送审查起诉之日起，有权委托诉讼代理人。由此可见，被害人丁的父亲作为附带民事诉讼原告人不得在侦查阶段委托诉讼代理人。故D项错误。

答案：ABCD

26. 关于诉讼代理人参加刑事诉讼，下列哪一说法是正确的？（2012/2/24，单选）

A. 诉讼代理人的权限依据法律规定而设定

B. 除非法律有明文规定，诉讼代理人也享有被代理人享有的诉讼权利

C. 诉讼代理人应当承担被代理人依法负有的义务

D. 诉讼代理人的职责是帮助被代理人行使诉讼权利

［解析］ 本题主要是采用“张冠李戴”的方式加以命题，意在考查诉讼代理人和法定代理人的区别，以及关于诉讼代理人理解上的细节问题。诉讼代理人参与刑事诉讼是基于被代理人的委托，在双方签订的委托协议授权范围内进行代理，而不是依据法律的规定。故A项错误。

诉讼代理人只能在被代理人授权范围内进行诉讼活动，既不能超越代理范围，也不能违背被代理人的意志。诉讼代理人是基于被代理人的意志进行代理活动。故B项错误。

诉讼代理人的责任是根据事实和法律，维护被害人、自诉人或者附带民事诉讼当事人的合法权益。因此，诉讼代理人的职责是帮助被代理人行使诉讼权利，而非代为承担义务。故C项错误，D项正确。

答案：D

27. 在张某故意毁坏李某汽车案中，张某聘请赵律师为辩护人，李某聘请孙律师为诉讼代理人。关于该案辩护人和诉讼代理人，下列哪一选项是正确的？（2010/2/22，单选）

A. 赵律师、孙律师均自案件移送审查起诉之日起方可接受委托担任辩护人、诉讼代理人

B. 赵律师、孙律师均有权申请该案的审判人员和公诉人员回避

C. 赵律师可在审判中向张某发问，孙律师无权向张某发问

D. 赵律师应以张某的意见作为辩护意见，孙律师应以李某的意见为代理意见

［解析］ 本题考查辩护人和诉讼代理人的异同点。《刑事诉讼法》第34条第1款规定：“犯罪嫌疑人自被侦查机关第一次讯问或者采取强制措施之日起，有权委托辩护人；在侦查

期间，只能委托律师作为辩护人。被告人有权随时委托辩护人。”《刑事诉讼法》第46条第1款规定：“公诉案件的被害人及其法定代理人或者近亲属，附带民事诉讼的当事人及其法定代理人，自案件移送审查起诉之日起，有权委托诉讼代理人。自诉案件的自诉人及其法定代理人，附带民事诉讼的当事人及其法定代理人，有权随时委托诉讼代理人。”本案是公诉案件，孙律师自案件移送审查起诉之日起可接受李某的委托担任诉讼代理人，但是赵律师从侦查阶段（即自被第一次讯问或采取强制措施之日起）就可以接受张某的委托担任辩护人，故A项错误。

《刑事诉讼法》第32条第2款规定：“辩护人、诉讼代理人可以依照本章的规定要求回避、申请复议。”据此，申请回避权的主体除了当事人及其法定代理人之外，辩护人、诉讼代理人均可独立申请回避，B项正确。

《刑事诉讼法》第191条第2款规定：“被害人、附带民事诉讼的原告人和辩护人、诉讼代理人，经审判长许可，可以向被告人发问。”据此，赵律师和孙律师分别作为辩护人、诉讼代理人，均可经审判长许可，向被告人张某发问，C项错误。

依据《刑事诉讼法》第37条的规定，辩护人在刑事诉讼中的法律地位是独立的诉讼参与人，其依自己的意志依法进行辩护，独立履行职责，维护犯罪嫌疑人、被告人的诉讼权利和其他合法权益。而诉讼代理人必须在被代理人的授权范围内进行诉讼，超过授权范围进行诉讼活动所产生的结果，除非得到被代理人的承认，否则被代理人不予承担。因此赵律师不是应以张某的意见作为辩护意见，孙律师则应以李某的意见为代理意见。故D项错误。

答案：B（原答案为A）

第七章 刑事证据

点评

本章是每年必考的重点，在法律职业资格考试客观题中一般考查2—3道选择题，常常在主观题考查中占据较大的比重。有关证据的考查也越来越呈现出案例化和综合性的特征，即在一个较为完整的案例中，结合刑事诉讼的不同阶段考查对证据审查认定和证据规则的理解，这种趋势也更符合司法实践中有关证据问题的真实状况。本章重要考点有：证据的关联性和合法性、证据裁判原则、刑事证据的种类和分类（原始证据与传来证据、直接证据与间接证据、无罪证据与有罪证据、言词证据与实物证据）、刑事证据规则（尤其是非法证据排除规则）、证明对象和免证事项、证明责任的分担、证明标准的运用。本章需要予以重点关注的方面：（1）证据规则中一些较为抽象的标准在司法实践中如何进行判断。（2）在给定的具体案件背景中，如何判断特定证据能否作为定案的依据以及证明价值。（3）与刑法具体罪名相结合，考查证据的审查认定、证明责任与证明标准等内容。（4）与刑事诉讼制度、程序相结合进行考查。（5）有关专门性问题的证据的运用。（6）电子数据、重复性供述、监察机关所收集的证据、技术调查与侦查证据等较新的证据类型的运用问题。

在2010年、2011年、2012年、2015年卷四和2018年、2021年、2023年法考主观题中，刑事诉讼法的案例与论述题考查非法证据排除规则、证明标准、运用证据认定案件事实的规则和以审判为中心的诉讼制度改革等内容。这充分突显了证据在法律职业资格考试中的重要性，同时这种灵活的命题趋势也应引起考生的足够重视。

✪ 考点1 证据的基本特征

1. 某银行被盗，侦查机关将沈某确定为犯罪嫌疑人。在进行警犬辨认时，一“功勋警犬”在发案银行四处闻了闻后，猛地扑向沈某。随后，侦查人员又对沈某进行心理测试，测试结论显示，只要犯罪嫌疑人说没偷，测谎仪就显示其撒谎。关于可否作为认定案件事实的根据，下列哪一选项是正确的？（2008/2/30，单选）

A. 警犬辨认和心理测试结论均可以

B. 警犬辨认可以，心理测试结论不可以

C. 警犬辨认不可以，心理测试结论可以

D. 警犬辨认和心理测试结论均不可以

［解析］ 本题从证据的法定形式的角度考查证据的合法性。《刑事诉讼法》第50条第2款规定：“证据包括：（一）物证；（二）书证；（三）证人证言；（四）被害人陈述；（五）犯罪嫌疑人、被告人供述和辩解；（六）鉴定意见；（七）勘验、检查、辨认、侦查实验等笔录；（八）视听资料、电子数据。”凡是不符合《刑事诉讼法》第50条规定的8种证据法定形式的材料，都不能作为认定案件事实的根据，

只能作为定案的线索材料。本题中所提到的“警犬辨认”和“心理测试结论”都无法归入《刑事诉讼法》第50条规定的8种证据法定形式之中，因此均不可以作为认定案件事实的根据。而且，最高人民检察院《关于CPS多道心理测试鉴定结论能否作为诉讼证据使用问题的批复》规定：“CPS多道心理测试（俗称测谎）鉴定结论与刑事诉讼法规定的鉴定结论不同，不属于刑事诉讼法规定的证据种类。人民检察院办理案件，可以使用CPS多道心理测试鉴定结论帮助审查、判断证据，但不能将CPS多道心理测试鉴定结论作为证据使用。”故本题的正确答案为D项。

答案：D

2. 关于证据的关联性，下列哪一选项是正确的？（2014/2/27，单选）

A. 关联性仅指证据事实与案件事实之间具有因果关系

B. 具有关联性的证据即具有可采性

C. 证据与待证事实的关联度决定证据证明力的大小

D. 类似行为一般具有关联性

［解析］ 本题考查证据的关联性。证据的关联性，是指证据必须与案件事实有客观联系，对证明刑事案件事实具有某种实际意义；反之，与本案无关的事实或者材料，都不能成为刑事证据，本题A项的错误在于，关联性不仅包括证据事实与案件事实之间的因果关系，还包括其他关系。

没有关联性的证据不具有可采性，但具有关联性的证据未必都具有可采性，仍有可能出于利益考虑，或者由于某种特殊规则，而不具有可采性，故B项不正确。

证据的关联性是证据证明力的原因。所谓证明力，也就是证据对证明案件事实的证明作用，也就是证据对证明案件事实的价值。证据对案件事实有无证明力以及证明力的大小，取决于证据本身与案件事实有无联系以及联系的紧密、强弱程度。一般来说，如果证据与案件事实之间的联系紧密，则该证据的证明力较强，在诉讼中所起的作用也较大，故C项正确。

一般而言，英美证据法认为下列几种证据原则上不具有关联性，不得作为认定案件事实的依据：(1) 品格证据；(2) 类似行为；(3) 特定的诉讼行为；(4) 特定的事实行为；(5) 被害人过去的行为，故D项中的“类似行为”一般不具有关联性，该项不正确。

本题的正确答案为C项。

答案：C

考点2 刑事证据规则

3. 甲男强奸乙女（8周岁），甲的父亲称甲未满14周岁，但公安机关通过户籍等信息查询发现甲已满14周岁，甲的父亲称年龄是被改大的，下列属于意见证据的是？（2023年法考客观题回忆版真题，不定选）

A. 办理户籍的民警称，甲的出生证明有涂改痕迹，可能是事后人为修改的

B. 当地的民警称，本地确实有很多人到公安机关修改出生时间

C. 甲所在村的村民称，当年村里出生的男孩很多，甲是其中之一

D. 该案的鉴定人称，甲的骨龄可能有2岁的误差

［解析］ 本题考查意见证据规则。意见证据规则是指证人只能陈述自己亲自感受和经历的事实，而不得陈述对该事实的意见或者结论。证人对案件事实的判断意见和推测属于意见证据。本题A项中民警称“可能是事后人为修改的”，属于意见证据。该项当选。B项和C项属于民警和村民对事实的陈述，不是判断和推测，故不属于意见证据，这两项不当选。因为意见证据规则只适用于证人证言，不适用鉴定意见，所以，D项的鉴定人的意见不属于意

见证据。因此，本题的正确答案为A项。

答案：A

4. 甲盗窃乙收藏的一批限量版黑胶唱片，侦查机关从甲的住处缴获被盗的黑胶唱片。下列说法正确的是？（2021年法考客观题回忆版真题，不定选）

A. 乙家防盗门上的划痕是原始证据

B. 丢失的黑胶唱片清单是实物证据

C. 丢失的黑胶唱片是间接证据

D. 侦查阶段询问证人的录音录像是传闻证据

［解析］ 本题考查证据的理论分类和传闻证据规则。凡是来自原始出处，即直接来源于案件事实的证据材料，是原始证据。凡是不直接来源于案件事实，而是从间接的非第一来源获得的证据材料，称为传来证据。A项的划痕是直接来源于案件事实的证据材料，属于原始证据，该项正确。

凡是表现为人的陈述，即以言词作为表现形式的证据，是言词证据，包括证人证言，被害人陈述，犯罪嫌疑人、被告人的供述和辩解，鉴定意见，辨认笔录。凡是表现为物品、痕迹和以其内容具有证据价值的书面文件，即以实物作为表现形式的证据，是实物证据。本题B项的清单是书面文件，表现为实物的形式，属于实物证据，该项正确。

根据证据与案件主要事实证明关系的不同，可以将证据划分为直接证据与间接证据。直接证据是能够单独、直接证明案件主要事实的证据。也就是说，某一项证据的内容，无须经过推理过程，即可以直观地说明犯罪行为是否是犯罪嫌疑人、被告人所实施。间接证据是不能单独、直接证明刑事案件主要事实，需要与其他证据相结合才能证明案件主要事实的证据。本题C项的唱片是物证，其不能单独、直接证明刑事案件主要事实，需要与其他证据相结合才能证明案件主要事实，属于间接证据，该项正确。

传闻证据规则，也称传闻证据排除规则，即法律排除传闻证据作为认定犯罪事实的根据的规则。根据这一规则，如无法定理由，任何人在庭审期间以外及庭审准备期间以外的陈述，不得作为认定被告人有罪的证据。传闻证据包括庭外的陈述和庭上的转述两种，D项的录音录像属于证人在庭外的陈述，属于传闻证据，该项正确。

综上，本题的正确答案为A、B、C、D四项。

答案：ABCD

5. 顾某涉嫌诈骗罪被立案侦查，在第一次讯问时拒不认罪，侦查人员第二次讯问顾某时，采用殴打、威胁等方式获得顾某的有罪供述。此后的两次讯问中顾某均作出了与第二次相同的有罪供述。下列关于顾某供述的说法，正确的是？（2021年法考黑龙江延考客观题回忆版真题，不定选）

A. 检察人员在审查起诉阶段讯问顾某时，告知顾某诉讼权利及认罪的法律后果，由此获得的与侦查阶段相同的有罪供述可作为定案根据

B. 庭前会议中，检察院可主动撤回侦查人员第二次讯问顾某所得的有罪供述

C. 庭前会议中，法院可排除第三、四次讯问所得供述

D. 法院在审判阶段排除侦查阶段的重复性有罪供述，应在判决书中写明理由

［解析］ 本题考查重复性供述排除规则、非法证据排除的程序。《关于办理刑事案件严格排除非法证据若干问题的规定》第5条规定："采用刑讯逼供方法使犯罪嫌疑人、被告人作出供述，之后犯罪嫌疑人、被告人受该刑讯逼供行为影响而作出的与该供述相同的重复性供述，应当一并排除，但下列情形除外：（一）侦查期间，根据控告、举报或者自己发现等，侦查机关确认或者不能排除以非法方法

收集证据而更换侦查人员，其他侦查人员再次讯问时告知诉讼权利和认罪的法律后果，犯罪嫌疑人自愿供述的；（二）审查逮捕、审查起诉和审判期间，检察人员、审判人员讯问时告知诉讼权利和认罪的法律后果，犯罪嫌疑人、被告人自愿供述的。”由此可见，A 项中的重复性供述符合该条第（二）项的规定，不需要排除，该项正确。

《关于办理刑事案件严格排除非法证据若干问题的规定》第 25 条第 2 款规定：“人民检察院可以决定撤回有关证据，撤回的证据，没有新的理由，不得在庭审中出示。”故 B 项正确。

《关于办理刑事案件严格排除非法证据若干问题的规定》第 25 条第 1 款规定：“被告人及其辩护人在开庭审理前申请排除非法证据，按照法律规定提供相关线索或者材料的，人民法院应当召开庭前会议。人民检察院应当通过出示有关证据材料等方式，有针对性地对证据收集的合法性作出说明。人民法院可以核实情况，听取意见。”由此可见，法院不得在庭前会议中排除非法证据，故 C 项错误。

《关于办理刑事案件严格排除非法证据若干问题的规定》第 36 条规定：“人民法院对证据收集合法性的审查、调查结论，应当在裁判文书中写明，并说明理由。”故 D 项表述正确。

综上，本题的正确答案为 A、B、D 三项。

答案：ABD

6. 甲、乙、丙、丁四人在法庭上称自己被刑讯逼供，下列哪些情形下，法院对被告人供述进行合法性审查？（2022 年法考延考客观题回忆版真题，2020 年法考新疆延考客观题回忆版真题，多选）

A. 甲向法庭出示了在讯问时被侦查人员扯掉的一块头皮

B. 乙称自己在被侦查人员提出看守所指认案发现场期间遭到刑讯逼供，但乙说不出刑讯逼供的具体地点、人员的姓名

C. 丙向法庭出示了一件带血的背心，称该血是刑讯所留

D. 丁在法庭上称自己面容憔悴是疲劳审讯所致，还拿出之前的照片做对比

［解析］ 本题考查非法证据排除的程序。《高法解释》第 127 条规定，当事人及其辩护人、诉讼代理人申请法院排除以非法方法收集的证据的，应当提供涉嫌非法取证的人员、时间、地点、方式、内容等相关线索或者材料。本题 A、C、D 三项中，被告人均提供涉嫌非法取证的相关材料，法庭须对被告人供述的合法性进行审查。但是，B 项中的乙未提供非法取证的相关线索或者材料。故本题的正确答案为 A、C、D 三项。

答案：ACD

7. 张某盗窃案侦查中，侦查人员采取下列方法收集到相关证据，正确的表述是？（2020 年法考客观题回忆版真题，多选）

A. 侦查人员在首次讯问中欺骗张某获得了供述，在第二次讯问中使用暴力所得的重复性供述，应当排除

B. 侦查人员在讯问时威胁张某，若不如实供述，将强制其未成年儿子作证，张某担心影响儿子复习法考，作出的有罪供述，应当排除

C. 侦查机关威胁女证人苏某，若不如实作证，将曝光其隐私，苏某担心隐私被曝光后引起家庭破裂而作出的证言，应当排除

D. 侦查人员传唤张某到案，连续讯问 22 小时但提供饮食，而获得的供述，应当排除

［解析］ 本题考查非法证据排除的范围。《关于办理刑事案件严格排除非法证据若干问题的规定》第 5 条规定：“采用刑讯逼供方法使犯罪嫌疑人、被告人作出供述，之后犯罪嫌疑人、被告人受该刑讯逼供行为影响而作出的与该供述相同的重复性供述，应当一并排除，但下列情形除外：（一）侦查期间，根据控

告、举报或者自己发现等，侦查机关确认或者不能排除以非法方法收集证据而更换侦查人员，其他侦查人员再次讯问时告知诉讼权利和认罪的法律后果，犯罪嫌疑人自愿供述的；（二）审查逮捕、审查起诉和审判期间，检察人员、审判人员讯问时告知诉讼权利和认罪的法律后果，犯罪嫌疑人、被告人自愿供述的。”本题A项中的首次讯问是“欺骗”而非“刑讯”所得的供述，而且，第二次讯问未受到前一次讯问行为的影响，故A项中的供述不属于应当排除的重复性供述，A项错误，不当选。

《关于办理刑事案件严格排除非法证据若干问题的规定》第3条规定，采用以暴力或者严重损害本人及其近亲属合法权益等进行威胁的方法，使犯罪嫌疑人、被告人遭受难以忍受的痛苦而违背意愿作出的供述，应当予以排除。本题B项中的威胁未达到使犯罪嫌疑人张某遭受难以忍受的痛苦而违背意愿的程度，故张某的供述不是应当排除的供述，故B项错误，不当选。

《关于办理刑事案件严格排除非法证据若干问题的规定》第6条规定，采用暴力、威胁以及非法限制人身自由等非法方法收集的证人证言、被害人陈述，应当予以排除。本题C项中，威胁证人苏某所获得的苏某的证言，应当排除，该项正确，当选。

《刑事诉讼法》第119条第3款规定，不得以连续传唤、拘传的形式变相拘禁犯罪嫌疑人。传唤、拘传犯罪嫌疑人，应当保证犯罪嫌疑人的饮食和必要的休息时间。本题D项中，侦查人员连续讯问张某22小时，只提供饮食，未保障必要的休息，所获得的供述应当排除。故D项正确，当选。

答案：CD

8. 甲因涉嫌领导黑社会性质组织罪，被公安机关刑事拘留，在拘留期间遭到刑讯逼供，甲申请排除非法取得的供述，下列说法正确的是？（2019年法考客观题回忆版真题，不定选）

A. 甲只能向公安机关申请排除非法供述

B. 甲可以被殴打为由申请排除同一侦查人员后续讯问时作出的相同供述

C. 若检察院不能证明该供述的合法性，则法院应当排除该证据

D. 提供明确殴打时间即为提供相关线索

［解析］ 本题考查非法证据排除的程序。《刑事诉讼法》第56条第2款规定：“在侦查、审查起诉、审判时发现有应当排除的证据的，应当依法予以排除，不得作为起诉意见、起诉决定和判决的依据。”《关于办理刑事案件严格排除非法证据若干问题的规定》第14条规定：“犯罪嫌疑人及其辩护人在侦查期间可以向人民检察院申请排除非法证据……侦查机关对审查认定的非法证据，应当予以排除，不得作为提请批准逮捕、移送审查起诉的根据。”《关于办理刑事案件严格排除非法证据若干问题的规定》第17条第1款规定：“审查逮捕、审查起诉期间，犯罪嫌疑人及其辩护人申请排除非法证据，并提供相关线索或者材料的，人民检察院应当调查核实。调查结论应当书面告知犯罪嫌疑人及其辩护人。”由上述法条可知，公检法都是排除非法证据的主体，本题中，甲不仅可以向公安机关申请排除非法证据，还可以向检察院、法院申请排除非法证据。故A项错误。《关于办理刑事案件严格排除非法证据若干问题的规定》第5条规定：“采用刑讯逼供方法使犯罪嫌疑人、被告人作出供述，之后犯罪嫌疑人、被告人受该刑讯逼供行为影响而作出的与该供述相同的重复性供述，应当一并排除，但下列情形除外：（一）侦查期间，根据控告、举报或者自己发现等，侦查机关确认或者不能排除以非法方法收集证据而更换侦查人员，其他侦查人员再次讯问时告知诉讼权利和认罪的法律后果，犯罪嫌疑人自愿供述的；（二）审查逮捕、审查起诉和审判期间，检察人员、审判人员讯问时告知诉讼权利和认罪的

法律后果，犯罪嫌疑人、被告人自愿供述的。”本题中，甲被殴打后，只有同一侦查人员后续受该刑讯逼供行为影响所获取的甲的重复性供述，才应当排除，而不是所有的与该供述相同的重复性供述应当排除，故B项错误。

《刑事诉讼法》第60条规定：“对于经过法庭审理，确认或者不能排除存在本法第五十六条规定的以非法方法收集证据情形的，对有关证据应当予以排除。”故C项正确。

《关于办理刑事案件严格排除非法证据若干问题的规定》第20条规定：“犯罪嫌疑人、被告人及其辩护人申请排除非法证据，应当提供涉嫌非法取证的人员、时间、地点、方式、内容等相关线索或者材料。”可见，D项正确。

因此，本题的正确答案为C、D两项。

答案：CD

9. 下列关于证据运用的说法，正确的是？（2019年法考客观题回忆版真题，多选）

A. 证人无正当理由拒不出庭，其庭前证言不得作为定案根据

B. 勘验、检查笔录来源不合法，不能作为定案根据

C. 未经证人核对签名的书面证言，不能作为定案根据

D. 讯问犯罪嫌疑人时，未对其提供翻译所获得的供述，不能作为定案根据

［解析］ 本题考查证据排除的范围。《高法解释》第91条第3款规定：“经人民法院通知，证人没有正当理由拒绝出庭或者出庭后拒绝作证，法庭对其证言的真实性无法确认的，该证人证言不得作为定案的根据。”故A项表述过于绝对，该项错误。

《高法解释》第103条规定：“勘验、检查笔录存在明显不符合法律、有关规定的情形，不能作出合理解释的，不得作为定案的根据。”故B项中的勘验、检查笔录是瑕疵证据，在合理解释后可作定案根据，不是绝对不能作为定案根据的证据，该项错误。

《高法解释》第89条规定：“证人证言具有下列情形之一的，不得作为定案的根据：（一）询问证人没有个别进行的；（二）书面证言没有经证人核对确认的；（三）询问聋、哑人，应当提供通晓聋、哑手势的人员而未提供的；（四）询问不通晓当地通用语言、文字的证人，应当提供翻译人员而未提供的。”故C项符合上述第（二）项的情形，该项表述正确。

《高法解释》第94条规定：“被告人供述具有下列情形之一的，不得作为定案的根据：（一）讯问笔录没有经被告人核对确认的；（二）讯问聋、哑人，应当提供通晓聋、哑手势的人员而未提供的；（三）讯问不通晓当地通用语言、文字的被告人，应当提供翻译人员而未提供的；（四）讯问未成年人，其法定代理人或者合适成年人不在场的。”故D项符合上述第（三）项的情形，该项表述正确。

因此，本题的正确答案为C、D两项。

答案：CD

10. 甲故意杀人案被K市公安局立案侦查，在侦查阶段收集到以下证据，其中应当排除的证据有？（2018年法考客观题回忆版真题，不定选）

A. 侦查人员钱某和郑某采用呛水的方式对甲进行讯问而获取甲的供述，之后，二人再次对甲进行合法讯问，甲因害怕再次被呛水而交代了与前次供述相同的犯罪事实

B. 侦查人员威胁甲，若不如实供述，就将甲的公司偷税的事实向有关机关揭发，甲因害怕而承认了杀人犯罪的供述

C. 侦查人员在凌晨抓获甲后突击连夜审讯至天亮而获得的供述

D. 没有见证人签名的辨认笔录

［解析］ 本题考查非法证据排除的范围。《关于办理刑事案件严格排除非法证据若干问

题的规定》第5条规定："采用刑讯逼供方法使犯罪嫌疑人、被告人作出供述，之后犯罪嫌疑人、被告人受该刑讯逼供行为影响而作出的与该供述相同的重复性供述，应当一并排除，但下列情形除外：（一）侦查期间，根据控告、举报或者自己发现等，侦查机关确认或者不能排除以非法方法收集证据而更换侦查人员，其他侦查人员再次讯问时告知诉讼权利和认罪的法律后果，犯罪嫌疑人自愿供述的；（二）审查逮捕、审查起诉和审判期间，检察人员、审判人员讯问时告知诉讼权利和认罪的法律后果，犯罪嫌疑人、被告人自愿供述的。"故A项受刑讯逼供行为影响而作出的属于重复性供述，应当排除，该项当选。

《关于办理刑事案件严格排除非法证据若干问题的规定》第3条规定，采用以暴力或者严重损害本人及其近亲属合法权益等进行威胁的方法，使犯罪嫌疑人、被告人遭受难以忍受的痛苦而违背意愿作出的供述，应当予以排除。B项中的威胁未达到使甲遭受难以忍受的痛苦而违背意愿的程度，所以该供述不应当排除，B项不当选。

C项的讯问程序未违法，故该供述也不应当排除。

《高法解释》第105条规定："辨认笔录具有下列情形之一的，不得作为定案的根据：（一）辨认不是在调查人员、侦查人员主持下进行的；（二）辨认前使辨认人见到辨认对象的；（三）辨认活动没有个别进行的；（四）辨认对象没有混杂在具有类似特征的其他对象中，或者供辨认的对象数量不符合规定的；（五）辨认中给辨认人明显暗示或者明显有指认嫌疑的；（六）违反有关规定，不能确定辨认笔录真实性的其他情形。"D项不属于上述不得作为定案根据的情形之一，故D项不是应当排除的证据，该项不当选。

因此，本题的正确答案为A项。

答案：A

11. 下列哪一证据规则属于调整证据证明力的规则？（2017/2/26，单选）

A. 传闻证据规则

B. 非法证据排除规则

C. 关联性规则

D. 意见证据规则

［解析］ 本题考查刑事证据规则、证明力的问题。所谓证明力，是指证据所具有的对案件事实的证明作用，也就是证据对证明案件事实的价值。证据对案件事实有无证明力以及证明力的大小，取决于证据本身与案件事实有无联系以及联系的紧密、强弱程度。所谓证据能力，是指证据资格。从内容上看，证据规则大体包括两类：一类是调整证据能力的规则，例如传闻证据规则、非法证据排除规则、意见证据规则、最佳证据规则等；另一类是调整证明力的规则，例如关联性规则、补强证据规则等。故本题的C项中"关联性规则"是调整证明力的规则。而传闻证据规则、非法证据排除规则、意见证据规则都是调整证据能力的规则。本题的正确答案为C项。

答案：C

12. 公安机关发现一具被焚烧过的尸体，因地处偏僻且天气恶劣，无法找到见证人，于是对勘验过程进行了全程录像，并在笔录中注明原因。法庭审理时，辩护人以勘验时没有见证人在场为由，申请排除勘验现场收集的物证。关于本案证据，下列哪一选项是正确的？（2016/2/29，单选）

A. 因违反取证程序的一般规定，应当排除

B. 应予以补正或者作出合理解释，否则予以排除

C. 不仅物证应当排除，对物证的鉴定意见等衍生证据也应排除

D. 有勘验过程全程录像并在笔录中已注

明理由，不予排除

[解析] 本题考查见证人、物证和鉴定意见的排除。《高法解释》第103条规定，勘验、检查笔录存在明显不符合法律、有关规定的情形，不能作出合理解释的，不得作为定案的根据。《高法解释》第80条规定：“下列人员不得担任见证人：(一) 生理上、精神上有缺陷或者年幼，不具有相应辨别能力或者不能正确表达的人；(二) 与案件有利害关系，可能影响案件公正处理的人；(三) 行使勘验、检查、搜查、扣押、组织辨认等监察调查、刑事诉讼职权的监察、公安、司法机关的工作人员或者其聘用的人员。……由于客观原因无法由符合条件的人员担任见证人的，应当在笔录材料中注明情况，并对相关活动进行全程录音录像。”本题中，因地处偏僻且天气恶劣，无法找到见证人而无见证人到场，这一情形属于“由于客观原因无法由符合条件的人员担任见证人的”情形，对勘验过程全程录像并在笔录中已注明理由，未违反法律程序，所收集的物证不予排除。故A、B两项表述错误，D项正确。

《高法解释》第98条规定，鉴定意见具有下列情形之一的，不得作为定案的根据：(1) 鉴定机构不具备法定资质，或者鉴定事项超出该鉴定机构业务范围、技术条件的；(2) 鉴定人不具备法定资质，不具有相关专业技术或者职称，或者违反回避规定的；(3) 送检材料、样本来源不明，或者因污染不具备鉴定条件的；(4) 鉴定对象与送检材料、样本不一致的；(5) 鉴定程序违反规定的；(6) 鉴定过程和方法不符合相关专业的规范要求的；(7) 鉴定文书缺少签名、盖章的；(8) 鉴定意见与案件待证事实没有关联的；(9) 违反有关规定的其他情形。本题中勘验的过程没有违法，所收集的物证不予排除，对物证的鉴定意见等衍生证据不属于《高法解释》第98条中不能作为定案根据的鉴定意见，不需要排除。故本题C项错误。

综上所述，本题的正确答案为D项。

答案：D

13. 下列哪一选项属于传闻证据？(2015/2/26，单选)

A. 甲作为专家辅助人在法庭上就一起伤害案的鉴定意见提出的意见

B. 乙了解案件情况但因重病无法出庭，法官自行前往调查核实的证人证言

C. 丙作为技术人员“就证明讯问过程合法性的同步录音录像是否经过剪辑”在法庭上所作的说明

D. 丁曾路过发生杀人案的院子，其开庭审理时所作的“当时看到一个人从那里走出来，好像喝了许多酒”的证言

[解析] 本题考查传闻证据规则。传闻证据规则，即如无法定理由，任何人在庭审期间以外及庭审准备期间以外的陈述，不得作为认定被告人有罪的证据。传闻证据包括“庭外的陈述”和“庭上的转述”。本题的B项即属于庭审期间以外证人所作的证言，系传闻证据，当选。A、C、D三项均是在法庭上所作的陈述，不属于传闻证据。

答案：B

14. 下列哪一选项所列举的证据属于补强证据？(2014/2/28，单选)

A. 证明讯问过程合法的同步录像材料

B. 证明获取被告人口供过程合法，经侦查人员签名并加盖公章的书面说明材料

C. 根据被告人供述提取到的隐蔽性极强、并能与被告人供述和其他证据相印证的物证

D. 对与被告人有利害冲突的证人所作的不利被告人的证言的真实性进行佐证的书证

[解析] 本题考查补强证据规则。补强证据规则是指为了防止误认事实或发生其他危

险性，而在运用某些证明力显然薄弱的证据认定案情时，必须有其他证据补强其证明力，才能被法庭采信为定案根据。证据的关联性是证据证明力的原因。

一般来说，在刑事诉讼中需要补强的不仅包括被追诉人的供述，而且包括证人证言、被害人陈述等特定证据。补强证据必须满足以下条件：（1）补强证据必须具有证据能力；（2）补强证据本身必须具有担保补强对象真实的能力；（3）补强证据必须具有独立的来源。本题中A、B两项均是证明证据的合法性，即证据能力，而非补强证据的证明力。C项中根据被告人供述提取到的隐蔽性极强、并能与被告人供述和其他证据相印证的物证，并不是专门用于证明被告人供述的真实性，属于认定案件事实过程中证据之间的互相印证，而不是补强证据。D项中的书证是用于证明与被告人有利害冲突的证人所作的不利被告人的证言的真实性，属于补强证据。本题正确答案为D项。

答案：D

15. 赵某、石某抢劫杀害李某，被路过的王某、张某看见并报案。赵某、石某被抓获后，2名侦查人员负责组织辨认。关于辨认笔录的审查与认定，下列选项正确的是？（2014/2/93，不定选）

A. 如对尸体的辨认过程没有录像，则辨认结果不得作为定案证据

B. 如侦查人员组织辨认时没有见证人在场，则辨认结果不得作为定案的根据

C. 如在辨认前没有详细向辨认人询问被辨认对象的具体特征，则辨认结果不得作为定案证据

D. 如对赵某的辨认只有笔录，没有赵某的照片，无法获悉辨认真实情况的，也可补正或进行合理解释

［解析］ 本题考查辨认笔录的排除，考生应注意对辨认笔录的强制性排除和可补正排除的范围的区别。《高法解释》第105条规定，辨认笔录具有下列情形之一的，不得作为定案的根据：（1）辨认不是在调查人员、侦查人员主持下进行的；（2）辨认前使辨认人见到辨认对象的；（3）辨认活动没有个别进行的；（4）辨认对象没有混杂在具有类似特征的其他对象中，或者供辨认的对象数量不符合规定的；（5）辨认中给辨认人明显暗示或者明显有指认嫌疑的；（6）违反有关规定，不能确定辨认笔录真实性的其他情形。

《关于办理死刑案件审查判断证据若干问题的规定》第30条第1款规定，侦查机关组织的辨认，存在下列情形之一的，应当严格审查，不能确定其真实性的，辨认结果不能作为定案的根据：（1）辨认不是在侦查人员主持下进行的；（2）辨认前使辨认人见到辨认对象的；（3）辨认人的辨认活动没有个别进行的；（4）辨认对象没有混杂在具有类似特征的其他对象中，或者供辨认的对象数量不符合规定的，尸体、场所等特定辨认对象除外；（5）辨认中给辨认人明显暗示或者明显有指认嫌疑的。《关于办理死刑案件审查判断证据若干问题的规定》第30条第2款规定，有下列情形之一的，通过有关办案人员的补正或者作出合理解释的，辨认结果可以作为证据使用：（1）主持辨认的侦查人员少于2人的；（2）没有向辨认人详细询问辨认对象的具体特征的；（3）对辨认经过和结果没有制作专门的规范的辨认笔录，或者辨认笔录没有侦查人员、辨认人、见证人的签名或者盖章的；（4）辨认记录过于简单，只有结果没有过程的；（5）案卷中只有辨认笔录，没有被辨认对象的照片、录像等资料，无法获悉辨认的真实情况的。

本题的A项和D项属于上述第30条第2款第（5）项规定的瑕疵证据，B项和C项分别属于第30条第2款第（3）项、第（2）项

规定的瑕疵证据，均可补正或进行合理解释，不属于“不得作为定案根据”的证据，故A、B、C项错误，D项正确。

答案：D

16. 关于辨认程序不符合有关规定，经补正或者作出合理解释后，辨认笔录可以作为证据使用的情形，下列哪一选项是正确的？（2012/2/27，单选）

A. 辨认前使辨认人见到辨认对象的

B. 供辨认的对象数量不符合规定的

C. 案卷中只有辨认笔录，没有被辨认对象的照片、录像等资料，无法获悉辨认的真实情况的

D. 辨认活动没有个别进行的

[解析] 本题考查辨认笔录的排除范围。本题中A、B、D三项分别符合前题所引《高法解释》第105条第（2）、（4）、（3）项之情形，均属于不能作为定案的根据的辨认笔录，而C项符合前题所引《关于办理死刑案件审查判断证据若干问题的规定》第30条第2款第（5）项之情形，属于经补正或者作出合理解释后，可以作为证据使用的辨认笔录。故本题的正确答案为C项。

答案：C

17. 下列哪一选项表明我国基本确立了自白任意性规则？（2012/2/28，单选）

A. 侦查人员在讯问犯罪嫌疑人的时候，可以对讯问过程进行录音或者录像

B. 不得强迫任何人证实自己有罪

C. 逮捕后应当立即将被逮捕人送交看守所羁押

D. 不得以连续拘传的方式变相拘禁犯罪嫌疑人、被告人

[解析] 本题考查自白任意性规则，自白任意性规则，又称非任意自白排除规则，是指在刑事诉讼中，只有基于被追诉人自由意志而作出的自白（即承认有罪的供述），才具有可采性；违背当事人意愿或违反法定程序而强制作出的供述不是自白，而是逼供，不具有可采性，必须予以排除。《刑事诉讼法》第52条规定，不得强迫任何人证实自己有罪。此规定即表明我国基本确立了自白任意性规则，故B项符合题意。本题的A、C、D三项在某种程度上都有利于保障犯罪嫌疑人、被告人供述的自愿性，但是，并未直接确立自白任意性规则。

答案：B

18. 关于补强证据，下列哪一说法是正确的？（2012/2/40，单选）

A. 应当具有证据能力

B. 可以和被补强证据来源相同

C. 对整个待证事实有证明作用

D. 应当是物证或者书证

[解析] 本题考查补强证据的条件。所谓“补强证据”，是指用以增强另一证据证明力的证据。一开始收集到的对证实案情有重要意义的证据，称为“主证据”，而用以印证该证据真实性的其他证据，就称为“补强证据”。补强证据规则，是指为了防止误认事实或发生其他危险性，而在运用某些证明力显然薄弱的证据认定案情时，必须有其他证据补强其证明力，才能被法庭采信为定案根据。一般来说，在刑事诉讼中需要补强的不仅包括被追诉人的供述，而且包括证人证言、被害人陈述等特定证据。补强证据必须满足以下条件：（1）补强证据必须具有证据能力。（2）补强证据本身必须具有担保补强对象真实的能力。（3）补强证据必须具有独立的来源。故本题A项正确，B项和C项分别不符合前述（3）和（2）这两个条件，因此，B、C项错误。同时，补强证据并没有证据种类的限制，故D项也错误。

答案：A

19. 在法庭审理过程中，被告人屠某、沈某和证人朱某提出在侦查期间遭到非法取证，要求确认其审前供述或证言不具备证据能力。下列哪些情形下应当根据法律规定排除上述证据？（2013/2/68，多选）

A. 将屠某“大”字型吊铐在窗户的铁栏杆上，双脚离地

B. 对沈某进行引诱，说“讲了就可以回去”

C. 对沈某进行威胁，说“不讲就把你老婆一起抓进来”

D. 对朱某进行威胁，说“不配合我们的工作就把你关进来”

［解析］ 本题考查非法证据排除的范围。对于A项，《刑事诉讼法》第56条第1款规定：“采用刑讯逼供等非法方法收集的犯罪嫌疑人、被告人供述和采用暴力、威胁等非法方法收集的证人证言、被害人陈述，应当予以排除。”《关于办理刑事案件严格排除非法证据若干问题的规定》第2条规定：“采取殴打、违法使用戒具等暴力方法或者变相肉刑的恶劣手段，使犯罪嫌疑人、被告人遭受难以忍受的痛苦而违背意愿作出的供述，应当予以排除。”故本题中的A项属于刑讯逼供，所获得的供述不具有证据能力。

对于B项，《刑事诉讼法》及其司法解释未规定引诱所获得的供述要排除，故B项中的引诱所获得的沈某的供述不属于应当排除的证据。

对于C项，《关于办理刑事案件严格排除非法证据若干问题的规定》第3条第1款规定：“采用以暴力或者严重损害本人及其近亲属合法权益等进行威胁的方法，使犯罪嫌疑人、被告人遭受难以忍受的痛苦而违背意愿作出的供述，应当予以排除。”由此可见，对于威胁所获得的供述是否具有证据能力，要进行具体区分。一般的威胁所获得的供述不排除，只有威胁达到使犯罪嫌疑人、被告人遭受难以忍受的痛苦而违背意愿的程度，所获得的供述才排除。故C项不是一律排除，不当选。

对于D项，《刑事诉讼法》第56条第1款规定：“采用刑讯逼供等非法方法收集的犯罪嫌疑人、被告人供述和采用暴力、威胁等非法方法收集的证人证言、被害人陈述，应当予以排除。”《关于办理刑事案件严格排除非法证据若干问题的规定》第6条也规定：“采用暴力、威胁以及非法限制人身自由等非法方法收集的证人证言、被害人陈述，应当予以排除。”适用此法条可知，本题D项中威胁获得的证人证言应当依法排除。

本题的正确答案为A、D两项。

答案：AD

20. 关于非法证据的排除，下列哪些说法是正确的？（2012/2/67，多选）

A. 非法证据排除的程序，可以根据当事人等申请而启动，也可以由法庭依职权启动

B. 申请排除以非法方法收集的证据的，应当提供相关线索或者材料

C. 检察院应当对证据收集的合法性加以证明

D. 只有确认存在《刑事诉讼法》第56条规定的以非法方法收集证据情形时，才可以对有关证据应当予以排除

［解析］ 本题考查非法证据排除的程序。《刑事诉讼法》第58条规定：“法庭审理过程中，审判人员认为可能存在本法第五十六条规定的以非法方法收集证据情形的，应当对证据收集的合法性进行法庭调查。当事人及其辩护人、诉讼代理人有权申请人民法院对以非法方法收集的证据依法予以排除。申请排除以非法方法收集的证据的，应当提供相关线索或者材料。”由此法条可知，B项正确。同时，法院可以依申请或者依职权启动非法证据排除程序，故A项正确。

《刑事诉讼法》第59条第1款规定：“在对证据收集的合法性进行法庭调查的过程中，

人民检察院应当对证据收集的合法性加以证明。”故C项正确。《刑事诉讼法》第60条规定：“对于经过法庭审理，确认或者不能排除存在本法第五十六规定的以非法方法收集证据情形的，对有关证据应当予以排除。”故D项的错误在于，不能排除有非法收集证据情形的，对有关证据也应予以排除。

答案：ABC

21. 李某涉嫌故意杀人罪，法庭审理期间李声称侦查人员曾对其实施刑讯逼供，李妻也提出其证言出自侦查人员的威胁、引诱、欺骗。经法院查明，上述情况属实。下列证据材料哪些不能作为定案的根据？（2005/2/68，多选）

A. 李某的有罪供述

B. 根据李某的有罪供述找到的杀人凶器

C. 李妻的证言

D. 根据李妻的证言找到的李某转移被害人尸体时使用的布口袋

［解析］ 本题考查非法证据排除的范围。《刑事诉讼法》第56条第1款规定：“采用刑讯逼供等非法方法收集的犯罪嫌疑人、被告人供述和采用暴力、威胁等非法方法收集的证人证言、被害人陈述，应当予以排除。收集物证、书证不符合法定程序，可能严重影响司法公正的，应当予以补正或者作出合理解释；不能补正或者作出合理解释的，对该证据应当予以排除。”

本题中，A项为采用刑讯逼供方式取得的被告人供述，C项为通过威胁取得的证人证言，都不能作为定案的根据。因此，A、C项当选。而B、D项是“毒树之果”，“毒树之果”是以非法行为作为条件或以非法证据为线索而得到的其他证据。B、D两项中的实物证据不符合《刑事诉讼法》第56条规定的“收集方式不符合法定程序、可能严重影响司法公正、不能予以补正或者作出合理解释”这三个条件，所以，其可能作为定案的根据，不是应当排除，因此B、D项不选。

答案：AC

22. 关于证人证言的收集程序和方式存在瑕疵，经补正或者作出合理解释后，可以作为证据使用的情形，下列哪一选项是正确的？（2012/2/42，单选）

A. 询问证人时没有个别进行的

B. 询问笔录反映出在同一时间内，同一询问人员询问不同证人的

C. 询问聋哑人时应当提供翻译而未提供的

D. 没有经证人核对确认并签名（盖章）、捺指印的

［解析］ 本题考查非法证据排除规则，与2012年试卷二第27题的出题角度和方式如出一辙。《高法解释》第89条规定：“证人证言具有下列情形之一的，不得作为定案的根据：（一）询问证人没有个别进行的；（二）书面证言没有经证人核对确认的；（三）询问聋、哑人，应当提供通晓聋、哑手势的人员而未提供的；（四）询问不通晓当地通用语言、文字的证人，应当提供翻译人员而未提供的。”《高法解释》第90条规定：“证人证言的收集程序、方式有下列瑕疵，经补正或者作出合理解释的，可以采用；不能补正或者作出合理解释的，不得作为定案的根据：（一）询问笔录没有填写询问人、记录人、法定代理人姓名以及询问的起止时间、地点的；（二）询问地点不符合规定的；（三）询问笔录没有记录告知证人有关权利义务和法律责任的；（四）询问笔录反映出在同一时段，同一询问人员询问不同证人的；（五）询问未成年人，其法定代理人或者合适成年人不在场的。”

由上述法条可知，A、C、D三项的证人证言分别属于上述《高法解释》第89条第（一）、（三）、（二）项的情形，均不能作为定案的根据，B项的证人证言属于上述《高法解释》第90条第（四）项的情形，经补正或者

作出合理解释后，可以作为证据使用。故本题选择 B 项。

答案：B

23. “证人猜测性、评论性、推断性的证言，不能作为证据使用”，系下列哪一证据规则的要求？（2011/2/26，单选）

A. 传闻证据规则

B. 意见证据规则

C. 补强证据规则

D. 最佳证据规则

［解析］ 本题考查刑事证据规则。传闻证据规则，也称传闻证据排除规则，即法律排除传闻证据作为认定犯罪事实的根据的规则。根据这一规则，如无法定理由，任何人在庭审期间以外及庭审准备期间以外的陈述，不得作为认定被告人有罪的证据。补强证据规则，是指为了防止误认事实或发生其他危险性，而在运用某些证明力显然薄弱的证据认定案情时，必须有其他证据补强其证明力，才能被法庭采信为定案根据。一般来说，在刑事诉讼中需要补强的不仅包括被追诉人的供述，而且包括证人证言、被害人陈述等特定证据。最佳证据规则，又称原始证据规则，是指以文字、符号、图形等方式记载的内容来证明案情时，其原件才是最佳证据。该规则要求书证的提供者应尽量提供原件，如果提供副本、抄本、影印本等非原始材料，则必须提供充足理由加以说明，否则，该书证不具有可采性。意见证据规则，是指证人只能陈述自己亲身感受和经历的事实，而不得陈述对该事实的意见或者结论。本题中，“证人猜测性、评论性、推断性的证言”不属于证人陈述的自身感知的事实，而是对其感知、观察到的事实进行推断、猜测进而发表意见、评论，属于意见证据，因此不能作为证据使用。故其符合意见证据规则的基本要求，本题 B 项正确，A、C、D 三项错误。

答案：B

考点 3 刑事证据种类

24. 彭某采取破坏方式盗窃变压器导致变压器毁损，被他人发现后逃离现场。经鉴定，变压器价值为 5000 元，之后彭某主动投案。在审查起诉期间，彭某签署认罪认罚具结书。彭某的下列哪些陈述属于彭某的供述？（2023 年法考客观题回忆版真题，多选）

A. 警察对我说签署认罪认罚具结书就没事了

B. 这些变压器不值这么多钱，最多值 800 元

C. 徐某在我盗窃期间为我望风

D. 我不知道这个变压器是谁的

［解析］ 本题考查犯罪嫌疑人、被告人的供述和辩解。犯罪嫌疑人、被告人的供述和辩解，是指犯罪嫌疑人、被告人就其被指控的犯罪事实，向公安司法机关所作的陈述。供述是犯罪嫌疑人、被告人供认自身犯罪事实的陈述。辩解是犯罪嫌疑人、被告人提出自己无罪或罪轻的陈述。本题中，B 项是彭某提出的无罪的辩解；C 项和 D 项是对共同犯罪事实的陈述，系供述。A 项不属于对犯罪事实的陈述，不属于供述。因此，本题的正确答案为 C、D 两项。

答案：CD

25. 李某和张某抢劫，下列关于该案证据种类的说法，正确的是？（2022 年法考延考客观题回忆版真题，2021 年法考福建延考客观题回忆版真题，不定选）

A. 张某说，李某之前还实施过盗窃，张某的陈述是供述

B. 李某说，抢劫是张某策划的，李某的陈述是辩解

C. 李某说，我与张某一起去抢劫，李某的陈述是供述

D. 李某说，在抢劫中张某拿走了一半的

钱，该陈述是证人证言

[解析] 本题考查证据的法定种类。犯罪嫌疑人、被告人的供述和辩解是指犯罪嫌疑人、被告人就有关案件的情况向侦查、检察和审判人员所作的陈述，通常称为口供。它的内容主要包括犯罪嫌疑人、被告人承认自己有罪的供述和说明自己无罪、罪轻的辩解。本题A项中，李某之前实施的盗窃与张某无关，所以，张某的该陈述对李某盗窃而言，是张某的证人证言。该项不正确。B项中李某的陈述可证明其罪轻，属于李某的辩解。该项正确。C项中，李某的陈述，是李某承认抢劫的有罪供述，该项正确。D项中，李某的陈述能证明李某罪轻，属于李某的辩解，而不是证人证言。该项不正确。综上，本题的正确答案为B、C两项。

答案：BC

26. 甲、乙二人系药材公司仓库保管员，涉嫌5次共同盗窃其保管的名贵药材，涉案金额40余万元。一审开庭审理时，药材公司法定代表人丙参加庭审。经审理，法院认定了其中4起盗窃事实，另一起因证据不足未予认定，甲和乙以职务侵占罪分别被判处有期徒刑3年和1年。关于本案证据，下列选项正确的是？(2017/2/92，不定选)

A. 侦查机关制作的失窃药材清单是书证

B. 为查实销赃情况而从通信公司调取的通话记录清单是书证

C. 甲将部分销赃所得10万元存入某银行的存折是物证

D. 因部分失窃药材不宜保存而在法庭上出示的药材照片是物证

[解析] 本题考查物证与书证的基本概念及其表现形式。物证是指证明案件真实情况的一切物品和痕迹。书证是指以记载的内容和反映的思想来证明案件真实情况的书面材料或其他物质材料。本题中，侦查机关制作的药材公司失窃物品的清单属于立案以后制作的，是对失窃情况的一种整理，不是在案件过程中产生的，不是书证，属于勘验、检查、辨认、侦查实验等笔录中的“等”笔录类证据，故A项错误。书证的表现形式和制作方法多种多样，不限于“书写的文字材料”，也可用图形和符号来表示，凡是以记载的内容和表达的思想来证明案件事实的一切物品，都属于书证。因此，通话记录清单以清单中的通话记录来证明案件事实，属于书证，不是电子数据。故B项正确。存折上记载了甲将赃款存入银行的情况，根据书证的概念，是以记载的内容来证明案件情况的材料，是书证而不是物证，故C项错误。在司法实践中，对某些难以移动或易于消失的物品、痕迹复制的模型或拍摄的照片，是对物证的固定和保全，在运用时，作为物证发挥作用的，不是这些照片和模型本身，而是被拍摄的照片、复制的模型所反映的原物和痕迹。因此，因部分失窃药材不宜保存而在法庭上出示的药材照片本身不是物证，其反映的药材才是物证，D项错误。本题的正确答案为B项。

答案：B

27. 关于证人与鉴定人的共同特征，下列哪些选项是正确的？(2009/2/69，多选)

A. 是当事人以外的人

B. 与案件或案件当事人没有利害关系

C. 具有不可替代性

D. 有义务出席法庭接受控辩双方询问

[解析] 本题考查证人和鉴定人的异同点。刑事诉讼中的证人是利害冲突双方以外的，向司法机关提供自己感受到的案件情况的诉讼参与人。刑事诉讼中的鉴定人是受司法机关聘请或指定后凭借自己的知识和技能对案件事实的某个专门性问题提出书面鉴定意见的诉讼参与人。

《刑事诉讼法》第108条第2项规定，“当事人”是指被害人、自诉人、犯罪嫌疑人、被告人、附带民事诉讼的原告人和被告人。据此，证人和鉴定人是当事人以外的人，A 项正确。

《刑事诉讼法》第 62 条规定：“凡是知道案件情况的人，都有作证的义务。生理上、精神上有缺陷或者年幼，不能辨别是非、不能正确表达的人，不能作证人。”可见，担任证人的前提是知悉案情，与案件或案件当事人有利害关系的人也可以当证人。但是，根据《刑事诉讼法》第 29 条规定的“审判人员、检察人员、侦查人员有下列情形之一的，应当自行回避，当事人及其法定代理人也有权要求他们回避：……（二）本人或者他的近亲属和本案有利害关系的……”和该法第 32 条规定的“本章关于回避的规定适用于书记员、翻译人员和鉴定人”，与案件或案件当事人有利害关系的鉴定人应当回避，因此鉴定人必须与案件无利害关系，B 项不正确。

根据前述有关证人的规定可知，证人的地位是在诉讼开始前形成的，具有不可替代性，但根据《刑事诉讼法》第 146 条规定的“为了查明案情，需要解决案件中某些专门性问题的时候，应当指派、聘请有专门知识的人进行鉴定”，则鉴定人是在诉讼之后由办案机关指派或聘请的，具有可选择性，C 项不正确。

依据《刑事诉讼法》第 192 条的规定可知，证人、鉴定人均有义务出席法庭接受控辩双方询问，D 项正确。正确答案是 A、D 两项。

答案：AD

考点 4　刑事证据的分类

28. 甲在乙家里杀害乙，5 岁的阳阳目睹案发全过程，盲人丙称他听见乙喊“救命，甲杀人了”，丁称他看见甲进入案发现场，并拿着带血的刀从乙家里走出来。下列关于该案的说法，正确的是？（2022 年法考延考客观题回忆版真题，不定选）

A. 阳阳不具有证人资格

B. 阳阳提供的证言需要其他证据印证，才能采信

C. 丙的证言是直接证据和传闻证据

D. 丁的证言是间接证据

［解析］ 本题考查证人的资格、证据的审查判断、直接证据与间接证据的区分、传闻证据的认定。《刑事诉讼法》第 62 条第 1、2 款规定：“凡是知道案件情况的人，都有作证的义务。生理上、精神上有缺陷或者年幼，不能辨别是非、不能正确表达的人，不能作证人。”本题 A 项中，儿童阳阳有证人的资格。B 项中，儿童阳阳的证言若能查证属实，无须其他证据印证，直接可以采信作为定案根据。C 项中，丙的证言能直接肯定甲实施杀人的犯罪，是直接证据。而且，丙是就亲自感受的事实作证，不是传闻证据，故 C 项不当选。D 项中丁的证言不能直接证明案件的主要事实，属于间接证据，故 D 项当选。

答案：D

29. 张某系某国企招投标处处长，涉嫌收受秦某的贿赂 1903 万元，其将贿赂款交由下属李某存入李某的银行卡，下列关于该案证据的说法，正确的是？（2022 年法考客观题回忆版真题，不定选）

A. 张某的妻子在法庭上说，每次听到李某说“好的，明白了”，属于传闻证据

B. 张某的同事苏某认为李某可以从张某的收入水平来确认这个钱是非法所得，这一推断可以作为证据使用

C. 李某承认自己曾向张某行贿的供述，与案件具有关联性

D. 张某辩称自己未受贿，属于间接证据

［解析］ 本题考查证据的理论分类、证据的关联性特征和刑事证据规则。传闻证据规则，也称传闻证据排除规则，即法律排除传闻

证据作为认定犯罪事实的根据的规则。根据这一规则，如无法定理由，任何人在庭审期间以外及庭审准备期间以外的陈述，不得作为认定被告人有罪的证据。传闻证据包括庭外的陈述和庭上的转述两种。A项中的张某的妻子是就自己感受的事实作证，不属于传闻证据，故A项不正确。《高法解释》第88条第2款规定，证人的猜测性、评论性、推断性的证言，不得作为证据使用，但根据一般生活经验判断符合事实的除外。B项中苏某的猜测和判断，是意见证据，该意见证据根据一般的生活经验判断符合事实，故可以作为证据使用，故B项正确。C项中，李某供述的内容是类似行为，与张某收受贿赂不具有关联性，故C项错误。根据证据与案件主要事实的证明关系的不同，可以将证据划分为直接证据与间接证据。刑事案件的主要事实就是犯罪嫌疑人、被告人是否实施了犯罪行为。证明关系的不同，是指某一证据是不是可以单独地、直接地证明案件的主要事实。凡是可以单独直接证明案件主要事实的证据，属于直接证据。它的含义是指某一项证据的内容，不必经过推理过程就可以直观地说明指控的犯罪行为是否发生，这种犯罪行为是否为正在被追诉的人所实施的。凡是必须与其他证据相结合才能证明案件主要事实的证据，属于间接证据。D项中张某的辩解能够否定张某实施犯罪，能够证明案件的主要事实，故属于直接证据，D项错误。本题的正确答案为B项。

答案：B

30. 张某为勒索巨款，书写并复印多份恐吓信寄给被害人，在该案侦查中，张某对罪行供认不讳，证人李某向侦查机关提交了自己书写的证词，张某的母亲刘某提供了被害人有过错的证言，张某在羁押期间向同监室的陈某讲述了敲诈勒索的全过程，陈某向侦查机关转述张某陈述的内容。关于本案的证据，下列说法不正确的是？（2022年法考客观题回忆版真题，不定选）

A. 张某复印的恐吓信是原始证据

B. 因刘某是张某的近亲属，所以，刘某的证据不应采信

C. 李某书写的证词是原始证据，不是传闻证据

D. 陈某向公安机关转述的证言可以补强张某的口供

［解析］ 本题考查证据的理论分类、传闻证据规则、补强证据规则、证据的审查判断。凡是来自原始出处，即直接来源于案件事实的证据材料，是原始证据。凡是不直接来源于案件事实，而是从间接的非第一来源获得的证据材料，称为传来证据。A项中的复印件，是传来证据，故该项不正确。《高法解释》第143条规定：“下列证据应当慎重使用，有其他证据印证的，可以采信：……（二）与被告人有亲属关系或者其他密切关系的证人所作的有利于被告人的证言，或者与被告人有利害冲突的证人所作的不利于被告人的证言。”本题的B项中，刘某是张某的近亲属，提供的有利于张某的证言，有其他证据印证的，可以采信，故该项不正确。C项中，李某自己书写的证词直接来源于案件事实本身，是原始证据，但是，该证据是庭外的陈述，属于传闻证据，故该项错在后半句话。补强证据应当有独立的来源，D项中陈某的证言来自张某，没有独立的来源，不能作为张某的口供的补强证据，该项错误。本题符合题意的选项是A、B、C、D四项。

答案：ABCD

31. 甲驾车将昏迷的乙送往医院，并垫付了医疗费用。随后赶来的乙的家属报警称甲驾车撞倒乙。急救中，乙曾短暂清醒并告诉医生自己系被车辆撞倒。医生将此话告知警察，并称从甲送乙入院时的神态看，甲应该就是肇事

者。关于本案证据，下列哪些选项是正确的？（2016/2/67，多选）

A. 甲垫付医疗费的行为与交通肇事不具有关联性

B. 乙告知医生“自己系被车辆撞倒”属于直接证据

C. 医生基于之前乙的陈述，告知警察乙系被车辆撞倒，属于传来证据

D. 医生认为甲是肇事者的证词属于符合一般生活经验的推断性证言，可作为定案依据

［解析］ 本题考查证据的关联性、证据的理论分类、意见证据规则。关联性也称为相关性，是指证据必须与案件事实有客观联系，对证明刑事案件事实具有某种实际意义；反之，与本案无关的事实或材料，都不能成为刑事证据。在理论上，特定的事实行为不具有关联性。例如，关于事件发生后某人实施补救措施的事实，一般情况下不得作为行为人对该事实负有责任的证据加以采用。本题A项中的“甲垫付医疗费的行为”是补救措施，属特定的事实行为，与交通肇事不具有关联性，故A项表述正确。

依据前面第29题所引的直接证据和间接证据的区分标准，本题的B项中，乙告知医生“自己系被车辆撞倒”，这一陈述不能单独、直接地证明案件的主要事实，故B项属于间接证据。

依据前面第30题所引的原始证据和传来证据的区分标准，本题的C项中，医生基于之前乙的陈述，告知警察乙系被车辆撞倒，属于医生转述乙的陈述，不是直接来源于案件事实本身，故该证据系传来证据，故C项正确。

《高法解释》第88条第2款规定，证人的猜测性、评论性、推断性的证言，不得作为证据使用，但根据一般生活经验判断符合事实的除外。本题的D项中，医生称从甲送乙入院时的神态看，甲应该就是肇事者。该证言属于意见证据，而且，该证言属于不符合一般生活经验的推断性的证言，不能作为定案的依据，D项表述错误。

综上所述，本题的正确答案为A、C两项。

答案：AC

32. 甲涉嫌盗窃室友乙存放在储物柜中的笔记本电脑一台并转卖他人，但甲辩称该电脑系其本人所有，只是暂存于乙处。下列哪一选项既属于原始证据，又属于直接证据？（2015/2/25，单选）

A. 侦查人员在乙储物柜的把手上提取的甲的一枚指纹

B. 侦查人员在室友丙手机中直接提取的视频，内容为丙偶然拍下的甲打开储物柜取走电脑的过程

C. 室友丁的证言，内容是曾看到甲将一台相同的笔记本电脑交给乙保管

D. 甲转卖电脑时出具的现金收条

［解析］ 本题考查证据的理论分类。根据证据材料的来源的不同，可以分为原始证据和传来证据。凡是来自原始出处，即直接来源于案件事实的证据材料，叫作原始证据，也称第一手材料；凡是不是直接来源于案件事实，而是从间接的非第一来源获得的证据材料，称为传来证据，即通常所称的第二手材料。A、C、D三项均直接来源于案件事实本身，未经传递、复制或转述，故属于原始证据，B项中的视频在提取时会进行复制，故属于传来证据。

依据前面第29题所引的直接证据和间接证据的区分标准，A、B、D三项均不能单独、直接证明案件主要事实，属于间接证据，C项则能直接否定犯罪的发生，属于直接证据。故本题的正确答案为C项。

答案：C

33. 张某伪造、变造国家机关公文、证件、印章案的下列哪一证据既属于言词证据，又属

于间接证据？（2011/2/25，单选）

A. 用于伪造、变造国家机关公文、证件、印章的设备、工具

B. 伪造、变造的国家机关公文、证件、印章

C. 张某关于实施伪造、变造行为的供述

D. 判别国家机关公文、证件、印章真伪的鉴定结论

［解析］　本题考查证据的理论分类。凡是表现为人的陈述，即以言词作为表现形式的证据，是言词证据，包括证人证言、被害人陈述、犯罪嫌疑人、被告人的供述和辩解、鉴定意见、辨认笔录。凡是表现为物品、痕迹和以其内容具有证据价值的书面文件，即以实物作为表现形式的证据，是实物证据。用于伪造、变造国家机关公文、证件、印章的设备、工具，伪造、变造的国家机关公文、证件、印章，属于实物证据。张某关于实施伪造、变造行为的供述，判别国家机关公文、证件、印章真伪的鉴定结论均属于言词证据。由此，可以排除A、B两项。

依据前面第29题所引直接证据和间接证据的区分标准，用于伪造、变造国家机关公文、证件、印章的设备、工具，伪造、变造的国家机关公文、证件、印章，判别国家机关公文、证件、印章真伪的鉴定结论均不能单独、直接证明案件主要事实，都属于间接证据。张某关于实施伪造、变造行为的供述能单独、直接肯定张某实施犯罪这一主要事实，系直接证据，故可以排除C项。所以，本题中，既属于言词证据，又属于间接证据的是D项。

答案：D

34. 下列哪一选项既属于原始证据，又属于间接证据？（2010/2/24，单选）

A. 被告人丁某承认伤害被害人的供述

B. 证人王某陈述看到被告人丁某在案发现场擦拭手上血迹的证言

C. 证人李某陈述被害人向他讲过被告人丁某伤害她的经过

D. 被告人丁某精神病鉴定结论的抄本

［解析］　本题考查证据的理论分类。依前述相关解析，区分原始证据和传来证据的关键在于证据是否来自原始出处；区分直接证据和间接证据的关键是证据能否单独、直接证明案件的主要事实，这里的犯罪行为是否系犯罪嫌疑人、被告人所实施。被告人丁某承认伤害被害人的供述，能够单独、直接证明丁某实施了犯罪，因而是直接证据；丁某是案件亲历者，其供述来源于原始出处，因而是原始证据，A项不正确。

证人王某陈述看到被告人丁某在案发现场擦拭手上血迹的证言，直接来源于证人的亲眼所见，是原始证据，但是该证据并不能单独、直接证明犯罪行为是否系丁某所实施，因而是间接证据，B项正确。

证人李某陈述被害人向他讲过被告人丁某伤害她的经过，该证据是经转述得来，属于传来证据，而且该证据能够单独、直接证明丁某伤害被害人的事实，属于直接证据，因而C项不正确。

被告人丁某精神病鉴定结论（现为鉴定意见）的抄本，是由原始证据复制而来，属于传来证据，并且精神病鉴定应区分不同情况来判断是否属于直接证据，如确认丁某在行为过程中无辨认控制能力的鉴定结论，即直接否定犯罪行为发生，才属直接证据，因而D项不正确。

答案：B

考点5　证人、鉴定人出庭作证

35. 赵甲和其儿子赵乙（16周岁）因琐事与邻居康某发生争执，康某致赵乙轻伤，经鉴定，赵乙系轻伤二级，赵甲是该案的重要证人。下列关于赵甲的说法，正确的是？（2023

年法考客观题回忆版真题，多选）

A. 赵甲可以要求法院支付出庭作证的交通费、就餐费

B. 赵甲可以作为赵乙的法定代理人出庭

C. 赵甲有义务协助康某的辩护律师调查取证

D. 赵甲无权拒绝强制出庭作证

[解析] 本题考查证人出庭作证制度、辩护人的调查取证权。《刑事诉讼法》第65条规定，证人因履行作证义务而支出的交通、住宿、就餐等费用，应当给予补助。故A项正确。B项的错误在于，赵甲优先担任本案的证人，其不能作为赵乙的法定代理人出庭。《刑事诉讼法》第43条第2款规定："辩护律师经人民检察院或者人民法院许可，并且经被害人或者其近亲属、被害人提供的证人同意，可以向他们收集与本案有关的材料。"本案中，赵甲是被害方的证人，其有义务协助被告人康某的辩护律师调查取证。故C项正确。《刑事诉讼法》第193条第1款规定："经人民法院通知，证人没有正当理由不出庭作证的，人民法院可以强制其到庭，但是被告人的配偶、父母、子女除外。"本案中，赵甲是被害人赵乙的父亲，法院可以强制其出庭作证。故D项正确。

答案：ACD

36. 甲涉嫌盗窃，甲将盗窃的犯罪事实告诉其妻子。法院依职权通知甲的妻子出庭作证，甲的妻子在法庭上讲述了甲盗窃的过程。下列关于该案的表述，正确的是？（2021年法考黑龙江延考客观题回忆版真题，不定选）

A. 甲的妻子没有作证的义务

B. 甲的妻子在法庭上的证言是直接证据和传闻证据

C. 甲的妻子若不出庭作证，其庭前的证言也可能作为定案根据

D. 在法庭上，应由公诉人先对甲的妻子发问，接着由被害人对甲的妻子发问

[解析] 本题考查证人出庭作证、证据的理论分类、刑事证据规则。《刑事诉讼法》第62条规定："凡是知道案件情况的人，都有作证的义务。生理上、精神上有缺陷或者年幼，不能辨别是非、不能正确表达的人，不能作证人。"本题A项中的甲的妻子知道案情，有义务作证，该项表述不正确。甲的妻子的证言能直接肯定甲实施犯罪，是直接证据。传闻证据包括"庭外的陈述"和"庭上的转述"，甲的妻子在法庭上转述甲的陈述，属于传闻证据。故B项正确。《高法解释》第91条第3款规定："经人民法院通知，证人没有正当理由拒绝出庭或者出庭后拒绝作证，法庭对其证言的真实性无法确认的，该证人证言不得作为定案的根据。"本题中，甲的妻子的庭前的证言若真实，可以作为定案的根据。故C项正确。《高法解释》第259条第2款规定："法庭依职权通知证人出庭的，发问顺序由审判长根据案件情况确定。"故D项的错误在于，对甲的妻子询问的顺序，是由审判长根据案件情况确定，而不是应当由公诉人、被害人依次发问。综上，本题的正确答案为B、C两项。

答案：BC

37. 李某涉嫌故意杀人，李某将其杀人的经过告诉其妻子张某，甲市公安局将李某抓获，下列关于该案的说法，正确的是？（2020年法考新疆延考客观题回忆版真题，多选）

A. 张某有作证的义务

B. 若法院通知张某出庭作证，张某拒不出庭作证，法院可对张某训诫

C. 如果张某出庭作证，其证言是直接证据

D. 如果张某出庭作证，其证言是传闻证据

[解析] 本题考查证人出庭作证制度、证据的理论分类、传闻证据规则。《刑事诉讼法》第62条规定，凡是知道案件情况的人，都有作证的义务。生理上、精神上有缺陷或者

年幼，不能辨别是非、不能正确表达的人，不能作证人。本题A项中的张某知道案情，有义务作证，该项正确。《刑事诉讼法》第193条规定，经法院通知，证人没有正当理由不出庭作证的，法院可以强制其到庭，但是被告人的配偶、父母、子女除外。证人没有正当理由拒绝出庭或者出庭后拒绝作证的，予以训诫，情节严重的，经院长批准，处以10日以下的拘留。被处罚人对拘留决定不服的，可以向上一级法院申请复议。复议期间不停止执行。本题B项中，张某作为被告人李某的妻子，法院不能强制其出庭作证。当然，若张某不出庭作证，法院也不能对其进行训诫，否则也有强制其出庭作证的意味，故B项错误。张某的证言能直接肯定李某实施犯罪，是直接证据，故C项正确。传闻证据包括“庭外的陈述”和“庭上的转述”，张某在法庭上转述李某的陈述，属于传闻证据，故D项正确。因此，本题的正确答案为A、C、D三项。

答案：ACD

38. 关于证人证言与鉴定意见，下列哪一选项是正确的？（2015/2/23，单选）

A. 证人证言只能由自然人提供，鉴定意见可由单位出具

B. 生理上、精神上有缺陷的人有时可以提供证人证言，但不能出具鉴定意见

C. 如控辩双方对证人证言和鉴定意见有异议的，相应证人和鉴定人均应出庭

D. 证人应出庭而不出庭的，其庭前证言仍可能作为证据；鉴定人应出庭而不出庭的，鉴定意见不得作为定案根据

［解析］ 本题考查证人证言和鉴定意见、证人和鉴定人的区别问题，采用张冠李戴的方式设置陷阱。只有自然人才能作证人和鉴定人，所以，A项的前半句话正确，后半句话错误。

《刑事诉讼法》第62条规定，凡是知道案件情况的人，都有作证的义务。生理上、精神上有缺陷或者年幼，不能辨别是非、不能正确表达的人，不能作证人。故B项的前半句话正确。鉴定人要具备专门知识而且需要有鉴定人的资质，所以，生理上、精神上有缺陷的人若具有专门知识和鉴定人资格，也可以出具鉴定意见。故B项后半句话错误。

《刑事诉讼法》第192条规定，公诉人、当事人或者辩护人、诉讼代理人对证人证言有异议，且该证人证言对案件定罪量刑有重大影响，法院认为证人有必要出庭作证的，证人应当出庭作证。公诉人、当事人或者辩护人、诉讼代理人对鉴定意见有异议，法院认为鉴定人有必要出庭的，鉴定人应当出庭作证。由此可见，对证人而言，应满足“有异议”“有重大影响”“有必要”这三个条件，才应出庭；对鉴定人而言，应满足“有异议”“有必要”这两个条件，才应出庭。故C项错误。

《高法解释》第91条规定，经法院通知，证人没有正当理由拒绝出庭或者出庭后拒绝作证，法庭对其证言的真实性无法确认的，该证人证言不得作为定案的根据。《刑事诉讼法》第192条规定，经法院通知，鉴定人拒不出庭作证的，鉴定意见不得作为定案的根据。故D项表述正确，当选。

答案：D

39. 关于鉴定人与鉴定意见，下列哪一选项是正确的？（2014/2/29，单选）

A. 经法院通知，鉴定人无正当理由拒不出庭的，可由院长签发强制令强制其出庭

B. 鉴定人有正当理由无法出庭的，法院可中止审理，另行聘请鉴定人重新鉴定

C. 经辩护人申请而出庭的具有专门知识的人，可向鉴定人发问

D. 对鉴定意见的审查和认定，受到意见证据规则的规制

［解析］ 本题考查鉴定人与鉴定意见、专

家辅助人、审理程序的中断、意见证据规则。经法院通知，鉴定人无正当理由拒不出庭的，不得拘留鉴定人，也不得强制鉴定人出庭，主要的后果是，其鉴定意见不得作为定案的根据，故A项错误。

《高法解释》第99条规定，经法院通知，鉴定人拒不出庭作证的，鉴定意见不得作为定案的根据。鉴定人由于不能抗拒的原因或者有其他正当理由无法出庭的，法院可以根据情况决定延期审理或者重新鉴定。故B项的错误在于，不是“中止审理”，而是“延期审理”。

《刑事诉讼法》第197条第2款规定，公诉人、当事人和辩护人、诉讼代理人可以申请法庭通知有专门知识的人出庭，就鉴定人作出的鉴定意见提出意见。具有专门知识的人可以向鉴定人发问。故C项正确。

意见证据规则是指证人只能陈述自己亲自感受和经历的事实，而不得陈述对该事实的意见或者结论。可见，意见证据规则只规制证人证言。对鉴定意见的审查和认定，不受意见证据规则的规制，故D项不正确。

本题正确答案为C项。

答案：C

40. 某地法院审理齐某组织、领导、参加黑社会性质组织罪，关于对作证人员的保护，下列哪些选项是正确的？（2014/2/69，*多选*）

A. 可指派专人对被害人甲的人身和住宅进行保护

B. 证人乙可申请不公开真实姓名、住址等个人信息

C. 法院通知侦查人员丙出庭说明讯问的合法性，为防止黑社会组织报复，对其采取不向被告人暴露外貌、真实声音的措施

D. 为保护警方卧底丁的人身安全，丁可不出庭作证，由审判人员在庭外核实丁的证言

［解析］ 本题考查证人保护的方法、技术侦查。《刑事诉讼法》第64条规定，对于危害国家安全犯罪、恐怖活动犯罪、黑社会性质的组织犯罪、毒品犯罪等案件，证人、鉴定人、被害人因在诉讼中作证，本人或者其近亲属的人身安全面临危险的，法院、检察院和公安机关应当采取以下一项或者多项保护措施：（1）不公开真实姓名、住址和工作单位等个人信息；（2）采取不暴露外貌、真实声音等出庭作证措施；（3）禁止特定的人员接触证人、鉴定人、被害人及其近亲属；（4）对人身和住宅采取专门性保护措施；（5）其他必要的保护措施。故本题中的A、B两项分别符合上述第（4）、（1）两项措施，该两项正确。C项中的侦查人员是“出庭说明情况”，而并非作为证人“出庭作证”，所以，不受证人保护法律规范的约束，故C项不正确。《刑事诉讼法》第154条规定：“依照本节（即‘技术侦查措施’一节）规定采取侦查措施收集的材料在刑事诉讼中可以作为证据使用。如果使用该证据可能危及有关人员的人身安全，或者可能产生其他严重后果的，应当采取不暴露有关人员身份、技术方法等保护措施，必要的时候，可以由审判人员在庭外对证据进行核实。”故D项正确。

本题的正确答案为A、B、D三项。

答案：ABD

41. 关于证人出庭作证，下列哪些说法是正确的？（2012/2/72，*多选*）

A. 需要出庭作证的警察就其执行职务时目击的犯罪情况出庭作证，适用证人作证的规定

B. 警察就其非执行职务时目击的犯罪情况出庭作证，不适用证人作证的规定

C. 对了解案件情况的人，确有必要时，可以强制到庭作证

D. 证人没有正当理由拒绝出庭作证的，只有情节严重，才可以处以拘留，且拘留不可以超过10日

[解析] 本题考查证人出庭作证制度。《刑事诉讼法》第192条第1、2款规定："公诉人、当事人或者辩护人、诉讼代理人对证人证言有异议，且该证人证言对案件定罪量刑有重大影响，人民法院认为证人有必要出庭作证的，证人应当出庭作证。人民警察就其执行职务时目击的犯罪情况作为证人出庭作证，适用前款规定。"故A项正确。B项错误在于，警察就其非执行职务时目击的犯罪情况出庭作证，则与普通证人无异，也适用证人作证的规定。

依据《刑事诉讼法》第193条第1款规定，经法院通知，证人没有正当理由不出庭作证的，法院可以强制其到庭，但是被告人的配偶、父母、子女除外。故C项错误在于，不是"确有必要时"，而是"没有正当理由不出庭作证的"。

依据《刑事诉讼法》第193条第2款的规定，证人没有正当理由拒绝出庭或者出庭后拒绝作证的，予以训诫，情节严重的，经院长批准，处以10日以下的拘留。故D项正确。

答案：AD

考点6 刑事诉讼证明

42. 下列关于刑事诉讼中证明责任的说法，正确的是？（2023年法考客观题回忆版真题，多选）

A. 自诉案件的被告人对自己不构成犯罪承担证明责任

B. 自诉案件的自诉人对被告人的犯罪事实承担举证责任

C. "谁主张，谁举证"只适用自诉案件，不适用公诉案件

D. 检察院对犯罪事实承担提供证据的责任和说服责任

[解析] 本题考查证明责任。《刑事诉讼法》第51条规定："公诉案件中被告人有罪的举证责任由人民检察院承担，自诉案件中被告人有罪的举证责任由自诉人承担。"由此可见，自诉案件中由自诉人承担举证责任，被告人不负证明责任。故A项错误，B项正确。在我国，证明责任的承担主体首先是控诉机关和负有证明责任的当事人，即公诉案件中的公诉人和自诉案件中的自诉人，只有他们才应依照法定程序承担证明犯罪事实是否发生、犯罪嫌疑人或被告人有罪、无罪以及犯罪情节轻重的责任，这是证明责任理论中"谁主张，谁举证"的古老法则在刑事诉讼中的直接体现。可见，"谁主张，谁举证"既适用自诉案件，也适用公诉案件。故C项错误。证明责任是提供证据责任与说服责任的统一，在公诉案件中，检察院对犯罪事实承担提供证据的责任和说服责任，故D项正确。因此，本题的正确答案为B、D两项。

答案：BD

43. 甲从地下抽水当矿泉水出售，乙明知并在购买后销售，涉案金额一百余万元，二人共赚取二十多万元，甲因生产不合格食品罪、乙因销售伪劣产品罪被立案侦查。下列哪些证据能证明乙具有犯罪故意？（2023年法考客观题回忆版真题，不定选）

A. 鉴定意见表明甲生产的水不符合安全标准

B. 现场勘验笔录表明案发现场脏乱

C. 乙供认其没要求甲提供营业执照

D. 乙的进货单显示，其进价明显低于市场价

[解析] 本题考查犯罪故意的证明。犯罪故意是指行为人明知自己的行为会发生危害社会的结果，并且希望或者放任这种结果发生的一种心理状态。本题A项中，乙若明知甲生产的水不符合安全标准，依然购买后销售，其在主观上就存在放任的故意心态，能证明乙具有犯罪的故意，该项当选。B项中，案发现场脏乱，也能体现乙存在放任犯罪结果发生的心

态，能证明乙存在犯罪的故意，该项当选。C项中乙称其没要求甲提供营业执照，这不能体现乙存在希望或者放任犯罪结果发生的心态，该项不当选。D项中乙的进货单显示其进价明显低于市场价，这能够表明乙明知该矿泉水可能存在不合格的问题，而放任犯罪结果发生，能证明乙具有犯罪的故意，该项当选。因此，本题的正确答案为A、B、D三项。

答案：ABD

44. 关于刑事证据与证明，下列说法正确的是？（2020年法考客观题回忆版真题，多选）

A. 王某涉嫌猥亵儿童罪，侦查机关在其手机里发现大量色情图片，该证据不具有关联性

B. 王某涉嫌危险驾驶罪，证人赵某的证言称王某当时大概时速100km/h，该证据不能作为定案依据

C. 王某认罪认罚，该认罪认罚的自愿性系需要证明的程序性事实

D. 王某涉嫌交通肇事逃逸，王某辩解称当时下车与被害人就赔偿2000元达成协议，其对该辩解需要举证证明

［解析］ 本题考查证明对象、证据关联性的判断、意见证据规则。关联性规则，是指只有与案件事实有关的材料，才能作为证据使用。一般而言，品格证据不具有关联性，A项中的王某的手机中发现大量色情图片与其品格行为有关，与定罪无关联性。该项表述正确。

《高法解释》第88条第2款规定，证人的猜测性、评论性、推断性的证言，不得作为证据使用，但根据一般生活经验判断符合事实的除外。B项属于意见证据，而且根据一般生活经验判断不符合事实，故该项不能作为定案的依据，该项当选。

《高检规则》第401条规定："在法庭审理中，下列事实不必提出证据进行证明：（一）为一般人共同知晓的常识性事实；（二）人民法院生效裁判所确认并且未依审判监督程序重新审理的事实；（三）法律、法规的内容以及适用等属于审判人员履行职务所应当知晓的事实；（四）在法庭审理中不存在异议的程序事实；（五）法律规定的推定事实；（六）自然规律或者定律。"C项中王某认罪认罚的自愿性属于程序事实，只有在存在异议的情形下，才需要证据进行证明。故C项错误。

《刑事诉讼法》第51条规定，公诉案件中被告人有罪的举证责任由检察院承担，自诉案件中被告人有罪的举证责任由自诉人承担。D项中王某辩解的事实的举证责任由检察院承担，而不是由王某承担。故D项错误。

因此，本题的正确答案为A、B两项。

答案：AB

45. 李某以性交易为名通过社交软件将失足妇女金某约至快捷酒店，谎称是警察，以带有"警察"字样的钱包冒充工作证，并使用随身携带的电棍恐吓，勒索金某现金2000元。下列关于本案的处理，正确的有哪些？（2020年法考客观题回忆版真题，多选）

A. 电棍可用于证明犯罪手段

B. 因金某存在违法行为，可以对李某酌情从宽处理

C. 李某与金某的网络聊天记录可用于证明犯罪目的

D. 带有"警察"字样的钱包可用于证明李某招摇撞骗行为

［解析］ 本题结合刑法的犯罪构成考查证明对象问题，具有一定的综合性。本题中的李某构成招摇撞骗罪，电棍是犯罪的工具或者手段，A项正确。李某和金某的网络聊天记录内容是性交易，而李某的犯罪目的是招摇撞骗，二人的网络聊天记录无法证明李某的犯罪目的，故C项错误。带有"警察"字样的钱包能够证明李某冒充警察招摇撞骗，该钱包可用于证明李某招摇撞骗的行为，故D项正确。金某系失足妇女这一违法行为，与李某的量刑

无关，不能因为金某系违法行为而对李某酌情从宽处理。故B项错误。因此，本题的正确答案为A、D两项。

答案：AD

46. 下列关于刑事诉讼中证明责任的表述，正确的是？（2019年法考客观题回忆版真题，不定选）

A. 甲故意伤害案中，辩护人提交了甲不在案发现场的证据，其对该事项承担证明责任

B. 乙侵占案中，乙主张被侵占的财产属于自己占有，其对该事项承担证明责任

C. 丙故意杀人案中，丙申请排除在看守所之外讯问所获得的供述，检察院对侦查讯问程序的合法性承担证明责任

D. 丁因盗窃戊的财物，被提起公诉，戊对被盗窃的财物归其所有承担证明责任

［解析］　本题考查证明责任的分担。在我国，证明责任的承担主体是控诉机关和负有证明责任的当事人，即公诉案件中的公诉人和自诉案件中的自诉人。《刑事诉讼法》第51条规定："公诉案件中被告人有罪的举证责任由人民检察院承担，自诉案件中被告人有罪的举证责任由自诉人承担。"本题A项中的辩护人、B项中的被告人、D项中的被害人，均不承担证明责任，因此，A、B、D三项均不正确。本题C项中，检察院对侦查讯问程序的合法性这一程序性事项承担证明责任，该项正确。

答案：C

47. 关于我国刑事诉讼的证明主体，下列哪些选项是正确的？（2017/2/70，多选）

A. 故意毁坏财物案中的附带民事诉讼原告人是证明主体

B. 侵占案中提起反诉的被告人是证明主体

C. 妨害公务案中就执行职务时目击的犯罪情况出庭作证的警察是证明主体

D. 证明主体都是刑事诉讼主体

［解析］　本题考查刑事诉讼的证明主体。刑事诉讼证明的主体是国家公诉机关和诉讼当事人。公安机关和法院不是证明的主体。本题A项中的"附带民事诉讼原告人"（承担民事部分的证明责任）和B项中的"反诉人"（即反诉案件中的自诉人，对反诉承担证明责任）都是当事人，是证明主体。故A、B项当选。C项中的警察是证人，属于其他诉讼参与人，不承担证明责任，不是证明主体。故C项错误。刑事诉讼主体是所有参与刑事诉讼活动，在刑事诉讼中享有一定权利、承担一定义务的国家专门机关和诉讼参与人。其中承担基本诉讼职能的专门机关和当事人是主要的诉讼主体，其他诉讼参与人是一般诉讼主体。刑事诉讼主体的范围大于证明主体的范围。故D项中的证明主体包括公诉机关和当事人，都是刑事诉讼主体。故D项正确。本题的正确答案为A、B、D三项。

答案：ABD

48. 关于《刑事诉讼法》规定的证明责任分担，下列哪一选项是正确的？（2016/2/30，单选）

A. 公诉案件中检察院负有证明被告人有罪的责任，证明被告人无罪的责任由被告方承担

B. 自诉案件的证明责任分配依据"谁主张，谁举证"的法则确定

C. 巨额财产来源不明案中，被告人承担说服责任

D. 非法持有枪支案中，被告人负有提出证据的责任

［解析］　本题考查证明责任的分配以及对证明责任含义的理解。依据"九大本"刑事诉讼法教材，在我国，证明责任的承担主体首先是控诉机关和负有证明责任的当事人，即公诉案件中的公诉人和自诉案件中的自诉人，只有他们才应依照法定程序承担证明犯罪事实

是否发生、犯罪嫌疑人或被告人有罪、无罪以及犯罪情节轻重的责任，这是证明责任理论中“谁主张，谁举证”的古老法则在刑事诉讼中的直接体现。此外，根据“否认者不负证明责任”的古老法则和现代无罪推定原则的要求，犯罪嫌疑人、被告人不负证明自己无罪的责任。

《刑事诉讼法》第51条规定，公诉案件中被告人有罪的举证责任由检察院承担，自诉案件中被告人有罪的举证责任由自诉人承担。由此可见，A项前半句正确，后半句话的错误在于，犯罪嫌疑人、被告人不负证明自己无罪的责任。

B项的错误在于，确定证明责任的依据不仅是“谁主张，谁举证”的古老法则，还有“否认者不负证明责任”的古老法则和现代无罪推定原则。同时，证明责任总是与一定的积极的诉讼主张相联系。自诉案件中由自诉人承担证明被告人有罪的举证责任。

依据“九大本”刑事诉讼法教材，证明责任是提供证据责任与说服责任的统一。所谓提供证据的责任，即双方当事人在诉讼过程中，应当根据诉讼进行的状态，就主张的事实或者反驳的事实提供证据加以证明。所谓说服责任，即负有证明责任的诉讼当事人应当承担运用证据对案件事实进行说明、论证，使法官形成对案件事实确信的责任。由此可见，仅仅提出证据并不等于履行了证明责任，还必须尽可能地说服裁判者相信其所主张的事实存在或不存在。从整体上看，刑事诉讼中的证明责任是一个专属于控诉方的概念。但是，在少数持有类的特定案件，如巨额财产来源不明案件及非法持有属于国家绝密、机密文件、资料、物品案件中，犯罪嫌疑人、被告人也负有提出证据的责任。由此可见，少数持有类的特定案件中，被告人不承担说服责任。故C项错误，D项正确。

综上所述，本题的正确答案为D项。

答案：D

49. 下列哪些选项属于刑事诉讼中的证明对象？（2016/2/69，多选）

A. 行贿案中，被告人知晓其谋取的系不正当利益的事实

B. 盗窃案中，被告人的亲友代为退赃的事实

C. 强奸案中，用于鉴定的体液检材是否被污染的事实

D. 侵占案中，自诉人申请期间恢复而提出的其突遭车祸的事实，且被告人和法官均无异议

［解析］ 本题考查证明对象和免证事项。《高法解释》第72条第1款规定，应当运用证据证明的案件事实包括：(1) 被告人、被害人的身份；(2) 被指控的犯罪是否存在；(3) 被指控的犯罪是否为被告人所实施；(4) 被告人有无刑事责任能力，有无罪过，实施犯罪的动机、目的；(5) 实施犯罪的时间、地点、手段、后果以及案件起因等；(6) 是否系共同犯罪或者犯罪事实存在关联，以及被告人在犯罪中的地位、作用；(7) 被告人有无从重、从轻、减轻、免除处罚情节；(8) 有关涉案财物处理的事实；(9) 有关附带民事诉讼的事实；(10) 有关管辖、回避、延期审理等的程序事实；(11) 与定罪量刑有关的其他事实。本题的A项属于上述第 (4) 项，B项属于上述第 (7)、(8) 项，均系证明对象，A、B两项当选。

C项属于证据事实，是对证据材料本身的审查和判断。证据事实是证明手段，而不是证明对象，故C项不当选。

《高检规则》第401条规定，在法庭审理中，下列事实不必提出证据进行证明：(1) 为一般人共同知晓的常识性事实；(2) 法院生效裁判所确认并且未依审判监督程序重新审理的事实；(3) 法律、法规的内容以及适用等属于审判人员履行职务所应当知晓的事实；(4) 在法庭审理中不存在异议的程序事实；

（5）法律规定的推定事实；（6）自然规律或者定律。本题的D项属于上述第（4）项“法庭审理中不存在异议的程序事实”，系免证事项，D项不当选。

综上所述，本题的正确答案为A、B两项。

答案：AB

50. 关于死刑案件的证明对象的表述，下列哪些选项是正确的？（2011/2/74，多选）

A. 被指控的犯罪事实的发生

B. 被告人实施犯罪的时间、地点、手段、后果以及其他情节

C. 被害人有无过错及过错程度

D. 被告人的近亲属是否协助抓获被告人

［解析］ 本题考查死刑案件的证明对象。《关于办理死刑案件审查判断证据若干问题的规定》第5条第3款规定：“办理死刑案件，对于以下事实的证明必须达到证据确实、充分：（一）被指控的犯罪事实的发生；（二）被告人实施了犯罪行为与被告人实施犯罪行为的时间、地点、手段、后果以及其他情节……”本题A、B两项分别属于该条第（一）、（二）项的事实，属于证明对象，故A、B两项当选。

《关于办理死刑案件审查判断证据若干问题的规定》第36条规定：“在对被告人作出有罪认定后，人民法院认定被告人的量刑事实，除审查法定情节外，还应审查以下影响量刑的情节：（一）案件起因；（二）被害人有无过错及过错程度，是否对矛盾激化负有责任及责任大小；（三）被告人的近亲属是否协助抓获被告人……”《高法解释》第276条规定：“法庭审理过程中，对与量刑有关的事实、证据，应当进行调查。人民法院除应当审查被告人是否具有法定量刑情节外，还应当根据案件情况审查以下影响量刑的情节：（一）案件起因；（二）被害人有无过错及过错程度，是否对矛盾激化负有责任及责任大小；（三）被告人的近亲属是否协助抓获被告人；（四）被告人平时表现，有无悔罪态度；（五）退赃、退赔及赔偿情况；（六）被告人是否取得被害人或者其近亲属谅解；（七）影响量刑的其他情节。”由此可知，C项的被害人有无过错及过错程度、D项的被告人的近亲属是否协助抓获被告人均属酌定量刑情节，是影响量刑的事实，也属于证明对象，故C、D两项当选。

答案：ABCD

51. 甲乙两家曾因宅基地纠纷诉至法院，尽管有法院生效裁判，但甲乙两家关于宅基地的争议未得到根本解决。一日，甲、乙因各自车辆谁先过桥引发争执继而扭打，甲拿起车上的柴刀砍中乙颈部，乙当场死亡。对此，下列哪一选项是不需要用证据证明的免证事实？（2010/2/25，单选）

A. 甲的身份状况

B. 甲用柴刀砍乙颈部的时间、地点、手段、后果

C. 甲用柴刀砍乙颈部时精神失常

D. 法院就甲乙两家宅基地纠纷所作出的裁判事项

［解析］ 本题考查免证事项和证明对象的区分。《高法解释》第72条第1款规定：“应当运用证据证明的案件事实包括：（一）被告人、被害人的身份；（二）被指控的犯罪是否存在；（三）被指控的犯罪是否为被告人所实施；（四）被告人有无刑事责任能力，有无罪过，实施犯罪的动机、目的；（五）实施犯罪的时间、地点、手段、后果以及案件起因等；（六）是否系共同犯罪或者犯罪事实存在关联，以及被告人在犯罪中的地位、作用；（七）被告人有无从重、从轻、减轻、免除处罚情节；（八）有关涉案财物处理的事实；（九）有关附带民事诉讼的事实；（十）有关管辖、回避、延期审理等的程序事实；（十一）与定罪量刑有关的其他事实。”故A、B、C项分别符合第（一）、（五）、（四）项内容，属于需要用证据证明的案件事实。

《高检规则》第401条规定："在法庭审理中，下列事实不必提出证据进行证明：（一）为一般人共同知晓的常识性事实；（二）人民法院生效裁判所确认并且未依审判监督程序重新审理的事实；（三）法律、法规的内容以及适用等属于审判人员履行职务所应当知晓的事实；（四）在法庭审理中不存在异议的程序事实；（五）法律规定的推定事实；（六）自然规律或者定律。"本案中，法院就甲、乙两家宅基地纠纷所作出的裁判事项已经生效，属于该条第（二）项不需要证明之事项，故D项正确。

答案：D

52. 关于我国刑事诉讼中证明责任的分担，下列说法正确的是？（2005/2/97，不定选）

A. 犯罪嫌疑人应当如实回答侦查人员的提问，承担证明自己无罪的责任

B. 自诉人对其控诉承担提供证据予以证明的责任

C. 律师进行无罪辩护时必须承担提供证据证明其主张成立的责任

D. 在巨额财产来源不明案中，检察机关应当证明国家工作人员的财产明显超过合法收入且差额巨大这一事实的存在

［解析］　本题考查证明责任的分担。证明责任是指检察院或者某些当事人应当收集或提供证据证明应予认定的案件事实或有利于自己的主张的责任；否则，将承担其主张不能成立的危险。《刑事诉讼法》第52条规定，严禁刑讯逼供和以威胁、引诱、欺骗以及其他非法方法收集证据，不得强迫任何人证实自己有罪。《刑事诉讼法》第120条第1款规定，犯罪嫌疑人对侦查人员的提问，应当如实回答。但是对与本案无关的问题，有拒绝回答的权利。这就意味着，犯罪嫌疑人、被告人既不承担证明自己有罪的责任，也不承担证明自己无罪的责任，但犯罪嫌疑人应当如实回答侦查人员提出的与案件有关的问题。故本题A项前半段是正确的，而后半段错误。

依据《刑事诉讼法》第51条的规定，在公诉案件中，证明被告人有罪的责任由检察院承担；在自诉案件中，证明被告人有罪的责任由自诉人承担。故B项正确。

《刑事诉讼法》第37条规定："辩护人的责任是根据事实和法律，提出犯罪嫌疑人、被告人无罪、罪轻或者减轻、免除其刑事责任的材料和意见，维护犯罪嫌疑人、被告人的诉讼权利和其他合法权益。"《刑事诉讼法》第42条规定："辩护人收集的有关犯罪嫌疑人不在犯罪现场、未达到刑事责任年龄、属于依法不负刑事责任的精神病人的证据，应当及时告知公安机关、人民检察院。"辩护人在其进行无罪辩护时提出相应的材料和意见，是行使辩护权的具体表现形式，而非承担证明责任。故C项错误。

依据《刑法》第395条第1款规定，在巨额财产来源不明罪中，国家工作人员的财产明显超过其合法收入，差额巨大的，有关机关可以责令其说明来源，若本人不能证明来源是合法的，差额部分以非法所得论。但对于"国家工作人员的财产明显超过合法收入且差额巨大"这一事实存在的证明责任是由检察机关来承担的，故D项正确。

答案：BD

53. 关于刑事诉讼中的证明责任，下列哪些选项是正确的？（2009/2/70，多选）

A. 总是与一定的积极诉讼主张相联系，否认一方不负证明责任

B. 总是与一定的不利诉讼后果相联系，受到不利裁判的不一定承担证明责任

C. 是提出证据责任与说服责任的统一，提出证据并非完全履行了证明责任

D. 是专属于控诉方独自承担的责任，具有一定的责任排他性

［解析］ 本题考查证明责任的含义和特征。证明责任也称举证责任，是指检察院或者某些当事人应当收集或提供证据证明应予以认定的案件事实或有利于自己的主张的责任；否则，将承担其主张不能成立的危险。证明责任总是与一定的诉讼主张相联系，虽然在少数持有类的特定案件中，犯罪嫌疑人、被告人也负有提出证据的责任，但不是负有证明责任，故A项表述正确。证明责任总是和一定的不利诉讼后果相联系。受到不利裁判的不一定承担证明责任，如被告人可能因定罪而承受不利的裁判，但其不承担证明责任。故B项正确。

证明责任是提供证据责任与说服责任的统一，仅仅提出证据不等于履行了证明责任，还必须尽可能说服裁判者相信其主张的事实存在或不存在，故C项正确。在刑事诉讼中，原则上应由控诉方承担证明责任，但是，在巨额财产来源不明案、非法持有型的犯罪中，被告人亦负有提出证据的责任，故D项不正确。

本题的正确答案是A、B、C三项。

答案：ABC

54. 下列案件能够作出有罪认定的是哪一选项？(2008/2/32，单选)

A. 甲供认自己强奸了乙，乙否认，该案没有其他证据

B. 甲指认乙强奸了自己，乙坚决否认，该案没有其他证据

C. 某单位资金30万元去向不明，会计说局长用了，局长说会计用了，该案没有其他证据

D. 甲乙二人没有通谋，各自埋伏，几乎同时向丙开枪。后查明丙身中一弹，甲乙对各自犯罪行为供认不讳，但收集到的证据无法查明这一枪到底是谁打中的

［解析］ 本题考查证据的运用规则。《刑事诉讼法》第55条第1款规定："对一切案件的判处都要重证据，重调查研究，不轻信口供。只有被告人供述，没有其他证据的，不能认定被告人有罪和处以刑罚；没有被告人供述，证据确实、充分的，可以认定被告人有罪和处以刑罚。"本题A项中只有甲的供述，没有其他证据，不能对甲作出有罪认定。

在直接证据的运用中应遵循孤证不能定案的原则，B项中只有被害人甲的指认，不能对乙作出有罪认定。C项中，对于会计而言，只有局长的证言；对于局长而言，只有会计的证言。仅有孤证，不能对会计和局长作出有罪认定。D项中，不仅有甲、乙的供述，而且甲、乙同时开枪，被害人丙身中一弹，也就是说，还有枪作为物证的存在以及丙身中一弹的事实，只是查不清楚这一枪是谁打中的，在这种情况下，甲、乙属于"同时犯"，可以对该案作出有罪认定。故D项是正确选项。

答案：D

✪ 考点7 证据的审查判断

55. 王某酒后驾车，在某商场地下停车场撞损4辆汽车后逃逸，保安发现后报警，交警何某赶赴现场将其抓获。在现场询问时，王某说自己喝了4两白酒，经酒精测试仪测试为191mg/100ml。之后在讯问时，王某又说只喝了一瓶啤酒，白酒是在逃逸后喝的。检察机关以王某犯危险驾驶罪提起公诉，下列哪些证据经查证属实可作为定案根据？(2023年法考客观题回忆版真题，不定选)

A. 何某抓获王某的情况说明，没有加盖公安机关的印章

B. 何某在现场询问王某的笔录

C. 何某询问王某时的执法记录仪的录像

D. 关于王某血液酒精含量的鉴定意见

［解析］ 本题考查证据的审查判断。《高法解释》第142条规定："对监察机关、侦查机关出具的被告人到案经过、抓获经过等材料，应当审查是否有出具该说明材料的办案人

员、办案机关的签名、盖章。对到案经过、抓获经过或者确定被告人有重大嫌疑的根据有疑问的，应当通知人民检察院补充说明。”因此，没有加盖印章的抓获经过的情况说明，不能作为定案根据。故A项不当选。在实践中，交警是以行政执法人员的身份查处酒驾，然后交由派出所进行立案侦查。《公安部规定》第63条规定：“公安机关接受或者依法调取的行政机关在行政执法和查办案件过程中收集的物证、书证、视听资料、电子数据、鉴定意见、勘验笔录、检查笔录等证据材料，经公安机关审查符合法定要求的，可以作为证据使用。”本题B项交警以行政执法人员的身份制作的询问笔录不能直接作为定案根据，但是，C项的执法记录仪中的录像和D项的鉴定意见，经查证属实，可以作为定案根据。因此，本题的正确答案为C、D两项。

答案：CD

56. 下列关于证据运用的说法，正确的是？(2021年法考客观题回忆版真题，不定选)

A. 甲涉嫌爆炸罪，其身份证上的年龄已满12周岁，但还有证据表明其未满12周岁，应以其身份证上的年龄为准

B. 乙涉嫌故意杀人罪，侦查机关对乙进行四次讯问，第二次采取了刑讯逼供，之后乙的两次供述不得作为定案根据

C. 丙涉嫌盗窃罪，在搜查过程中扣押的赃物，未附笔录或者清单，不得作为定案的根据

D. 某价格评估部门出具的价格认定书，经查证属实，可以作为定案的根据

［解析］ 本题考查证据排除和认定问题。《高法解释》第146条规定：“审查被告人实施被指控的犯罪时或者审判时是否达到相应法定责任年龄，应当根据户籍证明、出生证明文件、学籍卡、人口普查登记、无利害关系人的证言等证据综合判断。证明被告人已满十二周岁、十四周岁、十六周岁、十八周岁或者不满七十五周岁的证据不足的，应当作出有利于被告人的认定。”本题A项中，在认定被告人的年龄的证据有矛盾时，应当作出有利于被告人的认定，即认定被告人不满12周岁。该项错误。

《关于办理刑事案件严格排除非法证据若干问题的规定》第5条规定：“采用刑讯逼供方法使犯罪嫌疑人、被告人作出供述，之后犯罪嫌疑人、被告人受该刑讯逼供行为影响而作出的与该供述相同的重复性供述，应当一并排除，但下列情形除外：（一）侦查期间，根据控告、举报或者自己发现等，侦查机关确认或者不能排除以非法方法收集证据而更换侦查人员，其他侦查人员再次讯问时告知诉讼权利和认罪的法律后果，犯罪嫌疑人自愿供述的；（二）审查逮捕、审查起诉和审判期间，检察人员、审判人员讯问时告知诉讼权利和认罪的法律后果，犯罪嫌疑人、被告人自愿供述的。”本题B项中乙的最后两次供述若是受到第二次讯问中刑讯逼供影响而作出的，才应当排除。故B项错误。

《高法解释》第86条第1款规定：“在勘验、检查、搜查过程中提取、扣押的物证、书证，未附笔录或者清单，不能证明物证、书证来源的，不得作为定案的根据。”故C项只有达到“不能证明赃物来源的”的程度，该赃物才不能作为定案的根据。该项错误。

《高法解释》第100条规定：“因无鉴定机构，或者根据法律、司法解释的规定，指派、聘请有专门知识的人就案件的专门性问题出具的报告，可以作为证据使用。对前款规定的报告的审查与认定，参照适用本节的有关规定。经人民法院通知，出具报告的人拒不出庭作证的，有关报告不得作为定案的根据。”本题D项中，价格认定书属于有专门知识的人出具的报告，若查证属实，可以作为定案根据，该项正确。

综上，本题的正确答案为D项。

答案：D

57. 甲建筑公司总经理胡某涉嫌工程重大安全事故罪被立案侦查，侦查机关委托某省工程质量监督检测中心进行检验，检验人刘某出具的检验报告认为，甲建筑公司降低工程建筑标准是导致部分房屋损失及发生安全事故的主要原因。关于该案，下列选项正确的是？（2018 年法考客观题回忆版真题，不定选）

A. 刘某不属于应当回避的对象

B. 刘某需要出庭作证

C. 检验报告可以作为本案定罪量刑的证据

D. 检验属于勘验、检查的一种

［解析］ 本题考查检验人和检验报告。《高法解释》第 100 条规定，对有专门知识的人就案件的专门性问题出具的报告的审查和认定，参照鉴定意见的有关规定。《高法解释》第 98 条规定，违反回避规定的鉴定意见，不得作为定案的根据。由此可推知，A 项的错误在于，检验人刘某作为有专门知识的人，属于回避的对象。《高法解释》第 100 条规定，经法院通知，出具报告的人拒不出庭作证的，有关报告不得作为定案的根据。故 B 项正确。《高法解释》第 100 条规定，因无鉴定机构，或者根据法律、司法解释的规定，指派、聘请有专门知识的人就案件的专门性问题出具的报告，可以作为证据使用。故 C 项正确。D 项的错误在于，此处的检验不属于勘验、检查的一种。因此，本题的正确答案为 B、C 项。

答案：BC

58. 甲涉嫌故意杀人，检察院对甲提出强制医疗的申请。法院在审理时，对于甲是否有精神病，有如下三份鉴定意见：某公安局法医的鉴定意见认为，甲系完全丧失辨认或者控制自己行为能力的精神病人；某精神病医院鉴定意见认为，甲虽患有精神病，但在实施杀人行为时有辨认或者控制能力；某高校鉴定所鉴定意见认为，甲属于尚未完全丧失辨认或者控制自己行为能力的精神病人。法院应当如何审查判断上述鉴定意见？（2020 年法考新疆延考客观题回忆版真题，单选）

A. 应当采信级别高、最权威机构的鉴定意见

B. 应当重新鉴定

C. 责任能力属于刑法问题，法官应当独立地审查判断

D. 三家机构都认为甲患有精神病，因此甲不应当承担刑事责任

［解析］ 本题考查鉴定意见的审查判断。《高法解释》第 97 条规定："对鉴定意见应当着重审查以下内容：（一）鉴定机构和鉴定人是否具有法定资质；（二）鉴定人是否存在应当回避的情形；（三）检材的来源、取得、保管、送检是否符合法律、有关规定，与相关提取笔录、扣押清单等记载的内容是否相符，检材是否可靠；（四）鉴定意见的形式要件是否完备，是否注明提起鉴定的事由、鉴定委托人、鉴定机构、鉴定要求、鉴定过程、鉴定方法、鉴定日期等相关内容，是否由鉴定机构盖章并由鉴定人签名；（五）鉴定程序是否符合法律、有关规定；（六）鉴定的过程和方法是否符合相关专业的规范要求；（七）鉴定意见是否明确；（八）鉴定意见与案件事实有无关联；（九）鉴定意见与勘验、检查笔录及相关照片等其他证据是否矛盾；存在矛盾的，能否得到合理解释；（十）鉴定意见是否依法及时告知相关人员，当事人对鉴定意见有无异议。"由此可见，判断某个鉴定意见能否作为定案根据，应当综合各种因素加以审查判断，而不仅仅只是看鉴定机构的级别、是否权威等，也不是看几家鉴定机构的意见是否一致，故 A 项、D 项错误。是否需要重新或者补充鉴定，取决于法官对于当前的鉴定意见是否有疑问，如果有疑问，可能需要重新或者补充鉴定，如果没有疑问，则不需要重新或者补充鉴定，故 B 项

错误。责任能力属于刑法问题，鉴定意见只是判断被告人是否有刑事责任能力的一类证据，法官需要根据案件中鉴定意见以及其他类型的证据综合审查判断被告人是否有刑事责任能力。故C项正确。

答案：C

59. 某小学发生一起猥亵儿童案件，三年级女生甲向校长许某报称被老师杨某猥亵。许某报案后，侦查人员通过询问许某了解了甲向其陈述的被杨某猥亵的经过。侦查人员还通过询问甲了解到，另外两名女生乙和丙也可能被杨某猥亵，乙曾和甲谈到被杨某猥亵的经过，甲曾目睹杨某在课间猥亵丙。讯问杨某时，杨某否认实施猥亵行为，并表示他曾举报许某贪污，许某报案是对他的打击报复。关于本案证据，下列选项正确的是？（2017/2/96，不定选）

A. 甲向公安机关反映的情况，既是被害人陈述，也是证人证言

B. 关于甲被猥亵的经过，许某的证言可作为甲陈述的补强证据

C. 关于乙被猥亵的经过，甲的证言属于传闻证据，不得作为定案的依据

D. 甲、乙、丙因年幼，其陈述或证言必须有其他证据印证才能采信

［解析］ 本题考查证据的法定种类、传闻证据规则、补强证据规则、证据的审查判断。甲向公安机关反映的既有另外两名女生乙和丙被猥亵的经过，也有自己被猥亵的经过。所以，甲关于自己被猥亵的陈述是被害人陈述，关于乙和丙被猥亵的陈述则是证人证言。故A项正确。

对于B项，补强证据要有独立的来源，许某的证言来自甲，不能作为甲陈述的补强证据。故B项错误。

对于C项，传闻证据规则也称传闻证据排除规则，即法律排除传闻证据作为认定犯罪事实的根据的规则。根据这一规则，如无法定理由，任何人在庭审期间以外及庭审准备期间以外的陈述，不得作为认定被告人有罪的证据。本题中，甲的证言是甲并非就自己亲自感受的事实作证，而是转述她从别人那里听到的情况，因而属于传闻证据，但是，在我国，该传闻证据如果具有真实性，仍可以作为定案的根据。故C项错误。

对于D项，《高法解释》第143条规定，下列证据应当慎重使用，有其他证据印证的，可以采信：（1）生理上、精神上有缺陷，对案件事实的认知和表达存在一定困难，但尚未丧失正确认知、表达能力的被害人、证人和被告人所作的陈述、证言和供述；（2）与被告人有亲属关系或者其他密切关系的证人所作的有利于被告人的证言，或者与被告人有利害冲突的证人所作的不利于被告人的证言。本题中，甲、乙、丙虽然年幼，但均能辨别是非并且将自己所了解的案件情况准确表达出来，不属于必须有其他证据印证才能采信的证据，所以D项错误。

本题的正确答案为A项。

答案：A

60. 辩护律师在庭审中对控方证据提出异议，主张这些证据不得作为定案依据。对下列哪些证据的异议，法院应当予以支持？（2016/2/68，多选）

A. 因证人拒不到庭而无法当庭询问的证人证言

B. 被告人提供了有关刑讯逼供的线索及材料，但公诉人不能证明讯问合法的被告人庭前供述

C. 工商行政管理部门关于查处被告人非法交易行为时的询问笔录

D. 侦查人员在办案场所以外的地点询问被害人所获得的被害人陈述

［解析］ 本题考查证人证言、被害人陈述的排除，非法证据排除程序，行政证据向刑

事证据的转化。《高法解释》第 91 条第 3 款规定，经法院通知，证人没有正当理由拒绝出庭或者出庭后拒绝作证，法庭对其证言的真实性无法确认的，该证人证言不得作为定案的根据。依据此法条，A 项中，“因证人拒不到庭而无法当庭询问的证人证言”不是一律不能作为定案的根据。故 A 项不当选。

《刑事诉讼法》第 60 条规定，对于经过法庭审理，确认或者不能排除存在《刑事诉讼法》第 56 条规定的以非法方法收集证据情形的，对有关证据应当予以排除。本题的 B 项中“公诉人不能证明讯问合法”，这就意味着不能排除存在非法收集证据的可能，对于该被告人庭前供述，应当予以排除，故 B 项当选。

《高法解释》第 75 条第 1 款规定，行政机关在行政执法和查办案件过程中收集的物证、书证、视听资料、电子数据等证据材料，经法庭查证属实，且收集程序符合有关法律、行政法规规定的，可以作为定案的根据。本题 C 项中的询问笔录属于涉案人员的供述，不属于上述几个证据种类，不能直接作为刑事证据使用，故 C 项当选。

《高法解释》第 90 条规定，证人证言的收集程序、方式有下列瑕疵，经补正或者作出合理解释的，可以采用；不能补正或者作出合理解释的，不得作为定案的根据：（1）询问笔录没有填写询问人、记录人、法定代理人姓名以及询问的起止时间、地点的；（2）询问地点不符合规定的；（3）询问笔录没有记录告知证人有关权利义务和法律责任的；（4）询问笔录反映出在同一时段，同一询问人员询问不同证人的；（5）询问未成年人，其法定代理人或者合适成年人不在场的。《高法解释》第 92 条规定：“对被害人陈述的审查与认定，参照适用本节的有关规定（即证人证言的审查判断的规定）。”由此可见，本题的 D 项属于上述第（2）项规定的违法情形，经补正或者作出合理解释的，可以采用，故 D 项不当选。

综上所述，本题的正确答案为 B、C 两项。

答案：BC

61. 甲女与乙男在某社交软件互加好友，手机网络聊天过程中，甲女多次向乙男发送暧昧言语和色情图片，表示可以提供有偿性服务。二人于酒店内见面后因价钱谈不拢而争吵，乙男强行将甲女留在房间内，并采用胁迫手段与其发生性关系。后甲女向公安机关报案，乙男则辩称双方系自愿发生性关系。乙男提供了二人之前的网络聊天记录。关于这一网络聊天记录，下列选项正确的是？（2016/2/95，不定选）

A. 属电子数据的一种

B. 必须随原始的聊天时使用的手机移送才能作为定案的依据

C. 只有经甲女核实认可后才能作为定案的依据

D. 因不具有关联性而不得作为本案定罪量刑的依据

［解析］ 本题考查电子数据的认定和提取、证据查证属实的方式、证据的关联性。《关于办理刑事案件收集提取和审查判断电子数据若干问题的规定》第 1 条规定，电子数据是案件发生过程中形成的，以数字化形式存储、处理、传输的，能够证明案件事实的数据。电子数据包括但不限于下列信息、电子文件：（1）网页、博客、微博客、朋友圈、贴吧、网盘等网络平台发布的信息；（2）手机短信、电子邮件、即时通信、通讯群组等网络应用服务的通信信息；（3）用户注册信息、身份认证信息、电子交易记录、通信记录、登录日志等信息；（4）文档、图片、音视频、数字证书、计算机程序等电子文件。以数字化形式记载的证人证言、被害人陈述以及犯罪嫌疑人、被告人供述和辩解等证据，不属于电子数据。确有必要的，对相关证据的收集、提取、移送、审查，可以参照适用本规定。本题中，甲女、乙男二人之前的网络聊天记录属于电子

数据，故A项正确。

《关于办理刑事案件收集提取和审查判断电子数据若干问题的规定》第9条第1款规定，具有下列情形之一，无法扣押原始存储介质的，可以提取电子数据，但应当在笔录中注明不能扣押原始存储介质的原因、原始存储介质的存放地点或者电子数据的来源等情况，并计算电子数据的完整性校验值：(1) 原始存储介质不便封存的；(2) 提取计算机内存数据、网络传输数据等不是存储在存储介质上的电子数据的；(3) 原始存储介质位于境外的；(4) 其他无法扣押原始存储介质的情形。《高法解释》第114条规定，电子数据具有下列情形之一的，不得作为定案的根据：(1) 系篡改、伪造或者无法确定真伪的；(2) 有增加、删除、修改等情形，影响电子数据真实性的；(3) 其他无法保证电子数据真实性的情形。由此可见，本题中的聊天用的手机这一原始存储介质，不是必须随案移送。未移送聊天使用的手机，该聊天记录也可能作为定案依据。故B项错误。

《刑事诉讼法》第50条第3款规定，证据必须经过查证属实，才能作为定案的根据。本题C项中“经甲女核实认可”只是查证属实的一种方式，但是，“经甲女核实认可”不是该电子数据作为定案根据的必备条件，故C项错误。

D项中该网络聊天记录能够证明犯罪的起因，与案件事实具有关联性，可以作为定罪量刑的根据，故D项错误。

综上所述，本题的正确答案为A项。

答案：A

62. 具有特定情形的下列哪些证据不能作为定案的根据？（2011/2/66，多选）

A. 视听资料的制作时间、地点存有异议，不能作出合理解释，也没有提供必要证明的

B. 在做DNA检测时送检材料与比对样本属于同一个来源的

C. 证人在犯罪现场听到被告人喊“给他点厉害瞧瞧”的陈述

D. 犯罪嫌疑人拒绝签名、盖章而由侦查人员在笔录上注明情况的讯问笔录

［解析］ 本题考查证据的审查判断规则和证据的排除范围。《高法解释》第109条规定：“视听资料具有下列情形之一的，不得作为定案的根据：（一）系篡改、伪造或者无法确定真伪的；（二）制作、取得的时间、地点、方式等有疑问，不能作出合理解释的。”因此A项属于该条第（二）项的情形，不能作为定案的根据，A项当选。

《高法解释》第98条规定：“鉴定意见具有下列情形之一的，不得作为定案的根据：（一）鉴定机构不具备法定资质，或者鉴定事项超出该鉴定机构业务范围、技术条件的；（二）鉴定人不具备法定资质，不具有相关专业技术或者职称，或者违反回避规定的；（三）送检材料、样本来源不明，或者因污染不具备鉴定条件的；（四）鉴定对象与送检材料、样本不一致的；（五）鉴定程序违反规定的；（六）鉴定过程和方法不符合相关专业的规范要求的；（七）鉴定文书缺少签名、盖章的；（八）鉴定意见与案件事实没有关联的；（九）违反有关规定的其他情形。”本题B项中，在做DNA检测时，送检材料与比对样本属于同一个来源，属于前述第（六）项鉴定过程和方法不符合相关专业的规范要求，故不能作为定案依据，B项当选。

根据《刑事诉讼法》第56条的规定，采用刑讯逼供等非法方法收集的犯罪嫌疑人、被告人供述和采用暴力、威胁等非法方法收集的证人证言、被害人陈述，应当予以排除。而C项中的情况不属于该条所规定的情况，因此C项并非不能作为定案的根据，C项不当选。

《高法解释》第94条规定：“被告人供述具有下列情形之一的，不得作为定案的根据：

（一）讯问笔录没有经被告人核对确认的；（二）讯问聋、哑人，应当提供通晓聋、哑手势的人员而未提供的；（三）讯问不通晓当地通用语言、文字的被告人，应当提供翻译人员而未提供的；（四）讯问未成年人，其法定代理人或者合适成年人不在场的。”《公安部规定》第206条第1款规定，讯问笔录应当交犯罪嫌疑人核对；对于没有阅读能力的，应当向他宣读。如果记录有遗漏或者差错，应当允许犯罪嫌疑人补充或者更正，并捺指印。笔录经犯罪嫌疑人核对无误后，应当由其在笔录上逐页签名、捺指印，并在末页写明“以上笔录我看过（或向我宣读过），和我说的相符”。拒绝签名、捺指印的，侦查人员应当在笔录上注明。《高检规则》第188条规定，讯问犯罪嫌疑人，应当制作讯问笔录。讯问笔录应当忠实于原话，字迹清楚，详细具体，并交犯罪嫌疑人核对。犯罪嫌疑人没有阅读能力的，应当向他宣读。如果记载有遗漏或者差错，应当补充或者改正。犯罪嫌疑人认为讯问笔录没有错误的，由其在笔录上逐页签名或者盖章，并捺指印，在末页写明“以上笔录我看过（向我宣读过），和我说的相符”，同时签名或者盖章，并捺指印，注明日期。如果犯罪嫌疑人拒绝签名、盖章、捺指印的，应当在笔录上注明。讯问的检察人员、书记员也应当在笔录上签名。由上述法条可知，犯罪嫌疑人拒绝签名、盖章而由侦查人员在笔录上注明情况，是合法的，该笔录可以作为定案的根据，故D项不当选。

答案：AB（原答案为ABD）

第八章　强制措施

点评

本章在法律职业资格考试客观题中一般考查 1 – 2 道选择题。本章需要重点掌握的知识点有：拘传的适用主体、对象、程序和期限；取保候审的适用条件、期限、保证方式、取保候审的程序；监视居住的适用条件、适用程序、指定居所监视居住；拘留的适用条件、程序和期限；逮捕的适用条件、适用机关以及批准或决定程序、执行程序；逮捕后的羁押必要性审查、强制措施的变更和解除。其中取保候审、监视居住、逮捕三项强制措施是最容易命题的考点，且考查方式趋于灵活，综合性加强。另外，尤其要关注 2012 年、2018 年《刑事诉讼法修正案》，以及《高法解释》《高检规则》《关于取保候审若干问题的规定》对拘传、取保候审、监视居住、拘留和逮捕五种强制措施的修改之处。本章内容较多而且较为细致，考生对于这些较为细节性的内容应当在理解强制措施的属性、特点与适用原则，以及每一种强制措施在我国五种强制措施构成的体系中的地位的基础上进行记忆。

考点 1　强制措施的特点和适用的原则

1. 下列关于刑事诉讼法的基本原则等的说法，正确的是？（2022 年法考延考客观题回忆版真题，多选）

A. 检察院驻看守所检察人员通过询问重大案件的犯罪嫌疑人，对讯问合法性进行核查，这一做法体现了程序法定原则

B. 无见证人签名的扣押笔录经侦查人员补正后作为定案的根据，这一做法体现了程序法定原则

C. 对未成年犯罪嫌疑人、被告人谨慎适用逮捕是比例原则的体现

D. 羁押必要性审查是比例原则的体现

［解析］　本题考查程序法定原则和强制措施适用的比例原则。程序法定原则包括两层含义：一是立法方面的要求，即刑事诉讼程序应当由法律事先明确规定；二是司法方面的要求，即刑事诉讼活动应当依据国家法律规定的刑事程序来进行。本题 A、B 两项的做法都有助于督促侦查机关按照法定程序收集证据，体现了程序法定原则的要求，故 A、B 两项正确。强制措施适用的比例原则又称相当性原则，是指适用何种强制措施，应当与犯罪嫌疑人、被告人的人身危险性程度和涉嫌犯罪的轻重程度相适应，不得在人身危险性程度和涉嫌犯罪的轻重程度较低的情况下适用强制程度较高的强制措施。本题 C 项中的未成年犯罪嫌疑人、被告人相比成年犯罪嫌疑人、被告人而言，人身危险性程度低，尽量适用非羁押性强制措施，谨慎适用逮捕措施，体现了比例原则，故 C 项正确。D 项中的羁押必要性审查制度的目的是使没有羁押必要的被逮捕人变更强

制措施或者释放，体现了强制措施适用的变更性原则和比例原则，故D项正确。

因此，本题的正确答案为A、B、C、D四项。

答案：ABCD

2. 关于强制措施适用的原则的表述，正确的是？(2019年法考客观题回忆版真题，不定选)

A. 侦查机关认为犯罪嫌疑人没有社会危险性，决定释放被逮捕的犯罪嫌疑人，体现了变更性原则

B. 为了更好地获取证据，对犯罪嫌疑人予以逮捕，体现了必要性原则

C. 法院认为认定被告人有罪的证据不足，对被告人无罪释放，体现了变更性原则

D. 侦查机关对涉嫌间谍罪的犯罪嫌疑人在其住所监视居住，后来，鉴于犯罪嫌疑人有碍侦查，遂变更为指定居所监视居住，体现了比例原则

[解析] 本题考查强制措施适用的原则。适用强制措施应当遵循必要性原则、相当性原则和变更性原则。变更性原则是指强制措施的适用，需要随着诉讼的进展、犯罪嫌疑人、被告人及案件情况的变化而及时变更或解除。本题的A、C两项均为解除强制措施，体现了变更性原则，该两项正确。相当性原则，又称为比例原则，是指适用何种强制措施，应当与犯罪嫌疑人、被告人的人身危险性程度和涉嫌犯罪的轻重程度相适应。本题的D项体现强制措施与犯罪嫌疑人的人身危险性相当，故体现了比例原则，故D项正确。当然，D项也体现了变更性原则。必要性原则是指只有在为保证刑事诉讼的顺利进行而有必要时方能采取，若无必要，不得随意适用强制措施。本题的B项中，以"为了更好地获取证据"为目的而逮捕犯罪嫌疑人，违背了逮捕的"保证刑事诉讼顺利进行"之目的，并未体现强制措施适用的必要性原则，该项不当选。

因此，本题的正确答案为A、C、D三项。

答案：ACD

3. 我国强制措施的适用应遵循变更性原则。下列哪些情形符合变更性原则的要求？(2017/2/71，多选)

A. 拘传期间因在身边发现犯罪证据而直接予以拘留

B. 犯罪嫌疑人在取保候审期间被发现另有其他罪行，要求其相应地增加保证金的数额

C. 犯罪嫌疑人在取保候审期间违反规定后对其先行拘留

D. 犯罪嫌疑人被羁押的案件，不能在法律规定的侦查羁押期限内办结的，予以释放

[解析] 本题考查适用强制措施的原则和应当考虑的因素，并涉及对保证金保证的具体适用。由于强制措施涉及宪法所保障的公民的人身自由权，因此其适用必须慎重，遵循相应的原则并全面考虑相关因素。适用强制措施应当遵循必要性原则、相当性原则和变更性原则。其中，变更性原则是指强制措施的适用，需要随着诉讼的进展、犯罪嫌疑人、被告人及案件情况的变化而及时变更或解除。《刑事诉讼法》第82条规定："公安机关对于现行犯或者重大嫌疑分子，如果有下列情形之一的，可以先行拘留：……（三）在身边或者住处发现有犯罪证据的……"本题中，拘传期间因在身边发现犯罪证据，可以予以拘留。A项所述符合法律规定，而且在身边发现犯罪证据属于案件情况的变化，可以相应变更强制措施，体现了变更性原则的要求，A项正确。《刑事诉讼法》第71条第4款规定，对违反取保候审规定，需要予以逮捕的，可以对犯罪嫌疑人、被告人先行拘留。同样符合变更性原则的要求，故C项正确。《刑事诉讼法》第98条规定："犯罪嫌疑人、被告人被羁押的案件，不能在本法规定的侦查羁押、审查起诉、一审、二审期限内办结的，对犯罪嫌疑人、被告

人应当予以释放；需要继续查证、审理的，对犯罪嫌疑人、被告人可以取保候审或者监视居住。”故 D 项正确。本题 A、C、D 三项均体现了强制措施根据案件情况的变化予以变更且符合法律规定。《刑事诉讼法》第 71 条第 3 款规定：“被取保候审的犯罪嫌疑人、被告人违反前两款规定，已交纳保证金的，没收部分或者全部保证金，并且区别情形，责令犯罪嫌疑人、被告人具结悔过，重新交纳保证金、提出保证人，或者监视居住、予以逮捕。”故此，B 项的情形下，保证金不允许增加，只能没收后重新交纳保证金、提出保证人或者改为监视居住或予以逮捕，B 项因不符合法律规定而错误。因此，本题的正确答案为 A、C、D 三项。

答案：ACD

考点 2　拘传

4. 甲涉嫌盗窃罪，被 K 县公安局立案侦查，K 县公安局需要传唤甲到案接受讯问。下列关于该案诉讼程序的说法，正确的是？（2022 年法考延考客观题回忆版真题，单选）

A. 可以传唤甲至邻县的某宾馆接受讯问

B. 因为需要对甲监视居住，所以传唤时间可以延长至 24 小时

C. 只有在传唤甲不能到案的情形下，才可以对甲进行拘传

D. 经县级以上公安机关负责人批准，才可以对甲进行拘传

[解析]　本题考查传唤和拘传。《刑事诉讼法》第 119 条第 1 款规定，对不需要逮捕、拘留的犯罪嫌疑人，可以传唤到犯罪嫌疑人所在市、县内的指定地点或者到他的住处进行讯问，但是应当出示检察院或者公安机关的证明文件。由此可见，传唤只能在被传唤人所在市、县内进行，本题中公安机关将甲传唤到邻县的宾馆进行讯问，是错误的，故 A 项不当选。《刑事诉讼法》第 119 条第 2 款规定：“传唤、拘传持续的时间不得超过十二小时；案情特别重大、复杂，需要采取拘留、逮捕措施的，传唤、拘传持续的时间不得超过二十四小时。”本题中，需要对甲监视居住，不可以传唤至 24 小时，故 B 项错误。在刑事诉讼中，传唤不是拘传的必经程序，故 C 项错误。《公安部规定》第 78 条第 2 款规定：“需要拘传的，应当填写呈请拘传报告书，并附有关材料，报县级以上公安机关负责人批准。”故 D 项表述正确。

答案：D

5. 关于拘传，下列哪些说法是正确的？（2012/2/66，多选）

A. 对在现场发现的犯罪嫌疑人，经出示工作证件可以口头拘传，并在笔录中注明

B. 拘传持续的时间不得超过 12 小时

C. 案情特别重大、复杂，需要采取拘留、逮捕措施的，拘传持续的时间不得超过 24 小时

D. 对于被拘传的犯罪嫌疑人，可以连续讯问 24 小时

[解析]　本题考查拘传的程序。依据《刑事诉讼法》第 119 条第 1 款的规定，对不需要逮捕、拘留的犯罪嫌疑人，可以传唤到犯罪嫌疑人所在市、县内的指定地点或者到他的住处进行讯问，但是应当出示检察院或者公安机关的证明文件。对在现场发现的犯罪嫌疑人，经出示工作证件，可以口头传唤，但应当在讯问笔录中注明。故 A 项的错误在于，不是“口头拘传”，应是“口头传唤”。

依据《刑事诉讼法》第 119 条第 2 款的规定，传唤、拘传持续的时间不得超过 12 小时；案情特别重大、复杂，需要采取拘留、逮捕措施的，传唤、拘传持续的时间不得超过 24 小时，故 B、C 两项正确。

依据《刑事诉讼法》第 119 条第 3 款的规定，不得以连续传唤、拘传的形式变相拘禁犯

罪嫌疑人。传唤、拘传犯罪嫌疑人，应当保证犯罪嫌疑人的饮食和必要的休息时间，故D项的说法未保证犯罪嫌疑人的饮食和必要的休息时间，该项错误。

答案：BC

6. 关于法院可以决定对什么人采取拘传这一刑事强制措施，下列哪一选项是正确的？（2008/2/28，单选）

A. 某公司涉嫌生产、销售伪劣产品罪，作为该公司诉讼代表人而拒不出庭的高某

B. 抢夺案中非在押的被告人陈某

C. 盗窃案中非在押的犯罪嫌疑人卢某

D. 贿赂案中拒不出庭的证人李某

［解析］ 本题考查作为刑事强制措施的拘传适用的对象。依据《高法解释》第337条第2款规定："被告单位的诉讼代表人不出庭的，应当按照下列情形分别处理：（一）诉讼代表人系被告单位的法定代表人、实际控制人或者主要负责人，无正当理由拒不出庭的，可以拘传其到庭；因客观原因无法出庭，或者下落不明的，应当要求人民检察院另行确定诉讼代表人……"本题A项中，高某若是被告单位的法定代表人、实际控制人或主要负责人，其担任诉讼代表人，法院可对其拘传，但因高某不是被告人，而是被告单位的诉讼代表人，所以该拘传在性质上并非刑事强制措施，而属于对妨碍诉讼秩序行为的处理方式，因此A项不正确。

C项中的卢某是未被羁押的犯罪嫌疑人，可以对其进行拘传，但拘传主体不是法院，而应当是公安机关或是检察院，法院只能对未被羁押的被告人进行拘传，因此C项不正确，B项正确。

拘传的适用对象是未被羁押的犯罪嫌疑人、被告人，不能适用于证人，因此D项也不正确。

本题的正确答案为B项。

答案：B

✪ 考点3　取保候审

7. 居住于H市的胡某在G市旅行期间殴打吕某，致其轻伤，G市公安局对该案立案侦查并对胡某决定取保候审，关于对胡某的取保候审，下列哪一选项是正确的？（2023年法考客观题回忆版真题，单选）

A. 若G市公安局对胡某撤销案件，取保候审自动解除

B. 胡某的取保候审应在G市执行

C. G市公安局应对胡某优先适用保证人保证

D. G市公安局可要求胡某不得向吕某发送短信

［解析］ 本题考查取保候审。《关于取保候审若干问题的规定》第24条第3款规定："有下列情形之一的，取保候审自动解除，不再办理解除手续，决定机关应当及时通知执行机关：（一）取保候审依法变更为监视居住、拘留、逮捕，变更后的强制措施已经开始执行的；（二）人民检察院作出不起诉决定的；（三）人民法院作出的无罪、免予刑事处罚或者不负刑事责任的判决、裁定已经发生法律效力的；（四）被判处管制或者适用缓刑，社区矫正已经开始执行的；（五）被单处附加刑，判决、裁定已经发生法律效力的；（六）被判处监禁刑，刑罚已经开始执行的。"本题A项中，G市公安局对胡某撤销案件，不属于上述取保候审自动解除的情形。该项不当选。《关于取保候审若干问题的规定》第16条第2款规定："取保候审一般应当在户籍所在地执行，但已形成经常居住地的，可以在经常居住地执行。"本题中胡某居住于H市，G市是旅行地，故胡某的取保候审应在H市而不是G市执行。故B项不当选。《关于取保候审若干问题的规定》第4条第2款规定，对未成年人取保候审的，应当优先适用保证人保证。本题题干中未明确胡某是未成年人，故C项不正确。《关

于取保候审若干问题的规定》第 8 条规定：“决定取保候审时，可以根据案件情况责令被取保候审人不得与下列‘特定的人员’会见或者通信：（一）证人、鉴定人、被害人及其法定代理人和近亲属；（二）同案违法行为人、犯罪嫌疑人、被告人以及与案件有关联的其他人员；（三）可能遭受被取保候审人侵害、滋扰的人员；（四）可能实施妨害取保候审执行、影响诉讼活动的人员。前款中的‘通信’包括以信件、短信、电子邮件、通话，通过网络平台或者网络应用服务交流信息等各种方式直接或者间接通信。”本案中吕某是被害人，属于该条第（一）项中的人员，公安机关可要求胡某不得向吕某发送短信。故 D 项正确。

答案：D

8. 甲涉嫌抢夺罪，被 H 市检察院起诉至 H 市法院，在审理中，H 市法院决定对甲取保候审。下列关于取保候审的说法，正确的是？（2022 年法考延考客观题回忆版真题，不定选）

A. 对甲适用保证金保证的，法院要求保证人将保证金存入法院指定的银行账户

B. 在取保候审期间，法院可以要求甲将身份证交给法院保存

C. 在取保候审期间，甲未经批准离开所居住的 H 市，导致法院的开庭一再延期，H 市法院决定逮捕甲

D. H 市检察院起诉至 H 市法院后，可由 H 市检察院直接对甲决定取保候审

［解析］ 本题考查取保候审。《关于取保候审若干问题的规定》第 4 条第 2 款规定，对同一犯罪嫌疑人、被告人决定取保候审的，不得同时使用保证人保证和保证金保证。故 A 项中，法院让保证人交保证金，就是将保证人保证和保证金保证同时并用，是错误的。《刑事诉讼法》第 72 条第 2 款规定：“提供保证金的人应当将保证金存入执行机关指定银行的专门账户。”故 A 项中保证金须存入执行机关即公安机关指定的银行的账户，而不是法院指定的银行账户。故 A 项不正确。《刑事诉讼法》第 71 条第 2 款规定：“人民法院、人民检察院和公安机关可以根据案件情况，责令被取保候审的犯罪嫌疑人、被告人遵守以下一项或者多项规定：（一）不得进入特定的场所；（二）不得与特定的人员会见或者通信；（三）不得从事特定的活动；（四）将护照等出入境证件、驾驶证件交执行机关保存。”本题 B 项的错误在于，被取保候审人的法定义务和酌定义务中没有将身份证件交保存。该项错误。《刑事诉讼法》第 81 条第 4 款规定：“被取保候审、监视居住的犯罪嫌疑人、被告人违反取保候审、监视居住规定，情节严重的，可以予以逮捕。”本题 C 项属于违反取保候审规定，情节严重的情形，可以予以逮捕。故 C 项正确。D 项的错误在于，该案进入审判阶段，由 H 市法院而不是 H 市检察院对甲决定取保候审。该项不正确。

答案：C

9. 甲涉嫌盗窃罪，法院审理时决定对甲取保候审，下列关于取保候审程序的说法，正确的是？（2022 年法考客观题回忆版真题，不定选）

A. 甲在取保候审期间离开居住的市，应当经过公安机关批准

B. 在取保候审期间，可以要求甲上交身份证

C. 甲在取保候审期间违规外出，其重新交纳保证金后取保候审的期限重新计算

D. 甲在取保候审期间违规外出，保证金可以暂扣，待审判结束后返还

［解析］ 本题考查取保候审。《刑事诉讼法》第 71 条第 1 款规定：“被取保候审的犯罪嫌疑人、被告人应当遵守以下规定：（一）未经执行机关批准不得离开所居住的市、县；（二）住址、工作单位和联系方式发生变动的，在二十四小时以内向执行机关报告；

（三）在传讯的时候及时到案；（四）不得以任何形式干扰证人作证；（五）不得毁灭、伪造证据或者串供。”本题的A项符合该条第（一）项的规定，该项正确。《刑事诉讼法》第71条第2款规定：“人民法院、人民检察院和公安机关可以根据案件情况，责令被取保候审的犯罪嫌疑人、被告人遵守以下一项或者多项规定：（一）不得进入特定的场所；（二）不得与特定的人员会见或者通信；（三）不得从事特定的活动；（四）将护照等出入境证件、驾驶证件交执行机关保存。”本题的B项不属于该条规定的被取保候审人的酌定义务。该项错误。在同一诉讼阶段多次对被告人取保候审，取保候审的期限应累计计算，总共不能超过12个月。故C项中，甲在取保候审期间违规外出，其重新交纳保证金后取保候审的期限应累计计算，而不是重新计算。该项错误。《关于取保候审若干问题的规定》第27条规定，使用保证金保证的被取保候审人违反《刑事诉讼法》第71条规定，依法应当没收保证金的，由公安机关作出没收部分或者全部保证金的决定，并通知决定机关。本题D项中，甲在取保候审期间违规外出，属于违反《刑事诉讼法》第71条规定的情形，应当没收保证金，而不是暂扣后返还，该项错误。因此，本题的正确答案为A项。

答案：A

10. 郑某因重大责任事故罪被A市公安局决定取保候审，交纳保证金1万元，在取保候审期间，郑某变更工作单位并多次出差均未向公安机关报告，A市公安局决定没收郑某交纳的保证金，并责令其重新交纳保证金，继续取保候审。下列关于该案诉讼程序的说法，正确的是？（2020年法考客观题回忆版真题，多选）

A. 继续取保候审后，侦查阶段的取保候审期间累计计算

B. 可视情节没收8000元保证金

C. 可要求交纳保证金的同时提供保证人

D. 附加要求郑某上交驾驶证

［解析］ 本题考查取保候审期限的计算、保证方式、被取保候审人的义务、违反取保候审期间规定的后果。《刑事诉讼法》第79条规定，法院、检察院和公安机关对犯罪嫌疑人、被告人取保候审最长不得超过12个月。一般认为，在每一个诉讼阶段内适用取保候审，取保候审的期限应累计计算，总共不能超过12个月，故A项正确。

《刑事诉讼法》第71条第3款规定，被取保候审的犯罪嫌疑人、被告人违反取保候审期间的规定，已交纳保证金的，没收部分或者全部保证金，并且区别情形，责令犯罪嫌疑人、被告人具结悔过，重新交纳保证金、提出保证人，或者监视居住、予以逮捕。本题B项中没收部分保证金的做法，是正确的。

《公安部规定》第84条第2款规定，对同一犯罪嫌疑人，不得同时责令其提出保证人和交纳保证金。故C项错误。

《刑事诉讼法》第71条第2款规定：“人民法院、人民检察院和公安机关可以根据案件情况，责令被取保候审的犯罪嫌疑人、被告人遵守以下一项或者多项规定：（一）不得进入特定的场所；（二）不得与特定的人员会见或者通信；（三）不得从事特定的活动；（四）将护照等出入境证件、驾驶证件交执行机关保存。”本题D项中A市公安局要求郑某上交驾驶证符合上述第（四）项的规定，该项表述正确。因此，本题的正确答案为A、B、D三项。

答案：ABD

11. 甲与邻居乙发生冲突致乙轻伤，甲被刑事拘留期间，甲的父亲代为与乙达成和解，公安机关决定对甲取保候审。关于甲在取保候审期间应遵守的义务，下列哪一选项是正确的？（2016/2/31，单选）

A. 将驾驶证件交执行机关保存

B. 不得与乙接触

C. 工作单位调动的，在 24 小时内报告执行机关

D. 未经公安机关批准，不得进入特定的娱乐场所

［解析］ 本题考查被取保候审人的法定义务和酌定义务的区分。《刑事诉讼法》第 71 条第 1、2 款规定，被取保候审的犯罪嫌疑人、被告人应当遵守以下规定：(1) 未经执行机关批准不得离开所居住的市、县；(2) 住址、工作单位和联系方式发生变动的，在 24 小时以内向执行机关报告；(3) 在传讯的时候及时到案；(4) 不得以任何形式干扰证人作证；(5) 不得毁灭、伪造证据或者串供。法院、检察院和公安机关可以根据案件情况，责令被取保候审的犯罪嫌疑人、被告人遵守以下一项或者多项规定：(1) 不得进入特定的场所；(2) 不得与特定的人员会见或者通信；(3) 不得从事特定的活动；(4) 将护照等出入境证件、驾驶证件交执行机关保存。

《刑事诉讼法》第 71 条规定的前 5 项义务都是被取保候审人的法定义务，后 4 项义务是被取保候审人的酌定义务。本题考查的是被取保候审人甲在取保候审期间应遵守的法定义务。本题的 C 项属于上述被取保候审人的第 (2) 项法定义务，当选。A、B、D 三项均属于上述被取保候审人的第 (4)、(2) 和 (1) 项酌定义务，不当选。

综上所述，本题的正确答案为 C 项。

答案：C

12. 某监狱狱警郭某涉嫌虐待该监狱服刑人员蒋某，侦查机关因郭某可能毁灭证据将其拘留。在拘留期限即将届满时，因逮捕郭某的证据尚不充足，侦查机关责令其交纳 2 万元保证金取保候审。关于本案处理，下列哪一选项是正确的？（单选）

A. 取保候审由本案侦查机关执行

B. 如郭某表示无力全额交纳保证金，可降低保证金数额，同时责令其提出保证人

C. 可要求郭某在取保候审期间不得进入蒋某居住的小区

D. 应要求郭某在取保候审期间不得变更住址

［解析］ 本题考查立案管辖、取保候审的保证方式、被取保候审人的法定义务和酌定义务。本题中提到的虐待被监管人罪，依据《刑事诉讼法》第 19 条第 2 款的规定，由检察院立案侦查。依据《刑事诉讼法》第 67 条的规定，检察院决定的取保候审，由公安机关执行。故 A 项错误。

《关于取保候审若干问题的规定》第 4 条第 2 款规定，对同一犯罪嫌疑人、被告人决定取保候审的，不得同时使用保证人保证和保证金保证，故 B 项错误。

《刑事诉讼法》第 71 条第 2 款规定："人民法院、人民检察院和公安机关可以根据案件情况，责令被取保候审的犯罪嫌疑人、被告人遵守以下一项或者多项规定：（一）不得进入特定的场所……" 依据此法条可知，C 项正确。

《刑事诉讼法》第 71 条第 1 款规定："被取保候审的犯罪嫌疑人、被告人应当遵守以下规定：……（二）住址、工作单位和联系方式发生变动的，在二十四小时以内向执行机关报告……" 依据此法条可知，郭某不是不得变更住址，而是变动住址应向执行机关报告，故 D 项错误。

答案：C

13. 未成年人郭某涉嫌犯罪被检察院批准逮捕。在审查起诉中，经羁押必要性审查，拟变更为取保候审并适用保证人保证。关于保证人，下列哪一选项是正确的？（2014/2/30，单选）

A. 可由郭某的父亲担任保证人，并由其

交纳1000元保证金

B. 可要求郭某的父亲和母亲同时担任保证人

C. 如果保证人协助郭某逃匿，应当依法追究保证人的刑事责任，并要求其承担相应的民事连带赔偿责任

D. 保证人未履行保证义务应处罚款的，由检察院决定

[解析] 本题考查取保候审。《关于取保候审若干问题的规定》第4条规定，对同一犯罪嫌疑人、被告人决定取保候审的，不得同时使用保证人保证和保证金保证。故A项中，让保证人交纳保证金，就是同时使用保证人保证和保证金保证，A项错误。

依据《高检规则》第89条第3款的规定："对符合取保候审条件，具有下列情形之一的犯罪嫌疑人，人民检察院决定取保候审时，可以责令其提供一至二名保证人：（一）无力交纳保证金的；（二）系未成年人或者已满七十五周岁的人；（三）其他不宜收取保证金的。"本题中的郭某是未成年人，检察院可责令其提供一至二名保证人，所以，检察院可要求郭某的父亲和母亲二人同时担任郭某的保证人，故B项正确。

《刑事诉讼法》第70条第2款规定，被保证人有违反《刑事诉讼法》第71条规定的行为，保证人未履行保证义务的，对保证人处以罚款，构成犯罪的，依法追究刑事责任。《高检规则》第99条规定，检察院发现保证人没有履行《刑事诉讼法》第70条规定的义务，应当通知公安机关，要求公安机关对保证人作出罚款决定。构成犯罪的，依法追究保证人的刑事责任。《刑事诉讼法》和司法解释已经删除了"要求保证人承担相应的民事连带赔偿责任"的规定，故C项错误。

《六机关规定》第14条规定，对取保候审保证人是否履行了保证义务，由公安机关认定，对保证人的罚款决定，也由公安机关作出，故D项错误。

本题正确答案为B项。

答案：B

14. 关于取保候审的程序限制，下列哪一选项是正确的？（2013/2/31，单选）

A. 保证金应当由决定机关统一收取，存入指定银行的专门账户

B. 对于可能判处徒刑以上刑罚的，不得采取取保候审措施

C. 对同一犯罪嫌疑人不得同时使用保证金担保和保证人担保两种方式

D. 对违反取保候审规定，需要予以逮捕的，不得对犯罪嫌疑人、被告人先行拘留

[解析] 本题考查取保候审的保证方式、适用情形、违反取保候审规定的处理。依据《刑事诉讼法》第72条第2款的规定，提供保证金的人应当将保证金存入执行机关指定银行的专门账户，故A项错误在于，不是"决定机关"，而是执行机关统一收取。

依据《刑事诉讼法》第67条第1款的规定，法院、检察院和公安机关对有下列情形之一的犯罪嫌疑人、被告人，可以取保候审：(1) 可能判处管制、拘役或者独立适用附加刑的；(2) 可能判处有期徒刑以上刑罚，采取取保候审不致发生社会危险性的；(3) 患有严重疾病、生活不能自理，怀孕或者正在哺乳自己婴儿的妇女，采取取保候审不致发生社会危险性的；(4) 羁押期限届满，案件尚未办结，需要采取取保候审的。在B项的情形下，若采取取保候审不致发生社会危险性的，也可以采取取保候审，该项错误。

依据《关于取保候审若干问题的规定》第4条第2款的规定，对同一犯罪嫌疑人、被告人决定取保候审的，不得同时使用保证人保证和保证金保证，故C项正确。依据《刑事诉讼法》第71条第4款的规定，对违反取保候审规定，需要予以逮捕的，可以对犯罪嫌疑

人、被告人先行拘留，故 D 项错误。

本题符合题意的选项为 C 项。

答案：C

考点 4 监视居住

15. 在符合逮捕条件时，对下列哪些人员可以适用监视居住措施？（2012/2/68，多选）

A. 甲患有严重疾病、生活不能自理

B. 乙正在哺乳自己婴儿

C. 丙系生活不能自理的人的唯一扶养人

D. 丁系聋哑人

［解析］ 本题采取“张冠李戴”的方式考查监视居住的适用条件。《刑事诉讼法》第 74 条第 1 款规定，法院、检察院和公安机关对符合逮捕条件，有下列情形之一的犯罪嫌疑人、被告人，可以监视居住：(1) 患有严重疾病、生活不能自理的；(2) 怀孕或者正在哺乳自己婴儿的妇女；(3) 系生活不能自理的人的唯一扶养人；(4) 因为案件的特殊情况或者办理案件的需要，采取监视居住措施更为适宜的；(5) 羁押期限届满，案件尚未办结，需要采取监视居住措施的。据此法条，可知本题的 A、B、C 三项分别属于上述 (1)、(2)、(3) 三种情形，因此，本题的正确答案为 A、B、C 三项。

答案：ABC

考点 5 拘留

16. 章某涉嫌故意伤害致人死亡，因犯罪后企图逃跑被公安机关先行拘留。关于本案程序，下列哪一选项是正确的？（2015/2/28，单选）

A. 拘留章某时，必须出示拘留证

B. 拘留章某后，应在 12 小时内将其送看守所羁押

C. 拘留后对章某的所有讯问都必须在看守所内进行

D. 因怀疑章某携带管制刀具，拘留时公安机关无须搜查证即可搜查其身体

［解析］ 本题考查刑事拘留和无证搜查。依据《公安部规定》第 124 条规定，公安机关对于现行犯或者重大嫌疑分子，有下列情形之一的，可以先行拘留：(1) 正在预备犯罪、实行犯罪或者在犯罪后即时被发觉的；(2) 被害人或者在场亲眼看见的人指认他犯罪的；(3) 在身边或者住处发现有犯罪证据的；(4) 犯罪后企图自杀、逃跑或者在逃的；(5) 有毁灭、伪造证据或者串供可能的；(6) 不讲真实姓名、住址，身份不明的；(7) 有流窜作案、多次作案、结伙作案重大嫌疑的。《公安部规定》第 125 条规定：“拘留犯罪嫌疑人，应当填写呈请拘留报告书，经县级以上公安机关负责人批准，制作拘留证。执行拘留时，必须出示拘留证，并责令被拘留人在拘留证上签名、捺指印，拒绝签名、捺指印的，侦查人员应当注明。紧急情况下，对于符合本规定第一百二十四条所列情形之一的，经出示人民警察证，可以将犯罪嫌疑人口头传唤至公安机关后立即审查，办理法律手续。”故本题中 A 项的表述过于绝对。因为，在紧急情况下，对于符合先行拘留情形的，可以不用出示拘留证即可拘留。

《刑事诉讼法》第 85 条第 2 款规定，拘留后，应当立即将被拘留人送看守所羁押，至迟不得超过 24 小时。故 B 项错误在于，不是 12 小时，而是 24 小时。《刑事诉讼法》第 118 条第 2 款规定，犯罪嫌疑人被送交看守所羁押以后，侦查人员对其进行讯问，应当在看守所内进行。据此法条可知，侦查人员在拘留章某后送往看守所之前的讯问，未要求在看守所内进行，故 C 项的表述过于绝对。

《刑事诉讼法》第 138 条规定，进行搜查，必须向被搜查人出示搜查证。在执行逮捕、拘留的时候，遇有紧急情况，不另用搜查证也可以进行搜查。《公安部规定》第 224 条规定，执行拘留、逮捕的时候，遇有下列紧急情况之

一的，不用搜查证也可以进行搜查：（1）可能随身携带凶器的；（2）可能隐藏爆炸、剧毒等危险物品的；（3）可能隐匿、毁弃、转移犯罪证据的；（4）可能隐匿其他犯罪嫌疑人的；（5）其他突然发生的紧急情况。章某携带管制刀具，即属于该条中的第（1）种紧急情况，故D项正确。

答案：D

17. 甲涉嫌黑社会性质组织犯罪，10月5日上午10时被刑事拘留。下列哪一处置是违法的？（2012/2/29，单选）

A. 甲于当月6日上午10时前被送至看守所羁押

B. 甲涉嫌黑社会性质组织犯罪，因考虑通知家属有碍进一步侦查，决定暂不通知

C. 甲在当月6日被送至看守所之前，公安机关对其进行了讯问

D. 讯问后，发现甲依法需要逮捕，当月8日提请检察院审批

［解析］ 本题考查拘留和报请批捕的程序、讯问犯罪嫌疑人。依据《刑事诉讼法》第85条的规定，公安机关拘留人的时候，必须出示拘留证。拘留后，应当立即将被拘留人送看守所羁押，至迟不得超过24小时。本题中，10月5日上午10时到当月6日上午10时前，未超过24小时，故A项合法。

《刑事诉讼法》第85条第2款规定，除无法通知，或者涉嫌危害国家安全犯罪、恐怖活动犯罪通知可能有碍侦查的情形以外，应当在拘留后24小时以内，通知被拘留人的家属。有碍侦查的情形消失以后，应当立即通知被拘留人的家属。本题中涉及的犯罪是黑社会性质组织犯罪，只有无法通知的，才不通知被拘留人的家属。故B项违法。

《刑事诉讼法》第86条规定，公安机关对被拘留的人，应当在拘留后的24小时以内进行讯问。《刑事诉讼法》第118条第2款规定，犯罪嫌疑人被送交看守所羁押以后，侦查人员对其进行讯问，应当在看守所内进行。故C项中，甲在当月6日被送至看守所之前，公安机关对其进行了讯问，是合法的。

《刑事诉讼法》第91条第1、2款规定，公安机关对被拘留的人，认为需要逮捕的，应当在拘留后的3日以内，提请检察院审查批准。在特殊情况下，提请审查批准的时间可以延长1～4日。对于流窜作案、多次作案、结伙作案的重大嫌疑分子，提请审查批准的时间可以延长至30日。本题中，甲涉嫌黑社会性质组织犯罪属于结伙作案，D项中，“当月8日提请检察院审批”未超过提请审查批捕的期限，D项是合法的。

答案：B

18. 在侦查中，下列哪些情形，检察院有权对犯罪嫌疑人决定拘留？（多选）

A. 某公安机关侦查人员张某刑讯逼供案，在场的人指认他犯罪

B. 法官姚某徇私枉法案，在取保候审期间企图自杀

C. 某看守所工作人员失职致使在押人员脱逃案，在取保候审期间毁灭证据并串供

D. 法官高某滥用职权案，在其家中发现记录滥用职权过程的日记本

［解析］ 本题考查拘留的适用情形和拘留的决定机关。《刑事诉讼法》第82条规定，公安机关对于现行犯或者重大嫌疑分子，如果有下列情形之一的，可以先行拘留：（1）正在预备犯罪、实行犯罪或者在犯罪后即时被发觉的；（2）被害人或者在场亲眼看见的人指认他犯罪的；（3）在身边或者住处发现有犯罪证据的；（4）犯罪后企图自杀、逃跑或者在逃的；（5）有毁灭、伪造证据或者串供可能的；（6）不讲真实姓名、住址，身份不明的；（7）有流窜作案、多次作案、结伙作案重大嫌疑的。《刑事诉讼法》第165条规定人民检察院直接受理的案件中符合《刑事诉讼法》第81

条、第82条第（4）、（5）项规定情形，需要逮捕、拘留犯罪嫌疑人的，由检察院作出决定，由公安机关执行。《高检规则》第121条也明确规定：“人民检察院对于具有下列情形之一的犯罪嫌疑人，可以决定拘留：（一）犯罪后企图自杀、逃跑或者在逃的；（二）有毁灭、伪造证据或者串供可能的。”因此，B、C项符合检察院的拘留情形，B、C两项当选。A、D项属于《刑事诉讼法》第82条规定的公安机关适用拘留的第（2）、（3）项情形，不当选。

答案：BC

考点6 逮捕

19. 甲因抢夺乙的财物，被检察院批准逮捕，之后，检察院对甲提起公诉。甲称侦查人员对其刑讯逼供，申请法院排除以刑讯逼供方法获得的非法供述。下列关于该案的说法，正确的是？（2022年法考延考客观题回忆版真题，不定选）

A. 法院受理甲排除非法证据的申请后，甲撤回该申请，法院不予准许

B. 检察院撤回甲申请排除的供述后，不得在庭审中再出示该供述

C. 在侦查阶段，甲向看守所警察表示愿意认罪认罚，看守所警察立即告知办案人员

D. 在审查起诉阶段，甲认罪态度良好且已经得到乙的谅解，检察院建议公安机关对甲取保候审

［解析］ 本题考查非法证据排除规则、认罪认罚从宽制度。《关于办理刑事案件严格排除非法证据若干问题的规定》第25条第3款规定：“被告人及其辩护人可以撤回排除非法证据的申请。撤回申请后，没有新的线索或者材料，不得再次对有关证据提出排除申请。”本题A项中甲有权撤回排除非法证据的申请，故A项错误。《关于办理刑事案件严格排除非法证据若干问题的规定》第25条第2款规定：“人民检察院可以决定撤回有关证据，撤回的证据，没有新的理由，不得在庭审中出示。”故B项表述过于绝对，存在例外，该项错误。本题C项的做法是正确的，在侦查阶段，甲向看守所警察表示愿意认罪认罚，看守所警察立即告知办案人员，办案人员需要对甲进行讯问以确定是否对甲适用认罪认罚从宽处理。本题D项中，甲认罪和获得被害人乙的谅解，会影响强制措施的适用，检察院通过羁押必要性审查，认为没有羁押必要的，可以建议公安机关对犯罪嫌疑人甲变更强制措施或者释放，故D项正确。

答案：CD

20. 甲涉嫌抢劫罪，被检察院批准逮捕，下列关于对甲进行羁押必要性审查的说法，正确的是？（2022年法考客观题回忆版真题，不定选）

A. 甲被羁押半年，检察院进行羁押必要性审查时考虑甲的羁押期限

B. 甲在看守所内患高血压，看守所可以建议检察院对甲进行羁押必要性审查

C. 在审判阶段，检察院建议法院对甲进行羁押必要性审查

D. 第一审判决后，甲上诉，在上诉期满前，检察院经羁押必要性审查后认为没有羁押必要的，建议一审法院变更强制措施

［解析］ 本题考查羁押必要性审查。《高检规则》第578条规定：“人民检察院应当根据犯罪嫌疑人、被告人涉嫌的犯罪事实、主观恶性、悔罪表现、身体状况、案件进展情况、可能判处的刑罚和有无再危害社会的危险等因素，综合评估有无必要继续羁押犯罪嫌疑人、被告人。”《高检规则》第579条规定：“人民检察院发现犯罪嫌疑人、被告人具有下列情形之一的，应当向办案机关提出释放或者变更强制措施的建议：（一）案件证据发生重大变化，没有证据证明有犯罪事实或者犯罪行为系

犯罪嫌疑人、被告人所为的；（二）案件事实或者情节发生变化，犯罪嫌疑人、被告人可能被判处拘役、管制、独立适用附加刑、免予刑事处罚或者判决无罪的；（三）继续羁押犯罪嫌疑人、被告人，羁押期限将超过依法可能判处的刑期的；（四）案件事实基本查清，证据已经收集固定，符合取保候审或者监视居住条件的。”从上述两个条文的规定可以看出，检察院进行羁押必要性审查时，应当考虑犯罪嫌疑人、被告人被羁押的期限有没有超期以及是否超过可能判处的刑期。故A项正确。《高检规则》第574条第3款规定：“看守所根据在押人员身体状况，可以建议人民检察院进行羁押必要性审查。”故B项正确。因为羁押必要性审查的主体是检察院，而不是法院，故C项错误。依据前引《高检规则》第579条的规定，检察院进行羁押必要性审查后，认为没有羁押必要的，向办案机关提出释放或者变更强制措施的建议。D项中，上诉期满之前，办案机关依然是一审法院，所以，检察院向一审法院提出变更强制措施的建议，是正确的。因此，本题的正确答案为A、B、D三项。

答案：ABD

21. 下列哪些情形具备逮捕的社会危险性条件？（2020年法考客观题回忆版真题，多选）

A. 赵某涉嫌抢劫罪，其能提供足额的保证金

B. 钱某涉嫌盗窃罪，无工作

C. 孙某涉嫌赌博罪，有吸毒史

D. 李某涉嫌故意伤害罪，其在被拘留时，当场抗拒抓捕，将民警打成轻伤

［解析］　本题考查逮捕的社会危险性条件。《高检规则》第128条第1款规定：“人民检察院对有证据证明有犯罪事实，可能判处徒刑以上刑罚的犯罪嫌疑人，采取取保候审尚不足以防止发生下列社会危险性的，应当批准或者决定逮捕：（一）可能实施新的犯罪的；（二）有危害国家安全、公共安全或者社会秩序的现实危险的；（三）可能毁灭、伪造证据，干扰证人作证或者串供的；（四）可能对被害人、举报人、控告人实施打击报复的；（五）企图自杀或者逃跑的。”《高检规则》第129条规定：“犯罪嫌疑人具有下列情形之一的，可以认定为‘可能实施新的犯罪’：（一）案发前或者案发后正在策划、组织或者预备实施新的犯罪的；（二）扬言实施新的犯罪的；（三）多次作案、连续作案、流窜作案的；（四）一年内曾因故意实施同类违法行为受到行政处罚的；（五）以犯罪所得为主要生活来源的；（六）有吸毒、赌博等恶习的；（七）其他可能实施新的犯罪的情形。”本题的B、C两项分别符合该条第（五）、（六）项的规定，具备逮捕的社会危险性条件，当选。《高检规则》第133条规定：“犯罪嫌疑人具有下列情形之一的，可以认定为‘企图自杀或者逃跑’：（一）着手准备自杀、自残或者逃跑的；（二）曾经自杀、自残或者逃跑的；（三）有自杀、自残或者逃跑的意思表示的；（四）曾经以暴力、威胁手段抗拒抓捕的；（五）其他企图自杀或者逃跑的情形。”本题的D项符合该条第（四）项的规定，具备逮捕的社会危险性条件，当选。本题的正确答案为B、C、D三项。

答案：BCD

22. 法院在审理张某故意伤害李某案时，检察院对张某进行羁押必要性审查，发现下列哪些情形，可以向法院提出释放或者变更强制措施的建议？（2020年法考客观题回忆版真题，多选）

A. 张某年满65周岁，身体虚弱

B. 张某患有严重疾病、生活不能自理

C. 张某自愿认罪认罚

D. 张某与李某自愿达成和解协议，待解除强制措施后予以履行

［解析］　本题考查羁押必要性审查后的处理方式。《高检规则》第 580 条规定："人民检察院发现犯罪嫌疑人、被告人具有下列情形之一，且具有悔罪表现，不予羁押不致发生社会危险性的，可以向办案机关提出释放或者变更强制措施的建议：（一）预备犯或者中止犯；（二）共同犯罪中的从犯或者胁从犯；（三）过失犯罪的；（四）防卫过当或者避险过当的；（五）主观恶性较小的初犯；（六）系未成年人或者已满七十五周岁的人；（七）与被害方依法自愿达成和解协议，且已经履行或者提供担保的；（八）认罪认罚的；（九）患有严重疾病、生活不能自理的；（十）怀孕或者正在哺乳自己婴儿的妇女；（十一）系生活不能自理的人的唯一扶养人；（十二）可能被判处一年以下有期徒刑或者宣告缓刑的；（十三）其他不需要继续羁押的情形。"本题的 A 项不符合该条第（六）项的规定，其错误在于不是 65 周岁，而是 75 周岁，该项不当选；B、C 两项分别符合该条第（九）、（八）项的规定，B、C 项当选；D 项不符合该条第（七）项的规定，其错误在于缺少了"已经履行或者提供担保"这一条件，该项不当选。因此，本题的正确答案为 B、C 两项。

答案：BC

23. 某恐怖组织计划在某省 A 市一商场放火，该组织成员萨某和穆某在购买汽油等放火工具时被公安机关逮捕，关于本案，下列说法正确的是？（2019 年法考客观题回忆版真题，不定选）

A. 穆某在 A 市有固定居所，仍可适用指定居所监视居住

B. 若萨某和穆某不可能判处无期徒刑以上刑罚，该案可由 A 市的基层法院审理

C. 萨某和穆某应以参加恐怖组织罪和放火罪（预备）论处

D. 若萨某是外国人，应提请省检察院批准逮捕

［解析］　本题考查监视居住、级别管辖、犯罪的未完成形态、对外国犯罪嫌疑人的逮捕程序，此题将《刑事诉讼法》和《刑法》结合考查，具有一定的综合性。《刑事诉讼法》第 75 条第 1 款规定："监视居住应当在犯罪嫌疑人、被告人的住处执行；无固定住处的，可以在指定的居所执行。对于涉嫌危害国家安全犯罪、恐怖活动犯罪，在住处执行可能有碍侦查的，经上一级公安机关批准，也可以在指定的居所执行……"本题属于恐怖活动犯罪案件，穆某在 A 市有固定居所，若其在住处执行可能有碍侦查，仍然可适用指定居所监视居住。故 A 项正确。

《刑事诉讼法》第 21 条规定："中级人民法院管辖下列第一审刑事案件：（一）危害国家安全、恐怖活动案件；（二）可能判处无期徒刑、死刑的案件。"本案属于恐怖活动案件，最低由中级法院管辖，不得由 A 市的基层法院审理。故 B 项错误。

《刑法》第 120 条第 1、2 款规定："组织、领导恐怖活动组织的，处十年以上有期徒刑或者无期徒刑，并处没收财产；积极参加恐怖活动组织的，处三年以上十年以下有期徒刑并处罚金；其他参加的，处三年以下有期徒刑、拘役、管制或者剥夺政治权利，可以并处罚金。犯前款罪并实施杀人、爆炸、绑架等犯罪的，依照数罪并罚的规定处罚。"本题中，萨某和穆某既参加恐怖组织，也实施了放火的预备行为（即准备工具），应以参加恐怖组织罪和放火罪（预备）论处，故 C 项正确。

《高检规则》第 294 条规定："外国人、无国籍人涉嫌危害国家安全犯罪的案件或者涉及国与国之间政治、外交关系的案件以及在适用法律上确有疑难的案件，需要逮捕犯罪嫌疑人的，按照刑事诉讼法关于管辖的规定，分别由基层人民检察院或者设区的市级人民检察院审查并提出意见，层报最高人民检察院审查。

最高人民检察院认为需要逮捕的，经征求外交部的意见后，作出批准逮捕的批复；认为不需要逮捕的，作出不批准逮捕的批复。基层人民检察院或者设区的市级人民检察院根据最高人民检察院的批复，依法作出批准或者不批准逮捕的决定。层报过程中，上级人民检察院认为不需要逮捕的，应当作出不批准逮捕的批复。报送的人民检察院根据批复依法作出不批准逮捕的决定。基层人民检察院或者设区的市级人民检察院认为不需要逮捕的，可以直接依法作出不批准逮捕的决定。外国人、无国籍人涉嫌本条第一款规定以外的其他犯罪案件，决定批准逮捕的人民检察院应当在作出批准逮捕决定后四十八小时以内报上一级人民检察院备案，同时向同级人民政府外事部门通报。上一级人民检察院经审查发现批准逮捕决定错误的，应当依法及时纠正。”本题中，若萨某是外国人，其涉嫌的犯罪不属于“危害国家安全犯罪的案件或者涉及国与国之间政治、外交关系的案件以及在适用法律上确有疑难的案件”，A市检察院就可以对其决定批准逮捕，无须报省检察院批准逮捕。故D项错误。

答案：AC

24. 甲涉嫌盗窃罪被逮捕。在侦查阶段，甲父向检察院申请进行羁押必要性审查。关于羁押必要性审查的程序，下列哪一选项是正确的？（2017/2/27，单选）

A. 由检察院侦查监督部门负责

B. 审查应不公开进行

C. 检察院可向公安机关了解本案侦查取证的进展情况

D. 如对甲父的申请决定不予立案的，应由检察长批准

［解析］　本题考查逮捕后的羁押必要性审查。依据《高检规则》第575条的规定，负责捕诉的部门依法对侦查和审判阶段的羁押必要性进行审查。经审查认为不需要继续羁押的，应当建议公安机关或者法院释放犯罪嫌疑人、被告人或者变更强制措施。审查起诉阶段，负责捕诉的部门经审查认为不需要继续羁押的，应当直接释放犯罪嫌疑人或者变更强制措施。负责刑事执行检察的部门收到有关材料或者发现不需要继续羁押的，应当及时将有关材料和意见移送负责捕诉的部门。故A项的错误在于，不是检察院侦查监督部门负责审查羁押必要性，而是检察院负责捕诉的部门负责审查羁押必要性。

依据《人民检察院办理羁押必要性审查案件规定（试行）》第14条第1款的规定，检察院可以对羁押必要性审查案件进行公开审查。但是，涉及国家秘密、商业秘密、个人隐私的案件除外。本案是盗窃案，不涉及国家秘密、商业秘密、个人隐私，可以公开进行审查。故B项错误。依据《高检规则》第577条第1款的规定：“人民检察院可以采取以下方式进行羁押必要性审查：（一）审查犯罪嫌疑人、被告人不需要继续羁押的理由和证明材料；（二）听取犯罪嫌疑人、被告人及其法定代理人、辩护人的意见；（三）听取被害人及其法定代理人、诉讼代理人的意见，了解是否达成和解协议；（四）听取办案机关的意见；（五）调查核实犯罪嫌疑人、被告人的身体健康状况；（六）需要采取的其他方式。”《高检规则》第578条规定，检察院应当根据犯罪嫌疑人、被告人涉嫌的犯罪事实、主观恶性、悔罪表现、身体状况、案件进展情况、可能判处的刑罚和有无再危害社会的危险等因素，综合评估有无必要继续羁押犯罪嫌疑人、被告人。从上述规定中可知，检察院在羁押必要性审查时可向公安机关了解侦查取证的进展情况。故C项正确。

依据《人民检察院办理羁押必要性审查案件规定（试行）》第12条的规定：“经初审，对于犯罪嫌疑人、被告人可能具有本规定第十七条、第十八条情形之一的，检察官应当制作

立案报告书，经检察长或者分管副检察长批准后予以立案。对于无理由或者理由明显不成立的申请，或者经人民检察院审查后未提供新的证明材料或者没有新的理由而再次申请的，由检察官决定不予立案，并书面告知申请人。”由此可见，本题中，对甲父的申请决定不予立案，检察官就可以决定，无须检察长批准。故D项错误。

因此，本题的正确答案为C项。

答案：C

25. A省B市公安局对蔡某参加恐怖活动犯罪立案侦查，指定居所监视居住4个月后，蔡某被逮捕。蔡某委托程律师为辩护人。关于本案处理，下列哪些选项是正确的？（多选）

A. 对蔡某指定居所监视居住应经A省公安厅批准

B. 监视居住期间，程律师与蔡某通信需经B市公安局许可

C. 蔡某被逮捕后，程律师可向其核实有关证据

D. 法院对该案延期审理时应及时告知程律师

［解析］ 本题考查辩护律师的诉讼权利、监视居住和逮捕。《刑事诉讼法》第75条第1款规定，监视居住应当在犯罪嫌疑人、被告人的住处执行；无固定住处的，可以在指定的居所执行。对于涉嫌危害国家安全犯罪、恐怖活动犯罪，在住处执行可能有碍侦查的，经上一级公安机关批准，也可以在指定的居所执行。但是，不得在羁押场所、专门的办案场所执行。由此可见，本题中的蔡某参加恐怖活动犯罪，若符合监视居住的条件，无固定住处，这种情况下则无须A省公安厅批准即可指定居所监视居住。故A项错误。

《刑事诉讼法》第39条第3、5款规定，危害国家安全犯罪、恐怖活动犯罪案件，在侦查期间辩护律师会见在押的犯罪嫌疑人，应当经侦查机关许可。上述案件，侦查机关应当事先通知看守所。辩护律师同被监视居住的犯罪嫌疑人、被告人会见、通信，适用第1款、第3款、第4款的规定。也就是说，危害国家安全犯罪、恐怖活动犯罪案件，在侦查期间辩护律师与被监视居住的犯罪嫌疑人会见、通信，也应当经侦查机关许可。本题中蔡某涉嫌参加恐怖活动犯罪，监视居住期间，程律师与蔡某通信须经B市公安局许可。故B项正确。

《刑事诉讼法》第39条第4款规定，辩护律师会见在押的犯罪嫌疑人、被告人，可以了解案件有关情况，提供法律咨询等；自案件移送审查起诉之日起，可以向犯罪嫌疑人、被告人核实有关证据。本题还处于侦查阶段，程律师不得向犯罪嫌疑人蔡某核实有关证据。故C项错误。

《关于依法保障律师执业权利的规定》第6条第2款规定，办案机关作出移送审查起诉、退回补充侦查、提起公诉、延期审理、二审不开庭审理、宣告判决等重大程序性决定的，应当依法及时告知辩护律师。故D项正确。

本题的正确答案为B、D两项。

答案：BD

26. 甲、乙涉嫌非法拘禁罪被取保候审。本案提起公诉后，法院认为对甲可继续适用取保候审，乙因有伪造证据的行为而应予逮捕。对于法院适用强制措施，下列哪些选项是正确的？（2017/2/72，多选）

A. 对甲可变更为保证人保证

B. 决定逮捕之前可先行拘留乙

C. 逮捕乙后应在24小时内讯问

D. 逮捕乙后，同级检察院可主动启动对乙的羁押必要性审查

［解析］ 本题考查取保候审和逮捕。《高法解释》第162条规定，检察院、公安机关已经对犯罪嫌疑人取保候审、监视居住，案件起诉至法院后，需要继续取保候审、监视居住或

者变更强制措施的，法院应当在7日以内作出决定，并通知检察院、公安机关。决定继续取保候审、监视居住的，应当重新办理手续，期限重新计算；继续使用保证金保证的，不再收取保证金。如果法院认为应使用保证人保证，可以通过重新办理手续予以变更。故A项正确。

《刑事诉讼法》第71条第4款规定，对违反取保候审规定，需要予以逮捕的，可以对犯罪嫌疑人、被告人先行拘留。但根据《刑事诉讼法》的规定，我国只有公安机关和检察院可以决定先行拘留，法院无权决定和执行刑事拘留。故B项错误。

《刑事诉讼法》第94条规定，法院、检察院对于各自决定逮捕的人，公安机关对于经检察院批准逮捕的人，都必须在逮捕后的24小时以内进行讯问。在发现不应当逮捕的时候，必须立即释放，发给释放证明。故C项正确。

依据《人民检察院办理羁押必要性审查案件规定（试行）》第11条的规定，检察院对本院批准逮捕和同级法院决定逮捕的犯罪嫌疑人、被告人，应当依职权对羁押必要性进行初审。《人民检察院办理羁押必要性审查案件规定（试行）》第12条第1款规定：“经初审，对于犯罪嫌疑人、被告人可能具有本规定第十七条、第十八条情形之一的，检察官应当制作立案报告书，经检察长或者分管副检察长批准后予以立案。”本题中，法院决定逮捕乙后，同级检察院可依职权主动启动对乙的羁押必要性审查。故D项正确。

本题的正确答案为A、C、D三项。

答案：ACD

27. 甲乙二人涉嫌猥亵儿童，甲被批准逮捕，乙被取保候审。案件起诉到法院后，乙被法院决定逮捕。关于本案羁押必要性审查，下列哪一选项是正确的？（2016/2/32，单选）

A. 在审查起诉阶段对甲进行审查，由检察院公诉部门办理

B. 对甲可进行公开审查并听取被害儿童法定代理人的意见

C. 检察院可依职权对乙进行审查

D. 经审查发现乙系从犯、具有悔罪表现且可能宣告缓刑，不予羁押不致发生社会危险性的，检察院应要求法院变更强制措施

［解析］ 本题考查逮捕后的羁押必要性审查。《高检规则》第575条规定，负责捕诉的部门依法对侦查和审判阶段的羁押必要性进行审查。经审查认为不需要继续羁押的，应当建议公安机关或者法院释放犯罪嫌疑人、被告人或者变更强制措施。审查起诉阶段，负责捕诉的部门经审查认为不需要继续羁押的，应当直接释放犯罪嫌疑人或者变更强制措施。负责刑事执行检察的部门收到有关材料或者发现不需要继续羁押的，应当及时将有关材料和意见移送负责捕诉的部门。由此法条可知，羁押必要性审查案件由检察院负责捕诉的部门办理，而不是公诉部门办理，故A项错误。

《高检规则》第577条第1款规定：“人民检察院可以采取以下方式进行羁押必要性审查：（一）审查犯罪嫌疑人、被告人不需要继续羁押的理由和证明材料；（二）听取犯罪嫌疑人、被告人及其法定代理人、辩护人的意见；（三）听取被害人及其法定代理人、诉讼代理人的意见，了解是否达成和解协议；（四）听取办案机关的意见；（五）调查核实犯罪嫌疑人、被告人的身体健康状况；（六）需要采取的其他方式。”本题B项中的“可听取被害儿童法定代理人的意见”这一表述是正确的。但是，依据《人民检察院办理羁押必要性审查案件规定（试行）》第14条第1款的规定，检察院可以对羁押必要性审查案件进行公开审查。但是，涉及国家秘密、商业秘密、个人隐私的案件除外。本案是猥亵儿童案，属于涉及个人隐私的案件，故B项中“可进行公开审查”的表述错误。

依据《人民检察院办理羁押必要性审查案件规定（试行）》第11条的规定，检察院对本院批准逮捕和同级法院决定逮捕的犯罪嫌疑人、被告人，应当依职权对羁押必要性进行初审。《人民检察院办理羁押必要性审查案件规定（试行）》第12条规定："经初审，对于犯罪嫌疑人、被告人可能具有本规定第十七条、第十八条情形之一的，检察官应当制作立案报告书，经检察长或者分管副检察长批准后予以立案。对于无理由或者理由明显不成立的申请，或者经人民检察院审查后未提供新的证明材料或者没有新的理由而再次申请的，由检察官决定不予立案，并书面告知申请人。"由此可见，在初审后符合法定条件的，检察院才会进行立案审查，故C项正确。

《高检规则》第580条规定："人民检察院发现犯罪嫌疑人、被告人具有下列情形之一，且具有悔罪表现，不予羁押不致发生社会危险性的，可以向办案机关提出释放或者变更强制措施的建议：……（二）共同犯罪中的从犯或者胁从犯……（十二）可能被判处一年以下有期徒刑或者宣告缓刑的……"由此法条可见，检察院经审查发现被告人乙系从犯、具有悔罪表现且可能宣告缓刑，不予羁押不致发生社会危险性的，检察院可以建议法院变更强制措施或者释放，故D项的错误有两处：第一，不是"应"，而是"可以"；第二，不是"要求"，而是"建议"。

综上所述，本题的正确答案为C项。

答案：C

28. 王某涉嫌在多个市县连续组织淫秽表演，2014年9月15日被刑事拘留，随即聘请律师担任辩护人，10月17日被检察院批准逮捕，12月5日被移送检察院审查起诉。关于律师提请检察院进行羁押必要性审查，下列哪一选项是正确的？（2015/2/29，单选）

A. 10月14日提出申请，检察院应受理

B. 11月18日提出申请，检察院应告知其先向侦查机关申请变更强制措施

C. 12月3日提出申请，由检察院承担监所检察工作的部门负责审查

D. 12月10日提出申请，由检察院公诉部门负责审查

［解析］ 本题考查逮捕后的羁押必要性审查。《高检规则》第574条第2款规定，犯罪嫌疑人、被告人及其法定代理人、近亲属或者辩护人可以申请检察院进行羁押必要性审查。申请时应当说明不需要继续羁押的理由，有相关证据或者其他材料的应当提供。由此可见，辩护人有权提出羁押必要性审查的申请。但是，10月14日，王某处于拘留期间，依据《刑事诉讼法》第95条的规定，检察院只需对逮捕后的羁押必要性进行审查，无须对拘留后的羁押必要性进行审查，故A项错误。

辩护人既可以向本案的侦查机关（即公安机关）申请变更强制措施，也可以向检察院申请羁押必要性审查。向侦查机关申请变更强制措施不是向检察院申请羁押必要性审查的必经程序，故B项错误。

《高检规则》第575条规定，负责捕诉的部门依法对侦查和审判阶段的羁押必要性进行审查。经审查认为不需要继续羁押的，应当建议公安机关或者法院释放犯罪嫌疑人、被告人或者变更强制措施。审查起诉阶段，负责捕诉的部门经审查认为不需要继续羁押的，应当直接释放犯罪嫌疑人或者变更强制措施。负责刑事执行检察的部门收到有关材料或者发现不需要继续羁押的，应当及时将有关材料和意见移送负责捕诉的部门。本题中，12月3日本案处于侦查阶段；12月10日提出申请，该案处于审查起诉阶段，均由同级检察院负责捕诉的部门办理羁押必要性审查。故C项、D项错误。因此，本题无答案。

答案：无答案（原答案为C）

29. 甲、乙（户籍地均为M省A市）共同运营一条登记注册于A市的远洋渔船。某次在公海捕鱼时，甲乙二人共谋杀害了与他们素有嫌隙的水手丙。该船回国后首泊于M省B市港口以作休整，然后再航行至A市。从B市起航后，在途经M省C市航行至A市过程中，甲因害怕乙投案自首一直将乙捆绑拘禁于船舱。该船于A市靠岸后案发。关于本案强制措施的适用，下列选项正确的是？（2016/2/93，不定选）

A. 拘留甲后，应在送看守所羁押后24小时以内通知甲的家属

B. 如有证据证明甲参与了故意杀害丙，应逮捕甲

C. 拘留乙后，应在24小时内进行讯问

D. 如乙因捆绑拘禁时间过长致身体极度虚弱而生活无法自理的，可在拘留后转为监视居住

[解析] 本题考查拘留的程序、逮捕、监视居住的适用条件。《刑事诉讼法》第85条规定，公安机关拘留人的时候，必须出示拘留证。拘留后，应当立即将被拘留人送看守所羁押，至迟不得超过24小时。除无法通知或者涉嫌危害国家安全犯罪、恐怖活动犯罪通知可能有碍侦查的情形以外，应当在拘留后24小时以内，通知被拘留人的家属。有碍侦查的情形消失以后，应当立即通知被拘留人的家属。依据此法条可知，A项的错误在于，不是“在送看守所羁押后24小时以内”通知被拘留人甲的家属，而是“在拘留后24小时以内”通知被拘留人甲的家属，而且，如果遇到有碍侦查的情形，在有碍侦查的情形消失以后，应当立即通知被拘留人甲的家属。

《刑事诉讼法》第81条规定，对有证据证明有犯罪事实，可能判处10年有期徒刑以上刑罚的，或者有证据证明有犯罪事实，可能判处徒刑以上刑罚，曾经故意犯罪或者身份不明的，应当予以逮捕。依据《刑法》第232条的规定：“故意杀人的，处死刑、无期徒刑或者十年以上有期徒刑；情节较轻的，处三年以上十年以下有期徒刑。”本题中，甲与乙共同杀害丙，而且非法拘禁乙，不属于情节较轻，所以甲可能判处10年有期徒刑以上刑罚，符合《刑事诉讼法》第81条规定的逮捕条件，应当予以逮捕，故B项表述正确。

《刑事诉讼法》第86条规定，公安机关对被拘留的人，应当在拘留后的24小时以内进行讯问。在发现不应当拘留的时候，必须立即释放，发给释放证明。依据此法条可知，拘留乙后，应在24小时内进行讯问，故C项表述正确。

《刑事诉讼法》第74条第1款规定，法院、检察院和公安机关对符合逮捕条件，有下列情形之一的犯罪嫌疑人、被告人，可以监视居住：（1）患有严重疾病、生活不能自理的；（2）怀孕或者正在哺乳自己婴儿的妇女；（3）系生活不能自理的人的唯一扶养人；（4）因为案件的特殊情况或者办理案件的需要，采取监视居住措施更为适宜的；（5）羁押期限届满，案件尚未办结，需要采取监视居住措施的。本题中，乙与甲共同杀害丙，可能判处10年有期徒刑以上刑罚，符合《刑事诉讼法》第81条规定的逮捕条件，应当予以逮捕，但是其生活不能自理，故可以转为监视居住，因此，D项表述正确。

综上所述，本题正确答案为B、C、D三项。

答案：BCD

30. 检察机关审查批准逮捕，下列哪些情形存在时应当讯问犯罪嫌疑人？（2013/2/67，多选）

A. 犯罪嫌疑人的供述前后反复且与其他证据矛盾

B. 犯罪嫌疑人要求向检察机关当面陈述

C. 侦查机关拘留犯罪嫌疑人36小时以后将其送交看守所羁押

D. 犯罪嫌疑人是聋哑人

[解析] 本题考查审查批捕阶段应当讯问犯罪嫌疑人的情形。《高检规则》第280条

第1款规定："人民检察院办理审查逮捕案件，可以讯问犯罪嫌疑人；具有下列情形之一的，应当讯问犯罪嫌疑人：（一）对是否符合逮捕条件有疑问的；（二）犯罪嫌疑人要求向检察人员当面陈述的；（三）侦查活动可能有重大违法行为的；（四）案情重大、疑难、复杂的；（五）犯罪嫌疑人认罪认罚的；（六）犯罪嫌疑人系未成年人的；（七）犯罪嫌疑人是盲、聋、哑人或者是尚未完全丧失辨认或者控制自己行为能力的精神病人的。"

本题中，A项属于上述第（一）种情形，B项属于上述第（二）种情形，C项属于上述第（三）种情形，因为《刑事诉讼法》第83条规定，拘留后，应当立即将被拘留人送看守所羁押，至迟不得超过24小时。D项属于上述第（七）种情形，由此可知，本题正确答案为A、B、C、D四项。

答案：ABCD

31. 在审判阶段，法院认为被告人某甲有毁灭证据的可能，遂决定逮捕某甲。关于该案逮捕程序，下列哪一选项是正确的？（2007/2/28，单选）

A. 法院可以自行执行逮捕

B. 异地执行逮捕的，可以由当地公安机关负责执行

C. 执行逮捕后，应当由法院负责对某甲进行讯问

D. 执行逮捕后，应当由公安机关负责通知被逮捕人的家属或所在单位

［解析］ 本题考查执行逮捕的程序。《刑事诉讼法》第80条规定，逮捕犯罪嫌疑人、被告人，必须经过检察院批准或者法院决定，由公安机关执行。可知，逮捕的决定机关是检察院和法院；逮捕的批准机关是检察院；逮捕的执行机关是公安机关。不论是检察院、法院自己决定逮捕的案件，还是公安机关依法提请检察院批捕的案件，都由公安机关执行逮捕，故A项错误。

《刑事诉讼法》第83条规定，公安机关在异地执行拘留、逮捕的时候，应当通知被拘留、逮捕人所在地的公安机关，被拘留、逮捕人所在地的公安机关应当予以配合。本题中，"当地公安机关"应"配合"执行，而非由其"负责"执行，故B项错误。

《高法解释》第168条规定，法院对决定逮捕的被告人，应当在逮捕后24小时以内讯问。发现不应当逮捕的，应当立即释放。必要时，可以依法变更强制措施。故本题C项正确。

《高法解释》第167条规定："人民法院作出逮捕决定后，应当将逮捕决定书等相关材料送交公安机关执行，并将逮捕决定书抄送人民检察院。逮捕被告人后，人民法院应当将逮捕的原因和羁押的处所，在二十四小时以内通知其家属；确实无法通知的，应当记录在案。"本题中，由法院决定逮捕，就应当由法院负责通知被逮捕人的家属，而非公安机关负责通知，也不需要通知被逮捕人的所在单位，故D项错误。

答案：C

32. 逮捕条件中"有证据证明有犯罪事实"是指同时具备下列哪些情形？（2011/2/67，多选）

A. 有证据证明犯罪事实已经发生

B. 有证据证明的犯罪事实应当是主要犯罪事实

C. 有证据证明犯罪事实是犯罪嫌疑人实施的

D. 证明犯罪嫌疑人实施犯罪的证据已有查证属实的

［解析］ 本题考查逮捕的证明标准。《高检规则》第128条第2、3款规定："有证据证明有犯罪事实是指同时具备下列情形：（一）有证据证明发生了犯罪事实；（二）有证据证明该犯罪事实是犯罪嫌疑人实施的；（三）证明犯罪嫌疑人实施犯罪行为的证据已经查证属实。犯罪事实既可以是单一犯罪行

为的事实，也可以是数个犯罪行为中任何一个犯罪行为的事实。”据此，A、C、D三项分别符合该条的（一）、（二）、（三）项的规定，此三项均正确。据上述规定，“有证据证明有犯罪事实”可以是犯罪嫌疑人实施的数个犯罪行为中的一个，而不必须是主要犯罪事实，因此B项说法错误。

答案：ACD

考点7 强制措施的变更和解除

33. 甲、乙、丙、丁四人因盗窃罪被检察院提起公诉，法院对四名被告人决定逮捕。法院判处甲有期徒刑5年，乙有期徒刑2年缓刑3年，丙免除刑罚，丁无罪。之后，甲提出上诉，法院对哪些人应当立即释放但也可以依法变更强制措施？（多选）

A. 甲

B. 乙

C. 丙

D. 丁

［解析］ 本题考查强制措施的变更和解除。《高法解释》第170条规定：“被逮捕的被告人具有下列情形之一的，人民法院应当立即释放；必要时，可以依法变更强制措施：（一）第一审人民法院判决被告人无罪、不负刑事责任或者免予刑事处罚的；（二）第一审人民法院判处管制、宣告缓刑、单独适用附加刑，判决尚未发生法律效力的；（三）被告人被羁押的时间已到第一审人民法院对其判处的刑期期限的；（四）案件不能在法律规定的期限内审结的。”本题中，甲被判有期徒刑5年，不属于该条规定的应当释放但也可以变更强制措施的情形，乙被判处缓刑、丙被免除刑罚、丁被判无罪，乙、丙、丁三人属于该条规定的应当释放但也可以变更强制措施的情形。故本题的正确答案为B、C、D三项。

答案：BCD

34. 下列哪些情形，属于法院应当立即释放但也可以依法变更强制措施的情形？（多选）

A. 甲涉嫌绑架罪被逮捕，案件起诉至法院时发现其怀有身孕

B. 乙涉嫌非法拘禁罪被逮捕，被法院判处有期徒刑2年，缓期2年执行，判决尚未发生法律效力

C. 丙涉嫌妨害公务罪被逮捕，在审理过程中突发严重疾病

D. 丁涉嫌故意伤害罪被逮捕，因对被害人伤情有异议而多次进行鉴定，致使该案无法在法律规定的一审期限内审结

［解析］ 本题考查强制措施的变更和解除。《高法解释》第169条规定，被逮捕的被告人具有下列情形之一的，法院可以变更强制措施：（1）患有严重疾病、生活不能自理的；（2）怀孕或者正在哺乳自己婴儿的；（3）系生活不能自理的人的唯一扶养人。本题的A项和C项分别属于上述第（2）和（1）项的情形，系法院可以变更或解除强制措施的情形，不当选。

《高法解释》第170条规定：“被逮捕的被告人具有下列情形之一的，人民法院应当立即释放；必要时，可以依法变更强制措施：（一）第一审人民法院判决被告人无罪、不负刑事责任或者免予刑事处罚的；（二）第一审人民法院判处管制、宣告缓刑、单独适用附加刑，判决尚未发生法律效力的；（三）被告人被羁押的时间已到第一审人民法院对其判处的刑期期限的；（四）案件不能在法律规定的期限内审结的。”本题的B项和D项分别属于上述第（二）和（四）项的情形，系法院应当立即释放但也可以依法变更强制措施的情形，故B、D两项当选。

综上所述，本题的正确答案为B、D两项。

答案：BD

35. 关于犯罪嫌疑人的审前羁押，下列哪一选项是错误的？（2014/2/31，单选）

A. 基于强制措施适用的必要性原则，应当尽量减少审前羁押

B. 审前羁押是临时性的状态，可根据案件进展和犯罪嫌疑人的个人情况予以变更

C. 经羁押必要性审查认为不需要继续羁押的，检察院应及时释放或变更为其他非羁押强制措施

D. 案件不能在法定办案期限内办结的，应当解除羁押

［解析］ 本题考查审前羁押、羁押必要性审查、强制措施的变更和解除。前两项涉及强制措施适用的原则。适用强制措施应当遵循必要性原则和相当性原则。必要性原则是指只有在为保证刑事诉讼的顺利进行而有必要时方能采取，若无必要，不得随意适用强制措施。相当性原则，又称为比例原则，是指适用何种强制措施，应当与犯罪嫌疑人、被告人的人身危险性程度和涉嫌犯罪的轻重程度相适应，故A、B项表述均正确。《刑事诉讼法》第95条规定，犯罪嫌疑人、被告人被逮捕后，检察院仍应当对羁押的必要性进行审查。对不需要继续羁押的，应当建议予以释放或者变更强制措施。有关机关应当在10日以内将处理情况通知检察院。因此，C项错误在于，检察院经羁押必要性审查认为不需要继续羁押的，无权释放或变更为其他非羁押强制措施，而应当建议予以释放或者变更强制措施。

《高法解释》第170条规定："被逮捕的被告人具有下列情形之一的，人民法院应当立即释放；必要时，可以依法变更强制措施：（一）第一审人民法院判决被告人无罪、不负刑事责任或者免予刑事处罚的；（二）第一审人民法院判处管制、宣告缓刑、单独适用附加刑，判决尚未发生法律效力的；（三）被告人被羁押的时间已到第一审人民法院对其判处的刑期期限的；（四）案件不能在法律规定的期限内审结的。"本题D项属于该条第（四）项的情形，应当立即释放，必要时，可以依法变更强制措施，这就意味着应解除逮捕羁押措施。故D项的表述正确。

本题符合题意的选项为C项。

答案：C

第九章　附带民事诉讼

点评

本章在法律职业资格考试客观题中一般考查1道选择题，在主观题中偶尔以案例分析题方式加以考查。本部分的重点内容有：附带民事诉讼的赔偿范围、附带民事诉讼的请求权人、负责赔偿的责任人的范围及附带民事诉讼的审理程序。

本章内容并不复杂，重点突出，考生应当注意2012年《刑事诉讼法》和《高法解释》对附带民事诉讼进行的修改。

考点1　附带民事诉讼成立的条件

1. 下列关于附带民事诉讼的赔偿范围的说法，正确的是？（2022年法考延考客观题回忆版真题，多选）

A. 甲公司涉嫌污染环境罪，检察院在对甲公司提起公诉时，可以对甲公司提起附带民事公益诉讼

B. 被害人针对被告人盗窃并毁坏的字画可以提起附带民事诉讼

C. 乙对丙刑讯逼供，致使丙伤残，丙可以对乙提起附带民事诉讼

D. 丁非法搜查案中，被害人可针对非法搜查造成的物质损失提起附带民事诉讼

［解析］　本题考查附带民事诉讼的赔偿范围。《关于检察公益诉讼案件适用法律若干问题的解释》第20条第1款规定："人民检察院对破坏生态环境和资源保护，食品药品安全领域侵害众多消费者合法权益，侵害英雄烈士等的姓名、肖像、名誉、荣誉等损害社会公共利益的犯罪行为提起刑事公诉时，可以向人民法院一并提起附带民事公益诉讼，由人民法院同一审判组织审理。"本题A项属于破坏生态环境和资源保护的犯罪，检察院在对甲公司提起公诉时，可以对甲公司提起附带民事公益诉讼，该项正确。《高法解释》第175条第1款规定："被害人因人身权利受到犯罪侵犯或者财物被犯罪分子毁坏而遭受物质损失的，有权在刑事诉讼过程中提起附带民事诉讼；被害人死亡或者丧失行为能力的，其法定代理人、近亲属有权提起附带民事诉讼。"本题B项属于被害人的财产被犯罪分子毁坏而遭受物质损失的犯罪，可以提起附带民事诉讼，该项正确。《高法解释》第177条规定："国家机关工作人员在行使职权时，侵犯他人人身、财产权利构成犯罪，被害人或者其法定代理人、近亲属提起附带民事诉讼的，人民法院不予受理，但应当告知其可以依法申请国家赔偿。"本题C项属于国家机关工作人员在行使职权时侵犯他人人身权利而实施的犯罪，被害人不能提起附带民事诉讼，只能申请国家赔偿，该项不当选。本题D项中的非法搜查罪可能会造成人身权利受到侵犯或者财物被毁坏，被害人可以提起附带民事诉讼，该项正

确。因此，本题的正确答案为 A、B、D 三项。

答案：ABD

2. 甲在高铁列车上破坏列车设施，造成重大经济损失，甲在 A 火车站下车，回家一小时后被抓获。下列关于该案的说法，正确的是？（2022 年法考客观题回忆版真题，不定选）

A. 该案应当由 A 火车站所在地的铁路公安机关对应的法院管辖

B. 如果甲被当场抓获，公安机关可以对甲先行拘留

C. 高铁公司对甲提起附带民事诉讼，法院予以受理

D. 对该高铁列车设施造成损失的价格认定书，属于实物证据

［解析］　本题考查特殊地域管辖、先行拘留的对象、附带民事诉讼成立的条件、证据的理论分类。《高法解释》第 5 条规定："在列车上的犯罪，被告人在列车运行途中被抓获的，由前方停靠站所在地负责审判铁路运输刑事案件的人民法院管辖。必要时，也可以由始发站或者终点站所在地负责审判铁路运输刑事案件的人民法院管辖。被告人不是在列车运行途中被抓获的，由负责该列车乘务的铁路公安机关对应的审判铁路运输刑事案件的人民法院管辖；被告人在列车运行途经车站被抓获的，也可以由该车站所在地负责审判铁路运输刑事案件的人民法院管辖。"本题中，甲在高铁列车上犯罪，下车回家后才被抓获，不是在 A 火车站被抓获，所以，该犯罪由负责该列车乘务的铁路公安机关对应的审判铁路运输刑事案件的法院管辖。故 A 项错误。《刑事诉讼法》第 82 条规定："公安机关对于现行犯或者重大嫌疑分子，如果有下列情形之一的，可以先行拘留：（一）正在预备犯罪、实行犯罪或者在犯罪后即时被发觉的……"本题中，甲是现行犯，当场被抓获的，属于该条第（一）项的情形，公安机关可以对其先行拘留，故 B 项正确。《高法解释》第 175 条第 1 款规定："被害人因人身权利受到犯罪侵犯或者财物被犯罪分子毁坏而遭受物质损失的，有权在刑事诉讼过程中提起附带民事诉讼；被害人死亡或者丧失行为能力的，其法定代理人、近亲属有权提起附带民事诉讼。"本题中，高铁公司的财物被甲毁坏，被害人高铁公司可以对甲提起附带民事诉讼。故 C 项正确。价格认定书属于有专门知识的人对专门性问题出具的报告，是有专门知识的人的陈述，系言词证据，不是实物证据。故 D 项错误。

本题的正确答案为 B、C 两项。

答案：BC

3. 甲系某地交通运输管理所工作人员，在巡查执法时致一辆出租车发生重大交通事故，司机乙重伤，乘客丙当场死亡，出租车严重受损。甲以滥用职权罪被提起公诉。关于本案处理，下列哪一选项是正确的？（2017/2/28，单选）

A. 乙可成为附带民事诉讼原告人

B. 交通运输管理所可成为附带民事诉讼被告人

C. 丙的妻子提起附带民事诉讼的，法院应裁定不予受理

D. 乙和丙的近亲属可与甲达成刑事和解

［解析］　本题考查附带民事诉讼原告人、被告人的范围、附带民事诉讼赔偿范围、当事人和解的公诉案件诉讼程序（刑事和解）的适用范围。依据《高法解释》第 177 条的规定："国家机关工作人员在行使职权时，侵犯他人人身、财产权利构成犯罪，被害人或者其法定代理人、近亲属提起附带民事诉讼的，人民法院不予受理，但应当告知其可以依法申请国家赔偿。"本题中，甲涉嫌滥用职权罪，该罪是国家机关工作人员在行使职权时实施的犯罪，故被害人乙不能提起附带民事诉讼，已死亡被害人丙的妻子也不能提起附带民事诉讼，交通运输管理所也不可能成为附带民事诉讼被

告人。因此A、B两项错误。《高法解释》第186条规定："被害人或者其法定代理人、近亲属提起附带民事诉讼的，人民法院应当在七日以内决定是否受理。符合刑事诉讼法第一百零一条以及本解释有关规定的，应当受理；不符合的，裁定不予受理。"本案因属于不能提起附带民事诉讼的案件，法院应当裁定不予受理。故C项的处理方式正确。

《刑事诉讼法》第288条第1款规定："下列公诉案件，犯罪嫌疑人、被告人真诚悔罪，通过向被害人赔偿损失、赔礼道歉等方式获得被害人谅解，被害人自愿和解的，双方当事人可以和解：（一）因民间纠纷引起，涉嫌刑法分则第四章、第五章规定的犯罪案件，可能判处三年有期徒刑以下刑罚的；（二）除渎职犯罪以外的可能判处七年有期徒刑以下刑罚的过失犯罪案件。"本题中，甲涉嫌的滥用职权罪属于渎职犯罪，因而不能适用刑事和解程序，乙和丙的近亲属不得与甲达成刑事和解。故D项错误。

本题的正确答案为C项。

答案：C

4. 法院可以受理被害人提起的下列哪一附带民事诉讼案件？（2015/2/30，单选）

A. 抢夺案，要求被告人赔偿被夺走并变卖的手机

B. 寻衅滋事案，要求被告人赔偿所造成的物质损失

C. 虐待被监管人案，要求被告人赔偿因体罚虐待致身体损害所产生的医疗费

D. 非法搜查案，要求被告人赔偿因非法搜查所导致的物质损失

[解析]　本题考查附带民事诉讼赔偿范围。《高法解释》第176条规定："被告人非法占有、处置被害人财产的，应当依法予以追缴或者责令退赔。被害人提起附带民事诉讼的，人民法院不予受理。追缴、退赔的情况，可以作为量刑情节考虑。"本题的A项中，被告人夺走并变卖手机，属于非法处置的行为，被害人提起附带民事诉讼，法院不予受理。故A项错误。

《高法解释》第175条第1款规定："被害人因人身权利受到犯罪侵犯，或者财物被犯罪分子毁坏而遭受物质损失的，有权在刑事诉讼过程中提起附带民事诉讼；被害人死亡或者丧失行为能力的，其法定代理人、近亲属有权提起附带民事诉讼。"B项中的寻衅滋事就可能造成人身权利损害或者财物毁坏。故B项正确。

《高法解释》第177条规定："国家机关工作人员在行使职权时，侵犯他人人身、财产权利构成犯罪，被害人或者其法定代理人、近亲属提起附带民事诉讼的，人民法院不予受理，但应当告知其可以依法申请国家赔偿。"本题中，C项即属于国家机关工作人员行使职权时实施的犯罪。故C项错误。

对于D项，命题人认为："非法搜查案中因非法搜查所导致的物质损失均属于国家机关工作人员在行使职权时，侵犯他人人身、财产权利构成犯罪的同时造成被害人物质损失，应当通过申请国家赔偿的方式获得赔偿"。事实上并非如此，因为非法搜查罪的犯罪主体也可能是一般主体，如果是一般主体实施了非法搜查，对被害人人身、财产权利构成侵犯，被害人是可以提起附带民事诉讼的。

本题作为单选题，最佳答案应选择B项。而D项存在瑕疵。

答案：B

5. 韩某和苏某共同殴打他人，致被害人李某死亡、吴某轻伤，韩某还抢走吴某的手机。后韩某被抓获，苏某在逃。关于本案的附带民事诉讼，下列哪一选项是正确的？（2014/2/32，单选）

A. 李某的父母和祖父母都有权提起附带民事诉讼

B. 韩某和苏某应一并列为附带民事诉讼的

被告人

C. 吴某可通过附带民事诉讼要求韩某赔偿手机

D. 吴某在侦查阶段与韩某就民事赔偿达成调解协议并全部履行后又提起附带民事诉讼，法院不予受理

［解析］　本题考查附带民事诉讼当事人、附带民事诉讼的赔偿范围、受理和审理程序。《刑事诉讼法》第101条第1款规定："被害人由于被告人的犯罪行为而遭受物质损失的，在刑事诉讼过程中，有权提起附带民事诉讼。被害人死亡或者丧失行为能力的，被害人的法定代理人、近亲属有权提起附带民事诉讼。"《刑事诉讼法》第108条第（六）项规定的"近亲属"是指夫、妻、父、母、子、女、同胞兄弟姊妹。A项中，被害人李某的父母作为李某的近亲属有权提起附带民事诉讼，李某的祖父母不是李某的近亲属，不能提起附带民事诉讼。故A项错误。

《高法解释》第183条规定："共同犯罪案件，同案犯在逃的，不应列为附带民事诉讼被告人。逃跑的同案犯到案后，被害人或者其法定代理人、近亲属可以对其提起附带民事诉讼，但已经从其他共同犯罪人处获得足额赔偿的除外。"本案中，苏某在逃，不应把苏某列为附带民事诉讼被告人。故B项错误。

《高法解释》第176条规定，被告人非法占有、处置被害人财产的，应当依法予以追缴或者责令退赔。被害人提起附带民事诉讼的，法院不予受理。本题中韩某抢走吴某的手机，是非法占有吴某的财产，吴某只能通过法院追缴或者责令退赔的方式弥补损失。故C项错误。

《高法解释》第185条规定："侦查、审查起诉期间，有权提起附带民事诉讼的人提出赔偿要求，经公安机关、人民检察院调解，当事人双方已经达成协议并全部履行，被害人或者其法定代理人、近亲属又提起附带民事诉讼的，人民法院不予受理，但有证据证明调解违反自愿、合法原则的除外。"故D项正确。本题正确答案为D项。

答案：D

6. 在罗某放火案中，钱某、孙某和吴某三家房屋均被烧毁。一审时，钱某和孙某提起要求罗某赔偿损失的附带民事诉讼，吴某未主张。一审判决宣告后，吴某欲让罗某赔偿财产损失。下列哪一说法是正确的？（2011/2/28，单选）

A. 吴某可另行提起附带民事诉讼

B. 吴某不得再提起附带民事诉讼，可在刑事判决生效后另行提起民事诉讼

C. 吴某可提出上诉，请求法院在二审程序中判令罗某予以赔偿

D. 吴某既可另行提起附带民事诉讼，也可单独提起民事诉讼

［解析］　本题考查附带民事诉讼提起的时间。《高法解释》第184条第1款规定："附带民事诉讼应当在刑事案件立案后及时提起。"《高法解释》第198条规定："第一审期间未提起附带民事诉讼，在第二审期间提起的，第二审人民法院可以依法进行调解；调解不成的，告知当事人可以在刑事判决、裁定生效后另行提起民事诉讼。"这就意味着，本题中的吴某可在二审中提起附带民事诉讼，而不是另行提起附带民事诉讼。故A、B、D三项不正确。二审法院对吴某提起的附带民事诉讼不得判决，只可以调解。故C项不正确。因此，本题无答案。

答案：无答案（原答案为B）

7. 甲因遭受强奸住院治疗一个多月，出院后仍长期精神恍惚，后经多方医治才恢复正常。在诉讼过程中，甲提起附带民事诉讼。下列哪些赔偿要求具有法律依据？（2006/2/72，多选）

A. 甲因住院支付的费用

B. 甲住院期间的陪护费用

C. 甲住院期间的误工费用

D. 甲医治精神恍惚支付的费用

［解析］ 本题考查附带民事诉讼赔偿范围。根据《高法解释》第175条的规定："被害人因人身权利受到犯罪侵犯或者财物被犯罪分子毁坏而遭受物质损失的，有权在刑事诉讼过程中提起附带民事诉讼；被害人死亡或者丧失行为能力的，其法定代理人、近亲属有权提起附带民事诉讼。因受到犯罪侵犯，提起附带民事诉讼或者单独提起民事诉讼要求赔偿精神损失的，人民法院一般不予受理。"由此可知，刑事附带民事诉讼的赔偿范围只包括因犯罪行为而造成的直接物质损失，不包括精神损失和间接物质损失。《高法解释》第192条第2款规定："犯罪行为造成被害人人身损害的，应当赔偿医疗费、护理费、交通费等为治疗和康复支付的合理费用，以及因误工减少的收入。造成被害人残疾的，还应当赔偿残疾生活辅助器具费等费用；造成被害人死亡的，还应当赔偿丧葬费等费用。"

本题中，住院费用、陪护费用、误工费用是因犯罪行为导致的直接物质损失，应予以赔偿。甲不得要求精神损害赔偿，但精神损害物质化之后可以得到赔偿，比如，因犯罪行为导致精神恍惚等疾病，为治疗该病所花费的费用可得到赔偿。所以本题正确选项为A、B、C、D四项。

答案：ABCD

8. 阮某向陆某借款2万元，到期不还。陆某向阮某索款，被阮某殴打致重伤，其母因受刺激生病住院。在刑事诉讼过程中，陆某可以提起哪些附带民事诉讼？（2004/2/69，多选）

A. 要求阮某偿还其借款2万元

B. 要求阮某赔偿治伤所花医药费

C. 要求阮某赔偿陆某之母住院所花医药费

D. 要求阮某赔偿因伤所致误工损失费

［解析］ 本题考查附带民事诉讼赔偿范围。依据上题解析可知，刑事附带民事诉讼的赔偿范围只包括物质损失，不包括精神损失；只包括直接损失，不包括间接损失。《高法解释》第192条第2款规定："犯罪行为造成被害人人身损害的，应当赔偿医疗费、护理费、交通费等为治疗和康复支付的合理费用，以及因误工减少的收入。造成被害人残疾的，还应当赔偿残疾生活辅助器具费等费用；造成被害人死亡的，还应当赔偿丧葬费等费用。"本题中，B项陆某所花医药费和D项所致误工损失费均属因犯罪行为给被害人造成的物质损失，属于赔偿范围，可以提起附带民事诉讼，故B、D两项正确，当选。A项中的2万元借款属于引起犯罪行为的民事纠纷，在犯罪行为发生之前就存在，不是犯罪行为造成的物质损失，故不能提起附带民事诉讼。A项不当选。C项中陆某之母住院所花医药费也并非阮某犯罪行为给被害人造成的直接损失，属于间接损失，所以不属于附带民事诉讼的范围。故C项不当选。本题的正确答案为B、D两项。

答案：BD

考点2 附带民事诉讼的审判

9. 陈某的早餐店售卖的红糖馒头中存在非法添加甜蜜素的情况。经检测，陈某制作的"红糖馒头"中甜蜜素达1.22g/kg，超出正常添加标准40多倍。H县检察院对陈某提起刑事附带民事公益诉讼，下列关于该案诉讼程序的表述，正确的是？（2019年法考客观题回忆版真题，不定选）

A. 本案应向H县法院起诉

B. 因不特定消费者受损，法院可判令陈某赔付惩罚性赔偿金

C. H县检察院可对附带民事判决提起上诉

D. 法院可以要求陈某在公开的媒体上向公众公开赔礼道歉

［解析］ 本题考查刑事附带民事公益诉

讼。《关于检察公益诉讼案件适用法律若干问题的解释》第20条规定：“人民检察院对破坏生态环境和资源保护，食品药品安全领域侵害众多消费者合法权益，侵害英雄烈士等的姓名、肖像、名誉、荣誉等损害社会公共利益的犯罪行为提起刑事公诉时，可以向人民法院一并提起附带民事公益诉讼，由人民法院同一审判组织审理。人民检察院提起的刑事附带民事公益诉讼案件由审理刑事案件的人民法院管辖。”据此，A项正确。因为附带民事公益诉讼在本质上是附带民事诉讼，提起的主体是检察院，所以，法院可以要求附带民事被告人承担赔偿损失和赔礼道歉等民事责任，同时，检察院作为附带民事原告人可以对附带民事判决提起上诉。故B、C、D三项正确。本题的正确答案为A、B、C、D四项。

答案：ABCD

10. 甲、乙殴打丙，致丙长期昏迷，乙在案发后潜逃，检察院以故意伤害罪对甲提起公诉。关于本案，下列哪些选项是正确的？（2016/2/71，多选）

A. 丙的妻子、儿子和弟弟都可成为附带民事诉讼原告人

B. 甲、乙可作为附带民事诉讼共同被告人，对故意伤害丙造成的物质损失承担连带赔偿责任

C. 丙因昏迷无法继续履行与某公司签订的合同造成的财产损失不属于附带民事诉讼的赔偿范围

D. 如甲的朋友愿意代为赔偿，法院应准许并可作为酌定量刑情节考虑

［解析］ 本题考查附带民事诉讼原告人的范围、附带民事诉讼赔偿范围、附带民事审理程序。《高法解释》第175条第1款规定：“被害人因人身权利受到犯罪侵犯或者财物被犯罪分子毁坏而遭受物质损失的，有权在刑事诉讼过程中提起附带民事诉讼；被害人死亡或者丧失行为能力的，其法定代理人、近亲属有权提起附带民事诉讼。”根据《刑事诉讼法》第108条第（三）项和第（六）项之规定，“法定代理人”是指被代理人的父母、养父母、监护人和负有保护责任的机关、团体的代表。“近亲属”是指夫、妻、父、母、子、女、同胞兄弟姊妹。本题A项中丙的妻子、儿子和弟弟属于上述近亲属的范围，可成为附带民事诉讼原告人。故A项正确。

《高法解释》第183条规定：“共同犯罪案件，同案犯在逃的，不应列为附带民事诉讼被告人。逃跑的同案犯到案后，被害人或者其法定代理人、近亲属可以对其提起附带民事诉讼，但已经从其他共同犯罪人处获得足额赔偿的除外。”本题中，乙在案发后潜逃，因此，不应将其列为附带民事诉讼被告人。故B项错误。

《高法解释》第175条第1款规定：“被害人因人身权利受到犯罪侵犯或者财物被犯罪分子毁坏而遭受物质损失的，有权在刑事诉讼过程中提起附带民事诉讼；被害人死亡或者丧失行为能力的，其法定代理人、近亲属有权提起附带民事诉讼。”《高法解释》第192条第2款规定：“犯罪行为造成被害人人身损害的，应当赔偿医疗费、护理费、交通费等为治疗和康复支付的合理费用，以及因误工减少的收入。造成被害人残疾的，还应当赔偿残疾生活辅助器具费等费用；造成被害人死亡的，还应当赔偿丧葬费等费用。”本题C项中，被害人丙因昏迷无法继续履行与某公司签订的合同造成的财产损失不属于“被害人因人身权利受到犯罪侵犯而遭受物质损失”，也不属于《高法解释》第192条第2款规定的费用，因而，不属于附带民事诉讼的赔偿范围。故C项正确。

《高法解释》第180条第2款规定：“附带民事诉讼被告人的亲友自愿代为赔偿的，可以准许。”《高法解释》第194条规定：“审理刑事附带民事诉讼案件，人民法院应当结合被告人赔偿被害人物质损失的情况认定其悔罪表现，并在量刑时予以考虑。”依据此法条可知D项的

错误在于，不是“应当”准许，而是“可以”准许。

综上所述，本题的正确答案为A、C两项。

答案：AC

11. 王某被姜某打伤致残，在开庭审判前向法院提起附带民事诉讼，并提出财产保全的申请。法院对于该申请的处理，下列哪一选项是正确的？（2013/2/32，单选）

A. 不予受理

B. 可以采取查封、扣押或者冻结被告人财产的措施

C. 只有在王某提供担保后，法院才予以财产保全

D. 移送财产所在地的法院采取保全措施

［解析］ 本题考查附带民事诉讼的财产保全。依据《高法解释》第189条的规定，法院对可能因被告人的行为或者其他原因，使附带民事判决难以执行的案件，根据附带民事诉讼原告人的申请，可以裁定采取保全措施，查封、扣押或者冻结被告人的财产；附带民事诉讼原告人未提出申请的，必要时，法院也可以采取保全措施。有权提起附带民事诉讼的人因情况紧急，不立即申请保全将会使其合法权益受到难以弥补的损害的，可以在提起附带民事诉讼前，向被保全财产所在地、被申请人居住地或者对案件有管辖权的法院申请采取保全措施。申请人在法院受理刑事案件后15日内未提起附带民事诉讼的，法院应当解除保全措施。法院采取保全措施，适用《民事诉讼法》第100～105条（现第103～108条）的有关规定，但《民事诉讼法》第101条（现第104条）第3款的规定除外。根据这一法条，可知，因为法院可以受理诉中财产保全。故A项错误。法院可以采取查封、扣押或者冻结被告人财产的措施。故B项正确。

依据《民事诉讼法》第104条第1款的规定：“利害关系人因情况紧急，不立即申请保全将会使其合法权益受到难以弥补的损害的，可以在提起诉讼或者申请仲裁前向被保全财产所在地、被申请人住所地或者对案件有管辖权的人民法院申请采取保全措施。申请人应当提供担保，不提供担保的，裁定驳回申请。”依据《民事诉讼法》第103条第1款、第2款的规定：“人民法院对于可能因当事人一方的行为或者其他原因，使判决难以执行或者造成当事人其他损害的案件，根据对方当事人的申请，可以裁定对其财产进行保全、责令其作出一定行为或者禁止其作出一定行为；当事人没有提出申请的，人民法院在必要时也可以裁定采取保全措施。人民法院采取保全措施，可以责令申请人提供担保，申请人不提供担保的，裁定驳回申请。”本题中，王某在提起附带民事诉讼的同时申请财产保全，属诉中财产保全，不是必须提供担保。故C项错误。本题中，应由受理附带民事诉讼的法院裁定是否采取保全措施，若裁定保全，其可以采取保全措施。故D项错误。

本题的正确答案为B项。

答案：B

12. 张一、李二、王三因口角与赵四发生斗殴，赵四因伤势过重死亡。其中张一系未成年人，王三情节轻微未被起诉，李二在一审开庭前意外死亡。请回答第（1）～（2）题。

（1）本案依法负有民事赔偿责任的人是？（2013/2/95，不定选）

A. 张一、李二

B. 张一父母、李二父母

C. 张一父母、王三

D. 张一父母、李二父母、王三

［解析］ 本题考查附带民事诉讼赔偿责任的主体。《高法解释》第180条规定：“附带民事诉讼中依法负有赔偿责任的人包括：（一）刑事被告人以及未被追究刑事责任的其他共同侵害人；（二）刑事被告人的监护人；（三）死刑罪犯的遗产继承人；（四）共同犯

罪案件中，案件审结前死亡的被告人的遗产继承人；（五）对被害人的物质损失依法应当承担赔偿责任的其他单位和个人。附带民事诉讼被告人的亲友自愿代为赔偿的，可以准许。”本题中，张一是未成年刑事被告人，属于依法负有民事赔偿责任的人。张一父母是张一的监护人，作为刑事被告人的监护人，依法负有民事赔偿责任。由于李二在开庭前死亡，所以其本人没有赔偿义务，但是其父母作为“共同犯罪案件中，案件审结前死亡的被告人的遗产继承人”，依法负有民事赔偿责任。王三情节轻微未被起诉，属于未被追究刑事责任的其他共同侵害人，也依法负有民事赔偿责任。

本题的正确答案为D项。

答案：D

（2）在一审过程中，如果发生附带民事诉讼原、被告当事人不到庭情形，法院的下列做法正确的是？（2013/2/96，不定选）

A. 赵四父母经传唤，无正当理由不到庭，法庭应当择期审理

B. 赵四父母到庭后未经法庭许可中途退庭，法庭应当按撤诉处理

C. 王三经传唤，无正当理由不到庭，法庭应当采取强制手段强制其到庭

D. 李二父母未经法庭许可中途退庭，就附带民事诉讼部分，法庭应当缺席判决

［解析］　本题考查附带民事诉讼中的缺席判决和撤诉处理。《高法解释》第195条第1款规定：“附带民事诉讼原告人经传唤，无正当理由拒不到庭，或者未经法庭许可中途退庭的，应当按撤诉处理。”本题中，赵四父母是附带民事诉讼原告人，其经传唤，无正当理由拒不到庭，或者未经法庭许可中途退庭，都应当按照撤诉处理。故A项错误，B项正确。

《高法解释》第195条第2款规定：“刑事被告人以外的附带民事诉讼被告人经传唤，无正当理由拒不到庭，或者未经法庭许可中途退庭的，附带民事部分可以缺席判决。”本题中，王三属于“刑事被告人以外的附带民事诉讼被告人”，其经传唤，无正当理由拒不到庭，附带民事部分可以缺席判决。故C项错误。而D项中李二的父母作为“刑事被告人以外的附带民事诉讼被告人”不到庭，法庭不是“应当”，而是“可以”缺席判决。故D项不正确。本题的正确答案为B项。

答案：B

13. 关于附带民事诉讼案件诉讼程序中的保全措施，下列哪一说法是正确的？（2012/2/30，单选）

A. 法院应当采取保全措施

B. 附带民事诉讼原告人和检察院都可以申请法院采取保全措施

C. 采取保全措施，不受《民事诉讼法》规定的限制

D. 财产保全的范围不限于犯罪嫌疑人、被告人的财产或与本案有关的财产

［解析］　本题考查附带民事诉讼财产保全。依据《刑事诉讼法》第102条的规定：“人民法院在必要的时候，可以采取保全措施，查封、扣押或者冻结被告人的财产。附带民事诉讼原告人或者人民检察院可以申请人民法院采取保全措施。人民法院采取保全措施，适用民事诉讼法的有关规定。”故A项的错误在于，不是“应当”，而是“可以”。B项表述正确。C项的错误在于，不是“不受《民事诉讼法》规定的限制”，而是要“适用《民事诉讼法》的有关规定”。《民事诉讼法》第105条规定，保全限于请求的范围，或者与本案有关的财物。故D项错误。

答案：B

14. 某县检察院以涉嫌故意伤害罪对16岁的马某提起公诉，被害人刘某提起附带民事诉

讼。对此，下列哪些选项是正确的？（2010/2/76，新法答案为单选）

A. 在审理该案时，法院只能适用《刑法》《刑事诉讼法》等有关的刑事法律

B. 在审查起诉阶段，马某、刘某已就赔偿达成协议且马某按照协议给付了刘某5万元，法院仍可以受理刘某提起的附带民事诉讼

C. 法院受理附带民事诉讼后，应当将附带民事起诉状副本送达马某，或者将口头起诉的内容通知马某

D. 法院可以决定查封或者扣押被告人马某的财产

［解析］ 本题考查刑事附带民事诉讼的法律适用、受理、调解、财产保全。《高法解释》第201条规定："人民法院审理附带民事诉讼案件，除刑法、刑事诉讼法以及刑事司法解释已有规定的以外，适用民事法律的有关规定。"据此，A项不正确。

《高法解释》第185条规定："侦查、审查起诉期间，有权提起附带民事诉讼的人提出赔偿要求，经公安机关、人民检察院调解，当事人双方已经达成协议并全部履行，被害人或者其法定代理人、近亲属又提起附带民事诉讼的，人民法院不予受理，但有证据证明调解违反自愿、合法原则的除外。"据此，B项不正确。

《高法解释》第187条第1款规定："人民法院受理附带民事诉讼后，应当在五日以内将附带民事起诉状副本送达附带民事诉讼被告人及其法定代理人，或者将口头起诉的内容及时通知附带民事诉讼被告人及其法定代理人，并制作笔录。"本题中，马某是未成年人，民事起诉状副本应送达给马某及其法定代理人。据此，C项不正确。

《刑事诉讼法》第102条规定："人民法院在必要的时候，可以采取保全措施，查封、扣押或者冻结被告人的财产。附带民事诉讼原告人或者人民检察院可以申请人民法院采取保全措施。人民法院采取保全措施，适用民事诉讼法的有关规定。"据此，D项正确。

答案：D（原答案为BD）

第十章　期间、送达

点评

本章在法律职业资格考试客观题中偶尔涉及1道选择题。其主要考查的知识点有：期间的计算、期间的恢复、送达的方式。考生尤其要注意期间的计算方式、期间的重新计算、期间的计入与不计入的情形以及刑事诉讼中重要的办案期限等。

考点1　期间的计算

1. 卢某妨害公务案于2016年9月21日一审宣判，并当庭送达判决书。卢某于9月30日将上诉书交给看守所监管人员黄某，但黄某因忙于个人事务直至10月8日上班时才寄出，上诉书于10月10日寄到法院。关于一审判决生效，下列哪一选项是正确的？（2017/2/29，单选）

A. 一审判决于9月30日生效

B. 因黄某耽误上诉期间，卢某将上诉书交予黄某时，上诉期间中止

C. 因黄某过失耽误上诉期间，卢某可申请期间恢复

D. 上诉书寄到法院时一审判决尚未生效

［解析］　本题考查期间的计算和上诉期限，需要考生做精准计算。《刑事诉讼法》第230条规定："不服判决的上诉和抗诉的期限为十日，不服裁定的上诉和抗诉的期限为五日，从接到判决书、裁定书的第二日起算。"本题中，9月21日一审宣判，并当庭送达判决书，上诉期从9月22日开始计算，上诉期的最后一日是10月1日。依据《刑事诉讼法》第105条第4款的规定："期间的最后一日为节假日的，以节假日后的第一日为期满日期，但犯罪嫌疑人、被告人或者罪犯在押期间，应当至期满之日为止，不得因节假日而延长。"因为10月1日是法定节假日，本题中的上诉期限顺延至法定节假日之后的第一个工作日即10月8日。看守所监管人员黄某10月8日上班时才寄出，该上诉仍然有效，因为《刑事诉讼法》第105条第3款规定："法定期间不包括路途上的时间。上诉状或者其他文件在期满前已经交邮的，不算过期。"所以，本题中，上诉状寄到法院时一审判决尚未生效。

本题的正确答案为D项。

答案：D

2. 关于办案期限重新计算的说法，下列哪一选项是正确的？（单选）

A. 甲盗窃汽车案，在侦查过程中发现其还涉嫌盗窃一辆普通自行车，重新计算侦查羁押期限

B. 乙刑讯逼供案，检察院审查起诉时发现该案证据不足，退回补充侦查后再次移送审查起诉时，重新计算审查起诉期限

C. 丙聚众斗殴案，在处理完丙提出的有

关检察院书记员应当回避的申请后，重新计算一审审理期限

D. 丁贩卖毒品案，二审法院决定开庭审理并通知同级检察院阅卷，检察院阅卷结束后，重新计算二审审理期限

[解析] 本题考查办案期限的重新计算，尤其涉及期间的计入、不计入和重新计算的区分。《刑事诉讼法》第160条第1款规定："在侦查期间，发现犯罪嫌疑人另有重要罪行的，自发现之日起依照本法第一百五十六条的规定重新计算侦查羁押期限。"A项中的"盗窃一辆普通自行车"不属于重要罪行。故A项错误。

《高检规则》第346条规定："退回监察机关补充调查、退回公安机关补充侦查的案件，均应当在一个月以内补充调查、补充侦查完毕。补充调查、补充侦查以二次为限。补充调查、补充侦查完毕移送起诉后，人民检察院重新计算审查起诉期限。人民检察院负责捕诉的部门退回本院负责侦查的部门补充侦查的期限、次数按照本条第一款至第三款的规定执行。"故B项正确。

C项中申请回避导致延期审理，无须重新计算审理期限，C项错误。

《刑事诉讼法》第235条规定："人民检察院提出抗诉的案件或者第二审人民法院开庭审理的公诉案件，同级人民检察院都应当派员出席法庭。第二审人民法院应当在决定开庭审理后及时通知人民检察院查阅案卷。人民检察院应当在一个月以内查阅完毕。人民检察院查阅案卷的时间不计入审理期限。"故D项中的二审审理期限不得重新计算，该项错误。

答案：B

3. 关于期间的计算，下列哪一选项是正确的？(2014/2/33，单选)

A. 重新计算期限包括公检法的办案期限和当事人行使诉讼权利的期限两种情况

B. 上诉状或其他法律文书在期满前已交邮的不算过期，已交邮是指在期间届满前将上诉状或其他法律文书递交邮局或投入邮筒内

C. 法定期间不包括路途上的时间，比如有关诉讼文书材料在公检法之间传递的时间应当从法定期间内扣除

D. 犯罪嫌疑人、被告人在押的案件，在羁押场所以外对患有严重疾病的犯罪嫌疑人、被告人进行医治的时间，应当从法定羁押期间内扣除

[解析] 本题考查期间的计算。期间的重新计算，是指由于发生了法定的情况，原来已进行的期间归于无效，而从发生新情况之时起计算期间。重新计算期间仅适用于公安司法机关的办案期限，不适用于当事人行使诉讼权利的期限。故A项不正确。

《刑事诉讼法》第105条第3款规定："法定期间不包括路途上的时间。上诉状或者其他文件在期满前已经交邮的，不算过期。"已交邮以当地邮局所盖邮戳为准，故B项错在后半句话。

法定期间不包括路途上的时间，比如有关诉讼文书材料在公检法之间传递的时间应当从法定期间内扣除。故C项正确。

D项中，犯罪嫌疑人、被告人在押的案件，在羁押场所以外对患有严重疾病的犯罪嫌疑人、被告人进行医治的时间，应当计入法定羁押期间。故D项错误。

本题的正确答案为C项。

答案：C

4. 关于刑期计算，下列哪一说法是不正确的？(2013/2/33，单选)

A. 甲被判处拘役6个月，其被指定居所监视居住154天的期间折抵刑期154天

B. 乙通过贿赂手段被暂予监外执行，其在监外执行的267天不计入执行刑期

C. 丙在暂予监外执行期间脱逃，脱逃的78天不计入执行刑期

D. 丁被判处管制，其判决生效前被逮捕羁押208天的期间折抵刑期416天

［解析］ 本题考查期间的不计入的情形以及刑期的折抵问题。《刑事诉讼法》第76条规定："指定居所监视居住的期限应当折抵刑期。被判处管制的，监视居住一日折抵刑期一日；被判处拘役、有期徒刑的，监视居住二日折抵刑期一日。"故A项的错误在于，指定居所监视居住154天折抵拘役77天。《刑事诉讼法》第268条第3款规定："不符合暂予监外执行条件的罪犯通过贿赂等非法手段被暂予监外执行的，在监外执行的期间不计入执行刑期。罪犯在暂予监外执行期间脱逃的，脱逃的期间不计入执行刑期。"故B、C两项表述正确。

依据《刑法》第41条的规定："管制的刑期，从判决执行之日起计算；判决执行以前先行羁押的，羁押一日折抵刑期二日。"故D项表述正确。本题的正确答案为A项。

答案：A

5. 关于期间的计算，下列哪一说法是正确的？(2011/2/29，单选)

A. 因被告人脱逃而中止审理的期间，计入审理期限

B. 法院对提起公诉案件进行审查的期限，不计入审理期限

C. 被告人要求法院另行指定辩护律师，自合议庭同意而宣布延期审理之日起至第10日止准备辩护的时间，计入审理期限

D. 因当事人和辩护人申请调取新的证据而延期审理期限，不计入审理期限

［解析］ 本题考查期间的计入和不计入的情形。《刑事诉讼法》第206条规定："在审判过程中，有下列情形之一，致使案件在较长时间内无法继续审理的，可以中止审理：（一）被告人患有严重疾病，无法出庭的；（二）被告人脱逃的；（三）自诉人患有严重疾病，无法出庭，未委托诉讼代理人出庭的；（四）由于不能抗拒的原因。中止审理的原因消失后，应当恢复审理。中止审理的期间不计入审理期限。"故A项错误。

法院对提起公诉案件进行审查，属于审理活动的组成部分。故法院对提起公诉的案件进行审查的期限，计入法院的审理期限，故B项错误。

《高法解释》第313条第1款规定："依照前两条规定另行委托辩护人或者通知法律援助机构指派律师的，自案件宣布休庭之日起至第十五日止，由辩护人准备辩护，但被告人及其辩护人自愿缩短时间的除外。"新的辩护人作辩护准备的时间计入审限。据此，C项的错误在于不是10日，是15日。

《高法解释》第273条规定："法庭审理过程中，控辩双方申请通知新的证人到庭，调取新的证据，申请重新鉴定或者勘验的，应当提供证人的基本信息、证据的存放地点，说明拟证明的事项，申请重新鉴定或者勘验的理由。法庭认为有必要的，应当同意，并宣布休庭；根据案件情况，可以决定延期审理。法院决定重新鉴定的，应当及时委托鉴定，并将鉴定意见告知检察院、当事人及其辩护人、诉讼代理人。"因当事人和辩护人申请调取新的证据而中断的时间计入审限。故D项错误。

答案：无答案（原答案为D）

6. 下列哪一段时间应计入一审案件审理期限？(2010/2/34，新法答案为多选)

A. 需要延长审理期限的案件，办理报请高级法院批准手续的时间

B. 当事人申请重新鉴定，经法院同意延期审理的时间

C. 检察院补充侦查完毕后重新移送法院的案件，法院收到案件之日以前补充侦查的时间

D. 法院改变管辖的案件，自改变管辖决定作出至改变后的法院收到案件之日的时间

[解析] 本题考查审理期限的计算。《刑事诉讼法》第208条第1款规定:“人民法院审理公诉案件,应当在受理后二个月以内宣判,至迟不得超过三个月。对于可能判处死刑的案件或者附带民事诉讼的案件,以及有本法第一百五十八条规定情形之一的,经上一级人民法院批准,可以延长三个月;因特殊情况还需要延长的,报请最高人民法院批准。”该条并未对办理报请高级法院批准手续的时间不计入审限进行规定,故应计入审限。A项正确。

《刑事诉讼法》及其司法解释未规定“当事人申请重新鉴定,经法院同意延期审理的时间”不计入审理期限,按照实践中的做法,这种情况下,“当事人申请重新鉴定,经法院同意延期审理的时间”应计入审理期限。B项正确。

《刑事诉讼法》第208条第3款规定:“人民检察院补充侦查的案件,补充侦查完毕移送人民法院后,人民法院重新计算审理期限。”这就意味着,检察院补充侦查完毕后重新移送法院的案件,法院收到案件之日以前补充侦查的时间,不计入审理期限。故C项不正确。

《刑事诉讼法》第208条第2款规定:“人民法院改变管辖的案件,从改变后的人民法院收到案件之日起计算审理期限。”故自改变管辖决定作出至改变后的法院收到案件之日的时间不计入审理期限。D项不正确。

答案:AB(原答案为A)

考点2 送达

7. 被告人徐某为未成年人,法院书记员到其住处送达起诉书副本,徐某及其父母拒绝签收。关于该书记员处理这一问题的做法,下列哪些选项是正确的?(2013/2/70,多选)

A. 邀请见证人到场

B. 在起诉书副本上注明拒收的事由和日期,该书记员和见证人签名或盖章

C. 采取拍照、录像等方式记录送达过程

D. 将起诉书副本留在徐某住处

[解析] 本题考查留置送达的程序。《高法解释》第204条第2款规定:“收件人或者代收人拒绝签收的,送达人可以邀请见证人到场,说明情况,在送达回证上注明拒收的事由和日期,由送达人、见证人签名或者盖章,将诉讼文书留在收件人、代收人的住处或者单位;也可以把诉讼文书留在受送达人的住处,并采用拍照、录像等方式记录送达过程,即视为送达。”由此法条可知,A、C、D三项正确。B项的错误在于,不是在“起诉书副本”上注明拒收的事由和日期,该书记员和见证人签名或盖章,而是在“送达回证”上注明拒收的事由和日期,该书记员和见证人签名或盖章。

答案:ACD

第十一章 立案

点评

本章在法律职业资格考试客观题中偶尔考查1道选择题。其考查的知识点主要有：(1) 立案材料来源，尤其要注意报案、控告、举报三者的异同；(2) 立案的条件，注意只需有犯罪事实并且需要追究刑事责任即可，并不需要查明所有有关案件的细节事实；(3) 立案监督，特别是《高检规则》《公安部规定》中关于立案监督的规定。

考点1 立案的条件

1. 甲市和谐家园小区发生多起入室盗窃，被害人向甲市公安局报案，下列哪些情形下，符合立案条件？（2020年法考新疆延考客观题回忆版真题，多选；2021年法考黑龙江延考客观题回忆版真题，多选）

A. 几家住户的门锁有被撬痕迹

B. 从某住户门口提取到陌生人指纹

C. 某住户被盗100元老年券

D. 某被盗单元的监控录像显示形迹可疑的陌生人进入该单元，但看不清该人的面部特征

［解析］ 本题考查立案的条件。《刑事诉讼法》第112条规定："人民法院、人民检察院或者公安机关对于报案、控告、举报和自首的材料，应当按照管辖范围，迅速进行审查，认为有犯罪事实需要追究刑事责任的时候，应当立案；认为没有犯罪事实，或者犯罪事实显著轻微，不需要追究刑事责任的时候，不予立案，并且将不立案的原因通知控告人。控告人如果不服，可以申请复议。"本题A、C、D三项均表明有盗窃的犯罪事实发生需要追究刑事责任，符合立案条件，当选。尤其注意C项属于入户盗窃（无数额要求），表明有犯罪事实。B项则并不能证明有犯罪事实发生，不符合立案条件，不当选。因此，本题的正确答案为A、C、D三项。

答案：ACD

2. 某公安机关接到群众报案，称邻居何某坠楼而死，公安机关立即派人到现场进行了现场勘验。如果此事要作为一起刑事案件立案的话，那么在立案阶段应当查明的事项是？（2003/2/93，不定选）

A. 何某死亡的准确时间

B. 何某是跳楼自杀还是他人谋杀

C. 如果是他人谋杀，犯罪嫌疑人是谁

D. 如果是他人谋杀，作案人的动机是什么

［解析］ 本题考查立案的条件。依据《刑事诉讼法》第112条的规定，立案的条件包括：(1) 有犯罪事实。(2) 需要追究刑事责任。只要具备这两点即可确定有犯罪事实发生，就可以立案。本题中何某坠楼而死，只要能证明是他人谋杀即可确定有犯罪事实发生，就可以立案，B项当选；至于A、C、D三项

中的具体事实应留待侦查过程中查清，不选。

答案：B

考点2 立案程序及立案监督

3. 甲向Z省F市质量监督局举报红光食品公司生产有毒有害的产品，F市质量监督局介入调查，认为红光食品公司构成生产有毒有害食品罪，于是移送F市公安局立案侦查，F市公安局以没有犯罪事实为由不予立案，下列说法正确的是？（2018年法考客观题回忆版真题，不定选）

A. 若甲向F市公安局举报，甲对不立案决定，可向F市公安局申请复议

B. 若甲向F市公安局举报，甲接到复议决定后不服，可向Z省公安厅申请复核

C. F市质量监督局对不立案决定，可向F市公安局申请复议

D. F市质量监督局接到复议决定后不服，可向Z省公安厅申请复核

[解析] 本题考查立案监督。《公安部规定》第179条规定，控告人对不予立案决定不服的，可以在收到不予立案通知书后七日以内向作出决定的公安机关申请复议；控告人对不予立案的复议决定不服的，可以在收到复议决定书后7日以内向上一级公安机关申请复核。本题中，甲不是控告人，而是举报人，所以，甲对不予立案决定不得向F市公安局申请复议和复核。故A、B两项不当选。《公安部规定》第181条规定，移送案件的行政执法机关对不予立案决定不服的，可以在收到不予立案通知书后3日以内向作出决定的公安机关申请复议。本题中的F市质量监督局作为移送案件的行政执法机关，可以对不予立案决定，向F市公安局申请复议，但不得申请复核。故C项正确，D项错误。

答案：C

4. 环卫工人马某在垃圾桶内发现一名刚出生的婴儿后向公安机关报案，公安机关紧急将婴儿送医院成功抢救后未予立案。关于本案的立案程序，下列哪一选项是正确的？（2017/2/30，单选）

A. 确定遗弃婴儿的原因后才能立案

B. 马某对公安机关不予立案的决定可申请复议

C. 了解婴儿被谁遗弃的知情人可向检察院控告

D. 检察院可向公安机关发出要求说明不立案理由通知书

[解析] 本题考查立案监督，报案和举报、控告的区别以及立案的条件。《刑事诉讼法》第112条规定："人民法院、人民检察院或者公安机关对于报案、控告、举报和自首的材料，应当按照管辖范围，迅速进行审查，认为有犯罪事实需要追究刑事责任的时候，应当立案；认为没有犯罪事实，或者犯罪事实显著轻微，不需要追究刑事责任的时候，不予立案，并且将不立案的原因通知控告人。控告人如果不服，可以申请复议。"故A项的错误在于，立案时无须确定遗弃婴儿的原因，只需查清是否有犯罪事实需要追究刑事责任即可。B项的错误在于，控告的主体只能是被害人，但是马某是与案件无关的第三人，马某系报案人，不是控告人，其无权申请复议。C项的错误在于，控告的主体是被害人，第三人无权控告，本题C项中"了解婴儿被谁遗弃的知情人"作为第三人，可向检察院举报。

《刑事诉讼法》第113条规定："人民检察院认为公安机关对应当立案侦查的案件而不立案侦查的，或者被害人认为公安机关对应当立案侦查的案件而不立案侦查，向人民检察院提出的，人民检察院应当要求公安机关说明不立案的理由。人民检察院认为公安机关不立案理由不能成立的，应当通知公安机关立案，公安机关接到通知后应当立案。"本题D项中检

察院的立案监督方式是正确的。故本题的正确答案为D项。

答案：D

5. 公安机关获知有多年吸毒史的王某近期可能从事毒品制售活动，遂对其展开初步调查工作。关于这一阶段公安机关可以采取的措施，下列哪些选项是正确的？（2016/2/72，多选）

A. 监听

B. 查询王某的银行存款

C. 询问王某

D. 通缉

［解析］ 本题考查初查手段。《公安部规定》第174条第2款规定："调查核实过程中，公安机关可以依照有关法律和规定采取询问、查询、勘验、鉴定和调取证据材料等不限制被调查对象人身、财产权利的措施。但是，不得对被调查对象采取强制措施，不得查封、扣押、冻结被调查对象的财产，不得采取技术侦查措施。"依据此法条可知，本题的B、C两项当选。

《刑事诉讼法》第150条第1款规定："公安机关在立案后，对于危害国家安全犯罪、恐怖活动犯罪、黑社会性质的组织犯罪、重大毒品犯罪或者其他严重危害社会的犯罪案件，根据侦查犯罪的需要，经过严格的批准手续，可以采取技术侦查措施。"本题的A项"监听"属于技术侦查手段，只有在立案之后的侦查阶段才能采用。而且，监听会对人的隐私权进行侵犯，所以依据《公安部规定》第174条第2款的规定，不能在初查阶段采取监听措施。A项不当选。

《刑事诉讼法》第155条第1款规定："应当逮捕的犯罪嫌疑人如果在逃，公安机关可以发布通缉令，采取有效措施，追捕归案。"这就意味着，通缉作为侦查手段只能在立案之后才能采用。而且，通缉会侵犯犯罪嫌疑人的人身自由权、隐私权，依据《公安部规定》第174条第2款的规定，不得在初查阶段采取通缉的措施。D项不当选。

综上所述，本题的正确答案为B、C两项。

答案：BC

6. 甲公司以虚构工程及伪造文件的方式，骗取乙工程保证金400余万元。公安机关接到乙控告后，以尚无明确证据证明甲涉嫌犯罪为由不予立案。关于本案，下列哪一选项是正确的？（2015/2/32，单选）

A. 乙应先申请公安机关复议，只有不服复议决定的才能请求检察院立案监督

B. 乙请求立案监督，检察院审查后认为公安机关应立案的，可通知公安机关立案

C. 公安机关接到检察院立案通知后仍不立案的，经省级检察院决定，检察院可自行立案侦查

D. 乙可直接向法院提起自诉

［解析］ 本题考查对不立案的救济和监督。依据《刑事诉讼法》第112条的规定，控告人对不立案的决定如果不服，可以申请复议。《刑事诉讼法》第113条规定："人民检察院认为公安机关对应当立案侦查的案件而不立案侦查的，或者被害人认为公安机关对应当立案侦查的案件而不立案侦查，向人民检察院提出的，人民检察院应当要求公安机关说明不立案的理由。人民检察院认为公安机关不立案理由不能成立的，应当通知公安机关立案，公安机关接到通知后应当立案。"由此可见，申请复议不是请求检察院进行立案监督的必经程序，故A项错误。B项的错误在于，检察院应当先要求公安机关说明不立案的理由。

《高检规则》第564条第2款规定："公安机关在收到通知立案书或者通知撤销案件书后超过十五日不予立案或者未要求复议、提请复核也不撤销案件的，人民检察院应当发出纠正违法通知书。公安机关仍不纠正的，报上一级人民检察院协商同级公安机关处理。"故C项

中，检察院自行立案侦查，是不正确的。

《刑事诉讼法》第210条规定："自诉案件包括下列案件：（一）告诉才处理的案件；（二）被害人有证据证明的轻微刑事案件；（三）被害人有证据证明对被告人侵犯自己人身、财产权利的行为应当依法追究刑事责任，而公安机关或者人民检察院不予追究被告人刑事责任的案件。"本题中，被害人乙对公安机关不立案的决定，可向法院提起自诉。故D项正确。

答案：D

7. 卢某坠楼身亡，公安机关排除他杀，不予立案。但卢某的父母坚称他杀可能性大，应当立案，请求检察院监督。检察院的下列哪一做法是正确的？（2013/2/34，单选）

A. 要求公安机关说明不立案理由

B. 拒绝受理并向卢某的父母解释不立案原因

C. 认为符合立案条件的，可以立案并交由公安机关侦查

D. 认为公安机关不立案理由不能成立的，应当建议公安机关立案

[解析] 本题考查立案监督。《刑事诉讼法》第113条规定："人民检察院认为公安机关对应当立案侦查的案件而不立案侦查的，或者被害人认为公安机关对应当立案侦查的案件而不立案侦查，向人民检察院提出的，人民检察院应当要求公安机关说明不立案的理由。人民检察院认为公安机关不立案理由不能成立的，应当通知公安机关立案，公安机关接到通知后应当立案。"直接适用此法条，可知正确答案为A项。B项中，检察院拒绝受理是不正确的。C项的错误在于，检察院认为符合立案条件，也不能直接立案。D项的错误在于，不是应当"建议"而是"通知"公安机关立案。

答案：A

第十二章　侦查

点评

本章在法律职业资格考试客观题中考查1—2道选择题。其主要知识点有：讯问犯罪嫌疑人，询问证人，勘验、检查，搜查，查封、扣押书证、物证，鉴定，技术侦查，辨认，通缉等内容。此外，本章的侦查手段易结合证据排除范围进行综合考查。

本部分涉及的内容相对繁杂，考查内容面广、点细。从命题的方式看，以客观题考查为主，多以小案例的形式直接考查相关法条。要注意分析题干或选项设置，其中常有命题陷阱或隐含关联考点的考查。尤其是2018年《刑事诉讼法》《高检规则》及《公安部规定》等对讯问犯罪嫌疑人、询问证人、被害人、采样、查封、查询、冻结、鉴定、辨认、技术侦查、侦查羁押期限、侦查终结等的修改之处，切勿混淆。

考点1　讯问犯罪嫌疑人

1. 某公安局刑警王某涉嫌刑讯逼供罪，被A省B市检察院立案侦查。下列关于该案的说法，不正确的是？（2020年法考新疆延考客观题回忆版真题，不定选）

A. 在检察院侦查中，若王某不同意录音、录像，检察院则不录音、录像

B. B市检察院决定逮捕王某，应报请A省检察院批准

C. B市检察院审查起诉后，发现王某没有刑讯逼供行为，应当作出不起诉决定

D. 若王某约见值班律师，值班律师可带一名助理会见王某

［解析］　本题考查讯问犯罪嫌疑人、决定逮捕、审查起诉、值班律师。依据《高检规则》第187条第3款的规定，检察院立案侦查的案件，讯问犯罪嫌疑人时，应当告知犯罪嫌疑人将对讯问进行全程同步录音、录像。故A项不正确。《高检规则》第296条规定：“人民检察院办理直接受理侦查的案件，需要逮捕犯罪嫌疑人的，由负责侦查的部门制作逮捕犯罪嫌疑人意见书，连同案卷材料、讯问犯罪嫌疑人录音、录像一并移送本院负责捕诉的部门审查。犯罪嫌疑人已被拘留的，负责侦查的部门应当在拘留后七日以内将案件移送本院负责捕诉的部门审查。”由此可见，B市检察院决定逮捕王某，无须报请上一级检察院即A省检察院批准。故B项错误。

《高检规则》第366条规定，负责捕诉的部门对于本院负责侦查的部门移送起诉的案件，发现具有《高检规则》第365条第1款规定情形（即犯罪嫌疑人没有犯罪事实，或者符合《刑事诉讼法》第16条规定的情形）的，应当退回本院负责侦查的部门，建议撤销案

件。故C项的错误在于，B市检察院不是作不起诉决定，而是应退回本院负责侦查的部门，建议撤销案件。

《关于依法保障律师执业权利的规定》第7条第4款规定，辩护律师可以带一名律师助理协助会见。但是，现行法律和司法解释未规定值班律师可带助理会见。故D项不正确。

答案：ABCD

2. 甲、乙在A市通过网络散播B市存在猥亵儿童的谣言，关于该案诉讼程序的说法，正确的是？（2019年法考客观题回忆版真题，不定选）

A. 该案可以由A市公安局立案侦查

B. 该案可以由B市公安局立案侦查

C. 侦查机关对甲、乙应分别讯问

D. 甲的辩护律师提出辩护意见，公安机关要求其必须出具书面意见

［解析］ 本题考查侦查管辖、讯问犯罪嫌疑人、辩护律师向侦查机关提出意见的程序。《公安部规定》第15条第1款、第16条规定："刑事案件由犯罪地的公安机关管辖。如果由犯罪嫌疑人居住地的公安机关管辖更为适宜的，可以由犯罪嫌疑人居住地的公安机关管辖。犯罪地包括犯罪行为发生地和犯罪结果发生地。犯罪行为发生地，包括犯罪行为的实施地以及预备地、开始地、途经地、结束地等与犯罪行为有关的地点；犯罪行为有连续、持续或者继续状态的，犯罪行为连续、持续或者继续实施的地方都属于犯罪行为发生地。犯罪结果发生地，包括犯罪对象被侵害地、犯罪所得的实际取得地、藏匿地、转移地、使用地、销售地。居住地包括户籍所在地、经常居住地。经常居住地是指公民离开户籍所在地最后连续居住一年以上的地方，但住院就医的除外……"本题中，甲、乙涉嫌编造、传播虚假信息罪，其犯罪行为地在A市，该案可以由A市公安局立案侦查。故A项正确。B市的社会秩序被严重扰乱，属于犯罪结果发生地，该案也可以由B市公安局立案侦查。故B项正确。《公安部规定》第202条第2款规定："讯问同案的犯罪嫌疑人，应当个别进行。"本题中，甲、乙是同案犯，为了防止2人串供，侦查机关应对甲、乙分别讯问。故C项正确。《公安部规定》第58条第1款规定："案件侦查终结前，辩护律师提出要求的，公安机关应当听取辩护律师的意见，根据情况进行核实，并记录在案。辩护律师提出书面意见的，应当附卷。"由此可见，在案件侦查终结前，辩护律师既可以口头，也可以书面向侦查机关提出意见。故D项表述过于绝对。本题的正确答案为A、B、C三项。

答案：ABC

3. 在朱某危险驾驶案的辩护过程中，辩护律师查看了侦查机关录制的讯问同步录像。同步录像中的下列哪些行为违反法律规定？（2017/2/73，多选）

A. 后续讯问的侦查人员与首次讯问的侦查人员完全不同

B. 朱某请求自行书写供述，侦查人员予以拒绝

C. 首次讯问时未告知朱某可聘请律师

D. 其中一次讯问持续了14个小时

［解析］ 本题考查侦查讯问程序。依据《刑事诉讼法》以及《公安部规定》的规定，在侦查中可以更换侦查人员进行讯问。故A项不违法。依据《公安部规定》第207条的规定，犯罪嫌疑人请求自行书写供述的，应当准许；必要时，侦查人员也可以要求犯罪嫌疑人亲笔书写供词。故B项违法。

依据《刑事诉讼法》第34条第2款的规定，侦查机关在第一次讯问犯罪嫌疑人或者对犯罪嫌疑人采取强制措施的时候，应当告知犯罪嫌疑人有权委托辩护人。故C项违法。

《刑事诉讼法》第119条第2款规定："传唤、拘传持续的时间不得超过十二小时；案情

特别重大、复杂，需要采取拘留、逮捕措施的，传唤、拘传持续的时间不得超过二十四小时。”本案属于危险驾驶案件，不属于案情特别重大、复杂，持续时间不得超过12小时。故D项违法。本题的正确答案为B、C、D三项。

答案：BCD

4. 法官李某（女）家住甲市，涉嫌滥用职权罪，被甲市检察院立案侦查后提起公诉，甲市中级法院受理该案后，李某脱逃，下落不明。关于李某脱逃前的诉讼程序，下列选项正确的是？（不定选）

A. 是否逮捕李某，应由甲市检察院的上一级检察院审查决定

B. 李某符合逮捕条件，但因其有孕在身，可对其适用指定居所监视居住

C. 李某委托的律师在侦查阶段会见李某，需经侦查机关许可

D. 侦查人员每次讯问李某时，应对讯问过程实行全程录音、录像

［解析］ 本题考查逮捕，指定居所监视居住，侦查阶段律师会见权，侦查讯问的录音、录像。《关于人民检察院立案侦查司法工作人员相关职务犯罪案件若干问题的规定》第4条第2、3项规定，检察院办理本规定所列犯罪案件，不再适用对直接受理立案侦查案件决定立案报上一级检察院备案，逮捕犯罪嫌疑人报上一级检察院审查决定的规定。检察院负责刑事检察工作的专门部门办理本规定所列犯罪案件，认为需要逮捕犯罪嫌疑人的，应当由相应的刑事检察部门审查，报检察长或者检察委员会决定。由此可知，本题中，是否逮捕李某，无须报甲市检察院的上一级检察院审查决定。故A项错误。

《刑事诉讼法》第74条第1款规定：“人民法院、人民检察院和公安机关对符合逮捕条件，有下列情形之一的犯罪嫌疑人、被告人，可以监视居住：（一）患有严重疾病、生活不能自理的；（二）怀孕或者正在哺乳自己婴儿的妇女；（三）系生活不能自理的人的唯一扶养人；（四）因为案件的特殊情况或者办理案件的需要，采取监视居住措施更为适宜的；（五）羁押期限届满，案件尚未办结，需要采取监视居住措施的。”本题中，李某符合逮捕条件且怀孕，其符合监视居住的条件。《刑事诉讼法》第75条第1款规定，监视居住应当在犯罪嫌疑人、被告人的住处执行；无固定住处的，可以在指定的居所执行。对于涉嫌危害国家安全犯罪、恐怖活动犯罪，在住处执行可能有碍侦查的，经上一级公安机关批准，也可以在指定的居所执行。本题题干中提到李某涉嫌的犯罪不是危害国家安全犯罪和恐怖活动犯罪，而且李某家住甲市，即有固定住处，所以，不得对其适用指定居所监视居住。故B项不正确。

《刑事诉讼法》第39条第3款规定：“危害国家安全犯罪、恐怖活动犯罪案件，在侦查期间辩护律师会见在押的犯罪嫌疑人，应当经侦查机关许可。上述案件，侦查机关应当事先通知看守所。”本题属于滥用职权案件，不需要经过批准即可会见。故C项错误。《高检规则》第190条规定：“人民检察院办理直接受理侦查的案件，应当在每次讯问犯罪嫌疑人时，对讯问过程实行全程录音、录像，并在讯问笔录中注明。”故D项正确。

答案：D

5. 在侦查过程中，下列哪些行为违反我国刑事诉讼法的规定？（2013/2/69，多选）

A. 侦查人员拒绝律师讯问时在场的要求

B. 公安机关变更逮捕措施，没有通知原批准的检察院

C. 公安机关认为检察院不批准逮捕的决定有错误，提出复议前继续拘留犯罪嫌疑人

D. 侦查机关未告知犯罪嫌疑人家属指定居所监视居住的理由和处所

［解析］ 本题考查侦查讯问程序、逮捕、

指定居所监视居住。我国《刑事诉讼法》及相关司法解释未规定侦查讯问时律师的在场权，故A项的行为并不违反法律的规定。

《刑事诉讼法》第96条规定："人民法院、人民检察院和公安机关如果发现对犯罪嫌疑人、被告人采取强制措施不当的，应当及时撤销或者变更。公安机关释放被逮捕的人或者变更逮捕措施的，应当通知原批准的人民检察院。"故B项系违法行为。

《刑事诉讼法》第92条规定："公安机关对人民检察院不批准逮捕的决定，认为有错误的时候，可以要求复议，但是必须将被拘留的人立即释放……"故C项系违法行为。

《刑事诉讼法》第75条第2款规定："指定居所监视居住的，除无法通知的以外，应当在执行监视居住后二十四小时以内，通知被监视居住人的家属。"《高检规则》第117条第1款规定："在指定的居所执行监视居住，除无法通知的以外，人民检察院应当在执行监视居住后二十四小时以内，将指定居所监视居住的原因通知被监视居住人的家属。无法通知的，应当将原因写明附卷。无法通知的情形消除后，应当立即通知。"故D项中"告知犯罪嫌疑人家属指定居所监视居住的理由和处所"存在例外情形，所以D项的行为未违反我国《刑事诉讼法》的规定。

本题的正确答案为B、C两项。

答案：BC

6. 关于讯问犯罪嫌疑人，下列哪些选项是正确的？（2014/2/70，多选）

A. 在拘留犯罪嫌疑人之前，一律不得对其进行讯问

B. 在拘留犯罪嫌疑人之后，可在送看守所羁押前进行讯问

C. 犯罪嫌疑人被拘留送看守所之后，讯问应当在看守所内进行

D. 对于被指定居所监视居住的犯罪嫌疑人，应当在指定的居所进行讯问

［解析］ 本题考查讯问犯罪嫌疑人的程序。《刑事诉讼法》未规定拘留之前不得讯问犯罪嫌疑人。在拘留之前，侦查人员可以讯问犯罪嫌疑人。故A项不正确。

《刑事诉讼法》第86条规定："公安机关对被拘留的人，应当在拘留后的二十四小时以内进行讯问。在发现不应当拘留的时候，必须立即释放，发给释放证明。"《刑事诉讼法》第118条第2款规定："犯罪嫌疑人被送交看守所羁押以后，侦查人员对其进行讯问，应当在看守所内进行。"但是，《刑事诉讼法》未规定在送看守所羁押前不能讯问嫌疑人，所以B、C两项均正确。

《刑事诉讼法》第119条第1款规定："对不需要逮捕、拘留的犯罪嫌疑人，可以传唤到犯罪嫌疑人所在市、县内的指定地点或者到他的住处进行讯问，但是应当出示人民检察院或者公安机关的证明文件。对在现场发现的犯罪嫌疑人，经出示工作证件，可以口头传唤，但应当在讯问笔录中注明。"由此可见，对于被指定居所监视居住的犯罪嫌疑人，是"可以"而不是"应当"在指定的居所进行讯问。故D项不正确。

本题的正确答案为B、C两项。

答案：BC

考点2 询问证人、被害人

7. 甲涉嫌集资诈骗罪，其认罪认罚，在审查起诉时，A市检察院检察官乙承办该案，甲的同学丙系A市检察院的副检察长，乙在讯问甲之前，丙主动告知乙应适用认罪认罚从宽制度。下列关于该案诉讼程序的表述，正确的是？（2020年法考客观题回忆版真题，多选）

A. 乙应将丙的告知，全面记录在案

B. 本案负责审查起诉的检察官和负责批准逮捕的检察官应为同一人

C. 因该案被害人众多，侦查人员在采用远程网络视频等方式进行询问时，应当录音录像

D. 甲的辩护律师在侦查终结后可以向公安机关查阅起诉意见书

［解析］ 本题考查司法责任制、捕诉合一、询问被害人的程序、辩护律师的阅卷权。《司法机关内部人员过问案件的记录和责任追究规定》第6条规定："对司法机关内部人员过问案件的情况，办案人员应当全面、如实记录，做到全程留痕，有据可查。"故A项正确。《高检规则》第8条第1款规定："对同一刑事案件的审查逮捕、审查起诉、出庭支持公诉和立案监督、侦查监督、审判监督等工作，由同一检察官或者检察官办案组负责，但是审查逮捕、审查起诉由不同人民检察院管辖，或者依照法律、有关规定应当另行指派检察官或者检察官办案组办理的除外。"故B项表述符合该条规定的"捕诉合一"做法，该项正确。

《关于办理信息网络犯罪案件适用刑事诉讼程序若干问题的意见》第15条第1、3款规定："询（讯）问异地证人、被害人以及与案件有关联的犯罪嫌疑人的，可以由办案地公安机关通过远程网络视频等方式进行并制作笔录。远程询（讯）问的，应当对询（讯）问过程同步录音录像，并随案移送。"故C项表述正确。对于D项，尽管从审查起诉之日起，辩护人可以阅卷，但是，在侦查终结后，审查起诉阶段，辩护人到检察院阅卷，审判阶段，辩护人到法院阅卷，而不是到公安机关阅卷。故D项错误。

因此，本题的正确答案为A、B、C三项。

答案：ABC

8. 在一起聚众斗殴案件发生时，证人甲乙丙丁四人在现场目睹事实经过，侦查人员对上述四名证人进行询问。关于询问证人的程序和方式，下列哪一选项是错误的？（2013/2/30，单选）

A. 在现场立即询问证人甲

B. 传唤证人乙到公安机关提供证言

C. 到证人丙租住的房屋询问证人丙

D. 到证人丁提出的其工作单位附近的快餐厅询问证人丁

［解析］ 本题考查询问证人的地点、传唤。依据《刑事诉讼法》第124条第1款的规定："侦查人员询问证人，可以在现场进行，也可以到证人所在单位、住处或者证人提出的地点进行，在必要的时候，可以通知证人到人民检察院或者公安机关提供证言。在现场询问证人，应当出示工作证件，到证人所在单位、住处或者证人提出的地点询问证人，应当出示人民检察院或者公安机关的证明文件。"本题中，A项中的现场，C项中丙的住处，D项中丁提出的地点，这三处询问证人的地点均合法。B项中到公安机关询问，这一地点正确，但是，对证人只能用通知，不能传唤，因为传唤只适用于当事人。故本题的正确答案为B项。

答案：B

考点3 勘验、检查

9. 某重大杀人案侦查中，侦查人员在勘验现场时，聘请案发地的村治保主任刘某担任见证人。下列关于刘某的说法，正确的是？（2023年法考客观题回忆版真题，单选）

A. 刘某应在勘验笔录上签名

B. 刘某作为见证人，可以申请公安机关对其人身安全进行保护

C. 刘某是诉讼参与人

D. 对勘验笔录有疑问时，法庭可以通知刘某出庭作证

［解析］ 本题考查见证人。《公安部规定》第216条规定："勘查现场，应当拍摄现场照片、绘制现场图，制作笔录，由参加勘查的人和见证人签名。"故A项正确。依据《刑事诉讼法》第108条的规定，"诉讼参与人"是指

当事人、法定代理人、诉讼代理人、辩护人、证人、鉴定人和翻译人员。故见证人刘某不是诉讼参与人。C项不正确。法律和司法解释未规定对见证人进行保护，也没有规定法院通知见证人出庭作证，故B、D两项错误。因此，本题的正确答案为A项。

答案：A

10. 关于勘验、检查，下列哪一选项是正确的？（2014/2/34，单选）

A. 为保证侦查活动的规范性与合法性，只有侦查人员可进行勘验、检查

B. 侦查人员进行勘验、检查，必须持有侦查机关的证明文件

C. 检查妇女的身体，应当由女工作人员或女医师进行

D. 勘验、检查应当有见证人在场，勘验、检查笔录上没有见证人签名的，不得作为定案的根据

[解析] 本题考查勘验、检查的程序，勘验、检查笔录的排除。《刑事诉讼法》第128条规定："侦查人员对于与犯罪有关的场所、物品、人身、尸体应当进行勘验或者检查。在必要的时候，可以指派或者聘请具有专门知识的人，在侦查人员的主持下进行勘验、检查。"故A项的错误在于，具有专门知识的人，也可以进行勘验、检查。

《刑事诉讼法》第130条规定："侦查人员执行勘验、检查，必须持有人民检察院或者公安机关的证明文件。"故B项正确。《刑事诉讼法》第125条规定："询问证人，应当告知他应当如实地提供证据、证言和有意作伪证或者隐匿罪证要负的法律责任。"故A项最后一句话正确。总体而言，A项错误。

《刑事诉讼法》第132条第3款规定："检查妇女的身体，应当由女工作人员或者医师进行。"故C项的错误在于，不是"女医师"，而是"医师"。

《高法解释》第103条规定："勘验、检查笔录存在明显不符合法律、有关规定的情形，不能作出合理解释的，不得作为定案的根据。"本题D项中的勘验、检查笔录没有见证人签名，属于违法情形，但是，该勘验、检查笔录不是绝对排除，而是在补正或者合理解释后可以采用。故D项错误。本题的正确答案为B项。

答案：B

11. 为确定强奸案被害人甲受到暴力伤害的情况，侦查人员拟对她进行人身检查。下列哪些选项是正确的？（2006/2/68，多选）

A. 如果甲拒绝检查，可以对她进行强制检查

B. 如果甲拒绝检查，不得对她进行强制检查

C. 如果甲同意检查，可以由医师进行检查

D. 如果甲同意检查，可以由女工作人员进行检查

[解析] 本题考查人身检查的程序。《刑事诉讼法》第132条："为了确定被害人、犯罪嫌疑人的某些特征、伤害情况或者生理状态，可以对人身进行检查，可以提取指纹信息，采集血液、尿液等生物样本。犯罪嫌疑人如果拒绝检查，侦查人员认为必要的时候，可以强制检查。检查妇女的身体，应当由女工作人员或者医师进行。"可知，人身检查因对象不同可以分为两类：（1）对犯罪嫌疑人人身进行检查。如果犯罪嫌疑人拒绝检查，侦查人员认为必要的时候，可以强制检查。（2）对被害人进行检查。如果被害人拒绝检查，侦查人员则不得强制对其检查。本题是对被害人甲进行人身检查，不得强制进行，因此A项错误，B项正确。被害人为女性，只能由女工作人员或医师进行检查，故C、D两项正确。

答案：BCD

✪ 考点 4 搜查、扣押、查封、冻结

12. 严某从 A 区寄毒品给 B 区的李某，后李某卖给宋某，在交易时被 B 区公安局抓获，关于该案诉讼程序的说法，正确的是？（2019 年法考客观题回忆版真题，不定选）

A. B 区公安局在拘留李某 2 天后通知家属

B. B 区公安局通知 A 区公安局协助抓捕严某

C. 经宋某同意并带领，未出示搜查证即可搜查其住处

D. 查封宋某居住的房屋

［解析］ 本题考查拘留、逮捕、搜查、查封。《刑事诉讼法》第 85 条第 2 款规定，除无法通知或者涉嫌危害国家安全犯罪、恐怖活动犯罪通知可能有碍侦查的情形以外，应当在拘留后24 小时以内，通知被拘留人的家属。有碍侦查的情形消失以后，应当立即通知被拘留人的家属。故 B 区公安局在拘留李某 2 天后通知家属，这一做法是错误的，A 项不当选。《刑事诉讼法》第 83 条规定：“公安机关在异地执行拘留、逮捕的时候，应当通知被拘留、逮捕人所在地的公安机关，被拘留、逮捕人所在地的公安机关应当予以配合。”故 B 项正确。《刑事诉讼法》第 138 条规定：“进行搜查，必须向被搜查人出示搜查证。在执行逮捕、拘留的时候，遇有紧急情况，不另用搜查证也可以进行搜查。”本题 C 项不符合无证搜查的条件，所以对宋某的住处搜查，应当出示搜查证。该项表述错误。《刑事诉讼法》第 141 条第 1 款规定：“在侦查活动中发现的可用以证明犯罪嫌疑人有罪或者无罪的各种财物、文件，应当查封、扣押；与案件无关的财物、文件，不得查封、扣押。”故 D 项正确。本题的正确答案为 B、D 两项。

答案：BD

13. 关于扣押物证、书证，下列哪些做法是正确的？（2009/2/68，多选）

A. 侦查人员在搜查钱某住宅时，发现一份能够证明钱某无罪的证据，对此证据予以扣押

B. 在杜某故意杀人案中，侦查机关依法扣押杜某一些物品和文件。对与案件无关的物品和文件，侦查机关应当在 5 日内解除扣押、冻结，退还杜某

C. 公安机关在侦查刘某盗窃案中，可以依照规定查询、冻结刘某的存款、汇款

D. 在对周某盗窃罪审查起诉中，周某死亡，检察院决定将依法冻结的周某赃款的一部分上缴国库，其余部分返还给被害人

［解析］ 本题考查扣押、查询、冻结的程序。《刑事诉讼法》第 141 条规定：“在侦查活动中发现的可用以证明犯罪嫌疑人有罪或者无罪的各种财物、文件，应当查封、扣押；与案件无关的财物、文件，不得查封、扣押。对查封、扣押的财物、文件，要妥善保管或者封存，不得使用、调换或者损毁。”故 A 项正确。

《刑事诉讼法》第 145 条规定：“对查封、扣押的财物、文件、邮件、电报或者冻结的存款、汇款、债券、股票、基金份额等财产，经查明确实与案件无关的，应当在三日以内解除查封、扣押、冻结，予以退还。”故 B 项错误在于不是“5 日”，而是“3 日”。

《刑事诉讼法》第 144 条第 1 款规定：“人民检察院、公安机关根据侦查犯罪的需要，可以依照规定查询、冻结犯罪嫌疑人的存款、汇款、债券、股票、基金份额等财产……”故 C 项正确。

《刑事诉讼法》第 177 条第 1、3 款规定：“犯罪嫌疑人没有犯罪事实，或者有本法第十六条规定的情形之一的，人民检察院应当作出不起诉决定。人民检察院决定不起诉的案件，应当同时对侦查中查封、扣押、冻结的财物解

除查封、扣押、冻结。对被不起诉人需要给予行政处罚、处分或者需要没收其违法所得的，人民检察院应当提出检察意见，移送有关主管机关处理。有关主管机关应当将处理结果及时通知人民检察院。”本题D项中周某死亡，检察院应当作出不起诉决定，但无权对冻结的赃款直接作出处理，故D项不正确。

综上，本题的正确答案为A、C两项。

答案：AC

14. 关于刑事诉讼中查封、扣押、冻结在案财物的处理，下列哪些选项是正确的？（多选）

A. 张三盗窃李四电视机一台，公安机关在侦查过程中将电视机发还李四

B. 王五被控贩卖毒品，作为证据使用的海洛因应当随案移送当庭出示质证

C. 马六被控受贿金条若干，未随案移送，判决生效后，根据法院通知该金条由查封、扣押的检察机关上缴国库

D. 牛七涉嫌受贿罪，在审查起诉期间自杀身亡，检察机关应当通知金融机构将冻结的牛七的存款、汇款上缴国库

［解析］ 本题考查对查封、扣押、冻结在案财物的处理方式。《刑事诉讼法》第245条第1~4款规定：“公安机关、人民检察院和人民法院对查封、扣押、冻结的犯罪嫌疑人、被告人的财物及其孳息，应当妥善保管，以供核查，并制作清单，随案移送。任何单位和个人不得挪用或者自行处理。对被害人的合法财产，应当及时返还。对违禁品或者不宜长期保存的物品，应当依照国家有关规定处理。对作为证据使用的实物应当随案移送，对不宜移送的，应当将其清单、照片或者其他证明文件随案移送。人民法院作出的判决，应当对查封、扣押、冻结的财物及其孳息作出处理。人民法院作出的判决生效以后，有关机关应当根据判决对查封、扣押、冻结的财物及其孳息进行处理。对查封、扣押、冻结的赃款赃物及其孳息，除依法返还被害人的以外，一律上缴国库。”因此，A项中，被害人李四的电视机应当及时返还。故A项正确。B项中，海洛因作为违禁品应当按照国家规定及时处理而不能随案移送。故B项错误。C项中受贿的金条，只能依据法院的生效裁判，上缴国库。该项正确。

《高检规则》第375条规定，检察院决定不起诉的案件，需要没收违法所得的，经检察长批准，应当提出检察意见，移送有关主管机关处理，并要求有关主管机关及时通报处理情况。具体程序可以参照《高检规则》第248条的规定办理。本题D项中，牛七涉嫌受贿罪，在审查起诉期间自杀身亡，检察院应当不起诉，同时向法院提出没收申请，经法院作出没收裁定后，通知金融机构将冻结的牛七的存款、汇款上缴国库。因此D项错误。

答案：AC

15. 某公安机关对涉嫌盗窃罪的钱某及其妻子范某执行拘留时搜查了他们的住处。在搜查时，因情况紧急未用搜查证，但钱某夫妇一直在场。由于没有女侦查人员在场，所以由男侦查人员对钱某、范某的身体进行搜查。搜查结束时，侦查人员要求被搜查人在搜查笔录上签名时遭到拒绝，侦查人员就此结束搜查活动。该案搜查活动哪些违反法律规定？（2004/2/64，多选）

A. 在搜查时因情况紧急未用搜查证

B. 在搜查时钱某夫妇一直在场

C. 由男侦查人员对范某的身体进行了搜查

D. 侦查人员要求被搜查人在搜查笔录上签名遭拒绝后就此结束了搜查活动

［解析］ 本题考查搜查程序。《刑事诉讼法》第138条规定：“进行搜查，必须向被搜查人出示搜查证。在执行逮捕、拘留的时候，遇有紧急情况，不另用搜查证也可以进行搜

查。”本题中公安机关侦查人员在对犯罪嫌疑人执行拘留时，由于情况紧急，未用搜查证进行搜查是合法的。A项不选。

《刑事诉讼法》第139条规定：“在搜查的时候，应当有被搜查人或者他的家属，邻居或者其他见证人在场。搜查妇女的身体，应当由女工作人员进行。”钱某夫妇作为被搜查人一直在场，符合法律规定。B项正确，不选。范某是妇女，由男侦查人员对范某的身体进行搜查，违反了《刑事诉讼法》第139条的规定。C项当选。

《刑事诉讼法》第140条规定：“搜查的情况应当写成笔录，由侦查人员和被搜查人或者他的家属，邻居或者其他见证人签名或者盖章。如果被搜查人或者他的家属在逃或者拒绝签名、盖章，应当在笔录上注明。”侦查人员要求被搜查人在搜查笔录上签名遭拒绝后应当在笔录上写明情况，而不能是就此结束了搜查活动。D项当选。

答案：CD

考点5 电子数据的收集、提取

16. 甲涉嫌集资诈骗多人，被K市公安局立案侦查，公安机关收集了该案相关的电子数据作为证据使用。下列关于该案的说法，正确的是？（2021年法考客观题回忆版真题，不定选）

A. 公安机关未以封存状态移送的电子数据，不得作为定案的根据

B. 发现电子数据存在篡改痕迹，应当先确认是否属于瑕疵证据

C. 侦查人员检查甲的手机银行，应制作检查笔录和清单

D. 侦查人员在调取电子数据时，应当有见证人在场并全程录像

［解析］ 本题考查电子数据的收集和审查、判断。《高法解释》第113条规定：“电子数据的收集、提取程序有下列瑕疵，经补正或者作出合理解释的，可以采用；不能补正或者作出合理解释的，不得作为定案的根据：（一）未以封存状态移送的；（二）笔录或者清单上没有调查人员或者侦查人员、电子数据持有人、提供人、见证人签名或者盖章的；（三）对电子数据的名称、类别、格式等注明不清的；（四）有其他瑕疵的。”本题A项的电子数据符合该条第（一）项的情形，属于瑕疵证据，经补正或者作出合理解释的，可以采用。故A项错误。

《高法解释》第114条规定：“电子数据具有下列情形之一的，不得作为定案的根据：（一）系篡改、伪造或者无法确定真伪的；（二）有增加、删除、修改等情形，影响电子数据真实性的；（三）其他无法保证电子数据真实性的情形。”本题B项中的电子数据若存在篡改痕迹，不得作为定案的根据。该项不正确。

《关于办理刑事案件收集提取和审查判断电子数据若干问题的规定》第14条规定：“收集、提取电子数据，应当制作笔录，记录案由、对象、内容、收集、提取电子数据的时间、地点、方法、过程，并附电子数据清单，注明类别、文件格式、完整性校验值等，由侦查人员、电子数据持有人（提供人）签名或者盖章；电子数据持有人（提供人）无法签名或者拒绝签名的，应当在笔录中注明，由见证人签名或者盖章。有条件的，应当对相关活动进行录像。”故C项正确，D项的错误在于，不是应当全程录像，而是“有条件的，应当对相关活动进行录像”。《关于办理刑事案件收集提取和审查判断电子数据若干问题的规定》第15条规定：“收集、提取电子数据，应当根据刑事诉讼法的规定，由符合条件的人员担任见证人。由于客观原因无法由符合条件的人员担任见证人的，应当在笔录中注明情况，并对相关活动进行录像。针对同一现场多个计算机

信息系统收集、提取电子数据的，可以由一名见证人见证。”可见，D项的另一个错误在于，见证人在场存在例外情形。

综上，本题的正确答案为C项。

答案：C

17. 杨某非法获取上千条公民个人信息注册支付宝账号，并将公民头像照片制作成3D头像以通过人脸识别认证，进而获取支付宝邀请注册新用户的红包奖励，共计获利2万余元。关于本案处理，正确的是？（2020年法考客观题回忆版真题，不定项）

A. 公安机关在初查阶段从支付宝公司提取的账号注册信息，需要在立案后重新提取才可以作为定案证据

B. 杨某构成侵犯公民个人信息罪和诈骗罪，两罪是牵连犯，法院应当择一重罪处理

C. 支付宝公司可以通过附带民事诉讼要求杨某返还红包奖励

D. 对于储存3D头像的U盘，公安机关应当扣押，封存并随案移送

［解析］ 本题考查侵犯公民个人信息罪和诈骗罪的犯罪构成、初查、附带民事诉讼赔偿范围、电子数据的收集和移送。本案中，杨某构成侵犯公民个人信息罪和诈骗罪，两罪是牵连犯，法院应当择一重罪处理。故B项正确。依据现行刑事诉讼法及其相关规定，初查阶段收集的证据材料，可以在刑事诉讼中直接使用，无须重新收集提取。故A项不正确。

《高法解释》第176条规定，被告人非法占有、处置被害人财产的，应当依法予以追缴或者责令退赔。被害人提起附带民事诉讼的，法院不予受理。杨某的诈骗犯罪系非法占有支付宝公司的财产，被害单位支付宝公司不得通过附带民事诉讼要求杨某返还红包奖励。故C项不正确。

《公安部规定》第66条第1款规定：“收集、调取电子数据，能够扣押电子数据原始存储介质的，应当扣押原始存储介质，并制作笔录、予以封存。”《关于办理刑事案件收集提取和审查判断电子数据若干问题的规定》第18条第1款规定：“收集、提取的原始存储介质或者电子数据，应当以封存状态随案移送，并制作电子数据的备份一并移送。”本题D项中储存3D头像的U盘属于原始存储介质，公安机关应当扣押，封存并随案移送，故D项表述正确。因此，本题的正确答案为B、D两项。

答案：BD

18. 甲涉嫌利用木马程序盗取Q币并转卖他人，公安机关搜查其住处时，发现一个U盘内存储了用于盗取账号密码的木马程序。关于该U盘的处理，下列哪些选项是正确的？（2017/2/69，多选）

A. 应扣押U盘并制作笔录

B. 检查U盘内的电子数据时，应将U盘拆分过程进行录像

C. 公安机关移送审查起诉时，对U盘内提取的木马程序，应附有该木马程序如何盗取账号密码的说明

D. 如U盘未予封存，且不能补正或作出合理解释的，U盘内提取的木马程序不得作为定案的根据

［解析］ 本题考查电子数据的收集、提取、移送和运用。《关于办理刑事案件收集提取和审查判断电子数据若干问题的规定》第8条第1款规定：“收集、提取电子数据，能够扣押电子数据原始存储介质的，应当扣押、封存原始存储介质，并制作笔录，记录原始存储介质的封存状态。”本题中的U盘属于原始存储介质，应对其予以扣押并制作笔录。故A项正确。

《关于办理刑事案件收集提取和审查判断电子数据若干问题的规定》第16条第2款规定：“电子数据检查，应当对电子数据存储介质拆封过程进行录像，并将电子数据存储介质通过写保护设备接入到检查设备进行检查；有

条件的，应当制作电子数据备份，对备份进行检查；无法使用写保护设备且无法制作备份的，应当注明原因，并对相关活动进行录像。”故B项中，检查U盘内的电子数据时，应将U盘拆分过程进行录像，这一表述正确。

《关于办理刑事案件收集提取和审查判断电子数据若干问题的规定》第19条规定：“对侵入、非法控制计算机信息系统的程序、工具以及计算机病毒等无法直接展示的电子数据，应当附电子数据属性、功能等情况的说明。对数据统计量、数据同一性等问题，侦查机关应当出具说明。”本题中，甲涉嫌利用木马程序盗取Q币并转卖他人，就属于涉及计算机病毒的犯罪，应附有该木马程序如何盗取账号密码的说明。故C项正确。

《关于办理刑事案件收集提取和审查判断电子数据若干问题的规定》第27条规定：“电子数据的收集、提取程序有下列瑕疵，经补正或者作出合理解释的，可以采用；不能补正或者作出合理解释的，不得作为定案的根据：(一)未以封存状态移送的；(二)笔录或者清单上没有侦查人员、电子数据持有人(提供人)、见证人签名或者盖章的；(三)对电子数据的名称、类别、格式等注明不清的；(四)有其他瑕疵的。”故D项中“U盘未予封存”属于上述第(一)项的情形，因此，该U盘内提取的木马程序不能补正或作出合理解释的，不得作为定案的根据，该项正确。本题的正确答案为A、B、C、D四项。

答案：ABCD

19. 关于网络犯罪案件证据的收集与审查，下列哪一选项是正确的？(2015/2/24，单选)

A. 询问异地证人、被害人的，应由办案地公安机关通过远程网络视频等方式进行

B. 收集、提取电子数据，能够获取原始存储介质的应封存原始存储介质，并对相关活动录像

C. 远程提取电子数据的，应说明原因，并对相关活动录像

D. 对电子数据涉及的专门性问题难以确定的，可由公安部指定的机构出具检验报告

[解析] 本题考查网络犯罪案件证据的收集和审查。《关于办理信息网络犯罪案件适用刑事诉讼程序若干问题的意见》第15条第1款规定：“询(讯)问异地证人、被害人以及与案件有关联的犯罪嫌疑人的，可以由办案地公安机关通过远程网络视频等方式进行并制作笔录。”故A项的错误在于，不是“应”，而是“可以”。

《关于办理刑事案件收集提取和审查判断电子数据若干问题的规定》第8条第1款规定：“收集、提取电子数据，能够扣押电子数据原始存储介质的，应当扣押、封存原始存储介质，并制作笔录，记录原始存储介质的封存状态。”《关于办理刑事案件收集提取和审查判断电子数据若干问题的规定》第14条规定：“收集、提取电子数据，应当制作笔录……有条件的，应当对相关活动进行录像。”由此可见，B、C两项的错误在于，有条件的，才应当对相关活动进行录像，而不是一律都应当录像。

《关于办理刑事案件收集提取和审查判断电子数据若干问题的规定》第17条第1款规定：“对电子数据涉及的专门性问题难以确定的，由司法鉴定机构出具鉴定意见，或者由公安部指定的机构出具报告。对于检察院直接受理的案件，也可以由最高人民检察院指定的机构出具报告。”故D项的表述正确。

答案：D

考点6　鉴定

20. 关于司法鉴定，下列哪些选项是正确的？(2010/2/67，多选)

A. 某鉴定机构的三名鉴定人共同对某杀人案进行法医类鉴定，这三名鉴定人依照诉讼

法律规定实行回避

B. 某鉴定机构的鉴定人钱某对某盗窃案进行了声像资料鉴定，该司法鉴定应由钱某负责

C. 当事人对鉴定人胡某的鉴定意见有异议，经法院通知，胡某应当出庭作证

D. 鉴定人刘某、廖某、徐某共同对被告人的精神状况进行了鉴定，刘某和廖某意见一致，但徐某有不同意见，应当按照刘某和廖某的意见作出结论

[解析] 本题考查鉴定的程序。《关于司法鉴定管理问题的决定》第9条第3款规定："鉴定人应当依照诉讼法律规定实行回避。"故A项正确。

《关于司法鉴定管理问题的决定》第10条规定："司法鉴定实行鉴定人负责制度。鉴定人应当独立进行鉴定，对鉴定意见负责并在鉴定书上签名或者盖章。多人参加的鉴定，对鉴定意见有不同意见的，应当注明。"据此，鉴定人应对其鉴定意见负责。B项正确。鉴定意见不实行少数服从多数原则，故鉴定人之间意见不一致的，应注明不同意见。D项错误。

《关于司法鉴定管理问题的决定》第11条规定："在诉讼中，当事人对鉴定意见有异议的，经人民法院依法通知，鉴定人应当出庭作证。"故C项正确。综上，本题的正确答案为A、B、C三项。

答案：ABC

考点7 技术侦查

21. 吴某、于某涉嫌组织、领导黑社会性质组织罪，公安机关对吴某和于某的电话进行监听。关于该案的说法，正确的是？（2021年法考客观题回忆版真题，多选）

A. 监听获得的个人隐私不得用于该案的审判

B. 监听获得的个人隐私与案件无关的，必须及时销毁

C. 在对吴某和于某适用监听后，需要对与犯罪关联的周某适用监听，应重新报批准

D. 监听从立案时起3个月内有效

[解析] 本题考查技术侦查。本题中的"监听"属于技术侦查措施。《刑事诉讼法》第152条第2款规定："侦查人员对采取技术侦查措施过程中知悉的国家秘密、商业秘密和个人隐私，应当保密；对采取技术侦查措施获取的与案件无关的材料，必须及时销毁。"本题中，监听获得的个人隐私应当保密，而不是不能用于该案的审判。故A项错误，B项正确。《公安部规定》第267条规定："采取技术侦查措施，必须严格按照批准的措施种类、适用对象和期限执行。在有效期限内，需要变更技术侦查措施种类或者适用对象的，应当按照本规定第二百六十五条规定重新办理批准手续。"本题C项中，在对吴某和于某适用监听后，需要对与犯罪关联的周某适用监听，属于变更技术侦查适用对象，应重新办理批准手续。故C项正确。《刑事诉讼法》第151条规定，批准决定应当根据侦查犯罪的需要，确定采取技术侦查措施的种类和适用对象。批准决定自签发之日起3个月以内有效。本题D项的错误在于，监听措施"从批准决定签发之日"而不是"立案时"起3个月以内有效。故D项错误。综上，本题的正确答案为B、C两项。

答案：BC

22. 祁某因涉嫌贩卖毒品被A省B市公安局立案侦查，并拟对其采取技术侦查措施，关于本案技术侦查措施，下列说法正确的是？（2020年法考客观题回忆版真题，多选）

A. 技术侦查措施应由A省公安厅批准

B. 如果有人向祁某购买毒品，也可对其实施监控措施

C. 如果实施监听措施满3个月，需要继续隐匿身份进行侦查，需要重新审批

D. 技术侦查获得的国家秘密不得作为其他民事案件的证据适用

［解析］ 本题考查技术侦查。《公安部规定》第265条第1款规定，公安机关需要采取技术侦查措施的，应报设区的市一级以上公安机关负责人批准。故A项的错误在于，不是“应”而是“可以”由A省公安厅批准。《公安部规定》第264条第2款规定：“技术侦查措施的适用对象是犯罪嫌疑人、被告人以及与犯罪活动直接关联的人员。”B项中向祁某购买毒品的人是与犯罪活动直接关联的人员，公安机关也可对其实施技术侦查。故B项正确。隐匿身份进行侦查和监听属于不同的侦查手段，依据《公安部规定》第271条第1款的规定：“为了查明案情，在必要的时候，经县级以上公安机关负责人决定，可以由侦查人员或者公安机关指定的其他人员隐匿身份实施侦查。”故C项正确。《刑事诉讼法》第152条第3款规定：“采取技术侦查措施获取的材料，只能用于对犯罪的侦查、起诉和审判，不得用于其他用途。”故D项正确。

答案：BCD

23. 王某涉嫌贩卖毒品罪，A省B市公安局在适用监听和控制下交付程序中，下列做法正确的是？（2020年法考客观题回忆版真题，单选）

A. B市公安局在监听中获得的其他违法信息可以交相关行政机关处理

B. 在监听中获得的商业秘密不得作为证据使用

C. B市公安局适用监听和控制下交付，应当经A省公安厅批准

D. B市公安局可以对与贩卖毒品有直接关联的人员进行监听

［解析］ 本题考查技术侦查。监听属于技术侦查措施。《刑事诉讼法》第152条第3款规定：“采取技术侦查措施获取的材料，只能用于对犯罪的侦查、起诉和审判，不得用于其他用途。”本题B市公安局在监听中获得的其他违法信息不得交相关行政机关处理。故A项错误。

《刑事诉讼法》第152条第2款规定：“侦查人员对采取技术侦查措施过程中知悉的国家秘密、商业秘密和个人隐私，应当保密；对采取技术侦查措施获取的与案件无关的材料，必须及时销毁。”本题B项在监听中获得的商业秘密，如果符合条件，依然可以作为证据使用。故B项错误。

《公安部规定》第265条第1款规定，公安机关需要采取技术侦查措施的，应报设区的市一级以上公安机关负责人批准。《公安部规定》第272条规定：“对涉及给付毒品等违禁品或者财物的犯罪活动，为查明参与该项犯罪的人员和犯罪事实，根据侦查需要，经县级以上公安机关负责人决定，可以实施控制下交付。”本题C项中B市公安局适用监听应经设区的市一级以上公安机关负责人批准，B市公安局适用控制下交付应经县级以上公安机关负责人决定。故C项错误。

《公安部规定》第264条第2款规定：“技术侦查措施的适用对象是犯罪嫌疑人、被告人以及与犯罪活动直接关联的人员。”本题中，与贩卖毒品有直接关联的人员系“与犯罪活动直接关联的人员”，B市公安局可以对其进行监听。故D项正确。

答案：D

24. 家住甲市C区的张某利用网络贩卖毒品，甲市公安局获得线报，下列关于该案诉讼程序的说法，不正确的是？（2019年法考客观题回忆版真题，不定选）

A. 在初查时，为了便于收集电子数据，公安机关可以封存张某的手机

B. 在初查时，由甲市公安局局长批准，公安机关可以实施技术侦查措施

C. 在毒品交易现场，侦查人员不出示搜查证即可搜查张某可能藏有毒品的轿车

D. 公安机关只有持立案决定书，才可以调查取证

[解析] 本题考查初查、技术侦查、搜查。《公安部规定》第174条第2款规定，调查核实过程中，公安机关可以依照有关法律和规定采取询问、查询、勘验、鉴定和调取证据材料等不限制被调查对象人身、财产权利的措施。本题A项中的“封存”限制了被调查人的财产权利，在初查中不得封存张某的手机，该项不正确。依据《公安部规定》第263条的规定，公安机关在立案后，根据侦查犯罪的需要，才可以采取技术侦查措施。因此，在立案之前的初查阶段不能采取技术侦查措施。B项错误。《刑事诉讼法》第138条规定：“进行搜查，必须向被搜查人出示搜查证。在执行逮捕、拘留的时候，遇有紧急情况，不另用搜查证也可以进行搜查。”本题C项的情况下，侦查人员应当出示搜查证。故C项错误。依据前引《公安部规定》第174条之规定，在立案之前的初查阶段，公安机关即可调查取证。故D项表述错误。本题的正确答案为A、B、C、D四项。

答案：ABCD

25. 某公安机关侦查人员丁某涉嫌刑讯逼供罪，后经查，发现丁某还曾涉嫌受贿罪和暴力取证罪。关于该案，正确的说法是？（2019年法考客观题回忆版真题，不定选）

A. 暴力取证案的被害人提起附带民事诉讼，法院不予受理

B. 经过检察院和监察机关的协商，监察机关决定由检察院立案侦查丁某的受贿罪

C. 检察院可以对丁某的暴力取证罪立案侦查

D. 检察院可以对丁某的刑讯逼供罪进行技术侦查

[解析] 本题考查立案管辖、附带民事诉讼、技术侦查。《高法解释》第177条规定：“国家机关工作人员在行使职权时，侵犯他人人身、财产权利构成犯罪，被害人或者其法定代理人、近亲属提起附带民事诉讼的，人民法院不予受理，但应当告知其可以依法申请国家赔偿。”本题A项中的暴力取证案是国家机关工作人员在行使职权时侵犯人身权利的犯罪，所以，被害人只能申请国家赔偿，不能提起附带民事诉讼。故A项正确。《刑事诉讼法》第19条第2款规定：“人民检察院在对诉讼活动实行法律监督中发现的司法工作人员利用职权实施的非法拘禁、刑讯逼供、非法搜查等侵犯公民权利、损害司法公正的犯罪，可以由人民检察院立案侦查。对于公安机关管辖的国家机关工作人员利用职权实施的重大犯罪案件，需要由人民检察院直接受理的时候，经省级以上人民检察院决定，可以由人民检察院立案侦查。”显然，本题中丁某涉嫌的暴力取证罪，是司法工作人员利用职权实施的侵犯公民权利的犯罪，可以由检察院立案侦查。故C项正确。依据《监察法》第11条第（二）项的规定，监察机关对涉嫌贪污贿赂、滥用职权、玩忽职守、权力寻租、利益输送、徇私舞弊以及浪费国家资财等职务违法和职务犯罪进行调查。本题中的丁某受贿罪只能由监察机关立案调查，不能由检察院立案侦查。故B项错误。《刑事诉讼法》第150条第2款规定：“人民检察院在立案后，对于利用职权实施的严重侵犯公民人身权利的重大犯罪案件，根据侦查犯罪的需要，经过严格的批准手续，可以采取技术侦查措施，按照规定交有关机关执行。”本题D项中，丁某的刑讯逼供罪是利用职权实施的严重侵犯公民人身权利的犯罪案件，检察院可以决定对该案技术侦查，但是要交由有关机关执行，不能由检察院实施技术侦查。故D项错误。本题的正确答案为A、C两项。

答案：AC

26. 赵某在甲省乙市丙区涉嫌特大贩卖毒品罪，甲省乙市公安局立案侦查，下列说法正确的是？（2018 年法考客观题回忆版真题，不定选）

A. 乙市公安局只能对赵某实施监听，不能监听购买毒品的人

B. 在对赵某实施通信监控的 3 个月内，若要将通信监听转为行动监控，报请乙市公安局负责人重新批准

C. 若案情复杂、疑难，对赵某实施通信监控的期限延长 3 个月，重新报请乙市公安局负责人重新批准

D. 对该案若实施隐匿身份实施侦查，应报甲省公安厅批准

［解析］ 本题考查技术侦查的适用程序。依据《公安部规定》第 264 条第 2 款的规定："技术侦查措施的适用对象是犯罪嫌疑人、被告人以及与犯罪活动直接关联的人员。"A 项的错误在于，乙市公安局不仅可对赵某实施监听，还可以对购买毒品的人实施监听。

《公安部规定》第 267 条第 2 款规定，在有效期限内，需要变更技术侦查措施种类或者适用对象的，应当按照《公安部规定》第 265 条规定重新办理批准手续。B 项属于变更技术侦查种类，应当重新报请批准，该项正确。

依据《公安部规定》第 266 条第 3 款："对复杂、疑难案件，采取技术侦查措施的有效期限届满仍需要继续采取技术侦查措施的，经负责技术侦查的部门审核后，报批准机关负责人批准，制作延长技术侦查措施期限决定书。批准延长期限，每次不得超过三个月。"故 C 项正确。

依据《公安部规定》第 271 条第 1 款的规定："为了查明案情，在必要的时候，经县级以上公安机关负责人决定，可以由侦查人员或者公安机关指定的其他人员隐匿身份实施侦查。"故 D 项的错误在于，对该案实施隐匿身份的侦查，只需县级以上公安机关批准，无须甲省公安厅批准。

因此，本题的正确答案为 B、C 两项。

答案：BC

27. 关于技术侦查，下列哪些说法是正确的？（2012/2/71，多选）

A. 适用于严重危害社会的犯罪案件

B. 必须在立案后实施

C. 公安机关和检察院都有权决定并实施

D. 获得的材料需要经过转化才能在法庭上使用

［解析］ 本题考查技术侦查的适用程序。《刑事诉讼法》第 150 条规定："公安机关在立案后，对于危害国家安全犯罪、恐怖活动犯罪、黑社会性质的组织犯罪、重大毒品犯罪或者其他严重危害社会的犯罪案件，根据侦查犯罪的需要，经过严格的批准手续，可以采取技术侦查措施。人民检察院在立案后，对于利用职权实施的严重侵犯公民人身权利的重大犯罪案件，根据侦查犯罪的需要，经过严格的批准手续，可以采取技术侦查措施，按照规定交有关机关执行。追捕被通缉或者批准、决定逮捕的在逃的犯罪嫌疑人、被告人，经过批准，可以采取追捕所必需的技术侦查措施。"由此可知，A、B 两项表述正确。

C 项的错误在于，公安机关有权决定并实施技术侦查，但是，检察院仅有权决定技术侦查，无权实施技术侦查。

《刑事诉讼法》第 154 条规定："依照本节规定采取侦查措施收集的材料在刑事诉讼中可以作为证据使用……"由此可知，本题 D 项的错误在于，技术侦查所获得的材料无须转化即可在法庭上质证属实后作为证据使用。

因此，本题的正确答案为 A、B 两项。

答案：AB

28. 鲁某与关某涉嫌贩卖冰毒 500 余克，B 省 A 市中级法院开庭审理后，以鲁某犯贩卖

毒品罪，判处死刑立即执行，关某犯贩卖毒品罪，判处死刑缓期二年执行。一审宣判后，关某以量刑过重为由向B省高级法院提起上诉，鲁某未上诉，检察院也未提起抗诉。关于本案侦查，下列选项正确的是？（2015/2/94，不定选）

A. 本案经批准可采用控制下交付的侦查措施

B. 对鲁某采取技术侦查的期限不得超过9个月

C. 侦查机关只有在对鲁某与关某立案后，才能派遣侦查人员隐匿身份实施侦查

D. 通过技术侦查措施收集到的证据材料可作为定案的依据，但须经法庭调查程序查证属实或由审判人员在庭外予以核实

［解析］ 本题考查技术侦查。《刑事诉讼法》第153条规定："为了查明案情，在必要的时候，经公安机关负责人决定，可以由有关人员隐匿其身份实施侦查。但是，不得诱使他人犯罪，不得采用可能危害公共安全或者发生重大人身危险的方法。对涉及给付毒品等违禁品或者财物的犯罪活动，公安机关根据侦查犯罪的需要，可以依照规定实施控制下交付。"本案中鲁某的贩卖毒品罪是给付毒品的犯罪，经批准，可采用控制下交付措施。A项正确。C项的表述也正确，因为只有在立案之后的侦查阶段，才可以实施隐匿身份侦查这一秘密侦查手段。

《刑事诉讼法》第151条规定："批准决定应当根据侦查犯罪的需要，确定采取技术侦查措施的种类和适用对象。批准决定自签发之日起三个月以内有效。对于不需要继续采取技术侦查措施的，应当及时解除；对于复杂、疑难案件，期限届满仍有必要继续采取技术侦查措施的，经过批准，有效期可以延长，每次不得超过三个月。"故B项错误。

《刑事诉讼法》第154条规定，依照第八节规定采取侦查措施收集的材料在刑事诉讼中可以作为证据使用。如果使用该证据可能危及有关人员的人身安全，或者可能产生其他严重后果的，应当采取不暴露有关人员身份、技术方法等保护措施，必要的时候，可以由审判人员在庭外对证据进行核实。故D项表述正确。

答案：ACD

考点8 辨认

29. 关于侦查辨认，下列哪一选项是正确的？（2017/2/31，单选）

A. 强制猥亵案，让犯罪嫌疑人对被害人进行辨认

B. 盗窃案，让犯罪嫌疑人到现场辨认藏匿赃物的房屋

C. 故意伤害案，让犯罪嫌疑人和被害人一起对凶器进行辨认

D. 刑讯逼供案，让被害人在4张照片中辨认犯罪嫌疑人

［解析］ 本题考查辨认程序。依据《公安部规定》第258条的规定："为了查明案情，在必要的时候，侦查人员可以让被害人、证人或者犯罪嫌疑人对与犯罪有关的物品、文件、尸体、场所或者犯罪嫌疑人进行辨认。"因此，辨认不包括对被害人的辨认。故A项错误。《公安部规定》第260条第2～4款规定："辨认犯罪嫌疑人时，被辨认的人数不得少于七人；对犯罪嫌疑人照片进行辨认的，不得少于十人的照片。辨认物品时，混杂的同类物品不得少于五件；对物品的照片进行辨认的，不得少于十个物品的照片。对场所、尸体等特定辨认对象进行辨认，或者辨认人能够准确描述物品独有特征的，陪衬物不受数量的限制。"本题中，让犯罪嫌疑人辨认藏匿赃物的房屋，属于对场所的辨认，无须混杂辨认。故B项正确。

依据《公安部规定》第259条第2款的规定："几名辨认人对同一辨认对象进行辨认时，应当由辨认人个别进行。"本题C项中"让犯

罪嫌疑人和被害人一起对凶器进行辨认”这种集体辨认是错误的，应当个别辨认。

依据《高检规则》第226条第1～3款的规定：“辨认时，应当将辨认对象混杂在其他对象中。不得在辨认前向辨认人展示辨认对象及其影像资料，不得给辨认人任何暗示。辨认犯罪嫌疑人时，被辨认的人数不得少于七人，照片不得少于十张。辨认物品时，同类物品不得少于五件，照片不得少于五张。”本题D项中的刑讯逼供案是检察院侦查的案件，被辨认的照片只有4张，少于10张，不符合上述被辨认对象的数量规定。该项错误。

本题的正确答案为B项。

答案：B

30. 某地发生一起以爆炸手段故意杀人致多人伤亡的案件。公安机关立案侦查后，王某被确定为犯罪嫌疑人。关于本案辨认，下列哪一选项是正确的？（2016/2/34，单选）

A. 证人甲辨认制造爆炸物的工具时，混杂了另外4套同类工具

B. 证人乙辨认犯罪嫌疑人时未同步录音或录像，辨认笔录不得作为定案的依据

C. 证人丙辨认犯罪现场时没有见证人在场，辨认笔录不得作为定案的依据

D. 王某作为辨认人时，陪衬物不受数量的限制

［解析］ 本题考查辨认、辨认笔录的排除。《公安部规定》第260条第3、4款规定：“辨认物品时，混杂的同类物品不得少于五件；对物品的照片进行辨认的，不得少于十个物品的照片。对场所、尸体等特定辨认对象进行辨认，或者辨认人能够准确描述物品独有特征的，陪衬物不受数量的限制。”本题A项中辨认制作爆炸物的工具，属于辨认物品，“混杂了另外4件同类工具”就意味着，加上被辨认的工具，总共是5件，符合上述规定。故A项正确。D项中，犯罪嫌疑人王某作为辨认人，只有在对“场所、尸体等特定辨认对象进行辨认，或者辨认人能够准确描述物品独有特征的”情形下，陪衬物不受数量的限制。故D项表述错误。《高法解释》第105条规定：“辨认笔录具有下列情形之一的，不得作为定案的根据：（一）辨认不是在调查人员、侦查人员主持下进行的；（二）辨认前使辨认人见到辨认对象的；（三）辨认活动没有个别进行的；（四）辨认对象没有混杂在具有类似特征的其他对象中，或者供辨认的对象数量不符合规定的；（五）辨认中给辨认人明显暗示或者明显有指认嫌疑的；（六）违反有关规定、不能确定辨认笔录真实性的其他情形。”本题B项中“未同步录音或录像”，C项中“没有见证人到场”，均不属于上述“不得作为定案根据”的情形。故B、C两项错误。综上所述，本题的正确答案为A项。

答案：A

31. 公安机关抓获一起抢夺案犯罪嫌疑人黄某、王某。王某声称被错抓，公安机关决定组织对王某进行辨认。关于公安机关的做法，下列哪些选项是正确的？（2011/2/69，多选）

A. 让2名被害人一同对王某进行辨认

B. 让黄某单独对王某进行辨认

C. 在辨认时没有安排见证人在场

D. 将王某混在其他5名被辨认人当中

［解析］ 本题考查辨认程序。《公安部规定》第259条第2款规定：“几名辨认人对同一辨认对象进行辨认时，应当由辨认人个别进行。”据此，A项错误，B项正确。

《公安部规定》第261条规定：“对犯罪嫌疑人的辨认，辨认人不愿意公开进行时，可以在不暴露辨认人的情况下进行，并应当为其保守秘密。”据此，在辨认的时候，不是必须安排见证人在场，C项正确。

《公安部规定》第260条第2款规定：“辨认犯罪嫌疑人时，被辨认的人数不得少于七

人；对犯罪嫌疑人照片进行辨认的，不得少于十人的照片。”据此，D项的错误在于被辨认的人数少于7人。

综上，本题的正确答案为B、C两项。

答案：BC

32. 赵某、石某抢劫杀害李某，被路过的王某、张某看见并报案。赵某、石某被抓获后，2名侦查人员负责组织辨认。关于辨认的程序，下列选项正确的是？（2014/2/92，不定选）

A. 在辨认尸体时，只将李某尸体与另一尸体作为辨认对象

B. 在2名侦查人员的主持下，将赵某混杂在9名具有类似特征的人员中，由王某、张某个别进行辨认

C. 在对石某进行辨认时，9名被辨认人员中的4名民警因紧急任务离开，在2名侦查人员的主持下，将石某混杂在5名人员中，由王某、张某个别进行辨认

D. 根据王某、张某的要求，辨认在不暴露他们身份的情况下进行

［解析］ 本题考查辨认程序。《公安部规定》第259条规定：“辨认应当在侦查人员的主持下进行。主持辨认的侦查人员不得少于二人。几名辨认人对同一辨认对象进行辨认时，应当由辨认人个别进行。”《公安部规定》第260条第2～4款规定：“辨认犯罪嫌疑人时，被辨认的人数不得少于七人；对犯罪嫌疑人照片进行辨认的，不得少于十人的照片。对场所、尸体等特定辨认对象进行辨认，或者辨认人能够准确描述物品独有特征的，陪衬物不受数量的限制。”本题A项中，在辨认尸体时，只将李某尸体与另一尸体作为辨认对象，这种做法是合法的。故A项正确。B项表述也正确。C项的错误在于，“将石某混杂在5名人员中”，被辨认对象的数量不符合规定。

《公安部规定》第261条规定：“对犯罪嫌疑人的辨认，辨认人不愿意公开进行时，可以在不暴露辨认人的情况下进行，并应当为其保守秘密。”故D项正确。本题的正确答案为A、B、D三项。

答案：ABD

✪ 考点9　通缉

33. 甲在R省H市故意杀人，被H市公安局立案侦查，其逃往K省N市，公安机关决定通缉甲，关于该案诉讼程序的表述，正确的是？（2019年法考客观题回忆版真题，不定选）

A. H市公安局应层报公安部，由公安部发布通缉令

B. H市公安局报请R省公安厅发布通缉令

C. H市公安局应当通知N市公安局，N市公安局应当协助抓捕

D. H市公安局和N市公安局抽签决定管辖地

［解析］ 本题考查通缉和管辖。《刑事诉讼法》第155条规定：“应当逮捕的犯罪嫌疑人如果在逃，公安机关可以发布通缉令，采取有效措施，追捕归案。各级公安机关在自己管辖的地区以内，可以直接发布通缉令；超出自己管辖的地区，应当报请有权决定的上级机关发布。”本题中，甲已经不在R省而在K省，所以，H市公安局应层报公安部发布通缉令。故A项正确，B项错误。《刑事诉讼法》第83条规定：“公安机关在异地执行拘留、逮捕的时候，应当通知被拘留、逮捕人所在地的公安机关，被拘留、逮捕人所在地的公安机关应当予以配合。”故C项正确。依据《公安部规定》第15条第1款的规定：“刑事案件由犯罪地的公安机关管辖。如果由犯罪嫌疑人居住地的公安机关管辖更为适宜的，可以由犯罪嫌疑人居住地的公安机关管辖。”本题中的H市公安局有管辖权，N市公安局没有管辖权。故D项错误。

因此，本题的正确答案为A、C两项。

答案：AC

34. 某市检察院对某监狱狱警卢某私放多名在押人员案进行立案侦查。掌握有关证据后，检察院决定依法对卢某进行传唤。卢某闻讯逃匿，去向不明。下列哪一说法是正确的？（单选）

A. 符合通缉条件，由该市公安机关作出通缉的决定

B. 符合通缉条件，由该市检察院报请有决定权的上级检察院作出通缉决定

C. 符合通缉条件，由该市检察院报请上一级检察院发布通缉令

D. 不符合通缉条件，检察院发布协查通报

［解析］ 本题考查通缉的条件、决定权和发布权。《刑事诉讼法》第155条规定："应当逮捕的犯罪嫌疑人如果在逃，公安机关可以发布通缉令，采取有效措施，追捕归案。各级公安机关在自己管辖的地区以内，可以直接发布通缉令；超出自己管辖的地区，应当报请有权决定的上级机关发布。"本案中卢某"闻讯逃匿，去向不明"的情节符合通缉的形式要件，因此判断卢某是否应当被通缉，关键在于确定本案是否符合通缉的实质条件，即卢某所犯的罪行是否应当被逮捕。《刑事诉讼法》第81条第1款规定了逮捕的条件，即证据条件、罪责条件和社会危险性条件。本案中，检察院掌握了卢某私放在押人员案的相关证据，符合逮捕证据条件。依据《刑法》第400条的规定，卢某私放在押人员案可能会被判处徒刑以上刑罚，因此本案符合逮捕的罪责条件。加之在本案中卢某"闻讯而逃"的情节符合社会危险性条件，因此卢某的情况同时符合了通缉的实质要件和形式要件，应对卢某进行通缉。故D项错误。

《高检规则》第232条规定："人民检察院办理直接受理侦查的案件，应当逮捕的犯罪嫌疑人在逃，或者已被逮捕的犯罪嫌疑人脱逃的，经检察长批准，可以通缉。"本题中监狱狱警卢某私放在押人员，属检察院自侦案件，所以应由检察院决定通缉，A项是由公安机关决定通缉，故错误。

《高检规则》第233条规定："各级人民检察院需要在本辖区内通缉犯罪嫌疑人的，可以直接决定通缉；需要在本辖区外通缉犯罪嫌疑人的，由有决定权的上级人民检察院决定。"因为卢某逃匿，去向不明，办案的检察院应当交由有决定权的上级检察院决定。故B项正确。

《刑事诉讼法》第155条第1款规定："应当逮捕的犯罪嫌疑人如果在逃，公安机关可以发布通缉令，采取有效措施，追捕归案。"有权发布通缉令的只有公安机关。故C项错误。

答案：B

考点10 侦查行为的综合考查

35. 幼童小明在课外辅导班被培训机构的徐老师强制猥亵，公安机关对徐老师立案侦查。下列关于该案的做法，哪些是合法的？（2023年法考客观题回忆版真题，多选）

A. 侦查人员给小明看徐老师的照片后直接制作辨认笔录

B. 为了查明案件事实，经过小明及其法定代理人同意后，侦查人员对小明进行身体检查

C. 侦查人员在小明家里对其进行一次性询问

D. 徐老师被逮捕后，为了防止证据灭失，公安机关于3天后通知其家属

［解析］ 本题考查辨认、身体检查、询问未成年被害人的程序、逮捕后的通知程序。《公安部规定》第260条第2款规定："辨认犯罪嫌疑人时，被辨认的人数不得少于七人；对犯罪嫌疑人照片进行辨认的，不得少于十人的照片。"本题A项中，侦查人员让小明辨认嫌

疑人徐老师的照片时，不得少于十人的照片。侦查人员仅出示徐老师的照片，违反了混杂辨认规则。故A项的做法不合法。《公安部规定》第217条第1款规定："为了确定被害人、犯罪嫌疑人的某些特征、伤害情况或者生理状态，可以对人身进行检查，依法提取、采集肖像、指纹等人体生物识别信息，采集血液、尿液等生物样本。"本案中，为了查明案件事实，经过未成年被害人小明及其法定代理人同意后，侦查人员可以对小明进行身体检查。故B项正确。《公安部规定》第326条第2款规定，询问未成年被害人、证人，应当以适当的方式进行，注意保护其隐私和名誉，尽可能减少询问频次，避免造成二次伤害。而且，询问被害人，可以在其住处进行询问。故C项正确。《刑事诉讼法》第93条第2款规定："逮捕后，应当立即将被逮捕人送看守所羁押。除无法通知的以外，应当在逮捕后二十四小时以内，通知被逮捕人的家属。"故D项的错误在于，不能以"为了防止证据灭失"为由不通知被逮捕人徐老师的家属，而且应在24小时以内通知徐老师的家属，不能在"3天后通知徐老师的家属"。

答案：BC

36. 甲公司涉嫌非法获取数万条公民个人信息，被公安机关立案侦查。因为被侵犯个人隐私的人数众多，公安机关采取抽样的方式对个人信息进行查证。下列关于该案的说法，正确的是？（2023年法考客观题回忆版真题，不定选）

A. 甲公司的辩护律师可以对被侵犯个人隐私的信息做"去重处理"

B. 公安机关应逐条对被侵犯个人隐私的信息进行查证，不能抽样取证

C. 检察院认为公安机关抽样取证不科学，可以自行取证

D. 公安机关需对被侵犯个人隐私的信息做"去重处理"

［解析］ 本题考查信息网络犯罪案件的取证程序。《关于办理信息网络犯罪案件适用刑事诉讼程序若干问题的意见》第20条规定："办理信息网络犯罪案件，对于数量特别众多且具有同类性质、特征或者功能的物证、书证、证人证言、被害人陈述、视听资料、电子数据等证据材料，确因客观条件限制无法逐一收集的，应当按照一定比例或者数量选取证据，并对选取情况作出说明和论证。人民检察院、人民法院应当重点审查取证方法、过程是否科学。经审查认为取证不科学的，应当由原取证机关作出补充说明或者重新取证。人民检察院、人民法院应当结合其他证据材料，以及犯罪嫌疑人、被告人及其辩护人所提辩解、辩护意见，审查认定取得的证据。经审查，对相关事实不能排除合理怀疑的，应当作出有利于犯罪嫌疑人、被告人的认定。"由此条文可知，B项不正确，因为这些与个人信息相关的证据具有同类性质、特征或者功能，确因客观条件限制无法逐一收集的，应当按照一定比例或者数量选取证据，而不是逐一取证。C项中，检察院认为公安机关的抽样取证不科学，应当由原取证机关作出补充说明或者重新取证，而不是自行取证，该项错误。《关于办理侵犯公民个人信息刑事案件适用法律若干问题的解释》第11条第3款规定："对批量公民个人信息的条数，根据查获的数量直接认定，但是有证据证明信息不真实或者重复的除外。"辩护律师可对被侵犯个人隐私的信息做"去重处理"，公安机关也需要对被侵犯个人隐私的信息做"去重处理"，故A、D两项正确。

答案：AD

37. 医生宋某发现8岁女童身上有长期虐打的伤痕，女童父亲郭某闪烁其词，宋某觉得可疑并报警。下列关于该案的说法，正确的是？（2020年法考客观题回忆版真题，单选）

A. 宋某行为是控告

B. 侦查人员到医院后可现场询问宋某

C. 侦查人员到医院后可口头传唤郭某到派出所讯问

D. 因郭某有重大嫌疑，侦查人员可在医院单独询问女童

［解析］ 本题考查报案、举报和控告的区别、询问证人、被害人、讯问犯罪嫌疑人的程序。宋某是第三人，能指出犯罪人是郭某，因此，宋某的行为是举报，而不是控告。故A项不正确。

《刑事诉讼法》第124条第1款规定，侦查人员询问证人，可以在现场进行，也可以到证人所在单位、住处或者证人提出的地点进行，在必要的时候，可以通知证人到检察院或者公安机关提供证言。本题中，宋某是证人，医院是证人宋某的所在单位，侦查人员可以在医院询问宋某。故B项正确。

《刑事诉讼法》第119条第1款规定："对不需要逮捕、拘留的犯罪嫌疑人，可以传唤到犯罪嫌疑人所在市、县内的指定地点或者到他的住处进行讯问，但是应当出示人民检察院或者公安机关的证明文件。对在现场发现的犯罪嫌疑人，经出示工作证件，可以口头传唤，但应当在讯问笔录中注明。"本题中，侦查人员尽管可以在派出所讯问犯罪嫌疑人郭某，但是，派出所不是"现场"，而是公安机关，所以，侦查人员不得口头传唤，而应出示公安机关的证明文件，才可以在派出所讯问郭某。故C项错误。

依据《刑事诉讼法》第281条的规定，女童只有8岁，是未成年被害人，在询问女童时，应当通知其法定代理人到场，无法通知、法定代理人不能到场或者法定代理人是共犯的，也可以通知其他合适成年人到场，总之，不能在医院单独询问女童。该项错误。因此，本题的正确答案为B项。

答案：B

38. H市公安局利用DNA技术侦破一起22年前发生的故意杀人案，拟报最高检察院核准追诉，在该故意杀人案侦查中，犯罪嫌疑人马某还交代21年前曾入室盗窃，当时公安机关接到报案，但以未确定犯罪嫌疑人为由不予立案。下列关于该案诉讼程序的说法，正确的是？（2022年法考延考客观题回忆版真题，多选）

A. 最高检察院核准之前，H市公安局可对马某拘留

B. 最高检察院核准之前，不可以对马某的故意杀人案提起公诉

C. 不可以对马某入室盗窃案追诉

D. H市公安局层报公安部，由公安部向最高检察院报请核准

［解析］ 本题考查核准追诉的程序、追诉时效期限。《刑法》第87条规定的核准追诉制度，是指法定最高刑为无期徒刑、死刑的犯罪，超过20年追诉期限后，认为必须追诉的，须报请最高人民检察院核准。《高检规则》第321条规定："须报请最高人民检察院核准追诉的案件，公安机关在核准之前可以依法对犯罪嫌疑人采取强制措施。公安机关报请核准追诉并提请逮捕犯罪嫌疑人，人民检察院经审查认为必须追诉而且符合法定逮捕条件的，可以依法批准逮捕，同时要求公安机关在报请核准追诉期间不得停止对案件的侦查。未经最高人民检察院核准，不得对案件提起公诉。"本题中A、B项表述正确。《刑法》第88条第2款规定："被害人在追诉期限内提出控告，人民法院、人民检察院、公安机关应当立案而不予立案的，不受追诉期限的限制。"本题C项属于公安机关应当立案而不予立案的情形，不受追诉期限的限制，对马某的入室盗窃还可以追诉，该项不正确。《高检规则》第323条规定："公安机关报请核准追诉的案件，由同级人民检察院受理并层报最高人民检察院审查决定。"故D项对报请核准的程序表述错误。

答案：AB

39. 1996年11月，某市发生一起故意杀人案。2017年3月，当地公安机关根据案发时现场物证中提取的DNA抓获犯罪嫌疑人陆某。2017年7月，最高人民检察院对陆某涉嫌故意杀人案核准追诉。在最高人民检察院核准前，关于本案处理，下列哪一选项是正确的？（2017/2/23，单选）

A. 不得侦查本案

B. 可对陆某先行拘留

C. 不得对陆某批准逮捕

D. 可对陆某提起公诉

[解析] 本题考查核准追诉前的程序和强制措施、侦查的适用。《刑法》第87条规定的核准追诉制度，是指法定最高刑为无期徒刑、死刑的犯罪，超过20年追诉期限后，认为必须追诉的，须报请最高人民检察院核准。依据《高检规则》第321条第2款的规定："公安机关报请核准追诉并提请逮捕犯罪嫌疑人，人民检察院经审查认为必须追诉而且符合法定逮捕条件的，可以依法批准逮捕，同时要求公安机关在报请核准追诉期间不得停止对案件的侦查。"故本题A项错误。依据《高检规则》第321条第1款的规定："须报请最高人民检察院核准追诉的案件，公安机关在核准之前可以依法对犯罪嫌疑人采取强制措施。"因此，公安机关在最高人民检察院核准前可以对犯罪嫌疑人采取包括拘留在内的强制措施。故B项正确。依据《高检规则》第321条第2款的规定："公安机关报请核准追诉并提请逮捕犯罪嫌疑人，人民检察院经审查认为必须追诉而且符合法定逮捕条件的，可以依法批准逮捕，同时要求公安机关在报请核准追诉期间不得停止对案件的侦查。"故C项错误。依据《高检规则》第321条第3款的规定："未经最高人民检察院核准，不得对案件提起公诉。"故在最高人民检察院核准前，不得对陆某提起公诉。D项错误。故本题的正确答案为B项。

答案：B

40. 某小学发生一起猥亵儿童案件，三年级女生甲向校长许某报称被老师杨某猥亵。许某报案后，侦查人员通过询问许某了解了甲向其陈述的被杨某猥亵的经过。侦查人员还通过询问甲了解到，另外两名女生乙和丙也可能被杨某猥亵，乙曾和甲谈到被杨某猥亵的经过，甲曾目睹杨某在课间猥亵丙。讯问杨某时，杨某否认实施猥亵行为，并表示他曾举报许某贪污，许某报案是对他的打击报复。关于本案侦查措施，下列选项正确的是？（2017/2/95，不定选）

A. 经出示工作证件，侦查人员可在学校询问甲

B. 询问乙时，可由学校的其他老师在场并代行乙的诉讼权利

C. 可通过侦查实验确定甲能否在其所描述的时间、地点看到杨某猥亵丙

D. 搜查杨某在学校内的宿舍时，可由许某在场担任见证人

[解析] 本题考查询问被害人的地点、其他合适成年人到场、侦查实验、见证人。《刑事诉讼法》第124条第1款规定："侦查人员询问证人，可以在现场进行，也可以到证人所在单位、住处或者证人提出的地点进行，在必要的时候，可以通知证人到人民检察院或者公安机关提供证言。在现场询问证人，应当出示工作证件，到证人所在单位、住处或者证人提出的地点询问证人，应当出示人民检察院或者公安机关的证明文件。"本题A项中的"学校"是案发现场，所以经出示工作证件，侦查人员可在学校询问甲。故A项正确。

《刑事诉讼法》第281条第1款规定："对于未成年人刑事案件，在讯问和审判的时候，应当通知未成年犯罪嫌疑人、被告人的法定代理人到场。无法通知、法定代理人不能到场或者法定代理人是共犯的，也可以通知未成年犯罪嫌疑人、被告人的其他成年亲属，所在学校、单位、居住地基层组织或者未成年人保护

组织的代表到场，并将有关情况记录在案。到场的法定代理人可以代为行使未成年犯罪嫌疑人、被告人的诉讼权利。”由此可见，只有到场的法定代理人才能代为行使未成年犯罪嫌疑人、被告人的诉讼权利，此处的“学校的其他老师”是其他合适成年人，不能代为行使乙的诉讼权利。故B项错误。

《刑事诉讼法》第135条第1、3款规定：“为了查明案情，在必要的时候，经公安机关负责人批准，可以进行侦查实验。侦查实验，禁止一切足以造成危险、侮辱人格或者有伤风化的行为。”本题C项中“通过侦查实验确定甲能否在其所描述的时间、地点看到杨某猥亵丙”，不会造成危险、侮辱人格或者有伤风化的行为，故可以侦查实验。因此，C项正确。

《高法解释》第80条第1款规定：“下列人员不得担任见证人：（一）生理上、精神上有缺陷或者年幼，不具有相应辨别能力或者不能正确表达的人；（二）与案件有利害关系，可能影响案件公正处理的人；（三）行使勘验、检查、搜查、扣押、组织辨认等监察调查、刑事诉讼职权的监察、公安、司法机关的工作人员或者其聘用的人员。”本题D项中，许某系本案的报案人和证人，而且许某和杨某之间有利害关系，可能影响案件公正处理，故不得担任见证人。因此，D项错误。本题的正确答案为A、C两项。

答案：AC

41. 甲、乙（户籍地均为M省A市）共同运营一条登记注册于A市的远洋渔船。某次在公海捕鱼时，甲乙二人共谋杀害了与他们素有嫌隙的水手丙。该船回国后首泊于M省B市港口以作休整，然后再航行至A市。从B市起航后，在途经M省C市航行至A市过程中，甲因害怕乙投案自首一直将乙捆绑拘禁于船舱，该船于A市靠岸后案发。本案公安机关开展了侦查。关于侦查措施，下列选项正确的是？（2016/2/94，不定选）

A. 讯问甲的过程应当同步录音或录像

B. 可在讯问乙的过程中一并收集乙作为非法拘禁案的被害人的陈述

C. 在该船只上进行犯罪现场勘查时，应邀请见证人在场

D. 可查封该船只进一步收集证据

［解析］ 本题考查讯问犯罪嫌疑人、询问被害人、勘查、查封。《公安部规定》第208条第1、2款规定，讯问犯罪嫌疑人，在文字记录的同时，可以对讯问过程进行录音录像。对于可能判处无期徒刑、死刑的案件或者其他重大犯罪案件，应当对讯问过程进行录音录像。前述规定的“可能判处无期徒刑、死刑的案件”，是指应当适用的法定刑或者量刑档次包含无期徒刑、死刑的案件。本题中，甲涉嫌故意杀人罪，属于上述“可能判处无期徒刑、死刑的案件”，在侦查讯问甲的过程中，应当同步录音录像。故A项正确。

依据《刑事诉讼法》第118～127条之规定，可知讯问犯罪嫌疑人和询问被害人的程序有差异，所以，不得在讯问犯罪嫌疑人乙的过程中一并收集乙作为非法拘禁案的被害人的陈述，故B项错误。

《公安部规定》第216条规定：“勘查现场，应当拍摄现场照片、绘制现场图，制作笔录，由参加勘查的人和见证人签名。对重大案件的现场勘查，应当录音录像。”本题中，在该船只上进行犯罪现场勘查时，应邀请见证人在场。故C项正确。

《公安部规定》第228条规定：“在侦查过程中需要扣押财物、文件的，应当经办案部门负责人批准，制作扣押决定书；在现场勘查或者搜查中需要扣押财物、文件的，由现场指挥人员决定；但扣押财物、文件价值较高或者可能严重影响正常生产经营的，应当经县级以上公安机关负责人批准，制作扣押决定书。在侦查过程中需要查封土地、房屋等不动产，或

者船舶、航空器以及其他不宜移动的大型机器、设备等特定动产的，应当经县级以上公安机关负责人批准并制作查封决定书。”本题中，公安机关可查封该船只进一步收集证据。故D项正确。

综上所述，本题的正确答案为A、C、D三项。

答案：ACD

42. 侦查措施是查明案件事实的手段，与公民的权利保障密切相关。请回答第（1）~（3）题。

（1）关于讯问犯罪嫌疑人的地点，下列选项正确的是？（2012/2/92，不定选）

A. 对不需要逮捕、拘留的犯罪嫌疑人，可以传唤到犯罪嫌疑人所在市、县的公安局进行讯问

B. 对不需要逮捕、拘留的犯罪嫌疑人，可以传唤到犯罪嫌疑人所在市、县的公司内进行讯问

C. 对于已经被逮捕羁押的犯罪嫌疑人，应当在看守所内进行讯问

D. 犯罪现场发现的犯罪嫌疑人，可以当场口头传唤，但须出示工作证并在讯问笔录中注明

［解析］ 本题考查讯问犯罪嫌疑人的地点。依据《公安部规定》第198条第4款的规定：“对于不需要拘留、逮捕的犯罪嫌疑人，经办案部门负责人批准，可以传唤到犯罪嫌疑人所在市、县公安机关执法办案场所或者到他的住处进行讯问。”故A项正确。

依据《刑事诉讼法》第118条第2款的规定：“犯罪嫌疑人被送交看守所羁押以后，侦查人员对其进行讯问，应当在看守所内进行。”故C项正确。

依据《刑事诉讼法》第119条第1款的规定：“对不需要逮捕、拘留的犯罪嫌疑人，可以传唤到犯罪嫌疑人所在市、县内的指定地点或者到他的住处进行讯问，但是应当出示人民检察院或者公安机关的证明文件。对在现场发现的犯罪嫌疑人，经出示工作证件，可以口头传唤，但应当在讯问笔录中注明。”故B、D两项正确。B项中“犯罪嫌疑人所在市、县的公司”可作为侦查人员指定的地点进行讯问。

答案：ABCD

（2）关于询问被害人，下列选项正确的是？（2012/2/93，不定选）

A. 侦查人员可以在现场进行询问

B. 侦查人员可以在指定的地点进行询问

C. 侦查人员可以通知被害人到侦查机关接受询问

D. 询问笔录应当交被害人核对，如记载有遗漏或者差错，被害人可以提出补充或者改正

［解析］ 本题考查的是询问被害人的程序。《刑事诉讼法》第124条第1款规定：“侦查人员询问证人，可以在现场进行，也可以到证人所在单位、住处或者证人提出的地点进行，在必要的时候，可以通知证人到人民检察院或者公安机关提供证言。在现场询问证人，应当出示工作证件，到证人所在单位、住处或者证人提出的地点询问证人，应当出示人民检察院或者公安机关的证明文件。”依据《刑事诉讼法》第127条规定：“询问被害人，适用本节各条规定。”这意味着，询问被害人适用询问证人的相关规定。侦查人员可以在现场询问被害人，但不能在侦查人员指定的地点询问被害人。故A项正确，B项错误。

《公安部规定》第210条第1款规定：“询问证人、被害人，可以在现场进行，也可以到证人、被害人所在单位、住处或者证人、被害人提出的地点进行。在必要的时候，可以书面、电话或者当场通知证人、被害人到公安机关提供证言。”故C项正确。依据《刑事诉讼法》第122、126、127条的规定，询问笔录应当交被害人核对，如记载有遗漏或者差错，被

害人可以提出补充或者改正。故 D 项正确。

因此，本题的正确答案为 A、C、D 三项。

答案：ACD

(3) 关于查封、扣押措施，下列选项正确的是？（2012/2/94，不定选）

A. 查封、扣押犯罪嫌疑人与案件有关的各种财物、文件只能在勘验、搜查中实施

B. 根据侦查犯罪的需要，可以依照规定扣押犯罪嫌疑人的存款、汇款、债券、股票、基金份额等财产

C. 侦查人员认为需要扣押犯罪嫌疑人的邮件、电报的时候，可通知邮电机关将有关的邮件、电报检交扣押

D. 对于查封、扣押的财物、文件、邮件、电报，经查明确实与案件无关的，应当在 3 日以内解除查封、扣押，予以退还

［解析］ 本题考查查封、扣押、冻结的程序。依据《刑事诉讼法》第 141 条第 1 款的规定："在侦查活动中发现的可用以证明犯罪嫌疑人有罪或者无罪的各种财物、文件，应当查封、扣押；与案件无关的财物、文件，不得查封、扣押。"这就意味着查封、扣押不仅仅是在勘验、搜查中实施。故 A 项错误。

依据《刑事诉讼法》第 144 条的规定："人民检察院、公安机关根据侦查犯罪的需要，可以依照规定查询、冻结犯罪嫌疑人的存款、汇款、债券、股票、基金份额等财产。有关单位和个人应当配合。犯罪嫌疑人的存款、汇款、债券、股票、基金份额等财产已被冻结的，不得重复冻结。"故 B 项的错误在于，不是"扣押"，而是"查询、冻结"。

依据《刑事诉讼法》第 143 条的规定："侦查人员认为需要扣押犯罪嫌疑人的邮件、电报的时候，经公安机关或者人民检察院批准，即可通知邮电机关将有关的邮件、电报检交扣押。不需要继续扣押的时候，应立即通知邮电机关。"故 C 项的错误在于，遗漏了"经公安机关或者人民检察院批准"。

依据《刑事诉讼法》第 145 条的规定："对查封、扣押的财物、文件、邮件、电报或者冻结的存款、汇款、债券、股票、基金份额等财产，经查明确实与案件无关的，应当在三日以内解除查封、扣押、冻结，予以退还。"故 D 项正确。因此，本题的正确答案为 D 项。

答案：D

43. 关于侦查中的检查与搜查，下列哪一说法是正确的？（2009/2/27，单选）

A. 搜查的对象可以是活人的身体，检查只能对现场、物品、尸体进行

B. 搜查只能由侦查人员进行，检查可以由具有专门知识的人在侦查人员主持下进行

C. 搜查应当出示搜查证，检查不需要任何证件

D. 搜查和检查对任何对象都可以强制进行

［解析］ 本题考查检查和搜查程序的异同。《刑事诉讼法》第 128 条规定："侦查人员对于与犯罪有关的场所、物品、人身、尸体应当进行勘验或者检查。在必要的时候，可以指派或者聘请具有专门知识的人，在侦查人员的主持下进行勘验、检查。"《刑事诉讼法》第 136 条规定："为了收集犯罪证据、查获犯罪人，侦查人员可以对犯罪嫌疑人以及可能隐藏罪犯或者犯罪证据的人的身体、物品、住处和其他有关的地方进行搜查。"由此可见，在我国刑事诉讼中，勘验的对象是现场、物品和尸体；检查的对象是活人的身体；搜查的对象是可以对一切可能隐藏罪犯和犯罪证据的人、物品或有关处所进行。故 A 项错误。

依据前引《刑事诉讼法》第 128 条和第 136 条的规定，可知 B 项关于搜查和检查的主体的表述是正确的。

依据《刑事诉讼法》第 138 条的规定："进行搜查，必须向被搜查人出示搜查证。在执行逮捕、拘留的时候，遇有紧急情况，不另

用搜查证也可以进行搜查。”故C项前半句表述过于绝对。《刑事诉讼法》第130条规定：“侦查人员执行勘验、检查，必须持有人民检察院或者公安机关的证明文件。”故C项后半句也错误。

依据《刑事诉讼法》第132条第2款的规定，只有对于犯罪嫌疑人才能强制进行人身检查。故D项错误。

综上，本题的正确答案为B项。

答案：B

考点11 侦查羁押期限

44. 2019年9月11日，黄某唆使翟某将2000克甲基丙苯胺出售给甲县、乙县多个村村民，次日翟某被公安机关刑事拘留，黄某闻讯而逃。下列关于该案的说法，正确的是？（2022年法考延考客观题回忆版真题；2020年法考新疆延考客观题回忆版真题，不定选）

A. 在侦查阶段讯问时，翟某要求关闭讯问的录音、录像，公安机关可在不全程录音、录像的情形下讯问并让翟某在笔录上签字

B. 对黄某和翟某的侦查羁押期限最长2个月

C. 检察院对黄某批捕后，可对其手机进行监听

D. 2019年10月10日，检察院对翟某批准逮捕

［解析］ 本题考查审查批捕、讯问犯罪嫌疑人、侦查羁押期限、技术侦查。《刑事诉讼法》第123条规定：“侦查人员在讯问犯罪嫌疑人的时候，可以对讯问过程进行录音或者录像；对于可能判处无期徒刑、死刑的案件或者其他重大犯罪案件，应当对讯问过程进行录音或者录像。录音或者录像应当全程进行，保持完整性。”本案中，黄某和翟某多次贩卖毒品，数量已经达到可能判处无期徒刑、死刑的标准，故应当对侦查讯问过程进行全程录音、录像。故A项的做法错误。

《刑事诉讼法》第156条规定：“对犯罪嫌疑人逮捕后的侦查羁押期限不得超过二个月。案情复杂、期限届满不能终结的案件，可以经上一级人民检察院批准延长一个月。”《刑事诉讼法》第158条规定：“下列案件在本法第一百五十六条规定的期限届满不能侦查终结的，经省、自治区、直辖市人民检察院批准或者决定，可以延长二个月：（一）交通十分不便的边远地区的重大复杂案件；（二）重大的犯罪集团案件；（三）流窜作案的重大复杂案件；（四）犯罪涉及面广，取证困难的重大复杂案件。”本案属于流窜作案的重大复杂案件，侦查羁押期限可以超过2个月。故B项错误。《刑事诉讼法》第150条第1款规定：“公安机关在立案后，对于危害国家安全犯罪、恐怖活动犯罪、黑社会性质的组织犯罪、重大毒品犯罪或者其他严重危害社会的犯罪案件，根据侦查犯罪的需要，经过严格的批准手续，可以采取技术侦查措施。”本案属于重大毒品犯罪案件，经批准可以适用监听这一技术侦查手段。故C项正确。《刑事诉讼法》第91条规定，公安机关对被拘留的人，认为需要逮捕的，应当在拘留后的3日以内，提请检察院审查批准。在特殊情况下，提请审查批准的时间可以延长1日至4日。对于流窜作案、多次作案、结伙作案的重大嫌疑分子，提请审查批准的时间可以延长至30日，检察院对已经被拘留的犯罪嫌疑人审查批捕的期限是7日。本案属于“流窜作案、多次作案”的情形，拘留的期限可以达到37天，9月11日拘留，10月10日检察院批准逮捕，未超过法定的期限。故D项正确。

答案：CD

考点12 侦查终结

45. 甲乙二人在餐厅吃饭时言语不合进而互

相推搡，乙突然倒地死亡，县公安局以甲涉嫌过失致人死亡立案侦查。经鉴定乙系特殊体质，其死亡属意外事件，县公安局随即撤销案件。关于乙的近亲属的诉讼权利，下列哪一选项是正确的？（2016/2/33，单选）

A. 就撤销案件向县公安局申请复议

B. 就撤销案件向县公安局的上一级公安局申请复核

C. 向检察院侦查监督部门申请立案监督

D. 直接向法院对甲提起刑事附带民事诉讼

［解析］ 本题考查被害方对撤销案件的救济方式，采用张冠李戴的方式加以命题。依据《公安部规定》第179条第1、2款的规定，控告人对不予立案决定不服的，可以在收到不予立案通知书后7日以内向作出决定的公安机关申请复议。控告人对不予立案的复议决定不服的，可以在收到复议决定书后7日以内向上一级公安机关申请复核。由此法条可知，控告人对公安机关的不立案决定不服，可以先申请复议，复议之后还不服的可申请复核，而本题中，公安机关已经立案侦查，但在侦查中撤销案件，那么，被害方（含被害方的近亲属）就无权申请复议和申请复核。故A、B两项表述错误。

《刑事诉讼法》第113条规定："人民检察院认为公安机关对应当立案侦查的案件而不立案侦查的，或者被害人认为公安机关对应当立案侦查的案件而不立案侦查，向人民检察院提出的，人民检察院应当要求公安机关说明不立案的理由。人民检察院认为公安机关不立案理由不能成立的，应当通知公安机关立案，公安机关接到通知后应当立案。"由此可见，被害人对于公安机关应当立案侦查的案件而不立案侦查的行为，可以向检察院申请立案监督，但是，本题中，公安机关在立案之后的侦查中撤销案件，被害方即无权申请检察院对此撤销案件的行为进行立案监督。故C项表述错误。

《刑事诉讼法》第210条规定："自诉案件包括下列案件：（一）告诉才处理的案件；（二）被害人有证据证明的轻微刑事案件；（三）被害人有证据证明对被告人侵犯自己人身、财产权利的行为应当依法追究刑事责任，而公安机关或者人民检察院不予追究被告人刑事责任的案件。"《高法解释》第317条第1款规定："本解释第一条规定的案件，如果被害人死亡、丧失行为能力或者因受强制、威吓等无法告诉，或者是限制行为能力人以及因年老、患病、盲、聋、哑等不能亲自告诉，其法定代理人、近亲属告诉或者代为告诉的，人民法院应当依法受理。"本题中，公安局撤销案件属于不予追究刑事责任的处理方式，在公安机关撤销案件后，被害人乙的近亲属可以向法院提起刑事自诉，从公诉案件转为了自诉案件。《刑事诉讼法》第101条第1款规定："被害人由于被告人的犯罪行为而遭受物质损失的，在刑事诉讼过程中，有权提起附带民事诉讼。被害人死亡或者丧失行为能力的，被害人的法定代理人、近亲属有权提起附带民事诉讼。"本案中，被害人乙的近亲属在向法院提起自诉同时可以提起附带民事诉讼。故D项表述正确。

综上所述，本题的正确答案为D项。

答案：D

46. 关于侦查程序中的辩护权保障和情况告知，下列哪一选项是正确的？（2012/2/39，单选）

A. 辩护律师提出要求的，侦查机关可以听取辩护律师的意见，并记录在案

B. 辩护律师提出书面意见的，可以附卷

C. 侦查终结移送审查起诉时，将案件移送情况告知犯罪嫌疑人或者其辩护律师

D. 侦查终结移送审查起诉时，将案件移送情况告知犯罪嫌疑人及其辩护律师

［解析］ 本题考查侦查程序中的辩护权

保障和情况告知。依据《刑事诉讼法》第161条的规定："在案件侦查终结前，辩护律师提出要求的，侦查机关应当听取辩护律师的意见，并记录在案。辩护律师提出书面意见的，应当附卷。"故A、B两项的错误都在于，不是"可以"，而是"应当"。

依据《刑事诉讼法》第162条第1款的规定："公安机关侦查终结的案件，应当做到犯罪事实清楚，证据确实、充分，并且写出起诉意见书，连同案卷材料、证据一并移送同级人民检察院审查决定；同时将案件移送情况告知犯罪嫌疑人及其辩护律师。"这就意味着，移送审查起诉这一重大程序事项应当告知犯罪嫌疑人和辩护律师两个主体。故C项表述错误，D项表述正确。

答案：D

考点13 监察机关的调查

47. 下列关于监察机关办案程序的说法，正确的是？（2021年法考福建延考客观题回忆版真题，不定选）

A. 检察院在侦查甲徇私枉法案时，发现甲还涉嫌受贿罪，检察院应当将徇私枉法案和受贿案的线索一并移送监察机关

B. 上级监察委可以管辖下级监察委管辖范围内的案件

C. 监察机关对被调查人采取留置措施，应经上一级监察机关批准

D. 监察机关在调查职务犯罪中可告知被调查人在审查起诉后认罪认罚可从宽处理

［解析］ 本题考查监察机关办理案件的程序、检察院和监察机关管辖案件竞合的处理。《高检规则》第17条第1、2款规定："人民检察院办理直接受理侦查的案件，发现犯罪嫌疑人同时涉嫌监察机关管辖的职务犯罪线索的，应当及时与同级监察机关沟通。经沟通，认为全案由监察机关管辖更为适宜的，人民检察院应当将案件和相应职务犯罪线索一并移送监察机关；认为由监察机关和人民检察院分别管辖更为适宜的，人民检察院应当将监察机关管辖的相应职务犯罪线索移送监察机关，对依法由人民检察院管辖的犯罪案件继续侦查。"故A项的错误在于，该情形下，检察院与监察机关沟通后，可能将徇私枉法案和受贿案的线索一并移送监察机关，也可能将受贿案线索移送监察机关，检察院继续侦查徇私枉法案。《监察法》第16条第2款规定："上级监察机关可以办理下一级监察机关管辖范围内的监察事项，必要时也可以办理所辖各级监察机关管辖范围内的监察事项。"故B项正确。《监察法》第43条第1款规定："监察机关采取留置措施，应当由监察机关领导人员集体研究决定。设区的市级以下监察机关采取留置措施，应当报上一级监察机关批准。省级监察机关采取留置措施，应当报国家监察委员会备案。"本题C项的表述过于绝对，存在例外。该项错误。依据《监察法》第31条的规定，涉嫌职务犯罪的被调查人主动认罪认罚，具有法定情形之一的，监察机关经领导人员集体研究，并报上一级监察机关批准，可以在移送检察院时提出从宽处罚的建议。这就意味着，监察机关调查期间认罪认罚，也可以从宽处理。故D项错误。

答案：B

第十三章 起诉

点评

本章在法律职业资格考试客观题中考查1－2道选择题。本章主要内容有：起诉制度和原则，审查起诉的程序，提起诉讼的条件，法定不起诉、酌定不起诉、证据不足不起诉和特别不起诉的区别以及不起诉的决定程序，撤回、追加和补充、变更起诉的条件和程序，补充侦查和补充调查。其中，认罪认罚从宽案件的审查起诉、监察与检察工作的衔接、各种不起诉的区别和不起诉的决定程序、补充侦查和补充调查为近几年考查重点。考生应当特别注意2012年、2018年《刑事诉讼法修正案》和2019年《高检规则》对审查起诉程序以及不起诉、补充侦查和补充调查的修改内容。

考点1 起诉概述

1. 只要有足够证据证明犯罪嫌疑人构成犯罪，检察机关就必须提起公诉。关于这一制度的法理基础，下列哪一选项是正确的？（2013/2/36，单选）

A. 起诉便宜主义

B. 起诉法定主义

C. 公诉垄断主义

D. 私人诉追主义

［解析］ 本题考查刑事起诉制度。依据“九大本”刑事诉讼法教材的相关论述，现代各国的刑事公诉制度主要分为两种类型：一种是刑事公诉独占主义，即刑事案件的起诉权被国家垄断，排除被害人自诉；另一种是刑事公诉兼自诉制度，即较为严重的刑事案件的起诉权由检察机关代表国家行使，而少数轻微的刑事案件允许公民自诉。对符合起诉条件的刑事案件是否必须向审判机关起诉的问题，也存在两种不同的原则：（1）起诉法定主义或起诉合法主义，即只要被告人的行为符合法定起诉条件，公诉机关就必须起诉，不享有自由裁量的权力，且不论具体情节。（2）起诉便宜主义或起诉合理主义，即被告人的行为在具备起诉条件时，是否起诉，由检察官根据被告人及其行为的具体情况以及刑事政策等因素自由裁量。本题中，只要有足够证据证明犯罪嫌疑人构成犯罪，检察机关就必须提起公诉。这一制度体现的是起诉法定主义，故B项表述正确。

答案：B

2. 关于我国刑事起诉制度，下列哪些选项是正确的？（2010/2/70，多选）

A. 实行公诉为主、自诉为辅的犯罪追诉机制

B. 公诉为主表明公诉机关可主动干预自诉

C. 实行的起诉原则为起诉法定主义为主，兼采起诉便宜主义

D. 起诉法定为主要求凡构成犯罪的必须起诉

［解析］ 本题考查刑事起诉制度。我国实行以公诉为主、自诉为辅的犯罪追诉机制，即在对刑事犯罪进行国家追诉的同时，兼采被害人追诉主义，允许被害人及其法定代理人、近亲属对“告诉才处理”的几类自诉案件直接向法院提起自诉，故A项正确。

但是，公诉为主不代表公诉机关可以主动干预自诉，自诉人对其起诉的案件享有处分权，有权撤诉、和解，公诉机关不得随意干涉，故B项错误。

在起诉原则上，我国采用以起诉法定主义为主，兼采起诉便宜主义，即在一般情况下，只要被告人的行为符合法定条件，公诉机关即不享有自由裁量权而必须起诉，但在例外情形下，可以根据被告人的具体行为等因素自由裁量，决定是否起诉。我国刑事诉讼法中的酌定不起诉制度，即是兼采起诉便宜主义的体现，故C项正确。

起诉法定为主是指，只要被告人的行为符合法定起诉条件，公诉机关就必须起诉，不享有自由裁量的权力，且不论具体情节。起诉法定主义排斥检察院的自由裁量权，但并不意味着凡是构成犯罪就必须追诉。比如，犯罪嫌疑人构成犯罪，但是其因病死亡，检察院只能作出不起诉决定，故D项错误。

综上，本题正确答案是A、C两项。

答案：AC

✪ 考点2 审查起诉

3. 县生态环境局监察大队大队长冯某放任企业排污，造成重大环境污染，被监察机关立案调查并留置。下列关于该案的说法，正确的是？（2021年法考客观题回忆版真题，不定选）

A. 生态环境局在行政执法中询问污染企业所做的询问笔录不能作为刑事诉讼中的证据使用

B. 检察院应对冯某渎职行为造成环境损害承担举证责任

C. 检察院刑事检察部门可对监察机关的留置进行监督

D. 监察机关告知冯某在移送检察院后认罪认罚可从宽处理

［解析］ 本题考查行政证据向刑事证据的转化、证明责任、证明对象、检察院与监察机关的关系、认罪认罚从宽制度。《刑事诉讼法》第54条第2款规定：“行政机关在行政执法和查办案件过程中收集的物证、书证、视听资料、电子数据等证据材料，在刑事诉讼中可以作为证据使用。”本题A项中的生态环境局制作的询问笔录不属于该条中的四种证据，不能作为刑事诉讼中的证据使用。该项正确。因为冯某的渎职行为造成环境损害，属于冯某渎职犯罪的构成要件，属于对其定罪的事实，检察院应当证明该要件事实，故B项正确。《监察法》第4条第2款规定：“监察机关办理职务违法和职务犯罪案件，应当与审判机关、检察机关、执法部门互相配合，互相制约。”可见，检察院不得对监察机关的留置进行监督。故C项不正确。依据《监察法》第31条的规定，涉嫌职务犯罪的被调查人主动认罪认罚，具有法定情形之一的，监察机关经领导人员集体研究，并报上一级监察机关批准，可以在移送人民检察院时提出从宽处罚的建议。由此可见，监察机关调查期间，被调查人认罪认罚，即可适用认罪认罚从宽，而不是在移送检察院后才可适用认罪认罚从宽。故D项不正确。

综上，本题的正确答案为A、B两项。

答案：AB

4. 李某涉嫌贪污罪，在监察机关对其留置期间认罪认罚，积极退赃。李某没有委托辩护人，检察院通知法律援助机构为其指派值班律师提供法律帮助。下列关于该案的说法，正确的是？

（2021年法考客观题回忆版真题，不定选）

A. 检察院审查起诉时发现该案需要指定审判管辖的，应当协商同级法院办理指定管辖事宜

B. 监察机关移送检察院后，检察院可直接决定取保候审，留置自动解除

C. 李某拒绝值班律师提供帮助的，法院应通知法律援助机构指派律师辩护

D. 监察机关在移送检察院时提出从宽处罚的建议，需经上一级监察机关批准

［解析］ 本题考查指定管辖、留置与强制措施的衔接、值班律师和法律援助辩护、认罪认罚从宽制度。《高检规则》第329条规定："监察机关移送起诉的案件，需要依照刑事诉讼法的规定指定审判管辖的，人民检察院应当在监察机关移送起诉二十日前协商同级人民法院办理指定管辖有关事宜。"故A项正确。《刑事诉讼法》第170条第2款规定，对于监察机关移送起诉的已采取留置措施的案件，人民检察院应当对犯罪嫌疑人先行拘留，留置措施自动解除。因此，B项的错误在于，对监察机关留置的案件，检察院应当先行拘留，而不是取保候审。《法律援助法》第25条规定："刑事案件的犯罪嫌疑人、被告人属于下列人员之一，没有委托辩护人的，人民法院、人民检察院、公安机关应当通知法律援助机构指派律师担任辩护人：（一）未成年人；（二）视力、听力、言语残疾人；（三）不能完全辨认自己行为的成年人；（四）可能被判处无期徒刑、死刑的人；（五）申请法律援助的死刑复核案件被告人；（六）缺席审判案件的被告人；（七）法律法规规定的其他人员。其他适用普通程序审理的刑事案件，被告人没有委托辩护人的，人民法院可以通知法律援助机构指派律师担任辩护人。"本题中，李某不属于应当法律援助的对象，其拒绝值班律师提供帮助的，法院不是应通知法律援助机构指派律师辩护，故C项错误。《监察法》第31条规定："涉嫌职务犯罪的被调查人主动认罪认罚，有下列情形之一的，监察机关经领导人员集体研究，并报上一级监察机关批准，可以在移送人民检察院时提出从宽处罚的建议：（一）自动投案，真诚悔罪悔过的；（二）积极配合调查工作，如实供述监察机关还未掌握的违法犯罪行为的；（三）积极退赃，减少损失的；（四）具有重大立功表现或者案件涉及国家重大利益等情形的。"故D项表述正确。

综上，本题的正确答案为A、D两项。

答案：AD

5. 甲因受贿被K市监察委留置，在调查结束后，K市监察委移送K市检察院，下列关于该案的说法，正确的是？（2021年法考客观题回忆版真题，不定选）

A. K市检察院应当决定拘留，并通知甲的家属

B. 经监察机关商请，K市检察院可以派员介入K市监察委办理案件

C. 监察机关办案由检察院刑事检察部门进行监督

D. K市检察院若退回K市监察委补充调查，可以将甲重新送回K市监察委留置

［解析］ 本题考查监察机关与检察院办案的衔接。《高检规则》第142条规定："对于监察机关移送起诉的已采取留置措施的案件，人民检察院应当在受理案件后，及时对犯罪嫌疑人作出拘留决定，交公安机关执行。执行拘留后，留置措施自动解除。"《高检规则》第144条规定："除无法通知的以外，人民检察院应当在公安机关执行拘留、逮捕后二十四小时以内，通知犯罪嫌疑人的家属。"故A项正确。

《高检规则》第256条第2款规定："经监察机关商请，人民检察院可以派员介入监察机关办理的职务犯罪案件。"故B项正确。

《监察法》第4条第2款规定："监察机关

办理职务违法和职务犯罪案件，应当与审判机关、检察机关、执法部门互相配合，互相制约。”故检察院刑事检察部门不能对监察机关办案进行监督。C项不正确。

刑事诉讼法未规定检察院退回监察机关补充调查时，犯罪嫌疑人重新送回监察机关留置，这就意味着“案件”退回补充调查，但是，“人”不退回监察机关留置。故D项不正确。

综上，本题的正确答案为A、B两项。

答案：AB

6. 张某和李某涉嫌聚众斗殴罪，被H区检察院提起公诉，二人未委托辩护人，法律援助机构指派值班律师钱某为李某提供法律帮助，下列关于钱某的说法，正确的是？（2019年法考客观题回忆版真题，不定选）

A. 在审查起诉阶段，李某认罪认罚，钱某要求查阅案卷材料，检察院应当准许

B. 李某在钱某在场的情况下签署了认罪认罚具结书，之后，若李某又委托了辩护人，之前签署的认罪认罚具结书自动失效

C. 钱某可以为李某申请取保候审

D. 钱某可以同时为张某提供法律帮助

［解析］　本题考查值班律师的职责、认罪认罚从宽制度。《刑事诉讼法》第36条第1款规定：“法律援助机构可以在人民法院、看守所等场所派驻值班律师。犯罪嫌疑人、被告人没有委托辩护人，法律援助机构没有指派律师为其提供辩护的，由值班律师为犯罪嫌疑人、被告人提供法律咨询、程序选择建议、申请变更强制措施、对案件处理提出意见等法律帮助。”《高检规则》第269条第2款规定，自人民检察院对案件审查起诉之日起，值班律师可以查阅案卷材料，了解案情。由此可见，值班律师享有查阅案卷材料的权利，故A项表述正确。此外，值班律师钱某可以申请变更强制措施，故C项表述正确。《刑事诉讼法》第174条第1款规定：“犯罪嫌疑人自愿认罪，同意量刑建议和程序适用的，应当在辩护人或者值班律师在场的情况下签署认罪认罚具结书。”可见，犯罪嫌疑人可以在辩护人在场的情况下签署具结书，也可以在值班律师在场的情况下签署具结书。本题中，尽管李某又委托了辩护人，但是，李某在值班律师钱某在场的情况下签署的认罪认罚具结书仍然有效。故B项表述错误。因为张某和李某是同案犯，二者之间存在利益冲突，所以，值班律师钱某不得同时为张某提供法律帮助。故D项表述错误。

综上，本题的正确答案为A、C两项。

答案：AC

7. 甲、乙共同实施抢劫，该案经两次退回补充侦查后，检察院发现甲在两年前曾实施诈骗犯罪。关于本案，下列哪一选项是正确的？（2016/2/35，单选）

A. 应将全案退回公安机关依法处理

B. 对新发现的犯罪自行侦查，查清犯罪事实后一并提起公诉

C. 将新发现的犯罪移送公安机关侦查，待公安机关查明事实移送审查起诉后一并提起公诉

D. 将新发现的犯罪移送公安机关立案侦查，对已查清的犯罪事实提起公诉

［解析］　本题考查审查起诉阶段遇到特殊情形的处理方式。《高检规则》第349条规定：“人民检察院对已经退回监察机关二次补充调查或者退回公安机关二次补充侦查的案件，在审查起诉中又发现新的犯罪事实，应当将线索移送监察机关或者公安机关。对已经查清的犯罪事实，应当依法提起公诉。”本题中，案件经两次退回补充侦查后，检察院发现甲有新的诈骗犯罪事实，应将新发现的犯罪移送公安机关，对已查清的犯罪事实提起公诉，故D项正确。

答案：D

8. 法院审理郑某涉嫌滥用职权犯罪案件，在宣告判决前，检察院发现郑某和张某接受秦某巨款，涉嫌贿赂犯罪。对于新发现犯罪嫌疑人和遗漏罪行的处理，下列哪些做法是正确的？（2013/2/66，多选）

A. 法院可以主动将张某、秦某追加为被告人一并审理

B. 检察院可以补充起诉郑某、张某和秦某的贿赂犯罪

C. 检察院可以将张某、秦某追加为被告人，要求法院一并审理

D. 检察院应当撤回起诉，将三名犯罪嫌疑人以两个罪名重新起诉

［解析］ 本题考查检察院补充、追加起诉的程序。《高法解释》第297条规定："审判期间，人民法院发现新的事实，可能影响定罪量刑的，或者需要补查补证的，应当通知人民检察院，由其决定是否补充、变更、追加起诉或者补充侦查。人民检察院不同意或者在指定时间内未回复书面意见的，人民法院应当就起诉指控的事实，依照本解释第二百九十五条的规定作出判决、裁定。"故法院只能通知检察院追加起诉，不得主动追加被告人或罪行，A项表述错误。

《高检规则》第423条规定："人民法院宣告判决前，人民检察院发现被告人的真实身份或者犯罪事实与起诉书中叙述的身份或者指控犯罪事实不符的，或者事实、证据没有变化，但罪名、适用法律与起诉书不一致的，可以变更起诉。发现遗漏同案犯罪嫌疑人或者罪行的，应当要求公安机关补充移送起诉或者补充侦查；对于犯罪事实清楚，证据确实、充分的，可以直接追加、补充起诉。"故B、C两项表述正确。

《高检规则》第424条第1款规定："人民法院宣告判决前，人民检察院发现具有下列情形之一的，经检察长批准，可以撤回起诉：（一）不存在犯罪事实的；（二）犯罪事实并非被告人所为的；（三）情节显著轻微、危害不大，不认为是犯罪的；（四）证据不足或证据发生变化，不符合起诉条件的；（五）被告人因未达到刑事责任年龄，不负刑事责任的；（六）法律、司法解释发生变化导致不应当追究被告人刑事责任的；（七）其他不应当追究被告人刑事责任的。"D项不符合撤回起诉的情形，故D项不当选。

综上，本题的正确答案为B、C两项。

答案：BC

9. 检察院在审查起诉时，下列哪一处理方式是正确的？（2010/2/32，单选）

A. 审查公安机关移送起诉的投毒案，发现犯罪嫌疑人周某根本没有作案时间，遂书面说明理由将案卷退回公安机关并建议公安机关重新侦查

B. 审查吴某、郑某共同抢劫案的过程中，吴某在押但郑某潜逃，遂全案中止审查起诉

C. 甲县公安局将蔡某抢劫案移送甲县检察院审查起诉，甲县检察院审查认为蔡某可能会被判处死刑，遂将案件退回

D. 甲县检察院受理移送起诉的谭某诈骗案，认为应当由谭某居住地的乙县检察院起诉，遂将案卷材料移送乙县检察院审查起诉，但未通知甲县公安局

［解析］ 本题考查审查起诉阶段遇到特殊情形的处理方式。《高检规则》第365条规定："人民检察院对于监察机关或者公安机关移送起诉的案件，发现犯罪嫌疑人没有犯罪事实，或者符合刑事诉讼法第十六条规定的情形之一的，经检察长批准，应当作出不起诉决定。对于犯罪事实并非犯罪嫌疑人所为，需要重新调查或者侦查的，应当在作出不起诉决定后书面说明理由，将案卷材料退回监察机关或者公安机关并建议重新调查或者侦查。"本题A项中，犯罪嫌疑人周某没有作案时间，说明作案另有其人，该情形属于"犯罪事实并非犯罪嫌

疑人所为”，检察院应当在作出不起诉决定后书面说明理由，将案卷材料退回公安机关并建议公安机关重新侦查，故A项不正确。

对于B项，《刑事诉讼法》及其司法解释未作出明确规定。从理论上讲，在审查起诉过程中，共同犯罪中的部分犯罪嫌疑人潜逃的，对潜逃犯罪嫌疑人可以中止审查；对其他犯罪嫌疑人的审查起诉应当照常进行。本题中，审查吴某、郑某共同抢劫案的过程中，吴某在押但郑某潜逃的，对吴某的审查起诉应当照常进行，B项不正确。

《高检规则》第328条第1、2款规定："各级人民检察院提起公诉，应当与人民法院审判管辖相适应。负责捕诉的部门收到移送起诉的案件后，经审查认为不属于本院管辖的，应当在发现之日起五日以内经由负责案件管理的部门移送有管辖权的人民检察院。属于上级人民法院管辖的第一审案件，应当报送上级人民检察院，同时通知移送起诉的公安机关；属于同级其他人民法院管辖的第一审案件，应当移送有管辖权的人民检察院或者报送共同的上级人民检察院指定管辖，同时通知移送起诉的公安机关。"本题C项中，甲县公安局将蔡某抢劫案移送甲县检察院审查起诉，甲县检察院审查认为蔡某可能会被判处死刑的，由于死刑案件的一审在中级法院，因此甲县检察院应将案件报送上一级检察院，同时通知移送审查起诉的甲县公安局，故C项不正确。D项中，甲县检察院受理移送起诉的谭某诈骗案，认为应当由谭某居住地的乙县检察院起诉，应当移送乙县检察院或者报送共同的上级检察院指定管辖，同时通知移送审查起诉的甲县公安局，故D项不正确。

答案：无答案（原答案为A）

考点3　不起诉

10. 下列关于刑事诉讼程序的说法，不正确的是？（2023年法考客观题回忆版真题，不定选）

A. 被害人以书记员是被告人的妻子的表姨为由，申请书记员回避，法庭决定延期审理

B. 宋某强制猥亵案，公安机关对其决定取保候审，要求宋某缴纳保证金同时提供保证人保证

C. 陈某放火案，为防止逃脱，警察在现场出示警官证口头拘传

D. 甲交通肇事案，甲认罪认罚，取得被害人谅解，检察院认为部分事实不清、证据不足，对甲作出相对不起诉决定

［解析］　本题考查回避的法定理由、取保候审、拘传、不起诉。《关于审判人员在诉讼活动中执行回避制度若干问题的规定》第1条规定："审判人员具有下列情形之一的，应当自行回避，当事人及其法定代理人有权以口头或者书面形式申请其回避：（一）是本案的当事人或者与当事人有近亲属关系的；（二）本人或者其近亲属与本案有利害关系的；（三）担任过本案的证人、翻译人员、鉴定人、勘验人、诉讼代理人、辩护人的；（四）与本案的诉讼代理人、辩护人有夫妻、父母、子女或者兄弟姐妹关系的；（五）与本案当事人之间存在其他利害关系，可能影响案件公正审理的。本规定所称近亲属，包括与审判人员有夫妻、直系血亲、三代以内旁系血亲及近姻亲关系的亲属。"本题A项中的书记员属于回避的人员范围，但是，被告人的妻子的表姨不属于此处的近亲属，所以，该书记员不需要回避，法院应当驳回，不需要延期审理。该项错误。《关于取保候审若干问题的规定》第4条第2款规定，对同一犯罪嫌疑人、被告人决定取保候审的，不得同时使用保证人保证和保证金保证。故B项将保证人保证和保证金保证同时并用的做法不正确。《公安部规定》第199条第3款规定，对在现场发现的犯罪嫌疑人，侦查人员经出示人民警察证，可以口头传唤，并将传唤的原因和依据告知被传唤人。故C项的错误在于，不

是“口头拘传”而是“口头传唤”。《刑事诉讼法》第175条第4款规定：“对于二次补充侦查的案件，人民检察院仍然认为证据不足，不符合起诉条件的，应当作出不起诉的决定。”本题D项出现了相对不起诉和证据不足不起诉的情形，但是，应优先考虑该案的事实不清、证据不足，可以作出证据不足不起诉，而不是相对不起诉。该项错误。

答案：ABCD

11. K市公安局侦查人员马某涉嫌刑讯逼供罪，被K市检察院立案侦查，下列关于该案的说法，正确的是？（2022年法考延考客观题回忆版真题，多选）

A. 在侦查阶段，讯问马某时，因客观条件受限，可以不录音、录像，但应作出说明

B. 侦查人员让被害人在10张照片中辨认马某

C. K市检察院对马某作出逮捕决定，需上一级检察院批准

D. 马某犯罪情节轻微，K市检察院对其作出不起诉决定，需报上一级检察院批准

[解析] 本题考查讯问犯罪嫌疑人的程序、辨认、逮捕、不起诉的决定程序。《高检规则》第190条规定：“人民检察院办理直接受理侦查的案件，应当在每次讯问犯罪嫌疑人时，对讯问过程实行全程录音、录像，并在讯问笔录中注明。”本题中，马某的刑讯逼供案属于检察院直接受理侦查的案件，侦查人员讯问马某，应当全程录音、录像，故A项错误。《高检规则》第226条第2款规定：“辨认犯罪嫌疑人时，被辨认的人数不得少于七人，照片不得少于十张。”本题B项中，侦查人员让被害人在10张照片中辨认马某，符合该条的规定，是正确的。C项中，K市检察院对马某作出逮捕决定，无须报请上一级检察院批准，由K市检察院捕诉部门决定对马某逮捕即可。故C项错误。《高检规则》第371条规定：“人民检察院直接受理侦查的案件，以及监察机关移送起诉的案件，拟作不起诉决定的，应当报请上一级人民检察院批准。”本案属于检察院直接受理侦查的案件，K市检察院对马某作出不起诉决定，需报上一级检察院批准，故D项正确。

答案：BD

12. 杨某醉酒骑电动自行车与行人宋某相撞，下列可以对杨某作出存疑不起诉的理由是？（2022年法考客观题回忆版真题，单选）

A. 杨某辩称知道醉酒不能驾驶轿车，但是不知道不能骑电动自行车

B. 鉴定机构承认杨某的血液样本被污染

C. 现有证据能证明骑车时路段行人稀少，交警认定杨某负主要责任，宋某负次要责任

D. 杨某驾驶的车辆符合法律规定的非机动车的标准

[解析] 本题考查存疑不起诉适用的条件。依据《刑事诉讼法》第175条的规定，存疑不起诉即证据不足不起诉的适用条件是“证据不足，不符合起诉条件”，本题中，A、C、D三项的情形均不影响杨某构成危险驾驶罪，但是，B项的鉴定样本即血液样本受到污染，会影响该案中的血液检测报告的真实性，导致该案证据不足，不符合起诉条件，故检察院可以对杨某作出存疑不起诉。

综上，本题的正确答案为B项。

答案：B

13. 甲和乙均系未成年人，二人涉嫌故意伤害丙，被立案侦查，检察院认定甲和乙分别为防卫过当和正当防卫，作出不起诉决定，下列关于该案的说法，正确的是？（2022年法考客观题回忆版真题，不定选）

A. 对甲作出的是酌定不起诉，对乙作出的是法定不起诉

B. 乙可以向上一级检察院申诉

C. 丙可以向上一级检察院申诉

D. 甲可以向上一级检察院申诉

[解析] 本题考查不起诉。《刑事诉讼法》第177条第1、2款规定："犯罪嫌疑人没有犯罪事实，或者有本法第十六条规定的情形之一的，人民检察院应当作出不起诉决定。对于犯罪情节轻微，依照刑法规定不需要判处刑罚或者免除刑罚的，人民检察院可以作出不起诉决定。"本题中，甲的防卫过当属于刑法规定不需要判处刑罚或者免除刑罚的情形，检察院对甲可以作出酌定不起诉。乙的正当防卫属于"没有犯罪事实"，检察院对乙应当作出法定不起诉。故A项正确。

《高检规则》第385条第1款规定："对于人民检察院依照刑事诉讼法第一百七十七条第二款规定作出的不起诉决定（即酌定不起诉），被不起诉人不服，在收到不起诉决定书后七日以内提出申诉的，应当由作出决定的人民检察院负责捕诉的部门进行复查……。这就意味着，被不起诉人对酌定不起诉只能向原作出不起诉决定的检察院申诉。故D项中，甲对酌定不起诉只能向原作出不起诉决定的检察院申诉，不能向上一级检察院申诉。该项错误。B项中的乙对法定不起诉不能向检察院申诉，该项错误。

《高检规则》第377条规定，不起诉决定书应当送达被害人或者其近亲属及其诉讼代理人、被不起诉人及其辩护人以及被不起诉人所在单位。送达时，应当告知被害人或者其近亲属及其诉讼代理人，如果对不起诉决定不服，可以自收到不起诉决定书后7日以内向上一级检察院申诉；也可以不经申诉，直接向法院起诉。本题中，被害人丙对不起诉决定可以向上一级检察院申诉；也可以不经申诉，直接向法院起诉。故C项正确。

本题的正确答案为A、C两项。

答案：AC

14. 检察院审查起诉时对下列情形的处理，正确的是？（2022年法考客观题回忆版真题，不定选）

A. 甲倒车入库时，轧死了车库边上的醉汉，检察院审查时认定该案件属于意外事件，应当作出法定不起诉

B. 乙涉嫌故意伤害案，检察院审查后认定乙系正当防卫，作出不起诉决定，之后，公安机关提供了新的证据，足以推翻正当防卫的认定，检察院对乙提起公诉

C. 丙盗窃丁的财物，检察院对丙作出不起诉决定，丁向检察院申诉，同时向法院提起自诉，检察院撤销对该申诉的复查

D. 张某和李某共同抢夺案，公安机关将张某移送检察院审查起诉，检察院认为李某的犯罪事实清楚，证据确实、充分，检察院可以对李某直接提起公诉

[解析] 本题考查审查起诉的程序、不起诉。依据《刑法》第16条的规定，不可抗力和意外事件是指，行为在客观上虽然造成了损害结果，但是不是出于故意或者过失，而是由于不能抗拒或者不能预见的原因所引起的，不是犯罪。意外事件属于前题所引的《刑事诉讼法》第177条规定的"犯罪嫌疑人没有犯罪事实"的情形，检察院应当作出法定不起诉。故A项正确。按照司法实践，B项中，检察院认定乙系正当防卫，作出法定不起诉后，若有新的证据推翻正当防卫的认定，检察院可提起公诉。故B项正确。依据《高检规则》第384条的规定，检察院作出不起诉决定后，被害人向检察院申诉，同时向法院提起自诉的，检察院收到法院受理被害人对被不起诉人起诉的通知后，应当终止复查，将作出不起诉决定所依据的有关案卷材料移送法院。故C项错误。《高检规则》第356条规定："人民检察院在办理公安机关移送起诉的案件中，发现遗漏罪行或者有依法应当移送起诉的同案犯罪嫌疑人未移送起诉的，应当要求公安机关补充侦查或

者补充移送起诉。对于犯罪事实清楚，证据确实、充分的，也可以直接提起公诉。”本题D项中，检察院认为李某的犯罪事实清楚，证据确实、充分，检察院可以对李某直接提起公诉，故D项正确。

综上，本题的正确答案为A、B、D三项。

答案：ABD

15. 下列关于不起诉的说法，正确的是？（2021年法考客观题回忆版真题，不定选）

A. 甲涉嫌危险驾驶，致被害人轻微擦伤，检察院应对其作出法定不起诉

B. 乙涉嫌伪证罪，其如实供述且有重大立功，经上一级检察院批准，可以不起诉

C. 丙故意毁坏财物案，被害人未谅解丙，检察院不得对丙作出酌定不起诉

D. 监察机关对丁渎职案移送检察院审查起诉，检察院经过一次退回补充调查，认为证据不足、不符合起诉条件，检察院可以不起诉

［解析］ 本题考查不起诉。《刑事诉讼法》第177条第1款规定：“犯罪嫌疑人没有犯罪事实，或者有本法第十六条规定的情形之一的，人民检察院应当作出不起诉决定。”本题A项中的“被害人轻微擦伤”属于《刑事诉讼法》第16条第（一）项规定的情形，但是危险驾驶构成犯罪，故不得作出法定不起诉。该项错误。《刑事诉讼法》第182条第1款规定：“犯罪嫌疑人自愿如实供述涉嫌犯罪的事实，有重大立功或者案件涉及国家重大利益的，经最高人民检察院核准，公安机关可以撤销案件，人民检察院可以作出不起诉决定，也可以对涉嫌数罪中的一项或者多项不起诉。”故B项的错误在于，不是经上一级检察院批准，而是经最高人民检察院核准，可以对乙作出特别不起诉。《刑事诉讼法》第177条第2款规定：“对于犯罪情节轻微，依照刑法规定不需要判处刑罚或者免除刑罚的，人民检察院可以作出不起诉决定。”由此条文可知，被害人谅解不是酌定不起诉的必要条件，故C项错误。《高检规则》第367条规定：“人民检察院对于二次退回补充调查或者补充侦查的案件，仍然认为证据不足，不符合起诉条件的，经检察长批准，依法作出不起诉决定。人民检察院对于经过一次退回补充调查或者补充侦查的案件，认为证据不足，不符合起诉条件，且没有再次退回补充调查或者补充侦查必要的，经检察长批准，可以作出不起诉决定。”故D项表述正确。

综上，本题的正确答案为D项。

答案：D

16. 赵某制止李某故意伤害他人，致李某重伤，A省B市C区检察院在认定赵某超过了防卫必要限度的基础上作出不起诉决定。关于该案，正确的表述是？（2020年法考客观题回忆版真题，不定选）

A. C区检察院向李某送达不起诉决定书时，应当告知李某有权可向法院提起自诉

B. 赵某对不起诉决定提出申诉的，由B市检察院立案复查

C. B市检察院认为防卫没有超过必要限度的，可指令C区检察院撤销原不起诉决定并重作不起诉决定

D. A省检察院可以直接指令B市检察院对本案不起诉决定是否正确进行审查

［解析］ 本题来源于福州的赵宇见义勇为案，考查不起诉。《高检规则》第377条规定：“不起诉决定书应当送达被害人或者其近亲属及其诉讼代理人、被不起诉人及其辩护人以及被不起诉人所在单位。送达时，应当告知被害人或者其近亲属及其诉讼代理人，如果对不起诉决定不服，可以自收到不起诉决定书后七日以内向上一级人民检察院申诉；也可以不经申诉，直接向人民法院起诉。依照刑事诉讼法第一百七十七条第二款作出不起诉决定的，应当告知被不起诉人，如果对不起诉决定不

服，可以自收到不起诉决定书后七日以内向人民检察院申诉。”本案中，李某是被害人，赵某是被不起诉人，C区检察院向李某送达不起诉决定书时，应当告知李某有权可向法院提起自诉。故A项正确。

检察院认定赵某防卫过当而作出的不起诉是酌定不起诉，赵某对酌定不起诉不服，可向原作出不起诉的检察院即C区检察院申诉，由C区检察院立案复查，而不是由B市检察院立案复查。故B项错误。

《高检规则》第389条规定：“最高人民检察院对地方各级人民检察院的起诉、不起诉决定，上级人民检察院对下级人民检察院的起诉、不起诉决定，发现确有错误的，应当予以撤销或者指令下级人民检察院纠正。”本案中，若赵某的防卫没有超过必要限度，则应对其作法定不起诉，而不是酌定不起诉，故B市检察院认为防卫没有超过必要限度的，可指令C区检察院撤销原不起诉决定并重作不起诉决定，A省检察院也可以直接指令B市检察院对本案不起诉决定是否正确进行审查，因此，C、D项表述正确。

答案：ACD

17. 17岁的周某收购工业用盐，转卖给他人喂猪，获利5万元，公安机关移送检察院审查起诉。检察院对该案的下列处理，正确的是？（2020年法考客观题回忆版真题，单选）

A. 因周某如实供述且有重大立功，检察院可对其不起诉

B. 因周某没有犯罪事实，检察院对其作出法定不起诉

C. 因周某犯罪情节轻微，检察院对其作出酌定不起诉

D. 因周某积极退赃，检察院可对其作出附条件不起诉

［解析］ 本题考查不起诉，考生应当首先分析周某的行为是否构成非法经营罪。国家有关部门规定明确取消了工业盐准运证和准运章制度，工业盐已不再属于国家限制买卖的物品。因此，本案中周某收购并转卖工业盐的行为不构成非法经营犯罪。《刑事诉讼法》第182条第1款规定：“犯罪嫌疑人自愿如实供述涉嫌犯罪的事实，有重大立功或者案件涉及国家重大利益的，经最高人民检察院核准，公安机关可以撤销案件，人民检察院可以作出不起诉决定，也可以对涉嫌数罪中的一项或者多项不起诉。”本条规定的不起诉是特别不起诉。特别不起诉是以犯罪嫌疑人构成犯罪为前提，但是，本题中的周某不构成犯罪，因而不得对其作特别不起诉处理，A项错误。因为周某的行为系没有犯罪事实，依据《刑事诉讼法》第177条第1款的规定，检察院应当对其作出法定不起诉，B项表述正确。依据《刑事诉讼法》第177条第2款的规定，酌定不起诉的前提是犯罪嫌疑人犯罪情节轻微，依照刑法规定不需要判处刑罚或者免除刑罚，但是，按照前述分析，周某不构成犯罪，因而不得对其作酌定不起诉处理。故C项错误。《刑事诉讼法》第282条第1款规定，对于未成年人涉嫌刑法分则第四章、第五章、第六章规定的犯罪，可能判处一年有期徒刑以下刑罚，符合起诉条件，但有悔罪表现的，检察院可以作出附条件不起诉的决定。由此可见，附条件不起诉的条件之一就是犯罪嫌疑人符合起诉条件，但是，按照前述分析，周某不符合起诉条件，因而不得对其作附条件不起诉。故D项错误。本题的正确答案为B项。

答案：B

18. 甲因盗窃罪被移送T区检察院审查起诉，T区检察院在审查起诉时，甲逃跑，一年后归案，在逃跑期间，新规定将犯罪数额提高，检察院适用该规定，对甲作出不起诉决定。下列关于该案的说法，正确的是？（2019年法考客观题回忆版真题，不定选）

A. 检察院对甲作出酌定不起诉

B. 检察院发现新证据，可以对甲再次起诉

C. 被害人对不起诉决定不服，可以提起自诉

D. 甲对不起诉决定不服，可以向T区检察院申诉

[解析] 本题考查不起诉。《刑事诉讼法》第177条第1款规定："犯罪嫌疑人没有犯罪事实，或者有本法第十六条规定的情形之一的，人民检察院应当作出不起诉决定。"本款规定的不起诉是法定不起诉。《刑事诉讼法》第177条第2款规定："对于犯罪情节轻微，依照刑法规定不需要判处刑罚或者免除刑罚的，人民检察院可以作出不起诉决定。"此款规定的不起诉是酌定不起诉。甲的盗窃行为按照新规定，不构成犯罪，检察院对其作出的是法定不起诉。故A项错误。在法定不起诉之后，若有新的证据能推翻原来的不起诉决定，检察院可以对其重新起诉。故B项正确。

《刑事诉讼法》第180条规定，对于有被害人的案件，决定不起诉的，检察院应当将不起诉决定书送达被害人。被害人如果不服，可以自收到决定书后7日以内向上一级检察院申诉，请求提起公诉。检察院应当将复查决定告知被害人。对检察院维持不起诉决定的，被害人可以向法院起诉。被害人也可以不经申诉，直接向法院起诉。本题中，被害人对T区检察院作出的不起诉决定不服，可以向法院提起自诉。故C项正确。

《刑事诉讼法》第181条规定，对于检察院依照《刑事诉讼法》第177条第2款规定作出的不起诉决定，被不起诉人如果不服，可以自收到决定书后7日以内向检察院申诉。由此可见，被不起诉人只能对酌定不起诉向检察院申诉，本题中检察院对甲作出的是法定不起诉而不是酌定不起诉，故甲对该不起诉决定，不能向T区检察院申诉。故D项错误。

综上，本题的正确答案为B、C项。

答案：BC

19. 孙某、赵某、李某于1998年在B市A县共同伤害刘某致死，公安机关对该案立案侦查。后赵某和李某分别于1998年4月和12月被逮捕。由于案件事实不清、证据不足，B市检察院作出证据不足不起诉的决定。赵某和李某于1999年7月被释放。孙某在2008年因另一起案件被判无期徒刑，在乙县服刑。在服刑期间发现之前的犯罪。后公安机关决定再次侦查，于2018年6月由B市检察院向B市中级法院提起公诉。下列关于该案的说法，正确的是？(2019年法考客观题回忆版真题，不定选)

A. 应当对赵某法定不起诉

B. 应当对李某法定不起诉

C. 孙某只能由乙县法院审理

D. 由于孙某可能判无期徒刑，所以对孙某单独由B市检察院向B市中级法院提起公诉

[解析] 本题考查追诉时效期限、不起诉、特殊地域管辖。《刑法》第234条规定："故意伤害他人身体的，处三年以下有期徒刑、拘役或者管制。犯前款罪，致人重伤的，处三年以上十年以下有期徒刑；致人死亡或者以特别残忍手段致人重伤造成严重残疾的，处十年以上有期徒刑、无期徒刑或者死刑。本法另有规定的，依照规定。"按照刑法关于追诉时效期限的规定，本题中，对赵某、李某的追诉时效期限为20年，从1998年至2018年，赵某和李某的犯罪已过20年的追诉时效期限，故对赵某和李某应当作法定不起诉决定，A、B两项正确。《高法解释》第13条第1款规定："正在服刑的罪犯在判决宣告前还有其他罪没有判决的，由原审地人民法院管辖；由罪犯服刑地或者犯罪地的人民法院审判更为适宜的，可以由罪犯服刑地或者犯罪地的人民法院管辖。"故对于孙某的故意伤害罪这一漏罪，可以由原审地法院、罪犯服刑地或者犯罪地的法院管辖。因为孙某可能判处无期徒刑，对于孙某可以由服刑地法院管辖，也可以由原审地法院、犯罪地B市的法院管辖。故C项不正确。

另外，因为对于赵某、李某没有新的证据，所以，对孙某单独由B市检察院向B市中级法院提起公诉。故A、B、D三项正确。

综上，本题的正确答案为A、B、D三项。

答案：ABD

20. 张某因受贿罪被H市监察委员会留置，之后，H市监察委员会移送H市检察院审查起诉，关于该案的说法，正确的是？（2019年法考客观题回忆版真题，不定选）

A. 张某在留置期间的供述应当排除

B. H市检察院接到H市监察委员会移送的案件后，认为张某可能判处10年有期徒刑以上刑罚，可直接逮捕

C. 在H市监察委员会调查期间，张某欲逃往境外，H市监察委可以决定限制张某从H市国际机场出境

D. H市监察委应将查封、扣押的涉案财产和违法所得、证据一并移交H市检察院

［解析］ 本题考查监察机关的职权、逮捕。《监察法》第33条规定："监察机关依照本法规定收集的物证、书证、证人证言、被调查人供述和辩解、视听资料、电子数据等证据材料，在刑事诉讼中可以作为证据使用。监察机关在收集、固定、审查、运用证据时，应当与刑事审判关于证据的要求和标准相一致。以非法方法收集的证据应当依法予以排除，不得作为案件处置的依据。"由此可见，在监察机关留置期间获得的张某的供述在刑事诉讼中可以作为证据使用，故A项错误。

《刑事诉讼法》第170条第2款规定，对于监察机关移送起诉的已采取留置措施的案件，检察院应当对犯罪嫌疑人先行拘留，留置措施自动解除。检察院应当在拘留后的10日以内作出是否逮捕、取保候审或者监视居住的决定。由此可见，即使张某可能判处10年有期徒刑以上刑罚，H市检察院也应当对张某先行拘留，在拘留期间决定对张某是否逮捕。故B项错误。

《监察法》第30条规定："监察机关为防止被调查人及相关人员逃匿境外，经省级以上监察机关批准，可以对被调查人及相关人员采取限制出境措施，由公安机关依法执行。对于不需要继续采取限制出境措施的，应当及时解除。"本题C项中的H市监察委是省级以下的监察委，不得决定限制张某出境，应报省级以上监察机关批准，才可以对张某限制出境。该项错误。

《监察法》第46条规定："监察机关经调查，对违法取得的财物，依法予以没收、追缴或者责令退赔；对涉嫌犯罪取得的财物，应当随案移送人民检察院。"《监察法》第45条第1款第（四）项规定："监察机关根据监督、调查结果，依法作出如下处置：（四）对涉嫌职务犯罪的，监察机关经调查认为犯罪事实清楚，证据确实、充分的，制作起诉意见书，连同案卷材料、证据一并移送人民检察院依法审查、提起公诉。"故D项正确。

综上，本题的正确答案为D项。

答案：D

21. M市监察机关对王某受贿案立案后，对王某采取了留置措施，调查结束后，移送M市检察院审查起诉。关于该案，下列说法正确的是？（2018年法考客观题回忆版真题，不定选）

A. M市监察机关在《监察法》生效前对王某留置的6个月，应折抵有期徒刑6个月

B. M市检察院经过两次退回补充调查，仍然认为该案事实不清，直接作出不起诉决定

C. M市监察机关对不起诉决定不服，可向M市检察院提请复议

D. 在该案移送审查起诉后，M市检察院须重新适用强制措施

［解析］ 本题考查监察机关的留置和检察院对监察机关移送案件的审查处理。《监察

法》第44条第3款规定："被留置人员涉嫌犯罪移送司法机关后，被依法判处管制、拘役和有期徒刑的，留置一日折抵管制二日，折抵拘役、有期徒刑一日。"故A项正确。《监察法》第47条第4款规定："人民检察院对于有《中华人民共和国刑事诉讼法》规定的不起诉的情形的，经上一级人民检察院批准，依法作出不起诉的决定。监察机关认为不起诉的决定有错误的，可以向上一级人民检察院提请复议。"故B项的错误在于，M市检察院作不起诉决定，应经上一级检察院批准。C项的错误在于，M市监察机关不服，可向M市检察院的上一级检察院提请复议。《刑事诉讼法》第170条第2款规定，对于监察机关移送起诉的已采取留置措施的案件，检察院应当对犯罪嫌疑人先行拘留，留置措施自动解除。故D项正确。因此，本题的正确答案为A、D两项。

答案：AD

22. 叶某涉嫌飞车抢夺行人财物被立案侦查。移送审查起诉后，检察院认为实施该抢夺行为的另有其人。关于本案处理，下列哪一选项是正确的？（2017/2/32，单选）

A. 检察院可将案卷材料退回公安机关并建议公安机关撤销案件

B. 在两次退回公安机关补充侦查后，检察院应作出证据不足不起诉的决定

C. 检察院作出不起诉决定后，被害人不服向法院提起自诉，法院受理后，不起诉决定视为自动撤销

D. 如最高检察院认为对叶某的不起诉决定确有错误的，可直接撤销不起诉决定

［解析］　本题考查审查起诉后的处理方式、不起诉。依据《高检规则》第365条的规定："人民检察院对于监察机关或者公安机关移送起诉的案件，发现犯罪嫌疑人没有犯罪事实，或者符合刑事诉讼法第十六条规定的情形之一的，经检察长批准，应当作出不起诉决定。对于犯罪事实并非犯罪嫌疑人所为，需要重新调查或者侦查的，应当在作出不起诉决定后书面说明理由，将案卷材料退回监察机关或者公安机关并建议重新调查或者侦查。"故A项的错误在于，检察院审查起诉时认为实施该抢夺行为的另有其人，属于"犯罪事实并非犯罪嫌疑人所为"的情形，检察院不得将案卷材料退回公安机关并建议公安机关撤销案件，检察院若认为需要重新侦查的，应当在作出不起诉决定后书面说明理由，将案卷材料退回公安机关并建议公安机关重新侦查。

依据《刑事诉讼法》第177条第1款的规定："犯罪嫌疑人没有犯罪事实，或者有本法第十六条规定的情形之一的，人民检察院应当作出不起诉决定。"本题中，叶某没有犯罪事实，所以，B项的错误在于，检察院对叶某应当作出法定不起诉，而非证据不足不起诉。

C项的错误在于，法院受理公诉转自诉案件与不起诉决定无关，检察院作出不起诉决定后，被害人不服向法院提起自诉，法院受理案件不影响不起诉决定的效力。

依据《高检规则》第389条的规定："最高人民检察院对地方各级人民检察院的起诉、不起诉决定，上级人民检察院对下级人民检察院的起诉、不起诉决定，发现确有错误的，应当予以撤销或者指令下级人民检察院纠正。"因此，本题中，最高人民检察院认为对叶某的不起诉决定确有错误的，可直接撤销不起诉决定。故D项正确。

综上，本题的正确答案为D项。

答案：D

23. 田某涉嫌徇私枉法罪，情节特别严重，被立案侦查并逮捕，侦查过程中发现田某还涉嫌重婚。关于本案处理，下列选项正确的是？（不定选）

A. 如徇私枉法与重婚互有牵连，检察院可并案侦查

B. 对田某的侦查羁押期限可自发现其涉嫌重婚罪之日起重新计算

C. 如检察院审查起诉后认为田某构成徇私枉法而不构成重婚，应当对重婚罪作出不起诉决定

D. 如检察院只对田某以徇私枉法罪提起公诉，重婚罪的被害人可向法院提起自诉

［解析］ 本题考查立案管辖、期间的计算、审查起诉后的处理方式。《高检规则》第18条第2款规定："对于一人犯数罪、共同犯罪、共同犯罪的犯罪嫌疑人还实施其他犯罪、多个犯罪嫌疑人实施的犯罪存在关联，并案处理有利于查明案件事实和诉讼进行的，人民检察院可以在职责范围内对相关犯罪案件并案处理。"本题A项，检察院对徇私枉法罪有管辖权，但是对重婚罪没有管辖权，而且，并案管辖仅限于各自的职责范围内，不得超出不同机关立案管辖的范围并案处理，所以，检察院不得对重婚罪与徇私枉法罪并案侦查。故A项错误。

《公安部规定》第151条规定，在侦查期间，发现犯罪嫌疑人另有重要罪行的，应当自发现之日起五日以内报县级以上公安机关负责人批准后，重新计算侦查羁押期限，制作变更羁押期限通知书，送达看守所，并报批准逮捕的检察院备案。前款规定的"另有重要罪行"，是指与逮捕时的罪行不同种的重大犯罪以及同种犯罪并将影响罪名认定、量刑档次的重大犯罪。但是，B项中的重婚罪并非"重要罪行"，不得自发现田某涉嫌重婚罪之日起重新计算其侦查羁押期限，故B项错误。

因为检察院的不起诉是针对行为人作出的。尽管田某不构成重婚罪，但构成徇私枉法罪，所以，对田某应起诉，不能对重婚罪作不起诉处理，故C项错误。

依据《高法解释》第1条的规定，本题中的重婚罪属于"被害人有证据证明的轻微刑事案件"，既可以公诉，也可以自诉，重婚罪的被害人可向法院提起自诉，故D项表述正确。

综上，本题的正确答案为D项。

答案：D

24. 甲、乙、丙、丁四人涉嫌多次结伙盗窃，公安机关侦查终结移送审查起诉后，甲突然死亡。检察院审查后发现，甲和乙共同盗窃1次，数额未达刑事立案标准；乙和丙共同盗窃1次，数额刚达刑事立案标准；甲、丙、丁三人共同盗窃1次，数额巨大，但经两次退回公安机关补充侦查后仍证据不足；乙对其参与的2起盗窃有自首情节。关于本案，下列哪一选项是正确的？（2015/2/33，单选）

A. 对甲可作出酌定不起诉决定

B. 对乙可作出法定不起诉决定

C. 对丙应作出证据不足不起诉决定

D. 对丁应作出证据不足不起诉决定

［解析］ 本题考查不起诉的适用条件。《刑事诉讼法》第177条第1、2款规定："犯罪嫌疑人没有犯罪事实，或者有本法第十六条规定的情形之一的，人民检察院应当作出不起诉决定。对于犯罪情节轻微，依照刑法规定不需要判处刑罚或者免除刑罚的，人民检察院可以作出不起诉决定。"本题中，甲有1次盗窃未达到立案标准，1次盗窃证据不足，而且甲死亡，在审查起诉时，优先考虑甲死亡这一情节，对甲应当作出法定不起诉，A项错误。乙有1次盗窃未达立案标准，1次盗窃刚达立案标准，且乙有自首；丙有1次盗窃刚达到立案标准，1次盗窃证据不足。总体而言，乙和丙达到立案标准，属犯罪情节轻微，依据刑法的规定不需要判处刑罚或免除刑罚，故对乙、丙可作酌定不起诉，故B、C两项错误。《刑事诉讼法》第175条第4款规定："对于二次补充侦查的案件，人民检察院仍然认为证据不足，不符合起诉条件的，应当作出不起诉的决定。"本题中，丁只有一次盗窃，经两次退回补充侦查仍证据不足，故检察院对丁应作证据

不足不起诉决定，D 项正确。

答案：D

25. 检察院对孙某敲诈勒索案审查起诉后认为，作为此案关键证据的孙某口供系刑讯所获，依法应予排除。在排除该口供后，其他证据显然不足以支持起诉，因而作出不起诉决定。关于该案处理，下列哪一选项是错误的？（2014/2/35，单选）

A. 检察院的不起诉属于存疑不起诉

B. 检察院未经退回补充侦查即作出不起诉决定违反《刑事诉讼法》的规定

C. 检察院排除刑讯获得的口供，体现了法律监督机关的属性

D. 检察院不起诉后，又发现新的证据，符合起诉条件时，可提起公诉

［解析］ 本题考查证据不足不起诉、非法证据排除。存疑不起诉，又称证据不足不起诉。存疑不起诉是指检察院认为证据不足，不符合起诉条件的，可以作出不起诉决定，故 A 项表述正确。

《刑事诉讼法》第 175 条第 4 款规定：“对于二次补充侦查的案件，人民检察院仍然认为证据不足，不符合起诉条件的，应当作出不起诉的决定。”从这一条文的表述看，这条仅表述了一个最低限度的要求。由此可知，检察院未经退回补充侦查即作出不起诉决定，未违反《刑事诉讼法》的规定，故 B 项表述错误。

检察院是我国的法律监督机关。检察院在审查起诉时，发现侦查机关以刑讯获取的供述，应当予以排除，这体现了检察院的法律监督机关的属性，故 C 项表述正确。

检察院在作出存疑不起诉之后，如果发现了新的证据，符合起诉条件时，可以提起公诉，故 D 项正确。

综上，本题的正确答案为 B 项。

答案：B

26. 被害人对于检察院作出不起诉决定不服而在 7 日内提出申诉时，下列哪一说法是正确的？（2011/2/31，单选）

A. 由作出决定的检察院受理被害人的申诉

B. 由与作出决定的检察院相对应的法院受理被害人的申诉

C. 被害人提出申诉同时又向法院起诉的，法院应裁定驳回起诉

D. 被害人提出申诉后又撤回的，仍可向法院起诉

［解析］ 本题考查对不起诉决定的救济途径。《刑事诉讼法》第 180 条规定：“对于有被害人的案件，决定不起诉的，人民检察院应当将不起诉决定书送达被害人。被害人如果不服，可以自收到决定书后七日以内向上一级人民检察院申诉，请求提起公诉。人民检察院应当将复查决定告知被害人。对人民检察院维持不起诉决定的，被害人可以向人民法院起诉。被害人也可以不经申诉，直接向人民法院起诉。人民法院受理案件后，人民检察院应当将有关案件材料移送人民法院。”《高检规则》第 381 条第 1 款规定：“被害人不服不起诉决定，在收到不起诉决定书后七日以内提出申诉的，由作出不起诉决定的人民检察院的上一级人民检察院负责捕诉的部门进行复查。”据此，被害人对于检察院的不起诉决定应当由上一级检察院受理，而不是由作出决定的检察院或其对应的法院受理，故 A、B 两项错误。由以上两条规定也可知，被害人也可以不经过申诉，直接向法院起诉，故 C 项错误在于，被害人提出申诉同时又向法院起诉的，法院应予以受理，而不是“裁定驳回起诉”。

综上，本题正确答案为 D 项。

答案：D

考点 4 补充侦查和补充调查

27. 张某因故意杀害李某，被 A 省 B 市中级

法院一审判处死刑立即执行，一审的合议庭中人民陪审员甲是李某的父亲的同学，但未回避，张某因此提起上诉，A省高级法院由法官乙、丙、丁三人组成合议庭审理，认为甲不会影响公正审理，但一审判决事实不清，证据不足，裁定撤销原判，发回B市中级法院重审，下列关于该案诉讼程序的表述，正确的是？（2020年法考客观题回忆版真题，单选）

A. B市中级法院重审，甲继续担任合议庭成员

B. B市中级法院重审，认为事实不清、证据不足，可退回检察院补充侦查

C. B市中级法院重审认为张某仅构成过失致人死亡罪，可指定下级基层法院一审

D. B市中级法院重审作出一审判决后，张某再次上诉到A省高级法院，可再次由乙、丙、丁组成合议庭

［解析］ 本题考查回避、级别管辖、补充侦查。《刑事诉讼法》第239条规定，原审法院对于发回重新审判的案件，应当另行组成合议庭，依照第一审程序进行审判。本题A项中，B市中级法院重审，甲应当回避，不得继续担任该案的合议庭成员，故A项错误。

依据《高法解释》第297条第1款的规定："审判期间，人民法院发现新的事实，可能影响定罪量刑的，或者需要补查补证的，应当通知人民检察院，由其决定是否补充、变更、追加起诉或者补充侦查。"可见，法院不能主动退回检察院补充侦查，故B项错误。

《高法解释》第14条规定："人民检察院认为可能判处无期徒刑、死刑，向中级人民法院提起公诉的案件，中级人民法院受理后，认为不需要判处无期徒刑、死刑的，应当依法审判，不再交基层人民法院审判。"本题C项中，B市中级法院重审认为张某仅构成过失致人死亡罪，不可能判处无期徒刑、死刑的，也应当依法审判，不得指定下级基层法院一审，故C项错误。

《高法解释》第29条第2款规定："在一个审判程序中参与过本案审判工作的合议庭组成人员或者独任审判员，不得再参与本案其他程序的审判。但是，发回重新审判的案件，在第一审人民法院作出裁判后又进入第二审程序、在法定刑以下判处刑罚的复核程序或者死刑复核程序的，原第二审程序、在法定刑以下判处刑罚的复核程序或者死刑复核程序中的合议庭组成人员不受本款规定的限制。"本题中，B市中级法院重审作出一审判决后，张某再次上诉到A省高级法院，A省高级法院原参加过该案二审的合议庭成员乙、丙、丁可以参加该案的第二次的二审。故D项正确。

综上，本题的正确答案为D项。

答案：D

28. 关于补充侦查，下列哪些选项是正确的？（2015/2/70，多选）

A. 审查批捕阶段，只有不批准逮捕的，才能通知公安机关补充侦查

B. 审查起诉阶段的补充侦查以两次为限

C. 审判阶段检察院应自行侦查，不得退回公安机关补充侦查

D. 审判阶段法院不得建议检察院补充侦查

［解析］ 本题考查补充侦查。《刑事诉讼法》第90条规定："人民检察院对于公安机关提请批准逮捕的案件进行审查后，应当根据情况分别作出批准逮捕或者不批准逮捕的决定。对于批准逮捕的决定，公安机关应当立即执行，并且将执行情况及时通知人民检察院。对于不批准逮捕的，人民检察院应当说明理由，需要补充侦查的，应当同时通知公安机关。"故A项正确。

《刑事诉讼法》第175条第2、3款规定，检察院审查案件，对于需要补充侦查的，可以退回公安机关补充侦查，也可以自行侦查。对于补充侦查的案件，应当在1个月以内补充侦查完毕。补充侦查以二次为限，故B项正确。

《高检规则》第422条第1款规定："在审判过程中，对于需要补充提供法庭审判所必需的证据或者补充侦查的，人民检察院应当自行收集证据和进行侦查，必要时可以要求监察机关或者公安机关提供协助；也可以书面要求监察机关或者公安机关补充提供证据。"故C项正确。

《高法解释》第277条第2款规定："审判期间，被告人提出新的立功线索的，人民法院可以建议人民检察院补充侦查。"故D项的错误在于，不是"不得"，而是"可以"。

答案：ABC

29. 关于补充侦查，下列哪些选项是正确的？（2007/2/71，新法答案为单选）

A. 检察院审查公安机关报请批准逮捕的案件，发现证据不足的，可以决定退回补充侦查

B. 检察院在审查起诉时，认为事实不清、证据不足的，可以退回公安机关补充侦查

C. 法院对提起公诉的案件进行审查后，对主要事实不清、证据不足的，可退回检察院补充侦查

D. 合议庭在案件审理过程中，发现被告人可能有自首、立功等法定量刑情节，而起诉和移送的证据材料中没有这方面的证据材料的，应当建议检察院补充侦查

［解析］ 本题考查补充侦查。《刑事诉讼法》第90条规定："人民检察院对于公安机关提请批准逮捕的案件进行审查后，应当根据情况分别作出批准逮捕或者不批准逮捕的决定。对于批准逮捕的决定，公安机关应当立即执行，并且将执行情况及时通知人民检察院。对于不批准逮捕的，人民检察院应当说明理由，需要补充侦查的，应当同时通知公安机关。"由此可见，在审查批捕阶段，检察院不能决定退回公安机关补充侦查，故A项不正确。

《刑事诉讼法》第175条第2款规定："人民检察院审查案件，对于需要补充侦查的，可以退回公安机关补充侦查，也可以自行侦查。"《高检规则》第342条规定："人民检察院认为犯罪事实不清、证据不足或者存在遗漏罪行、遗漏同案犯罪嫌疑人等情形需要补充侦查的，应当制作补充侦查提纲，连同案卷材料一并退回公安机关补充侦查。人民检察院也可以自行侦查，必要时可以要求公安机关提供协助。"据此，B项正确。

根据《高法解释》第295条第（四）项的规定，法院对第一审公诉案件进行审理后，认为证据不足，不能认定被告人有罪的，应当以证据不足、指控的犯罪不能成立，判决宣告被告人无罪。本题C项这种情形，法院应予以受理，在审理中作出证据不足、指控不成立的无罪判决，而不是退回检察院补充侦查，故C项错误。

《高法解释》第277条第1款规定："审判期间，合议庭发现被告人可能有自首、坦白、立功等法定量刑情节，而人民检察院移送的案卷中没有相关证据材料的，应当通知人民检察院在指定时间内移送。"依据该条款可知，D项的错误在于，合议庭应当通知检察院在指定时间内移送，而不是建议检察院补充侦查。

答案：B（原答案为BD）

第十四章 刑事审判概述

点评

本章在法律职业资格考试客观题中一般考查1—2道选择题。其主要知识点有：刑事审判的原则（审判公开原则、直接言词原则、辩论原则、集中审理原则）、审级制度即两审终审制、审判组织的种类、合议制、人民陪审制以及审判委员会。考生应注意2012年、2018年《刑事诉讼法修正案》、《人民陪审员法》及《高法解释》对审判公开原则、审判组织等的修改。

考点1　刑事审判的特征

1. 刑事审判具有亲历性特征。下列哪一选项不符合亲历性要求？（2014/2/36，单选）

A. 证人因路途遥远无法出庭，采用远程作证方式在庭审过程中作证

B. 首次开庭并对出庭证人的证言质证后，某合议庭成员因病无法参与审理，由另一人民陪审员担任合议庭成员继续审理并作出判决

C. 某案件独任审判员在公诉人和辩护人共同参与下对部分证据进行庭外调查核实

D. 第二审法院对决定不开庭审理的案件，通过讯问被告人，听取被害人、辩护人和诉讼代理人的意见进行审理

［解析］　本题考查刑事审判的亲历性的体现。刑事审判的亲历性，是指案件的裁判者必须自始至终参与审理，审查所有证据，对案件作出判决须以充分听取控辩双方的意见为前提。本题中，A、C、D三项均体现了刑事审判的亲历性特征，但是，B项中的人民陪审员未能自始至终参与审理，未体现刑事审判的亲历性特征。本题的正确答案为B项。

答案：B

考点2　刑事审判模式

2. 下列关于我国刑事诉讼构造和刑事审判模式的说法，正确的是？（2021年法考客观题回忆版真题，不定选）

A. 在审查起诉阶段，检察院中立，形成了控辩审三方的诉讼构造

B. 法官在开庭前阅卷，体现了职权主义的色彩

C. 我国庭前审查由实体性审查向程序性审查的转化，体现了当事人主义改革的思路

D. 证人出庭少，主要是以宣读证人证言的方式质证，说明我国控辩式庭审方式改革处于发展阶段

［解析］　本题考查刑事诉讼构造和刑事审判模式。我国审查起诉阶段，只有检察院和犯罪嫌疑人两方，即只有控辩两方构造，不具有控辩审三方的构造。故A项错误。

按照“九大本”刑事诉讼法教材，职权主义审判模式，又称审问式审判模式，是指法官在审判程序中居于主导和控制地位，而限制控辩双方积极性的审判模式。法官的中心地位和主导作用主要表现在三个方面：一是公诉机

关向法院提起诉讼时向法院随案移送案件的卷宗材料，以便法官开庭前对案件事实有所了解和制定庭审计划；二是可以主动询问证人、鉴定人，主动出示并核实证据；三是案件的审理范围、审理方式、证人出庭、进程安排等均由法官决定。本题B项中，法官在开庭前阅卷，体现了法官的中心地位和主导作用，这是职权主义色彩的表现。故B项正确。

当事人主义审判模式，又称对抗制审判模式、抗辩式审判模式，是指法官（陪审团）居于中立且被动的裁判者地位，法庭审判的进行由控方的举证和辩方的反驳共同推动和控制的一种审判模式。当事人主义审判模式的基本特征之一就是法官消极中立，法官对于案件事实的调查持消极态度，即不主动查明案件事实。其态度的消极和地位的中立主要表现在两个方面：一是在开庭审理前不接触证据，起诉方起诉时不移送卷宗材料，以免法官形成预断；二是法官不主动出示证据、询问证人、调查事实，尤其不参与证据的收集。本题C项中，我国庭前审查由实体性审查向程序性审查的转化，这样可让控辩双方在法庭上发挥积极、主动作用，体现了当事人主义改革的思路。故C项正确。

我国实践中，证人出庭少，主要是以宣读证人证言的方式质证，说明我国控辩式庭审方式改革处于发展阶段，还需要进一步深化。只有证人出庭作证，控辩双方对证人进行询问，才能真正发挥控辩双方的积极、主动作用。故D项正确。

综上，本题的正确答案为B、C、D三项。

答案：BCD

3. 我国刑事审判模式正处于由职权主义走向控辩式的改革过程之中，2012年《刑事诉讼法》修改内容中，下列哪一选项体现了这一趋势？（2015/2/34，单选）

A. 扩大刑事简易程序的适用范围

B. 延长第一审程序的审理期限

C. 允许法院强制证人出庭作证

D. 增设当事人和解的公诉案件诉讼程序

［解析］　本题考查刑事审判模式。职权主义审判模式，是指法官在审判程序中居于主导和控制地位，而限制控辩双方积极性的审判模式。当事人主义审判模式，是指法官（陪审团）居于中立且被动的裁判者地位，法庭审判的进行由控方的举证和辩方的反驳共同推动和控制的一种审判模式。我国1979年《刑事诉讼法》确立的刑事审判模式体现出超职权主义的特点。1996年修正的《刑事诉讼法》对审判模式进行了重大改革，主要是吸收了英美法系当事人主义的对抗性因素，并保留了职权主义的某些特征。2012年《刑事诉讼法》再次修改，沿着控辩式庭审方式改革方向取得了新的进展。本题A、B、D三项均未发挥控辩双方的积极、主动作用，未体现控辩式改革的趋势，其中A项旨在追求效率，B项旨在保证法院有充足的审理时间，D项旨在解决纠纷，追求和谐。C项中“允许法院强制证人出庭”，可让控辩双方对证人发问、质证，体现了控辩式改革的趋势。故C项正确。

答案：C

考点3　刑事审判原则

4. 下列关于刑事诉讼程序的说法，正确的是？（2022年法考延考客观题回忆版真题，不定选）

A. 公安机关可以委托有专门知识的人进行搜查

B. 甲（女，16岁）故意伤害乙案的侦查中，侦查人员讯问甲时，其法定代理人不能到场，侦查人员通知甲所在学校的女老师到场

C. 甲（女，16岁）故意伤害乙案的侦查中，由两名男侦查人员讯问甲

D. 丙抢劫案公开审理时，丙的父亲因醉酒，其不得旁听案件的审理

[解析] 本题考查侦查手段、审判公开原则。A项的错误在于，公安机关可以委托有专门知识的人进行检查，不能委托有专门知识的人进行搜查。《刑事诉讼法》第281条第1款规定："对于未成年人刑事案件，在讯问和审判的时候，应当通知未成年犯罪嫌疑人、被告人的法定代理人到场。无法通知、法定代理人不能到场或者法定代理人是共犯的，也可以通知未成年犯罪嫌疑人、被告人的其他成年亲属，所在学校、单位、居住地基层组织或者未成年人保护组织的代表到场，并将有关情况记录在案。"本题B项中，甲是未成年犯罪嫌疑人，侦查人员讯问甲时，其法定代理人不能到场，侦查人员通知甲所在学校的女老师作为合适成年人到场，是正确的。《刑事诉讼法》第281条第3款规定："讯问女性未成年犯罪嫌疑人，应当有女工作人员在场。"故C项的错误在于，讯问女性未成年犯罪嫌疑人甲时，应当有女工作人员在场，不能由两名男侦查人员讯问甲。《高法解释》第223条规定："精神病人、醉酒的人、未经人民法院批准的未成年人以及其他不宜旁听的人不得旁听案件审理。"本题D项中丙的父亲醉酒，其不能旁听案件的审理，故D项正确。

综上，本题的正确答案为B、D两项。

答案：BD

5.《关于推进以审判为中心的刑事诉讼制度改革的意见》第14条规定："完善当庭宣判制度，确保裁判结果形成在法庭。适用速裁程序审理的案件，除附带民事诉讼的案件以外，一律当庭宣判。"下列对该规定的理解，正确的是？（2018年法考客观题回忆版真题，多选）

A. 体现了刑事审判公开性和终局性的特征

B. 体现了刑事诉讼对效率价值的追求

C. 体现了集中审理原则的要求

D. 有利于实现被告人的迅速审判权

[解析] 本题考查速裁程序、刑事审判的特征、集中审理原则、刑事诉讼价值、迅速审判权。刑事审判的公开性是指审判活动应当公开进行，除了为了保护特定的社会利益依法不公开审理的案件外，都应当公开审理，将审判活动置于公众和社会的监督之下。刑事审判的终局性是指法院的生效裁判对于案件的解决具有最终决定意义。判决一旦生效，诉讼的任何一方原则上不能要求法院再次审判该案件，其他任何机关也不得对该案重新处理，有关各方都有履行裁判或不妨害裁判执行的义务。本题题干中的做法未体现形式审判的公开性和终局性特征。故A项不当选。

适用速裁程序的案件当庭审判，体现了对效率价值的追求，故B项正确。

集中审理原则的要求之一就是，庭审结束后应迅速作出裁判并予以宣告，故C项正确。

集中审理原则有利于实现被告人的辩护权以及迅速审判权。迅速审判权，是指被追诉人在受到刑事指控之后，有权获得及时审判的权利。故D项正确。

综上，本题的正确答案为B、C、D三项。

答案：BCD

6.《关于推进以审判为中心的刑事诉讼制度改革的意见》第13条要求完善法庭辩论规则，确保控辩意见发表在法庭。法庭应当充分听取控辩双方意见，依法保障被告人及其辩护人的辩论辩护权。关于这一规定的理解，下列哪些选项是正确的？（2017/2/74，多选）

A. 符合我国刑事审判模式逐步弱化职权主义色彩的发展方向

B. 确保控辩意见发表在法庭，核心在于保障被告人和辩护人能充分发表意见

C. 体现了刑事审判的公开性

D. 被告人认罪的案件的法庭辩论，主要围绕量刑进行

[解析] 本题考查刑事审判模式、法庭

辩论、审判的公开性、认罪案件审理程序。《关于推进以审判为中心的刑事诉讼制度改革的意见》第13条强调发挥控辩双方的积极主动作用，有助于弱化法官的积极主动作用，促进控辩双方的积极对抗，朝着控辩式审判模式发展。故A项正确。

《刑事诉讼法》第14条第1款规定：“人民法院、人民检察院和公安机关应当保障犯罪嫌疑人、被告人和其他诉讼参与人依法享有的辩护权和其他诉讼权利。”辩护人享有参加法庭调查和辩论权，在法庭辩论阶段，辩护人可以对证据和案件情况发表意见并且可以和控方辩论。由此可见，在法庭辩论中，确保控辩意见发表在法庭，核心在于保障被告人和辩护人能充分发表意见。故B项正确。

刑事审判的公开性是指审判活动应当公开进行，除了为了保护特定的社会利益依法不公开审理的案件外，都应当公开审理，将审判活动置于公众和社会的监督之下。即使依法不公开审理的案件，宣告判决也应当公开。这是摒除司法不公的最有力的手段。刑事审判的公开性与完善法庭辩论规则和使控辩意见发表在法庭不能直接等同。故C项不当选。

《高法解释》第278条第1款规定，对被告人认罪的案件，在确认被告人了解起诉书指控的犯罪事实和罪名，自愿认罪且知悉认罪的法律后果后，法庭调查可以主要围绕量刑和其他有争议的问题进行。故D项表述正确。

综上，本题的正确答案为A、B、D三项。

答案：ABD

7.《中共中央关于全面深化改革若干重大问题的决定》提出“让审理者裁判、由裁判者负责”。结合刑事诉讼基本原理，关于这一表述的理解，下列哪一选项是正确的？（2016/2/22，单选）

A. 体现了我国刑事诉讼职能的进一步细化与完善

B. 体现了刑事诉讼直接原则的要求

C. 体现了刑事审判的程序性特征

D. 体现了刑事审判控辩式庭审方式改革的方向

［解析］ 本题考查刑事诉讼职能、审判原则、审判的特征、审判模式。刑事诉讼职能是指根据法律规定，国家专门机关和诉讼参与人在刑事诉讼中所承担的职责、具有的作用和功能。刑事诉讼参与者所承担的职能，与其在诉讼中的法律地位和参与诉讼的目的密切相关。传统诉讼理论认为，刑事诉讼有三种基本职能，即控诉、辩护和审判。本题题干中“让审理者裁判、由裁判者负责”主要强调的应是让审理者裁判，并对其裁判负责，不涉及行使控诉和辩护职能的主体以及控辩审的关系。所以该表述未体现我国刑事诉讼职能的进一步细化与完善，故A项错误。

直接言词原则包括直接原则和言词原则。所谓直接原则，是指法官必须与诉讼当事人和诉讼参与人直接接触，直接审查案件事实材料和证据。直接原则又可分为直接审理原则和直接采证原则。前者的含义是，法官审理案件时，公诉人、当事人及其他诉讼参与人应当在场，除法律另有特别规定外，如果上述人员不在场，不得进行法庭审理，否则，审判活动无效。在这一意义上，直接审理原则也称为在场原则。直接采证原则是指法官对证据的调查必须亲自进行，不能由他人代为实施，而且必须当庭直接听证和直接查证，不得将未经当庭亲自听证和查证的证据加以采纳，不得以书面审查方式采信证据。本题题干中“让审理者裁判、由裁判者负责”体现了刑事诉讼直接原则的要求，故B项正确。

刑事审判的程序性是指审判活动应当严格遵循法定的程序，否则，可能导致审判活动无效并需要重新进行的法律后果。本题题干中“让审理者裁判、由裁判者负责”主要强调的是应让审理者裁判，并对其裁判负责，并未体现刑事审判的程序性，故C项错误。

我国1997年、2012年、2018年《刑事诉讼法》的修改，使我国刑事审判模式具有了当事人主义的某些特征，学界一般称为“控辩式”。刑事审判控辩式庭审方式是在传统的庭审方式基础上突出控辩双方的参与和积极主动地位。本题题干中“让审理者裁判、由裁判者负责”未体现刑事审判控辩式庭审方式改革的这一方向，故D项错误。

综上，本题的正确答案为B项。

答案：B

8. **开庭审判过程中，一名陪审员离开法庭处理个人事务，辩护律师提出异议并要求休庭，审判长予以拒绝，40分钟后陪审员返回法庭继续参与审理。陪审员长时间离开法庭的行为违背下列哪一审判原则？**（2013/2/37，单选）

A. 职权主义原则

B. 证据裁判规则

C. 直接言词原则

D. 集中审理原则

［解析］ 本题考查刑事审判原则。职权主义审判模式，又称审问式审判模式，是指法官在审判程序中居于主导和控制地位，而限制控辩双方积极性的审判模式。职权主义审判模式有三个基本特征：法官居于中心地位，主导法庭审理的进行；控辩双方的积极性受到抑制，处于消极被动的地位；法官掌握程序控制权。本题中，陪审员中途离开法庭的行为，与职权主义无关，故A项不当选。

证据裁判规则，又称证据裁判主义、证据为本原则，是指对于案件事实的认定，必须有相应的证据予以证明。没有证据或者证据不充分，不能认定案件事实。本题中，陪审员中途离开法庭的行为，与证据裁判原则无关，故B项不当选。

直接言词原则是指法官必须在法庭上亲自听取当事人、证人及其他诉讼参与人的口头陈述，案件事实和证据必须由控辩双方当庭口头提出并以口头辩论和质证的方式进行调查。直接言词原则包括直接原则和言词原则，因二者均以有关诉讼主体出席法庭为先决条件，紧密联系，理论上合称为直接言词原则。直接原则是指法官必须与诉讼当事人和诉讼参与人直接接触，直接审查案件事实材料和证据。直接原则又可分为直接审理原则和直接采证原则。前者的含义是，法官审理案件时，公诉人、当事人及其他诉讼参与人应当在场，除法律另有特别规定外，如果上述人员不在场，不得进行法庭审理。否则，审判活动无效。在这一意义上，直接审理原则也称为在场原则。直接采证原则是指法官对证据的调查必须亲自进行，不能由他人代为实施，而且必须当庭直接听证和直接查证，不得将未经当庭亲自听证和查证的证据加以采纳，不得以书面审查方式采信证据。所谓言词原则，是指法庭审理须以口头陈述的方式进行。包括控辩双方要以口头进行陈述、举证和辩论，证人、鉴定人要口头作证或陈述，法官要以口头的形式进行询问调查。除非法律有特别规定，凡是未经口头调查之证据，不得作为定案的依据采纳。本题中，陪审员中途离开法庭的行为，违背了直接原则，所以，C项正确。

集中审理原则，又称不中断审理原则，是指“法院开庭审理案件，应在不更换审判人员的条件下连续进行，不得中断审理的诉讼原则”。集中审理原则的一个要求就是：法庭成员不可更换。法庭成员（包括法官和陪审员）必须始终在场参加审理。对于法庭成员因故不能继续参加审理的，应由始终在场的候补法官、候补陪审员替换之。如果没有足够的法官、陪审员可以替换，则应重新审判。这也是直接原则的要求。因为参与裁判制作的法官、陪审员必须参与案件的全部审理活动，接触所有的证据，全面听取法庭辩论，否则无法对案件形成全面的认知并作出公正的裁判。故本题中，陪审员中途离开法庭的行为，也在一定程度上违背了集中审理原则。

答案：C

9. 《刑事诉讼法》规定，未成年人犯罪的案件一律或一般不公开审理。关于该规定中未成年人"年龄"的理解，下列哪一选项是正确的？（2010/2/30，单选）

A. 张某被采取强制措施时17岁，不应当公开审理

B. 李某在审理时15岁，不应当公开审理

C. 钱某犯罪时16岁，不应当公开审理

D. 赵某被立案时18岁，不应当公开审理

［解析］ 本题考查审判公开原则。依据《刑事诉讼法》第285条的规定，审判的时候被告人不满18周岁的案件，不公开审理。据此，是否公开审理，其"年龄"判断应以开庭审判时为准。A、C两项中，张某被采取强制措施时17岁，钱某犯罪时16岁，都无法判断两者审理时是否仍不满18周岁，故错误。B项中，李某在审理时15岁，符合前述规定，不应当公开审理，B项正确。D项中，赵某被立案时18岁，开庭审理时肯定已满18周岁，应公开审理，故不选。

综上，本题的正确答案为B项。

答案：B

10. 审判长在法庭审理过程中突发心脏病，无法继续参与审判，需在庭外另行指派其他审判人员参加审判。法院院长的下列哪一做法是正确的？（2011/2/32，单选）

A. 指派一名陪审员担任审判长重新审理

B. 指派一名审判员担任审判长继续审理

C. 指派一名陪审员并指定原合议庭一名审判员担任审判长继续审理

D. 指定一名审判员担任审判长重新审理

［解析］ 本题考查合议庭的组成和集中审理原则。《人民法院组织法》第30条第2款规定，合议庭由一名法官担任审判长。院长或者庭长参加审理案件时，由自己担任审判长。《人民陪审员法》第14条规定，人民陪审员和法官组成合议庭审判案件，由法官担任审判长。由此可见，审判长不能由人民陪审员担任。故A项错误。

按照集中审理原则的要求，对于法庭成员因故不能继续参加审理的，应由始终在场的候补法官、候补陪审员替换之，如果没有足够的法官、陪审员可以替换，则应重新审判。故B、C两项中的"继续审理"是错误的，应当"重新审理"。本题正确的做法是D项。

答案：D

11. 下列哪些选项体现了集中审理原则的要求？（2010/2/73，多选）

A. 案件一旦开始审理即不得更换法官

B. 法庭审理应不中断地进行

C. 更换法官或者庭审中断时间较长的，应当重新进行审理

D. 法庭审理应当公开进行

［解析］ 本题考查集中审理原则。集中审理原则的内容主要包括：（1）一个案件组成一个审判庭进行审判，而且在案件审理已经开始尚未结束以前不允许法庭再审理任何其他案件。（2）法庭成员不可更换。法庭成员（包括法官和陪审员）必须始终在场参加审理。对于法庭成员因故不能继续参加审理的，应由始终在场的候补法官、候补陪审员替换之。如果没有足够的法官、陪审员可以替换，则应重新审判。（3）集中证据调查与法庭辩论。（4）庭审不中断并迅速作出裁判。本题A、C两项符合前述第（2）项内容的要求，故A、C两项正确。集中审理原则要求，法庭审理案件从开庭到判决应当尽可能一气呵成，不应中断。故B项正确。D项是审判公开原则的要求，不是集中审理原则的要求。故本题的正确

答案为A、B、C三项。

答案：ABC

考点4 审级制度

12. 下列哪一选项属于两审终审制的例外？（2017/2/33，单选）

A. 自诉案件的刑事调解书经双方当事人签收后，即具有法律效力，不得上诉

B. 地方各级法院的第一审判决，法定期限内没有上诉、抗诉，期满即发生法律效力

C. 在法定刑以下判处刑罚的判决，报请最高法院核准后生效

D. 法院可通过再审，撤销或者改变已生效的二审判决

［解析］ 本题考查两审终审制的例外。两审终审制是指一个案件经过两级法院审判即告终结的制度。两审终审制的实质是允许一个案件经过两级法院审理，也最多只能经过两级法院审理的审级限制。但我国的两审终审制有以下三种例外：（1）最高人民法院审理的第一审案件为一审终审，其判决、裁定一经作出，立即发生法律效力，不存在启动二审程序的问题。（2）判处死刑的案件，必须依法经过死刑复核程序核准后，判处死刑的裁判，才能发生法律效力，交付执行。（3）地方各级法院根据《刑法》第63条第2款规定在法定刑以下判处刑罚的案件，必须经最高人民法院的核准，其判决、裁定才能发生法律效力并交付执行。故本题的正确答案为C项。

《高法解释》第328条第1款规定："人民法院审理自诉案件，可以在查明事实、分清是非的基础上，根据自愿、合法的原则进行调解。调解达成协议的，应当制作刑事调解书，由审判人员、法官助理和书记员署名，并加盖人民法院印章。调解书经双方当事人签收后，即具有法律效力。调解没有达成协议，或者调解书签收前当事人反悔的，应当及时作出判决。"所谓调解书具有法律效力指的就是刑事调解书立即生效，本案经一审程序即告终结，同时，一审判决、裁定没有被上诉或者抗诉的，上诉、抗诉期满后即发生法律效力，此类案件同样经一审程序即告终结。故A、B两项属于"一审即终"，并非两审终审制的例外，因而错误。审判监督程序并不是每个案件的必经程序，只有对于已经发生法律效力而且确有错误的判决、裁定才能适用，是一种特殊程序。通过再审程序改变生效裁判，并不是两审终审制的例外，故D项错误。

答案：C

13. 关于两审终审制度，下列哪一选项是正确的？（2009/2/32，单选）

A. 一个案件只有经过两级法院审理裁判才能生效

B. 经过两级法院审判所作的裁判都是生效裁判

C. 一个案件经过两级法院审判后对所作的裁判不能上诉

D. 一个案件经过两级法院审判后当事人就不能对判决、裁定提出异议

［解析］ 本题考查两审终审制度。《刑事诉讼法》第10条规定："人民法院审判案件，实行两审终审制。"两审终审制是指一个案件至多经过两级法院审判即告终结的制度。根据两审终审制的要求，地方各级法院按照第一审程序对案件审理后所作的判决、裁定，尚不能立即发生法律效力，只有在法定上诉期限内，有上诉权的人没有上诉，同级检察院也没有抗诉，第一审法院所作出的判决、裁定才发生法律效力。但是，最高人民法院审理的第一审案件为一审终审，其裁判一经作出即生效，不存在提起二审的问题，故A项不正确。

判处死刑的案件，必须依法经过死刑复核程序核准后，该裁判才能发生法律效力。地方各级法院依法在法定刑以下判处刑罚的案件，

也必须经过最高人民法院的核准，其裁判才能发生法律效力，故B项不正确。

上诉只能针对第一审裁判提出，故一个案件经过两级法院审判后对所作的裁判不能上诉，C项正确。

一个案件经过两级法院审判后，当事人虽然不能对该案提出上诉，但是，根据《刑事诉讼法》第252条的规定："当事人及其法定代理人、近亲属，对已经发生法律效力的判决、裁定，可以向人民法院或者人民检察院提出申诉，但是不能停止判决、裁定的执行。"因此，当事人可以对经过两级法院审判后的判决、裁定提出异议，D项不正确。

综上，本题正确答案为C项。

答案：C

考点5　审判组织

14. 关于合议庭，下列哪些说法是正确的？（多选）

A. 合议庭由法官组成，或者由法官和人民陪审员组成

B. 合议庭成员因对案件事实和证据认识上的偏差而导致案件被改判或者发回重审的不承担责任

C. 合议庭成员因法律修订或者政策调整而导致案件被改判或者发回重审的不承担责任

D. 开庭审理时，合议庭成员从事与该庭审无关的活动，当事人提出异议，合议庭不纠正的，当事人可以要求延期审理，并将有关情况记入庭审笔录

［解析］　本题考查追究审判人员违法审判责任的例外情形、审判组织。《人民法院组织法》第30条第1款规定："合议庭由法官组成，或者由法官和人民陪审员组成，成员为三人以上单数。"故A项表述正确。

《最高人民法院关于进一步加强合议庭职责的若干规定》第10条规定："合议庭组成人员存在违法审判行为的，应当按照《人民法院审判人员违法审判责任追究办法（试行）》等规定追究相应责任。合议庭审理案件有下列情形之一的，合议庭成员不承担责任：……（二）因对案件事实和证据认识上的偏差而导致案件被改判或者发回重审的；（三）因新的证据而导致案件被改判或者发回重审的；（四）因法律修订或者政策调整而导致案件被改判或者发回重审的……"B、C两项分别符合第（二）项和第（四）项之规定，是正确的。

《最高人民法院关于进一步加强合议庭职责的若干规定》第5条规定："开庭审理时，合议庭全体成员应当共同参加，不得缺席、中途退庭或者从事与该庭审无关的活动。合议庭成员未参加庭审、中途退庭或者从事与该庭审无关的活动，当事人提出异议的，应当纠正。合议庭仍不纠正的，当事人可以要求休庭，并将有关情况记入庭审笔录。"据此，当事人只能要求"休庭"而不能要求"延期审理"。D项错误。

综上，本题的正确答案为A、B、C三项。

答案：ABC

15. 关于合议庭的组成及活动原则，下列哪些选项是正确的？（多选）

A. 院长或者庭长参加审理案件时，由本人担任审判长

B. 开庭审理和评议案件，必须由同一合议庭进行

C. 合议庭成员如有意见分歧，应当按照2/3以上多数作出决定

D. 经审判委员会讨论决定的案件，合议庭有不同意见时，可以建议院长提交审判委员会复议

［解析］　本题考查合议庭的组成及活动原则。《人民法院组织法》第30条第2款规定，合议庭由一名法官担任审判长。院长或者

庭长参加审理案件时，由自己担任审判长。依据此款规定，可知A项正确。

《高法解释》第214条规定，开庭审理和评议案件，应当由同一合议庭进行。据此，B项正确。

《刑事诉讼法》第184条规定："合议庭进行评议的时候，如果意见分歧，应当按多数人的意见作出决定……"该条并未对多数意见规定比例，故C项不正确。

《高法解释》第217条规定："审判委员会的决定，合议庭、独任审判员应当执行；有不同意见的，可以建议院长提交审判委员会复议。"故D项正确。

综上，本题的正确答案为A、B、D三项。

答案：ABD

16. 下列关于合议庭评议笔录的哪些表述是正确的？（2006/2/70，多选）

A. 合议庭意见有分歧的，应当按多数人的意见作出决定并写入笔录

B. 合议庭意见有分歧的，少数人的意见可以不写入笔录

C. 持少数意见的合议庭成员，也应当在评议笔录上签名

D. 合议庭的书记员，应当在评议笔录上签名

［解析］ 本题考查合议庭的评议规则。《刑事诉讼法》第184条规定："合议庭进行评议的时候，如果意见分歧，应当按多数人的意见作出决定，但是少数人的意见应当写入笔录。评议笔录由合议庭的组成人员签名。"本题中，合议庭意见有分歧的，应当按多数人的意见作出决定并写入笔录，故A项正确；少数人的意见应当写入笔录，故B项错误；持少数意见的合议庭成员，应当在评议笔录上签名，故C项正确。

《高法解释》第299条规定："合议庭成员、法官助理、书记员应当在评议笔录上签名，在判决书、裁定书等法律文书上署名。"故D项正确。

综上，本题的正确答案为A、C、D三项。

答案：ACD

考点6 人民陪审员制度

17. 下列关于人民陪审员制度的说法，不正确的是？（2022年法考延考客观题回忆版真题，多选）

A. 拥有10年执业经历的律师和公证员，可以担任人民陪审员

B. 某中级法院可以提请其同级人大常委会任命人民陪审员

C. 某故意伤害案，人民陪审员可参与该案的一审和二审

D. 人民陪审员需要具备法学专业大专以上文化程度

［解析］ 本题考查人民陪审员制度。《人民陪审员法》第6条规定："下列人员不能担任人民陪审员：（一）人民代表大会常务委员会的组成人员，监察委员会、人民法院、人民检察院、公安机关、国家安全机关、司法行政机关的工作人员；（二）律师、公证员、仲裁员、基层法律服务工作者；（三）其他因职务原因不适宜担任人民陪审员的人员。"本题A项的错误在于，执业律师和公证员不能担任人民陪审员。依据《人民陪审员法》第10、11条的规定，人民陪审员由基层法院院长提请同级人民代表大会常务委员会任命。故B项表述错误。《刑事诉讼法》第183条第1－4款规定："基层人民法院、中级人民法院审判第一审案件，应当由审判员三人或者由审判员和人民陪审员共三人或者七人组成合议庭进行，但是基层人民法院适用简易程序、速裁程序的案件可以由审判员一人独任审判。高级人民法院审判第一审案件，应当由审判员三人至七人或者由审判员和人民陪审员共三人或者七人组成合议庭进行。最高人民法院审判第一审案件，

应当由审判员三人至七人组成合议庭进行。人民法院审判上诉和抗诉案件，由审判员三人或者五人组成合议庭进行。”由此可见，人民陪审员可参与故意伤害案的一审，不能参与故意伤害案件的二审。故C项表述错误。《人民陪审员法》第5条第2款规定：“担任人民陪审员，一般应当具有高中以上文化程度。”故D项表述错误。

综上，本题的正确答案为A、B、C、D四项。

答案：ABCD

18. 下列关于刑事诉讼程序的说法，正确的是？（2022年法考客观题回忆版真题，不定选）

A. 法官王某参与复核某死刑案件，在发回重审后被原审法院维持死刑，原审法院再次报请复核，王某可以参与该案第二次的复核

B. 王某以人民调解员身份调解某案件，其不得作为人民陪审员参与该案的审理

C. 最高人民法院复核甲的死刑判决时，为甲指派律师乙辩护，之后，甲另行委托辩护律师丙，有正当理由的，最高人民法院应当准许

D. 甲在取保候审期间违反规定而被逮捕后，检察院可以主动进行羁押必要性审查

［解析］　本题考查回避、法律援助辩护、羁押必要性审查。《高法解释》第29条第2款规定：“在一个审判程序中参与过本案审判工作的合议庭组成人员或者独任审判员，不得再参与本案其他程序的审判。但是，发回重新审判的案件，在第一审人民法院作出裁判后又进入第二审程序、在法定刑以下判处刑罚的复核程序或者死刑复核程序的，原第二审程序、在法定刑以下判处刑罚的复核程序或者死刑复核程序中的合议庭组成人员不受本款规定的限制。”本题A项的情形属于程序只能参加一次的例外，故法官王某可以参与该案第二次的复核，该项正确。《关于适用〈中华人民共和国人民陪审员法〉若干问题的解释》第6条规定：“人民陪审员不得参与审理由其以人民调解员身份先行调解的案件。”故B项表述正确。《关于为死刑复核案件被告人依法提供法律援助的规定（试行）》第5条规定：“最高人民法院应当告知或者委托高级人民法院告知被告人为其指派的辩护律师的情况。被告人拒绝指派的律师为其辩护的，最高人民法院应当准许。”本题C项的错误在于，甲另行委托辩护律师丙，无须正当理由，最高人民法院即应当准许。《高检规则》第574条第1款规定：“人民检察院在办案过程中可以依职权主动进行羁押必要性审查。”故D项正确。

综上，本题的正确答案为A、B、D三项。

答案：ABD

19. 人民陪审员闵某是某故意杀人案的七人合议庭成员之一，关于闵某的权利，下列说法正确的是？（2021年法考客观题回忆版真题，多选）

A. 经审判长许可，闵某对证人发问

B. 在评议时，闵某可对法律适用发表意见

C. 在开庭前，闵某可以阅卷

D. 案件审结后，法院应将裁判文书副本及时送交闵某

［解析］　本题考查人民陪审员制度。《关于适用〈中华人民共和国人民陪审员法〉若干问题的解释》第11条规定：“庭审过程中，人民陪审员依法有权向诉讼参加人发问，审判长应当提示人民陪审员围绕案件争议焦点进行发问。”本题A项的错误在于，人民陪审员闵某对证人发问，无须审判长许可。

《关于适用〈中华人民共和国人民陪审员法〉若干问题的解释》第13条规定：“七人合议庭评议时，审判长应当归纳和介绍需要通过评议讨论决定的案件事实认定问题，并列出案件事实问题清单。人民陪审员全程参加合议

庭评议，对于事实认定问题，由人民陪审员和法官在共同评议的基础上进行表决。对于法律适用问题，人民陪审员不参加表决，但可以发表意见，并记录在卷。”故B项正确。

《关于适用〈中华人民共和国人民陪审员法〉若干问题的解释》第8条规定：“人民法院应当在开庭前，将相关权利和义务告知人民陪审员，并为其阅卷提供便利条件。”可见，在开庭前，人民陪审员可以阅卷。故C项正确。

《关于适用〈中华人民共和国人民陪审员法〉若干问题的解释》第16条规定：“案件审结后，人民法院应将裁判文书副本及时送交参加该案审判的人民陪审员。”故D项正确。

综上，本题的正确答案为B、C、D三项。

答案：BCD

20. 下列哪些人员不能担任人民陪审员？（2020年法考新疆延考客观题回忆版真题，多选）

A. 甲，大专文化程度

B. 乙，被吊销公证员执业证书

C. 丙，某检察院现任检察官

D. 丁，被纳入失信被执行人名单

［解析］ 本题考查担任人民陪审员的条件。《人民陪审员法》第5条第2款规定，担任人民陪审员，一般应当具有高中以上文化程度。故A项中的甲可以担任人民陪审员。

《人民陪审员法》第6条规定：“下列人员不能担任人民陪审员：（一）人民代表大会常务委员会的组成人员，监察委员会、人民法院、人民检察院、公安机关、国家安全机关、司法行政机关的工作人员；（二）律师、公证员、仲裁员、基层法律服务工作者；（三）其他因职务原因不适宜担任人民陪审员的人员。”故C项中的丙符合第（一）项的情形，不得担任人民陪审员，该项当选。

《人民陪审员法》第7条规定：“有下列情形之一的，不得担任人民陪审员：（一）受过刑事处罚的；（二）被开除公职的；（三）被吊销律师、公证员执业证书的；（四）被纳入失信被执行人名单的；（五）因受惩戒被免除人民陪审员职务的；（六）其他有严重违法违纪行为，可能影响司法公信的。”故B项和D项分别符合第（三）和第（四）项的规定，不得担任人民陪审员，这两项当选。

综上，本题的正确答案为B、C、D三项。

答案：BCD

21. 下列关于人民陪审员制度的表述，正确的是？（2020年法考客观题回忆版真题，不定选）

A. 人民陪审员可以组织自诉人和被告人进行调解

B. 三人合议庭中，人民陪审员只对事实问题进行表决

C. 人民陪审员参加7人的合议庭，由法官2人和人民陪审员5人组成

D. 人民陪审员由法院院长任命

［解析］ 本题考查人民陪审员制度。《人民陪审员法》第2条第2款规定：“人民陪审员依照本法产生，依法参加人民法院的审判活动，除法律另有规定外，同法官有同等权利。”法官和人民陪审员均可以组织自诉人和被告人对告诉才处理的案件和被害人有证据证明的轻微刑事案件进行调解。故A项正确。《人民陪审员法》第21条规定，人民陪审员参加三人合议庭审判案件，对事实认定、法律适用，独立发表意见，行使表决权。故B项的错误在于，三人合议庭中，人民陪审员不仅可以对事实问题进行表决，还可以对法律适用问题进行表决。《人民陪审员法》第14条规定，人民陪审员和法官组成合议庭审判案件，由法官担任审判长，可以组成三人合议庭，也可以由法官3人与人民陪审员4人组成7人合议庭。所以，人民陪审员参加7人的合议庭，不得由法官2人和人民陪审员5人组成，C项错误。依据《人民陪审员法》第10、11条的规定，人民陪

审员是由基层法院院长提请同级人民代表大会常务委员会任命。故 D 项错误。本题的正确答案为 A 项。

答案：A

22. 罗某作为人民陪审员参与 D 市中级法院的案件审理工作。关于罗某的下列哪一说法是正确的？（2015/2/35，单选）

A. 担任人民陪审员，必须经 D 市人大常委会任命

B. 同法官享有同等权利，也能担任合议庭审判长

C. 可参与中级法院二审案件审理，并对事实认定、法律适用独立行使表决权

D. 可要求合议庭将案件提请院长决定是否提交审委会讨论决定

［解析］　本题考查人民陪审员制度。《人民陪审员法》第 10 条规定："司法行政机关会同基层人民法院，从通过资格审查的人民陪审员候选人名单中随机抽选确定人民陪审员人选，由基层人民法院院长提请同级人民代表大会常务委员会任命。"A 项错误在于，不是市人大常委会任命，而是与基层法院同级的人大常委会任命。《人民陪审员法》第 2 条第 2 款规定："人民陪审员依照本法产生，依法参加人民法院的审判活动，除法律另有规定外，同法官有同等权利。"《人民陪审员法》第 14 条规定，人民陪审员和法官组成合议庭审判案件，由法官担任审判长。由此可见，人民陪审员与法官享有同等权利，但是，人民陪审员不能担任审判长，故 B 项错误。《刑事诉讼法》第 183 条第 4 款规定："人民法院审判上诉和抗诉案件，由审判员三人或者五人组成合议庭进行。"因此，第二审的合议庭只能由审判员组成，故 C 项错误。《人民陪审员法》第 23 条规定："合议庭评议案件，实行少数服从多数的原则。人民陪审员同合议庭其他组成人员意见分歧的，应当将其意见写入笔录。合议庭组成人员意见有重大分歧的，人民陪审员或者法官可以要求合议庭将案件提请院长决定是否提交审判委员会讨论决定。"故 D 项正确。

答案：D

23. 关于我国人民陪审员制度与一些国家的陪审团制度存在的差异，下列哪一选项是正确的？（2013/2/26，单选）

A. 人民陪审员制度目的在于协助法院完成审判任务，陪审团制度目的在于制约法官

B. 人民陪审员与法官行使相同职权，陪审团与法官存在职权分工

C. 人民陪审员在成年公民中随机选任，陪审团从有选民资格的人员中聘任

D. 是否适用人民陪审员制度取决于当事人的意愿，陪审团适用于所有案件

［解析］　本题考查人民陪审员制度和陪审团制度的区别。人民陪审员制度和陪审团制度目的都在于协助法院完成审判任务，制约法官。故 A 项表述不正确。

依据《人民陪审员法》第 2 条第 2 款的规定："人民陪审员依照本法产生，依法参加人民法院的审判活动，除法律另有规定外，同法官有同等权利。"而在一些国家中，陪审团解决定罪问题，法官解决量刑问题，存在职权分工，故 B 项的错误在于，前半句话有例外，比如人民陪审员若参加 7 人的合议庭，与法官的职权有区别。

《人民陪审员法》第 5 条规定："公民担任人民陪审员，应当具备下列条件：（一）拥护中华人民共和国宪法；（二）年满二十八周岁；（三）遵纪守法、品行良好、公道正派；（四）具有正常履行职责的身体条件。担任人民陪审员，一般应当具有高中以上文化程度。"《人民陪审员法》第 9 条规定："司法行政机关会同基层人民法院、公安机关，从辖区内的常住居民名单中随机抽选拟任命人民陪审员数五倍以上的人员作为人民陪审员候选人，对人

民陪审员候选人进行资格审查，征求候选人意见。”《人民陪审员法》第10条规定：“司法行政机关会同基层人民法院，从通过资格审查的人民陪审员候选人名单中随机抽选确定人民陪审员人选，由基层人民法院院长提请同级人民代表大会常务委员会任命。”《人民陪审员法》第11条规定：“因审判活动需要，可以通过个人申请和所在单位、户籍所在地或者经常居住地的基层群众性自治组织、人民团体推荐的方式产生人民陪审员候选人，经司法行政机关会同基层人民法院、公安机关进行资格审查，确定人民陪审员人选，由基层人民法院院长提请同级人民代表大会常务委员会任命。依照前款规定产生的人民陪审员，不得超过人民陪审员名额数的五分之一。”由此可见，我国的人民陪审员是从常住居民名单中随机抽选或者个人申请和组织推荐而产生的，故C项前半句话表述错误。

《人民陪审员法》第17条规定：“第一审刑事案件被告人、民事案件原告或者被告、行政案件原告申请由人民陪审员参加合议庭审判的，人民法院可以决定由人民陪审员和法官组成合议庭审判。”由此可见，只有部分案件是否适用人民陪审员取决于当事人的意愿，且仅仅是刑事案件的被告人一方，故D项表述错误。

因此，本题无答案。

答案：无答案（原答案为B）

24. 关于人民陪审员，下列哪些选项是正确的？（2007/2/70，多选）

A. 各级法院审判第一审刑事案件，均可吸收人民陪审员作为合议庭成员参与审判

B. 一审刑事案件被告人有权申请由人民陪审员参加合议庭审判

C. 执业律师不得担任人民陪审员

D. 高级人民法院审判案件依法应当由人民陪审员参加合议庭审判的，在其所在城市的中级人民法院的人民陪审员名单中随机抽取

［解析］ 本题考查人民陪审员制度和合议庭的组成。依据《刑事诉讼法》第183条第1、2、3款的规定：“基层人民法院、中级人民法院审判第一审案件，应当由审判员三人或者由审判员和人民陪审员共三人或者七人组成合议庭进行，但是基层人民法院适用简易程序、速裁程序的案件可以由审判员一人独任审判。高级人民法院审判第一审案件，应当由审判员三人至七人或者由审判员和人民陪审员共三人或者七人组成合议庭进行。”最高人民法院审判第一审案件，应当由审判员三人至七人组成合议庭进行。由此可见，基层、中级和高级法院审理第一审案件，如果组成合议庭，可以吸收人民陪审员参与审判，但是，最高人民法院第一审的合议庭只能由审判员组成，不能吸收人民陪审员参与审判，故A项表述不正确。

《人民陪审员法》第17条规定：“第一审刑事案件被告人、民事案件原告或者被告、行政案件原告申请由人民陪审员参加合议庭审判的，人民法院可以决定由人民陪审员和法官组成合议庭审判。”故B项正确。

《人民陪审员法》第6条规定：“下列人员不能担任人民陪审员：（一）人民代表大会常务委员会的组成人员，监察委员会、人民法院、人民检察院、公安机关、国家安全机关、司法行政机关的工作人员；（二）律师、公证员、仲裁员、基层法律服务工作者；（三）其他因职务原因不适宜担任人民陪审员的人员。”本题C项中的“执业律师”属于该条第（二）项的人员，不能担任人民陪审员，故C项正确。

《人民陪审员法》第19条规定：“基层人民法院审判案件需要由人民陪审员参加合议庭审判的，应当在人民陪审员名单中随机抽取确定。中级人民法院、高级人民法院审判案件需要由人民陪审员参加合议庭审判的，在其辖区内的基层人民法院的人民陪审员名单中随机抽取确定。”故D项错误在于，不是“中级法

院”，而是“基层法院”。

综上，本题的正确答案为B、C两项。

答案：BC

25. 陪审员王某参加一起案件审判。被告辩护人当庭提出被告有正当防卫和自首情节，公诉人予以否定，提请合议庭不予采信，审判长没有就此进行调查。王某对审判长没有征询合议庭其他成员意见就决定不予调查，在评议时提出异议，但审判长不同意。对此，关于王某可以行使的权力，下列哪一选项是正确的？（2011/2/35，单选）

A. 要求合议庭将案件提请院长决定是否展开调查

B. 要求合议庭将案件提交审判委员会讨论决定

C. 提请院长决定是否提交审判委员会讨论决定

D. 要求合议庭提请院长决定是否提交审判委员会讨论决定

［解析］ 本题考查人民陪审员制度和合议庭的审理规则。《人民陪审员法》第23条规定：“合议庭评议案件，实行少数服从多数的原则。人民陪审员同合议庭其他组成人员意见分歧的，应当将其意见写入笔录。合议庭组成人员意见有重大分歧的，人民陪审员或者法官可以要求合议庭将案件提请院长决定是否提交审判委员会讨论决定。”据此，陪审员王某与合议庭审判长的意见出现分歧，王某应当通过合议庭提请院长，并由院长决定是否将案件提交审判委员会讨论决定，故D项当选。

答案：D

考点7 审判委员会

26. 某故意杀人案社会影响重大，由人民陪审员参加7人的合议庭审理，审理结束后，合议庭提请院长提交审判委员会讨论该案。下列关于该案的说法，正确的是？（2022年法考客观题回忆版真题，不定选）

A. 人民陪审员可以就事实认定参加表决，不能对法律适用参加表决

B. 审判长在审判委员会讨论时最后发言

C. 所有审判委员会委员都必须出席

D. 人民陪审员列席审判委员会，可以发表意见

［解析］ 本题考查人民陪审员制度、审判委员会讨论案件。《高法解释》第215条第2款规定：“人民陪审员参加七人合议庭审判案件，应当对事实认定独立发表意见，并与审判员共同表决；对法律适用可以发表意见，但不参加表决。”故A项表述正确。《关于健全完善人民法院审判委员会工作机制的意见》第20条规定：“审判委员会讨论决定案件和事项，一般按照以下程序进行：（1）合议庭、承办人汇报；（2）委员就有关问题进行询问；（3）委员按照法官等级和资历由低到高顺序发表意见，主持人最后发表意见；（4）主持人作会议总结，会议作出决议。”故B项中的审判长最后发言表述错误。《关于健全完善人民法院审判委员会工作机制的意见》第16条规定：“审判委员会召开全体会议和专业委员会会议，应当有其组成人员的过半数出席。”这就意味着，审判委员会委员不是都必须出席，故C项错误。《最高人民法院关于适用〈中华人民共和国人民陪审员法〉若干问题的解释》第15条规定：“人民陪审员列席审判委员会讨论其参加审理的案件时，可以发表意见。”故D项表述正确。本题的正确答案为A、D两项。

答案：AD

第十五章 第一审程序

点评

本章属于法律职业资格考试的重点章节，在客观题中约考 2—3 道选择题，在主观题中多次考查案例分析。重点内容有：公诉案件的庭前审查，庭前会议，法庭审判，自诉案件审理程序，认罪认罚案件审理程序的特点，简易程序，速裁程序，认罪认罚案件的审理程序，对违反法庭秩序的处理措施，延期审理、中止审理和终止审理，单位犯罪案件的审理程序，判决、裁定和决定的区别等。应特别注意 2012 年、2018 年《刑事诉讼法修正案》及 2021 年《高法解释》，对公诉案件的庭前审查程序、庭前会议、法庭审判、在线诉讼、简易程序、认罪认罚案件的审理程序、速裁程序、违反法庭秩序的处理措施、单位犯罪案件的审理程序等方面作出的重大修改。本部分在命题方式上，既有以客观题小案例形式出现，主要考查相关法条，也有以主观案例分析的形式出现。

考点 1 公诉案件庭前审查

1. 法院对检察院提起公诉的案件进行庭前审查，下列哪些做法是正确的？（2010/2/71，新法答案为单选）

A. 发现被告人张某在起诉前已从看守所脱逃的，退回检察院

B. 法院裁定准许撤诉的抢劫案，检察院因被害人范某不断上访重新起诉的，不予受理

C. 起诉时提供的一名外地证人石某没有列明住址和通讯处的，通知检察院补送

D. 某被告人被抓获后始终一言不发，也没有任何有关姓名、年龄、住址、单位等方面的信息或线索的，不予受理

［解析］ 本题考查公诉案件庭前审查后的处理。《高法解释》第 219 条第 1 款规定："人民法院对提起公诉的案件审查后，应当按照下列情形分别处理：（一）不属于本院管辖的，应当退回人民检察院；（二）属于刑事诉讼法第十六条第二项至第六项规定情形的，应当退回人民检察院；属于告诉才处理的案件，应当同时告知被害人有权提起自诉；（三）被告人不在案的，应当退回人民检察院；但是，对人民检察院按照缺席审判程序提起公诉的，应当依照本解释第二十四章的规定作出处理；（四）不符合前条第二项至第九项规定之一，需要补充材料的，应当通知人民检察院在三日以内补送；（五）依照刑事诉讼法第二百条第三项规定宣告被告人无罪后，人民检察院根据新的事实、证据重新起诉的，应当依法受理；（六）依照本解释第二百九十六条规定裁定准许撤诉的案件，没有新的影响定罪量刑的事实、证据，重新起诉的，应当退回人民检察院；（七）被告人真实身份不明，但符合刑事诉讼法第一百六十条第二款规定的，应当依法

受理。"

本题A项中，被告人张某在起诉前已从看守所脱逃的，属于庭前审查时被告人不在案的情形，符合前述第（三）项规定的情形，法院原则上退回检察院，但是符合缺席审判条件的，按照缺席审判程序处理。故A项的说法存在例外，该项错误。法院裁定准许撤诉的抢劫案，检察院因被害人范某不断上访重新起诉的，由于没有新的影响定罪量刑的事实、证据，应依照前述第（六）项之规定，退回检察院，B项不正确。C项符合前述第（四）项规定的需要补充材料的情形，应当通知检察院在3日以内补送，故C项正确。D项中，被告人被抓获后始终一言不发，也没有任何有关姓名、年龄、住址、单位等方面的信息或线索的，根据前述第（七）项之规定，只要"犯罪事实清楚，证据确实、充分"，法院应当受理，故D项不正确。

综上，本题正确答案是C项。

答案：C（原答案为ABC）

考点2　庭前会议

2. 关于庭前会议的下列表述，哪一选项正确？（2021年法考福建延考客观题回忆版真题，2022年法考延考客观题回忆版真题，单选）

A. 对庭前会议中没有异议的证据，不再质证

B. 控方申请召开庭前会议，法院认为无须召开庭前会议，仅告知控方

C. 经审判长委托，由法官助理召集控辩双方举行庭前会议

D. 附带民事诉讼当事人申请在庭前会议进行调解，法院以庭前会议审查程序事项为由，拒绝调解

［解析］　本题考查庭前会议。《高法解释》第229条规定："庭前会议中，审判人员可以询问控辩双方对证据材料有无异议，对有异议的证据，应当在庭审时重点调查；无异议的，庭审时举证、质证可以简化。"故A项的错误在于，不是"不再质证"，而是"可以简化举证、质证"。《高法解释》第227条规定："控辩双方可以申请人民法院召开庭前会议，提出申请应当说明理由。人民法院经审查认为有必要的，应当召开庭前会议；决定不召开的，应当告知申请人。"故B项正确。《高法解释》第230条第1款规定："庭前会议由审判长主持，合议庭其他审判员也可以主持庭前会议。"由此可见，法官助理不能主持庭前会议，故C项错误。《高法解释》第228条第2款规定："庭前会议中，人民法院可以开展附带民事调解。"故D项错误。

综上，本题的正确答案为B项。

答案：B

3. 高某利用职务便利多次收受贿赂，还雇凶将举报他的下属王某打成重伤。关于本案庭前会议，下列哪些选项是正确的？（2015/2/72，多选）

A. 高某可就案件管辖提出异议

B. 王某提起附带民事诉讼的，可调解

C. 高某提出其口供系刑讯所得，法官可在审查讯问时同步录像的基础上决定是否排除口供

D. 庭前会议上出示过的证据，庭审时举证、质证可简化

［解析］　本题考查庭前会议。《高法解释》第228条第1、2、3款规定："庭前会议可以就下列事项向控辩双方了解情况，听取意见：（一）是否对案件管辖有异议；（二）是否申请有关人员回避；（三）是否申请不公开审理；（四）是否申请排除非法证据；（五）是否提供新的证据材料；（六）是否申请重新鉴定或者勘验；（七）是否申请收集、调取证明被告人无罪或者罪轻的证据材料；（八）是否申请证人、鉴定人、有专门知识的人、调查人

员、侦查人员或者其他人员出庭，是否对出庭人员名单有异议；（九）是否对涉案财物的权属情况和人民检察院的处理建议有异议；（十）与审判相关的其他问题。庭前会议中，人民法院可以开展附带民事调解。对第一款规定中可能导致庭审中断的程序性事项，人民法院可以在庭前会议后依法作出处理，并在庭审中说明处理决定和理由。控辩双方没有新的理由，在庭审中再次提出有关申请或者异议的，法庭可以在说明庭前会议情况和处理决定理由后，依法予以驳回。”本题A项中的管辖异议属于该条第1款第（一）项的情形，高某可就案件管辖这一程序问题在庭前会议中提出异议，该表述正确。B项符合上述《高法解释》第228条第2款的规定。C项中，口供是否排除，若属于可能导致庭审中断的程序性事项，可在庭前会议后作出处理，该项正确。《高法解释》第229条规定：“庭前会议中，审判人员可以询问控辩双方对证据材料有无异议，对有异议的证据，应当在庭审时重点调查；无异议的，庭审时举证、质证可以简化。”故D项的错误在于，不是“出示过的证据”，而是“无异议的”证据，庭审时举证、质证可以简化。

综上，本题的正确选项为A、B、C三项。

答案：ABC（原答案为AB）

4. 关于庭前会议，下列哪些选项是正确的？（多选）

A. 被告人有参加庭前会议的权利

B. 被害人提起附带民事诉讼的，审判人员可在庭前会议中进行调解

C. 辩护人申请排除非法证据的，可在庭前会议后就是否排除作出决定

D. 控辩双方可在庭前会议中就出庭作证的证人名单进行讨论

［解析］ 本题考查庭前会议。《高法解释》第230条第2、3款规定：“召开庭前会议应当通知公诉人、辩护人到场。庭前会议准备就非法证据排除了解情况、听取意见，或者准备询问控辩双方对证据材料的意见的，应当通知被告人到场。有多名被告人的案件，可以根据情况确定参加庭前会议的被告人。”由此可见，被告人是否参加庭前会议是法院的职权，而不是被告人的权利，A项不正确。《高法解释》第228条第2款规定：“庭前会议中，人民法院可以开展附带民事调解。”故B项正确。《高法解释》第228条第3款规定：“对第一款规定中可能导致庭审中断的程序性事项，人民法院可以在庭前会议后依法作出处理，并在庭审中说明处理决定和理由。控辩双方没有新的理由，在庭审中再次提出有关申请或者异议的，法庭可以在说明庭前会议情况和处理决定理由后，依法予以驳回。”本题C项中，排除非法证据属于可能导致庭审中断的程序性事项，法院可以在庭前会议后依法作出处理。故C项正确。依据前引《高法解释》第228条第1款的规定，庭前会议可以就出庭作证的证人名单，向控辩双方了解情况，听取意见，故D项正确。

综上，本题的正确答案为B、C、D三项。

答案：BCD

✪ 考点3 法庭审判程序

5. 某检察院以甲犯诈骗罪提起公诉，法院在审理过程中，发现甲还涉嫌受贿，下列做法正确的是？（2023年法考客观题回忆版真题，单选）

A. 法院对受贿罪一并判决

B. 法院应通知检察院，由检察院决定是否追加、补充起诉

C. 法院应建议检察院变更起诉

D. 法院将受贿罪的线索移送公安机关侦查

［解析］ 本题考查法院在审理中遇到新的犯罪事实如何处理。《高法解释》第297条第1

款规定："审判期间，人民法院发现新的事实，可能影响定罪量刑的，或者需要补查补证的，应当通知人民检察院，由其决定是否补充、变更、追加起诉或者补充侦查。"因此，本题中，法院应当通知检察院，由检察院决定是否追加、补充起诉。故B项正确。

答案：B

6. 甲通过电信诈骗六万余人，被立案侦查，下列关于该案诉讼程序的表述，正确的是？（2023年法考客观题回忆版真题，不定选）

A. 因客观条件限制无法逐一收集该案的被害人陈述，公安机关可以按照一定比例选取证据，并对选取情况作出说明和论证

B. 该诈骗的数额以甲的账户接收的资金数额为准

C. 若乙为甲提供银行卡接收涉案资金，公安机关对甲、乙的犯罪可并案侦查

D. 法院可以通过互联网发布文书，通知被害人出庭

［解析］ 本题考查信息网络犯罪案件的诉讼程序。《关于办理信息网络犯罪案件适用刑事诉讼程序若干问题的意见》第20条第1款规定："办理信息网络犯罪案件，对于数量特别众多且具有同类性质、特征或者功能的物证、书证、证人证言、被害人陈述、视听资料、电子数据等证据材料，确因客观条件限制无法逐一收集的，应当按照一定比例或者数量选取证据，并对选取情况作出说明和论证。"故A项的做法正确。

《关于办理信息网络犯罪案件适用刑事诉讼程序若干问题的意见》第21条规定："对于涉案人数特别众多的信息网络犯罪案件，确因客观条件限制无法收集证据逐一证明、逐人核实涉案账户的资金来源，但根据银行账户、非银行支付账户等交易记录和其他证据材料，足以认定有关账户主要用于接收、流转涉案资金的，可以按照该账户接收的资金数额认定犯罪数额，但犯罪嫌疑人、被告人能够作出合理说明的除外。案外人提出异议的，应当依法审查。"可见，在满足一定条件的情形下，才可以按照甲的账户接收的资金数额认定犯罪数额。故B项表述错误。

《关于办理信息网络犯罪案件适用刑事诉讼程序若干问题的意见》第4条第1、2款规定："具有下列情形之一的，公安机关、人民检察院、人民法院可以在其职责范围内并案处理：（1）一人犯数罪的；（2）共同犯罪的；（3）共同犯罪的犯罪嫌疑人、被告人还实施其他犯罪的；（4）多个犯罪嫌疑人、被告人实施的犯罪行为存在关联，并案处理有利于查明全部案件事实的。对为信息网络犯罪提供程序开发、互联网接入、服务器托管、网络存储、通讯传输等技术支持，或者广告推广、支付结算等帮助，涉嫌犯罪的，可以依照第一款的规定并案侦查。"本题中，乙为甲提供银行卡接收涉案资金，乙的帮助信息网络犯罪活动罪与甲的诈骗罪存在关联，并案处理有利于查明全部案件事实，公安机关对甲、乙的犯罪可并案侦查。故C项正确。《高法解释》第221条第1款第（五）项规定："……对被害人人数众多的涉众型犯罪案件，可以通过互联网公布相关文书，通知有关人员出庭……"。本题属于被害人人数众多的涉众型犯罪案件，故D项正确。

答案：ACD

7. 甲和乙涉嫌共同洗钱，被公安机关立案侦查。甲认罪认罚，乙称自己没参与洗钱。下列关于该案的说法，正确的是？（2023年法考客观题回忆版真题，不定选）

A. 在审判时，甲反悔不再认罪认罚，法院应建议检察院撤回起诉

B. 在审判时，乙认罪认罚，法院应听取检察院的意见

C. 在起诉前，甲反悔不再认罪认罚，认罪认罚具结书立即失效

D. 在审判时，甲反悔不再认罪认罚，法院应通知检察院重新提出量刑建议

［解析］ 本题考查认罪认罚从宽制度。《关于适用认罪认罚从宽制度的指导意见》第53条规定：“案件审理过程中，被告人反悔不再认罪认罚的，人民法院应当根据审理查明的事实，依法作出裁判。需要转换程序的，依照本意见的相关规定处理。”故A、D两项的表述错误，D项中，通知检察院重新提出量刑建议不是必经程序。《高法解释》第356条规定：“被告人在人民检察院提起公诉前未认罪认罚，在审判阶段认罪认罚的，人民法院可以不再通知人民检察院提出或者调整量刑建议。对前款规定的案件，人民法院应当就定罪量刑听取控辩双方意见，根据刑事诉讼法第十五条和本解释第三百五十五条的规定作出判决。”故B项表述正确。《关于适用认罪认罚从宽制度的指导意见》第52条规定：“犯罪嫌疑人认罪认罚，签署认罪认罚具结书，在人民检察院提起公诉前反悔的，具结书失效，人民检察院应当在全面审查事实证据的基础上，依法提起公诉。”故C项正确。

综上，本题的正确答案为B、C两项。

答案：BC

8. 甲因交通肇事，致乙受轻伤。检察院以故意伤害罪对甲提起公诉，乙对甲提起附带民事诉讼，法院经审理，以证据不足对甲宣告无罪。下列关于该案的说法，正确的是？（2022年法考延考客观题回忆版真题，单选）

A. 法院对附带民事诉讼调解，未达成协议的，应当判决甲赔偿乙的损失

B. 一审判决生效后，乙发现甲之前犯罪的新证据，可以请求检察院提起抗诉

C. 一审判决生效后，检察院发现甲之前犯罪的新证据，可以对甲重新提起公诉

D. 一审判决生效后，检察院发现甲之前犯罪的新证据，应当抗诉提起审判监督程序

［解析］ 本题考查附带民事诉讼审理程序、法院宣判无罪后发现新证据的处理。《高法解释》第197条第1款规定：“人民法院认定公诉案件被告人的行为不构成犯罪，对已经提起的附带民事诉讼，经调解不能达成协议的，可以一并作出刑事附带民事判决，也可以告知附带民事原告人另行提起民事诉讼。”本题A项的错误在于，法院可以一并判决甲赔偿乙的损失，也可以告知乙另行提起民事诉讼。依据《高法解释》第219条的规定，法院以证据不足宣告被告人无罪后，检察院发现新的事实、新的证据，可重新提起公诉，而不是抗诉提起审判监督程序。故本题C项正确，B、D两项错误。

答案：C

9. 张某涉嫌贪污罪，被监察机关立案调查。在监察机关调查、检察院审查起诉期间，张某均不认罪认罚，法院审理时，张某认罪认罚。下列关于该案的说法，正确的是？（2022年法考延考客观题回忆版真题，不定选）

A. 张某在庭审中认罪认罚，影响对其的量刑

B. 法院对张某适用认罪认罚从宽处理，需经监察机关批准

C. 在调查阶段，公安机关可协助监察机关搜查张某的住宅

D. 法院对张某适用认罪认罚从宽处理，应通知检察院提出量刑建议

［解析］ 本题考查监察机关的调查、认罪认罚从宽制度。《高法解释》第356条规定：“被告人在人民检察院提起公诉前未认罪认罚，在审判阶段认罪认罚的，人民法院可以不再通知人民检察院提出或者调整量刑建议。对前款规定的案件，人民法院应当就定罪量刑听取控辩双方意见，根据刑事诉讼法第十五条和本解释第三百五十五条的规定作出判决。”由此可见，庭审中，张某认罪认罚，若对其适用认罪

认罚从宽制度，会对张某从宽量刑。故A项正确。D项的错误在于，法院对张某适用认罪认罚从宽处理，可以不再通知检察院提出或者调整量刑建议。B项的错误在于，法院对张某适用认罪认罚从宽处理，无须监察机关批准。《监察法》第24条第3款规定："监察机关进行搜查时，可以根据工作需要提请公安机关配合。公安机关应当依法予以协助。"故C项的表述正确。

综上，本题的正确答案为A、C两项。

答案：AC

10. 下列关于刑事诉讼程序的说法，正确的是？（2022年法考客观题回忆版真题，不定选）

A. 价格认定书的出具人经通知拒不出庭作证，但该价格认定书经法庭查证属实的，可以作为定案根据

B. 在侦查阶段，犯罪嫌疑人可以申请检察院排除非法证据

C. 在庭前审查阶段，法院对检察院移送的案卷进行形式审查

D. 法院依职权通知的鉴定人，由审判长根据案情决定询问顺序

［解析］ 本题考查专门性问题的报告、非法证据排除、庭前审查、询问鉴定人的顺序。《高法解释》第100条第3款规定："经人民法院通知，出具报告的人拒不出庭作证的，有关报告不得作为定案的根据。"本题A项中，价格认定书的出具人属于有专门知识的人，其拒不出庭作证的，出具的价格认定书不得作为定案的根据。该项错误。

《关于办理刑事案件严格排除非法证据若干问题的规定》第14条第1款规定，犯罪嫌疑人及其辩护人在侦查期间可以向检察院申请排除非法证据。故B项正确。

法院在庭前审查阶段只需要审查检察院移送的案卷材料，采用的是书面审查、形式审查。故C项正确。

《高法解释》第259条第2款规定："法庭依职权通知证人出庭的，发问顺序由审判长根据案件情况确定。"《高法解释》第260条规定，鉴定人、有专门知识的人、调查人员、侦查人员或者其他人员出庭的，参照适用《高法解释》第259条的规定。故法院依职权通知的鉴定人，由审判长根据案情决定询问顺序，D项表述正确。

综上，本题的正确答案为B、C、D三项。

答案：BCD

11. 网约车司机蓝某利用哒哒公司的网约车平台规则的漏洞，通过伪造虚假行程骗取平台补贴，从中获利5万余元。蓝某被检察院以诈骗罪提起公诉。下列关于该案诉讼程序的表述，不正确的是？（2022年法考客观题回忆版真题，不定选）

A. 哒哒公司可以提起附带民事诉讼，要求蓝某赔偿损失

B. 检察院可申请哒哒公司负责写代码的工程师作为有专门知识的人出庭对鉴定意见提出意见

C. 在该案的法庭辩论阶段，检察院变更指控的罪名，法院应要求检察院以书面方式提出

D. 该案的鉴定人拒不出庭，其出具的鉴定意见与其他证据印证，可以作为定案依据

［解析］ 本题考查附带民事诉讼的赔偿范围、专家辅助人、审判阶段遇到特殊情形的处理、鉴定人不出庭作证的法律后果。《高法解释》第176条规定，被告人非法占有、处置被害人财产的，应当依法予以追缴或者责令退赔。被害人提起附带民事诉讼的，法院不予受理。本题中，蓝某非法占有哒哒公司的5万余元的补贴，哒哒公司不能提起附带民事诉讼。A项错误。B项中，专家辅助人属于回避的对象，所以，哒哒公司负责写代码的工程师与哒哒公司有利害关系，不能担任专家辅助人出庭对鉴定意见提出意见。该项错误。《高法解

释》第289条第1款规定："公诉人当庭发表与起诉书不同的意见，属于变更、追加、补充或者撤回起诉的，人民法院应当要求人民检察院在指定时间内以书面方式提出；必要时，可以宣布休庭。人民检察院在指定时间内未提出的，人民法院应当根据法庭审理情况，就起诉书指控的犯罪事实依法作出判决、裁定。"故本题的C项表述正确。《高法解释》第99条第1款规定："经人民法院通知，鉴定人拒不出庭作证的，鉴定意见不得作为定案的根据。"故D项的错误在于，该案的鉴定人拒不出庭，其出具的鉴定意见不能作为定案根据。

综上，本题的正确答案为A、B、D三项。

答案：ABD

12. 下列关于刑事诉讼程序的说法，正确的是？（2022年法考客观题回忆版真题，不定选）

A. 侦查人员已经封存、扣押存储电子数据的手机，可不再制作该电子数据的备份一并移送

B. 黄某因醉酒在开车出停车场时撞伤胡某，因案发现场存在监控盲区，为了查明案情，公安机关对案发时的情形进行模拟实验，应当对模拟实验的过程录音录像

C. 检察院起诉黄某非法吸收公众存款罪，法院认为起诉的事实清楚，但认为黄某构成集资诈骗罪，法院应通知检察院变更指控的罪名

D. 检察官张某参与某徇私枉法案的侦查，之后，其可以作为该案的公诉人出庭支持公诉

［解析］ 本题考查电子数据的收集和提取、侦查实验、法院改变检察院指控罪名、回避。《关于办理刑事案件收集提取和审查判断电子数据若干问题的规定》第18条第1款规定："收集、提取的原始存储介质或者电子数据，应当以封存状态随案移送，并制作电子数据的备份一并移送。"故A项的错误在于，该电子数据的备份应一并移送。《公安部规定》第221条第2款规定："进行侦查实验，应当全程录音录像，并制作侦查实验笔录，由参加实验的人签名。"故B项中公安机关进行侦查实验，应当进行录音录像，该项正确。对于C项，法院认定的事实和检察院指控的事实一致，法院可以改变检察院指控的罪名，无须通知检察院变更指控的罪名。该项错误。《高检规则》第35条规定："参加过同一案件侦查的人员，不得承办该案的审查逮捕、审查起诉、出庭支持公诉和诉讼监督工作，但在审查起诉阶段参加自行补充侦查的人员除外。"D项中，检察官张某参与某徇私枉法案的侦查，其不得作为该案的公诉人出庭支持公诉。该项错误。

综上，本题的正确答案为B项。

答案：B

13. 某故意杀人案庭审结束后、评议前，合议庭成员甲不能继续履行审判职责，法院更换合议庭组成人员，重新开庭审理。下列关于这一做法的表述，正确的是？（2021年法考客观题回忆版真题，不定选）

A. 体现了集中审理原则

B. 法院应更换全体合议庭成员

C. 体现审判的亲历性的要求

D. 意味着之前的审理程序均归于无效

［解析］ 本题考查集中审理原则、审判的亲历性、合议庭成员不能履行审判职责的处理。集中审理原则的要求之一是，法庭成员不可更换，若更换法庭成员，应重新审理，但更换始终在场的候补法官、候补陪审员的除外。故A项正确。B项的错误在于，不是更换全体合议庭成员，而是更换不能继续履职的合议庭成员。审判的亲历性，是指案件的裁判者必须自始至终参与审理，审查所有证据，对案件作出判决须以充分听取控辩双方的意见为前提。故C项正确。法院在更换合议庭组成人员后重新开庭审理，这意味着原来的审理程序失去效力。故D项正确。

综上，本题的正确答案为A、C、D三项。

答案：ACD

14. 甲以投毒的方式杀害乙，公安机关分别对甲的精神状态、毒物的化学成分、乙的死因进行鉴定，作出了三份鉴定意见。甲申请有专门知识的人丙出庭对鉴定意见发表意见。乙的妻子和戊是该案的证人。下列关于该案审理程序的说法，正确的是？（2021 年法考客观题回忆版真题，不定选）

A. 甲申请的有专门知识的人不能超过两人

B. 由控方先对有专门知识的人发问

C. 该案的证人戊拒不出庭作证，法院院长签发强制证人出庭令，由公安机关执行

D. 法院可以强制乙的妻子出庭作证

［解析］ 本题考查有专门知识的人和证人出庭。《高法解释》第 250 条第 2 款规定：“申请有专门知识的人出庭，不得超过二人。有多种类鉴定意见的，可以相应增加人数。”本题中有三种鉴定意见，甲最多可申请 6 个有专门知识的人出庭。A 项错误。

依据《刑事诉讼法》第 197 条第 4 款的规定，有专门知识的人出庭，适用鉴定人的有关规定。因此，甲申请出庭的有专门知识的人，由甲先发问，而不是由控方先发问。故 B 项错误。

《高法解释》第 255 条规定：“强制证人出庭的，应当由院长签发强制证人出庭令，由法警执行。必要时，可以商请公安机关协助。”故 C 项的错误在于，不是公安机关执行，而是法警执行。

《刑事诉讼法》第 193 条第 1 款规定：“经人民法院通知，证人没有正当理由不出庭作证的，人民法院可以强制其到庭，但是被告人的配偶、父母、子女除外。”可见，法院不能强制被告人的配偶、父母、子女出庭作证，但是，法院可以强制被害人的配偶、父母、子女出庭作证。本题 D 项中，法院可以强制被害人乙的妻子出庭作证，这一表述是正确的。

综上，本题的正确答案为 D 项。

答案：D

15. 甲涉嫌盗窃罪，在移送审查起诉时认罪认罚，检察院建议判处有期徒刑 4 年，法院适用简易程序审理后，认为量刑建议适当，但发现遗漏了甲的其他盗窃犯罪事实，遂通知检察院，但检察院未作出书面答复，下列关于法院的做法的表述，正确的是？（2021 年法考客观题回忆版真题，单选）

A. 判处有期徒刑 4 年

B. 就新事实自行调查

C. 将简易程序转为普通程序

D. 宣布进行法庭调查

［解析］ 本题考查法院在审理时发现新的犯罪事实的处理。《高法解释》第 297 条规定：“审判期间，人民法院发现新的事实，可能影响定罪量刑的，或者需要补查补证的，应当通知人民检察院，由其决定是否补充、变更、追加起诉或者补充侦查。人民检察院不同意或者在指定时间内未回复书面意见的，人民法院应当就起诉指控的事实，依照本解释第二百九十五条的规定作出判决、裁定。”本题中，在检察院未作出书面答复的情形下，法院依据指控的盗窃事实作出裁判，本案属于认罪认罚的案件，法院认为量刑建议适当，即采纳检察院的量刑建议有期徒刑 4 年。故 A 项正确。B、D 两项的做法均违反不告不理原则。《高法解释》第 368 条第 1 款规定：“适用简易程序审理案件，在法庭审理过程中，具有下列情形之一的，应当转为普通程序审理：（一）被告人的行为可能不构成犯罪的；（二）被告人可能不负刑事责任的；（三）被告人当庭对起诉指控的犯罪事实予以否认的；（四）案件事实不清、证据不足的（五）不应当或者不宜适用简易程序的其他情形。”本题中的情形不属于该条中的简易程序转为普通程序的情形。故 C 项不当选。

综上，本题的正确答案为 A 项。

答案：A

16. 下列关于诉讼程序的表述，不正确的是？（2020年法考客观题回忆版真题，不定选）

A. 检察院在提起的公益诉讼中发现某生态环境局局长利用职务造成国家财产重大损失的案件，检察院可以对该案立案侦查

B. 某国有企业董事长陈某收受巨额贿赂被起诉到中级法院，引起了广泛关注，该案可由一个审判员和二个陪审员组成合议庭，人民陪审员只能对事实认定参加表决

C. 某国有企业董事长陈某收受巨额贿赂被起诉到中级法院，可能判处无期徒刑，法院在审理中，陈某拒绝辩护，法院可以准许，合议庭继续审理

D. 张某盗窃案审查起诉中，张某的辩护律师可申请检察院调取公安机关在侦查期间收集的无罪、罪轻的证据

［解析］ 本题考查检察院管辖的案件范围、人民陪审员制度、拒绝辩护、辩护人的权利。《刑事诉讼法》第19条第2款规定："人民检察院在对诉讼活动实行法律监督中发现的司法工作人员利用职权实施的非法拘禁、刑讯逼供、非法搜查等侵犯公民权利、损害司法公正的犯罪，可以由人民检察院立案侦查。对于公安机关管辖的国家机关工作人员利用职权实施的重大犯罪案件，需要由人民检察院直接受理的时候，经省级以上人民检察院决定，可以由人民检察院立案侦查。"生态环境局局长不属于司法工作人员，其利用职务造成国家财产重大损失，该案应由监察机关立案调查，而不是由检察院立案侦查。故A项错误。《人民陪审员法》第16条规定："人民法院审判下列第一审案件，由人民陪审员和法官组成七人合议庭进行：（一）可能判处十年以上有期徒刑、无期徒刑、死刑，社会影响重大的刑事案件；（二）根据民事诉讼法、行政诉讼法提起的公益诉讼案件；（三）涉及征地拆迁、生态环境保护、食品药品安全，社会影响重大的案件；（四）其他社会影响重大的案件。"本题B项中的陈某受贿案属于该条第（一）项规定的情形，由人民陪审员和法官组成七人合议庭进行审理，因此该项前半句话错误。《人民陪审员法》第22条规定："人民陪审员参加七人合议庭审判案件，对事实认定，独立发表意见，并与法官共同表决；对法律适用，可以发表意见，但不参加表决。"故B项最后一句话的表述是正确的。《法律援助法》第25条第1款规定："刑事案件的犯罪嫌疑人、被告人属于下列人员之一，没有委托辩护人的，人民法院、人民检察院、公安机关应当通知法律援助机构指派律师担任辩护人：（一）未成年人；（二）视力、听力、言语残疾人；（三）不能完全辨认自己行为的成年人；（四）可能被判处无期徒刑、死刑的人；（五）申请法律援助的死刑复核案件被告人；（六）缺席审判案件的被告人；（七）法律法规规定的其他人员。"《高法解释》第50条规定："被告人拒绝法律援助机构指派的律师为其辩护，坚持自己行使辩护权的，人民法院应当准许。属于应当提供法律援助的情形，被告人拒绝指派的律师为其辩护的，人民法院应当查明原因。理由正当的，应当准许，但被告人应当在五日以内另行委托辩护人；被告人未另行委托辩护人的，人民法院应当在三日以内通知法律援助机构另行指派律师为其提供辩护。"本题C项中的陈某可能判处无期徒刑，属于应当法律援助辩护的对象，其拒绝辩护后，法院准许的，陈某另行委托辩护人或者法院另行通知法律援助机构为其指派律师辩护，其必须有辩护人为其辩护。C项中的"继续审理"是错误的。《刑事诉讼法》第41条规定："辩护人认为在侦查、审查起诉期间公安机关、人民检察院收集的证明犯罪嫌疑人、被告人无罪或者罪轻的证据材料未提交的，有权申请人民检察院、人民法院调取。"故D项表述正确。

综上，本题的正确答案为A、B、C三项。

答案：ABC

17. 下列关于审判程序中的处理，正确的做法是？（2019年法考客观题回忆版真题，不定选）

A. 控辩双方在庭前会议中没有异议的证据，在庭审中可不再举证、质证

B. 犯罪嫌疑人在侦查中认可的证据，在庭审中可不再举证、质证

C. 某组织、领导黑社会性质组织案件中被告人人数众多，为了提高效率，审判长在庭前核实被告人的身份，在庭审中说明相关情况

D. 因量刑部分争议较大，法院在一审判决之前重新开庭就量刑部分进行辩论

［解析］ 本题考查庭前会议和庭审程序。《高法解释》第229条规定：“庭前会议中，审判人员可以询问控辩双方对证据材料有无异议，对有异议的证据，应当在庭审时重点调查；无异议的，庭审时举证、质证可以简化。”故A项的错误在于，不是“不再举证、质证”，而是“举证、质证可以简化”。《高法解释》第71条规定：“证据未经当庭出示、辨认、质证等法庭调查程序查证属实，不得作为定案的根据。”所以，B项错误。C项中，某组织、领导黑社会性质组织案件中被告人人数众多，审判长在庭前核实被告人的身份，在庭审中说明相关情况，有利于提高效率。故C项正确。D项中，因量刑部分争议较大，法院在一审判决之前重新开庭就量刑部分进行辩论，这体现了量刑的相对独立性。故D项正确。

综上，本题的正确答案为C、D两项。

答案：CD

18. 张某和杨某在甲省A市以蓝天公司为名非法集资，A市公安局立案后，杨某逃到了乙省B市。关于该案诉讼程序的说法，正确的是？（2019年法考客观题回忆版真题，不定选）

A. A市公安局若对杨某通缉，应层报公安部发布通缉令

B. A市检察院发现蓝天公司构成犯罪，且事实清楚，可在审查起诉时直接将蓝天公司列为犯罪嫌疑人

C. A市检察院起诉后，法院于判决前应当对张某的财产进行调查

D. 若A市公安局未对张某移送审查起诉，A市检察院也可以对张某审查起诉

［解析］ 本题考查通缉、审查起诉、法院的职权等。《刑事诉讼法》第155条第2款规定：“各级公安机关在自己管辖的地区以内，可以直接发布通缉令；超出自己管辖的地区，应当报请有权决定的上级机关发布。”本题中，杨某逃到了乙省B市，不在甲省范围内。故A市公安局若对杨某通缉，应层报公安部发布通缉令。A项正确。《高检规则》第356条规定：“人民检察院在办理公安机关移送起诉的案件中，发现遗漏罪行或者有依法应当移送起诉的同案犯罪嫌疑人未移送起诉的，应当要求公安机关补充侦查或者补充移送起诉。对于犯罪事实清楚，证据确实、充分的，也可以直接提起公诉。”故B、D两项正确。依据《高法解释》第279条的规定，被告人张某的财产涉及返还被害人和追缴，所以，法院应当进行调查。故C项正确。

综上，本题的正确答案为A、B、C、D四项。

答案：ABCD

19. 张某因故意杀人罪被F市检察院提起公诉，F市中级法院以证据不足，判决张某无罪。一年后，F市检察院发现新的证据，能证明张某构成故意杀人罪，应如何处理？（2019年法考客观题回忆版真题，单选）

A. F市检察院建议F市中级法院撤销原无罪判决后，再提起公诉

B. F市检察院直接提起公诉

C. F市检察院抗诉提起再审

D. F市检察院建议F市中级法院主动再审

［解析］ 本题考查法院遇到特殊情形的

处理方式。《高法解释》第219条规定："人民法院对提起公诉的案件审查后，应当按照下列情形分别处理：……（五）依照刑事诉讼法第二百条第三项规定宣告被告人无罪后，人民检察院根据新的事实、证据重新起诉的，应当依法受理……"《高法解释》第298条规定："对依照本解释第二百一十九条第一款第五项规定受理的案件，人民法院应当在判决中写明被告人曾被人民检察院提起公诉，因证据不足，指控的犯罪不能成立，被人民法院依法判决宣告无罪的情况；前案依照刑事诉讼法第二百条第三项规定作出的判决不予撤销。"本题中，F市检察院应当直接向F市中级法院提起公诉，而不是建议F市中级法院撤销原无罪判决后，再提起公诉。故A项错误，B项正确。因为再审针对的是生效的错误裁判，F市中级法院原作出的证据不足的无罪判决在作出时是没有错误的，所以，本题不得适用再审程序进行纠正。故C、D两项错误。本题的正确答案为B项。

答案：B

20. 某贩卖毒品案件审理时，法院进行了以下活动：①宣布庭前会议中对证据合法性审查的情况；②宣读起诉书；③控方证人出庭作证；④被告人对公诉方出示的毒品进行辨认并发表意见；⑤讯问被告人；⑥辩方证人出庭作证。下列对上述活动先后顺序的排列，正确的是？（2019年法考客观题回忆版真题，单选）

A. ①②⑤③④⑥

B. ②①⑤③⑥④

C. ②①⑤③④⑥

D. ①②⑤④③⑥

［解析］ 本题考查法庭审判的顺序。《关于办理刑事案件严格排除非法证据若干问题的规定》第28条规定："公诉人宣读起诉书后，法庭应当宣布开庭审理前对证据收集合法性的审查及处理情况。"由此可见，②应在①的前面。《刑事诉讼法》第191条规定："公诉人在法庭上宣读起诉书后，被告人、被害人可以就起诉书指控的犯罪进行陈述，公诉人可以讯问被告人。被害人、附带民事诉讼的原告人和辩护人、诉讼代理人，经审判长许可，可以向被告人发问。审判人员可以讯问被告人。"可知，⑤应在②①之后。在法庭调查阶段，先人证后物证，所以，③应在④的前面。在法庭调查阶段，先由控方出示证据，再由辩方出示证据，所以，③④应在⑥的前面。

综上，本题的正确答案为C项。

答案：C

21. 高某投毒案中，公安机关出具了两份鉴定意见：一份鉴定意见表明高某没有精神病，另一份鉴定意见显示毒物中含有砒霜。高某的辩护人申请对两份鉴定意见进行补充核实。下列哪些说法正确？（2019年法考客观题回忆版真题，多选）

A. 公安机关于案发一周前做的高某患有精神分裂症的鉴定意见，不可作为定案根据

B. 法院认为鉴定人应当出庭，鉴定人拒不出庭，其鉴定意见不得作为定案根据

C. 辩护人申请3名有专门知识的人出庭对两份鉴定意见提出意见

D. 专家辅助人的意见是定案根据

［解析］ 本题考查鉴定人和有专门知识的人（专家辅助人）。在刑事诉讼中，辨别犯罪嫌疑人、被告人是否具有刑事责任能力时，应针对犯罪嫌疑人、被告人在实施犯罪行为时的精神状态进行鉴定。因此，本题A项中公安机关于案发一周前做的高某患有精神分裂症的鉴定意见，与高某在投毒时是否具有刑事责任能力，不具有关联性，不可作为定案根据。故A项正确。

《刑事诉讼法》第192条第3款规定："……经人民法院通知，鉴定人拒不出庭作证的，鉴定意见不得作为定案的根据。"故B项正确。

《高法解释》第250条第2款规定："申请有专门知识的人出庭，不得超过二人。有多种类鉴定意见的，可以相应增加人数。"本题中有两份鉴定意见，最多可以申请4名有专门知识的人出庭。故C项正确。

专家辅助人对鉴定意见发表的意见，属于质证意见，不是证据，因而不能作为定案的根据。故D项错误。

综上，本题的正确答案为A、B、C三项。

答案：ABC

22. 法院在审理胡某持有毒品案时发现，胡某不仅持有毒品数量较大，而且向他人出售毒品，构成贩卖毒品罪。关于本案，下列哪一选项是正确的？（2016/2/36，单选）

A. 如胡某承认出售毒品，法院可直接改判

B. 法院可在听取控辩双方意见基础上直接改判

C. 法院可建议检察院补充或者变更起诉

D. 法院可建议检察院退回补充侦查

［解析］　本题考查法院在审理时发现新事实的处理。《高法解释》第297条规定："审判期间，人民法院发现新的事实，可能影响定罪量刑的，或者需要补查补证的，应当通知人民检察院，由其决定是否补充、变更、追加起诉或者补充侦查。人民检察院不同意或者在指定时间内未回复书面意见的，人民法院应当就起诉指控的事实，依照本解释第二百九十五条的规定作出判决、裁定。"本题中，法院在审理胡某持有毒品案时，还发现胡某"向他人出售毒品"这一新的事实，而且可能影响定罪量刑，故法院应当通知检察院，由检察院决定是否变更、追加起诉等，而不是可建议检察院补充或者变更起诉。C项表述不正确。

《高法解释》第277条第2款规定："审判期间，被告人提出新的立功线索的，人民法院可以建议人民检察院补充侦查。"本题中不属于提出新的立功线索的情形，不应建议补充侦查。而且，审判阶段即使需要补充侦查，也是由检察院补充侦查，不能再退回公安机关补充侦查。故D项错误。

基于控审分离的原理，检察院未对胡某的贩卖毒品罪的行为起诉，法院不能直接对该贩卖毒品的犯罪行为作判决。故A、B两项错误。

综上所述，本题无答案。

答案：无答案（原答案为C）

23. 甲女与乙男在某社交软件互加好友，手机网络聊天过程中，甲女多次向乙男发送暧昧言语和色情图片，表示可以提供有偿性服务。二人于酒店内见面后因价钱谈不拢而争吵，乙男强行将甲女留在房间内，并采用胁迫手段与其发生性关系。后甲女向公安机关报案，乙男则辩称双方系自愿发生性关系。本案后起诉至法院，关于本案审理程序，下列选项正确的是？（2016/2/96，不定选）

A. 应当不公开审理

B. 甲女因出庭作证而支出的交通、住宿的费用，法院应给予补助

C. 甲女可向法院提起附带民事诉讼要求乙男赔偿因受侵害而支出的医疗费

D. 公诉人讯问乙男后，甲女可就强奸的犯罪事实向乙男发问

［解析］　本题考查审判公开原则、证人补助、附带民事赔偿范围、法庭审理程序。《刑事诉讼法》第188条第1款规定："人民法院审判第一审案件应当公开进行。但是有关国家秘密或者个人隐私的案件，不公开审理；涉及商业秘密的案件，当事人申请不公开审理的，可以不公开审理。"因为本案属于强奸案，涉及个人隐私，应不公开审理，A项正确。

《刑事诉讼法》第65条第1款规定："证人因履行作证义务而支出的交通、住宿、就餐等费用，应当给予补助。证人作证的补助列入司法机关业务经费，由同级政府财政予以保

障。”本题中的甲女属于被害人，而不是证人，所以对甲女不需要补助其因出庭作证而支出的交通、住宿的费用。故B项错误。

《刑事诉讼法》第101条第1款规定：“被害人由于被告人的犯罪行为而遭受物质损失的，在刑事诉讼过程中，有权提起附带民事诉讼。被害人死亡或者丧失行为能力的，被害人的法定代理人、近亲属有权提起附带民事诉讼。”本题中，甲女受犯罪侵害而支出的医疗费，属于犯罪行为给被害人造成的物质损失，甲女可针对该损失向法院提起附带民事诉讼。故C项正确。

《高法解释》第242条第1、2款规定：“在审判长主持下，公诉人可以就起诉书指控的犯罪事实讯问被告人。经审判长准许，被害人及其法定代理人、诉讼代理人可以就公诉人讯问的犯罪事实补充发问；附带民事诉讼原告人及其法定代理人、诉讼代理人可以就附带民事部分的事实向被告人发问；被告人的法定代理人、辩护人，附带民事诉讼被告人及其法定代理人、诉讼代理人可以在控诉方、附带民事诉讼原告方就某一问题讯问、发问完毕后向被告人发问。”本题中，甲女是被害人，其可以在公诉人讯问乙男后，就强奸的犯罪事实向被告人乙男发问。有的考生认为甲女向乙男发问须经审判长许可。但是，就D项本身的考查角度而言，主要是针对甲女能否对乙男发问，从这一点出发来看，D项表述正确。

综上，本题的正确答案为A、C、D三项。

答案：ACD

24. 关于我国刑事诉讼中起诉与审判的关系，下列哪一选项是正确的？（2015/2/36，单选）

A. 自诉人提起自诉后，在法院宣判前，可随时撤回自诉，法院应准许

B. 法院只能就起诉的罪名是否成立作出裁判

C. 在法庭审理过程中，法院可建议检察院补充、变更起诉

D. 对检察院提起公诉的案件，法院判决无罪后，检察院不能再次起诉

［解析］《高法解释》第329条规定：“判决宣告前，自诉案件的当事人可以自行和解，自诉人可以撤回自诉。人民法院经审查，认为和解、撤回自诉确属自愿的，应当裁定准许；认为系被强迫、威吓等，并非自愿的，不予准许。”故A项的错误在于该项表述存在例外。

《高法解释》第295条规定：“对第一审公诉案件，人民法院审理后，应当按照下列情形分别作出判决、裁定：……（二）起诉指控的事实清楚，证据确实、充分，但指控的罪名不当的，应当依据法律和审理认定的事实作出有罪判决……”这就意味着，在该条第（二）项情形下，法院应改变罪名。故B项错误。

《高法解释》第297条规定：“审判期间，人民法院发现新的事实，可能影响定罪量刑的，或者需要补查补证的，应当通知人民检察院，由其决定是否补充、变更、追加起诉或者补充侦查。人民检察院不同意或者在指定时间内未回复书面意见的，人民法院应当就起诉指控的事实，依照本解释第二百九十五条的规定作出判决、裁定。”故C项的错误在于，法院不是“建议”检察院补充、变更起诉，而是“通知”检察院，由其决定是否补充、变更起诉。

《高法解释》第219条规定：“人民法院对提起公诉的案件审查后，应当按照下列情形分别处理：……（五）依照刑事诉讼法第二百条第三项规定宣告被告人无罪后，人民检察院根据新的事实、证据重新起诉的，应当依法受理……”故D项错误。

综上，本题无答案。

答案：无答案（原答案为C）

25. 检察院以抢夺罪向法院提起公诉，法院经审理后查明被告人构成抢劫罪。关于法院的

做法，下列哪一选项是正确的？（2013/2/39，单选）

A. 应当建议检察院改变起诉罪名，不能直接以抢劫罪定罪

B. 可以直接以抢劫罪定罪，不必建议检察院改变起诉罪名

C. 只能判决无罪，检察院应以抢劫罪另行起诉

D. 应当驳回起诉，检察院应以抢劫罪另行起诉

［解析］ 本题考查法院改变检察院指控罪名的问题。依据《高法解释》第295条规定："……（二）起诉指控的事实清楚，证据确实、充分，但指控的罪名不当的，应当依据法律和审理认定的事实作出有罪判决……"本题中，法院认为检察院指控的事实成立，但指控罪名不当，法院以认定的罪名作有罪判决，无须建议检察院变更起诉罪名。故B项正确。

答案：B

26. 被告人刘某在案件审理期间死亡，法院作出终止审理的裁定。其亲属坚称刘某清白，要求法院作出无罪判决。对于本案的处理，下列哪些选项是正确的？（2013/2/74，多选）

A. 应当裁定终止审理

B. 根据已查明的案件事实和认定的证据，能够确认无罪的，应当判决宣告刘某无罪

C. 根据刘某亲属要求，应当撤销终止审理的裁定，改判无罪

D. 根据刘某亲属要求，应当以审判监督程序重新审理该案

［解析］ 本题考查审理后的裁决方式。《刑事诉讼法》第16条规定："有下列情形之一的，不追究刑事责任，已经追究的，应当撤销案件，或者不起诉，或者终止审理，或者宣告无罪：（一）情节显著轻微、危害不大，不认为是犯罪的；（二）犯罪已过追诉时效期限的；（三）经特赦令免除刑罚的；（四）依照刑法告诉才处理的犯罪，没有告诉或者撤回告诉的；（五）犯罪嫌疑人、被告人死亡的；（六）其他法律规定免予追究刑事责任的。"《高法解释》第295条规定："……（十）被告人死亡的，应当裁定终止审理；但有证据证明被告人无罪，经缺席审理确认无罪的，应当判决宣告被告人无罪……"本题A、B项符合《高法解释》第295条第（十）项的规定。

综上，正确答案为A、B两项。

答案：AB

27. 审理一起团伙犯罪案时，因涉及多个罪名和多名被告人、被害人，审判长为保障庭审秩序，提高效率，在法庭调查前告知控辩双方注意事项。下列哪些做法是错误的？（2012/2/69，多选）

A. 公诉人和被告人仅就刑事部分进行辩论，被害人和被告人仅就附带民事部分进行辩论

B. 控辩双方仅在法庭辩论环节就证据的合法性、相关性问题进行辩论

C. 控辩双方可就证据问题、事实问题、程序问题以及法律适用问题进行辩论

D. 为保证控方和每名辩护人都有发言时间，控方和辩方发表辩论意见时间不超过30分钟

［解析］ 本题考查法庭辩论。依据《高法解释》第280条的规定："合议庭认为案件事实已经调查清楚的，应当由审判长宣布法庭调查结束，开始就定罪、量刑、涉案财物处理的事实、证据、适用法律等问题进行法庭辩论。"本题C项正确，B项的错误在于，控辩双方不仅在法庭辩论环节可对证据合法性、相关性问题进行辩论，还可在法庭调查中对该问题进行辩论。《高法解释》第281条规定："法庭辩论应当在审判长的主持下，按照下列顺序进行：（一）公诉人发言；（二）被害人及其诉讼代理人发言；（三）被告人自行辩护；（四）辩护人辩护；（五）控辩双方进行辩论。"《高法

解释》第284条规定："附带民事部分的辩论应当在刑事部分的辩论结束后进行，先由附带民事诉讼原告人及其诉讼代理人发言，后由附带民事诉讼被告人及其诉讼代理人答辩。"本题A项的错误在于，被害人和被告人也可以针对刑事部分进行辩论。D项的错误在于，《刑事诉讼法》及其司法解释未对法庭辩论的时间加以限制。

综上，本题的正确答案为A、B、D三项。

答案：ABD

28. 按照我国《刑事诉讼法》的规定，关于法庭审理活动先后顺序的排列，下列哪一选项的组合是正确的？①宣读勘验笔录；②公诉人发表公诉词；③讯问被告人；④询问证人、鉴定人；⑤出示物证；⑥被告人最后陈述。（2008/2/38，单选）

A. ②③⑤④①⑥

B. ③④⑤①②⑥

C. ②④⑤①⑥③

D. ③④①⑤②⑥

［解析］ 本题考查法庭审判活动的先后顺序。根据《刑事诉讼法》的规定，法庭审判程序大体可分为开庭、法庭调查、法庭辩论、被告人最后陈述，评议和宣判五个阶段。其中，法庭调查的具体步骤和程序是：(1) 公诉人宣读起诉书；(2) 被告人、被害人就起诉书指控的犯罪事实分别陈述；(3) 讯问、发问被告人、被害人；(4) 询问证人、鉴定人；(5) 出示物证、宣读鉴定意见和有关笔录；(6) 调取新证据；(7) 合议庭调查核实证据。

《高法解释》第281条规定："法庭辩论应当在审判长的主持下，按照下列顺序进行：(一) 公诉人发言；(二) 被害人及其诉讼代理人发言；(三) 被告人自行辩护；(四) 辩护人辩护；(五) 控辩双方进行辩论。"本题中的"①宣读勘验笔录；③讯问被告人；④询问证人、鉴定人；⑤出示物证"，均属于法庭调查的活动，法庭调查的总体原则是先调查人证、再调查物证，最后宣读有关笔录，故顺序为③④⑤①；"②公诉人发表公诉词"属于法庭辩论活动，因此在法庭调查之后，被告人最后陈述之前，所以最终的顺序为③④⑤①②⑥，B为正确选项。考生最容易出错的地方是把"公诉词"与"起诉书"混淆，一定要注意：起诉书是在法庭调查之初，由出庭公诉人宣读的公文；而公诉词则是在法庭辩论开始时，由出庭公诉人所进行的综合性演讲。

答案：B

29. 甲涉嫌故意杀人罪被提起公诉，可能判处死刑。关于本案诉讼程序，下列哪一选项是正确的？（单选）

A. 可以适用简易程序审理本案

B. 上级法院可以指定基层法院审理本案

C. 若中级法院组成合议庭审理该案，该合议庭可以由审判员组成，也可以由审判员和人民陪审员组成

D. 甲拒绝法律援助机构指派的辩护人为其辩护，坚持自行辩护，法庭应当准许

［解析］ 本题综合考查审理程序、级别管辖、审判组织和法律援助辩护。根据《刑事诉讼法》第21条的规定，可能判处无期徒刑、死刑的刑事案件最低由中级法院审理，基层法院无权审理。而且，依据《刑事诉讼法》第214条的规定，简易程序只有基层法院才可以适用，故该案不能适用简易程序审理。A项错误。同时，在刑事诉讼中，基于"下不可审上"，上级法院不能把应当由自己审理的案件交由下级法院审理。故B项错误。

《刑事诉讼法》第183条第1款规定："基层人民法院、中级人民法院审判第一审案件，应当由审判员三人或者由审判员和人民陪审员共三人或者七人组成合议庭进行，但是基层人民法院适用简易程序、速裁程序的案件可以由审判员一人独任审判。"由此可见，中级法院

第一审的合议庭既可由审判员组成，也可以由审判员和人民陪审员组成。故C项正确。

《高法解释》第50条规定："被告人拒绝法律援助机构指派的律师为其辩护，坚持自己行使辩护权的，人民法院应当准许。属于应当提供法律援助的情形，被告人拒绝指派的律师为其辩护的，人民法院应当查明原因。理由正当的，应当准许，但被告人应当在五日以内另行委托辩护人；被告人未另行委托辩护人的，人民法院应当在三日以内通知法律援助机构另行指派律师为其提供辩护。"因为甲可能判死刑，属于应当提供法律援助的情形，其坚持自行辩护，法庭不应准许，甲必须有辩护人为其辩护。故D项错误。

综上，本题的正确答案为C项。

答案：C

30. 检察院以涉嫌盗窃罪对赵某提起公诉。经审理，法院认为证明指控事实的证据间存在矛盾且无法排除，同时查明赵某年龄认定有误，该案发生时赵某未满16周岁。关于本案，法院应当采取下列哪一做法？（2009/2/34，单选）

A. 将案件退回检察院

B. 终止审理

C. 作证据不足、指控的犯罪不能成立的无罪判决

D. 判决宣告赵某不负刑事责任

［解析］ 本题考查法院的判决方式。《高法解释》第295条第1款规定："对第一审公诉案件，人民法院审理后，应当按照下列情形分别作出判决、裁定：……（四）证据不足，不能认定被告人有罪的，应当以证据不足、指控的犯罪不能成立，判决宣告被告人无罪；（五）案件部分事实清楚，证据确实、充分的，应当作出有罪或者无罪的判决；对事实不清、证据不足部分，不予认定；（六）被告人因未达到刑事责任年龄，不予刑事处罚的，应当判决宣告被告人不负刑事责任……"故A、B两项均于法无据，不当选。

本题中，法院认为证明"指控事实的证据间存在矛盾且无法排除，同时查明赵某年龄认定有误，该案发生时赵某未满16周岁"。因为作出被告人不负刑事责任的判决也应建立在"事实清楚，证据确实、充分"的基础上，法院应优先考虑"证据间存在矛盾且无法排除"而不是"该案发生时赵某未满16周岁"，所以，法院应作出"证据不足、指控的犯罪不能成立"的无罪判决，而不是判决宣告赵某不负刑事责任。故C项正确，D项错误。

答案：C

考点4 延期审理与中止审理

31. 下列关于休庭的说法，正确的是？（2022年法考延考客观题回忆版真题，不定选）

A. 被告人当庭拒绝辩护人辩护后，被告人没有辩护人的，法院宣布休庭

B. 辩护人对鉴定人的资质提出质疑，提交证据证明鉴定人学历是伪造的，法院决定休庭，进行重新鉴定

C. 公诉人向法庭提交新证据，辩护人提出需要作辩护准备，法院宣布休庭

D. 公诉人在庭审中改变了起诉书中表述的案发时间，但是不影响定罪量刑，法院宣布休庭并要求检察院书面变更起诉

［解析］ 本题考查休庭。《高法解释》第311条第2款规定："被告人当庭拒绝辩护人辩护，要求另行委托辩护人或者指派律师的，合议庭应当准许。被告人拒绝辩护人辩护后，没有辩护人的，应当宣布休庭；仍有辩护人的，庭审可以继续进行。"故A项表述正确。《刑事诉讼法》第204条规定："在法庭审判过程中，遇有下列情形之一，影响审判进行的，可以延期审理：（一）需要通知新的证人到庭，调取新的物证，重新鉴定或者勘验的；（二）检察人员发现提起公诉的案件需

要补充侦查，提出建议的；（三）由于申请回避而不能进行审判的。”本题B项属于该条第（一）项规定的情形，法院可以决定延期审理，延期审理会导致休庭，故B项当选。《高法解释》第272条第1、2款规定：“公诉人申请出示开庭前未移送或者提交人民法院的证据，辩护方提出异议的，审判长应当要求公诉人说明理由；理由成立并确有出示必要的，应当准许。辩护方提出需要对新的证据作辩护准备的，法庭可以宣布休庭，并确定准备辩护的时间。”本题C项属于该条规定的情形，法院可以休庭，C项当选。《高法解释》第289条第1款规定：“公诉人当庭发表与起诉书不同的意见，属于变更、追加、补充或者撤回起诉的，人民法院应当要求人民检察院在指定时间内以书面方式提出；必要时，可以宣布休庭。人民检察院在指定时间内未提出的，人民法院应当根据法庭审理情况，就起诉书指控的犯罪事实依法作出判决、裁定。”本题D项中，尽管公诉人在庭审中发表了与起诉书不同的意见，但是，不属于变更、追加、补充或者撤回起诉的情形，所以，法院无须休庭。D项不当选。

答案：ABC

32. 李某患有传染病，其不服从传染病防治的管理规定，进入公共场所，导致多人被感染，公安机关对李某以妨害传染病防治罪立案侦查，下列关于该案的说法，正确的是？（2022年法考延考客观题回忆版真题，不定选）

A. 李某的传染病未痊愈，可以对其指定居所监视居住

B. 李某的传染病未痊愈，可以对其取保候审

C. 李某的传染病未痊愈，可以不签署认罪认罚具结书

D. 李某的传染病未痊愈，可以中止审理

［解析］ 本题考查指定居所监视居住、取保候审、签署认罪认罚具结书、中止审理。《刑事诉讼法》第74条第1款规定：“人民法院、人民检察院和公安机关对符合逮捕条件，有下列情形之一的犯罪嫌疑人、被告人，可以监视居住：（一）患有严重疾病、生活不能自理的……”本题中的李某患严重疾病，而且未痊愈，可以适用监视居住。《刑事诉讼法》第75条第1款规定：“监视居住应当在犯罪嫌疑人、被告人的住处执行；无固定住处的，可以在指定的居所执行。对于涉嫌危害国家安全犯罪、恐怖活动犯罪，在住处执行可能有碍侦查的，经上一级公安机关批准，也可以在指定的居所执行。但是，不得在羁押场所、专门的办案场所执行。”本题中李某涉嫌妨害传染病防治罪，若李某没有固定住处，可以适用指定居所监视居住。故A项正确。《刑事诉讼法》第67条规定：“人民法院、人民检察院和公安机关对有下列情形之一的犯罪嫌疑人、被告人，可以取保候审：……（三）患有严重疾病、生活不能自理，怀孕或者正在哺乳自己婴儿的妇女，采取取保候审不致发生社会危险性的……”。本题中的李某患有严重疾病，可以对其适用取保候审。故B项正确。《刑事诉讼法》第174条第2款规定：“犯罪嫌疑人认罪认罚，有下列情形之一的，不需要签署认罪认罚具结书：（一）犯罪嫌疑人是盲、聋、哑人，或者是尚未完全丧失辨认或者控制自己行为能力的精神病人的；（二）未成年犯罪嫌疑人的法定代理人、辩护人对未成年人认罪认罚有异议的；（三）其他不需要签署认罪认罚具结书的情形。”本题中的李某患病，不属于该条的三种情形，其认罪认罚，需要签署认罪认罚具结书。故C项错误。《刑事诉讼法》第206条第1款规定：“在审判过程中，有下列情形之一，致使案件在较长时间内无法继续审理的，可以中止审理：（一）被告人患有严重疾病，无法出庭的；（二）被告人脱逃的；（三）自诉人患有严重疾病，无法出庭，未委

托诉讼代理人出庭的；（四）由于不能抗拒的原因。”本题中的李某患有严重疾病，属于该条第（一）项规定的情形，法院可以中止审理。故D项正确。

答案：ABD

33. 下列关于审理程序中断的处理，正确的是？（2021年法考客观题回忆版真题，不定选）

A. 甲妨害传染病防治案，其因患新冠肺炎要隔离治疗，法院决定延期审理

B. 乙故意伤害案，其以法定理由当庭申请公诉人回避，法院决定休庭

C. 丙强奸案，其在审理中自杀身亡，法院查明其构成犯罪，裁定终止审理

D. 丁盗窃案，其在审理中申请重新鉴定，法院裁定中止审理

［解析］ 本题考查审理程序中断的处理方式。《刑事诉讼法》第206条第1款规定：“在审判过程中，有下列情形之一，致使案件在较长时间内无法继续审理的，可以中止审理：（一）被告人患有严重疾病，无法出庭的；（二）被告人脱逃的；（三）自诉人患有严重疾病，无法出庭，未委托诉讼代理人出庭的；（四）由于不能抗拒的原因。”本题A项属于该条第（一）项规定的情形，法院可以裁定中止审理，而不是决定延期审理。故A项错误。

《高法解释》第36条规定：“当事人及其法定代理人申请出庭的检察人员回避的，人民法院应当区分情况作出处理：（一）属于刑事诉讼法第二十九条、第三十条规定情形的回避申请，应当决定休庭，并通知人民检察院尽快作出决定；（二）不属于刑事诉讼法第二十九条、第三十条规定情形的回避申请，应当当庭驳回，并不得申请复议。”本题B项属于以《刑事诉讼法》第29条、第30条规定情形申请回避，法院应决定休庭。故B项正确。

《高法解释》第606条规定：“人民法院受理案件后被告人死亡的，应当裁定终止审理；但有证据证明被告人无罪，经缺席审理确认无罪的，应当判决宣告被告人无罪。前款所称‘有证据证明被告人无罪，经缺席审理确认无罪’，包括案件事实清楚，证据确实、充分，依据法律认定被告人无罪的情形，以及证据不足，不能认定被告人有罪的情形。”本题C项的情形下，法院应裁定终止审理。故C项正确。

《刑事诉讼法》第204条规定：“在法庭审判过程中，遇有下列情形之一，影响审判进行的，可以延期审理：（一）需要通知新的证人到庭，调取新的物证，重新鉴定或者勘验的；（二）检察人员发现提起公诉的案件需要补充侦查，提出建议的；（三）由于申请回避而不能进行审判的。”本题D项属于该条第（一）项规定的情形，法院可以决定延期审理，而不是裁定中止审理。故D项错误。

综上，本题的正确答案为B、C两项。

答案：BC

34. 谢某系星光工贸有限公司的法定代表人、实际经营者。2020年1月初，该公司以每盒5.125元的价格购入一批一次性使用无纺布口罩（规格：50只/盒），在公司网络店铺以每盒7元的价格销售。1月23日至29日间，谢某将上述口罩的销售价格，陆续涨至每盒21元至每盒198元不等，累计销售1900余盒，销售金额17万余元，违法所得16万余元。A省B市公安局对该案立案后，谢某感染新冠肺炎。下列关于该案的表述，正确的是？（2020年法考客观题回忆版真题，多选）

A. 法院可以作出延期审理的决定

B. 在审查起诉阶段，B市检察院可以通过远程视频方式讯问谢某

C. 由于谢某患有新冠肺炎，检察院可以批准延长两个月羁押期限

D. 谢某和星光工贸有限公司构成非法经营罪

［解析］ 本题考查新冠肺炎疫情对刑事诉讼程序的影响、延期审理和中止审理的区别、审查起诉的程序、侦查羁押期限、非法经营罪的构成。《刑事诉讼法》第206条第1款规定："在审判过程中，有下列情形之一，致使案件在较长时间内无法继续审理的，可以中止审理：（一）被告人患有严重疾病，无法出庭的；（二）被告人脱逃的；（三）自诉人患有严重疾病，无法出庭，未委托诉讼代理人出庭的；（四）由于不能抗拒的原因。"本题出现该条第（一）项的情形，法院可"中止审理"，而不是"延期审理"。故A项错误。《关于在防控新型冠状病毒肺炎期间刑事案件办理有关问题的指导意见》规定，在疫情防控期间应以案卷书面审查为主要方式，尽量不采取当面方式讯问犯罪嫌疑人、询问证人等诉讼参与人以及听取辩护律师意见等，可以采取电话或者视频等方式进行，以减少人员流动、聚集、见面交谈。故B项正确。依据《刑事诉讼法》第156－160条的规定，不得以犯罪嫌疑人患有新冠肺炎为由，延长侦查羁押期限。故C项错误。星光工贸有限公司和被告人谢某在新冠肺炎疫情防控期间，违反国家有关市场经营、价格管理等规定，哄抬口罩价格，牟取暴利，扰乱市场秩序，情节严重，其行为均构成非法经营罪。故D项正确。因此，本题的正确答案为B、D两项。

答案：BD

35. 下列哪一选项属于刑事诉讼中适用中止审理的情形？（2012/2/31，单选）

A. 由于申请回避而不能进行审判的

B. 需要重新鉴定的

C. 被告人患有严重疾病，长时间无法出庭的

D. 检察人员发现提起公诉的案件需要补充侦查，提出建议的

［解析］ 本题考查中止审理的情形。《刑事诉讼法》第206条第1款规定："在审判过程中，有下列情形之一，致使案件在较长时间内无法继续审理的，可以中止审理：（一）被告人患有严重疾病，无法出庭的；（二）被告人脱逃的；（三）自诉人患有严重疾病，无法出庭，未委托诉讼代理人出庭的；（四）由于不能抗拒的原因。"本题C项属于该条规定的第（一）项中止审理的情形，当选；而A、B、D三项则属于延期审理的情形，不选。

答案：C

36. 关于刑事案件的延期审理和中止审理，下列哪些说法是正确的？（2008/2/70，多选）

A. 延期审理适用于法庭审理过程中，中止审理适用于法院受理案件后至作出判决前

B. 导致延期审理的原因是庭审自身出现障碍，因而不停止法庭审理以外的诉讼活动，导致中止审理的原因是出现了不能抗拒的情况，使诉讼活动无法正常进行，因而暂停诉讼活动

C. 延期审理的案件再行开庭的时间具有可预见性，中止审理的案件再行开庭的时间往往无法预见

D. 不论延期审理还是中止审理，其时间都计入审理期限

［解析］ 本题考查延期审理和中止审理的区别。延期审理是指在法庭审判过程中，遇有足以影响审判进行的情形时，法庭决定延期审理，待影响审判进行的原因消失后，再行开庭审理。中止审理是指法院在审判案件过程中，因发生某种情况影响了审判的正常进行，而决定暂停审理，待其消失后，再行开庭审理。二者的区别表现在：（1）适用的阶段不同。延期审理适用于法庭审理过程中；中止审理适用于法院受理案件后至作出判决前。故A项正确。（2）原因不同。导致延期审理的原因是诉讼自身出现了障碍，其消失依赖于某种诉讼活动的完成，因此，延期审理不能停止法庭审理以外的诉讼活动；而导致中止审理的原因是出现

了不能抗拒的情况，其消除与诉讼本身无关，因此，中止审理将暂停一切诉讼活动。故B项正确。(3)再行开庭的可预见性不同。延期审理的案件，再行开庭的时间可以预见，甚至当庭即可决定；但中止审理的案件，再行开庭的时间往往无法预见。故C项正确。《刑事诉讼法》第206条第2款规定："中止审理的原因消失后，应当恢复审理。中止审理的期间不计入审理期限。"此外，因补充侦查、变更追加起诉导致延期审理，中断的时间不仅不计入审限，还需要重新计算审理期限。故D项错误。因此，本题的正确答案为A、B、C三项。

答案：ABC

考点5 法庭秩序

37. 下列关于检察院和法院的处理方式，正确的是？（2019年法考客观题回忆版真题，不定选）

A. 检察院以证据不足为由撤回起诉后，发现有新的证据，可再次提起公诉

B. 在审理时，法院认为被告人犯罪情节轻微，依照刑法规定不需要判处刑罚或者免除刑罚，检察院可以撤回起诉

C. 检察院申请撤回起诉的，法院裁定准许后，被告人可以对该裁定上诉

D. 被告人的家属在旁听案件时，严重扰乱法庭纪律，可能被追究刑事责任，法院对被告人的家属先行拘留

［解析］ 本题考查检察院撤回起诉、法院对违反法庭秩序的处理方式。《高检规则》第424条第3款规定："对于撤回起诉的案件，没有新的事实或者新的证据，人民检察院不得再行起诉。"反之，检察院以证据不足为由撤回起诉后，发现有新的证据，可再次提起公诉。故A项正确。《高检规则》第424条第1款规定："人民法院宣告判决前，人民检察院发现具有下列情形之一的，经检察长批准，可以撤回起诉：（一）不存在犯罪事实的；（二）犯罪事实并非被告人所为的；（三）情节显著轻微、危害不大，不认为是犯罪的；（四）证据不足或证据发生变化，不符合起诉条件的；（五）被告人因未达到刑事责任年龄，不负刑事责任的；（六）法律、司法解释发生变化导致不应当追究被告人刑事责任的；（七）其他不应当追究被告人刑事责任的。"B项不属于可以撤回起诉的情形，该项错误。依据《高法解释》第378条的规定，被告人、自诉人及其法定代理人对准许撤回起诉、终止审理等裁定，有权上诉。故C项正确。对于D项，因为法院没有刑事拘留的权力，刑事拘留只能由公安机关、检察院决定，由公安机关执行。所以，D项错误。本题的正确答案为A、C两项。

答案：AC

38. 下列关于审判程序中的处理，不正确的做法是？（2019年法考客观题回忆版真题，不定选）

A. 张某故意伤害案审理中，张某的辩护律师因严重违反法庭秩序被强行带出法庭后，法院应当宣布休庭

B. 李某故意杀人案事实清楚，只是李某和被害人对杀人所使用的刀的形状说法不一致，检察院可以对李某提起公诉

C. 王某故意杀人案，H市F区法院审理时认为王某可能判处无期徒刑以上刑罚，F区法院直接将案卷移送至H市中级法院审理

D. 赵某酒驾案被行政处罚，后来发现其构成危险驾驶罪，赵某缴纳的罚款可抵扣罚金，行政机关提供的赵某的供述可直接作为证据使用

［解析］ 本题考查法庭审理中遇到特殊情形的处理方式。《高法解释》第310条第1款规定："辩护人严重扰乱法庭秩序，被责令退出法庭、强行带出法庭或者被处以罚款、拘留，被告人自行辩护的，庭审继续进行；被告

人要求另行委托辩护人，或者被告人属于应当提供法律援助情形的，应当宣布休庭。”本题A项中的张某不属于应当法律援助的对象，所以，张某的辩护人被强行带出法庭，若张某自行辩护，庭审继续进行，无须休庭。故A项错误。《刑事诉讼法》第176条第1款规定：“人民检察院认为犯罪嫌疑人的犯罪事实已经查清，证据确实、充分，依法应当追究刑事责任的，应当作出起诉决定，按照审判管辖的规定，向人民法院提起公诉，并将案卷材料、证据移送人民法院。”本题B项中，被告人李某的供述与被害人陈述之间存在矛盾，未达到《刑事诉讼法》第55条规定的“证据确实、充分”的要求，故检察院不得对李某提起公诉。故B项错误。《高法解释》第17条第1款规定：“基层人民法院对可能判处无期徒刑、死刑的第一审刑事案件，应当移送中级人民法院审判。”本题C项中，F区法院应当移送H市中级法院审理，但是，案卷材料应当由F区法院退回F区检察院，而不得直接移送H市中级法院。故C项错误。《刑事诉讼法》第54条第2款规定：“行政机关在行政执法和查办案件过程中收集的物证、书证、视听资料、电子数据等证据材料，在刑事诉讼中可以作为证据使用。”故D项中行政机关提供的赵某的供述不得直接作为刑事诉讼中的证据使用。故D项错误。因此，本题的正确答案为A、B、C、D四项。

答案：ABCD

39. 在某案件的法庭审理中，旁听的被害人亲属甲对辩护律师的辩护发言多次表示不满，并站起来指责律师，经审判长多次警告制止无效。法院对甲可以作下列何种处理？（2006/2/73，多选）

A. 由审判长责令甲具结悔过

B. 由审判长决定将甲强行带出法庭

C. 经法院院长批准对甲处以500元罚款

D. 经法院院长批准对甲处以20日拘留

［解析］ 本题考查对违反法庭秩序的处理方式。《刑事诉讼法》第199条第1款规定：“在法庭审判过程中，如果诉讼参与人或者旁听人员违反法庭秩序，审判长应当警告制止。对不听制止的，可以强行带出法庭；情节严重的，处以一千元以下的罚款或者十五日以下的拘留。罚款、拘留必须经院长批准。”故B、C两项正确。A项中的具结悔过，是我国《行政诉讼法》第59条对妨碍行政诉讼行为规定的一种处理方式，而在刑事诉讼中没有规定。故A项错误。D项在拘留的期限上超出了15日的法定期限。故D项错误。

答案：BC

✪ 考点6 自诉案件审理程序

40. 甲在与乙婚姻关系存续期间，和丙同居一年后生下儿子丁（现年6周岁），邻居戊去公安机关举报甲重婚，公安机关立案侦查。乙对甲向法院提起自诉。下列关于该案诉讼程序的说法，正确的是？（2023年法考客观题回忆版真题，多选）

A. 丁可以在该案中作证

B. 按公诉为主，自诉为辅的原则，法院对乙的自诉应不予受理

C. 公安机关在立案后可以扣押丙的手机

D. 公安机关立案后，对甲决定取保候审的，可以在甲的家里讯问甲

［解析］ 本题考查证人的资格、公诉与自诉的关系、扣押、讯问犯罪嫌疑人的地点。《刑事诉讼法》第62条规定：“凡是知道案件情况的人，都有作证的义务。生理上、精神上有缺陷或者年幼，不能辨别是非、不能正确表达的人，不能作证人。”本题A项中，丁只有6岁，其知道案件情况，若能辨别是非、正确表达，可以作证人。故A项正确。本题中甲涉嫌的重婚罪，属于被害人有证据证明的轻微刑

事案件，既可以公诉，也可以自诉。依据《高法解释》第320条的规定，对于被害人有证据证明的轻微刑事案件，公安机关正在立案侦查或者检察院正在审查起诉的，被害人向法院提起自诉，法院应当说服自诉人撤回起诉；自诉人不撤回起诉的，裁定不予受理。本题中，因为甲的重婚罪已经由公安机关立案侦查，乙向法院提起自诉，法院不予受理。故B项正确。《刑事诉讼法》第141条规定，在侦查活动中发现的可用以证明犯罪嫌疑人有罪或者无罪的各种财物、文件，应当查封、扣押。C项中，丙的手机内可能存有相关的证据，公安机关立案后可以扣押。故C项正确。依据《刑事诉讼法》第119条的规定，对不需要逮捕、拘留的犯罪嫌疑人，可以传唤到犯罪嫌疑人所在市、县内的指定地点或者到他的住处进行讯问。本题D项中，公安机关可以到甲的家里进行讯问。故D项正确。

答案：ABCD

41. 张某和唐某是夫妻关系，李某与刘某是夫妻关系。唐某和李某以夫妻名义生活，唐某把夫妻共同财产10万元送给李某，张某得知后，找李某要回10万元，李某不仅拒绝还钱，还将张某打成轻伤，张某起诉李某重婚罪和故意伤害罪，法院向张某告知不起诉唐某的法律后果，张某表示不追究唐某。法院经审理，判处李某有期徒刑六个月。下列关于该案的说法，正确的是？（2022年法考客观题回忆版真题，不定选）

A. 若张某反悔，又以重婚罪起诉唐某，法院不予受理

B. 张某可以对唐某一并提起附带民事诉讼

C. 张某可以对10万元另行提起民事诉讼

D. 张某可以对李某一并提起附带民事诉讼

［解析］ 本题考查自诉案件的受理和附带民事诉讼的成立条件。《高法解释》第323条第1款规定：“自诉人明知有其他共同侵害人，但只对部分侵害人提起自诉的，人民法院应当受理，并告知其放弃告诉的法律后果；自诉人放弃告诉，判决宣告后又对其他共同侵害人就同一事实提起自诉的，人民法院不予受理。”本题A项中，张某未对唐某的重婚罪提起自诉，之后，张某反悔，又以重婚罪起诉唐某，法院不予受理。故A项正确。《高法解释》第175条第1款规定：“被害人因人身权利受到犯罪侵犯或者财物被犯罪分子毁坏而遭受物质损失的，有权在刑事诉讼过程中提起附带民事诉讼；被害人死亡或者丧失行为能力的，其法定代理人、近亲属有权提起附带民事诉讼。”B项中，唐某的重婚罪，不涉及人身权利的侵害和财物的毁坏，不能提起附带民事诉讼，即使唐某无权处分共同财产，张某也不能对这一非法处置财产的行为提起附带民事诉讼。故B项错误。C项中，张某对李某非法占有的10万元，可以以不当得利为由另行提起民事诉讼，要求返还。故C项正确。D项中，张某对李某故意伤害的行为，可以提起附带民事诉讼。故D项正确。本题的正确答案是A、C、D三项。

答案：ACD

42. 甲和乙、丙之间有民事纠纷，甲诽谤乙、丙，乙、丙二人闯入甲家里，将甲打伤，甲对乙提起自诉附带民事诉讼，乙反诉甲诽谤罪，之后，甲申请撤回自诉，下列关于该案诉讼程序的说法，正确的是？（2022年法考客观题回忆版真题，单选）

A. 丙可对甲提出反诉，甲与乙可达成和解

B. 法院经审理，认为乙不构成犯罪，可告知甲对乙另行提起民事诉讼

C. 甲撤回自诉后，法院对附带民事诉讼作出裁判

D. 若附带民事赔偿未达成和解或者调解协议，法院鉴于乙认罪认罚，适用速裁程序审理

［解析］ 本题考查自诉案件和附带民事诉讼案件审理程序。反诉必须以本诉为前提，甲只是对乙提起自诉，未对丙提起自诉，所以，丙不能对甲反诉。故A项前半句不正确。乙涉嫌的非法侵入住宅罪和故意伤害罪属于被害人有证据证明的轻微刑事案件，甲涉嫌的诽谤罪属于告诉才处理的案件，均可以和解，故A项的后半句话正确。

《高法解释》第333条规定："对自诉案件，应当参照刑事诉讼法第二百条和本解释第二百九十五条的有关规定作出判决。对依法宣告无罪的案件，有附带民事诉讼的，其附带民事部分可以依法进行调解或者一并作出判决，也可以告知附带民事诉讼原告人另行提起民事诉讼。"故B项的表述正确。

《高法解释》第197条第2款规定："人民法院准许人民检察院撤回起诉的公诉案件，对已经提起的附带民事诉讼，可以进行调解；不宜调解或者经调解不能达成协议的，应当裁定驳回起诉，并告知附带民事诉讼原告人可以另行提起民事诉讼。"对于自诉人撤回自诉的，法院对附带民事诉讼的处理方式参照该规定。C项中，甲申请撤回自诉后，法院对附带民事诉讼不能作出裁判，而应当裁定驳回起诉，并告知甲可以对乙另行提起民事诉讼。故C项错误。

《高法解释》第370条规定："具有下列情形之一的，不适用速裁程序：（一）被告人是盲、聋、哑人的；（二）被告人是尚未完全丧失辨认或者控制自己行为能力的精神病人的；（三）被告人是未成年人的；（四）案件有重大社会影响的；（五）共同犯罪案件中部分被告人对指控的犯罪事实、罪名、量刑建议或者适用速裁程序有异议的；（六）被告人与被害人或者其法定代理人没有就附带民事诉讼赔偿等事项达成调解、和解协议的；（七）辩护人作无罪辩护的；（八）其他不宜适用速裁程序的情形。"本题D项中"附带民事赔偿未达成和解或者调解协议"属于该条第（六）项规定的情形，而且其属于自诉案件，不能适用速裁程序审理。故D项错误。

综上，本题的正确答案为B项。

答案：B

43. 赵某和陈某共同在网上侮辱周某，损害周某的名誉。周某对赵某向法院提起自诉，未对陈某提起自诉。下列关于该案的说法，正确的是？（2021年法考客观题回忆版真题，不定选）

A. 周某经法院两次传唤，无正当理由拒不到庭，应当裁定按撤诉处理

B. 周某无法收集在网上被侮辱的证据，法院可以要求公安机关协助收集

C. 在审理过程中发现赵某还对周某诈骗，法院应当一并审理

D. 周某告知法院放弃对陈某提起自诉，法院可追加陈某为第三人

［解析］ 本题考查自诉案件的审理程序。《高法解释》第331条第1款规定："自诉人经两次传唤，无正当理由拒不到庭，或者未经法庭准许中途退庭的，人民法院应当裁定按撤诉处理。"本题中，自诉人周某经法院两次传唤，无正当理由拒不到庭，应当裁定按撤诉处理。故A项正确。

《高法解释》第325条第2款规定："对通过信息网络实施的侮辱、诽谤行为，被害人向人民法院告诉，但提供证据确有困难的，人民法院可以要求公安机关提供协助。"本案属于网络侮辱案，被害人周某无法收集在网上被侮辱的证据，法院可以要求公安机关提供协助。故B项正确。

《高法解释》第324条规定："被告人实施两个以上犯罪行为，分别属于公诉案件和自诉案件，人民法院可以一并审理。对自诉部分的审理，适用本章的规定。"本题C项中，若

检察院对赵某诈骗周某提起公诉，法院“可以”而不是“应当”一并审理。故C项错误。

《高法解释》第323条第1款规定：“自诉人明知有其他共同侵害人，但只对部分侵害人提起自诉的，人民法院应当受理，并告知其放弃告诉的法律后果；自诉人放弃告诉，判决宣告后又对其他共同侵害人就同一事实提起自诉的，人民法院不予受理。”故D项的错误在于，周某告知法院放弃对陈某提起自诉，法院不得将陈某追加为第三人，否则，就违反了不告不理的原则。

综上，本题的正确答案为A、B两项。

答案：AB

44. 小明（8周岁）的继母虐待小明。下列关于该案的说法，正确的是？（2020年法考新疆延考客观题回忆版真题，不定选）

A. 小明的生母可向法院提起自诉

B. 小明的生母与继母可达成和解后，撤回自诉

C. 若小明的生母未提起自诉，检察院可对该案提起公诉

D. 小明的陈述需其他的证据印证，才能采信

［解析］ 本题考查提起自诉的程序、自诉案件审理程序的特点、未成年被害人陈述的采信问题。《高法解释》第317条第1款规定：“本解释第一条规定的案件，如果被害人死亡、丧失行为能力或者因受强制、威吓等无法告诉，或者是限制行为能力人以及因年老、患病、盲、聋、哑等不能亲自告诉，其法定代理人、近亲属告诉或者代为告诉的，人民法院应当依法受理。”本案中的被害人小明是未成年人，属于限制行为能力人，其生母是法定代理人，可以代为提起自诉。故A项正确。《高法解释》第329条第1款规定：“判决宣告前，自诉案件的当事人可以自行和解，自诉人可以撤回自诉。”故B项正确。《刑法》第260条规定：“虐待家庭成员，情节恶劣的，处二年以下有期徒刑、拘役或者管制。犯前款罪，致使被害人重伤、死亡的，处二年以上七年以下有期徒刑。第一款罪，告诉的才处理，但被害人没有能力告诉，或者因受到强制、威吓无法告诉的除外。”本案中被害人小明没有能力告诉，其生母也未提起自诉，检察院可以对该案提起公诉。故C项正确。《高法解释》第143条规定：“下列证据应当慎重使用，有其他证据印证的，可以采信：（一）生理上、精神上有缺陷，对案件事实的认知和表达存在一定困难，但尚未丧失正确认知、表达能力的被害人、证人和被告人所作的陈述、证言和供述；（二）与被告人有亲属关系或者其他密切关系的证人所作的有利于被告人的证言，或者与被告人有利害冲突的证人所作的不利于被告人的证言。”该条中需要印证的不包括未成年证人、被害人的证言、陈述，小明作为未成年被害人，其陈述若能查证属实，无须别的证据印证，即可采信。故D项错误。本题的正确答案为A、B、C三项。

答案：ABC

45. 关于自诉案件的程序，下列哪一选项是正确的？（2014/2/37，单选）

A. 不论被告人是否羁押，自诉案件与普通公诉案件的审理期限都相同

B. 不论在第一审程序还是第二审程序中，在宣告判决前，当事人都可和解

C. 不论当事人在第一审还是第二审审理中提出反诉的，法院都应当受理

D. 在第二审程序中调解结案的，应当裁定撤销第一审裁判

［解析］ 本题考查自诉案件审理程序的特点。《刑事诉讼法》第212条第2款规定：“人民法院审理自诉案件的期限，被告人被羁押的，适用本法第二百零八条第一款、第二款的规定（即公诉案件的审理期限）；未被羁

押的，应当在受理后六个月以内宣判。”由此可见，自诉案件被告人是否被羁押，其审理期限不同。故A项不正确。

《刑事诉讼法》第212条第1款规定：“人民法院对自诉案件，可以进行调解；自诉人在宣告判决前，可以同被告人自行和解或者撤回自诉。本法第二百一十条第（三）项规定的案件不适用调解。”《高法解释》第411条规定：“对第二审自诉案件，必要时可以调解，当事人也可以自行和解。调解结案的，应当制作调解书，第一审判决、裁定视为自动撤销。当事人自行和解的，依照本解释第三百二十九条的规定处理；裁定准许撤回自诉的，应当撤销第一审判决、裁定。”故B项正确。D项的错误在于，无须撤销第一审裁判，原第一审裁判自动撤销。

《高法解释》第412条规定：“第二审期间，自诉案件的当事人提出反诉的，应当告知其另行起诉。”由此可见，一审中被告人反诉，法院受理；二审中被告人反诉，二审法院不能受理。故C项不正确。本题符合题意的选项是B项。

答案：B

46. 关于自诉案件的和解和调解，下列哪些说法是正确的？（2011/2/72，多选）

A. 和解和调解适用于自诉案件

B. 和解和调解都适用于告诉才处理和被害人有证据证明的轻微案件

C. 和解和调解应当制作调解书、和解协议，由审判人员和书记员署名并加盖法院印章

D. 对于当事人已经签收调解书或法院裁定准许自诉人撤诉的案件，被告人被羁押的，应当予以解除

［解析］ 本题考查自诉案件的审理特点。根据《刑事诉讼法》第210条的规定：“自诉案件包括下列案件：（一）告诉才处理的案件；（二）被害人有证据证明的轻微刑事案件；（三）被害人有证据证明对被告人侵犯自己人身、财产权利的行为应当依法追究刑事责任，而公安机关或者人民检察院不予追究被告人刑事责任的案件。”《刑事诉讼法》第212条第1款规定：“人民法院对自诉案件，可以进行调解；自诉人在宣告判决前，可以同被告人自行和解或者撤回自诉。本法第二百一十条第三项规定的案件不适用调解。”这就意味着，三类自诉案件均可和解，但只有告诉才处理的案件和被害人有证据证明的轻微刑事案件可以调解，公诉转自诉案件不能调解。因此A项错误，B项正确。

根据《高法解释》第328条第1款的规定：“人民法院审理自诉案件，可以在查明事实、分清是非的基础上，根据自愿、合法的原则进行调解。调解达成协议的，应当制作刑事调解书，由审判人员、法官助理、书记员署名，并加盖人民法院印章。调解书经双方当事人签收后，即具有法律效力。调解没有达成协议，或者调解书签收前当事人反悔的，应当及时作出判决。”而和解是当事人双方自行达成的，无须审判人员、法官助理和书记员署名和加盖法院印章。所以C项错误。

根据《高法解释》第330条的规定：“裁定准许撤诉的自诉案件，被告人被采取强制措施的，人民法院应当立即解除。”因此D项正确。

综上，本题正确答案为B、D两项。

答案：BD

47. 关于自诉案件的审理，下列哪些做法是正确的？（2008/2/72，多选）

A. 甲、乙系一起伤害案件的自诉人，案件审理中甲撤回起诉，法院继续案件审理

B. 某伤害案，因检察院作出不起诉决定，被害人提起自诉，审理中自诉人与被告人和解而撤回自诉，法院经审查准许

C. 某遗弃案，被告人在第二审程序中提

出反诉，法院予以受理并与原自诉合并审理

D. 某侵犯知识产权案，第二审中当事人和解，法院裁定准许撤回自诉并撤销一审判决

[解析] 本题考查自诉案件审理的特点。《高法解释》第331条第2款规定："部分自诉人撤诉或者被裁定按撤诉处理的，不影响案件的继续审理。"本题A项中甲、乙系一起伤害案件的自诉人，案件审理中甲撤回起诉，法院继续案件审理的做法，是正确的。故A项当选。

《刑事诉讼法》第212条规定，自诉人在宣告判决前，可以同被告人和解或者撤回自诉。《高法解释》第329条规定："判决宣告前，自诉案件的当事人可以自行和解，自诉人可以撤回自诉。人民法院经审查，认为和解、撤回自诉确属自愿的，应当裁定准许；认为系被强迫、威吓等，并非自愿的，不予准许。"本题B项属于公诉转自诉案件，审理中自诉人与被告人和解而撤回自诉，法院经审查准许，这种做法是正确的。故B项当选。

《高法解释》第412条规定："第二审期间，自诉案件的当事人提出反诉的，应当告知其另行起诉。"故本题C项中，被告人在第二审程序中提出反诉，法院予以受理并与原自诉合并审理的做法是错误的。故C项不当选。

《高法解释》第411条规定："对第二审自诉案件，必要时可以调解，当事人也可以自行和解。调解结案的，应当制作调解书，第一审判决、裁定视为自动撤销。当事人自行和解的，依照本解释第三百二十九条的规定处理；裁定准许撤回自诉的，应当撤销第一审判决、裁定。"《高法解释》第329条规定："判决宣告前，自诉案件的当事人可以自行和解，自诉人可以撤回自诉。人民法院经审查，认为和解、撤回自诉确属自愿的，应当裁定准许；认为系被强迫、威吓等，并非自愿的，不予准许。"本题D项中，侵犯知识产权案第二审中当事人和解，法院应审查和解、撤诉的自愿性，若是自愿的，法院裁定准许，并撤销第一审判决，但是，若不是自愿的，法院则不予准许。故D项表述太绝对。本题正确答案是A、B两项。

答案：AB（原答案为ABD）

48. 某法院在审理张某自诉伤害案中，发现被告人还实施过抢劫。对此，下列哪一做法是正确的？（2010/2/31，单选）

A. 继续审理伤害案，将抢劫案移送有管辖权的公安机关

B. 鉴于伤害案属于可以公诉的案件，将伤害案与抢劫案一并移送有管辖权的公安机关

C. 继续审理伤害案，建议检察院对抢劫案予以起诉

D. 对伤害案延期审理，待检察院对抢劫案起诉后一并予以审理

[解析] 本题考查自诉案件审理、立案管辖。抢劫案件由公安机关立案管辖，法院也无权直接予以审理，否则就违背了不告不理的原则。因此，法院在审理自诉案件时发现有不属于法院直接受理的犯罪案件的，应移送有管辖权的机关。故A项正确，C项不正确。

本题中的伤害案是自诉案件，由法院直接受理，不能随同抢劫案一并移送公安机关。故B项不正确。

《高法解释》第324条规定："被告人实施两个以上犯罪行为，分别属于公诉案件和自诉案件，人民法院可以一并审理。对自诉部分的审理，适用本章的规定。"但这一规定并非强制性要求已经提起自诉的案件必须延期审理。为了避免诉讼的过分拖延，法院应继续审理伤害案，抢劫案可以待公安机关侦查并移送起诉后再另案处理。故D项不正确。

综上，本题的正确答案是A项。

答案：A

49. 关于自诉案件，下列哪一选项是正确的？

（2009/2/33，单选）

A. 法院都可以进行调解

B. 当事人在宣告判决前，可以自行和解

C. 被告人在诉讼过程中可以提起反诉

D. 只能由被害人亲自告诉

［解析］ 本题考查自诉案件受理和审理的特点。《刑事诉讼法》第 212 条第 1 款规定："人民法院对自诉案件，可以进行调解；自诉人在宣告判决前，可以同被告人自行和解或者撤回自诉。本法第二百一十条第三项规定的案件不适用调解。"据此，A 项的错误在于，自诉案件的调解是有例外的，并非都可以调解。B 项表述正确。

《刑事诉讼法》第 213 条规定："自诉案件的被告人在诉讼过程中，可以对自诉人提起反诉。反诉适用自诉的规定。"但是，《高法解释》第 334 条第 1 款规定："……反诉必须符合下列条件：（一）反诉的对象必须是本案自诉人；（二）反诉的内容必须是与本案有关的行为；（三）反诉的案件必须符合本解释第一条第一项、第二项的规定。"而《高法解释》第 1 条第（一）、（二）项所指为告诉才处理的案件和被害人有证据证明的轻微刑事案件。据此，《高法解释》第 1 条第（三）项规定的"被害人有证据证明对被告人侵犯自己人身、财产权利的行为应当依法追究刑事责任，且有证据证明曾提出控告，而公安机关或者人民检察院不予追究被告人刑事责任的案件"不能提出反诉。故 C 项不正确。

《高法解释》第 316 条规定："人民法院受理自诉案件必须符合下列条件：……（三）被害人告诉……"但《高法解释》第 317 条第 1 款规定："本解释第一条规定的案件，如果被害人死亡、丧失行为能力或者因受强制、威吓等无法告诉，或者是限制行为能力人以及因年老、患病、盲、聋、哑等不能亲自告诉，其法定代理人、近亲属告诉或者代为告诉的，人民法院应当依法受理。"依据此规定可知，在特殊情况下，被害人的法定代理人、近亲属亦可代为告诉。D 项不正确。

综上，本题的正确答案为 B 项。

答案：B

考点7 简易程序

50. 张某醉驾被交警何某查获，检察院以危险驾驶罪对张某提起公诉，下列关于该案的说法，正确的是？（2022 年法考延考客观题回忆版真题，不定选）

A. 何某出庭作证后，法院可允许其旁听该案的审理

B. 交通事故认定书经查证属实后，可作为证据使用

C. 张某承认指控的犯罪事实，经张某同意后，法院决定适用简易程序

D. 何某拍下的张某醉驾过程的执法记录仪的视频和酒精检测数据均为直接证据

［解析］ 本题考查证人出庭作证制度、事故调查报告、简易程序、直接证据与间接证据的区分。《高法解释》第 265 条规定："证人、鉴定人、有专门知识的人、调查人员、侦查人员或者其他人员不得旁听对本案的审理。"本题 A 项中，证人何某作证后，不能旁听案件的审理。故 A 项错误。《高法解释》第 101 条规定："有关部门对事故进行调查形成的报告，在刑事诉讼中可以作为证据使用；报告中涉及专门性问题的意见，经法庭查证属实，且调查程序符合法律、有关规定的，可以作为定案的根据。"本题 B 项中的交通事故认定书属于事故调查报告，其可以作为证据使用。故 B 项正确。《刑事诉讼法》第 214 条第 1 款规定："基层人民法院管辖的案件，符合下列条件的，可以适用简易程序审判：（一）案件事实清楚、证据充分的；（二）被告人承认自己所犯罪行，对指控的犯罪事实没有异议的；（三）被告人对适用简易程序没有异议的。"本题 C 项符合简

易程序适用的条件，可以适用简易程序。故C项正确。何某拍下的张某醉驾过程的执法记录仪的视频能够直接肯定张某实施危险驾驶罪，属于直接证据；酒精检测数据不能直接证明案件的主要事实，属于间接证据。故D项错误。

答案：BC

51. 张某挪用公款1000万元，其认罪，法院征求张某同意后，适用简易程序审理。下列关于该案审理程序的说法，正确的是？（2022年法考延考客观题回忆版真题，不定选）

A. 检察院可建议适用简易程序

B. 甲自愿认罪并知悉认罪的法律后果后，在庭审阶段可以主要围绕量刑进行审理

C. 法庭辩论环节可以简化

D. 在起诉之前，张某没有认罪认罚，其在审判阶段认罪认罚，需要立即签署认罪认罚具结书

［解析］ 本题考查简易程序、认罪认罚从宽制度。按照刑法的规定，挪用公款1000万元最高的法定刑是无期徒刑，若可能判处无期徒刑以下刑罚，则可以对本题的张某适用简易程序。故A项正确。《关于规范量刑程序若干问题的意见》第13条规定："适用简易程序审理的案件，在确认被告人对起诉书指控的犯罪事实和罪名没有异议，自愿认罪且知悉认罪的法律后果后，法庭审理可以直接围绕量刑进行，不再区分法庭调查、法庭辩论，但在判决宣告前应当听取被告人的最后陈述意见。"故本题B项表述正确。C项中，适用简易程序，法庭调查和法庭辩论环节可以简化，该项正确。《人民检察院办理认罪认罚案件开展量刑建议工作的指导意见》第29条规定："人民检察院提起公诉后开庭前，被告人自愿认罪认罚的，人民检察院可以组织听取意见。达成一致的，被告人应当在辩护人或者值班律师在场的情况下签署认罪认罚具结书。"本题D项中，在起诉之前，张某没有认罪认罚，其在审判阶段认罪认罚，检察院组织听取意见，达成一致的，张某才需签署认罪认罚具结书。故D项错误。

答案：ABC

52. 甲涉嫌贪污罪于9月10日被提起公诉。因涉案数额特别巨大，检察院建议法院判处甲10年有期徒刑，法院在征得甲同意后适用简易程序，于9月20日组成合议庭开庭审理。庭审中，甲与其辩护人乙对犯罪事实不持异议，但认为甲构成挪用资金罪。下列关于该案的说法，正确的是？（2018年法考客观题回忆版真题，不定选）

A. 应转为普通程序重新审理

B. 法院若认定甲构成挪用资金罪并有可能判处三年以下有期徒刑，可由审判员一人独任审理

C. 甲可申请证人出庭

D. 法院于10月22日判决甲有期徒刑4年，已超法定审限

［解析］ 本题考查简易程序、申请证人出庭的权利。《刑事诉讼法》第214条第1款规定："基层人民法院管辖的案件，符合下列条件的，可以适用简易程序审判：（一）案件事实清楚、证据充分的；（二）被告人承认自己所犯罪行，对指控的犯罪事实没有异议的；（三）被告人对适用简易程序没有异议的。"本题A项中，甲的辩护人对甲的罪名有异议，不影响法院适用简易程序。故A项表述错误。

《刑事诉讼法》第216条第1款规定，适用简易程序审理案件，对可能判处3年有期徒刑以下刑罚的，可以组成合议庭进行审判，也可以由审判员1人独任审判。故B项正确。

《刑事诉讼法》第197条第1款规定："法庭审理过程中，当事人和辩护人、诉讼代理人有权申请通知新的证人到庭，调取新的物证，申请重新鉴定或者勘验。"因此，申请证人出庭是被告人的权利。故C项正确。

《刑事诉讼法》第220条规定："适用简易程序审理案件，人民法院应当在受理后二十日以内审结；对可能判处的有期徒刑超过三年的，可以延长至一个半月。"本案中，甲被判处了4年有期徒刑，审理期限未超过一个半月，所以，未超过法定审限。故D项表述错误。

因此，本题的正确答案为B、C两项。

答案：BC

53. 下列哪一案件可适用简易程序审理？（2017/2/34，单选）

A. 甲为境外非法提供国家秘密案，情节较轻，可能判处3年以下有期徒刑

B. 乙抢劫案，可能判处10年以上有期徒刑，检察院未建议适用简易程序

C. 丙传播淫秽物品案，经审查认为，情节显著轻微，可能不构成犯罪

D. 丁暴力取证案，可能被判处拘役，丁的辩护人作无罪辩护

［解析］ 本题考查简易程序的适用范围。《刑事诉讼法》第214条规定："基层人民法院管辖的案件，符合下列条件的，可以适用简易程序审判：（一）案件事实清楚、证据充分的；（二）被告人承认自己所犯罪行，对指控的犯罪事实没有异议的；（三）被告人对适用简易程序没有异议的。人民检察院在提起公诉的时候，可以建议人民法院适用简易程序。"本题的A项中的为境外非法提供国家秘密案属于危害国家安全的犯罪案件，依据《刑事诉讼法》第21条的规定，最低由中级法院管辖，而简易程序只有在基层法院才能适用。故A项不得适用简易程序。依据《刑事诉讼法》第214条和《高法解释》第359条的规定，基层法院受理公诉案件后，经审查认为案件事实清楚、证据充分的，在将起诉书副本送达被告人时，应当询问被告人对指控的犯罪事实的意见，告知其适用简易程序的法律规定。被告人对指控的犯罪事实没有异议并同意适用简易程序的，可以决定适用简易程序，并在开庭前通知检察院和辩护人。对检察院建议或者被告人及其辩护人申请适用简易程序审理的案件，依照前述规定处理；不符合简易程序适用条件的，应当通知检察院或者被告人及其辩护人。检察院建议适用简易程序，并不是适用简易程序的必备条件。故B项可以适用简易程序。

《高法解释》第360条规定："具有下列情形之一的，不适用简易程序：（一）被告人是盲、聋、哑人的；（二）被告人是尚未完全丧失辨认或者控制自己行为能力的精神病人的；（三）案件有重大社会影响的；（四）共同犯罪案件中部分被告人不认罪或者对适用简易程序有异议的；（五）辩护人作无罪辩护的；（六）被告人认罪但经审查认为可能不构成犯罪的；（七）不宜适用简易程序审理的其他情形。"本题的C项属于上述（六）的情形，D项属于上述（五）的情形，均不适用简易程序。因此，本题的C、D两项不符合题意。

综上，本题的正确答案为B项。

答案：B

54. 甲、乙二人系药材公司仓库保管员，涉嫌5次共同盗窃其保管的名贵药材，涉案金额40余万元。一审开庭审理时，药材公司法定代表人丙参加庭审。经审理，法院认定了其中4起盗窃事实，另1起因证据不足未予认定，甲和乙以职务侵占罪分别被判处有期徒刑3年和1年。关于丙参与法庭审理，下列选项正确的是？（2017/2/93，不定选）

A. 丙可委托诉讼代理人参加法庭审理

B. 公诉人讯问甲和乙后，丙可就犯罪事实向甲、乙发问

C. 丙可代表药材公司在附带民事诉讼中要求甲和乙赔偿被窃的药材损失

D. 丙反对适用简易程序的，应转为普通

程序审理

［解析］　本题考查单位被害人、讯问被告人、简易程序、附带民事诉讼赔偿范围。被害人一般是指自然人，但单位也可以成为被害人。单位被害人参与刑事诉讼时，应由其法定代表人作为代表参加刑事诉讼。法定代表人也可以委托诉讼代理人参加刑事诉讼。单位被害人在刑事诉讼中的诉讼权利和诉讼义务，与自然人作为被害人时大体相同。本题中，丙是被害单位药材公司的法定代表人，其可委托诉讼代理人。故A项正确。

《高法解释》第242条第1、2款规定："在审判长主持下，公诉人可以就起诉书指控的犯罪事实讯问被告人。经审判长准许，被害人及其法定代理人、诉讼代理人可以就公诉人讯问的犯罪事实补充发问；附带民事诉讼原告人及其法定代理人、诉讼代理人可以就附带民事部分的事实向被告人发问；被告人的法定代理人、辩护人，附带民事诉讼被告人及其法定代理人、诉讼代理人可以在控诉方、附带民事诉讼原告方就某一问题讯问、发问完毕后向被告人发问。"由此条文可知，丙是被害单位药材公司的法定代表人，可在公诉人讯问甲和乙后，就犯罪事实向甲、乙发问。故B项正确。

《高法解释》第176条规定："被告人非法占有、处置被害人财产的，应当依法予以追缴或者责令退赔。被害人提起附带民事诉讼的，人民法院不予受理。追缴、退赔的情况，可以作为量刑情节考虑。"本案属于被告人非法占有被害人财产的犯罪。故C项错误。

《刑事诉讼法》第214条规定："基层人民法院管辖的案件，符合下列条件的，可以适用简易程序审判：（一）案件事实清楚、证据充分的；（二）被告人承认自己所犯罪行，对指控的犯罪事实没有异议的；（三）被告人对适用简易程序没有异议的。人民检察院在提起公诉的时候，可以建议人民法院适用简易程序。"从此条文可知，适用简易程序无须得到被害人同意。《高法解释》第368条第1款规定："适用简易程序审理案件，在法庭审理过程中，具有下列情形之一的，应当转为普通程序审理：（一）被告人的行为可能不构成犯罪的；（二）被告人可能不负刑事责任的；（三）被告人当庭对起诉指控的犯罪事实予以否认的；（四）案件事实不清、证据不足的；（五）不应当或者不宜适用简易程序的其他情形。"从这一条文也可知，D项不属于简易程序转为普通程序的情形。故D项错误。

综上，本题的正确答案为A、B两项。

答案：AB

55. 甲犯抢夺罪，法院经审查决定适用简易程序审理。关于本案，下列哪一选项是正确的？（2016/2/37，单选）

A. 适用简易程序必须由检察院提出建议

B. 如被告人已提交承认指控犯罪事实的书面材料，则无须再当庭询问其对指控的意见

C. 不需要调查证据，直接围绕罪名确定和量刑问题进行审理

D. 如无特殊情况，应当庭宣判

［解析］　本题考查简易程序的启动条件及其审理程序的特点。《刑事诉讼法》第214条规定："基层人民法院管辖的案件，符合下列条件的，可以适用简易程序审判：（一）案件事实清楚、证据充分的；（二）被告人承认自己所犯罪行，对指控的犯罪事实没有异议的；（三）被告人对适用简易程序没有异议的。人民检察院在提起公诉的时候，可以建议人民法院适用简易程序。"由此可见，检察院提出适用简易程序的建议，不是适用简易程序的必备条件。故A项错误。

《高法解释》第364条规定："适用简易程序审理案件，审判长或者独任审判员应当当庭询问被告人对指控的犯罪事实的意见，告知被告人适用简易程序审理的法律规定，确认被告人是否同意适用简易程序。"由此可见，当

庭询问被告人对指控的意见，是简易程序中的必经步骤。故B项错误。

《高法解释》第365条第1款规定："适用简易程序审理案件，可以对庭审作如下简化：（一）公诉人可以摘要宣读起诉书；（二）公诉人、辩护人、审判人员对被告人的讯问、发问可以简化或者省略；（三）对控辩双方无异议的证据，可以仅就证据的名称及所证明的事项作出说明；对控辩双方有异议，或者法庭认为有必要调查核实的证据，应当出示，并进行质证；（四）控辩双方对与定罪量刑有关的事实、证据没有异议的，法庭审理可以直接围绕罪名确定和量刑问题进行。"依据此条的第（四）项可知，C项的错误在于，只有在"控辩双方对与定罪量刑有关的事实、证据没有异议的"情形下，法院才可以直接围绕罪名确定和量刑问题进行审理。

《高法解释》第367条第2款规定："适用简易程序审理案件，一般应当当庭宣判。"故D项正确。

综上，本题的正确答案为D项。

答案：D

56. 王某系聋哑人，因涉嫌盗窃罪被提起公诉。关于本案，下列哪一选项是正确的？（2016/2/28，单选）

A. 讯问王某时，如有必要可通知通晓聋哑手势的人参加

B. 王某没有委托辩护人，应通知法律援助机构指派律师为其提供辩护

C. 辩护人经通知未到庭，经王某同意，法院决定开庭审理

D. 因事实清楚且王某认罪，实行独任审判

［解析］ 本题考查聋哑人案件的诉讼程序、侦查讯问程序、法律援助辩护、法庭审判、简易程序的适用。《刑事诉讼法》第121条规定："讯问聋、哑的犯罪嫌疑人，应当有通晓聋、哑手势的人参加，并且将这种情况记明笔录。"故A项的错误在于，不是"有必要时可通知"，而是应当有通晓聋、哑手势的人参加。

《法律援助法》第25条规定："刑事案件的犯罪嫌疑人、被告人属于下列人员之一，没有委托辩护人的，人民法院、人民检察院、公安机关应当通知法律援助机构指派律师担任辩护人：（一）未成年人；（二）视力、听力、言语残疾人；（三）不能完全辨认自己行为的成年人；（四）可能被判处无期徒刑、死刑的人；（五）申请法律援助的死刑复核案件被告人；（六）缺席审判案件的被告人；（七）法律法规规定的其他人员。其他适用普通程序审理的刑事案件，被告人没有委托辩护人的，人民法院可以通知法律援助机构指派律师担任辩护人。"本题中，王某系聋哑人，属于该条文中第（二）项的情形，王某没有委托辩护人，法院应通知法律援助机构指派律师为其提供辩护。故B项正确。

《高法解释》第225条第2款规定："辩护人经通知未到庭，被告人同意的，人民法院可以开庭审理，但被告人属于应当提供法律援助情形的除外。"本案的被告人王某是聋哑人，系应当提供法律援助的情形，王某的辩护人经通知未到庭，经王某同意，法院也不得开庭审理。故C项错误。

《刑事诉讼法》第215条规定："有下列情形之一的，不适用简易程序：（一）被告人是盲、聋、哑人，或者是尚未完全丧失辨认或者控制自己行为能力的精神病人的；（二）有重大社会影响的；（三）共同犯罪案件中部分被告人不认罪或者对适用简易程序有异议的；（四）其他不宜适用简易程序审理的。"《刑事诉讼法》第216条规定："适用简易程序审理案件，对可能判处三年有期徒刑以下刑罚的，可以组成合议庭进行审判，也可以由审判员一人独任审判；对可能判处的有期徒刑超过三年的，应当组成合议庭进行审判。"本案的被

告人王某是聋哑人，不能适用简易程序，而且独任审判只有在简易程序中才能适用，所以，此案不能实行独任审判。故D项错误。

综上，本题的正确答案为B项。

答案：B

57. 方某涉嫌在公众场合侮辱高某和任某，高某向法院提起自诉。关于本案的审理，下列哪些选项是正确的？（2014/2/72，多选）

A. 如果任某担心影响不好不愿起诉，任某的父亲可代为起诉

B. 法院通知任某参加诉讼并告知其不参加的法律后果，任某仍未到庭，视为放弃告诉，该案宣判后，任某不得再行自诉

C. 方某的弟弟系该案关键目击证人，经法院通知其无正当理由不出庭作证的，法院可强制其到庭

D. 本案应当适用简易程序审理

［解析］ 本题考查自诉案件起诉与受理、审理程序、证人出庭作证、简易程序。《高法解释》第317条第1款规定："本解释第一条规定的案件，如果被害人死亡、丧失行为能力或者因受强制、威吓等无法告诉，或者是限制行为能力人以及因年老、患病、盲、聋、哑等不能亲自告诉，其法定代理人、近亲属告诉或者代为告诉的，人民法院应当依法受理。"A项的错误在于，不能在"任某担心影响不好不愿起诉"的情况下，由任某的父亲代为起诉。

《高法解释》第323条第2款规定："共同被害人中只有部分人告诉的，人民法院应当通知其他被害人参加诉讼，并告知其不参加诉讼的法律后果。被通知人接到通知后表示不参加诉讼或者不出庭的，视为放弃告诉。第一审宣判后，被通知人就同一事实又提起自诉的，人民法院不予受理。但是，当事人另行提起民事诉讼的，不受本解释限制。"故B项正确。

《刑事诉讼法》第193条第1款规定："经人民法院通知，证人没有正当理由不出庭作证的，人民法院可以强制其到庭，但是被告人的配偶、父母、子女除外。"此条中只是不能强制被告人的配偶、父母、子女到庭作证，但是，可以强制方某的弟弟到庭作证。故C项正确。

《刑事诉讼法》第214条第1款规定："基层人民法院管辖的案件，符合下列条件的，可以适用简易程序审判：（一）案件事实清楚、证据充分的；（二）被告人承认自己所犯罪行，对指控的犯罪事实没有异议的；（三）被告人对适用简易程序没有异议的。"本案是侮辱案，属于告诉才处理的案件，符合该条所规定条件的，可以适用简易程序，而不是应当适用简易程序。故D项错误。本题的正确答案为B、C两项。

答案：BC

58. 关于简易程序，下列哪些选项是正确的？（2014/2/73，多选）

A. 甲涉嫌持枪抢劫，法院决定适用简易程序，并由两名审判员和一名人民陪审员组成合议庭进行审理

B. 乙涉嫌盗窃，未满16周岁，法院只有在征得乙的法定代理人和辩护人同意后，才能适用简易程序

C. 丙涉嫌诈骗并对罪行供认不讳，但辩护人为其做无罪辩护，法院决定适用简易程序

D. 丁涉嫌故意伤害，经审理认为可能不构成犯罪，遂转为普通程序审理

［解析］ 本题考查简易程序的适用范围和程序。《刑法》第263条规定："以暴力、胁迫或者其他方法抢劫公私财物的，处三年以上十年以下有期徒刑，并处罚金；有下列情形之一的，处十年以上有期徒刑、无期徒刑或者死刑，并处罚金或者没收财产：……（七）持枪抢劫的……"A项中的案件若可能判处10年以上有期徒刑，就可以适用简易程序审理。《刑事诉讼法》第216条第1款规定："适用简

易程序审理案件，对可能判处三年有期徒刑以下刑罚的，可以组成合议庭进行审判，也可以由审判员一人独任审判；对可能判处的有期徒刑超过三年的，应当组成合议庭进行审判。”本题A项中的情节，可能判处10年以上有期徒刑甚至更重的刑罚，所以，由2名审判员和1名人民陪审员组成合议庭进行审理，也是正确的。

《高法解释》第566条规定：“对未成年人刑事案件，人民法院决定适用简易程序审理的，应当征求未成年被告人及其法定代理人、辩护人的意见。上述人员提出异议的，不适用简易程序。”对于B项，表面看来，经过未成年被告人乙及其法定代理人、辩护人同意，即可适用简易程序，但实际上，未满16周岁的乙盗窃，属于不负刑事责任的情形，依据《高法解释》第368条第1款的规定，不得适用简易程序。B项不正确。

《高法解释》第360条规定：“具有下列情形之一的，不适用简易程序：（一）被告人是盲、聋、哑人的；（二）被告人是尚未完全丧失辨认或者控制自己行为能力的精神病人的；（三）案件有重大社会影响的；（四）共同犯罪案件中部分被告人不认罪或者对适用简易程序有异议的；（五）辩护人作无罪辩护的；（六）被告人认罪但经审查认为可能不构成犯罪的；（七）不宜适用简易程序审理的其他情形。”本题C项中的案件属于该条第（五）项规定的情形，不得适用简易程序。故C项不正确。

《高法解释》第368条第1款规定：“适用简易程序审理案件，在法庭审理过程中，具有下列情形之一的，应当转为普通程序审理：（一）被告人的行为可能不构成犯罪的；（二）被告人可能不负刑事责任的；（三）被告人当庭对起诉指控的犯罪事实予以否认的；（四）案件事实不清、证据不足的；（五）不应当或者不宜适用简易程序的其他情形。”本题D项属于该条第（一）项规定的情形，应转为普通程序审理，该项正确。本题的正确答案为A、D两项。

答案：AD（原答案为ABD）

59. 关于适用简易程序审理刑事案件变更为适用普通程序，下列哪些说法是正确的？（2011/2/71，多选）

A. 法院可以决定直接变更为普通程序审理，不需要将案件退回检察院

B. 对于自诉案件变更为普通程序的，按照自诉案件程序审理

C. 自诉案件由简易程序转化为普通程序时原起诉仍然有效，自诉人不必另行起诉

D. 在适用普通程序后又发现可适用简易程序时，可以再次变更为简易程序

［解析］ 本题考查简易程序变更为普通程序。依据《刑事诉讼法》第176条第1款规定：“人民检察院认为犯罪嫌疑人的犯罪事实已经查清，证据确实、充分，依法应当追究刑事责任的，应当作出起诉决定，按照审判管辖的规定，向人民法院提起公诉，并将案卷材料、证据移送人民法院。”这就意味着，不论按照简易程序还是普通程序提起公诉，检察院都应向法院移送全部案卷、证据材料。因此，由简易程序转为普通程序审理的公诉案件，从理论上来讲，法院无须将全案卷宗和证据材料退回检察院。故A项正确。

《刑事诉讼法》第221条规定：“人民法院在审理过程中，发现不宜适用简易程序的，应当按照本章第一节或者第二节的规定重新审理。”《高法解释》第368条规定：“适用简易程序审理案件，在法庭审理过程中，具有下列情形之一的，应当转为普通程序审理：（一）被告人的行为可能不构成犯罪的；（二）被告人可能不负刑事责任的；（三）被告人当庭对起诉指控的犯罪事实予以否认的；（四）案件事实不清、证据不足的；（五）不应当或者不宜适用简易程序的其他情形。决定转为普通程序

审理的案件，审理期限应当从作出决定之日起计算。”由上述条文可知，适用简易程序审理的自诉案件，在法庭审理过程中发现有不得适用简易程序情形的，应当按照自诉案件的第一审普通程序重新审理，整个程序变更的过程中不涉及自诉人另行起诉问题。故B、C项正确。

我国刑事诉讼法中只规定了简易程序可以转换为普通程序，未规定普通程序可以转化为简易程序，因此，案件在适用普通程序审理后就不可以向简易程序转化。故D项说法错误。

答案：ABC（原答案为BC）

60. 关于简易程序，下列哪些选项是正确的？（2009/2/76，多选）

A. 自诉案件都可以适用简易程序

B. 即使适用简易程序，被告人最后陈述也不能取消

C. 被告人委托辩护人的，辩护人应当出庭

D. 经审判员准许，被告人可以同公诉人进行辩论

［解析］ 本题考查简易程序的适用范围和审理特点。《高法解释》第327条第1款规定：“自诉案件符合简易程序适用条件的，可以适用简易程序审理。”据此，A项说法过于绝对，是不正确的。

《刑事诉讼法》第219条规定：“适用简易程序审理案件，不受本章第一节关于送达期限、讯问被告人、询问证人、鉴定人、出示证据、法庭辩论程序规定的限制。但在判决宣告前应当听取被告人的最后陈述意见。”据此，B项正确。

《高法解释》第363条规定：“适用简易程序审理案件，被告人有辩护人的，应当通知其出庭。”据此可知，是应当“通知其出庭”，而非应当“出庭”，辩护人也可以选择不出庭。据此，C项不正确。

《刑事诉讼法》第218条规定：“适用简易程序审理案件，经审判人员许可，被告人及其辩护人可以同公诉人、自诉人及其诉讼代理人互相辩论。”据此，D项正确。

综上，本题正确答案为B、D两项。

答案：BD

考点8 速裁程序

61. 关于速裁程序和简易程序，下列说法正确的是？（2023年法考客观题回忆版真题，单选）

A. 未成年人甲涉嫌盗窃罪，法院不能适用简易程序审理

B. 乙涉嫌职务侵占罪，法院适用速裁程序审理时，可决定与其他速裁案件合并审理

C. 丙涉嫌交通肇事罪，其不同意适用简易程序，法院仍可适用简易程序审理

D. 丁涉嫌危险驾驶罪，法院适用速裁程序审理，检察院派员出庭，未对丁进行讯问

［解析］ 本题考查简易程序和速裁程序。《高法解释》第566条规定：“对未成年人刑事案件，人民法院决定适用简易程序审理的，应当征求未成年被告人及其法定代理人、辩护人的意见。上述人员提出异议的，不适用简易程序。”故A项的表述过于绝对，若甲及其法定代理人、辩护人同意适用简易程序，可以适用简易程序审理。《高法解释》第372条规定：“适用速裁程序审理案件，可以集中开庭，逐案审理。”故B项的合并审理的做法，是错误的。《刑事诉讼法》第214条第1款规定：“基层人民法院管辖的案件，符合下列条件的，可以适用简易程序审判：（一）案件事实清楚、证据充分的；（二）被告人承认自己所犯罪行，对指控的犯罪事实没有异议的；（三）被告人对适用简易程序没有异议的。”本题C项中被告人丙不同意适用简易程序，不得适用简易程序审理。故C项错误。《高检规则》第441条规定：“人民法院适用速裁程序审理的案件，人民检

察院应当派员出席法庭。”《高法解释》第 373 条规定：“适用速裁程序审理案件，一般不进行法庭调查、法庭辩论，但在判决宣告前应当听取辩护人的意见和被告人的最后陈述。”故法院适用速裁程序审理时，公诉人可不对被告人进行讯问。故 D 项正确。

答案：D

62. 常某和郑某交往期间，骗取郑某 8 万元，常某因涉嫌诈骗罪被立案侦查。在审查起诉阶段，常某认罪认罚，积极退还部分款项并取得郑某谅解。法院适用速裁程序审理时，常某辩称欺骗郑某感情为真，但该款项为民间借贷，正在还款中。下列关于该案的说法，正确的是？（2022 年法考客观题回忆版真题，不定选）

A. 检察院可建议对常某从重处罚

B. 常某的表态仅影响“认罚”，不影响“认罪”

C. 法院可以将速裁程序转为简易程序继续审理

D. 法院仍可按照积极退赔从宽量刑

［解析］ 本题考查认罪认罚从宽制度、速裁程序和简易程序。本题中，“常某辩称欺骗郑某感情为真，但该款项为民间借贷，正在还款中”，这就意味着，常某否认自己的犯罪，亦即常某不认罪。故 B 项错误。因为常某不认罪，不得对其适用认罪认罚从宽制度，而且，常某认罪态度不好，检察院可建议对其从重处罚。故 A 项正确。依据《刑事诉讼法》第 214 条、第 222 条的规定，不论速裁程序还是简易程序适用的条件都有“被告人认罪”，所以，常某不认罪，不能对其转为简易程序审理，只能转为普通程序审理。故 C 项错误。常某积极退赔，是《高法解释》第 276 条规定的酌定量刑情节，可以从宽处罚。故 D 项正确。本题的正确答案为 A、D 两项。

答案：AD

63. 下列关于审理程序适用的说法，正确的是？（2021 年法考福建延考客观题回忆版真题，不定选）

A. 法院适用速裁程序审理甲盗窃案时，发现该案事实不清，应转为普通程序重新审理

B. 法院适用速裁程序审理乙危险驾驶案时，发现乙不应当被追究刑事责任，可转为简易程序重新审理

C. 法院适用速裁程序审理丙故意伤害案时，控辩双方对适用法律有重大争议，应转为普通程序重新审理

D. 某法院对丁诈骗案适用速裁程序审理后，判处丁有期徒刑一年，丁上诉，二审法院认为该判决事实不清，应当发回原审法院重审，原审法院应适用普通程序重审

［解析］ 本题考查速裁程序、简易程序与普通程序的转化。《高法解释》第 375 条规定：“适用速裁程序审理案件，在法庭审理过程中，具有下列情形之一的，应当转为普通程序或者简易程序审理：（一）被告人的行为可能不构成犯罪或者不应当追究刑事责任的；（二）被告人违背意愿认罪认罚的；（三）被告人否认指控的犯罪事实的；（四）案件疑难、复杂或者对适用法律有重大争议的；（五）其他不宜适用速裁程序的情形。”在该条的情形下，究竟转为简易程序还是普通程序，还要看能否适用简易程序，若不能适用简易程序，只能转为普通程序审理。《刑事诉讼法》第 214 条规定：“基层人民法院管辖的案件，符合下列条件的，可以适用简易程序审判：（一）案件事实清楚、证据充分的；（二）被告人承认自己所犯罪行，对指控的犯罪事实没有异议的；（三）被告人对适用简易程序没有异议的。”由此可见，在案件事实不清的情形下，不符合简易程序适用条件，只能转为普通程序审理。故 A 项正确。《高法解释》第 368 条第 1 款规定：“适用简易程序审理案件，在法庭审理过程中，具有下列情形之一的，应当转为

普通程序审理：（一）被告人的行为可能不构成犯罪的；（二）被告人可能不负刑事责任的；（三）被告人当庭对起诉指控的犯罪事实予以否认的；（四）案件事实不清、证据不足的；（五）不应当或者不宜适用简易程序的其他情形。”依据此条文，本题B项中“乙不应当追究刑事责任”，不能适用简易程序，只能转为普通程序审理。故B项错误。本题C项中的“控辩双方对适用法律有重大争议”的情形下，可以适用简易程序或者普通程序，所以，法院不是“应当转为普通程序重新审理”。故C项错误。《高法解释》第377条规定：“适用速裁程序审理的案件，第二审人民法院依照刑事诉讼法第二百三十六条第一款第三项的规定发回原审人民法院重新审判的，原审人民法院应当适用第一审普通程序重新审判。”《刑事诉讼法》第236条第1款第（三）项的情形是“原判决事实不清楚或者证据不足”。故D项正确。

综上，本题的正确答案为A、D两项。

答案：AD

64. 下列关于速裁程序适用的说法，正确的是？（2020年法考新疆延考客观题回忆版真题，不定选）

A. 检察院审查起诉阶段，被告人不认罪认罚，在审判阶段认罪认罚的，法院可适用速裁程序审理

B. 在审查起诉时被告人是未成年人，法院开庭时发现被告人已成年，法院可适用速裁程序审理

C. 被告人认罪认罚，法院认为检察院量刑建议不当，检察院调整量刑建议后，法院认为符合速裁程序的适用条件，继续适用速裁程序

D. 被告人认罪认罚，但是开庭前未就附带民事赔偿达成调解或和解协议，在审理中双方达成和解协议，法院由普通程序转为速裁程序审理

［解析］　本题考查速裁程序的适用。《刑事诉讼法》第222条第1款规定：“基层人民法院管辖的可能判处三年有期徒刑以下刑罚的案件，案件事实清楚，证据确实、充分，被告人认罪认罚并同意适用速裁程序的，可以适用速裁程序，由审判员一人独任审判。”由此可见，认罪认罚是适用速裁程序的条件之一。A项中被告人在审判阶段认罪认罚，法院可以对其适用速裁程序，该项正确。依据《刑事诉讼法》第223条的规定，被告人是未成年人的，不适用速裁程序。该年龄应以审判时的年龄为准，所以，审判时被告人是成年人的，可适用速裁程序。故B项正确。《高法解释》第353条第2款规定：“适用速裁程序审理认罪认罚案件，需要调整量刑建议的，应当在庭前或者当庭作出调整；调整量刑建议后，仍然符合速裁程序适用条件的，继续适用速裁程序审理。”故C项正确。依据《刑事诉讼法》及其司法解释的规定，速裁程序可转为简易程序或者普通程序，但是，普通程序、简易程序不得转为速裁程序。故D项错误。本题的正确答案为A、B、C三项。

答案：ABC

65. 李某涉嫌危险驾驶罪，被甲区检察院提起公诉，甲区法院适用速裁程序审理该案，下列表述正确的是？（2019年法考客观题回忆版真题，单选）

A. 甲区法院应在10日内审结

B. 甲区法院认为应当变更指控罪名，可以在庭审后听取控辩双方意见后择日宣判

C. 甲区法院在审理中发现该案不符合速裁程序适用的条件，应组成合议庭重新审理

D. 李某没有辩护人辩护，甲区法院通知值班律师为其提供法律帮助

［解析］　本题考查速裁程序、值班律师制度。《刑事诉讼法》第225条规定：“适用速裁程序审理案件，人民法院应当在受理后十日以

内审结；对可能判处的有期徒刑超过一年的，可以延长至十五日。”《刑法》第133条之一规定，在道路上驾驶机动车追逐竞驶，情节恶劣的，或者在道路上醉酒驾驶机动车的，处拘役，并处罚金。由此可见，危险驾驶罪最高的刑罚是拘役并处罚金，所以，对李某的危险驾驶罪适用速裁程序，审理期限最长为10日。故A项正确。

《刑事诉讼法》第224条第2款规定：“适用速裁程序审理案件，应当当庭宣判。”由此可知，适用速裁程序的案件，法院不得定期宣判（即择期宣判）。故B项错误。

《刑事诉讼法》第226条规定：“人民法院在审理过程中，发现有被告人的行为不构成犯罪或者不应当追究其刑事责任、被告人违背意愿认罪认罚、被告人否认指控的犯罪事实或者其他不宜适用速裁程序审理的情形的，应当按照本章第一节或者第三节的规定重新审理。”由此可见，速裁程序可能转为简易程序，也可能转为普通程序。依据《刑事诉讼法》第216条的规定：“适用简易程序审理案件，对可能判处三年有期徒刑以下刑罚的，可以组成合议庭进行审判，也可以由审判员一人独任审判；对可能判处的有期徒刑超过三年的，应当组成合议庭进行审判。”本题中的危险驾驶罪，属于可能判处3年有期徒刑以下刑罚的案件，若转为简易程序，可以组成合议庭进行审判，也可以由审判员一人独任审判。故C项错误。

《刑事诉讼法》第36条规定：“……犯罪嫌疑人、被告人没有委托辩护人，法律援助机构没有指派律师为其提供辩护的，由值班律师为犯罪嫌疑人、被告人提供法律咨询、程序选择建议、申请变更强制措施、对案件处理提出意见等法律帮助。人民法院、人民检察院、看守所应当告知犯罪嫌疑人、被告人有权约见值班律师，并为犯罪嫌疑人、被告人约见值班律师提供便利。”这就意味着，在犯罪嫌疑人、被告人没有辩护人辩护的情形下，若其申请约见值班律师，才应当通知值班律师为其提供法律帮助。故D项错误。本题的正确答案为A项。

答案：A

66. 刘某因交通肇事致瘫痪，并致行人郭某轻伤。经测，刘某酒精含量为160mg/100ml，后刘某自愿认罪如实供述，因刘某行动不便，法院对该案适用速裁程序开庭审理，下列表述正确的是？（2019年法考客观题回忆版真题，单选）

A. 因刘某瘫痪，其无须签署认罪认罚具结书

B. 该案的审理期限可以延长至15日

C. 考虑到刘某瘫痪，经过刘某同意，法官可到刘某家中开庭审理

D. 若郭某提起附带民事诉讼，则该案不适用速裁程序

［解析］ 本题考查认罪认罚从宽程序、速裁程序。《刑事诉讼法》第174条规定：“犯罪嫌疑人自愿认罪，同意量刑建议和程序适用的，应当在辩护人或者值班律师在场的情况下签署认罪认罚具结书。犯罪嫌疑人认罪认罚，有下列情形之一的，不需要签署认罪认罚具结书：（一）犯罪嫌疑人是盲、聋、哑人，或者是尚未完全丧失辨认或者控制自己行为能力的精神病人的；（二）未成年犯罪嫌疑人的法定代理人、辩护人对未成年人认罪认罚有异议的；（三）其他不需要签署认罪认罚具结书的情形。”本题中的刘某只是瘫痪，不符合上述情形，其认罪认罚后需要签署认罪认罚具结书。故A项错误。

《刑事诉讼法》第225条规定：“适用速裁程序审理案件，人民法院应当在受理后十日以内审结；对可能判处的有期徒刑超过一年的，可以延长至十五日。”本题中，刘某的行为构成危险驾驶罪，按照刑法的规定，刘某的最高刑罚是拘役并处罚金，所以，法院对刘某案应当在受理后10日以内审结。故B项错误。

法院考虑到刘某瘫痪，经过刘某同意，到刘某家中开庭审理，可最大限度减轻当事人的诉累，体现司法为民。故C项正确。

《刑事诉讼法》第223条规定："有下列情形之一的，不适用速裁程序：（一）被告人是盲、聋、哑人，或者是尚未完全丧失辨认或者控制自己行为能力的精神病人的；（二）被告人是未成年人的；（三）案件有重大社会影响的；（四）共同犯罪案件中部分被告人对指控的犯罪事实、罪名、量刑建议或者适用速裁程序有异议的；（五）被告人与被害人或者其法定代理人没有就附带民事诉讼赔偿等事项达成调解或者和解协议的；（六）其他不宜适用速裁程序审理的。"本题中，若被害人郭某提起附带民事诉讼，并就附带民事诉讼赔偿等事项与刘某达成调解或者和解协议，该案仍然可以适用速裁程序。故D项错误。

综上，本题的正确答案为C项。

答案：C

考点9 量刑程序

67. 刘某突发疾病，其丈夫拨打120急救电话，120救护车无法及时到达现场，刘某的丈夫不得已酒后驾车送刘某去医院，被检察院以危险驾驶罪提起公诉。下列关于该案审理程序的说法，正确的是？（2022年法考客观题回忆版真题，不定选）

A. 在法庭辩论中，辩护人提出案发道路人烟稀少的新事实，法院应恢复法庭调查予以查明

B. 血液检测报告作为定罪证据和量刑证据分别出示一次

C. 在庭审后辩护人提供120急救电话接听记录作为证明紧急避险的依据，该记录经庭外听取意见后可以作为定案根据

D. 法院适用速裁程序，可对定罪简化说理但应对量刑理由详细阐述

［解析］ 本题考查量刑程序。《关于规范量刑程序若干问题的意见》第22条规定："在法庭辩论中，出现新的量刑事实，需要进一步调查的，应当恢复法庭调查，待事实查清后继续法庭辩论。"本题A项中，案发道路人烟稀少的新事实属于新的量刑事实，需要进一步调查的，应当恢复法庭调查。故A项正确。《关于规范量刑程序若干问题的意见》第16条第1款规定："定罪证据和量刑证据分开出示的，应当先出示定罪证据，后出示量刑证据。"但是，B项的血液检测报告既影响定罪又影响量刑，无须重复出示。故B项不正确。《关于规范量刑程序若干问题的意见》第19条第2款规定："对于控辩双方补充的证据，应当经过庭审质证才能作为定案的根据。但是，对于有利于被告人的量刑证据，经庭外征求意见，控辩双方没有异议的除外。"本题C项缺少了"控辩双方没有异议"这一条件。故C项不正确。《关于规范量刑程序若干问题的意见》第25条第2款规定："对于适用速裁程序审理的案件，可以简化量刑说理。"故D项中"应对量刑理由详细阐述"是错误的。本题正确答案为A项。

答案：A

68. 下列关于量刑程序的说法，正确的是？（2022年法考客观题回忆版真题，不定选）

A. 法院认为量刑建议明显不当，建议检察院调整量刑建议，这一做法体现了量刑程序的相对独立性

B. 适用速裁程序的案件，检察院可以当庭调整量刑建议

C. 检察院要求法院在刑事裁判文书中说明量刑理由，体现了检察院对法院量刑的制约

D. 检察院对法院量刑的制约，主要体现于被告人认罪认罚的案件

［解析］ 本题考查量刑程序。《关于规范量刑程序若干问题的意见》第1条第1款规定："人民法院审理刑事案件，在法庭审理中

应当保障量刑程序的相对独立性。”相对独立的量刑程序是在同一庭审范围之内，将法庭调查、法庭辩论划分为定罪和量刑两个环节。法院认为量刑建议明显不当，通知检察院调整量刑建议，这一做法体现了量刑程序的相对独立地位。故A项正确。《人民检察院办理认罪认罚案件开展量刑建议工作的指导意见》第33条第3款规定：“适用速裁程序审理认罪认罚案件，需要调整量刑建议的，应当在庭前或者当庭作出调整。”故B项正确。法院在刑事裁判文书中说明量刑理由，可以约束法院对量刑的自由裁量权，检察院要求法院在刑事裁判文书中说明量刑理由，能够体现检察院对法院量刑的制约。故C项正确。检察院对法院量刑的制约，在被告人认罪认罚和不认罪认罚的案件中，均可以体现。故D项表述错误。

综上，本题的正确答案为A、B、C三项。

答案：ABC

69. 关于量刑程序，下列说法正确的是？（不定选）

A. 检察院提出量刑建议，应当制作量刑建议书

B. 合议庭在评议前应向到庭旁听的人发放调查问卷了解他们对量刑的意见

C. 简易程序审理的案件，被告人自愿承认指控的犯罪事实和罪名且知悉认罪法律后果的，法庭审理可以直接围绕量刑问题进行

D. 辩护人无权委托有关方面制作涉及未成年人的社会调查报告

［解析］ 本题考查量刑程序。《关于规范量刑程序若干问题的意见》第9条第1款规定：“人民检察院提出量刑建议，可以制作量刑建议书，与起诉书一并移送人民法院；对于案情简单、量刑情节简单的适用速裁程序的案件，也可以在起诉书中写明量刑建议。”故A项的表述过于绝对，该项不当选。

《关于规范量刑程序若干问题的意见》第10条规定，在刑事诉讼中，自诉人、被告人及其辩护人、被害人及其诉讼代理人可以提出量刑意见，并说明理由，检察院、法院应当记录在案并附卷。所以，旁听人员没有提出量刑意见的权利，故B选项错误。

《关于规范量刑程序若干问题的意见》第13条规定，适用简易程序审理的案件，在确认被告人对起诉书指控的犯罪事实和罪名没有异议，自愿认罪且知悉认罪的法律后果后，法庭审理可以直接围绕量刑进行，不再区分法庭调查、法庭辩论，但在判决宣告前应当听取被告人的最后陈述意见。故C选项正确。

《关于规范量刑程序若干问题的意见》第18条规定，法院、检察院、侦查机关或者辩护人委托有关方面制作涉及未成年人的社会调查报告的，调查报告应当在法庭上宣读，并进行质证。故D选项错误。

综上，本题的正确答案为C项。

答案：C

考点10 单位犯罪案件审理程序

70. 甲公司涉嫌走私普通货物罪，该公司总经理乙也被追究刑事责任。甲公司委托律师丙担任诉讼代表人。下列关于该案的说法，正确的是？（2022年法考客观题回忆版真题，不定选）

A. 丙可以申请该案的公诉人回避

B. 丙可以在审判阶段复制相关证据材料

C. 检察官在庭审中发现审判程序违法，可以当庭提出纠正意见

D. 若该案适用简易程序，法院可以电话传唤当事人

［解析］ 本题考查单位犯罪案件诉讼程序、检察院对庭审活动的监督方式、简易程序。《高法解释》第338条规定：“被告单位的诉讼代表人享有刑事诉讼法规定的有关被告人的诉讼权利。”本题中，被告单位甲公司作为当事人可以申请回避。丙作为诉讼代表

人，享有被告单位甲公司的诉讼权利，可以申请该案的公诉人回避。故A项正确。《高法解释》第336条第3款规定："诉讼代表人不得同时担任被告单位或者被指控为单位犯罪直接责任人员的有关人员的辩护人。"本题B项中，丙尽管是律师，但其是诉讼代表人，不能同时担任辩护人，其没有阅卷的权利。故B项错误。《高法解释》第315条规定："人民检察院认为人民法院审理案件违反法定程序，在庭审后提出书面纠正意见，人民法院认为正确的，应当采纳。"C项的错误在于不是"当庭"而是在"庭审后"提出纠正意见。故C项错误。《高法解释》第362条规定："适用简易程序审理案件，人民法院应当在开庭前将开庭的时间、地点通知人民检察院、自诉人、被告人、辩护人，也可以通知其他诉讼参与人。通知可以采用简便方式，但应当记录在案。"D项中，法院电话传唤当事人，就是简便方式的体现。故D项正确。

综上，本题的正确答案为A、D两项。

答案：AD

71. 大山公司涉嫌走私普通货物罪，森园律师事务所的秦律师担任该公司的诉讼代表人，杨某是大山公司的实际控制人，也被追究刑事责任。关于该案的诉讼代表人和辩护人的说法，正确的是？（2021年法考客观题回忆版真题，不定选）

A. 杨某可以委托森园律师事务所的其他律师担任自己的辩护人

B. 秦律师可以同时担任杨某的辩护人

C. 秦律师担任诉讼代表人，可由大山公司委托，也可由检察院指定

D. 秦律师行使辩护职能

［解析］ 本题考查单位犯罪案件诉讼程序、刑事诉讼职能。尽管杨某和大山公司之间有利益冲突，但杨某和大山公司可分别委托同一律师事务所的不同律师担任辩护人、诉讼代表人。故A项正确。

《高法解释》第336条第3款规定："诉讼代表人不得同时担任被告单位或者被指控为单位犯罪直接责任人员的有关人员的辩护人。"本题中，大山公司的诉讼代表人秦律师不得担任该公司实际控制人杨某的辩护人。故B项错误。

《高法解释》第336条第1、2款规定："被告单位的诉讼代表人，应当是法定代表人、实际控制人或者主要负责人；法定代表人、实际控制人或者主要负责人被指控为单位犯罪直接责任人员或者因客观原因无法出庭的，应当由被告单位委托其他负责人或者职工作为诉讼代表人。但是，有关人员被指控为单位犯罪直接责任人员或者知道案件情况、负有作证义务的除外。依据前款规定难以确定诉讼代表人的，可以由被告单位委托律师等单位以外的人员作为诉讼代表人。"从该条文可以看出，律师担任诉讼代表人只能由被告单位大山公司委托，不能由检察院指定。故C项错误。

所谓行使辩护职能，就是为犯罪嫌疑人、被告人提出无罪、罪轻的辩解、主张和理由。按照《高法解释》第338条的规定，被告单位的诉讼代表人享有刑事诉讼法规定的有关被告人的诉讼权利。本题中，被告单位大山公司行使辩护职能。秦律师是大山公司的诉讼代表人，代大山公司行使诉讼权利，其也行使辩护职能。故D项正确。

综上，本题的正确答案为A、D两项。

答案：AD

72. 赵某系A市某生物公司实际控制人，明知本公司生产的胶囊有违禁成分仍大量销售，A市检察院以生产、销售有毒、有害食品罪对赵某提起公诉。关于本案的处理，下列说法正确的是？（2021年法考客观题回忆版真题，不定选）

A. 法院在审理时认为应追加起诉该生物

公司，可直接指定赵某为诉讼代表人

B. 赵某可申请法院通知专业医师出庭就鉴定意见说明该违禁成分对人体的益处

C. 法院在判决时可直接自行将罪名更改为生产、销售有毒、有害非食品原料罪

D. 由于受害者大多数在B市，A市检察院可将案件移送给B市检察院管辖

［解析］ 本题考查单位犯罪案件诉讼程序、地域管辖、专家辅助人。《高法解释》第340条规定："对应当认定为单位犯罪的案件，人民检察院只作为自然人犯罪起诉的，人民法院应当建议人民检察院对犯罪单位追加起诉。"可见，法院不能主动追加起诉该生物公司，而且，《高法解释》第336条第1、2款规定："被告单位的诉讼代表人，应当是法定代表人、实际控制人或者主要负责人；法定代表人、实际控制人或者主要负责人被指控为单位犯罪直接责任人员或者因客观原因无法出庭的，应当由被告单位委托其他负责人或者职工作为诉讼代表人。但是，有关人员被指控为单位犯罪直接责任人员或者知道案件情况、负有作证义务的除外。依据前款规定难以确定诉讼代表人的，可以由被告单位委托律师等单位以外的人员作为诉讼代表人。"《高法解释》第337条第1款规定："开庭审理单位犯罪案件，应当通知被告单位的诉讼代表人出庭；诉讼代表人不符合前条规定的，应当要求人民检察院另行确定。"从上述条文可知，诉讼代表人由被告单位委托，检察院确定，而不是法院指定。故A项错误。

《刑事诉讼法》第197条第2款规定："公诉人、当事人和辩护人、诉讼代理人可以申请法庭通知有专门知识的人出庭，就鉴定人作出的鉴定意见提出意见。"本题B项中，被告人赵某可申请专业医师作为有专门知识的人出庭对违禁成分的鉴定意见提出意见。故B项正确。

本题中未提到新的事实，法院认为检察院指控的生产、销售有毒、有害食品罪这一罪名有错误，可在判决时直接自行将罪名更改为生产、销售有毒、有害非食品原料罪。故C项正确。

《刑事诉讼法》第25条规定："刑事案件由犯罪地的人民法院管辖。如果由被告人居住地的人民法院审判更为适宜的，可以由被告人居住地的人民法院管辖。"由此可见，刑事案件的管辖地是犯罪地和被告人居住地，没有被害人居住地，故本案的管辖权不包括B市。故D项错误。

综上，本题的正确答案为B、C两项。

答案：BC

73. 下列关于诉讼程序的说法，正确的是？（2021年法考福建延考客观题回忆版真题，不定选）

A. 苏某故意杀人案被公安机关立案侦查，公安机关发现该案已过追诉期限，在最高人民检察院核准追诉前，不得对苏某拘留和起诉

B. 检察院对张某抢劫案二次退回补充侦查后，仍然认为证据不足，不符合起诉条件，作出不起诉决定

C. H公司总经理沈某因虚开增值税发票被检察院起诉，法院认为H公司也应被追究刑事责任，法院建议检察院对H公司追加起诉

D. B公司因走私普通货物被立案侦查，该公司偷税500万元，为保证判决的执行，法院对该公司的700万元存款予以冻结

［解析］ 本题考查核准追诉的程序、不起诉、单位犯罪案件诉讼程序。《高检规则》第321条规定："须报请最高人民检察院核准追诉的案件，公安机关在核准之前可以依法对犯罪嫌疑人采取强制措施。公安机关报请核准追诉并提请逮捕犯罪嫌疑人，人民检察院经审查认为必须追诉而且符合法定逮捕条件的，可以依法批准逮捕，同时要求公安机关在报请核准追诉期间不得停止对案件的侦查。未经最高人民检察院核准，不得对案件提起公诉。"本

题A项中，在最高人民检察院核准追诉前，对苏某可以拘留，但不得起诉。故A项错误。

《高检规则》第367条规定：“人民检察院对于二次退回补充调查或者补充侦查的案件，仍然认为证据不足，不符合起诉条件的，经检察长批准，依法作出不起诉决定。”故B项正确。《高法解释》第340条规定：“对应当认定为单位犯罪的案件，人民检察院只作为自然人犯罪起诉的，人民法院应当建议人民检察院对犯罪单位追加起诉。”故C项正确。

《高法解释》第341条规定：“被告单位的违法所得及其他涉案财物，尚未被依法追缴或者查封、扣押、冻结的，人民法院应当决定追缴或者查封、扣押、冻结。”《高法解释》第342条规定：“为保证判决的执行，人民法院可以先行查封、扣押、冻结被告单位的财产，或者由被告单位提出担保。”本题D项看上去冻结的数额700万元超出了违法所得数额500万元，但是，该案会判处罚金，所以，为了保证判决的执行，可以冻结违法所得以外的财产。故D项的做法正确。

综上，本题的正确答案为B、C、D三项。

答案：BCD

74. 大洋公司总经理丁涉嫌走私普通货物罪被检察院提起公诉，法院认为本案是单位犯罪，建议检察院补充起诉，检察院确定大洋公司法定代表人丙作为大洋公司的诉讼代表人。下列说法正确的是？（2019年法考客观题回忆版真题，多选）

A. 在讯问丁时，丙不得在场

B. 检察院需要补充侦查，向法院申请延期审理，延期审理的期间不计入审理期限

C. 丙可以委托辩护人为其辩护

D. 丙在法庭辩论终结后有权作最后陈述

［解析］ 本题考查单位犯罪案件的审理程序。丙是大洋公司的诉讼代表人，与丁虽不是同案犯，但是，大洋公司与丁之间可能有利害关系，丙代大洋公司行使诉讼权利。所以，在讯问丁时，丙不得在场。A项正确。《刑事诉讼法》第208条第3款规定：“人民检察院补充侦查的案件，补充侦查完毕移送人民法院后，人民法院重新计算审理期限。”由此可见，检察院补充侦查后，法院应当重新计算审理期限。故B项错误。丙是被告单位大洋公司的诉讼代表人，而不是被告人，丙可以为大洋公司委托辩护人，诉讼代表人丙本身不能也无须委托辩护人为自己辩护。故C项错误。《高法解释》第338条规定：“被告单位的诉讼代表人享有刑事诉讼法规定的有关被告人的诉讼权利。”本题中，丙作为诉讼代表人，有权代大洋公司行使最后陈述权。故D项正确。

综上，本题的正确答案为A、D两项。

答案：AD

75. D市检察院起诉F进出口公司和该公司总经理姚某走私普通货物罪，关于D市中级法院审理该案的程序，正确的说法是？（2018年法考客观题回忆版真题，不定选）

A. F进出口公司的诉讼代表人无法确定的，由D市中级法院确定

B. F进出口公司的诉讼代表人可以申请排除姚某的非法供述

C. F进出口公司与另一家公司合并后，仍将F进出口公司列为被告单位

D. F进出口公司被注销后，D市中级法院应当终止审理，由姚某承担单位犯罪的刑事责任

［解析］ 本题考查单位犯罪案件审理程序。《高法解释》第337条规定：“开庭审理单位犯罪案件，应当通知被告单位的诉讼代表人出庭；诉讼代表人不符合前条规定的，应当要求人民检察院另行确定。被告单位的诉讼代表人不出庭的，应当按照下列情形分别处理：（一）诉讼代表人系被告单位的法定代表人、实际控制人或者主要负责人，无正当理由拒不

出庭的，可以拘传其到庭；因客观原因无法出庭，或者下落不明的，应当要求人民检察院另行确定诉讼代表人；（二）诉讼代表人系其他人员的，应当要求人民检察院另行确定诉讼代表人。”因此，A项的错误在于，诉讼代表人应由D市检察院确定，而不是D市中级法院确定。

《高法解释》第338条规定：“被告单位的诉讼代表人享有刑事诉讼法规定的有关被告人的诉讼权利。”F进出口公司是被告单位，其可以向法院申请排除非法证据，诉讼代表人可代被告单位行使该权利。故B项正确。

依据《高法解释》第345条的规定：“审判期间，被告单位合并、分立的，应当将原单位列为被告单位，并注明合并、分立情况。”故C项正确。

依据《高法解释》第344条的规定：“审判期间，被告单位被吊销营业执照、宣告破产但尚未完成清算、注销登记的，应当继续审理；被告单位被撤销、注销的，对单位犯罪直接负责的主管人员和其他直接责任人员应当继续审理。”故D项的错误在于，姚某应承担刑事责任的，法院应当继续审理。

综上，本题的正确答案为B、C两项。

答案：BC

76. 某国有银行涉嫌违法发放贷款造成重大损失，该行行长因系直接负责的主管人员也被追究刑事责任，信贷科科长齐某因较为熟悉银行贷款业务被确定为单位的诉讼代表人。关于本案审理程序，下列哪一选项是正确的？（2015/2/37，单选）

A. 如该案在开庭审理前召开庭前会议，应通知齐某参加

B. 齐某无正当理由拒不出庭的，可拘传其到庭

C. 齐某可当庭拒绝银行委托的辩护律师为该行辩护

D. 齐某没有最后陈述的权利

［解析］ 本题考查单位犯罪案件诉讼程序、庭前会议、拒绝辩护、被告人的最后陈述权。《高法解释》第338条规定：“被告单位的诉讼代表人享有刑事诉讼法规定的有关被告人的诉讼权利。”《高法解释》第230条第2、3款规定：“召开庭前会议应当通知公诉人、辩护人到场。庭前会议准备就非法证据排除了解情况、听取意见，或者准备询问控辩双方对证据材料的意见的，应当通知被告人到场。有多名被告人的案件，可以根据情况确定参加庭前会议的被告人。”由此可见，召开庭前会议，不是应当通知被告人或者被告单位的诉讼代表人到场。故A项错误。

《高法解释》第337条规定：“开庭审理单位犯罪案件，应当通知被告单位的诉讼代表人出庭；诉讼代表人不符合前条规定的，应当要求人民检察院另行确定。被告单位的诉讼代表人不出庭的，应当按照下列情形分别处理：（一）诉讼代表人系被告单位的法定代表人、实际控制人或者主要负责人，无正当理由拒不出庭的，可以拘传其到庭；因客观原因无法出庭，或者下落不明的，应当要求人民检察院另行确定诉讼代表人；（二）诉讼代表人系其他人员的，应当要求人民检察院另行确定诉讼代表人。”本题中，齐某不是银行的法定代表人、实际控制人或者主要负责人，而是其他人员，故对其不得拘传到庭。故B项错误。

《高法解释》第311条第2款规定：“被告人当庭拒绝辩护人辩护，要求另行委托辩护人或者指派律师的，合议庭应当准许。被告人拒绝辩护人辩护后，没有辩护人的，应当宣布休庭；仍有辩护人的，庭审可以继续进行。”本题中，被告银行作为被告人，可以拒绝辩护。齐某作为被告银行的诉讼代表人，享有被告银行的诉讼权利。故C项正确。

《刑事诉讼法》第198条第3款规定：“审判长在宣布辩论终结后，被告人有最后陈述的权利。”被告单位的诉讼代表人享有被告银

行的最后陈述权。故 D 项错误。

答案：C

77. 迅辉制药股份公司主要生产健骨消痛丸，公司法定代表人陆某指令保管员韩某采用不登记入库、销售人员打白条领取产品的方法销售，逃避缴税 65 万元。迅辉公司及陆某以逃税罪被起诉到法院。

请回答第（1）~（3）题。

（1）可以作为迅辉公司单位犯罪的诉讼代表人的是？（2013/2/92，不定选）

A. 公司法定代表人陆某

B. 被单位委托的职工王某

C. 保管员韩某

D. 公司副经理李某

［解析］　本题考查单位犯罪案件诉讼代表人的人选。《高法解释》第 336 条第 1 款规定："被告单位的诉讼代表人，应当是法定代表人、实际控制人或者主要负责人；法定代表人、实际控制人或者主要负责人被指控为单位犯罪直接责任人员或者因客观原因无法出庭的，应当由被告单位委托其他负责人或者职工作为诉讼代表人。但是，有关人员被指控为单位犯罪直接责任人员或者知道案件情况、负有作证义务的除外。"本题中，陆某是刑事被告人，不能同时担任被告单位迅辉公司的诉讼代表人；保管员韩某负有作证的义务，不得担任被告单位迅辉公司的诉讼代表人；公司副经理李某未接受被告单位迅辉公司的委托，所以也不得担任被告单位迅辉公司的诉讼代表人。只有被告单位委托的职工王某，可担任诉讼代表人。

综上，本题的正确答案为 B 项。

答案：B

（2）对迅辉公司财产的处置，下列选项正确的是？（2013/2/93，不定选）

A. 涉及违法所得及其孳息，尚未被追缴的，法院应当追缴

B. 涉及违法所得及其孳息，尚未被查封、扣押、冻结的，法院应当查封、扣押、冻结

C. 为了保证判决的执行，对迅辉公司财产，法院应当先行查封、扣押、冻结

D. 如果迅辉公司能够提供担保，对其财产也可以不采取查封、扣押、冻结

［解析］　本题考查单位犯罪案件诉讼程序中的涉案财物的处理。《高法解释》第 341 条规定："被告单位的违法所得及其他涉案财物，尚未被依法追缴或者查封、扣押、冻结的，人民法院应当决定追缴或者查封、扣押、冻结。"故 A、B 两项均正确。

《高法解释》第 342 条规定："为保证判决的执行，人民法院可以先行查封、扣押、冻结被告单位的财产，或者由被告单位提出担保。"因此，C 项的错误在于，是"可以"而不是"应当"。D 项的表述正确。

综上，本题的正确答案是 A、B、D 三项。

答案：ABD

（3）如迅辉公司在案件审理期间发生下列变故，法院的做法正确的是？（2013/2/94，不定选）

A. 公司被撤销，不能免除单位和单位主管人员的刑事责任

B. 公司被注销，对单位不再追诉，对主管人员继续审理

C. 公司被合并，仍应将迅辉公司列为被告单位，并以其在新单位的财产范围承担责任

D. 公司被分立，应将分立后的单位列为被告单位，并以迅辉公司在新单位的财产范围承担责任

［解析］　本题考查单位犯罪案件诉讼程序中的诉讼障碍的处理。《高法解释》第 344 条规定："审判期间，被告单位被吊销营业执照、宣告破产但尚未完成清算、注销登记的，应当继续审理；被告单位被撤销、注销的，对单位犯罪直接负责的主管人员和其他直接责任

人员应当继续审理。”故A项的错误在于，公司被撤销的，不能追究单位的刑事责任，只能追究单位主管人员的责任。故B项正确。

《高法解释》第345条规定：“审判期间，被告单位合并、分立的，应当将原单位列为被告单位，并注明合并、分立情况。对被告单位所判处的罚金以其在新单位的财产及收益为限。”故C项正确。D项的错误在于，公司被分立，应将迅辉公司列为被告单位，不得将分立后的单位列为被告单位。

综上，本题的正确答案是B、C两项。

答案：BC

考点11 判决、裁定、决定

78. 在一审法院审理中出现下列哪一特殊情形时，应以判决的形式作出裁判？（2017/2/35，单选）

A. 经审理发现犯罪已过追诉时效且不是必须追诉的

B. 自诉人未经法庭准许中途退庭的

C. 经审理发现被告人系精神病人，在不能控制自己行为时造成危害结果的

D. 被告人在审理过程中死亡，根据已查明的案件事实和认定的证据，尚不能确认其无罪的

［解析］ 本题考查判决、裁定和决定的区别和适用。《高法解释》第295条第1款规定：“对第一审公诉案件，人民法院审理后，应当按照下列情形分别作出判决、裁定：……（七）被告人是精神病人，在不能辨认或者不能控制自己行为时造成危害结果，不予刑事处罚的，应当判决宣告被告人不负刑事责任；被告人符合强制医疗条件的，应当依照本解释第二十六章的规定进行审理并作出判决；（八）犯罪已过追诉时效期限且不是必须追诉，或者经特赦令免除刑罚的，应当裁定终止审理……（十）被告人死亡的，应当裁定终止审理；但有证据证明被告人无罪，经缺席审理确认无罪的，应当判决宣告被告人无罪。”由此可见，依据上述第（八）项之规定，A项应适用“裁定”终止审理。依据上述第（七）项之规定，C项应适用“判决”宣告被告人不负刑事责任。依据上述第（十）项之规定，D项中“根据已查明的案件事实和认定的证据，尚不能确认其无罪”就意味着，有可能有罪，有可能事实不清、证据不足，如果是有罪，则裁定终止审理；如果属于事实不清、证据不足，不能认定被告人有罪的，依据《高法解释》第606条的规定，应当判决宣告其无罪。所以，D项有可能适用裁定，有可能适用判决，该项不当选。依据《高法解释》第331条第1款的规定，自诉人经两次传唤，无正当理由拒不到庭，或者未经法庭准许中途退庭的，法院应当裁定按撤诉处理。故B项应适用“裁定”，而不是“判决”。

综上，本题的正确答案为C项。

答案：C

79. 关于刑事判决与裁定的区别，下列哪一选项是正确的？（2010/2/35，单选）

A. 判决解决案件的实体问题，裁定解决案件的程序问题

B. 一案中只能有一个判决，裁定可以有若干个

C. 判决只能以书面的形式表现，裁定只以口头作出

D. 不服判决与不服裁定的上诉、抗诉期限不同

［解析］ 本题考查判决和裁定的区别。判决是法院就案件实体问题所作的决定，用于解决案件的实体问题。裁定是法院在审理案件或者判决执行过程中对有关诉讼程序和部分实体问题所作的一种处理，如减刑裁定、假释裁定等是针对实体问题作出的。故A项错在后半句话。

在一个案件中，判决可能有多个，但发生法律效力并被执行的判决只有一个，而发生法律效力的裁定可以有若干个。故 B 项错在前半句话。

判决只能以书面形式表现出来，裁定既可以是书面，也可以用口头形式表达，口头裁定作出后，记入笔录即可。故 C 项错在后半句话。

依据《刑事诉讼法》第 230 条的规定，不服第一审判决的上诉、抗诉期限是 10 日，不服第一审裁定的上诉、抗诉期限为 5 日。故 D 项正确。

答案：D

80. 法院在刑事案件的审理过程中，根据对案件的不同处理需要使用判决、裁定和决定。请根据有关法律规定及刑事诉讼原理，回答第（1）~（3）题。（2009/2/95 ~97，不定选）

（1）关于判决、裁定、决定的适用对象，下列选项正确的是？

A. 判决不适用于解决案件的程序问题

B. 裁定不适用于解决案件的实体问题

C. 决定只适用于解决案件的程序问题

D. 解决案件的程序问题只能用决定

［解析］ 本题考查判决、裁定和决定适用的对象。我国刑事案件的判决，是法院就被告人是否犯罪、犯何罪、应否处以刑罚以及处以何种刑罚等实体问题所作的一种结论。判决只能用于解决实体问题。故 A 项正确。裁定是法院在审理案件中对有关诉讼程序和部分实体问题所作的一种结论，法院在刑罚执行期间就减刑、假释等作出的裁定，就是对实体问题的处理。故 B 项不正确。决定专门用于解决诉讼程序问题，例如对回避申请的决定，同意调取新证据的决定等。故 C 项正确。裁定可以用于解决案件程序问题，如裁定准予撤诉。故 D 项不正确。

综上，本题的正确答案是 A、C 两项。

答案：AC

（2）关于一个案件中适用判决、裁定、决定的数量，下列选项正确的是？

A. 在一个案件中，可以有多个判决

B. 在一个案件中，可以有多个裁定

C. 在一个案件中，可以有多个决定

D. 在一个案件中，可以只有决定，而没有判决或裁定

［解析］ 本题考查判决、裁定和决定的数量。一个案件中，发生法律效力并被执行的判决只有一个，即终审判决，但由于实行两审终审制，经历过两级审理的案件可以存在两个判决，即一审判决和二审判决。故 A 项正确。一个案件可能存在需要用裁定处理的多个程序问题或实体问题，如中止审理、核准死刑等，因此，一个案件可以有多个裁定。故 B 项正确。一个案件可能存在需要用决定处理的多个程序问题，如回避申请、重新勘验等，因此，一个案件可以有多个决定。故 C 项正确。有的决定具有终结诉讼的效力，例如公安机关不立案的决定，如在终结诉讼之前没有出现过裁定或判决，则在一个案件中，可以只有决定，而没有判决或裁定。故 D 项正确。

综上，本题的正确答案是 A、B、C、D 四项。

答案：ABCD

（3）关于判决、裁定、决定的效力，下列选项正确的是？

A. 判决只有经过法定上诉、抗诉期限才能发生法律效力

B. 裁定一经作出立即发生法律效力

C. 有些决定可以申请复议，复议期间不影响决定的效力

D. 法院减刑、假释裁定的法律效力并不最终确定，检察院认为不当而提出纠正意见的，法院应当重新组成合议庭进行审理，作出最终裁定

［解析］ 本题考查判决、裁定和决定的

效力。最高人民法院的判决，作出之后就发生法律效力，不存在引起第二审的上诉和抗诉问题。故A项不正确。依据《刑事诉讼法》第227、228条的规定，对第一审的某些裁定，可以上诉或者抗诉。上诉和抗诉将阻止第一审裁定发生法律效力。故B项不正确。并不是所有的决定都可以申请复议，只有法律规定的一些决定可以申请复议，例如《刑事诉讼法》第199条第1款规定："在法庭审判过程中，如果诉讼参与人或者旁听人员违反法庭秩序，审判长应当警告制止。对不听制止的，可以强行带出法庭；情节严重的，处以一千元以下的罚款或者十五日以下的拘留。罚款、拘留必须经院长批准。被处罚人对罚款、拘留的决定不服的，可以向上一级人民法院申请复议。复议期间不停止执行。"故C项正确。《刑事诉讼法》第273条第2款规定："被判处管制、拘役、有期徒刑或者无期徒刑的罪犯，在执行期间确有悔改或者立功表现，应当依法予以减刑、假释的时候，由执行机关提出建议书，报请人民法院审核裁定……"《刑事诉讼法》第274条规定："人民检察院认为人民法院减刑、假释的裁定不当，应当在收到裁定书副本后二十日以内，向人民法院提出书面纠正意见。人民法院应当在收到纠正意见后一个月以内重新组成合议庭进行审理，作出最终裁定。"据此，法院减刑、假释裁定的法律效力并不最终确定，检察院认为不当而提出纠正意见的，法院应当重新组成合议庭进行审理，作出最终裁定。故D项正确。

综上，本题的正确答案是C、D两项。

答案：CD

第十六章　第二审程序

点评

本章是法律职业资格考试的重点，在客观题中考查1—2道选择题，在主观题中多次考查案例分析题。主要内容有：上诉和抗诉的区别、第二审程序的审判原则（全面审查原则和上诉不加刑原则）、第二审的审理程序、第二审的处理方式等。

2021年《高法解释》对二审开庭审理的案件范围、上诉不加刑原则、审理程序、二审中的并案审理等变动之处，值得重视。

考点1　二审程序的提起

1. 小刘和小关均是未成年人，小刘故意致小关轻伤，刘某系小刘的母亲，关某系小关的父亲，关某提起自诉附带民事诉讼。关于该案的说法，正确的是？（2018年法考客观题回忆版真题，多选）

A. 关某不同意适用简易程序，法院应转为普通程序审理

B. 刘某是律师，可以担任小刘的辩护人

C. 关某可以另行委托诉讼代理人

D. 关某不服一审判决，可以口头方式提起上诉

［解析］本题考查简易程序、委托辩护人、诉讼代理人、上诉等问题。《高法解释》第566条规定："对未成年人刑事案件，人民法院决定适用简易程序审理的，应当征求未成年被告人及其法定代理人、辩护人的意见。上述人员提出异议的，不适用简易程序。"故A项的错误在于，法院对此案适用简易程序，只需得到小刘及其法定代理人刘某、小刘的辩护人同意，无须得到被害人小关的法定代理人关某同意。

《刑事诉讼法》第33条第1款规定："犯罪嫌疑人、被告人除自己行使辩护权以外，还可以委托一至二人作为辩护人。下列的人可以被委托为辩护人：（一）律师；（二）人民团体或者犯罪嫌疑人、被告人所在单位推荐的人；（三）犯罪嫌疑人、被告人的监护人、亲友。"本题中，刘某作为小刘的法定代理人，可以同时担任小刘的辩护人。故B项正确。

《刑事诉讼法》第46条第1款规定："公诉案件的被害人及其法定代理人或者近亲属，附带民事诉讼的当事人及其法定代理人，自案件移送审查起诉之日起，有权委托诉讼代理人。自诉案件的自诉人及其法定代理人，附带民事诉讼的当事人及其法定代理人，有权随时委托诉讼代理人。"本题中，关某提起自诉附带民事诉讼，其可以委托诉讼代理人。故C项正确。

《刑事诉讼法》第227条第1款规定："被告人、自诉人和他们的法定代理人，不服地方各级人民法院第一审的判决、裁定，有权用书状或者口头向上一级人民法院上诉。被告人的

辩护人和近亲属，经被告人同意，可以提出上诉。”故关某作为自诉人的法定代理人享有独立的上诉权，而且可以口头上诉。故D项正确。

综上，本题的正确答案为B、C、D三项。

答案：BCD

2. 黄某倒卖文物案于2014年5月28日一审终结。6月9日（星期一），法庭宣判黄某犯倒卖文物罪，判处有期徒刑4年并立即送达了判决书，黄某当即提起上诉，但于6月13日经法院准许撤回上诉；检察院以量刑畸轻为由于6月12日提起抗诉，上级检察院认为抗诉不当，于6月17日向同级法院撤回了抗诉。关于一审判决生效的时间，下列哪一选项是正确的？（2015/2/38，单选）

A. 6月9日

B. 6月17日

C. 6月19日

D. 6月20日

［解析］ 本题考查期间的计算、二审中上诉和抗诉的撤回。《刑事诉讼法》第105条第1、2、4款规定：“期间以时、日、月计算。期间开始的时和日不算在期间以内。期间的最后一日为节假日的，以节假日后的第一日为期满日期，但犯罪嫌疑人、被告人或者罪犯在押期间，应当至期满之日为止，不得因节假日而延长。”本题中，6月9日送达判决书，10日开始计算上诉、抗诉期限，19日为上诉、抗诉的最后一日。13日和17日是在上诉、抗诉期满之前撤回上诉、抗诉，依据《高法解释》第386条的规定，在上诉、抗诉期满前撤回上诉、抗诉的，第一审判决、裁定在上诉、抗诉期满之日起生效。本题中，上诉、抗诉期满之日是6月20日，故本题的正确答案为D项。司法部公布的标准答案C项有误。

答案：D（原答案为C）

3. 关于法定代理人对法院一审判决、裁定的上诉权，下列哪一说法是错误的？（2011/2/22，单选）

A. 自诉人高某的法定代理人有独立上诉权

B. 被告人李某的法定代理人有独立上诉权

C. 被害人方某的法定代理人有独立上诉权

D. 附带民事诉讼当事人吴某的法定代理人对附带民事部分有独立上诉权

［解析］ 本题考查上诉的主体。《刑事诉讼法》第227条第1款规定：“被告人、自诉人和他们的法定代理人，不服地方各级人民法院第一审的判决、裁定，有权用书状或者口头向上一级人民法院上诉。被告人的辩护人和近亲属，经被告人同意，可以提出上诉。”由此可见，被告人、自诉人和他们的法定代理人有独立上诉权。所以，A、B两项正确。

《刑事诉讼法》第227条第2款规定：“附带民事诉讼的当事人和他们的法定代理人，可以对地方各级人民法院第一审的判决、裁定中的附带民事诉讼部分，提出上诉。”由此可见，附带民事诉讼当事人的法定代理人对附带民事部分有独立上诉权。所以，D项正确。

《刑事诉讼法》第229条规定，被害人及其法定代理人不服地方各级法院第一审的判决的，自收到判决书后5日以内，有权请求检察院提出抗诉。检察院自收到被害人及其法定代理人的请求后5日以内，应当作出是否抗诉的决定并且答复请求人。可见，被害人及其法定代理人没有独立的上诉权，只有请求检察院抗诉权。所以，C项错误。

综上，本题的正确答案为C项。

答案：C

4. 张某、王某合伙实施盗窃，张某被判处有期徒刑10年，王某被判处有期徒刑3年。张某、王某未上诉，人民检察院认为对王某的量刑过轻，仅就王某的量刑问题提出抗诉。在二审程序中，张某享有哪些权利？（2004/2/66，多选）

A. 参加法庭调查

B. 参加法庭辩论

C. 委托辩护人辩护

D. 二审法院不得加重其刑罚

［解析］ 本题考查第二审的审理程序和上诉不加刑原则。《高法解释》第 399 条第 2 款规定："同案审理的案件，未提出上诉、人民检察院也未对其判决提出抗诉的被告人要求出庭的，应当准许。出庭的被告人可以参加法庭调查和辩论。"由此可见，张某未提出上诉、检察院也未对其判决提出抗诉，其有权参加法庭调查和辩论。故 A、B 项正确。

《高法解释》第 392 条第 2 款规定："共同犯罪案件，只有部分被告人提出上诉，或者自诉人只对部分被告人的判决提出上诉，或者人民检察院只对部分被告人的判决提出抗诉的，其他同案被告人也可以委托辩护人辩护。"由此可见，张某有权委托辩护人辩护。故 C 项正确。

《高法解释》第 402 条规定："人民检察院只对部分被告人的判决提出抗诉，或者自诉人只对部分被告人的判决提出上诉的，第二审人民法院不得对其他同案被告人加重刑罚。"本题中，检察院对张某未抗诉，所以，二审法院不得加重其刑罚。故 D 项正确。

综上，本题的正确答案是 A、B、C、D 四项。

答案：ABCD

✪ 考点 2 全面审查原则

5. 刑事诉讼法规定，第二审人民法院应当就第一审判决认定的事实和适用法律进行全面审查，不受上诉或者抗诉范围的限制。下列对该条文理解，正确的是？（2023 年法考客观题回忆版真题，多选）

A. 全面审查有助于实现程序公正和实体公正

B. 全面审查体现职权主义特征

C. 全面审查是与两审终审制相配套的原则

D. 全面审查是集中审理原则的具体要求

［解析］ 本题考查全面审查原则、程序公正与实体公正、刑事审判模式、两审终审制、集中审理原则。第二审法院全面审查一审裁判是否正确，是否存在法律适用错误或事实认定错误。如果发现错误，第二审法院进行纠正。这有助于确保法律的统一适用，保证程序公正和实体公正。故 A 项正确。职权主义审判模式，又称审问式审判模式，是指法官在审判程序中居于主导和控制地位，而限制了控辩双方积极性的审判模式。第二审法院既要对上诉或抗诉的部分进行审查，又要对未上诉或抗诉的部分进行审查，这表明法院积极主动的特点，是职权主义审判模式的体现。故 B 项正确。两审终审制是指一个案件需经两级法院审判后方可宣告终结并发生法律效力，这就意味着每个案件一般只有两次接受审判的机会，第二审法院全面审查是为了保障裁判的正确性，基于两审终审制而做出的制度设计。故 C 项正确。集中审理原则，又称不中断审理原则，是指法院开庭审理案件，应当在不更换审判人员的条件下连续进行，不得中断审理的诉讼原则。第二审法院全面审查不是集中审理原则的具体要求。故 D 项不正确。

综上，本题的正确答案为 A、B、C 三项。

答案：ABC

✪ 考点 3 上诉不加刑原则

6. 甲因盗窃罪和诈骗罪被 A 市 B 区法院一审分别判处有期徒刑 5 年，合并执行有期徒刑 8 年。甲提出上诉，检察院未抗诉，A 市中级法院以事实不清为由发回重审，B 区法院以诈骗罪判处甲有期徒刑 6 年，对盗窃罪未予追究。B 区检察院提出抗诉，甲未上诉。下列选项正确的是？（2022 年法考客观题回忆版真题，不定选）

A. A市中级法院对甲判处不超过有期徒刑8年的刑罚

B. A市中级法院对甲的盗窃罪判处不超过有期徒刑5年的刑罚

C. A市中级法院对甲的诈骗罪判处不超过有期徒刑6年的刑罚

D. B区法院以诈骗罪判处甲有期徒刑6年，违反上诉不加刑原则

[解析] 本题考查上诉不加刑原则。《高法解释》第403条规定："被告人或者其法定代理人、辩护人、近亲属提出上诉，人民检察院未提出抗诉的案件，第二审人民法院发回重新审判后，除有新的犯罪事实且人民检察院补充起诉的以外，原审人民法院不得加重被告人的刑罚。对前款规定的案件，原审人民法院对上诉发回重新审判的案件依法作出判决后，人民检察院抗诉的，第二审人民法院不得改判为重于原审人民法院第一次判处的刑罚。"本题中，A市中级法院以事实不清为由发回重审后，B区检察院未补充起诉新的犯罪事实，之后B区检察院抗诉，A市中级法院第二次二审时不得改判为重于B区法院第一次判处的有期徒刑8年即可。故A项正确。《高法解释》第401条规定："审理被告人或者其法定代理人、辩护人、近亲属提出上诉的案件，不得对被告人的刑罚作出实质不利的改判，并应当执行下列规定：……（三）原判认定的罪数不当的，可以改变罪数，并调整刑罚，但不得加重决定执行的刑罚或者对刑罚执行产生不利影响……"。本题中，A市中级法院第二次二审时可以改变其中某一罪的刑罚，只要不加重执行的刑罚即可。故B、C两项不正确。因为只有甲上诉，A市中级法院发回重审后，检察院未补充起诉新的犯罪事实，B区法院不得改判重于有期徒刑8年的刑罚，故D项中，B区法院改判甲有期徒刑6年，未违反上诉不加刑原则，该项错误。本题的正确答案为A项。

答案：A

7. 下列哪一选项违反上诉不加刑原则？（2009/2/35，单选）

A. 一审法院认定马某犯伤害罪判处有期徒刑3年，马某上诉，检察院没有抗诉，二审法院认为一审判决认定事实不清，发回原审法院重新审判

B. 一审法院认定赵某犯抢夺罪判处有期徒刑5年，赵某上诉，检察院没有抗诉，二审法院在没有改变刑期的情况下将罪名改判为抢劫罪

C. 一审法院以盗窃罪判处金某有期徒刑2年、王某有期徒刑1年，金某、王某以没有实施犯罪为由提起上诉，检察院认为对金某量刑畸轻提出抗诉，二审法院经审理认为一审对金某、王某量刑均偏轻，但仅对金某改判为5年

D. 一审法院认定石某犯杀人罪判处死刑立即执行，犯抢劫罪判处无期徒刑，数罪并罚决定执行死刑立即执行。石某上诉后，二审法院认为石某在抢劫现场杀人只构成抢劫罪一个罪，遂撤销一审对杀人罪的认定，以抢劫罪判处死刑立即执行

[解析] 本题考查上诉不加刑原则。《刑事诉讼法》第236条第1款规定："第二审人民法院对不服第一审判决的上诉、抗诉案件，经过审理后，应当按照下列情形分别处理：……（三）原判决事实不清楚或者证据不足的，可以在查清事实后改判；也可以裁定撤销原判，发回原审人民法院重新审判。"据此，A项并不违反上诉不加刑原则。

《高法解释》第401条规定："审理被告人或者其法定代理人、辩护人、近亲属提出上诉的案件，不得对被告人的刑罚作出实质不利的改判，并应当执行下列规定：（一）同案审理的案件，只有部分被告人上诉的，既不得加重上诉人的刑罚，也不得加重其他同案被告人的刑罚；（二）原判认定的罪名不当的，可以改变罪名，但不得加重刑罚或者对刑罚执行产生不利影响；（三）原判认定的罪数不

当的，可以改变罪数，并调整刑罚，但不得加重决定执行的刑罚或者对刑罚执行产生不利影响；（四）原判对被告人宣告缓刑的，不得撤销缓刑或者延长缓刑考验期；（五）原判没有宣告职业禁止、禁止令的，不得增加宣告；原判宣告职业禁止、禁止令的，不得增加内容、延长期限；（六）原判对被告人判处死刑缓期执行没有限制减刑、决定终身监禁的，不得限制减刑、决定终身监禁；（七）原判判处的刑罚不当、应当适用附加刑而没有适用的，不得直接加重刑罚、适用附加刑。原判判处的刑罚畸轻，必须依法改判的，应当在第二审判决、裁定生效后，依照审判监督程序重新审判。人民检察院抗诉或者自诉人上诉的案件，不受前款规定的限制。”根据第（二）项，B项中第二审法院在没有改变刑期的情况下将罪名改判为抢劫罪的做法，以及C项中第二审法院不加重王某刑罚的做法，都符合上诉不加刑原则的要求。至于C项中对金某的改判，因检察院已对金某提出抗诉，故对金某不适用上诉不加刑原则。根据第（三）项，D项中，法院在只有石某上诉而检察院没有抗诉的情形下，以抢劫罪判处石某死刑立即执行，加重了数罪中一罪（抢劫罪）的刑罚，并未加重决定执行的刑罚和对刑罚执行产生不利影响，未违反上诉不加刑原则。因此，本题无答案。

答案：无答案（原答案为D）

8. 根据有关立法及司法解释的规定，对被判处死刑缓期执行的被告人可以同时决定对其限制减刑，因而涉及相关诉讼程序方面的问题。高级法院审理判处死刑缓期执行没有限制减刑的上诉案件，认为原判事实清楚、证据充分，但确有必要限制减刑的，下列处理程序正确的是？（2011/2/93，不定选）

A. 直接改判

B. 发回重新审判

C. 维持原判不再纠正

D. 二审判决、裁定生效后，按照审判监督程序重新审判

［解析］ 本题考查死刑缓期执行限制减刑案件审理程序和上诉不加刑原则。《关于死刑缓期执行限制减刑案件审理程序若干问题的规定》第4条第1款规定：“高级人民法院审理判处死刑缓期执行没有限制减刑的上诉案件，认为原判事实清楚、证据充分，但应当限制减刑的，不得直接改判，也不得发回重新审判。确有必要限制减刑的，应当在第二审判决、裁定生效后，按照审判监督程序重新审判。”所以，本题D项正确。

答案：D

9. 某法院判决赵某犯诈骗罪处有期徒刑4年，犯盗窃罪处有期徒刑9年，合并执行有期徒刑11年。赵某提出上诉。中级法院经审理认为，判处刑罚不当，犯诈骗罪应处有期徒刑5年，犯盗窃罪应处有期徒刑8年。根据上诉不加刑原则，下列哪一做法是正确的？（2010/2/36，新法答案为多选）

A. 以事实不清、证据不足为由发回原审法院重新审理

B. 直接改判两罪刑罚，分别为5年和8年，合并执行12年

C. 直接改判两罪刑罚，分别为5年和8年，合并执行仍为11年

D. 维持一审判决

［解析］ 本题考查上诉不加刑原则。根据前引《高法解释》第401条的规定，A项不符合该条第（七）项之规定，故不正确。B项加重了决定执行的刑罚，不符合该条第（三）项之规定，故不正确。C项未加重决定执行的刑罚和对刑罚执行产生不利影响，未违反上诉不加刑原则，故该项正确。D项未违反上诉不加刑原则，故当选。本题正确答案为C、D两项。

答案：CD（原答案为D）

10. 朱某自诉陈某犯诽谤罪，法院审理后，陈某反诉朱某侮辱罪。法院审查认为，符合反诉条件，合并审理此案，判处陈某有期徒刑1年，判处朱某有期徒刑1年。两人不服，均以对对方量刑过轻、己方量刑过重为由提出上诉。关于二审法院的判决，下列哪些选项是正确的？（2010/2/77，多选）

A. 如认为对两人量刑均过轻，可同时加重朱某和陈某的刑罚

B. 如认为对某一人的量刑过轻，可加重该人的刑罚

C. 即使认为对两人量刑均过轻，也不得同时加重朱某和陈某的刑罚

D. 如认为一审量刑过轻，只能通过审判监督程序纠正

［解析］ 本题考查上诉不加刑原则。根据前引《高法解释》第401条的规定，审理被告人或者其法定代理人、辩护人、近亲属提出上诉的案件，不得对被告人的刑罚作出实质不利的改判。检察院抗诉或者自诉人上诉的案件，不受上述规定的限制。依此规定，上诉不加刑原则的适用仅限于只有被告人一方上诉，而不适用于自诉人提出上诉的案件。本题中，朱某是自诉人，朱某和陈某均提起了上诉，故不应适用上诉不加刑原则。二审法院认为两人量刑过轻，可同时加重朱某和陈某的刑罚，如认为对某一人的量刑过轻，也可加重该人的刑罚，故本题A、B项正确，C、D项不正确。

答案：AB

11. 法院对一起共同犯罪案件审理后分别判处甲死缓、乙无期徒刑。甲没有提出上诉，乙以量刑过重为由提出上诉，同时检察院针对甲的死缓判决以量刑不当为由提起抗诉。下列关于第二审程序的何种表述是错误的？（2006/2/91，不定选）

A. 二审法院可以不开庭审理

B. 二审法院应当开庭审理

C. 因上诉和抗诉都不是针对原审事实认定，二审法院对本案不能以事实不清为由撤销原判，发回重审

D. 因本案存在抗诉，二审法院不受上诉不加刑原则的限制

［解析］ 本题考查第二审的审理和处理方式、上诉不加刑原则。《刑事诉讼法》第234条第1款第（三）项规定，第二审法院对于检察院抗诉的案件，应当组成合议庭，开庭审理。本题中，因为检察院针对甲的死缓判决以量刑不当为由提起抗诉，所以，二审法院应当开庭审理，A项错误，当选；B项正确，不选。

依据第二审程序的全面审查原则，本题中，乙以量刑过重为由提出上诉，同时检察院针对甲的死缓判决以量刑不当为由提起抗诉，虽然都不是针对原审事实认定，但二审法院应当依法不受该上诉或抗诉范围的限制，在全面审查第一审判决所认定的事实、适用的法律是否正确以及审判活动是否遵守了诉讼程序的基础上，对案件作出全面处理。如果经审查，一审判决确实属于认定事实不清的，二审法院可以依法以事实不清为由裁定撤销原判、发回重审；也可以在查清事实后改判。因此，C项错误，当选。

《高法解释》第402条规定：“人民检察院只对部分被告人的判决提出抗诉，或者自诉人只对部分被告人的判决提出上诉的，第二审人民法院不得对其他同案被告人加重刑罚。”本题中，对于被告人甲，因检察院对其死缓判决提出抗诉，故不受上诉不加刑原则的限制，如果发现对甲量刑确属过轻，第二审法院可以改判加重被告人甲的刑罚。但是对于被告人乙，由于只有其自己以量刑过重为由提出上诉，检察院并没有对其无期徒刑判决提出抗诉，所以，二审法院仍应受上诉不加刑原则的限制，即对被告人乙不得加重刑罚。因此，D项表述错误，当选。

综上，本题的正确答案为 A、C、D 三项。

答案：ACD（原答案为 AC）

考点 4　第二审程序审理

12. 甲市 A 区法院对张某一审以诈骗罪判处有期徒刑 2 年，张某以量刑过重为由向甲市中级法院上诉，甲市中级法院受理之后，发现张某还有另外一起诈骗案被甲市 B 区法院受理。下列关于该案的说法，正确的是？（2023 年法考客观题回忆版真题，单选）

A. 张某若不同意并案审理，则法院不得决定并案审理

B. 甲市中级法院并案审理的，应当发回 A 区法院，然后将 B 区法院审理的诈骗案移交给 A 区法院一并审理

C. B 区法院对诈骗案中止审理，待甲市中级法院的二审裁判生效后继续审理

D. 甲市中级法院撤销一审判决，将 B 区法院的诈骗案并案审理

［解析］　本题考查并案审理与分案审理。《高法解释》第 24 条第 1 款规定："人民法院发现被告人还有其他犯罪被起诉的，可以并案审理；涉及同种犯罪的，一般应当并案审理。"由此可见，法院对本案中的情形并案审查，无须被告人同意，故 A 项错误。《高法解释》第 25 条规定："第二审人民法院在审理过程中，发现被告人还有其他犯罪没有判决的，参照前条规定处理。第二审人民法院决定并案审理的，应当发回第一审人民法院，由第一审人民法院作出处理。"故 B 项正确。本案不属于中止审理的情形，故 C 项错误。本题 D 项的做法会使得被告人对另外一起诈骗案丧失审级利益，故 D 项错误。

答案：B

13. 郭某和郑某涉嫌共同贩毒，被 A 市 B 区法院分别判处有期徒刑六年和有期徒刑七年，郭某上诉，郑某未上诉，A 市中级法院认为，二人的贩卖毒品罪判决正确，但发现郭某单独实施容留他人吸毒罪需要追诉，A 市中级法院如何处理？（2022 年法考客观题回忆版真题，单选）

A. 对郑某决定延期审理，对郭某发回 B 区法院重审

B. A 市中级法院应将全案发回 B 区法院重审

C. A 市中级法院在全面审查后予以改判

D. A 市中级法院可以对郭某分案处理，将郭某发回 B 区法院重审

［解析］　本题考查二审的处理方式。依据《高法解释》第 404 条第 2 款的规定："有多名被告人的案件，部分被告人的犯罪事实不清、证据不足或者有新的犯罪事实需要追诉，且有关犯罪与其他同案被告人没有关联的，第二审人民法院根据案件情况，可以对该部分被告人分案处理，将该部分被告人发回原审人民法院重新审判。原审人民法院重新作出判决后，被告人上诉或者人民检察院抗诉，其他被告人的案件尚未作出第二审判决、裁定的，第二审人民法院可以并案审理。"本案中，郭某和郑某系共同犯罪，A 市中级法院在二审时发现郭某还单独实施容留他人吸毒罪需要追诉，该罪与郑某没有关联，A 市中级法院可以对郭某分案处理，将郭某发回 B 区法院重审。故 D 项正确。

答案：D

14. B 省 A 市中级法院对孙某故意伤害案一审中，王某担任审判员，小林担任书记员。一审判决后，孙某提出上诉，B 省高级法院以程序违法为由发回 A 市中级法院重审，在此期间，王某调任 A 市中级法院审判委员会委员。下列关于该案的说法，正确的是？（2022 年法考客观题回忆版真题，不定选）

A. 王某不能参加 A 市中级法院审判委员

会对该案的讨论

B. 小林不能担任A市中级法院重审时的书记员

C. 若A市中级法院重审后作出判决，孙某再次提出上诉，B省高级法院二审时，原来参加该案的合议庭成员应回避

D. B省高级法院应当开庭审理

［解析］ 本题考查回避、二审的审理方式。回避适用的对象既包括案件的承办人员，也包括对案件具有决定权的人员。所以，王某担任过孙某故意伤害案的审判员，其不得再作为审判委员会委员参与该案的讨论，故A项正确。依据《刑事诉讼法》第239条的规定，原审法院对于发回重新审判的案件，应当另行组成合议庭。合议庭成员是指参与案件审理的审判员和人民陪审员，不包括书记员。所以，小林在该案重审时可以再担任该案的书记员，故B项错误。《高法解释》第29条第2款规定："在一个审判程序中参与过本案审判工作的合议庭组成人员或者独任审判员，不得再参与本案其他程序的审判。但是，发回重新审判的案件，在第一审人民法院作出裁判后又进入第二审程序、在法定刑以下判处刑罚的复核程序或者死刑复核程序的，原第二审程序、在法定刑以下判处刑罚的复核程序或者死刑复核程序中的合议庭组成人员不受本款规定的限制。"因此，C项中，孙某再次提出上诉，B省高级法院二审时原来参加该案的合议庭成员无须回避，故C项错误。《高法解释》第394条规定："对上诉、抗诉案件，第二审人民法院经审查，认为原判事实不清、证据不足，或者具有刑事诉讼法第二百三十八条规定的违反法定诉讼程序情形，需要发回重新审判的，可以不开庭审理。"本题中，B省高级法院以程序违法为由发回A市中级法院重审，B省高级法院在二审时可以不开庭审理，故D项错误。因此，本题的正确答案为A项。

答案：A

15. 刘某因挪用资金罪被大江市龙平区法院判处有期徒刑2年，刘某提出上诉，龙平区检察院以量刑畸轻为由抗诉，大江市中级法院以事实不清、证据不足为由，发回龙平区法院重审。龙平区法院重审后，改判挪用公款罪，维持有期徒刑2年。刘某提起上诉，大江市中级法院在第二次二审时，下列说法中正确的是？（2021年法考客观题回忆版真题，不定选）

A. 若大江市检察院认为抗诉不当，应要求龙平区检察院撤回抗诉

B. 若大江市中级法院发现龙平区法院重审时违反回避制度，应再次发回重审

C. 大江市中级法院不得改判刘某重于有期徒刑2年的刑罚

D. 大江市中级法院曾参与本案审判的合议庭人员应回避

［解析］ 本题考查二审抗诉的撤回、二审的处理方式、回避。《高检规则》第589条第2款规定："上一级人民检察院认为抗诉不当的，应当听取下级人民检察院的意见。听取意见后，仍然认为抗诉不当的，应当向同级人民法院撤回抗诉，并且通知下级人民检察院。"本题中，大江市检察院认为抗诉不当，应当听取龙平区检察院的意见。听取意见后，仍然认为抗诉不当的，应当向大江市中级法院撤回抗诉，并且通知龙平区检察院，而不得要求龙平区检察院撤回抗诉。故A项错误。

《高法解释》第406条规定："第二审人民法院发现原审人民法院在重新审判过程中，有刑事诉讼法第二百三十八条规定的情形之一，或者违反第二百三十九条规定的，应当裁定撤销原判，发回重新审判。"本题C项中违反回避制度，即属于《刑事诉讼法》第238条规定的情形之一，故大江市中级法院应再次发回重审。故B项正确。

《刑事诉讼法》第237条规定："第二审人民法院审理被告人或者他的法定代理人、辩护人、近亲属上诉的案件，不得加重被告人的

刑罚。第二审人民法院发回原审人民法院重新审判的案件，除有新的犯罪事实，人民检察院补充起诉的以外，原审人民法院也不得加重被告人的刑罚。人民检察院提出抗诉或者自诉人提出上诉的，不受前款规定的限制。”本题中，龙平区法院重审维持有期徒刑2年，之后，只有刘某提出上诉，没有检察院抗诉，大江市中级法院不得改判刘某重于有期徒刑2年的刑罚。故C项正确。

《高法解释》第29条规定：“参与过本案调查、侦查、审查起诉工作的监察、侦查、检察人员，调至人民法院工作的，不得担任本案的审判人员。在一个审判程序中参与过本案审判工作的合议庭组成人员或者独任审判员，不得再参与本案其他程序的审判。但是，发回重新审判的案件，在第一审人民法院作出裁判后又进入第二审程序、在法定刑以下判处刑罚的复核程序或者死刑复核程序的，原第二审程序、在法定刑以下判处刑罚的复核程序或者死刑复核程序中的合议庭组成人员不受本款规定的限制。”本题中，大江市中级法院曾参与本案第二审程序的合议庭成员可以参加该案第二次的二审，无须回避。故D项不正确。

综上，本题的正确答案为B、C两项。

答案：BC

16. 甲为勒索钱财，绑架乙之女并将其杀害，A省B市中级法院一审判处甲死缓，并赔偿附带民事诉讼原告人乙人民币35万元。B市检察院未抗诉，甲和乙对附带民事判决提起上诉。关于本案的审理，下列说法正确的有哪些？（2021年法考客观题回忆版真题，多选）

A. A省高级法院应将刑事部分和附带民事部分一并审理

B. 二审审结前可暂缓将甲送监执行

C. 二审期间，乙增加独立诉讼请求，法院可以调解

D. A省高级法院不得增加甲的赔偿数额

［解析］ 本题考查刑事附带民事诉讼的二审程序。《高法解释》第409条规定：“第二审人民法院审理对附带民事部分提出上诉，刑事部分已经发生法律效力的案件，应当对全案进行审查，并按照下列情形分别处理：（一）第一审判决的刑事部分并无不当的，只需就附带民事部分作出处理；（二）第一审判决的刑事部分确有错误的，依照审判监督程序对刑事部分进行再审，并将附带民事部分与刑事部分一并审理。”依据该条文第（二）项的精神，A项正确。

《高法解释》第408条规定：“刑事附带民事诉讼案件，只有附带民事诉讼当事人及其法定代理人上诉的，第一审刑事部分的判决在上诉期满后即发生法律效力。应当送监执行的第一审刑事被告人是第二审附带民事诉讼被告人的，在第二审附带民事诉讼案件审结前，可以暂缓送监执行。”故B项正确。

《高法解释》第410条规定：“第二审期间，第一审附带民事诉讼原告人增加独立的诉讼请求或者第一审附带民事诉讼被告人提出反诉的，第二审人民法院可以根据自愿、合法的原则进行调解；调解不成的，告知当事人另行起诉。”故C项正确。

关于D项，因为增加赔偿数额不是加刑的体现，故A省高级法院可以在二审中增加甲的赔偿数额。D项表述不正确。

综上，本题的正确答案为A、B、C三项。

答案：ABC

17. 下列关于被告人的程序选择权的表述，正确的是？（2022年法考延考客观题回忆版真题，2020年法考新疆延考客观题回忆版真题，不定选）

A. 认罪认罚的案件中，被告人可选择适用速裁程序、简易程序

B. 被告人上诉的案件中，被告人可以选择开庭审理或不开庭审理

C. 在第一审、第二审程序中，被告人可以选择由法官和人民陪审员审理

D. 被监视居住的被告人可以选择在住处监视居住，也可以选择在指定的居所监视居住

［解析］ 本题考查被告人的程序选择权。依据《高法解释》第359、369条的规定，对认罪认罚的案件，被告人及其辩护人可申请适用简易程序、速裁程序，而且适用简易程序、速裁程序时，法院应征得被告人同意。故认罪认罚案件的被告人可以选择适用简易程序或者速裁程序。A项正确。

《高法解释》第393条规定："下列案件，根据刑事诉讼法第二百三十四条的规定，应当开庭审理：（一）被告人、自诉人及其法定代理人对第一审认定的事实、证据提出异议，可能影响定罪量刑的上诉案件；（二）被告人被判处死刑的上诉案件；（三）人民检察院抗诉的案件；（四）应当开庭审理的其他案件。被判处死刑的被告人没有上诉，同案的其他被告人上诉的案件，第二审人民法院应当开庭审理。"由此可见，二审中采用开庭审理还是不开庭审理，由法律明确规定，而不是当事人自己选择。所以，B项不正确。

《人民陪审员法》第17条规定："第一审刑事案件被告人、民事案件原告或者被告、行政案件原告申请由人民陪审员参加合议庭审判的，人民法院可以决定由人民陪审员和法官组成合议庭审判。"这并不意味着一审程序中被告人可选择法官和人民陪审员审理，是否由人民陪审员和法官审理，由法院决定。而且，依据《刑事诉讼法》第183条第4款的规定，法院审判上诉和抗诉案件，由审判员三人或者五人组成合议庭进行。由此可见，第二审程序中只能由法官组成合议庭，不能由人民陪审员参加二审程序。故C项不正确。

被监视居住的被告人是在住处监视居住，还是在指定的居所监视居住，是由法院决定，不是由被告人自行选择。故D项不正确。

答案：A

18. A市B区检察院对唐某贩卖毒品案提起公诉，检察院在一审开庭后向法院申请撤回起诉，B区法院裁定准许，唐某以现有证据根本无法证明其有罪、B区法院应当宣告其无罪为由，上诉至A市中级法院。A市中级法院应如何处理？（2020年法考客观题回忆版真题，单选）

A. 应当开庭审理

B. 裁定撤销B区法院准予撤回起诉的裁定，要求B区法院继续审理，且裁定系终审

C. 审理后直接作出有罪判决或者无罪判决

D. 以唐某无权就准许撤回起诉的裁定提出上诉为由，裁定驳回上诉

［解析］ 本题考查上诉、第二审程序。《刑事诉讼法》第234条第1款规定："第二审人民法院对于下列案件，应当组成合议庭，开庭审理：（一）被告人、自诉人及其法定代理人对第一审认定的事实、证据提出异议，可能影响定罪量刑的上诉案件；（二）被告人被判处死刑的上诉案件；（三）人民检察院抗诉的案件；（四）其他应当开庭审理的案件。"本题的情形不属于此条规定的应当开庭审理的情形，故A项错误。依据《高法解释》第378条第1款的规定，对准许检察院撤回起诉的裁定，可以上诉。因为法院准许检察院撤回起诉后，检察院可能作不起诉、程序倒流的处理，若发现新的事实、新的证据，检察院可能对唐某重新起诉，总之，准予撤回起诉的裁定可能对唐某的实体权益产生影响，唐某对该裁定有上诉的权利，D项的处理错误。若按照C项的处理方式，该案的实体问题未经过一审，会使唐某丧失审级利益，故C项的处理方式错误。因此，本案正确的处理方式为B项。

答案：B

19. 甲在网络上发表诋毁乙的言论，乙向甲讨要说法时，甲将乙打成重伤，乙向公安机关提出控告。经过初查，公安机关不予立案。乙向法院提起刑事自诉附带民事诉讼，法院判处甲有期徒刑一年，赔偿乙3万元。下列关于该案的说法，正确的是？（2019年法考客观题回忆版真题，不定选）

A. 公安机关仅对故意伤害可以展开调查

B. 乙只有持公安机关不予立案决定书，才能向法院提起自诉

C. 若甲只对刑事部分上诉，民事部分自动不生效

D. 若乙在第一审中撤回自诉，附带民事诉讼终结

［解析］ 本题考查自诉案件的范围和特点、刑事附带民事诉讼的上诉、自诉案件审理程序的特点。甲的诽谤罪属于告诉才处理的犯罪，只能由被害人向法院提起自诉，不能由公安机关立案侦查。乙的故意伤害罪（重伤）可以由公安机关立案侦查。因此，A项正确。《高法解释》第1条规定：“人民法院直接受理的自诉案件包括：……（三）被害人有证据证明对被告人侵犯自己人身、财产权利的行为应当依法追究刑事责任，且有证据证明曾经提出控告，而公安机关或者人民检察院不予追究被告人刑事责任的案件。”故B项的错误在于，乙无须提交公安机关的不立案决定，只须证明自己曾经提出控告。

《高法解释》第407条规定：“第二审人民法院审理对刑事部分提出上诉、抗诉，附带民事部分已经发生法律效力的案件，发现第一审判决、裁定中的附带民事部分确有错误的，应当依照审判监督程序对附带民事部分予以纠正。”本题中，甲只对刑事部分上诉，民事部分过上诉期后即生效。故C项错误。

自诉人撤诉的情况下，刑事诉讼已经不存在，因而附带民事诉讼终结。故D项正确。

因此，本题的正确答案为A、D两项。

答案：AD

20. 下列关于自诉案件的诉讼程序，正确的说法是？（2019年法考客观题回忆版真题，不定选）

A. 第二审期间，自诉案件的当事人提出反诉的，可以先行调解，调解不成，告知其另行起诉

B. 对第二审自诉案件，当事人和解的，应当裁定准许撤回自诉，并撤销第一审判决、裁定

C. 对第二审自诉案件，调解结案的，应当制作调解书，并撤销第一审判决、裁定

D. 法院在审理张某贩毒案中，发现张某还涉嫌侵占罪，法院一并审理，数罪并罚后作出判决

［解析］ 本题考查自诉案件的审理程序。《高法解释》第412条规定：“第二审期间，自诉案件的当事人提出反诉的，应当告知其另行起诉。”本题A项的错误在于，对于第二审中自诉案件当事人的反诉无须调解，直接告知其另行起诉。《高法解释》第411条规定：“对第二审自诉案件，必要时可以调解，当事人也可以自行和解。调解结案的，应当制作调解书，第一审判决、裁定视为自动撤销。当事人自行和解的，依照本解释第三百二十九条的规定处理；裁定准许撤回自诉的，应当撤销第一审判决、裁定。”《高法解释》第329条规定：“判决宣告前，自诉案件的当事人可以自行和解，自诉人可以撤回自诉。人民法院经审查，认为和解、撤回自诉确属自愿的，应当裁定准许；认为系被强迫、威吓等，并非自愿的，不予准许。”由此可见，B项的错误在于，和解后自诉人撤诉的，法院应审查和解、撤诉的自愿性，确属自愿的，应当准许，撤销第一审裁判。C项的错误在于，不是“撤销第一审判决、裁定”，而是“第一审判决、裁定

视为自动撤销”。因为侵占罪属于绝对告诉才处理的犯罪，所以，D项的错误在于，法院不应当对侵占罪一并审理并作出判决，而应当遵循不告不理的原则，告知被害人有权向法院提起自诉。因此，本题无答案。

答案：无答案（原答案为B）

21. 甲、乙二人系药材公司仓库保管员，涉嫌5次共同盗窃其保管的名贵药材，涉案金额40余万元。一审开庭审理时，药材公司法定代表人丙参加庭审。经审理，法院认定了其中4起盗窃事实，另1起因证据不足未予认定，甲和乙以职务侵占罪分别被判处有期徒刑3年和1年。一审判决作出后，乙以量刑过重为由提出上诉，甲未上诉，检察院未抗诉。关于本案二审程序，下列选项正确的是？（2017/2/94，不定选）

A. 二审法院受理案件后应通知同级检察院查阅案卷

B. 二审法院可审理并认定一审法院未予认定的1起盗窃事实

C. 二审法院审理后认为乙符合适用缓刑的条件，将乙改判为有期徒刑2年，缓刑2年

D. 二审期间，甲可另行委托辩护人为其辩护

［解析］　本题考查二审的审理程序和上诉不加刑原则。《刑事诉讼法》第235条规定：“人民检察院提出抗诉的案件或者第二审人民法院开庭审理的公诉案件，同级人民检察院都应当派员出席法庭。第二审人民法院应当在决定开庭审理后及时通知人民检察院查阅案卷。人民检察院应当在一个月以内查阅完毕。人民检察院查阅案卷的时间不计入审理期限。”《刑事诉讼法》第234条第1款规定：“第二审人民法院对于下列案件，应当组成合议庭，开庭审理：（一）被告人、自诉人及其法定代理人对第一审认定的事实、证据提出异议，可能影响定罪量刑的上诉案件；（二）被告人被判处死刑的上诉案件；（三）人民检察院抗诉的案件；（四）其他应当开庭审理的案件。”可见，只有二审法院决定开庭审理后才需要通知同级检察院阅卷，而本题中，乙以量刑过重为由提出上诉，甲未上诉，检察院未抗诉，不属于应当开庭审理的情形之一。如果不开庭审理，则不需要通知同级检察院阅卷，故A项错误。

《刑事诉讼法》第233条规定：“第二审人民法院应当就第一审判决认定的事实和适用法律进行全面审查，不受上诉或者抗诉范围的限制。共同犯罪的案件只有部分被告人上诉的，应当对全案进行审查，一并处理。”二审法院应就一审判决认定的事实和适用的法律进行审查。同时，由于本案检察院未抗诉，如果对一审未认定的一起盗窃事实进行认定则会导致对被告人不利的变更，基于上诉不加刑原则，不应对一审未认定的一起事实进行审理和认定，故B项错误。

《刑事诉讼法》第237条规定：“第二审人民法院审理被告人或者他的法定代理人、辩护人、近亲属上诉的案件，不得加重被告人的刑罚。第二审人民法院发回原审人民法院重新审判的案件，除有新的犯罪事实，人民检察院补充起诉的以外，原审人民法院也不得加重被告人的刑罚。人民检察院提出抗诉或者自诉人提出上诉的，不受前款规定的限制。”在本案中，检察院未抗诉的情况下，如果二审改判乙有期徒刑2年，缓刑2年，即使改判缓刑但实际上已加重了乙的刑罚，违反了上诉不加刑原则。故C项错误。

《高法解释》第392条第2款规定：“共同犯罪案件，只有部分被告人提出上诉，或者自诉人只对部分被告人的判决提出上诉，或者人民检察院只对部分被告人的判决提出抗诉的，其他同案被告人也可以委托辩护人辩护。”本题中，甲未上诉，也未被抗诉，其也可以委托辩护人辩护。故D项正确。

因此，本题的正确答案为D项。

答案：D

22. 龚某因生产不符合安全标准的食品罪被一审法院判处有期徒刑5年，并被禁止在刑罚执行完毕之日起3年内从事食品加工行业。龚某以量刑畸重为由上诉，检察院未抗诉。关于本案二审，下列哪一选项是正确的？（2016/2/38，单选）

A. 应开庭审理

B. 可维持有期徒刑5年的判决，并将职业禁止的期限变更为4年

C. 如认为原判认定罪名不当，二审法院可在维持原判刑罚不变的情况下改判为生产有害食品罪

D. 发回重审后，如检察院变更起诉罪名为生产有害食品罪，一审法院可改判并加重龚某的刑罚

［解析］　本题考查二审的审理方式、上诉不加刑原则。《高法解释》第393条规定，下列案件，根据《刑事诉讼法》第234条的规定，应当开庭审理：(1) 被告人、自诉人及其法定代理人对第一审认定的事实、证据提出异议，可能影响定罪量刑的上诉案件；(2) 被告人被判处死刑的上诉案件；(3) 检察院抗诉的案件；(4) 应当开庭审理的其他案件。被判处死刑的被告人没有上诉，同案的其他被告人上诉的案件，第二审法院应当开庭审理。被告人被判处死刑的上诉案件，虽不属于上述第(1) 项规定的情形，有条件的，也应当开庭审理。本题中未出现上述应当开庭审理的情形，所以，本案的二审不是应当开庭审理。故A项不当选。

《高法解释》第401条规定："审理被告人或者其法定代理人、辩护人、近亲属提出上诉的案件，不得对被告人的刑罚作出实质不利的改判，并应当执行下列规定：……（二）原判认定的罪名不当的，可以改变罪名，但不得加重刑罚或者对刑罚执行产生不利影响……（五）原判没有宣告职业禁止、禁止令的，不得增加宣告；原判宣告职业禁止、禁止令的，不得增加内容、延长期限……人民检察院抗诉或者自诉人上诉的案件，不受前款规定的限制。"由此法条可知，B项违反了上述第（五）项的规定，不当选。C项符合上述第（二）项的规定，当选。

《刑事诉讼法》第237条规定："第二审人民法院审理被告人或者他的法定代理人、辩护人、近亲属上诉的案件，不得加重被告人的刑罚。第二审人民法院发回原审人民法院重新审判的案件，除有新的犯罪事实，人民检察院补充起诉的以外，原审人民法院也不得加重被告人的刑罚。人民检察院提出抗诉或者自诉人提出上诉的，不受前款规定的限制。"本题的D项中，没有新的犯罪事实，检察院未补充起诉，只是变更起诉罪名，所以，一审法院改判加重龚某的刑罚的做法是错误的。D项不当选。

综上所述，本题的正确答案为C项。

答案：C

23. 某基层法院就郭某敲诈勒索案一审适用简易程序，判处郭某有期徒刑4年。对于一审中的下列哪些情形，二审法院应以程序违法为由，撤销原判发回重审？（2016/2/73，多选）

A. 未在开庭10日前向郭某送达起诉书副本

B. 由一名审判员独任审理

C. 公诉人没有对被告人进行发问

D. 应公开审理但未公开审理

［解析］　本题考查二审的处理方式、审判公开原则、简易程序的特点。《刑事诉讼法》第238条规定："第二审人民法院发现第一审人民法院的审理有下列违反法律规定的诉讼程序的情形之一的，应当裁定撤销原判，发回原审人民法院重新审判：（一）违反本法有关公开审判的规定的；（二）违反回避制度的；（三）剥夺或者限制了当事人的法定诉讼权利，可能影响公正审判的；（四）审判组织的组成不合

法的；（五）其他违反法律规定的诉讼程序，可能影响公正审判的。”《刑事诉讼法》第219条规定：“适用简易程序审理案件，不受本章第一节关于送达期限、讯问被告人、询问证人、鉴定人、出示证据、法庭辩论程序规定的限制。但在判决宣告前应当听取被告人的最后陈述意见。”本案适用简易程序，故A项中，法院“未在开庭10日前向郭某送达起诉书副本”，不违反法定程序，二审法院也无须以该理由撤销原判发回重审，A项不当选。

《刑事诉讼法》第216条第1款规定：“适用简易程序审理案件，对可能判处三年有期徒刑以下刑罚的，可以组成合议庭进行审判，也可以由审判员一人独任审判；对可能判处的有期徒刑超过三年的，应当组成合议庭进行审判。”本题中，郭某被判有期徒刑4年，属于可能判处的有期徒刑超过3年的，应当组成合议庭进行审判。所以，B项中由一名审判员审理该案，属于《刑事诉讼法》第238条第（四）项规定的“审判组织不合法”，二审法院应以该理由撤销原判发回重审，B项当选。

《高法解释》第365条第1款规定，适用简易程序审理案件，可以对庭审作如下简化：(1)公诉人可以摘要宣读起诉书；(2)公诉人、辩护人、审判人员对被告人的讯问、发问可以简化或者省略；(3)对控辩双方无异议的证据，可以仅就证据的名称及所证明的事项作出说明；对控辩双方有异议，或者法庭认为有必要调查核实的证据，应当出示，并进行质证；(4)控辩双方对与定罪量刑有关的事实、证据没有异议的，法庭审理可以直接围绕罪名确定和量刑问题进行。故C项属于上述第(2)项之规定，不属于违法行为，二审法院也无须以该理由撤销原判发回重审，C项不当选。

《刑事诉讼法》第188条第1款规定：“人民法院审判第一审案件应当公开进行。但是有关国家秘密或者个人隐私的案件，不公开审理；涉及商业秘密的案件，当事人申请不公开审理的，可以不公开审理。”本题中的郭某涉嫌的是敲诈勒索罪，不属于上述不公开审理的案件，应当公开审理，故D项的做法属于《刑事诉讼法》第238条第（一）项规定的“违反本法有关公开审判的规定的”情形，二审法院应以该理由撤销原判发回重审，D项当选。

综上所述，本题的正确答案为B、D两项。

答案：BD

24. 鲁某与关某涉嫌贩卖冰毒500余克，B省A市中级法院开庭审理后，以鲁某犯贩卖毒品罪，判处死刑立即执行，关某犯贩卖毒品罪，判处死刑缓期2年执行。一审宣判后，关某以量刑过重为由向B省高级法院提起上诉，鲁某未上诉，检察院也未提起抗诉。如B省高级法院审理后认为，本案事实清楚、证据确实充分，对鲁某的量刑适当，但对关某应判处死刑缓期2年执行同时限制减刑，则对本案正确的做法是？（2015/2/95，不定选）

A. 二审应开庭审理

B. 由于未提起抗诉，同级检察院可不派员出席法庭

C. 高级法院可将全案发回A市中级法院重新审判

D. 高级法院可维持对鲁某的判决，并改判关某死刑缓期2年执行同时限制减刑

［解析］ 本题考查第二审的审理程序、上诉不加刑原则。依据《高法解释》第393条第1款第（二）项的规定，被告人被判处死刑的上诉案件，二审应当开庭审理。这里的死刑既包括死刑立即执行，也包括死缓。本题中，被判处死缓的关某上诉，B省高级法院二审时应开庭审理。故A项正确。

《刑事诉讼法》第235条规定，检察院提出抗诉的案件或者第二审法院开庭审理的公诉案件，同级检察院都应当派员出席法庭。本题

属于第二审法院开庭审理的案件，同级检察院应当派员出席法庭。故B项错误。

《高法解释》第401条规定："审理被告人或者其法定代理人、辩护人、近亲属提出上诉的案件，不得对被告人的刑罚作出实质不利的改判，并应当执行下列规定：……（七）原判判处的刑罚不当、应当适用附加刑而没有适用的，不得直接加重刑罚、适用附加刑。原判判处的刑罚畸轻，必须依法改判的，应当在第二审判决、裁定生效后，依照审判监督程序重新审判。人民检察院抗诉或者自诉人上诉的案件，不受前款规定的限制。"本题中，只有关某上诉，没有检察院抗诉，而且案件事实清楚、证据确实充分，B省高院二审不得对关某增加限制减刑，也不得发回A市中级法院重审。故C、D两项均错误。

答案：A

25. 甲乙丙三人共同实施故意杀人，一审法院判处甲死刑立即执行、乙无期徒刑、丙有期徒刑10年。丙以量刑过重为由上诉，甲和乙未上诉，检察院未抗诉。关于本案的第二审程序，下列哪一选项是正确的？（2014/2/38，单选）

A. 可不开庭审理

B. 认为没有必要的，甲可不再到庭

C. 由于乙没有上诉，其不得另行委托辩护人为其辩护

D. 审理后认为原判事实不清且对丙的量刑过轻，发回一审法院重审，一审法院重审后可加重丙的刑罚

［解析］ 本题考查第二审的审理程序、上诉不加刑原则。《高法解释》第393条第2款规定，被判处死刑的被告人没有上诉，同案的其他被告人上诉的案件，第二审法院应当开庭审理。本题中，甲被判处死刑立即执行，未上诉，但是，同案犯丙上诉，所以，二审法院应当开庭审理，故A项不正确。

《高法解释》第399条规定："开庭审理上诉、抗诉案件，可以重点围绕对第一审判决、裁定有争议的问题或者有疑问的部分进行。根据案件情况，可以按照下列方式审理：……（三）对同案审理案件中未上诉的被告人，未被申请出庭或者人民法院认为没有必要到庭的，可以不再传唤到庭……"本题中，甲是同案审理案件中未上诉的被告人，其可不再到庭，故B项正确。

《高法解释》第392条规定："第二审期间，被告人除自行辩护外，还可以继续委托第一审辩护人或者另行委托辩护人辩护。共同犯罪案件，只有部分被告人提出上诉，或者自诉人只对部分被告人的判决提出上诉，或者人民检察院只对部分被告人的判决提出抗诉的，其他同案被告人也可以委托辩护人辩护。"本题中，乙是未上诉的同案被告人，其可以委托辩护人辩护，故C项不正确。

《刑事诉讼法》第237条规定："第二审人民法院审理被告人或者他的法定代理人、辩护人、近亲属上诉的案件，不得加重被告人的刑罚。第二审人民法院发回原审人民法院重新审判的案件，除有新的犯罪事实，人民检察院补充起诉的以外，原审人民法院也不得加重被告人的刑罚。人民检察院提出抗诉或者自诉人提出上诉的，不受前款规定的限制。"本题中，只有被告一方上诉，第二审法院发回重审后，没有新的犯罪事实，一审法院不得加重丙的刑罚，故D项表述不正确。

综上，本题的正确答案为B项。

答案：B

26. 甲杀人案，犯罪手段残忍，影响恶劣，第一审法院为防止被害人家属和旁听群众在法庭上过于激愤影响顺利审判，决定作为特例不公开审理。经审理，第一审法院判处甲死刑立即执行，甲上诉。对于本案，第二审法院下列哪些做法是正确的？（2008/2/67，多选）

A. 组成合议庭

B. 把案件作为第一审案件审理

C. 审理后改判

D. 撤销原判，发回重审

[解析] 本题考查第二审的审理程序和处理方式。《刑事诉讼法》第183条第4款规定："人民法院审判上诉和抗诉案件，由审判员三人或者五人组成合议庭进行。"故A项正确。

我国实行两审终审制，法律规定有独立的第二审程序，二审法院审理案件不应将其作为第一审案件审理。故B项不正确。

《刑事诉讼法》第188条第1款规定："人民法院审判第一审案件应当公开进行。但是有关国家秘密或者个人隐私的案件，不公开审理；涉及商业秘密的案件，当事人申请不公开审理的，可以不公开审理。"据此，对于甲杀人案应当公开审理。《刑事诉讼法》第238条规定："第二审人民法院发现第一审人民法院的审理有下列违反法律规定的诉讼程序的情形之一的，应当裁定撤销原判，发回原审人民法院重新审判：（一）违反本法有关公开审判的规定的……"本题中，一审法院为防止被害人家属和旁听群众在法庭上过于激愤影响顺利审判，决定作为特例不公开审理的做法违背了公开审判的要求，应根据《刑事诉讼法》第238条的规定裁定撤销原判，发回重审，故C项不正确、D项正确。综上，本题的正确答案为A、D两项。

答案：AD

27. 关于发回重审，下列哪一说法是不正确的？（2011/2/37，单选）

A. 发回重审原则上不能超过二次

B. 在发回重审裁定书中应详细阐明发回重审的理由及法律根据

C. 一审剥夺或者限制了当事人的法定诉讼权利，可能影响公正审判的，应当发回重审

D. 发回重审应当撤销原判

[解析] 本题考查第二审的处理方式。《刑事诉讼法》第236条规定："第二审人民法院对不服第一审判决的上诉、抗诉案件，经过审理后，应当按照下列情形分别处理：（一）原判决认定事实和适用法律正确、量刑适当的，应当裁定驳回上诉或者抗诉，维持原判；（二）原判决认定事实没有错误，但适用法律有错误，或者量刑不当的，应当改判；（三）原判决事实不清楚或者证据不足的，可以在查清事实后改判；也可以裁定撤销原判，发回原审人民法院重新审判。原审人民法院对于依照前款第三项规定发回重新审判的案件作出判决后，被告人提出上诉或者人民检察院提出抗诉的，第二审人民法院应当依法作出判决或者裁定，不得再发回原审人民法院重新审判。"可见，如果因事实不清、证据不足将案件发回重审的，最多只能发回重审一次，所以A项表述不正确，当选。

依据《关于规范上下级人民法院审判业务关系的若干意见》第6条规定，第一审法院已经查清事实的案件，第二审法院原则上不得以事实不清、证据不足为由发回重审。第二审法院作出发回重审裁定时，应当在裁定书中详细阐明发回重审的理由及法律依据。所以B项正确，不当选。《刑事诉讼法》第238条规定，第二审法院发现第一审法院的审理有下列违反法律规定的诉讼程序的情形之一的，应当裁定撤销原判，发回原审法院重新审判：（1）违反有关公开审判的规定的；（2）违反回避制度的；（3）剥夺或者限制了当事人的法定诉讼权利，可能影响公正审判的；（4）审判组织的组成不合法的；（5）其他违反法律规定的诉讼程序，可能影响公正审判的。本题C项属于该条第（3）项的程序违法情形，应当发回重审，而且发回重审应撤销原判，C、D项正确，不当选。

综上，本题的正确答案为A项。

答案：A

28. 关于检察院办理死刑上诉、抗诉案件的开庭前审查程序，下列哪些说法是正确的？（2011/2/73，多选）

A. 应当讯问被告人，听取被告人的上诉理由或者辩解

B. 应当听取辩护人的意见

C. 应当询问证人

D. 可以听取被害人的意见

［解析］ 本题考查死刑案件的第二审程序。《高检规则》第450条规定，检察院办理死刑上诉、抗诉案件，应当进行下列工作：（1）讯问原审被告人，听取原审被告人的上诉理由或者辩解；（2）听取辩护人的意见；（3）复核主要证据，必要时询问证人；（4）必要时补充收集证据；（5）对鉴定意见有疑问的，可以重新鉴定或者补充鉴定；（6）根据案件情况，可以听取被害人的意见。据此，A项符合上述第（1）项规定，B项符合上述第（2）项规定，D项符合上述第（6）项规定，均正确。依据上述第（3）项规定，C项的正确表述应是“必要时”询问证人，而非“应当”询问证人，故C项错误。因此，本题的正确答案为A、B、D项。

答案：ABD

29. 下列哪些二审案件依法应当开庭审理？（2009/2/79，多选）

A. 甲犯贪污罪被一审判处有期徒刑五年，检察院认为量刑畸轻而抗诉的

B. 乙犯伤害罪被一审判处无期徒刑，乙上诉的

C. 丙犯抢劫罪被一审判处死刑缓期二年执行，丙对事实、证据无异议，以量刑过重为由上诉的

D. 丁犯杀人罪被一审判处死刑立即执行，丁上诉的

［解析］ 本题考查第二审的审理方式。《高法解释》第393条规定，下列案件，根据《刑事诉讼法》第234条的规定，应当开庭审理：（1）被告人、自诉人及其法定代理人对第一审认定的事实、证据提出异议，可能影响定罪量刑的上诉案件；（2）被告人被判处死刑的上诉案件；（3）检察院抗诉的案件；（4）应当开庭审理的其他案件。被判处死刑的被告人没有上诉，同案的其他被告人上诉的案件，第二审法院应当开庭审理。此条第（2）种情形中的“死刑”包括死刑立即执行和死缓。

本题A项中因抗诉引发第二审，属于上述第（1）种情形，应当开庭审理。C、D项系“被告人被判处死刑的上诉案件”，也应当开庭审理。B项不符合上述法条所列情形，不当选。本题的正确答案是A、C、D三项。

答案：ACD（原答案为AD）

30. 某市中级人民法院对张三（21岁）被控强奸一案进行了公开审理，判处张三死刑立即执行。张三认为量刑过重，提出上诉。二审法院的哪些做法是正确的？（2007/2/23，多选）

A. 应当公开开庭审理

B. 可以不开庭审理

C. 应当裁定撤销原判、发回重审

D. 应当提审

［解析］ 本题考查第二审的审理方式、处理方式和审判公开原则。《刑事诉讼法》第188条第1款规定：“人民法院审判第一审案件应当公开进行。但是有关国家秘密或者个人隐私的案件，不公开审理；涉及商业秘密的案件，当事人申请不公开审理的，可以不公开审理。”本题中的强奸案属于个人隐私案件，应当不公开审理，因此A项错误。

《刑事诉讼法》第238条规定：“第二审人民法院发现第一审人民法院的审理有下列违反法律规定的诉讼程序的情形之一的，应当裁定撤销原判，发回原审人民法院重新审判：（一）违反本法有关公开审判的规定的……”

本题中，强奸案件应当不公开审理，而一审法院却公开审理，违反了公开审判的有关原则，二审法院应当裁定撤销原判，发回重审。因此C项正确，D项错误。

依据前引《刑事诉讼法》第234条规定以及《高法解释》第393条规定，本题中张三被判处死刑立即执行，其上诉应当开庭审理，但是，《高法解释》第394条规定，对上诉、抗诉案件，第二审法院经审查，认为原判事实不清、证据不足，或者具有《刑事诉讼法》第238条规定的违反法定诉讼程序情形，需要发回重新审判的，可以不开庭审理。因此，B项正确。

综上，本题正确答案为B、C项。

答案：BC

31. 甲、乙涉嫌共同抢夺。经审理，一审法院判处甲有期徒刑3年、乙有期徒刑2年。检察院以对甲量刑过轻为由提起抗诉。甲、乙均没有上诉。关于本案二审程序，下列哪一选项是正确的？（2007/2/37，单选）

A. 二审法院仅就甲的量刑问题进行审查

B. 二审法院可以不开庭审理

C. 乙应当参加法庭调查

D. 如果改判，二审法院可以加重乙的刑罚

［解析］ 本题考查第二审的审理方式和上诉不加刑原则。《高法解释》第389条规定："共同犯罪案件，只有部分被告人提出上诉，或者自诉人只对部分被告人的判决提出上诉，或者人民检察院只对部分被告人的判决提出抗诉的，第二审人民法院应当对全案进行审查，一并处理。"本题中，检察院虽没有对乙提出抗诉，乙也没有提出上诉，但二审法院仍应当对全案进行审查，故A项错误。

《高法解释》第393条第1款规定，下列案件，根据《刑事诉讼法》第234条的规定，应当开庭审理：(1) 被告人、自诉人及其法定代理人对第一审认定的事实、证据提出异议，可能影响定罪量刑的上诉案件；(2) 被告人被判处死刑的上诉案件；(3) 检察院抗诉的案件；(4) 应当开庭审理的其他案件。因为本案为检察院抗诉案件，属于该条第（3）种情形，因此必须开庭审理，B项错误。

《高法解释》第399条第2款规定："同案审理的案件，未提出上诉、人民检察院也未对其判决提出抗诉的被告人要求出庭的，应当准许。出庭的被告人可以参加法庭调查和辩论。"因此，C项的错误在于，不是"应当参加法庭调查"，而是"可以参加法庭调查"。

《高法解释》第402条规定："人民检察院只对部分被告人的判决提出抗诉，或者自诉人只对部分被告人的判决提出上诉的，第二审人民法院不得对其他同案被告人加重刑罚。"可知，本题D项错误，因为检察院未对乙提起抗诉，二审法院不得加重乙的刑罚。

综上，本题无答案。

答案：无答案（原答案为C）

32. 第二审法院遇有下列哪些情形应当依法裁定撤销原判、发回重审？（2006/2/75，多选）

A. 应当公开审理而没有公开审理的

B. 被告人未在庭审笔录上签名的

C. 人民陪审员独任审判案件的

D. 庭审中没有听取被告人最后陈述，可能影响公正审判的

［解析］ 本题考查第二审的处理方式。《刑事诉讼法》第238条规定，第二审法院发现第一审法院的审理有下列违反法律规定的诉讼程序的情形之一的，应当裁定撤销原判，发回原审法院重新审判：(1) 违反刑事诉讼法有关公开审判的规定的；(2) 违反回避制度的；(3) 剥夺或者限制了当事人的法定诉讼权利，可能影响公正审判的；(4) 审判组织的组成不合法的；(5) 其他违反法律规定的诉讼程序，可能影响公正审判的。本题中，A项符合第（1）项，C项符合第（4）项，人民陪审员

不能独任审判，属于审判组织不合法，D 项符合第（3）项，均当选。

《刑事诉讼法》第 207 条第 3 款规定：“法庭笔录应当交给当事人阅读或者向他宣读。当事人认为记载有遗漏或者差错的，可以请求补充或者改正。当事人承认没有错误后，应当签名或者盖章。”本题中，被告人未在庭审笔录上签名，虽然也属于剥夺或限制了当事人的法定诉讼权利，但由于这种违反诉讼程序的程度较轻，一般不会影响公正审判。二审法院不必裁定撤销原判、发回重审，B 项错误。

答案：ACD

考点 5 涉案财物的处理

33. 王某涉嫌贪污罪被 K 市监察委立案调查，K 市监察委对王某进行留置，下列关于该案的说法，正确的是？（2022 年法考延考客观题回忆版真题，多选）

A. K 市监察委移送 K 市检察院，K 市检察院认为王某符合取保候审的条件，应当先行拘留，再决定对王某取保候审

B. K 市检察院审查起诉时，退回 K 市监委会二次补充调查，仍然认为证据不足，不符合起诉条件，依法作出不起诉决定

C. K 市检察院退回 K 市监委会二次补充调查后，K 市检察院发现王某新的受贿罪，再次退回 K 市监委会补充调查

D. 若法院审理后，宣判王某无罪，应当通知有关机关对王某的财产解除查封、扣押、冻结

［解析］ 本题考查监察机关的调查与刑事诉讼的衔接、对涉案财物的处理。《刑事诉讼法》第 170 条第 2 款规定：“对于监察机关移送起诉的已采取留置措施的案件，人民检察院应当对犯罪嫌疑人先行拘留，留置措施自动解除。人民检察院应当在拘留后的十日以内作出是否逮捕、取保候审或者监视居住的决定……”。故 A 项的做法正确。《高检规则》第 367 条第 1 款规定：“人民检察院对于二次退回补充调查或者补充侦查的案件，仍然认为证据不足，不符合起诉条件的，经检察长批准，依法作出不起诉决定。”故 B 项的做法正确。《高检规则》第 349 条规定：“人民检察院对已经退回监察机关二次补充调查或者退回公安机关二次补充侦查的案件，在审查起诉中又发现新的犯罪事实，应当将线索移送监察机关或者公安机关。对已经查清的犯罪事实，应当依法提起公诉。”故 C 项中正确的做法是 K 市检察院应当将王某新的受贿犯罪线索移送监察机关，对已经查清的犯罪事实，应当依法提起公诉，该项不正确。《刑事诉讼法》第 245 条第 4 款规定：“人民法院作出的判决生效以后，有关机关应当根据判决对查封、扣押、冻结的财物及其孳息进行处理。对查封、扣押、冻结的赃款赃物及其孳息，除依法返还被害人的以外，一律上缴国库。”故 D 项表述正确。

答案：ABD

34. 甲涉嫌贩卖毒品罪和盗窃罪，法院在审理时确认其犯罪事实成立，但甲突发心脏病死亡。关于该案的做法，正确的是？（2021 年法考客观题回忆版真题，不定选）

A. 公安机关可将扣押的赃物直接上缴国库

B. 对未随案移送的被害人的财物，公安机关可以决定返还被害人

C. 检察院未将毒品移交法院，而将毒品的照片和清单作为证据移送法院

D. 公诉人发现审判长应当回避而没有回避，可以当庭提出纠正意见

［解析］ 本题考查涉案财物处理和检察监督。依据《六机关规定》第 37 条的规定，对于犯罪嫌疑人、被告人死亡，依照刑法规定应当追缴其违法所得及其他涉案财产的，适用刑事诉讼法第五编第三章规定的程序，由检察院向法院提出没收违法所得的申请。因此，公

安机关、检察院不得直接将查封、扣押、冻结的物品上缴国库。A项错误。

《刑事诉讼法》第245条第1款规定，对被害人的合法财产，应当及时返还。这就意味着，对未随案移送的被害人的财物，公安机关可以决定返还被害人。B项正确。《刑事诉讼法》第245条第2、3、4款规定："对作为证据使用的实物应当随案移送，对不宜移送的，应当将其清单、照片或者其他证明文件随案移送。人民法院作出的判决，应当对查封、扣押、冻结的财物及其孳息作出处理。人民法院作出的判决生效以后，有关机关应当根据判决对查封、扣押、冻结的财物及其孳息进行处理。对查封、扣押、冻结的赃款赃物及其孳息，除依法返还被害人的以外，一律上缴国库。"本题B项中的毒品属于违禁品，不宜移送，应将毒品的照片和清单随案移送。该项正确。

《高法解释》第315条规定："人民检察院认为人民法院审理案件违反法定程序，在庭审后提出书面纠正意见，人民法院认为正确的，应当采纳。"故D项的错误在于，检察院不得"当庭提出纠正意见"，而应"在庭审后提出书面纠正意见"。

综上，本题的正确答案为B、C两项。

答案：BC

第十七章 死刑复核程序

点评

本章在法律职业资格考试客观题中偶尔考查1道选择题。其主要知识点有：判处死刑立即执行的复核程序（死刑立即执行案件的核准权、判处死刑立即执行案件复核的程序及其处理），判处死刑缓期2年执行案件的复核程序。本部分需要重点掌握死刑立即执行案件的复核程序。尤其是2021年《高法解释》对判处死刑立即执行的复核程序的修改之处。

考点1 判处死刑立即执行案件的复核程序

1. 刘某因故意杀人罪被某市中级法院一审判处死刑立即执行，同案被告人钱某因涉其他犯罪被另案处理。关于该案的死刑复核程序的说法，正确的是？（2023年法考客观题回忆版真题，多选）

A. 刘某的辩护律师可将辩护意见直接寄送最高法院

B. 报请死刑复核的案件综合报告中应包括对钱某处理的意见

C. 若最高法院经复核该案，认为刘某可改判死缓并限制减刑，可直接改判

D. 若最高检察院在死刑复核期间提出意见，最高法院应当面听取并制作笔录

［解析］ 本题考查死刑复核程序。《关于办理死刑复核案件听取辩护律师意见的办法》第3条规定："辩护律师提交委托手续、法律援助手续及辩护意见、证据等书面材料的，可以经高级人民法院同意后代收并随案移送，也可以寄送至最高人民法院承办案件的审判庭或者在当面反映意见时提交；对尚未立案的案件，辩护律师可以寄送至最高人民法院立案庭，由立案庭在立案后随案移送。"故本案中刘某的辩护律师可将辩护意见直接寄送最高人民法院，A项正确。《高法解释》第426条规定："报请复核死刑、死刑缓期执行的报告，应当写明案由、简要案情、审理过程和判决结果。案件综合报告应当包括以下内容：（一）被告人、被害人的基本情况。被告人有前科或者曾受过行政处罚、处分的，应当写明；（二）案件的由来和审理经过。案件曾经发回重新审判的，应当写明发回重新审判的原因、时间、案号等；（三）案件侦破情况。通过技术调查、侦查措施抓获被告人、侦破案件，以及与自首、立功认定有关的情况，应当写明；（四）第一审审理情况。包括控辩双方意见，第一审认定的犯罪事实，合议庭和审判委员会意见；（五）第二审审理或者高级人民法院复核情况。包括上诉理由、人民检察院的意见，第二审审理或者高级人民法院复核认定的事实，证据采信情况及理由，控辩双方意见及采纳情况；（六）需要说明的问题。包括共同犯罪案件中另案处理的同案犯的处理情况，案件有无重大社会影响，以及当事人的反应等情况；（七）处理意见。写明合

议庭和审判委员会的意见。”本题B项符合该条第（六）项的规定，故B项正确。《高法解释》第429条规定：“最高人民法院复核死刑案件，应当按照下列情形分别处理：（一）原判认定事实和适用法律正确、量刑适当、诉讼程序合法的，应当裁定核准；（二）原判认定的某一具体事实或者引用的法律条款等存在瑕疵，但判处被告人死刑并无不当的，可以在纠正后作出核准的判决、裁定；（三）原判事实不清、证据不足的，应当裁定不予核准，并撤销原判，发回重新审判；（四）复核期间出现新的影响定罪量刑的事实、证据的，应当裁定不予核准，并撤销原判，发回重新审判；（五）原判认定事实正确、证据充分，但依法不应当判处死刑的，应当裁定不予核准，并撤销原判，发回重新审判；根据案件情况，必要时，也可以依法改判；（六）原审违反法定诉讼程序，可能影响公正审判的，应当裁定不予核准，并撤销原判，发回重新审判。”本题C项符合该条第（五）项的规定，故C项正确。《高法解释》第435条规定：“死刑复核期间，最高人民检察院提出意见的，最高人民法院应当审查，并将采纳情况及理由反馈最高人民检察院。”该条并未要求最高人民法院当面听取并制作笔录，故D项不正确。本题的正确答案为A、B、C三项。

答案：ABC

2. 甲和乙共同绑架，K省H市中级法院一审判处甲死刑立即执行，乙有期徒刑15年，甲上诉，K省高级法院二审裁定驳回上诉，维持原判。之后，报请最高人民法院核准。下列关于该案的表述，正确的是？（2022年法考延考客观题回忆版真题，不定选）

A. 最高人民法院发现对甲的判决引用法律条款有瑕疵，但判处甲死刑并无不当的，在纠正后予以核准

B. 甲的辩护律师提交书面辩护意见，最高人民法院予以附卷，但未做反馈

C. 最高人民法院复核时认为乙的量刑过轻，可将乙改判为无期徒刑

D. 乙的案卷材料，应一并移送给最高人民法院

［解析］ 本题考查死刑立即执行案件的复核程序。《高法解释》第429条规定：“最高人民法院复核死刑案件，应当按照下列情形分别处理：……（二）原判认定的某一具体事实或者引用的法律条款等存在瑕疵，但判处被告人死刑并无不当的，可以在纠正后作出核准的判决、裁定……”故A项表述正确。《关于为死刑复核案件被告人依法提供法律援助的规定》第11条规定：“死刑复核案件裁判文书应当写明辩护律师姓名及所属律师事务所，并表述辩护律师的辩护意见……”本题B项中，甲的辩护律师提交书面辩护意见，最高人民法院应予以附卷，而且需要在裁判文书中说明是否予以采纳，因此，B项中“未做反馈”的做法不正确。本题C项中，乙的无期徒刑在二审裁判宣告后即生效，也就是说，乙的裁判在死刑复核程序中已经生效，最高人民法院发现乙的裁判有错误，应当适用审判监督程序予以纠正，而不是适用死刑复核程序予以纠正。C项错误。依据《高法解释》第425条的规定，在死刑案件报请复核中，同案审理的案件应当报送全案案卷、证据。故D项中，同案犯乙的案卷材料，也应当一并移送给最高人民法院。该项正确。

答案：AD

3. 甲和乙涉嫌故意杀人罪，甲是主犯，乙是从犯，下列关于该案诉讼程序的说法，正确的是？（2020年法考新疆延考客观题回忆版真题，不定选）

A. 在紧急情况下，公安机关对甲执行逮捕，可不出示逮捕证

B. 若甲正在怀孕，可对其监视居住

C. 公安机关决定对甲监视居住，甲可以选择适用指定居所监视居住或住所监视居住

D. 若甲被判处死刑，辩护律师针对死刑复核提交无罪辩护意见，可以经高级法院代收并随案移送最高法院

［解析］　本题考查逮捕、监视居住和死刑复核程序。《刑事诉讼法》第 93 条第 1 款规定："公安机关逮捕人的时候，必须出示逮捕证。"该规定没有例外，这就意味着紧急情况下，公安机关执行逮捕，也应出示逮捕证。故 A 项错误。《刑事诉讼法》第 74 条第 1 款规定："人民法院、人民检察院和公安机关对符合逮捕条件，有下列情形之一的犯罪嫌疑人、被告人，可以监视居住：（一）患有严重疾病、生活不能自理的；（二）怀孕或者正在哺乳自己婴儿的妇女；（三）系生活不能自理的人的唯一扶养人；（四）因为案件的特殊情况或者办理案件的需要，采取监视居住措施更为适宜的；（五）羁押期限届满，案件尚未办结，需要采取监视居住措施的。"本题中，甲是故意杀人罪的主犯，可能判处死刑，若有证据证明其有犯罪事实，则符合《刑事诉讼法》第 81 条第 3 款规定的重罪逮捕的条件，而且其正在怀孕，则又符合《刑事诉讼法》第 74 条第 1 款第（二）项规定的监视居住的条件，故 B 项正确。究竟适用指定居所监视居住还是住所监视居住，由公安司法机关决定，而不是由被监视居住人选择，故 C 项错误。《关于死刑复核及执行程序中保障当事人合法权益的若干规定》第 3 条规定，辩护律师提交相关手续、辩护意见及证据等材料的，可以经高级法院代收并随案移送，也可以寄送至最高人民法院。故 D 项正确。

答案：BD

4. R 省 S 市中级法院对甲故意杀人案进行一审，判处甲死刑，甲未上诉，S 市检察院未抗诉，最高人民法院经过复核，认为原判决认定事实并无不当，但不应判处死刑，遂裁定撤销原判，发回重审。下列关于该案的说法正确的是？（2018 年法考客观题回忆版真题，单选）

A. S 市中级法院在上诉、抗诉期满的 10 日之内，由 R 省高级法院报请最高法院复核

B. 若 R 省高级法院重审，按照第一审程序进行审理

C. 若 R 省高级法院发回 S 市中级法院重审，则应另行组成合议庭审理

D. 若 S 市中级法院重审，甲可以对重审的判决上诉

［解析］　本题考查死刑立即执行案件的复核程序。《高法解释》第 423 条第 1 款规定："报请最高人民法院核准死刑的案件，应当按照下列情形分别处理：（一）中级人民法院判处死刑的第一审案件，被告人未上诉、人民检察院未抗诉的，在上诉、抗诉期满后十日以内报请高级人民法院复核。高级人民法院同意判处死刑的，应当在作出裁定后十日以内报请最高人民法院核准；认为原判认定的某一具体事实或者引用的法律条款等存在瑕疵，但判处被告人死刑并无不当的，可以在纠正后作出核准的判决、裁定；不同意判处死刑的，应当依照第二审程序提审或者发回重新审判。……"由此可知，本题 A 项的错误在于，在上诉、抗诉期满的 10 日之内，应由 S 市中级法院报 R 省高级法院复核。

《高法解释》第 431 条规定："高级人民法院依照复核程序审理后报请最高人民法院核准死刑，最高人民法院裁定不予核准，发回高级人民法院重新审判的，高级人民法院可以依照第二审程序提审或者发回重新审判。"由此可知，本题 B 项的错误在于，若发回 R 省高级法院重审，其提审就按照第二审程序进行审理。

《高法解释》第 432 条规定："最高人民法院裁定不予核准死刑，发回重新审判的案件，原审人民法院应当另行组成合议庭审理，但本

解释第四百二十九条第四项、第五项规定的案件除外。”《高法解释》第429条规定：“最高人民法院复核死刑案件，应当按照下列情形分别处理：……（四）复核期间出现新的影响定罪量刑的事实、证据的，应当裁定不予核准，并撤销原判，发回重新审判；（五）原判认定事实正确、证据充分，但依法不应当判处死刑的，应当裁定不予核准，并撤销原判，发回重新审判；根据案件情况，必要时，也可以依法改判……”本题C项的错误在于，最高人民法院以“事实正确，但依法不应当判处死刑”为由发回重审，原审法院不是应当另行组成合议庭审理。

D项中，若由S市中级法院重审，则按照第一审程序重审，重审后的判决为一审判决，被告人甲可以上诉，检察院可以抗诉，故D项正确。

答案：D

5. 段某因贩卖毒品罪被市中级法院判处死刑立即执行，段某上诉后省高级法院维持了一审判决。最高法院复核后认为，原判认定事实清楚，但量刑过重，依法不应当判处死刑，不予核准，发回省高级法院重新审判。关于省高级法院重新审判，下列哪一选项是正确的？（2017/2/36，单选）

A. 应另行组成合议庭

B. 应由审判员5人组成合议庭

C. 应开庭审理

D. 可直接改判死刑缓期2年执行，该判决为终审判决

［解析］ 本题考查死刑立即执行案件的复核程序。《高法解释》第432条规定：“最高人民法院裁定不予核准死刑，发回重新审判的案件，原审人民法院应当另行组成合议庭审理，但本解释第四百二十九条第四项、第五项规定的案件除外。”《高法解释》第429条规定：“最高人民法院复核死刑案件，应当按照下列情形分别处理：（一）原判认定事实和适用法律正确、量刑适当、诉讼程序合法的，应当裁定核准；（二）原判认定的某一具体事实或者引用的法律条款等存在瑕疵，但判处被告人死刑并无不当的，可以在纠正后作出核准的判决、裁定；（三）原判事实不清、证据不足的，应当裁定不予核准，并撤销原判，发回重新审判；（四）复核期间出现新的影响定罪量刑的事实、证据的，应当裁定不予核准，并撤销原判，发回重新审判；（五）原判认定事实正确、证据充分，但依法不应当判处死刑的，应当裁定不予核准，并撤销原判，发回重新审判；根据案件情况，必要时，也可以依法改判；（六）原审违反法定诉讼程序，可能影响公正审判的，应当裁定不予核准，并撤销原判，发回重新审判。”本题中，最高人民法院是以“事实清楚，但量刑过重，依法不应当判处死刑”为由发回高级法院重审，高级法院不是应当另行组成合议庭审理。故A项错误。

本题中，省高级法院是二审法院，最高人民法院复核后若发回省高级法院重新审判，省高级法院按照第二审程序进行审理。依据《刑事诉讼法》第183条第4款的规定，法院审判上诉和抗诉案件，由审判员三人或者五人组成合议庭进行。也就是说，第二审的合议庭由审判员三人或者五人组成。故B项表述过于绝对，该项错误。

《高法解释》第430条规定：“最高人民法院裁定不予核准死刑的，根据案件情况，可以发回第二审人民法院或者第一审人民法院重新审判。对最高人民法院发回第二审人民法院重新审判的案件，第二审人民法院一般不得发回第一审人民法院重新审判。第一审人民法院重新审判的，应当开庭审理。第二审人民法院重新审判的，可以直接改判；必须通过开庭查清事实、核实证据或者纠正原审程序违法的，应当开庭审理。”本题中，最高人民法院是以“事实清楚，但量刑过重，依法不应当判处死

刑”为由发回高级法院即第二审法院重审的，所以，高级法院重审时不是应当开庭审理。故C项错误。

《高法解释》第430条规定，发回二审法院重新审理的可以直接改判，本案属于量刑过重，高级法院可直接改判为死缓或其他更轻的刑罚，而且无须报最高人民法院核准，为终审裁判。故D项正确。

本题的正确答案为D项。

答案：D

6. 甲和乙因故意杀人被中级法院分别判处死刑立即执行和无期徒刑。甲、乙上诉后，高级法院裁定维持原判。关于本案，下列哪一选项是正确的？（2016/2/39，单选）

A. 高级法院裁定维持原判后，对乙的判决即已生效

B. 高级法院应先复核再报请最高法院核准

C. 最高法院如认为原判决对乙的犯罪事实未查清，可查清后对乙改判并核准甲的死刑

D. 最高法院如认为甲的犯罪事实不清、证据不足，不予核准死刑的，只能使用裁定

［解析］ 本题考查死刑复核程序、两审终审制。《高法解释》第413条第3款规定：“第二审判决、裁定是终审的判决、裁定的，自宣告之日起发生法律效力。”本题中，乙被判处无期徒刑，依据两审终审制，不是高级法院裁定维持原判后对乙的判决即已生效，而是在该维持的裁定宣告之日起生效。故A项错误。

《高法解释》第423条第1款第（二）项规定：“报请最高人民法院核准死刑案件，应当按照下列情形分别处理：（二）中级人民法院判处死刑的第一审案件，被告人上诉或者人民检察院抗诉，高级人民法院裁定维持的，应当在作出裁定后十日以内报请最高人民法院核准。”故B项的错误在于，对甲的死刑判决，高级法院无须复核即报请最高人民法院核准。

因为乙被判处无期徒刑，故最高人民法院复核甲的死刑判决时，乙的判决已经生效，若乙的生效判决有错误，不是在死刑复核程序中改判，而是按照审判监督程序改判。故C项错误。

《高法解释》第429条第（三）项规定：“最高人民法院复核死刑案件，应当按照下列情形分别处理：……（三）原判事实不清、证据不足的，应当裁定不予核准，并撤销原判，发回重新审判。”对于本题的D项，依据上述第（三）项之规定，最高人民法院如认为甲的犯罪事实不清、证据不足，只能使用“裁定”不予核准，并撤销原判，发回重新审判，故D项表述正确。

综上所述，本题的正确答案为D项。

答案：D

7. 张某因犯故意杀人罪和爆炸罪，一审均被判处死刑立即执行，张某未上诉，检察机关也未抗诉。最高法院经复核后认为，爆炸罪的死刑判决事实不清、证据不足，但故意杀人罪死刑判决认定事实和适用法律正确、量刑适当。关于此案的处理，下列哪些选项是错误的？（2013/2/75，多选）

A. 对全案裁定核准死刑

B. 裁定核准故意杀人罪死刑判决，并对爆炸罪死刑判决予以改判

C. 裁定核准故意杀人罪死刑判决，并撤销爆炸罪的死刑判决，发回重审

D. 对全案裁定不予核准，并撤销原判，发回重审

［解析］ 本题考查最高人民法院复核死刑立即执行案件后的处理方式。《高法解释》第429条规定：“最高人民法院复核死刑案件，应当按照下列情形分别处理：……（三）原判事实不清、证据不足的，应当裁定不予核准，并撤销原判，发回重新审判。……”本题中，尽

管张某只有一个爆炸罪的死刑判决事实不清、证据不足，最高人民法院也应当全案裁定不予核准，并撤销原判，发回重审。D项表述正确，本题符合题意的选项是A、B、C三项。

答案：ABC

8. 关于死刑复核程序，下列哪一选项是正确的？（2012/2/33，单选）

A. 最高法院复核死刑案件，可以不讯问被告人

B. 最高法院复核死刑案件，应当听取辩护律师的意见

C. 在复核死刑案件过程中，最高检察院应当向最高法院提出意见

D. 最高法院应当将死刑复核结果通报最高检察院

［解析］ 本题考查死刑复核程序。依据《刑事诉讼法》第251条第1款的规定，最高人民法院复核死刑案件，应当讯问被告人，辩护律师提出要求的，应当听取辩护律师的意见。故A项的错误在于，不是“可以”，而是“应当”。B项的错误在于，少了“辩护律师提出要求”这一前提。

依据《刑事诉讼法》第251条第2款的规定，在复核死刑案件过程中，最高人民检察院可以向最高人民法院提出意见。最高人民法院应当将死刑复核结果通报最高人民检察院。C项错误在于，最高人民检察院不是“应当”向最高人民法院提出意见，而是“可以”向最高人民法院提出意见。D项表述正确。

综上，本题的正确答案为D项。

答案：D

9. 最高人民法院复核死刑案件时，裁定不予核准，发回重审的案件，应当如何处理？（2007/2/74，多选）

A. 既可以发回二审法院重新审判，也可以发回一审法院重新审判

B. 发回二审法院重新审判的案件，除法律另有规定外，二审法院可以不经开庭直接改判

C. 发回一审法院重新审判的案件，一审法院应当开庭审理

D. 最高人民法院复核后认为原判认定事实正确，但依法不应当判处死刑的，裁定不予核准，并撤销原判，发回重新审判的案件，重新审判的法院应当另行组成合议庭进行审理

［解析］ 本题考查最高人民法院复核死刑案件后的处理方式。《高法解释》第430条第1、3款规定：“最高人民法院裁定不予核准死刑的，根据案件情况，可以发回第二审人民法院或者第一审人民法院重新审判。……第一审人民法院重新审判的，应当开庭审理。第二审人民法院重新审判的，可以直接改判；必须通过开庭查清事实、核实证据或者纠正原审程序违法的，应当开庭审理。”可知，A、B、C三项正确。

《高法解释》第429条规定：“最高人民法院复核死刑案件，应当按照下列情形分别处理：……（四）复核期间出现新的影响定罪量刑的事实、证据的，应当裁定不予核准，并撤销原判，发回重新审判；（五）原判认定事实正确、证据充分，但依法不应当判处死刑的，应当裁定不予核准，并撤销原判，发回重新审判；根据案件情况，必要时，也可以依法改判。”《高法解释》第432条规定：“最高人民法院裁定不予核准死刑，发回重新审判的案件，原审人民法院应当另行组成合议庭审理，但本解释第四百二十九条第四项、第五项规定的案件除外。”由上述两个法条可知，D项的错误在最后一句话，因为最高人民法院是以《高法解释》第429条第（五）项即“原判认定事实正确、证据充分，但依法不应当判处死刑”为由发回重审的，所以，原审法院在重审时不是必须另行组成合议庭审理。故D项错误。

答案：ABC

10. 被告人甲犯数罪被判死刑，甲向辩护人咨询死刑复核程序的有关情况，辩护人对此作出的下列哪一答复符合法律及司法解释的规定？（2010/2/37，单选）

A. 应当调查甲的人际关系

B. 应当为甲指定辩护人

C. 应当审查甲犯罪的情节、后果及危害程度

D. 应当开庭审理并通知检察院派员出庭

［解析］ 本题考查最高人民法院复核死刑案件的程序。《高法解释》第427条第1款规定："复核死刑、死刑缓期执行案件，应当全面审查以下内容：（一）被告人的年龄，被告人有无刑事责任能力、是否系怀孕的妇女；（二）原判认定的事实是否清楚，证据是否确实、充分；（三）犯罪情节、后果及危害程度；（四）原判适用法律是否正确，是否必须判处死刑，是否必须立即执行；（五）有无法定、酌定从重、从轻或者减轻处罚情节；（六）诉讼程序是否合法；（七）应当审查的其他情况。"究其根本，死刑复核程序的目的在于审查死刑判决是否正确，故审查内容均应与定罪量刑有关以及诉讼程序是否合法等。甲的人际关系与其定罪量刑无关，故A项不正确；C项符合前述《高法解释》第427条第1款第（三）项之规定，故正确。至于B项，因为被告人甲已经委托辩护人，法院就无须通知法律援助机构为其指定辩护人，故B项不正确。死刑复核程序实行不开庭审理，法院无须通知检察院派员出庭，故D项不正确。本题的正确答案为C项。

答案：C

11. 关于死刑复核程序，下列哪些选项是正确的？（2008/2/79，多选）

A. 赵某因故意杀人罪和贩毒罪分别被判处死刑，最高法院对案件进行复核时，认为赵某贩毒罪的死刑判决认定事实和适用法律正确、量刑适当、程序合法，但故意杀人罪的死刑判决事实不清、证据不足，遂对全案裁定不予核准，撤销原判，发回重审

B. 钱某因绑架罪和抢劫罪分别被判处死刑，最高法院在对案件进行复核时，发现钱某绑架罪的死刑判决认定事实和适用法律正确、量刑适当、诉讼程序合法，抢劫罪的死刑判决认定事实清楚，但依法不应当判处死刑，遂对绑架罪作出核准死刑的判决，对抢劫罪的死刑判决予以改判

C. 孙某伙同李某持枪抢劫银行被分别判处死刑，最高法院进行复核时发现孙某的死刑判决认定事实和适用法律正确、量刑适当、程序合法，李某的死刑判决认定事实不清、证据不足，遂对全案裁定不予核准

D. 周某伙同吴某劫持航空器致人重伤被分别判处死刑，最高法院在复核时发现周某的死刑判决认定事实和适用法律正确、量刑适当、程序合法，吴某的死刑判决认定事实清楚，但依法不应当判处死刑，遂对周某作出核准死刑的判决，对吴某的死刑判决予以改判

［解析］ 本题考查死刑复核后的处理方式。《高法解释》第429条规定："最高人民法院复核死刑案件，应当按照下列情形分别处理：……（三）原判事实不清、证据不足的，应当裁定不予核准，并撤销原判，发回重新审判……（五）原判认定事实正确、证据充分，但依法不应当判处死刑的，应当裁定不予核准，并撤销原判，发回重新审判；根据案件情况，必要时，也可以依法改判……"本题A、C项均属于原判部分的死刑判决事实不清、证据不足，依据该条第（三）项的规定，应当裁定不予核准，并撤销原判，发回重新审判。故A、C两项正确。本题B、D两项均属于事实正确、证据充分，但依法不应当判处死刑的情形，依据该条第（五）项的规定，应当裁定不予核准，并撤销原判，发回重新审判；根据案件情况，必要时，也可以依法改判。故B、

D两项的表述均错误。本题的正确答案为A、C两项。

答案：AC（原答案为ABCD）

✪ 考点2 判处死刑缓期二年执行案件的复核程序

12. 鲁某与关某涉嫌贩卖冰毒500余克，B省A市中级法院开庭审理后，以鲁某犯贩卖毒品罪，判处死刑立即执行，关某犯贩卖毒品罪，判处死刑缓期2年执行。一审宣判后，关某以量刑过重为由向B省高级法院提起上诉，鲁某未上诉，检察院也未提起抗诉。如B省高级法院审理后认为，一审判决认定事实和适用法律正确、量刑适当，裁定驳回关某的上诉，维持原判，则对本案进行死刑复核的正确程序是？（2015/2/96，不定选）

A. 对关某的死刑缓期2年执行判决，B省高级法院不再另行复核

B. 最高法院复核鲁某的死刑立即执行判决，应由审判员三人组成合议庭进行

C. 如鲁某在死刑复核阶段委托律师担任辩护人的，死刑复核合议庭应在办公场所当面听取律师意见

D. 最高法院裁定不予核准鲁某死刑的，可发回A市中级法院或B省高级法院重新审理

［解析］ 本题考查死缓复核程序和死刑立即执行案件的复核程序。《刑事诉讼法》第248条规定：“中级人民法院判处死刑缓期二年执行的案件，由高级人民法院核准。”实践中，高级法院对中级法院判处的死缓在二审维持后，会在二审的裁定书上注明该裁定也是核准死缓的裁定。故A项正确。

《刑事诉讼法》第249条规定：“最高人民法院复核死刑案件，高级人民法院复核死刑缓期执行的案件，应当由审判员三人组成合议庭进行。”故B项正确。

《刑事诉讼法》第251条第1款规定：“最高人民法院复核死刑案件，应当讯问被告人，辩护律师提出要求的，应当听取辩护律师的意见。”《高法解释》第434条规定：“死刑复核期间，辩护律师要求当面反映意见的，最高人民法院有关合议庭应当在办公场所听取其意见，并制作笔录；辩护律师提出书面意见的，应当附卷。”故C项的错误在于，最高人民法院当面听取律师意见的前提是“辩护律师要求当面反映意见”，该项少了这一前提条件。

《高法解释》第430条第1款规定：“最高人民法院裁定不予核准死刑的，根据案件情况，可以发回第二审人民法院或者第一审人民法院重新审判。”本题中的A市中级法院是一审法院，B省高级法院是二审法院，故D项正确。

答案：ABD

13. 关于死刑缓期执行限制减刑案件的审理程序，下列哪一说法是正确的？（2011/2/36，单选）

A. 对一审法院作出的限制减刑的判决，被告人的辩护人、近亲属可以独立提起上诉

B. 高级法院认为原判对被告人判处死刑缓期执行适当但限制减刑不当的，应当改判，撤销限制减刑

C. 最高法院复核死刑案件，认为可以判处死刑缓期执行并限制减刑的，可以裁定不予核准，发回重新审判

D. 最高法院复核死刑案件，认为对部分被告人应当适用死刑缓期执行的，如符合《刑法》限制减刑规定，应当裁定不予核准，发回重新审判

［解析］ 本题考查死刑缓期执行限制减刑案件的审理程序。《关于死刑缓期执行限制减刑案件审理程序若干问题的规定》第2条规定：“被告人对第一审人民法院作出的限制减刑判决不服的，可以提出上诉。被告人的辩护

人和近亲属，经被告人同意，也可以提出上诉。”所以A项错误在于，被告人的辩护人、近亲属没有独立的上诉权。

《关于死刑缓期执行限制减刑案件审理程序若干问题的规定》第3条规定：“高级人民法院审理或者复核判处死刑缓期执行并限制减刑的案件，认为原判对被告人判处死刑缓期执行适当，但判决限制减刑不当的，应当改判，撤销限制减刑。”所以B项正确。

《高法解释》第429条规定：“最高人民法院复核死刑案件，应当按照下列情形分别处理：……（五）原判认定事实正确、证据充分，但依法不应当判处死刑的，应当裁定不予核准，并撤销原判，发回重新审判；根据案件情况，必要时，也可以依法改判。……”本题中C项和D项均出现了该条中的“事实正确、证据充分，但依法不应当判死刑”的情形，所以，C项中的“可以裁定不予核准，发回重新审判”和D项中的“应当裁定不予核准，发回重新审判”的处理方式均错误，正确的处理方式是“应当裁定不予核准，并撤销原判，发回重新审判；根据案件情况，必要时，也可以依法改判”。

综上，本题的正确答案为B项。

答案：B

14. 伍某因犯抢劫罪被某中级人民法院一审判处死刑，缓期二年执行，并经高级人民法院核准。在死刑缓期二年执行期间伍某未犯新罪。2年期满后的第二天，高级人民法院尚未裁定减刑，伍某将同监另一犯人打成重伤。该高级人民法院对伍某应当作出什么处理？（2005/2/36，单选）

A. 裁定核准死刑立即执行

B. 将死刑缓期二年执行改判为死刑立即执行，报最高人民法院核准

C. 先依法裁定减刑，然后对所犯新罪另行审判

D. 维持原死刑缓期2年执行的裁判，以观后效

［解析］ 本题考查死缓的变更程序。《高法解释》第533条规定：“被判处死刑缓期执行的罪犯，在死刑缓期执行期间，没有故意犯罪的，死刑缓期执行期满后，应当裁定减刑；死刑缓期执行期满后，尚未裁定减刑前又犯罪的，应当在依法减刑后，对其所犯新罪另行审判。”本题中，伍某是在死刑缓期2年执行期满后尚未裁定减刑前又犯新罪的，因此，应当先依法裁定减刑，然后对其所犯新罪另行审判，故C项正确。

答案：C

15. 刘某因贪污罪被某市中级人民法院一审判处死刑，缓期2年执行。判决后刘某未上诉，人民检察院也未抗诉，市中级人民法院遂在抗诉、上诉期满后第二天报请省高级人民法院核准。省高级人民法院不得作出下列哪项处理？（2004/2/21，单选）

A. 认为原判事实不清，证据不足，发回重审

B. 认为原判刑罚太重，不同意判处死缓，直接改判为有期徒刑15年

C. 认为原判刑罚太轻，应判处死刑立即执行，直接改判并报最高人民法院核准

D. 同意判处死缓，作出予以核准的裁定

［解析］ 本题考查高级法院复核死缓案件后的处理方式。《高法解释》第428条规定：“高级人民法院复核死刑缓期执行案件，应当按照下列情形分别处理：（一）原判认定事实和适用法律正确、量刑适当、诉讼程序合法的，应当裁定核准；（二）原判认定的某一具体事实或者引用的法律条款等存在瑕疵，但判处被告人死刑缓期执行并无不当的，可以在纠正后作出核准的判决、裁定；（三）原判认定事实正确，但适用法律有错误，或者量刑过重的，应当改判；（四）原判事实不清、

证据不足的，可以裁定不予核准，并撤销原判，发回重新审判，或者依法改判……复核死刑缓期执行案件，不得加重被告人的刑罚。”本题中，A、B、D三项分别对应上述第（四）、（三）、（一）项规定，处理方式正确。C项认为，省高级法院可以自行决定判处死刑立即执行，违背了“死缓复核不加刑”的规定，即“复核死刑缓期执行案件，不得加重被告人的刑罚”，所以本题符合题意的选项是C项。

答案：C

第十八章 审判监督程序

点评

本章在法律职业资格考试客观题中一般考查1道选择题。其主要知识点有：审判监督程序提起的主体、申诉的主体、申诉的审查处理、再审的审理程序、再审的裁决方式等内容。2021年《高法解释》对申诉的审查和处理、再审决定书、再审中的分案审理和并案审理等的修改会在真题中有足够的反映，务必引起重视。

考点1 审判监督程序的功能和理念

1. 《最高人民法院关于适用〈中华人民共和国刑事诉讼法〉的解释》第386条（现第469条）规定，除检察院抗诉的以外，再审一般不得加重原审被告人的刑罚。关于这一规定的理解，下列哪些选项是正确的？（2016/2/74，多选）

A. 体现了刑事诉讼惩罚犯罪和保障人权基本理念的平衡

B. 体现了刑事诉讼具有追求实体真实与维护正当程序两方面的目的

C. 再审不加刑有例外，上诉不加刑也有例外

D. 审判监督程序的纠错功能决定了再审不加刑存在例外情形

［解析］ 本题考查再审不加刑、上诉不加刑、审判监督程序的功能和理念。我国再审程序是针对生效的错误裁判纠错的程序。但是，我国再审程序中一方面要贯彻“实事求是、有错必纠”的精神，发现事实真相，从而让有罪之人受到追究；另一方面，也不能随意启动审判程序，维护正当程序，维护生效裁判的既判力，保障被告人的人权。

《高法解释》第386条（现第469条）规定，除检察院抗诉的以外，再审一般不得加重原审被告人的刑罚，这一规定中“一般不得加重被告人的刑罚”体现了保障人权和维护正当程序，但是再审不加刑有例外，这又体现了惩罚犯罪的理念和追求实体真实的目的。故A、B两项正确。

《高法解释》第386条（现第469条）规定，除检察院抗诉的以外，再审一般不得加重原审被告人的刑罚。这一规定意味着再审不加刑有例外，故C项前半句话正确。但是，《刑事诉讼法》第237条规定：“第二审人民法院审理被告人或者他的法定代理人、辩护人、近亲属上诉的案件，不得加重被告人的刑罚。第二审人民法院发回原审人民法院重新审判的案件，除有新的犯罪事实，人民检察院补充起诉的以外，原审人民法院也不得加重被告人的刑罚。人民检察院提出抗诉或者自诉人提出上诉的，不受前款规定的限制。”上诉不加刑原则是第二审法院审判只有被告人一方上诉的案件，在作出新的判决时，不得对被告人判处重于原判的刑罚的一项原则。这就意味着，只有

被告人一方上诉，没有检察院提出抗诉或者自诉人提出上诉的情形下，不能加重被告人的刑罚，这是没有例外的。由此可见，上诉不加刑原则没有例外，故C项后半句话不正确。

我国的审判监督程序尽管兼顾保障人权、维护正当程序的理念，但是，我国审判监督程序的设置初衷主要是为了纠错，该纠错功能就决定了再审不加刑存在例外情形，故D项表述正确。

综上所述，本题的正确答案为A、B、D三项。

答案：ABD

考点2 申诉及其审查和处理

2. 甲因盗窃罪被H省K市F区法院一审判处有期徒刑5年，甲提出上诉，K市中级法院二审裁定维持原判，驳回上诉。甲向K市中级法院提出申诉。下列关于申诉的说法，正确的是？（2021年法考客观题回忆版真题，不定选）

A. 可以由甲的妻子申诉

B. H省高级法院可以指定H省G市中级法院对申诉进行审查

C. 法院对申诉立案后，对侦查人员提出的意见可召开听证会进行审查

D. 法院审查申诉时，可以听取甲及其辩护人的意见

［解析］ 本题考查申诉的审查和处理。《高法解释》第451条第1款规定：“当事人及其法定代理人、近亲属对已经发生法律效力的判决、裁定提出申诉的，人民法院应当审查处理。”本题A项中，甲的妻子是甲的近亲属，可以由甲的妻子申诉。故A项正确。

《高法解释》第454条规定：“最高人民法院或者上级人民法院可以指定终审人民法院以外的人民法院对申诉进行审查。被指定的人民法院审查后，应当制作审查报告，提出处理意见，层报最高人民法院或者上级人民法院审查处理。”本题的终审法院是K市中级法院，甲向K市中级法院提出申诉，H省高级法院可以指定H省G市中级法院对申诉进行审查。故B项正确。

《高法解释》第456条规定：“对立案审查的申诉案件，人民法院可以听取当事人和原办案单位的意见，也可以对原判据以定罪量刑的证据和新的证据进行核实。必要时，可以进行听证。”由此可见，C、D两项均正确。

综上，本题的正确答案为A、B、C、D四项。

答案：ABCD

3. 关于审判监督程序中的申诉，下列哪一选项是正确的？（2015/2/39，单选）

A. 二审法院裁定准许撤回上诉的案件，申诉人对一审判决提出的申诉，应由一审法院审理

B. 上一级法院对未经终审法院审理的申诉，应直接审理

C. 对经两级法院依照审判监督程序复查均驳回的申诉，法院不再受理

D. 对死刑案件的申诉，可由原核准的法院审查，也可交由原审法院审查

［解析］ 本题考查法院对申诉的审查和处理。《高法解释》第453条第1、2款规定：“申诉由终审人民法院审查处理。但是，第二审人民法院裁定准许撤回上诉的案件，申诉人对第一审判决提出申诉的，可以由第一审人民法院审查处理。上一级人民法院对未经终审人民法院审查处理的申诉，可以告知申诉人向终审人民法院提出申诉，或者直接交终审人民法院审查处理，并告知申诉人；案件疑难、复杂、重大的，也可以直接审查处理。”故A项的错误在于，不是“应”，而是“可以”由一审法院审查处理。B项的错误在于，该项的情况下，可以告知申诉人向终审法院提出申诉，或者直接交终审法院审查处理。

《高法解释》第459条规定："申诉人对驳回申诉不服的，可以向上一级人民法院申诉。上一级人民法院经审查认为申诉不符合刑事诉讼法第二百五十三条和本解释第四百五十七条第二款规定的，应当说服申诉人撤回申诉；对仍然坚持申诉的，应当驳回或者通知不予重新审判。"故C项的错误在于，不是"不再受理"，而是"应当驳回或通知不予重新审判"。

《高法解释》第455条规定："对死刑案件的申诉，可以由原核准的人民法院直接审查处理，也可以交由原审人民法院审查。原审人民法院应当制作审查报告，提出处理意见，层报原核准的人民法院审查处理。"故D项正确。

答案：D

考点3　审判监督程序的提起

4. 张某和李某共同故意伤害王某，A市B区法院一审判处张某有期徒刑2年6个月，判处李某有期徒刑1年。张某提出上诉，李某未上诉，B区检察院未提出抗诉。下列关于该案的说法，不正确的是？（2023年法考客观题回忆版真题，多选）

A. 上诉期满后，张某的判决不生效，李某的判决生效

B. 该案的判决生效后，A市检察院发现有错误，向A市中级法院抗诉提起再审

C. 若王某在一审中未提起附带民事诉讼，在二审中提出附带民事诉讼，A市中级法院经过双方同意，可以直接审理

D. 若检察院认为李某犯罪情节轻微，可免予处罚，对李某作出法定不起诉

［解析］　本题考查二审程序、审判监督程序的提起主体、不起诉。本案中，张某提出上诉，李某未上诉，上诉期满后，张某、李某的判决均未生效，故A项错误。本案中作出生效裁判的法院是A市中级法院，故应当由A市检察院的上级检察院对该案抗诉提起审判监督程序，不能由A市检察院抗诉提起审判监督程序，故B项错误。《高法解释》第198条规定："第一审期间未提起附带民事诉讼，在第二审期间提起的，第二审人民法院可以依法进行调解；调解不成的，告知当事人可以在刑事判决、裁定生效后另行提起民事诉讼。"故C项的做法会让当事人对附带民事诉讼失去审级利益，该做法错误。《刑事诉讼法》第177条第2款规定："对于犯罪情节轻微，依照刑法规定不需要判处刑罚或者免除刑罚的，人民检察院可以作出不起诉决定。"该条中的不起诉属于酌定不起诉，而不是法定不起诉，故D项的错误在于，检察院对李某作出的是酌定不起诉，而不是法定不起诉。

答案：ABCD

5. 王某涉嫌故意伤害罪和非法持有枪支、弹药罪，A省B市C区法院一审认定二罪均成立，判处王某有期徒刑15年。C区检察院不服，提出抗诉。B市中级法院二审裁定维持原判。下列关于该案的表述，正确的是？（2020年法考客观题回忆版真题，多选）

A. 对非法持有枪支、弹药罪，王某提出该枪支、弹药没有杀伤力，公诉人可申请有专门知识的人出庭对该事实发表意见

B. B市检察院在开庭审理前申请撤回抗诉的，B市中级法院应该裁定按撤诉处理

C. 王某的弟弟可以委托律师代为向B市检察院和B市中级法院申诉

D. 如果B市中级法院认为原审中证明王某系正当防卫的证人证言没有予以质证，B市中级法院应当决定再审

［解析］　本题考查有专门知识的人出庭、检察院撤回抗诉、对生效裁判的申诉、再审的理由。《刑事诉讼法》第197条第2款规定："公诉人、当事人和辩护人、诉讼代理人可以申请法庭通知有专门知识的人出庭，就鉴定人作出的鉴定意见提出意见。"可见，有专门知

识的人出庭是对鉴定意见提出意见，故A项不正确。《高法解释》第385条规定："人民检察院在抗诉期限内要求撤回抗诉的，人民法院应当准许。人民检察院在抗诉期满后要求撤回抗诉的，第二审人民法院可以裁定准许，但是认为原判存在将无罪判为有罪、轻罪重判等情形的，应当不予准许，继续审理。上级人民检察院认为下级人民检察院抗诉不当，向第二审人民法院要求撤回抗诉的，适用前两款规定。"B项中，B市检察院在开庭审理前申请撤回抗诉，法院可以裁定准许撤回抗诉，而不是"应该裁定按撤诉处理"。故B项错误。《高法解释》第451条规定："当事人及其法定代理人、近亲属对已经发生法律效力的判决、裁定提出申诉的，人民法院应当审查处理。案外人认为已经发生法律效力的判决、裁定侵害其合法权益，提出申诉的，人民法院应当审查处理。申诉可以委托律师代为进行。"本案中，B市中级法院是终审法院，依据《高法解释》第451条和《高检规则》第593条的规定，王某的弟弟作为当事人的近亲属，其可以委托律师代为向B市中级法院和B市检察院申诉，故C项正确。《刑事诉讼法》第253条规定："当事人及其法定代理人、近亲属的申诉符合下列情形之一的，人民法院应当重新审判：（一）有新的证据证明原判决、裁定认定的事实确有错误，可能影响定罪量刑的；（二）据以定罪量刑的证据不确实、不充分、依法应当予以排除，或者证明案件事实的主要证据之间存在矛盾的；（三）原判决、裁定适用法律确有错误的；（四）违反法律规定的诉讼程序，可能影响公正审判的；（五）审判人员在审理该案件的时候，有贪污受贿，徇私舞弊，枉法裁判行为的。"本题D项中的情形符合该条第（四）项的规定，法院应当决定再审，故D项正确。

答案：CD

6. 高某因故意伤害罪被K省H市中级法院判处无期徒刑，高某提出上诉，K省高级法院认为该案事实清楚，但是高某系防卫过当。下列关于该案诉讼程序的说法，正确的是？（2019年法考客观题回忆版真题，不定选）

A. K省检察院可以在第二审程序中补充抗诉

B. 在辩护方没有提出异议的情形下，审判长当庭制止公诉人对高某的不当讯问

C. 若K省高级法院维持原判，在高某的刑罚执行二年后发现二审的审判长在办理该案时受贿，K省高级法院院长认为该案裁判错误，可决定再审

D. 若K省高级法院维持原判，K省检察院可向K省高级法院抗诉提起再审

[解析] 本题考查二审抗诉，再审的提起、审判程序。《高检规则》第589条规定："上一级人民检察院对下级人民检察院按照第二审程序提出抗诉的案件，认为抗诉正确的，应当支持抗诉。上一级人民检察院认为抗诉不当的，应当听取下级人民检察院的意见。听取意见后，仍然认为抗诉不当的，应当向同级人民法院撤回抗诉，并且通知下级人民检察院。上一级人民检察院在上诉、抗诉期限内，发现下级人民检察院应当提出抗诉而没有提出抗诉的案件，可以指令下级人民检察院依法提出抗诉。上一级人民检察院支持或者部分支持抗诉意见的，可以变更、补充抗诉理由，及时制作支持抗诉意见书，并通知提出抗诉的人民检察院。"本题A项中K省检察院在第二审程序中补充抗诉，这一做法违背了上下级检察院的分工，而且，也超出了抗诉的期限，所以，该做法不正确。

《高法解释》第262条规定："控辩双方的讯问、发问方式不当或者内容与本案无关的，对方可以提出异议，申请审判长制止，审判长应当判明情况予以支持或者驳回；对方未提出异议的，审判长也可以根据情况予以制止。"本题B项中，在辩护方没有提出异议的情形

下，审判长当庭制止公诉人对高某的不当讯问，这一做法是正确的。

《刑事诉讼法》第254条第1款规定：“各级人民法院院长对本院已经发生法律效力的判决和裁定，如果发现在认定事实上或者在适用法律上确有错误，必须提交审判委员会处理。”本题中，K省高级法院院长对本院的生效裁判，必须提交审判委员会决定再审，不能由K省高级法院院长自己决定再审。故C项错误。

《刑事诉讼法》第254条第3款规定：“最高人民检察院对各级人民法院已经发生法律效力的判决和裁定，上级人民检察院对下级人民法院已经发生法律效力的判决和裁定，如果发现确有错误，有权按照审判监督程序向同级人民法院提出抗诉。”本题中，K省高级法院维持原判后，对K省高级法院的生效裁判，只能由最高人民检察院向最高人民法院抗诉提起再审，不能由K省检察院向K省高级法院抗诉提起再审。故D项错误。

因此，本题的正确答案为B项。

答案：B

7. 王某因间谍罪被甲省乙市中级法院一审判处死刑，缓期2年执行。王某没有上诉，检察院没有抗诉。判决生效后，发现有新的证据证明原判决认定的事实确有错误。下列哪些机关有权对本案提起审判监督程序？（2017/2/75，多选）

A. 乙市中级法院

B. 甲省高级法院

C. 甲省检察院

D. 最高检察院

［解析］ 本题考查提起审判监督程序的主体。本题中，乙市中级法院一审判决死缓后，被告人王某没有上诉，检察院没有抗诉，该死缓的判决要报经甲省高级法院核准后生效。所以，甲省高级法院才是作出生效裁判的法院。《刑事诉讼法》第254条第1、2、3款规定：“各级人民法院院长对本院已经发生法律效力的判决和裁定，如果发现在认定事实上或者在适用法律上确有错误，必须提交审判委员会处理。最高人民法院对各级人民法院已经发生法律效力的判决和裁定，上级人民法院对下级人民法院已经发生法律效力的判决和裁定，如果发现确有错误，有权提审或者指令下级人民法院再审。最高人民检察院对各级人民法院已经发生法律效力的判决和裁定，上级人民检察院对下级人民法院已经发生法律效力的判决和裁定，如果发现确有错误，有权按照审判监督程序向同级人民法院提出抗诉。”本题中，甲省高级法院院长对本院的生效死缓裁判提交本院审判委员会处理，可提起审判监督程序，故B项正确。最高人民检察院对甲省高级法院作出的死缓裁判可向最高人民法院抗诉，提起审判监督程序，故D项正确。乙市中级法院是甲省高级法院的下级法院，无权提起审判监督程序。甲省检察院是甲省高级法院的同级检察院，也无权对甲省高级法院的生效裁判提起审判监督程序。因此，本题的正确答案为B、D两项。

答案：BD

8. 甲因犯抢劫罪被市检察院提起公诉，经一审法院审理，判处死刑缓期2年执行。甲上诉，省高级法院核准死缓判决。根据审判监督程序规定，下列哪一做法是错误的？（2010/2/38，单选）

A. 最高法院自行对该案重新审理，依法改判

B. 最高法院指令省高级法院再审

C. 最高检察院对该案向最高法院提出抗诉

D. 省检察院对该案向省高院提出抗诉

［解析］ 本题考查审判监督程序的提起主体。依据前面第6题所引《刑事诉讼法》第254条的规定，本题中，省高级法院核准死缓判决后，该死缓判决才生效。所以，本题中作

出生效裁判的法院是省高级法院。最高人民法院可以对省高级法院的生效裁判按照审判监督程序进行提审，并依法改判，A项中的做法是正确的，不选。最高人民法院可以指令省高级法院再审，故B项中的做法是正确的，不选。最高人民检察院有权对省高级法院的生效判决向最高人民法院提出抗诉，故C项中的做法是正确的，不选。省检察院作为省高级法院的同级检察院，不能对省高级法院的生效裁判提出抗诉，故D项的做法错误，应选。

答案：D

考点4　再审的审理程序

9. K市H县法院一审以诈骗罪判处高某有期徒刑4年，高某提出上诉。K市中级法院审理后认为，该案一审判决定性准确，但认定诈骗数额较低，高某实际诈骗数额达到特别巨大的标准，依法应判处10年以上有期徒刑。受上诉不加刑原则的限制，K市中级法院二审裁定驳回高某的上诉，维持原判。此后，K市中级法院决定对高某诈骗案再审，撤销原一审判决和二审裁定，指令H县法院重审。关于本案处理，下列选项正确的是？（2023年法考客观题回忆版真题，多选）

A. 因本案有重大社会影响，H县法院重审时可由审判员3人和人民陪审员4人组成合议庭

B. H县法院应另行组成合议庭进行审理

C. 只有检察机关一并提起再审抗诉的，H县法院重审后才能对高某判决10年有期徒刑

D. 本案再审可由K市中级法院院长决定

［解析］　本题考查审判监督程序、审判组织。《人民陪审员法》第16条规定：“人民法院审判下列第一审案件，由人民陪审员和法官组成七人合议庭进行：（一）可能判处十年以上有期徒刑、无期徒刑、死刑，社会影响重大的刑事案件；（二）根据民事诉讼法、行政诉讼法提起的公益诉讼案件；（三）涉及征地拆迁、生态环境保护、食品药品安全，社会影响重大的案件；（四）其他社会影响重大的案件。”本案有重大社会影响，依法应判处10年以上有期徒刑，属于该条第（一）项的情形，由人民陪审员和法官组成七人合议庭进行审理，故A项正确。《高法解释》第466条第1款规定：“原审人民法院审理依照审判监督程序重新审判的案件，应当另行组成合议庭。”故B项表述正确。《高法解释》第469条规定，除检察院抗诉的以外，再审一般不得加重原审被告人的刑罚。本题中，尽管是法院主动启动再审程序，一般不得加重被告人高某的刑罚，但是在例外的情形下可以加重高某的刑罚，故C项错误。《刑事诉讼法》第254条第1款规定：“各级人民法院院长对本院已经发生法律效力的判决和裁定，如果发现在认定事实上或者在适用法律上确有错误，必须提交审判委员会处理。”本题D项的错误在于，不能由K市中级法院院长自己决定提起再审，应由K市中级法院院长对本院生效的裁判提交审判委员会讨论，才能提起审判监督程序。因此，本题的正确答案为A、B两项。

答案：AB

10. H省B市中级法院一审判处甲死刑缓期2年执行，B市检察院未抗诉，甲未上诉，该案经H省高级法院裁定核准。之后，法院发现该案事实认定错误，欲启动再审，下列说法正确的是？（2023年法考客观题回忆版真题，多选）

A. H省检察院可以抗诉提起再审

B. H省高级法院可以启动再审

C. 该案若由H省高级法院重审，应当另行组成合议庭

D. 该案若事实不清，原判确有错误，法院对其再审时应决定中止原判决的执行

［解析］　本题考查审判监督程序。《刑事诉讼法》第254条第3款规定：“最高人民检

察院对各级人民法院已经发生法律效力的判决和裁定，上级人民检察院对下级人民法院已经发生法律效力的判决和裁定，如果发现确有错误，有权按照审判监督程序向同级人民法院提出抗诉。”本题中，甲的死刑缓期2年执行的判决在H省高级法院核准后生效，H省高级法院是作出生效裁判的法院，应当由最高人民检察院而不是H省检察院抗诉提起再审。故A项不正确。《刑事诉讼法》第254条第1款规定：“各级人民法院院长对本院已经发生法律效力的判决和裁定，如果发现在认定事实上或者在适用法律上确有错误，必须提交审判委员会处理。”本题中，H省高级法院院长对本院已经发生法律效力的裁定，提交审判委员会启动再审的做法正确。故B项正确。《刑事诉讼法》第256条第1款规定：“人民法院按照审判监督程序重新审判的案件，由原审人民法院审理的，应当另行组成合议庭进行。”故C项正确。《高法解释》第464条规定，再审期间不停止原判决、裁定的执行，但被告人可能经再审改判无罪，或者可能经再审减轻原判刑罚而致刑期届满的，可以决定中止原判决、裁定的执行，必要时，可以对被告人采取取保候审、监视居住措施。故D项表述不正确。

答案：BC

11. 甲、乙因诈骗罪被A市B区法院一审分别判处有期徒刑5年和3年，该判决生效4年后，在一次执法检查活动中，B区法院发现该案原判决认定事实有误，甲系为丙顶罪，且分担了部分乙实施的犯罪行为，B区法院对甲决定再审。关于该案的说法，正确的是？（2021年法考客观题回忆版真题，不定选）

A. B区法院再审中可对乙加重刑罚

B. B区法院应另行组成合议庭审理

C. B区法院再审时可对甲决定中止执行

D. B区检察院可对乙决定逮捕

［解析］ 本题考查再审的审理程序。《高法解释》第469条规定：“除人民检察院抗诉的以外，再审一般不得加重原审被告人的刑罚。再审决定书或者抗诉书只针对部分原审被告人的，不得加重其他同案原审被告人的刑罚。”本题中，B区法院对甲决定再审，未对乙决定再审，因此，不得加重乙的刑罚。故A项错误。

《刑事诉讼法》第256条规定，法院按照审判监督程序重新审判的案件，由原审法院审理的，应当另行组成合议庭进行。故B项正确。

《高法解释》第464条规定，再审期间不停止原判决、裁定的执行，但被告人可能经再审改判无罪，或者可能经再审减轻原判刑罚而致刑期届满的，可以决定中止原判决、裁定的执行，必要时，可以对被告人采取取保候审、监视居住措施。本题中，甲可能经再审改判无罪，因此，法院可以决定对甲中止原判决的执行。故C项正确。

《刑事诉讼法》第257条第1款规定：“人民法院决定再审的案件，需要对被告人采取强制措施的，由人民法院依法决定；人民检察院提出抗诉的再审案件，需要对被告人采取强制措施的，由人民检察院依法决定。”本题是由法院启动再审，故由法院决定对乙逮捕。故D项错误。

综上，本题的正确答案为B、C两项。

答案：BC

12. 关于审判监督程序，下列哪些选项是正确的？（2014/2/75，多选）

A. 只有当事人及其法定代理人、近亲属才能对已经发生法律效力的裁判提出申诉

B. 原审法院依照审判监督程序重新审判的案件，应当另行组成合议庭

C. 对于依照审判监督程序重新审判后可能改判无罪的案件，可中止原判决、裁定的执行

D. 上级法院指令下级法院再审的，一般应当指令原审法院以外的下级法院审理

［解析］ 本题考查申诉的主体、再审的审理程序。《高法解释》第451条规定："当事人及其法定代理人、近亲属对已经发生法律效力的判决、裁定提出申诉的，人民法院应当审查处理。案外人认为已经发生法律效力的判决、裁定侵害其合法权益，提出申诉的，人民法院应当审查处理。申诉可以委托律师代为进行。"故A项的表述过于绝对，不当选。

《高法解释》第466条第1款规定，原审法院审理依照审判监督程序重新审判的案件，应当另行组成合议庭，故B项正确。

《高法解释》第464条规定："对决定依照审判监督程序重新审判的案件，人民法院应当制作再审决定书。再审期间不停止原判决、裁定的执行，但被告人可能经再审改判无罪，或者可能经再审减轻原判刑罚而致刑期届满的，可以决定中止原判决、裁定的执行，必要时，可以对被告人采取取保候审、监视居住措施。"故C项正确。

《高法解释》第461条第2款规定："上级人民法院指令下级人民法院再审的，一般应当指令原审人民法院以外的下级人民法院审理；由原审人民法院审理更有利于查明案件事实、纠正裁判错误的，可以指令原审人民法院审理。"故D项正确。

本题的正确答案为B、C、D三项。

答案：BCD

13. 法院就被告人"钱某"盗窃案作出一审判决，判决生效后检察院发现"钱某"并不姓钱，于是在确认其真实身份后向法院提出其冒用他人身份，但该案认定事实和适用法律正确。关于法院对此案的处理，下列哪一选项是正确的？（2013/2/40，单选）

A. 可以建议检察院提出抗诉，通过审判监督程序加以改判

B. 可以自行启动审判监督程序加以改判

C. 可以撤销原判并建议检察机关重新起诉

D. 可以用裁定对判决书加以更正

［解析］ 本题考查再审审理后的处理方式。《高法解释》第473条规定："原判决、裁定认定被告人姓名等身份信息有误，但认定事实和适用法律正确、量刑适当的，作出生效判决、裁定的人民法院可以通过裁定对有关信息予以更正。"直接适用此法条，可知本题的正确答案为D项。

答案：D

14. 关于审判监督程序，下列哪一选项是正确的？（2012/2/34，单选）

A. 对于原判决事实不清楚或者证据不足的，应当指令下级法院再审

B. 上级法院指令下级法院再审的，应当指令原审法院以外的下级法院审理；由原审法院审理更为适宜的，也可以指令原审法院审理

C. 不论是否属于由检察院提起抗诉的再审案件，逮捕由检察院决定

D. 法院按照审判监督程序审判的案件，应当决定中止原判决、裁定的执行

［解析］ 本题考查审判监督程序。《刑事诉讼法》第254条第4款规定："人民检察院抗诉的案件，接受抗诉的人民法院应当组成合议庭重新审理，对于原判决事实不清楚或者证据不足的，可以指令下级人民法院再审。"本题A项的错误在于，不是"应当"指令下级法院再审，而是"可以"指令下级法院再审。

《刑事诉讼法》第255条规定："上级人民法院指令下级人民法院再审的，应当指令原审人民法院以外的下级人民法院审理；由原审人民法院审理更为适宜的，也可以指令原审人民法院审理。"故B项正确。

《刑事诉讼法》第257条第1款规定："人民法院决定再审的案件，需要对被告人采取强制措施的，由人民法院依法决定；人民检察院提出抗诉的再审案件，需要对被告人采取强制措施的，由人民检察院依法决定。"本题C项

中逮捕属于强制措施，若是检察院抗诉的再审案件，则由检察院决定逮捕；若是法院主动发动再审程序，则由法院决定逮捕，因此C项表述过于绝对。

《刑事诉讼法》第257条第2款规定："人民法院按照审判监督程序审判的案件，可以决定中止原判决、裁定的执行。"本题D项的错误在于，不是"应当"决定中止原判决、裁定的执行，而是"可以"决定中止原判决、裁定的执行。

综上，本题的正确答案为B项。

答案：B

15. 邢某因涉嫌强奸罪被判处有期徒刑。刑罚执行期间，邢某父母找到证人金某，证明案发时邢某正与金某在外开会，邢某父母提出申诉。法院对该案启动再审。关于原判决的执行，下列哪一说法是正确的？（2011/2/38，单选）

A. 继续执行原判决

B. 由再审法院裁定中止执行原判决

C. 由再审法院决定中止执行原判决

D. 报省级法院决定中止原判决

［解析］ 本题考查再审对原裁判执行的影响。《高法解释》第464条规定，再审期间不停止原判决、裁定的执行，但被告人可能经再审改判无罪，或者可能经再审减轻原判刑罚而致刑期届满的，可以决定中止原判决、裁定的执行，必要时，可以对被告人采取取保候审、监视居住措施。本题中，邢某可能经再审改判无罪，所以，再审法院可以对邢某决定中止执行原判决。注意此处是"决定"而不是"裁定"，故C项正确。

答案：C（原答案为B）

第十九章　涉外刑事诉讼程序与司法协助制度

点评

本章在法律职业资格考试客观题中偶尔考查1道选择题，考生需要重点掌握如下知识点：涉外刑事诉讼程序所适用的案件范围；涉外刑事诉讼的特有原则；涉外刑事诉讼的特有程序；刑事司法协助的主体、内容、程序。特别是2012年《高法解释》和《高检规则》对涉外刑事诉讼程序与司法协助制度的修改内容。

考点1　涉外刑事诉讼程序

1. 美国人杰克涉嫌间谍罪，杰克委托其哥哥担任辩护人，杰克的哥哥是美国人，但是取得了美国的律师执业证书。下列关于该案程序的说法，正确的是？（2021年法考福建延考客观题回忆版真题，不定选）

A. 杰克的哥哥应当提供自己的律师执业证书

B. 杰克的近亲属会见杰克，应向受理案件的中级法院提出申请

C. 中级法院认为自己不宜管辖，可以请求上一级法院管辖

D. 杰克所在国的驻华领事官员探视杰克，法院应当安排

［解析］　本题考查涉外刑事诉讼程序。《高法解释》第485条第1款规定："外国籍被告人委托律师辩护，或者外国籍附带民事诉讼原告人、自诉人委托律师代理诉讼的，应当委托具有中华人民共和国律师资格并依法取得执业证书的律师。"本题A项中杰克的哥哥是外国律师，其不得以外国律师的身份担任辩护人，故该项不正确。

《高法解释》第482条第2款规定："涉外刑事案件审判期间，外国籍被告人在押，其监护人、近亲属申请会见的，可以向受理案件的人民法院所在地的高级人民法院提出，并依照本解释第四百八十六条的规定提供与被告人关系的证明。人民法院经审查认为不妨碍案件审判的，可以批准。"故B项的错误在于，不是向"受理案件的中级法院"，而是向"受理案件的人民法院所在地的高级人民法院"提出申请。

《高法解释》第18条规定："有管辖权的人民法院因案件涉及本院院长需要回避或者其他原因，不宜行使管辖权的，可以请求移送上一级人民法院管辖。上一级人民法院可以管辖，也可以指定与提出请求的人民法院同级的其他人民法院管辖。"本题中杰克涉嫌间谍罪，属于中级法院管辖的案件，但是，若其不宜行使管辖权的，可以请求移送上一级法院管辖。故C项正确。

《高法解释》第482条第1款规定："涉外刑事案件审判期间，外国籍被告人在押，其国籍国驻华使领馆官员要求探视的，可以向受理案件的人民法院所在地的高级人民法院提出。

人民法院应当根据我国与被告人国籍国签订的双边领事条约规定的时限予以安排；没有条约规定的，应当尽快安排。必要时，可以请人民政府外事主管部门协助。”故D项正确。

综上，本题的正确答案为C、D两项。

答案：CD

2. 甲国人汉斯因在我国K市Y区猥亵儿童，Y区检察院将该案起诉至Y区法院。下列关于该案诉讼程序的说法，正确的是？（2019年法考客观题回忆版真题，不定选）

A. 汉斯可以委托其外籍父亲担任辩护人

B. 汉斯的哥哥申请会见汉斯，可向K市中级法院提出

C. 法院可以采取扣留汉斯的护照的办法限制其出境

D. Y区法院应将该案移送K市中级法院审理

[解析] 本题考查涉外刑事诉讼程序、级别管辖、辩护人的范围。《高法解释》第40条第2、3款规定：“……下列人员不得担任辩护人：（一）正在被执行刑罚或者处于缓刑、假释考验期间的人；（二）依法被剥夺、限制人身自由的人；（三）被开除公职或者被吊销律师、公证员执业证书的人；（四）人民法院、人民检察院、监察机关、公安机关、国家安全机关、监狱的现职人员；（五）人民陪审员；（六）与本案审理结果有利害关系的人；（七）外国人或者无国籍人；（八）无行为能力或者限制行为能力的人。前款第三项至第七项规定的人员，如果是被告人的监护人、近亲属，由被告人委托担任辩护人的，可以准许。”本题A项中汉斯的父亲是外国人，属于该条第（七）项规定的人员，但是，其是汉斯的近亲属，因此可以担任汉斯的辩护人。A项当选。

《高法解释》第482条第2款规定：“涉外刑事案件审判期间，外国籍被告人在押，其监护人、近亲属申请会见的，可以向受理案件的人民法院所在地的高级人民法院提出，并依照本解释第四百八十六条的规定提供与被告人关系的证明。人民法院经审查认为不妨碍案件审判的，可以批准。”由此可见，B项的错误在于，汉斯的哥哥申请会见汉斯，不是向K市中级法院提出，而是向K市中级法院所在地的高级法院提出。《高法解释》第487条第1款规定，对涉外刑事案件的被告人，可以决定限制出境；对开庭审理案件时必须到庭的证人，可以要求暂缓出境。故C项正确。

《刑事诉讼法》第21条规定：“中级人民法院管辖下列第一审刑事案件：（一）危害国家安全、恐怖活动案件；（二）可能判处无期徒刑、死刑的案件。”《刑法》第237条规定：“以暴力、胁迫或者其他方法强制猥亵他人或者侮辱妇女的，处五年以下有期徒刑或者拘役。聚众或者在公共场所当众犯前款罪的，或者有其他恶劣情节的，处五年以上有期徒刑。猥亵儿童的，处五年以下有期徒刑；有下列情形之一的，处五年以上有期徒刑……”本题中，汉斯的猥亵儿童罪不可能判处无期徒刑、死刑，所以，Y区法院可以审理该案，而不是应将该案移送K市中级法院审理。故D项错误。

答案：AC

3. 汤姆故意杀人一案，下列关于该案诉讼程序的说法，正确的是？（2019年法考客观题回忆版真题，不定选）

A. 在该案第二审中，检察院发现新证据，第二审法院应当通知辩护律师复制、查阅

B. 第一审宣告汤姆无罪后，检察院发现新证据证明汤姆有罪，遂提起抗诉，第二审法院可以事实不清、证据不足为由发回重审

C. 此案应当公开审理

D. 第二审开庭审理的，法院应当通知领事馆派员旁听

[解析] 本题考查第二审程序、涉外刑

事诉讼程序。《高法解释》第 395 条规定："第二审期间，人民检察院或者被告人及其辩护人提交新证据的，人民法院应当及时通知对方查阅、摘抄或者复制。"故 A 项正确。

《刑事诉讼法》第 236 条第 1 款规定："第二审人民法院对不服第一审判决的上诉、抗诉案件，经过审理后，应当按照下列情形分别处理：……（三）原判决事实不清楚或者证据不足的，可以在查清事实后改判；也可以裁定撤销原判，发回原审人民法院重新审判。"故 B 项正确。《高法解释》第 479 条第 1 款规定："涉外刑事案件审判期间，人民法院应当将下列事项及时通报同级人民政府外事主管部门，并依照有关规定通知有关国家驻华使领馆：（一）人民法院决定对外国籍被告人采取强制措施的情况，包括外国籍当事人的姓名（包括译名）、性别、入境时间、护照或者证件号码、采取的强制措施及法律依据、羁押地点等；（二）开庭的时间、地点、是否公开审理等事项；（三）宣判的时间、地点。"《高法解释》第 483 条规定："人民法院审理涉外刑事案件，应当公开进行，但依法不应公开审理的除外。公开审理的涉外刑事案件，外国籍当事人国籍国驻华使领馆官员要求旁听的，可以向受理案件的人民法院所在地的高级人民法院提出申请，人民法院应当安排。"由这两个法条可知，对于涉外刑事案件，法院不是"应当"通知领事馆派员旁听。故 D 项错误。本题题干未出现依法不公开审理的情形，故 C 项表述正确。

因此，本题的正确答案为 A、B、C 三项。

答案：ABC

4. W 国人约翰涉嫌在我国某市 A 区从事间谍活动被立案侦查并提起公诉。关于本案诉讼程序，下列哪一选项是正确的？（2017/2/42，单选）

A. 约翰可通过 W 国驻华使馆委托 W 国律师为其辩护

B. 本案由 A 区法院一审

C. 约翰精通汉语，开庭时法院可不为其配备翻译人员

D. 给约翰送达的法院判决书应为中文本

［解析］ 本题考查涉外刑事诉讼的特殊之处，主要涉及涉外刑事案件的辩护人委托、级别管辖、语言文字的使用（翻译和法律文书）。依据《高法解释》第 485 条第 1 款的规定，外国籍被告人委托律师辩护，或者外国籍附带民事诉讼原告人、自诉人委托律师代理诉讼的，应当委托具有中华人民共和国律师资格并依法取得执业证书的律师。故 A 项错误在于，不能委托 W 国律师为其辩护，只能委托具有中华人民共和国律师资格并依法取得执业证书的律师。

《刑事诉讼法》第 21 条规定："中级人民法院管辖下列第一审刑事案件：（一）危害国家安全、恐怖活动案件；（二）可能判处无期徒刑、死刑的案件。"本题中约翰涉嫌间谍罪，是危害国家安全的案件，应当由中级法院，而不是区法院进行一审。故 B 项错误。

《高法解释》第 484 条规定："人民法院审判涉外刑事案件，使用中华人民共和国通用的语言、文字，应当为外国籍当事人提供翻译。翻译人员应当在翻译文件上签名。人民法院的诉讼文书为中文本。外国籍当事人不通晓中文的，应当附有外文译本，译本不加盖人民法院印章，以中文本为准。外国籍当事人通晓中国语言、文字，拒绝他人翻译，或者不需要诉讼文书外文译本的，应当由其本人出具书面声明。拒绝出具书面声明的，应当记录在案；必要时，应当录音录像。"故 C 项错误在于，不是"可不为其配备翻译人员"，而是应当为约翰提供翻译。D 项正确。

本题的正确答案为 D 项。

答案：D

5. 下列哪些案件适用涉外刑事诉讼程序？（2010/2/79，多选）

A. 在公海航行的我国货轮被索马里海盗抢劫的案件

B. 我国国内一起贩毒案件的关键目击证人在诉讼时身在国外

C. 陈某经营的煤矿发生重大安全事故后携款潜逃国外的案件

D. 我驻某国大使馆内中方工作人员甲、乙因看世界杯而发生斗殴的故意伤害案件

［解析］本题考查涉外刑事诉讼程序的适用范围。由于涉外刑事诉讼是诉讼活动涉及外国人或者某些诉讼活动需要在国外进行的刑事诉讼，因此，只有以下几种案件才可能适用涉外刑事诉讼程序：（1）中国公民在中华人民共和国领域内对外国公民、无国籍人及外国法人犯罪的案件。（2）外国公民、无国籍人或外国法人在中华人民共和国领域内对中国国家、组织或者公民实施犯罪的案件。（3）外国公民、无国籍人或者外国法人在中华人民共和国领域内侵犯外国公民、无国籍人或者外国法人的合法权利、触犯中国刑法，构成犯罪的案件。（4）中华人民共和国缔结或者参加的国际条约所规定的，中国有义务管辖的国际犯罪行为。（5）外国人、无国籍人、外国法人在中华人民共和国领域外对中国国家或公民实施按照中国刑法规定最低刑为3年以上有期徒刑的犯罪案件，但按照犯罪地法律不受处罚的除外。（6）某些刑事诉讼活动需要在国外进行的非涉外刑事案件。（7）外国司法机关管辖的，根据国际条约或者互惠原则，外国司法机关请求中国司法机关为其提供刑事司法协助的案件。本题中，A项属于上述（5）的情形，B、C两项属于上述（6）的情形，故A、B、C三项均应入选。但是D项中，“我驻某国大使馆内中方工作人员甲、乙因看世界杯而发生斗殴的故意伤害案件”系在我国的拟制领土上实施的犯罪，没有涉外因素，无须适用涉外刑事诉讼程序。

答案：ABC

6. 李某、阮某持某外国护照，涉嫌贩卖毒品罪被检察机关起诉至某市中级法院。关于李某、阮某的诉讼权利及本案诉讼程序，下列说法正确的是？（2011/2/95，不定选）

A. 即使李某、阮某能够使用中文交流，也应当允许其使用本国语言进行诉讼

B. 向李某、阮某送达中文本诉讼文书时，可以附有李某、阮某通晓的外文译本

C. 李某、阮某只能委托具有中华人民共和国律师资格并依法取得执业证书的律师作为辩护人

D. 如我国缔结或参加的国际条约中有关于刑事诉讼程序具体规定的，审理该案均适用该条约的规定

［解析］本题考查涉外刑事诉讼程序。《高法解释》第484条规定：“人民法院审判涉外刑事案件，使用中华人民共和国通用的语言、文字，应当为外国籍当事人提供翻译。翻译人员应当在翻译文件上签名。人民法院的诉讼文书为中文本。外国籍当事人不通晓中文的，应当附有外文译本，译本不加盖人民法院印章，以中文本为准。外国籍当事人通晓中国语言、文字，拒绝他人翻译，或者不需要诉讼文书外文译本的，应当由其本人出具书面声明。拒绝出具书面声明的，应当记录在案；必要时，应当录音录像。”由此可知，外国籍当事人有权使用其本国语言进行诉讼，故A项正确。根据上述规定，诉讼文书“应当”而不是“可以”附有被告人通晓的外文译本，故B项错误。

《高法解释》第485条第1、2、3款规定：“外国籍被告人委托律师辩护，或者外国籍附带民事诉讼原告人、自诉人委托律师代理诉讼的，应当委托具有中华人民共和国律师资格并依法取得执业证书的律师。外国籍被告人在押的，其监护人、近亲属或者其国籍国驻华使

领馆可以代为委托辩护人。其监护人、近亲属代为委托的，应当提供与被告人关系的有效证明。外国籍当事人委托其监护人、近亲属担任辩护人、诉讼代理人的，被委托人应当提供与当事人关系的有效证明。经审查，符合刑事诉讼法、有关司法解释规定的，人民法院应当准许。”据此，被告人也可以委托非律师作为辩护人，故C项错误。

对于D项，《高法解释》虽未规定，但是从理论上来讲，中华人民共和国缔结或者参加的国际条约中有关于刑事诉讼程序具体规定的，适用该国际条约的规定。但是，我国声明保留的条款除外。据此，在审理该案的过程当中并非全部适用国际条约的规定，故D项错误。

综上，本题的正确答案为A项。

答案：A

✪ 考点2 刑事司法协助

7. 下列哪一项不属于狭义的刑事司法协助？（2005/2/38，单选）

A. 询问证人　　B. 引渡

C. 搜查　　D. 扣押

［解析］ 刑事司法协助，是指不同国家的司法机关之间，根据本国缔结或参加的国际条约，或者按照互惠原则，相互请求代为或协助进行一定刑事诉讼活动的司法行为。刑事司法协助有狭义和广义之分。狭义的刑事司法协助是指与审判有关的刑事司法协助，包括送达刑事司法文书、询问证人和鉴定人、搜查、扣押、有关物品的移送以及提供有关法律资料等；广义的刑事司法协助除了包括狭义的刑事司法协助外，还包括引渡等内容。因此，引渡是属于广义的刑事司法协助内容，而不属于狭义的刑事司法协助内容，B项正确。A、C、D三项属于狭义的刑事司法协助内容。

答案：B

8. 根据我国涉外刑事案件审理程序规定，下列哪一选项是正确的？（2009/2/38，单选）

A. 国籍不明又无法查清的，以中国国籍对待，不适用涉外刑事案件审理程序

B. 法院审判涉外刑事案件，不公开审理

C. 对居住在国外的中国籍当事人，可以委托我国使、领馆代为送达

D. 外国法院通过外交途径请求我国法院向外国驻华使、领馆商务参赞送达法律文书的，应由我国有关高级法院送达

［解析］ 本题考查涉外刑事案件审理程序。《高法解释》第477条规定：“外国人的国籍，根据其入境时持用的有效证件确认；国籍不明的，根据公安机关或者有关国家驻华使领馆出具的证明确认。国籍无法查明的，以无国籍人对待，适用本章有关规定，在裁判文书中写明‘国籍不明’。”据此，A项的错误在于：第一，应以无国籍对待；第二，适用涉外刑事案件审理程序。

《高法解释》第483条第1款规定：“人民法院审理涉外刑事案件，应当公开进行，但依法不应公开审理的除外。”据此，B项不正确。

《高法解释》第495条规定：“人民法院向在中华人民共和国领域外居住的当事人送达刑事诉讼文书，可以采用下列方式：……（三）对中国籍当事人，所在国法律允许或者经所在国同意的，可以委托我国驻受送达人所在国的使领馆代为送达……”故C项正确。

《高法解释》第496条第2款规定：“外国法院通过外交途径请求人民法院送达刑事诉讼文书的，由该国驻华使馆将法律文书交我国外交部主管部门转最高人民法院。最高人民法院审核后认为属于人民法院职权范围，且可以代为送达的，应当转有关人民法院办理。”据此，D项的错误在于，不是由高级法院送达，而是由最高人民法院转有关法院办理。

答案：C

第二十章 执行

点评

本章在法律职业资格考试客观题中约考1—2道选择题。重要考点有：各种刑罚的执行机关，死刑的停止执行程序，财产刑和附带民事裁判的执行，死缓的变更程序，暂予监外执行，社区矫正，减刑、假释的程序等内容。

总体而言，本部分的试题难度不大，但命题方式灵活，既有法条的直接考查，又有案例形式，并涉及刑法的相关知识。尤其对2018年《刑事诉讼法》、《高法解释》和《高检规则》及其相关司法解释中对刑罚的执行机关、罚金刑、死缓的变更程序、暂予监外执行、社区矫正、减刑、假释等的修改要重点关注。

考点1 执行机关

1. 关于生效裁判执行，下列哪一做法是正确的？（2016/2/40，单选）

A. 甲被判处管制1年，由公安机关执行

B. 乙被判处有期徒刑1年宣告缓刑2年，由社区矫正机构执行

C. 丙被判处有期徒刑1年6个月，在被交付执行前，剩余刑期5个月，由看守所代为执行

D. 丁被判处10年有期徒刑并处没收财产，没收财产部分由公安机关执行

［解析］ 本题考查刑罚的执行机关。《刑事诉讼法》第269条规定："对被判处管制、宣告缓刑、假释或者暂予监外执行的罪犯，依法实行社区矫正，由社区矫正机构负责执行。"本题A项中的管制，由社区矫正机构负责执行，而非公安机关执行，故A项错误。B项中的缓刑由社区矫正机构执行，该项表述正确。

《刑事诉讼法》第264条第2款规定，对被判处死刑缓期2年执行、无期徒刑、有期徒刑的罪犯，由公安机关依法将该罪犯送交监狱执行刑罚。对被判处有期徒刑的罪犯，在被交付执行刑罚前，剩余刑期在3个月以下的，由看守所代为执行。本题C项中剩余刑期5个月的有期徒刑，由监狱执行，而非看守所代为执行，故C项表述错误。

《刑事诉讼法》第272条规定："没收财产的判决，无论附加适用或者独立适用，都由人民法院执行；在必要的时候，可以会同公安机关执行。"故D项中的没收财产部分应由法院执行，而非公安机关执行。故D项表述错误。

综上所述，本题的正确答案为B项。

答案：B

2. 赵某因绑架罪被甲省A市中级法院判处死刑缓期两年执行，后交付甲省B市监狱执行。死刑缓期执行期间，赵某脱逃至乙省C市实施

抢劫被抓获，C市中级法院一审以抢劫罪判处无期徒刑。赵某不服判决，向乙省高级法院上诉。乙省高级法院二审维持一审判决。此案最终经最高法院核准死刑立即执行。关于执行赵某死刑的法院，下列哪一选项是正确的？（2013/2/24，单选）

A. A市中级法院

B. B市中级法院

C. C市中级法院

D. 乙省高级法院

［解析］ 本题考查死刑立即执行的执行主体。依据《高法解释》第499条的规定，最高人民法院的执行死刑命令，由高级法院交付第一审法院执行。第一审法院接到执行死刑命令后，应当在7日内执行。在死刑缓期执行期间故意犯罪，最高人民法院核准执行死刑的，由罪犯服刑地的中级法院执行。在本题中，B市中级法院属于罪犯服刑地的中级法院。故本题正确答案为B项。

答案：B

3. 李某、阮某持某外国护照，涉嫌抢劫罪被检察机关起诉至某市中级法院。如李某、阮某被判处刑罚同时附加判处罚金，下列说法正确的是？（不定选）

A. 李某、阮某在判决确定期限内未足额缴纳的，法院应当在期满后强制缴纳

B. 李某、阮某未全部缴纳罚金的，在其后发现有可供执行财产，法院可以追缴

C. 李某、阮某先履行附带民事赔偿责任，再执行罚金刑

D. 法院发现李某、阮某有可供执行的财产需要查封、扣押、冻结的，可以采取查封、扣押、冻结措施

［解析］ 本题考查罚金刑的执行。《高法解释》第523条第1款规定：“罚金在判决规定的期限内一次或者分期缴纳。期满无故不缴纳或者未足额缴纳的，人民法院应当强制缴纳。经强制缴纳仍不能全部缴纳的，在任何时候，包括主刑执行完毕后，发现被执行人有可供执行的财产的，应当追缴。”据此，A项正确；B项错误，是“应当追缴”，而非“可以追缴”。《高法解释》第527条规定：“被判处财产刑，同时又承担附带民事赔偿责任的被执行人，应当先履行民事赔偿责任。”据此，C项正确。

法院应当依法对被执行人的财产状况进行调查，发现有可供执行的财产，需要查封、扣押、冻结的，应当及时采取查封、扣押、冻结等强制执行措施。因此，法院“应当”而不是“可以”对此采取强制执行措施，D项错误。

综上，本题的正确答案为A、C两项。

答案：AC

4. 孙某在甲市服刑期间，遵守监规，接受教育改造，确有悔改表现，于是监狱向甲市中级人民法院提出假释建议书，并由甲市法院作出假释裁定。在假释期间内，乙县公安机关发现孙某曾参与当地一起诈骗案，于是将其抓获归案，并由乙县人民检察院起诉到乙县人民法院审判。该案中，应当由哪个机关撤销原来的假释裁定？（2004/2/34，单选）

A. 甲市中级人民法院

B. 乙县人民法院

C. 甲市监狱

D. 乙县公安机关

［解析］ 本题考查假释的撤销程序。《高法解释》第542条规定：“罪犯在缓刑、假释考验期限内犯新罪或者被发现在判决宣告前还有其他罪没有判决，应当撤销缓刑、假释的，由审判新罪的人民法院撤销原判决、裁定宣告的缓刑、假释，并书面通知原审人民法院和执行机关。”

本题中，孙某在甲市服刑期间由甲市法院作出假释裁定，在假释期间乙县公安机关发现

孙某曾参与当地一起诈骗案，将其抓获归案后，由乙县检察院起诉到乙县法院，故审理新罪的法院应为乙县法院。根据上述司法解释，由审理新罪的乙县法院撤销原来的假释裁定，故B项正确。

答案：B

✪ 考点2 暂予监外执行

5. K市检察院在进行诉讼监督活动中发现K市B区法院的法官张某枉法裁判的犯罪线索，于是进行立案侦查。下列关于该案的说法，正确的是？（2023年法考客观题回忆版真题，不定选）

A. 经检察长批准，K市检察院对该案可以适用技术侦查

B. 上级检察院可以派员参与侦查该案

C. K市检察院审查起诉时，认为张某不构成枉法裁判罪，而构成受贿罪，若该受贿案事实清楚，证据确实、充分，K市检察院可以直接提起公诉

D. 若张某被判有期徒刑3年，因病被监外执行，张某在监外执行期间因犯新罪而被收监执行，对张某监外执行的6个月不计入刑期

［解析］ 本题考查检察院的侦查程序、审查起诉时发现侦查管辖错误的处理、监外执行。《高检规则》第227条规定：“人民检察院在立案后，对于利用职权实施的严重侵犯公民人身权利的重大犯罪案件，经过严格的批准手续，可以采取技术侦查措施，交有关机关执行。”本题中的张某枉法裁判案属于损害司法公正的犯罪案件，不是严重侵犯公民人身权利的重大犯罪案件，检察院对该案不能适用技术侦查。故A项错误。《高检规则》第16条规定，上级检察院在必要的时候，可以直接立案侦查或者组织、指挥、参与侦查下级检察院管辖的案件。故B项的表述正确。《高检规则》第357条规定，检察院立案侦查时认为属于直接受理侦查的案件，在审查起诉阶段发现属于监察机关管辖的，应当及时商监察机关办理。本题中，检察院在立案侦查时认为张某构成枉法裁判罪，属于检察院直接受理侦查的案件，但是，在审查起诉时认为张某构成受贿罪，即属于监察机关管辖的案件，检察院应当商监察机关办理，而不是直接提起公诉。故C项错误。《刑事诉讼法》第268条第3款规定：“不符合暂予监外执行条件的罪犯通过贿赂等非法手段被暂予监外执行的，在监外执行的期间不计入执行刑期。罪犯在暂予监外执行期间脱逃的，脱逃的期间不计入执行刑期。”本题D项中的情形不属于该条中的情形，故该监外执行的期间应计入刑期。D项不正确。

答案：B

6. 张某因拐卖儿童罪，被法院判处无期徒刑，在交付执行时，张某怀孕3个月。下列关于该案的说法正确的是？（2022年法考延考客观题回忆版真题，不定选）

A. 在交付执行前，法院可以对张某决定监外执行

B. 在交付执行前，由监狱管理机关对张某批准监外执行

C. 张某在分娩后，应立即收监

D. 张某在监外执行期间脱逃，监外执行的期间不计入刑期

［解析］ 本题考查监外执行。《刑事诉讼法》第265条第5款规定：“在交付执行前，暂予监外执行由交付执行的人民法院决定；在交付执行后，暂予监外执行由监狱或者看守所提出书面意见，报省级以上监狱管理机关或者设区的市一级以上公安机关批准。”本题中，张某被判无期徒刑，其怀孕3个月，符合监外执行的条件，在交付执行前，由法院而不是监狱管理机关对张某决定监外执行，故A项正确，B项错误。《刑事诉讼法》第268条第1款规定：“对暂予监外执行的罪犯，有下列情

形之一的，应当及时收监：（一）发现不符合暂予监外执行条件的；（二）严重违反有关暂予监外执行监督管理规定的；（三）暂予监外执行的情形消失后，罪犯刑期未满的。”本案中，张某在分娩后还需要哺乳自己的婴儿，仍然符合监外执行的条件，不需要收监。故C项不正确。《刑事诉讼法》第268条第3款规定，罪犯在暂予监外执行期间脱逃的，脱逃的期间不计入执行刑期。本题D项的错误在于，不是监外执行的期间而是脱逃的期间不计入刑期。因此，本题的正确答案为A项。

答案：A

7. 甲因诈骗罪被A市法院判处有期徒刑5年，并被决定暂予监外执行，在监外执行期间，发现下列哪一情形，监外执行的期间不计入刑期？（2022年法考客观题回忆版真题，单选）

A. 监外执行1年后逃脱的

B. 监外执行期间甲又实施诈骗犯罪的

C. 甲是通过贿赂医生伪造严重疾病的证明而被监外执行的

D. 甲故意怀孕哺乳而被监外执行的

［解析］ 本题考查监外执行。《刑事诉讼法》第268条第3款规定：“不符合暂予监外执行条件的罪犯通过贿赂等非法手段被暂予监外执行的，在监外执行的期间不计入执行刑期。罪犯在暂予监外执行期间脱逃的，脱逃的期间不计入执行刑期。”本题C项中罪犯甲通过贿赂的非法手段被暂予监外执行，其监外执行的期间不计入刑期，故C项正确。本题A项中脱逃的期间不计入刑期，而不是整个监外执行的期间不计入刑期，故该项不当选。本题的B项和D项不属于《刑事诉讼法》第268条第3款规定的不计入刑期的情形。本题的正确答案为C项。

答案：C

8. 甲、乙共同故意杀人案，第一审法院判处甲死刑，乙有期徒刑10年，甲和乙对被害人的近亲属赔偿人民币10万元。下列关于该案的说法，正确的是？（2021年法考福建延考客观题回忆版真题，不定选）

A. 最高法院复核该案时，发现原判决引用法律条文有瑕疵，在纠正后核准甲的死刑

B. 若甲提出上诉，二审法院审理发现一审对乙判处的刑罚过轻，可对乙加重刑罚

C. 若甲以量刑过重为由上诉，二审法院发现附带民事判决不当，应当将刑事部分和附带民事部分一并审理

D. 乙在服刑期间因病申请暂予监外执行，由法院负责组织对其进行病情诊断

［解析］ 本题考查死刑复核程序、上诉不加刑、附带民事诉讼的二审、监外执行。《高法解释》第429条规定：“最高人民法院复核死刑案件，应当按照下列情形分别处理：……（二）原判认定的某一具体事实或者引用的法律条款等存在瑕疵，但判处被告人死刑并无不当的，可以在纠正后作出核准的判决、裁定……”故A项正确。

《高法解释》第401条规定：“审理被告人或者其法定代理人、辩护人、近亲属提出上诉的案件，不得对被告人的刑罚作出实质不利的改判，并应当执行下列规定：（一）同案审理的案件，只有部分被告人上诉的，既不得加重上诉人的刑罚，也不得加重其他同案被告人的刑罚……”。本题B项中，只有甲提出上诉，二审法院既不得加重甲的刑罚，也不能加重乙的刑罚，故该项错误。

《高法解释》第407条规定：“第二审人民法院审理对刑事部分提出上诉、抗诉，附带民事部分已经发生法律效力的案件，发现第一审判决、裁定中的附带民事部分确有错误的，应当依照审判监督程序对附带民事部分予以纠正。”本题C项的错误在于，无须将刑事部分和附带民事部分一并审理。

《全国人民代表大会常务委员会关于〈中

华人民共和国刑事诉讼法〉第二百五十四条（现第二百六十五条）第五款、第二百五十七条（现第二百六十八条）第二款的解释》规定："罪犯在被交付执行前，因有严重疾病、怀孕或者正在哺乳自己婴儿的妇女、生活不能自理的原因，依法提出暂予监外执行的申请的，有关病情诊断、妊娠检查和生活不能自理的鉴别，由人民法院负责组织进行。"本题D项中乙因病在交付执行后适用监外执行，则不适用该条文，不是由法院负责组织进行病情诊断，故D项表述不正确。

综上，本题的正确答案为A项。

答案：A

9. 居住于A市的甲、乙共同诈骗。甲在侦查阶段，被监视居住。法院经审理分别判处甲、乙有期徒刑5年、3年。乙因怀孕，在交付执行前，被监外执行。下列关于该案诉讼程序的表述，正确的是？（2021年法考黑龙江延考客观题回忆版真题，不定选）

A. 可以对甲指定居所监视居住

B. 甲应当将护照交公安机关保存

C. 对乙的监外执行，由法院决定

D. 乙在监外执行期间死亡，应当及时通知监狱

［解析］ 本题考查监视居住、监外执行。《刑事诉讼法》第75条第1款规定："监视居住应当在犯罪嫌疑人、被告人的住处执行；无固定住处的，可以在指定的居所执行。对于涉嫌危害国家安全犯罪、恐怖活动犯罪，在住处执行可能有碍侦查的，经上一级公安机关批准，也可以在指定的居所执行……"本题中甲涉嫌的是诈骗罪，该罪不属于危害国家安全犯罪、恐怖活动犯罪，而且甲有固定住处，故不得对甲指定居所监视居住。A项表述不正确。

《刑事诉讼法》第77条第1款规定："被监视居住的犯罪嫌疑人、被告人应当遵守以下规定：（一）未经执行机关批准不得离开执行监视居住的处所；（二）未经执行机关批准不得会见他人或者通信；（三）在传讯的时候及时到案；（四）不得以任何形式干扰证人作证；（五）不得毁灭、伪造证据或者串供；（六）将护照等出入境证件、身份证件、驾驶证件交执行机关保存。"本题B项符合该条第（六）项的规定，被监视居住人甲应当将护照交公安机关保存，故B项正确。

《刑事诉讼法》第265条第5款规定："在交付执行前，暂予监外执行由交付执行的人民法院决定；在交付执行后，暂予监外执行由监狱或者看守所提出书面意见，报省级以上监狱管理机关或者设区的市一级以上公安机关批准。"本题中，乙在交付执行前被监外执行，该监外执行由法院决定，故C项正确。

《刑事诉讼法》第268条第4款规定："罪犯在暂予监外执行期间死亡的，执行机关应当及时通知监狱或者看守所。"故D项正确。

综上，本题的正确答案为B、C、D三项。

答案：BCD

10. 张某居住于甲市A区，曾任甲市B区某局局长，因受贿罪被B区法院判处有期徒刑5年，执行期间突发严重疾病而被决定暂予监外执行。张某在监外执行期间违反规定，被决定收监执行。关于本案，下列哪一选项是正确的？（2017/2/38，单选）

A. 暂予监外执行由A区法院决定

B. 暂予监外执行由B区法院决定

C. 暂予监外执行期间由A区司法行政机关实行社区矫正

D. 收监执行由B区法院决定

［解析］ 本题考查监外执行。依据《刑事诉讼法》第265条第5款的规定，在交付执行前，暂予监外执行由交付执行的法院决定；在交付执行后，暂予监外执行由监狱或者看守所提出书面意见，报省级以上监狱管理机关或者设区的市一级以上公安机关批准。本题中，

张某被判处有期徒刑，在执行期间，张某需要监外执行，应当由省级以上监狱管理机关，而不是法院批准监外执行。故A、B两项错误。

依据《刑事诉讼法》第269条的规定，对被判处管制、宣告缓刑、假释或者暂予监外执行的罪犯，依法实行社区矫正，由社区矫正机构负责执行。具体而言，社区矫正由罪犯居住地的县级司法行政机关执行。因此，对张某暂予监外执行期间由A区司法行政机关实行社区矫正。故C项正确。

《全国人民代表大会常务委员会关于〈中华人民共和国刑事诉讼法〉第二百五十四条（现第二百六十五条）第五款、第二百五十七条（现第二百六十八条）第二款的解释》规定，根据《刑事诉讼法》第257条（现第268条）第2款的规定，对法院决定暂予监外执行的罪犯，有《刑事诉讼法》第257条（现第268条）第1款规定的情形，依法应当予以收监的，在法院作出决定后，由公安机关依照《刑事诉讼法》第253条（现第264条）第2款的规定送交执行刑罚。本题中，不是法院决定监外执行，因而也不是法院决定收监执行。故D项错误。

本题的正确答案为C项。

答案：C

11. 钱某涉嫌纵火罪被提起公诉，在法庭审理过程中被诊断患严重疾病，法院判处其有期徒刑8年，同时决定予以监外执行。下列哪一选项是错误的？（2014/2/26，单选）

A. 决定监外执行时应当将暂予监外执行决定抄送检察院

B. 钱某监外执行期间，应当对其实行社区矫正

C. 如钱某拒不报告行踪、脱离监管，应当予以收监

D. 如法院作出收监决定，钱某不服，可向上一级法院申请复议

［解析］ 本题考查暂予监外执行。《刑事诉讼法》第267条规定，决定或者批准暂予监外执行的机关应当将暂予监外执行决定抄送检察院。故A项正确。

《刑事诉讼法》第269条规定：“对被判处管制、宣告缓刑、假释或者暂予监外执行的罪犯，依法实行社区矫正，由社区矫正机构负责执行。”故B项正确。

《刑事诉讼法》第268条第1款规定：“对暂予监外执行的罪犯，有下列情形之一的，应当及时收监：（一）发现不符合暂予监外执行条件的；（二）严重违反有关暂予监外执行监督管理规定的；（三）暂予监外执行的情形消失后，罪犯刑期未满的。”C项中“钱某拒不报告行踪、脱离监管”，属于上述第（二）项情形，故C项正确。D项表述错误在于，钱某对法院作出的收监决定没有申请复议的权利。

综上，本题正确答案为D项。

答案：D

12. 在刑事执行程序中，下列哪些情形可以暂予监外执行？（2005/2/78，多选）

A. 被判处无期徒刑的张某，怀有身孕

B. 被判处有期徒刑10年的罪犯王某，在狱中自杀未遂，生活不能自理

C. 被判处拘役的罪犯李某，患有严重疾病需要保外就医

D. 被判处5年有期徒刑的赵某，怀有身孕

［解析］ 本题考查暂予监外执行适用的对象和条件。《刑事诉讼法》第265条第1至3款规定：“对被判处有期徒刑或者拘役的罪犯，有下列情形之一的，可以暂予监外执行：（一）有严重疾病需要保外就医的；（二）怀孕或者正在哺乳自己婴儿的妇女；（三）生活不能自理，适用暂予监外执行不致危害社会的。对被判处无期徒刑的罪犯，有前款第二项规定情形的，可以暂予监外执行。对适用保外就医可能有社会危险性的罪犯，或者自伤自

残的罪犯，不得保外就医。”本题A项中，被判处无期徒刑的张某，怀有身孕，据前述规定，可以暂予监外执行；B项中，王某有自杀行为，根据前述规定，不得保外就医；C、D两项中的李某和赵某分别符合暂予监外执行的第（一）、（二）项条件，可以暂予监外执行。因此，本题的正确答案为A、C、D三项。

答案：ACD（原答案为CD）

考点3　死刑立即执行的执行程序

13. 周某和江某涉嫌故意杀人罪，A省B市中级法院判处周某死刑立即执行，江某被判处死刑缓期二年执行，最高人民法院和A省高级法院核准后将周某和江某交付执行。关于该案，下列说法正确的是？（2020年法考客观题回忆版真题，多选）

A. 最高人民法院对周某的死刑立即执行作出核准的裁定后，不再接收周某的辩护人提交的辩护意见

B. 江某在死刑缓期二年执行期间，故意殴打同监犯人致其轻伤，由服刑的监狱侦查

C. 最高人民法院核准周某的死刑立即执行后，周某即可被交付执行

D. 周某在被执行死刑前，有权要求会见其妻子

［解析］　本题考查死刑立即执行的执行程序、死刑犯与其近亲属的会见、特殊地域管辖等。《关于死刑复核及执行程序中保障当事人合法权益的若干规定》第4条规定：“最高人民法院复核裁定作出后，律师提交辩护意见及证据材料的，应当接收并出具接收清单；经审查，相关意见及证据材料可能影响死刑复核结果的，应当暂停交付执行或者停止执行，但不再办理接收委托辩护手续。”故A项中最高人民法院不再接收周某的辩护人提交的辩护意见，是错误的。依据《高法解释》第13条第2款的规定，罪犯在监狱内犯罪的，由服刑地的法院管辖。与之相对应，由服刑的监狱进行侦查，故B项正确。

依据《刑事诉讼法》第261、262条的规定，最高人民法院判处和核准的死刑立即执行的判决，应当由最高人民法院院长签发执行死刑的命令。下级法院接到最高人民法院执行死刑的命令后，应当在七日以内交付执行。C项的错误在于，不能在最高人民法院核准周某的死刑立即执行后，将周某交付执行死刑，而应在最高人民法院院长签发执行死刑的命令后将周某交付执行死刑。《关于死刑复核及执行程序中保障当事人合法权益的若干规定》第6条第1款规定，第一审法院在执行死刑前，应当告知罪犯可以申请会见其近亲属。故D项表述正确。

答案：BD

14. 张某因故意杀人罪被某中级法院判处死刑立即执行，在执行死刑之前，遇到以下情形，最高人民法院在审核后的处理方式，正确的是？（2019年法考客观题回忆版真题，单选）

A. 查明有重大立功表现，但不影响原判决执行的，裁定继续执行死刑

B. 查明有重大立功表现的，应该改判

C. 发现张某还犯有抢劫罪，应当追诉的，在审理后合并执行死刑

D. 发现张某怀孕6个月，裁定撤销原判，发回原审法院重新审理

［解析］　本题考查停止执行死刑的程序。《高法解释》第504条规定：“最高人民法院对停止执行死刑的案件，应当按照下列情形分别处理：（一）确认罪犯怀孕的，应当改判；（二）确认罪犯有其他犯罪，依法应当追诉的，应当裁定不予核准死刑，撤销原判，发回重新审判；（三）确认原判决、裁定有错误或者罪犯有重大立功表现，需要改判的，应当裁定不予核准死刑，撤销原判，发回重新审判；

（四）确认原判决、裁定没有错误，罪犯没有重大立功表现，或者重大立功表现不影响原判决、裁定执行的，应当裁定继续执行死刑，并由院长重新签发执行死刑的命令。”本题中，依据上述条文第（四）项的规定，A项正确；依据上述条文第（三）项的规定，B项的处理方式错误，不是“应当改判”，而是“需要改判的，应当裁定不予核准死刑，撤销原判，发回重新审判”；依据上述条文第（二）项的规定，C项的处理方式错误，不是“在审理后合并执行死刑”，而是“应当裁定不予核准死刑，撤销原判，发回重新审判”；依据上述条文第（一）项的规定，D项的处理方式错误，不是“裁定撤销原判，发回原审法院重新审理”，而是“应当改判”。故本题的正确答案为A项。

答案：A

考点4　有期徒刑缓刑、拘役缓刑的执行

15. 关于有期徒刑缓刑、拘役缓刑的执行，下列哪些选项是正确的？（2014/2/74，多选）

A. 对宣告缓刑的罪犯，法院应当核实其居住地

B. 法院应当向罪犯及原所在单位或居住地群众宣布犯罪事实、期限及应遵守的规定

C. 罪犯在缓刑考验期内犯新罪应当撤销缓刑的，由原审法院作出裁定

D. 法院撤销缓刑的裁定，一经作出立即生效

［解析］　本题考查有期徒刑缓刑、拘役缓刑的执行。《高法解释》第519条第1款规定，对被判处管制、宣告缓刑的罪犯，法院应当依法确定社区矫正执行地。依据《社区矫正法》第17条的规定，社区矫正执行地一般为社区矫正对象的居住地。故A项正确。

《高法解释》第542条规定，罪犯在缓刑、假释考验期限内犯新罪或者被发现在判决宣告前还有其他罪没有判决，应当撤销缓刑、假释的，由审判新罪的法院撤销原判决、裁定宣告的缓刑、假释，并书面通知原审法院和执行机关，故C项的错误在于，不是“原审法院”而是“审判新罪的法院”裁定撤销缓刑。

《高法解释》第545条第1款规定，法院应当在收到社区矫正机构的撤销缓刑、假释建议书后30日以内作出裁定。撤销缓刑、假释的裁定一经作出，立即生效。故D项正确。B项的错误在于，不是法院，而是社区矫正机构应当按照法院的判决，向罪犯及其原所在单位或者居住地群众宣布犯罪事实、期限及应遵守的规定。

综上，本题的正确答案为A、D两项。

答案：AD

考点5　死缓的变更程序

16. 甲和乙因共同故意杀人，被A省B市中级法院分别判处死缓和死刑立即执行。之后，分别报请A省高级法院和最高人民法院核准。下列关于该案诉讼程序的表述，正确的是？（2020年法考客观题回忆版真题，多选）

A. 甲在死缓执行期间故意犯罪，应由高级法院对新罪进行一审判决并报最高人民法院核准

B. 甲在死缓考验期间可以适用监外执行

C. 最高人民法院对乙复核期间，乙的辩护律师提出要求的，最高人民法院应当听取意见

D. B市中级法院在执行乙的死刑之前，乙有重大立功，可能需要改判的，B市中级法院应层报最高人民法院审查

［解析］　本题考查死缓的变更程序、监外执行、死刑复核程序、停止执行死刑的程序。《高法解释》第497条规定，被判处死刑缓期执行的罪犯，在死刑缓期执行期间故意犯罪的，应当由罪犯服刑地的中级法院依法审判，所作的判决可以上诉、抗诉。认定构成故

意犯罪的判决、裁定发生法律效力后，应当层报最高人民法院核准执行死刑。本题A项的错误在于，不是“高级法院”而是“中级法院”依法审判，在故意犯罪的判决、裁定发生法律效力后层报最高人民法院核准执行死刑。《刑事诉讼法》第265条第1、2款规定：“对被判处有期徒刑或者拘役的罪犯，有下列情形之一的，可以暂予监外执行：（一）有严重疾病需要保外就医的；（二）怀孕或者正在哺乳自己婴儿的妇女；（三）生活不能自理，适用暂予监外执行不致危害社会的。对被判处无期徒刑的罪犯，有前款第二项规定情形的，可以暂予监外执行。”由此可见，只有被判处有期徒刑、无期徒刑或者拘役的罪犯，才能适用监外执行。死缓的罪犯不能适用监外执行。因此，B项错误。《刑事诉讼法》第251条第1款规定：“最高人民法院复核死刑案件，应当讯问被告人，辩护律师提出要求的，应当听取辩护律师的意见。”故C项表述正确。《高法解释》第500条第1款规定：“下级人民法院在接到执行死刑命令后、执行前，发现有下列情形之一的，应当暂停执行，并立即将请求停止执行死刑的报告和相关材料层报最高人民法院：（一）罪犯可能有其他犯罪的；（二）共同犯罪的其他犯罪嫌疑人到案，可能影响罪犯量刑的；（三）共同犯罪的其他罪犯被暂停或者停止执行死刑，可能影响罪犯量刑的；（四）罪犯揭发重大犯罪事实或者有其他重大立功表现，可能需要改判的；（五）罪犯怀孕的；（六）判决、裁定可能有影响定罪量刑的其他错误的。”D项中符合此法条第（四）项中的情形，所以，B市中级法院应层报最高人民法院审查，该项正确。

答案：CD

考点6 财产刑的执行

17. 甲故意杀害乙，乙的父亲提起附带民事诉讼，K省H市中级法院判处甲无期徒刑，没收个人全部财产，同时对乙的父亲赔偿45万元。甲提出上诉，K省高级法院裁定维持原判。下列关于该案的说法，正确的是？（2023年法考客观题回忆版真题，多选）

A. 由H市中级法院负责执行甲的没收财产刑

B. 若甲的财产不足以支付，先让甲进行附带民事赔偿，再执行甲的没收财产刑

C. 对甲的无期徒刑由H市中级法院交付监狱执行

D. 若甲因严重疾病被法院决定取保候审，甲在取保候审期间离开所居住的市应及时向执行机关报告

［解析］ 本题考查财产刑的执行、交付执行、取保候审。《关于刑事裁判涉财产部分执行的若干规定》第2条规定：“刑事裁判涉财产部分，由第一审人民法院执行。第一审人民法院可以委托财产所在地的同级人民法院执行。”本题中，甲的没收财产刑由第一审法院即H市中级法院执行。故A项正确。《关于刑事裁判涉财产部分执行的若干规定》第13条规定：“被执行人在执行中同时承担刑事责任、民事责任，其财产不足以支付的，按照下列顺序执行：（一）人身损害赔偿中的医疗费用；（二）退赔被害人的损失；（三）其他民事债务；（四）罚金；（五）没收财产。债权人对执行标的依法享有优先受偿权，其主张优先受偿的，人民法院应当在前款第（一）项规定的医疗费用受偿后，予以支持。”本题B项中对执行顺序的表述，是正确的。《高法解释》第511条规定：“被判处死刑缓期执行、无期徒刑、有期徒刑、拘役的罪犯，第一审人民法院应当在判决、裁定生效后十日以内，将判决书、裁定书、起诉书副本、自诉状复印件、执行通知书、结案登记表送达公安机关、监狱或者其他执行机关。”本题中，对甲的无期徒刑，由H市中级法院交付监狱执行，C项

正确。《刑事诉讼法》第71条第1款规定："被取保候审的犯罪嫌疑人、被告人应当遵守以下规定：（一）未经执行机关批准不得离开所居住的市、县；（二）住址、工作单位和联系方式发生变动的，在二十四小时以内向执行机关报告……"。本题D项的错误在于，被取保候审人甲在取保候审期间离开所居住的市不是及时向执行机关报告，而是应经执行机关批准。

答案：ABC

18. 某公司经理甲使用该公司员工乙的银行卡非法集资600万元，之后，转出500万元投资理财，剩下的转出购买两辆轿车。案发后，公安机关扣押两辆轿车，冻结甲的存款。甲潜逃国外，检察院提出违法所得没收申请，法院裁定没收甲的违法所得。下列关于该案的说法，正确的是？（2022年法考客观题回忆版真题，不定选）

A. 乙的银行卡中其个人合法的财产，应当返还

B. 冻结的存款和扣押的车辆不足以退赔的，法院应责令继续退赔

C. 甲归案后，法院应当终止审理，将案件退回检察院，告知检察院对甲重新提起公诉

D. 甲投资基金产生的收益应全部追缴

［解析］ 本题考查违法所得没收程序、涉案财产的追缴和返还的问题。《刑事诉讼法》第145条规定："对查封、扣押的财物、文件、邮件、电报或者冻结的存款、汇款、债券、股票、基金份额等财产，经查明确实与案件无关的，应当在三日以内解除查封、扣押、冻结，予以退还。"故A项中，乙的银行卡中其个人合法的财产，与案件无关，应当返还，该项正确。

《高法解释》第445条第2款规定："对判决时尚未追缴到案或者尚未足额退赔的违法所得，应当判决继续追缴或者责令退赔。"故B项正确。

《高法解释》第625条规定："在审理申请没收违法所得的案件过程中，在逃的犯罪嫌疑人、被告人到案的，人民法院应当裁定终止审理。人民检察院向原受理申请的人民法院提起公诉的，可以由同一审判组织审理。"故C项的错误在于，甲归案后，法院无须将案件退回检察院。

《高法解释》第443条第1款规定："被告人将依法应当追缴的涉案财物用于投资或者置业的，对因此形成的财产及其收益，应当追缴。"故D项中甲投资基金产生的收益，应当予以追缴。该项正确。

本题的正确答案为A、B、D三项。

答案：ABD

19. 周某因诈骗罪被K市北区公安局立案侦查，K市北区公安局将其位于K市南区的一处房产查封，该房产此前已被银行抵押。周某被北区法院判处有期徒刑3年并处罚金。周某提出上诉。K市中级法院裁定维持原判。关于该案执行程序的说法，正确的是？（2021年法考客观题回忆版真题，不定选）

A. 北区公安局出具解封手续后，法院才可以处置该房产

B. 若银行主张优先受偿，应在退赔被害人损失后予以支持

C. 由K市中级法院处置该房产

D. 南区法院可受委托处置该房产

［解析］ 本题考查财产刑的执行程序。《关于刑事裁判涉财产部分执行的若干规定》第5条第2款规定："对侦查机关查封、扣押、冻结的财产，人民法院执行中可以直接裁定处置，无需侦查机关出具解除手续，但裁定中应当指明侦查机关查封、扣押、冻结的事实。"本题中，对侦查机关查封的房产，法院执行中可直接裁定处置，无须侦查机关出具解除手续。故A项错误。

《关于刑事裁判涉财产部分执行的若干规定》第13条规定："被执行人在执行中同时承担刑事责任、民事责任，其财产不足以支付的，按照下列顺序执行：（一）人身损害赔偿中的医疗费用；（二）退赔被害人的损失；（三）其他民事债务；（四）罚金；（五）没收财产。债权人对执行标的依法享有优先受偿权，其主张优先受偿的，人民法院应当在前款第（一）项规定的医疗费用受偿后，予以支持。"本题中，银行的抵押权属于第三人的优先受偿权，其优先于退赔被害人损失，故B项错误。

《关于刑事裁判涉财产部分执行的若干规定》第2条规定："刑事裁判涉财产部分，由第一审人民法院执行。第一审人民法院可以委托财产所在地的同级人民法院执行。"本题中，财产刑由第一审法院执行，本案中的第一审法院是K市北区法院，故C项错误。被执行财产在外地的，第一审法院可委托财产所在地的同级法院执行，本案中的被执行财产在南区，所以，北区法院可以委托南区法院执行。故D项正确。

综上，本题的正确答案为D项。

答案：D

20. 黄某和李某因共同非法出售发票被K市公安局立案侦查，后被K市检察院提起公诉，法院经审理，判处黄某有期徒刑3年，李某管制6个月，并处罚金1万元。下列关于该案的说法，正确的是？（2021年法考客观题回忆版真题，不定选）

A. K市公安局提请K市检察院审查批捕，K市检察院发现李某未满16周岁，K市检察院作出不批准逮捕的决定，同时告知公安机关终止侦查

B. 若K市公安局对黄某取保候审，黄某缴纳保证金，由K市公安局将其保证金作为罚金予以执行

C. 若K市公安局对李某指定居所监视居住，指定居所监视居住2日折抵管制1日

D. 若K市公安局对李某指定居所监视居住，在特殊情况下，可以不在K市指定居所监视居住

［解析］本题考查取保候审、监视居住、逮捕和罚金刑的执行。《高检规则》第287条第1、2款规定："对于没有犯罪事实或者犯罪嫌疑人具有刑事诉讼法第十六条规定情形之一，人民检察院作出不批准逮捕决定的，应当同时告知公安机关撤销案件。对于有犯罪事实需要追究刑事责任，但不是被立案侦查的犯罪嫌疑人实施，或者共同犯罪案件中部分犯罪嫌疑人不负刑事责任，人民检察院作出不批准逮捕决定的，应当同时告知公安机关对有关犯罪嫌疑人终止侦查。"本题A项中李某未满16周岁，不需要追究刑事责任，但是黄某需要追究责任，故K市检察院对李某作出不批准逮捕的决定，同时告知公安机关终止侦查。故该项正确。

依据《刑事诉讼法》第271条的规定，罚金刑由法院执行，而不是公安机关执行，故B项错误。

《刑事诉讼法》第76条规定："指定居所监视居住的期限应当折抵刑期。被判处管制的，监视居住一日折抵刑期一日；被判处拘役、有期徒刑的，监视居住二日折抵刑期一日。"故C项中"指定居所监视居住2日折抵管制1日"这一表述是错误的。

《公安部规定》第112条第1款规定："固定住处，是指被监视居住人在办案机关所在的市、县内生活的合法住处；指定的居所，是指公安机关根据案件情况，在办案机关所在的市、县内为被监视居住人指定的生活居所。"本题的办案机关是K市，故D项的错误在于，不能在K市以外的地方对李某指定居所监视居住。

综上，本题的正确答案为A项。

答案：A

21. 下列关于诉讼程序的说法，正确的是？（2019年法考客观题回忆版真题，不定选）

A. 某网约车司机涉嫌故意杀人案，侦查机关凭立案决定书才能向网约车公司查询该车的行车路线

B. 检察院在侦查某刑讯逼供案时，经过严格批准，实施技术侦查

C. 侦查人员确认某毒贩有代售的毒品，于是隐匿身份向其购买毒品

D. 法院对张某盗窃案可能判处罚金，由刑事执行部门对张某的财产状况进行调查

［解析］ 本题考查初查、技术侦查、隐匿身份的侦查、财产刑的执行。《公安部规定》第174条第2款规定："调查核实过程中，公安机关可以依照有关法律和规定采取询问、查询、勘验、鉴定和调取证据材料等不限制被调查对象人身、财产权利的措施。但是，不得对被调查对象采取强制措施，不得查封、扣押、冻结被调查对象的财产，不得采取技术侦查措施。"因此，在公安机关立案之前的初查阶段，可以采取查询的措施，故A项错误。

《刑事诉讼法》第150条第2款规定："人民检察院在立案后，对于利用职权实施的严重侵犯公民人身权利的重大犯罪案件，根据侦查犯罪的需要，经过严格的批准手续，可以采取技术侦查措施，按照规定交有关机关执行。"本题B项的错误在于，检察院只能决定技术侦查，不能执行技术侦查，应交公安机关执行。

《刑事诉讼法》第153条第1款规定："为了查明案情，在必要的时候，经公安机关负责人决定，可以由有关人员隐匿其身份实施侦查。但是，不得诱使他人犯罪，不得采用可能危害公共安全或者发生重大人身危险的方法。"本题C项中的隐匿身份的侦查是合法的，因为毒贩有犯罪意图，侦查人员未引诱其实施犯罪。

《关于刑事裁判涉财产部分执行的若干规定》第4条规定："人民法院刑事审判中可能判处被告人财产刑、责令退赔的，刑事审判部门应当依法对被告人的财产状况进行调查；发现可能隐匿、转移财产的，应当及时查封、扣押、冻结其相应财产。"本题D项的错误在于，不是"刑事执行部门"而是"刑事审判部门"对张某的财产状况进行调查。

因此，本题的正确答案为C项。

答案：C

22. 张某因多次盗窃，被法院判处盗窃罪，并追缴赃物，下列哪些赃物应予追缴？（2018年法考客观题回忆版真题，多选）

A. 张某将盗窃的价值100万元的古董以10万元卖给古玩店

B. 张某将盗窃的价值1万元的金项链赠予女友

C. 张某将盗窃的价值1万元的笔记本电脑通过二手平台以6000元转卖给他人

D. 张某将盗窃的4万元现金用于偿还赌债

［解析］ 本题考查涉案财物的追缴。《关于刑事裁判涉财产部分执行的若干规定》第11条规定："被执行人将刑事裁判认定为赃款赃物的涉案财物用于清偿债务、转让或者设置其他权利负担，具有下列情形之一的，人民法院应予追缴：（一）第三人明知是涉案财物而接受的；（二）第三人无偿或者以明显低于市场的价格取得涉案财物的；（三）第三人通过非法债务清偿或者违法犯罪活动取得涉案财物的；（四）第三人通过其他恶意方式取得涉案财物的。第三人善意取得涉案财物的，执行程序中不予追缴。作为原所有人的被害人对该涉案财物主张权利的，人民法院应当告知其通过诉讼程序处理。"本题中，A、B两项属于"第三人无偿或者以明显低于市场的价格取得涉案财物的"，D项属于"第三人通过非法债务清偿或者违法犯罪活动取得涉案财物"，这三项均系第三人恶意取得涉案财物，应当予以追缴。故本题的A、B、D三项正确。

答案：ABD

23. 甲纠集他人多次在市中心寻衅滋事，造成路人乙轻伤、丙的临街商铺严重受损。甲被起诉到法院后，乙和丙提起附带民事诉讼。法院判处甲有期徒刑6年，罚金1万元，赔偿乙医疗费1万元，赔偿丙财产损失4万元。判决生效交付执行后，查明甲除1辆汽车外无其他财产，且甲曾以该汽车抵押获取小额贷款，尚欠银行贷款2.5万元，银行主张优先受偿。法院以8万元的价格拍卖了甲的汽车。关于此8万元的执行顺序，下列哪一选项是正确的？（2017/2/37，单选）

A. 医疗费→银行贷款→财产损失→罚金

B. 医疗费→财产损失→银行贷款→罚金

C. 银行贷款→医疗费→财产损失→罚金

D. 医疗费→财产损失→罚金→银行贷款

［解析］　本题考查刑事裁判涉财产部分执行的顺序。依据《关于刑事裁判涉财产部分执行的若干规定》第13条的规定："被执行人在执行中同时承担刑事责任、民事责任，其财产不足以支付的，按照下列顺序执行：（一）人身损害赔偿中的医疗费用；（二）退赔被害人的损失；（三）其他民事债务；（四）罚金；（五）没收财产。债权人对执行标的依法享有优先受偿权，其主张优先受偿的，人民法院应当在前款第（一）项规定的医疗费用受偿后，予以支持。"本题中，甲除1辆汽车外无其他财产，法院以8万元的价格拍卖了甲的汽车，该8万元无法支付甲应当承担的刑事责任和民事责任（即罚金1万元，赔偿乙医疗费1万元，赔偿丙财产损失4万元，银行贷款2.5万元，共计8.5万元）。依据上述法条可知，关于该8万元的执行顺序，排在第一位的是医疗费，第二位的是债权人的优先受偿权即银行贷款，第三位的是退赔被害人的损失即财产损失，第四位的是罚金。因此，本题的正确答案为A项。

答案：A

24. 关于刑事裁判涉财产部分执行，下列哪一说法是正确的？（2015/2/40，单选）

A. 对侦查机关查封、冻结、扣押的财产，法院执行时可直接裁定处置，无须侦查机关出具解除手续

B. 法院续行查封、冻结、扣押的顺位无须与侦查机关的顺位相同

C. 刑事裁判涉财产部分的裁判内容应明确具体，涉案财产和被害人均应在判决书主文中详细列明

D. 刑事裁判涉财产部分，应由与一审法院同级的财产所在地的法院执行

［解析］　本题考查财产刑的执行。《关于刑事裁判涉财产部分执行的若干规定》第5条规定，刑事审判或者执行中，对于侦查机关已经采取的查封、扣押、冻结，法院应当在期限届满前及时续行查封、扣押、冻结。法院续行查封、扣押、冻结的顺位与侦查机关查封、扣押、冻结的顺位相同。对侦查机关查封、扣押、冻结的财产，法院执行中可以直接裁定处置，无须侦查机关出具解除手续，但裁定中应当指明侦查机关查封、扣押、冻结的事实。故A项正确，B项的错误在于，法院续行查封、冻结、扣押的顺位应当而不是"无须"与侦查机关的顺位相同。

《关于刑事裁判涉财产部分执行的若干规定》第6条规定："刑事裁判涉财产部分的裁判内容，应当明确、具体。涉案财物或者被害人人数较多，不宜在判决主文中详细列明的，可以概括叙明并另附清单。判处没收部分财产的，应当明确没收的具体财物或者金额。判处追缴或者责令退赔的，应当明确追缴或者退赔的金额或财物的名称、数量等相关情况。"故C项错在后半句话。

《高法解释》第522条规定："刑事裁判涉财产部分和附带民事裁判应当由人民法院执行的，由第一审人民法院负责裁判执行的机构执行。"《高法解释》第530条规定，被执行

财产在外地的，第一审法院可以委托财产所在地的同级法院执行。故D项的错误在于，不是“应”，而是“可以”。

答案：A

考点7 社区矫正

25. 关于刑事诉讼程序的说法，正确的是？（2022年法考延考客观题回忆版真题，不定选）

A. 剥夺政治权利由公安机关执行

B. 在校学生甲（17岁）因盗窃被判处缓刑，法院可以确定甲就读学校所在地为执行地，对甲进行社区矫正

C. 在B项的情形下，社区矫正机构应该限制甲在该区活动

D. 乙涉嫌敲诈勒索罪，被检察院起诉，甲在审查起诉阶段认罪认罚，检察院未向法院提交甲认罪认罚的材料，法院通知检察院移送该材料

［解析］ 本题考查执行机关、社区矫正、认罪认罚从宽制度。《刑事诉讼法》第270条规定，对被判处剥夺政治权利的罪犯，由公安机关执行。故A项正确。《社区矫正法》第17条第2、3款规定：“社区矫正执行地为社区矫正对象的居住地。社区矫正对象在多个地方居住的，可以确定经常居住地为执行地。社区矫正对象的居住地、经常居住地无法确定或者不适宜执行社区矫正的，社区矫正决定机关应当根据有利于社区矫正对象接受矫正、更好地融入社会的原则，确定执行地。”本题B项中未明确学校是不是甲的居住地，若是其居住地，该地可以作为对甲社区矫正的执行地，若不是甲的居住地，可以视为是有利于甲接受矫正、更好地融入社会的地点，也可以作为对甲社区矫正的执行地。故B项正确。《社区矫正法》第27条第1款规定，社区矫正对象离开所居住的市、县或者迁居，应当报经社区矫正机构批准。故C项中，甲经过批准，可以离开该区域。该项错误。《刑事诉讼法》第176条第2款规定：“犯罪嫌疑人认罪认罚的，人民检察院应当就主刑、附加刑、是否适用缓刑等提出量刑建议，并随案移送认罪认罚具结书等材料。”本题D项中，检察院未向法院移送认罪认罚具结书等材料，法院通知检察院移送相关材料的做法是正确的。

答案：ABD

26. 下列关于社区矫正的说法，正确的是？（2020年法考新疆延考客观题回忆版真题，不定选；2021年法考黑龙江延考客观题回忆版真题，不定选）

A. 社区矫正机构为未成年人甲确定矫正小组时，应当吸收女性参加

B. 17周岁的乙，在接受社区矫正期间满了18周岁，对乙应与成年人分别矫正

C. 在丙社区矫正期间，通过对其使用电子定位装置获得的信息可报告丙所居住社区的物业

D. 丁在接受社区矫正期间变更住址，需经社区矫正机构批准

［解析］ 本题考查社区矫正的程序。《社区矫正法》第52条第2款规定：“社区矫正机构为未成年社区矫正对象确定矫正小组，应当吸收熟悉未成年人身心特点的人员参加。”故A项表述不正确。

《社区矫正法》第52条第3款规定：“对未成年人的社区矫正，应当与成年人分别进行。”《社区矫正法》第58条规定：“未成年社区矫正对象在社区矫正期间年满十八周岁的，继续按照未成年人社区矫正有关规定执行。”由此可见，乙在社区矫正期间满18周岁，依然应与成年人分别矫正，B项正确。

《社区矫正法》第29条第3款规定：“社区矫正机构对通过电子定位装置获得的信息应当严格保密，有关信息只能用于社区矫正工作，不得用于其他用途。”故C项表述不正确。

《社区矫正法》第27条第1款规定，社区矫正对象离开所居住的市、县或者迁居，应当报经社区矫正机构批准。故D项正确。

答案：BD

考点8　减刑、假释

27. 甲、乙和丙共同实施网络诈骗，被害人多达数千人，下列关于刑事诉讼程序的说法，正确的是？（2022年法考客观题回忆版真题，不定选）

A. 在初查阶段，甲主动向公安机关上交手机，公安机关可予以扣押

B. 被害人所在地的公安机关在收到办案地公安机关请求协助执行的法律手续后可以代为取证

C. 侦查人员通过远程视频方式询问被害人，应进行录音录像

D. 甲、乙和丙在执行中需要减刑、假释的，法院应开庭审理

［解析］ 本题考查初查、公安机关的办案协作、询问被害人的程序、减刑、假释的程序。《公安部规定》第174条第2款规定："调查核实过程中，公安机关可以依照有关法律和规定采取询问、查询、勘验、鉴定和调取证据材料等不限制被调查对象人身、财产权利的措施。但是，不得对被调查对象采取强制措施，不得查封、扣押、冻结被调查对象的财产，不得采取技术侦查措施。"本题A项中的扣押是限制被查人财产权利的手段，不能在初查阶段适用。该项错误。

《公安部规定》第346条规定："公安机关在异地执行传唤、拘传、拘留、逮捕，开展勘验、检查、搜查、查封、扣押、冻结、讯问等侦查活动，应当向当地公安机关提出办案协作请求，并在当地公安机关协助下进行，或者委托当地公安机关代为执行。开展查询、询问、辨认等侦查活动或者送达法律文书的，也可以向当地公安机关提出办案协作请求，并按照有关规定进行通报。"在本题中，办案地的公安机关可以委托异地公安机关代为取证。故B项正确。

《关于办理信息网络犯罪案件适用刑事诉讼程序若干问题的意见》第15条第3款规定："远程询（讯）问的，应当对询（讯）问过程同步录音录像，并随案移送。"故C项正确。

《高法解释》第538条规定："审理减刑、假释案件，应当组成合议庭，可以采用书面审理的方式，但下列案件应当开庭审理：（一）因罪犯有重大立功表现提请减刑的；（二）提请减刑的起始时间、间隔时间或者减刑幅度不符合一般规定的；（三）被提请减刑、假释罪犯系职务犯罪罪犯，组织、领导、参加、包庇、纵容黑社会性质组织罪犯，破坏金融管理秩序罪犯或者金融诈骗罪犯的；（四）社会影响重大或者社会关注度高的；（五）公示期间收到不同意见的；（六）人民检察院提出异议的；（七）有必要开庭审理的其他案件。"本题中甲、乙和丙涉嫌的诈骗罪，不属于该条第（三）项中的金融诈骗，也不属于该条中的其他几种应当开庭审理的情形，故D项错误。

本题的正确答案为B、C两项。

答案：BC

28. 甲涉嫌非法吸收公众存款罪被判处有期徒刑7年，服刑2年内积极退赃退赔，执行机关依法向法院提出减刑建议。下列关于法院审理该减刑案件的程序的说法，正确的是？（2021年法考客观题回忆版真题，不定选）

A. 可在服刑的监狱开庭审理

B. 甲承担减刑的证明责任

C. 甲积极退赃退赔，可认定有悔改表现，在减刑时从宽掌握

D. 可以书面审理

［解析］ 本题考查减刑的审理程序。《高

法解释》第538条规定："审理减刑、假释案件，应当组成合议庭，可以采用书面审理的方式，但下列案件应当开庭审理：（一）因罪犯有重大立功表现提请减刑的；（二）提请减刑的起始时间、间隔时间或者减刑幅度不符合一般规定的；（三）被提请减刑、假释罪犯系职务犯罪罪犯，组织、领导、参加、包庇、纵容黑社会性质组织罪犯，破坏金融管理秩序罪犯或者金融诈骗罪犯的；（四）社会影响重大或者社会关注度高的；（五）公示期间收到不同意见的；（六）人民检察院提出异议的；（七）有必要开庭审理的其他案件。"本题中，甲涉嫌的是非法吸收公众存款罪，该罪属于破坏金融管理秩序罪犯，故该减刑案件属于该条第（三）项规定的情形，应当开庭审理，不得书面审理。因此，D项错误。《最高人民法院关于减刑、假释案件审理程序的规定》第8条第1款规定："开庭审理应当在罪犯刑罚执行场所或者人民法院确定的场所进行。有条件的人民法院可以采取视频开庭的方式进行。"所以，本题A项中的"可在服刑的监狱开庭审理"，是正确的。B项的错误在于，不是由罪犯甲承担减刑的证明责任，而是由执行机关即监狱承担减刑的证明责任。《高法解释》第536条规定："审理减刑、假释案件，对罪犯积极履行刑事裁判涉财产部分、附带民事裁判确定的义务的，可以认定有悔改表现，在减刑、假释时从宽掌握；对确有履行能力而不履行或者不全部履行的，在减刑、假释时从严掌握。"故C项正确。综上，本题的正确答案为A、C两项。

答案：AC

29. 秦某贷款诈骗案，A市中级法院一审判处秦某有期徒刑10年，在执行期间，法院对秦某裁定假释，在社区矫正期间秦某又在A市B区犯盗窃罪。下列关于该案的表述，正确的是？（2020年法考客观题回忆版真题，不定选）

A. A市中级法院对秦某假释案，可书面审理

B. 社区矫正期间撤销假释，应解除社区矫正

C. 对秦某假释期间变更执行地，由作出假释裁定的法院决定变更

D. B区法院在审理秦某盗窃罪时可裁定撤销秦某的假释

［解析］ 本题考查假释案件的审理方式、解除社区矫正的情形、社区矫正执行地的变更、假释的撤销。《最高人民法院关于减刑、假释案件审理程序的规定》第6条规定："人民法院审理减刑、假释案件，可以采取开庭审理或者书面审理的方式。但下列减刑、假释案件，应当开庭审理：（一）因罪犯有重大立功表现报请减刑的；（二）报请减刑的起始时间、间隔时间或者减刑幅度不符合司法解释一般规定的；（三）公示期间收到不同意见的；（四）人民检察院有异议的；（五）被报请减刑、假释罪犯系职务犯罪罪犯，组织（领导、参加、包庇、纵容）黑社会性质组织犯罪罪犯，破坏金融管理秩序和金融诈骗犯罪罪犯及其他在社会上有重大影响或社会关注度高的；（六）人民法院认为其他应当开庭审理的。"本题中秦某涉嫌的是贷款诈骗罪，该罪属于该条第（五）项中的金融诈骗犯罪，A市中级法院对秦某的假释应当开庭审理，而不得适用书面审理。故A项错误。《社区矫正法》第45条规定："社区矫正对象被裁定撤销缓刑、假释，被决定收监执行，或者社区矫正对象死亡的，社区矫正终止。"可见，B项的错误在于，社区矫正期间撤销假释，应"终止"而不是"解除"社区矫正。《社区矫正法》第27条第2款规定，因社区矫正对象迁居等原因需要变更执行地的，社区矫正机构应当按照有关规定作出变更决定。可见，C项的错误在于，不是"作出假释裁定的法院"决定变更执行地，而是"社区矫正机构"决定变更执行地。

《社区矫正法》第46条第2款规定："对于在考验期限内犯新罪或者发现判决宣告以前还有其他罪没有判决的，应当由审理该案件的人民法院撤销缓刑、假释，并书面通知原审人民法院和执行地社区矫正机构。"D项中，B区法院是审理案件的法院，其裁定撤销秦某的假释，这一说法是正确的。

答案：D

30. 王某因盗窃被判处有期徒刑5年。在执行期间，法院对其裁定假释。下列关于该案的说法，正确的是？（2020年法考客观题回忆版真题，多选）

A. 应由中级法院对王某作出假释的裁定

B. 王某被裁定假释后，应自行到社区矫正机构报到

C. 因王某可能会逃跑，社区矫正机构提请撤销假释的同时，可申请检察院对王某批准逮捕

D. 社区矫正机构提请对王某撤销假释时，可对王某使用电子定位装置

[解析] 本题考查假释的程序、社区矫正。《高法解释》第534条第1款规定："对减刑、假释案件，应当按照下列情形分别处理：……（三）对被判处有期徒刑和被减为有期徒刑的罪犯的减刑、假释，由罪犯服刑地的中级人民法院在收到执行机关提出的减刑、假释建议书后一个月以内作出裁定，案情复杂或者情况特殊的，可以延长一个月……"本题中，王某被判处有期徒刑5年，其假释应由中级法院裁定。故A项表述正确。《社区矫正法》第21条第1款规定："人民法院判处管制、宣告缓刑、裁定假释的社区矫正对象，应当自判决、裁定生效之日起十日内到执行地社区矫正机构报到。"故B项正确。《社区矫正法》第47条第1款规定："被提请撤销缓刑、假释的社区矫正对象可能逃跑或者可能发生社会危险的，社区矫正机构可以在提出撤销缓刑、假释建议的同时，提请人民法院决定对其予以逮捕。"故C项的错误在于，社区矫正机构不是"申请检察院对王某批准逮捕"，而是"提请法院决定对王某予以逮捕"。《社区矫正法》第29条第1款规定："社区矫正对象有下列情形之一的，经县级司法行政部门负责人批准，可以使用电子定位装置，加强监督管理：（一）违反人民法院禁止令的；（二）无正当理由，未经批准离开所居住的市、县的；（三）拒不按照规定报告自己的活动情况，被给予警告的；（四）违反监督管理规定，被给予治安管理处罚的；（五）拟提请撤销缓刑、假释或者暂予监外执行收监执行的。"D项符合此条第（五）项的情形，所以，社区矫正机构可对王某使用电子定位装置，该项正确。本题的正确答案为A、B、D三项。

答案：ABD

31. 张某被判处有期徒刑6年，在执行到第4年时，法院裁定对其假释，下列关于假释程序的说法，正确的是？（2019年法考客观题回忆版真题，不定选）

A. 法院书面审理该假释案，应当提讯张某

B. 该假释裁定抄送检察院20天无答复后即生效

C. 张某可以申请委托律师为其出具假释意见

D. 法院审理该假释案，应该组成合议庭

[解析] 本题考查假释程序。《最高人民法院关于减刑、假释案件审理程序的规定》第15条规定："人民法院书面审理减刑案件，可以提讯被报请减刑罪犯；书面审理假释案件，应当提讯被报请假释罪犯。"本题A项正确。假释裁定书一经送达即发生法律效力。所以，B项错误。

《最高人民法院关于减刑、假释案件审理程序的规定》第10条规定："减刑、假释案件的开庭审理由审判长主持，应当按照以下程序进

行：（一）审判长宣布开庭，核实被报请减刑、假释罪犯的基本情况；（二）审判长宣布合议庭组成人员、检察人员、执行机关代表及其他庭审参加人；（三）执行机关代表宣读减刑、假释建议书，并说明主要理由；（四）检察人员发表检察意见；（五）法庭对被报请减刑、假释罪犯确有悔改表现或立功表现、重大立功表现的事实以及其他影响减刑、假释的情况进行调查核实；（六）被报请减刑、假释罪犯作最后陈述；（七）审判长对庭审情况进行总结并宣布休庭评议。”《最高人民法院关于减刑、假释案件审理程序的规定》第7条规定：“人民法院开庭审理减刑、假释案件，应当通知人民检察院、执行机关及被报请减刑、假释罪犯参加庭审。人民法院根据需要，可以通知证明罪犯确有悔改表现或者立功、重大立功表现的证人，公示期间提出不同意见的人，以及鉴定人、翻译人员等其他人员参加庭审。”上述规定确定开庭审理减刑、假释案件的参与人不包括律师，而且，开庭审理减刑、假释案件与对被告人定罪量刑的一审程序、二审程序审理的对象不同，其诉讼构造上也有所差异，其实质上是对执行机关提出的减刑、假释申请进行审理。故C项错误。

《最高人民法院关于减刑、假释案件审理程序的规定》第4条规定：“人民法院审理减刑、假释案件，应当依法由审判员或者由审判员和人民陪审员组成合议庭进行。”故D项正确。

因此，本题的正确答案为A、D两项。

答案：AD

32. 甲因贷款诈骗罪被判处有期徒刑14年，在H市监狱服刑3年后因确有悔改表现被H市监狱向H市中级法院建议减刑，关于该案减刑程序，下列说法正确的是？（2018年法考客观题回忆版真题，单选）

A. H市中级法院可通知能够证明甲确有悔改表现的证人丙出庭作证

B. H市中级法院可由审判员乙独任审理

C. 甲应对减刑承担证明责任

D. H市中级法院可书面审理

［解析］ 本题考查减刑案件的审理程序。《最高人民法院关于减刑、假释案件审理程序的规定》第7条规定，法院开庭审理减刑、假释案件，应当通知检察院、执行机关及被报请减刑、假释罪犯参加庭审。法院根据需要，可以通知证明罪犯确有悔改表现或者立功、重大立功表现的证人，公示期间提出不同意见的人，以及鉴定人、翻译人员等其他人员参加庭审。故A项正确。

《最高人民法院关于减刑、假释案件审理程序的规定》第4条规定，法院审理减刑、假释案件，应当依法由审判员或者由审判员和人民陪审员组成合议庭进行。故B项中“由审判员乙独任审理”是错误的。

H市监狱作为执行机关，应证明甲符合减刑条件，而不是罪犯甲来证明。故C项错误。

《高法解释》第538条规定：“审理减刑、假释案件，应当组成合议庭，可以采用书面审理的方式，但下列案件应当开庭审理：（一）因罪犯有重大立功表现提请减刑的；（二）提请减刑的起始时间、间隔时间或者减刑幅度不符合一般规定的；（三）被提请减刑、假释罪犯系职务犯罪罪犯，组织、领导、参加、包庇、纵容黑社会性质组织罪犯，破坏金融管理秩序罪犯或者金融诈骗罪犯的；（四）社会影响重大或者社会关注度高的；（五）公示期间收到不同意见的；（六）人民检察院提出异议的；（七）有必要开庭审理的其他案件。”本题中的贷款诈骗罪属于该条第（三）项规定的金融诈骗犯罪，应当开庭审理，故D项错误。

因此，本题的正确答案为A项。

答案：A

33. 关于减刑、假释案件审理程序，下列哪一选项是正确的？（2015/2/41，单选）

A. 甲因抢劫罪和绑架罪被法院决定执行有期徒刑20年，对甲的减刑，应由其服刑地高级法院作出裁定

B. 乙因检举他人重大犯罪活动被报请减刑的，法院应通知乙参加减刑庭审

C. 丙因受贿罪被判处有期徒刑5年，对丙的假释，可书面审理，但必须提讯丙

D. 丁因强奸罪被判处无期徒刑，对丁的减刑，可聘请律师到庭发表意见

［解析］　本题考查减刑、假释案件审理程序。《高法解释》第534条第1款规定："对减刑、假释案件，应当按照下列情形分别处理：……（三）对被判处有期徒刑和被减为有期徒刑的罪犯的减刑、假释，由罪犯服刑地的中级人民法院在收到执行机关提出的减刑、假释建议书后一个月以内作出裁定，案情复杂或者情况特殊的，可以延长一个月……"故A项的错误在于，对甲的减刑，应由其服刑地中级法院作出裁定，而不是高级法院作出裁定。

《高法解释》第538条规定："审理减刑、假释案件，应当组成合议庭，可以采用书面审理的方式，但下列案件应当开庭审理：（一）因罪犯有重大立功表现提请减刑的；（二）提请减刑的起始时间、间隔时间或者减刑幅度不符合一般规定的；（三）被提请减刑、假释罪犯系职务犯罪罪犯，组织、领导、参加、包庇、纵容黑社会性质组织罪犯，破坏金融管理秩序罪犯或者金融诈骗罪犯的；（四）社会影响重大或者社会关注度高的；（五）公示期间收到不同意见的；（六）人民检察院提出异议的；（七）有必要开庭审理的其他案件。"《最高人民法院关于减刑、假释案件审理程序的规定》第7条规定，法院开庭审理减刑、假释案件，应当通知检察院、执行机关及被报请减刑、假释罪犯参加庭审。法院根据需要，可以通知证明罪犯确有悔改表现或者立功、重大立功表现的证人，公示期间提出不同意见的人，以及鉴定人、翻译人员等其他人员参加庭审。故B项中因检举他人重大犯罪活动而报请减刑，是因重大立功报请减刑，所以，应当开庭审理，既然开庭，就应当通知罪犯乙参加庭审，该项正确。

《最高人民法院关于减刑、假释案件审理程序的规定》第15条规定，法院书面审理减刑案件，可以提讯被报请减刑罪犯；书面审理假释案件，应当提讯被报请假释罪犯。但是本题中C项系职务犯罪，其假释应当开庭审理，不能书面审理。故C项错误。

《最高人民法院关于减刑、假释案件审理程序的规定》第10条规定，减刑、假释案件的开庭审理由审判长主持，应当按照以下程序进行：（1）审判长宣布开庭，核实被报请减刑、假释罪犯的基本情况；（2）审判长宣布合议庭组成人员、检察人员、执行机关代表及其他庭审参加人；（3）执行机关代表宣读减刑、假释建议书，并说明主要理由；（4）检察人员发表检察意见；（5）法庭对被报请减刑、假释罪犯确有悔改表现或立功表现、重大立功表现的事实以及其他影响减刑、假释的情况进行调查核实；（6）被报请减刑、假释罪犯作最后陈述；（7）审判长对庭审情况进行总结并宣布休庭评议。《最高人民法院关于减刑、假释案件审理程序的规定》第7条第2款规定，法院根据需要，可以通知证明罪犯确有悔改表现或立功、重大立功表现的证人，公示期间提出不同意见的人，以及鉴定人、翻译人员等其他人员参加庭审。上述规定确定开庭审理减刑、假释案件的参与人不包括律师，而且，开庭审理减刑、假释案件与对被告人定罪量刑的一审程序、二审程序审理的对象不同，其诉讼构造上也有所差异，其实质上是对执行机关提出的减刑、假释申请进行审理。故D项错误。

答案：B

考点9 有关执行的综合性试题

34. 被告人王某故意杀人案经某市中级法院审理，认为案件事实清楚，证据确实、充分。请根据下列条件，回答（1）~（2）题。（2010/2/95~96，不定选）

（1）如王某被判处死刑立即执行，下列选项正确的是？

A. 核准死刑立即执行的机关是最高法院

B. 签发死刑立即执行命令的是最高法院审判委员会

C. 王某由作出一审判决的法院执行

D. 王某由法院交由监狱或指定的羁押场所执行

［解析］ 本题考查的是死刑的执行程序。《刑事诉讼法》第246条规定："死刑由最高人民法院核准。"据此，核准死刑立即执行判决的机关是最高人民法院，A项正确。

《刑事诉讼法》第261条第1款规定："最高人民法院判处和核准的死刑立即执行的判决，应当由最高人民法院院长签发执行死刑的命令。"据此，本案死刑立即执行命令应由最高人民法院院长签发，故B项错误。

《高法解释》第499条第1款规定："最高人民法院的执行死刑命令，由高级人民法院交付第一审人民法院执行。第一审人民法院接到执行死刑命令后，应当在七日以内执行。"据此，王某应由作出一审判决的法院执行，C项正确。据前述规定，死刑的执行主体是法院，虽然《刑事诉讼法》第263条第3款规定，"死刑可以在刑场或者指定的羁押场所内执行"，但执行主体并未发生变化，故D项错误。

本题的正确答案是A、C两项。

答案：AC

（2）如王某被判处无期徒刑，附加剥夺政治权利，下列选项正确的是？

A. 无期徒刑的执行机关是监狱

B. 剥夺政治权利的执行机关是公安机关

C. 对王某应当剥夺政治权利终身

D. 如王某减刑为有期徒刑，剥夺政治权利的期限应改为15年

［解析］ 本题考查无期徒刑和剥夺政治权利的执行。《刑事诉讼法》第264条第2款规定："对被判处死刑缓期二年执行、无期徒刑、有期徒刑的罪犯，由公安机关依法将该罪犯送交监狱执行刑罚……"由此可知，无期徒刑的执行机关是监狱，A项正确。

《刑事诉讼法》第270条规定，对于被判处剥夺政治权利的罪犯，由公安机关执行。由此可知，剥夺政治权利的执行机关是公安机关，B项正确。

《刑法》第57条第1款规定："对于被判处死刑、无期徒刑的犯罪分子，应当剥夺政治权利终身。"王某被判处无期徒刑，应根据这一规定判处剥夺政治权利终身，C项正确。

《刑法》第57条第2款规定："在死刑缓期执行减为有期徒刑或者无期徒刑减为有期徒刑的时候，应当把附加剥夺政治权利的期限改为三年以上十年以下。"D项的做法不正确。

本题的正确答案是A、B、C三项。

答案：ABC

第二十一章 未成年人刑事案件诉讼程序

点评

本章是近年法律职业资格考试持续考查的重点，在客观题中一般考查 2－3 道选择题。重点内容有：不公开审理；法律援助辩护；法定代理人、合适成年人到场；犯罪记录的封存；附条件不起诉等。考生无疑要重点掌握该程序和一般的诉讼程序的不同之处。本部分主要应当掌握《刑事诉讼法》《高法解释》《高检规则》《人民检察院办理未成年人刑事案件的规定》和《全国人大常委会关于〈刑事诉讼法〉第 271 条（现第 282 条）第二款的解释》中关于未成年人刑事案件诉讼程序的相关规定，以及关于未成年人刑事案件诉讼程序的理论（如未成年人刑事案件诉讼程序的功能、适用范围、未成年人刑事案件诉讼程序与普通刑事诉讼程序的关系、未成年人刑事案件诉讼程序的保密原则、社会参与原则等）。

1. 刑事诉讼法规定，对犯罪的未成年人实行教育、感化、挽救的方针，坚持教育为主、惩罚为辅的原则。下列哪一项表述体现了该原则？（2023 年法考客观题回忆版真题，单选）

A. 对侦查人员以欺骗的方法获取的未成年犯罪嫌疑人的供述，予以排除

B. 法院委托社会组织对未成年被告人开展社会调查

C. 对女性未成年被害人询问，应当有女工作人员在场

D. 未成年被告人的年龄存疑时，应当作出有利于被告人的认定

［解析］ 本题考查未成年人刑事案件诉讼程序的原则。教育、感化、挽救方针，是指公安司法机关在未成年人刑事案件诉讼程序中，应当坚持教育为主、惩罚为辅，对犯罪的未成年人动之以情、晓之以理，寓教于情，寓教于行，促使未成年人认识其行为的危害性，促其悔罪并重新回归社会。“教育、感化、挽救”方针引申出的一个重要原则就是“教育为主、惩罚为辅”。本题的 A、C、D 三项均体现了对未成年人的保护，但是未体现“教育、感化、挽救的方针，教育为主、惩罚为辅的原则”。本题的 B 项中对未成年被告人进行社会调查旨在了解未成年人的成长经历、犯罪原因、监护教育等情况，为司法机关对未成年犯罪嫌疑人、被告人适用强制措施、科以刑罚时作出有利于未成年人的个性化处理提供了参考和依据，体现了刑事诉讼法对未成年人的特殊保护。故 B 项当选。

答案：B

2. 齐某（16 周岁）和王某（17 周岁）致刘某轻伤，齐某、王某因聚众斗殴罪被立案侦查，公安机关移送检察院审查起诉后，检察院拟对齐某决定附条件不起诉，下列哪一行为会

影响对齐某适用附条件不起诉？（2023 年法考客观题回忆版真题，单选）

A. 齐某不签署认罪认罚具结书

B. 王某称齐某系主犯，不同意对其适用附条件不起诉

C. 齐某称是刘某先对其动手，自己是正当防卫，并提供相应证据

D. 齐某的父亲同意附条件不起诉决定，但不同意检察机关要求齐某在观护基地进行帮教

［解析］ 本题考查附条件不起诉。《高检规则》第 470 条第 1、2 款规定："未成年犯罪嫌疑人及其法定代理人对拟作出附条件不起诉提出异议的，人民检察院应当提起公诉。但是，未成年犯罪嫌疑人及其法定代理人提出无罪辩解，人民检察院经审查认为无罪辩解理由成立的，应当按照本规则第三百六十五条的规定作出不起诉决定。未成年犯罪嫌疑人及其法定代理人对案件作附条件不起诉处理没有异议，仅对所附条件及考验期有异议的，人民检察院可以依法采纳其合理的意见，对考察的内容、方式、时间等进行调整；其意见不利于对未成年犯罪嫌疑人帮教，人民检察院不采纳的，应当进行释法说理。"本题 C 项中，齐某提出无罪辩解，若无罪辩解理由成立，检察院不得对齐某适用附条件不起诉，该项当选。本题 A、B 两项中的情形，不影响对齐某适用附条件不起诉。本题 D 项中齐某的父亲对附条件不起诉未提出异议，只是对所附条件提出异议，不影响对齐某适用附条件不起诉。因此，本题的正确答案为 C 项。

答案：C

3. 未成年人甲因盗窃罪，被判处有期徒刑 3 年，下列对甲的犯罪记录封存的说法，正确的是？（2023 年法考客观题回忆版真题，不定选）

A. 为了对未成年人进行教育，将甲盗窃案交由媒体宣传时，要求媒体隐去个人信息

B. 法院判决生效后立即销毁甲的犯罪记录

C. 被封存犯罪记录的甲应聘网络公司，该网络公司可以查询甲的犯罪记录

D. 公安机关在办案时可以查询甲的犯罪记录

［解析］ 本题考查犯罪记录封存。《关于未成年人犯罪记录封存的实施办法》第 17 条第 2 款规定："因工作原因获知未成年人封存信息的司法机关、教育行政部门、未成年人所在学校、社区等单位组织及其工作人员、诉讼参与人、社会调查员、合适成年人等，应当做好保密工作，不得泄露被封存的犯罪记录，不得向外界披露该未成年人的姓名、住所、照片，以及可能推断出该未成年人身份的其他资料。违反法律规定披露被封存信息的单位或个人，应当依法追究其法律责任。"本题中，A 项符合犯罪记录封存的要求，该项正确。《刑事诉讼法》第 286 条规定："犯罪的时候不满十八周岁，被判处五年有期徒刑以下刑罚的，应当对相关犯罪记录予以封存。犯罪记录被封存的，不得向任何单位和个人提供，但司法机关为办案需要或者有关单位根据国家规定进行查询的除外。依法进行查询的单位，应当对被封存的犯罪记录的情况予以保密。"甲的犯罪记录被封存后，C 项的网络公司不能查询甲的犯罪记录，但是，D 项中的公安机关基于办案的需要可以查询甲的犯罪记录。故 C 项错误，D 项正确。封存犯罪记录并非销毁未成年人的犯罪记录，故 B 项错误。因此，本题的正确答案为 A、D 两项。

答案：AD

4. 下列关于刑事诉讼程序的表述，正确的是？（2023 年法考客观题回忆版真题，不定选）

A. 第二审法院发现一审判决未对涉案财物作出处理，应当裁定撤销原判，发回原审法院重新审判

B. 公安机关在侦查阶段的鉴定期间不计

入办案期限

C. 甲盗窃案的侦查阶段，公安机关对甲监视居住，在监视居住期间，公安机关可以对甲的通信进行监控

D. 未成年人甲因盗窃罪被判处有期徒刑3年，其在服刑期间又犯新罪，新罪和盗窃罪数罪并罚后被决定执行有期徒刑6年6个月，应当对甲的犯罪记录解除封存

［解析］ 本题考查二审对涉案财物的处理、期间的计算、监视居住、犯罪记录解封。《高法解释》第446条第1款规定："第二审期间，发现第一审判决未对随案移送的涉案财物及其孳息作出处理的，可以裁定撤销原判，发回原审人民法院重新审判，由原审人民法院依法对涉案财物及其孳息一并作出处理。"本题A项的错误在于，不是"应当"而是"可以"裁定撤销原判，发回原审法院重新审判。《刑事诉讼法》第149条规定："对犯罪嫌疑人作精神病鉴定的期间不计入办案期限。"故B项的表述过于绝对，该项不正确。《刑事诉讼法》第78条规定："执行机关对被监视居住的犯罪嫌疑人、被告人，可以采取电子监控、不定期检查等监视方法对其遵守监视居住规定的情况进行监督；在侦查期间，可以对被监视居住的犯罪嫌疑人的通信进行监控。"故C项正确。《关于未成年人犯罪记录封存的实施办法》第18条第1款规定："对被封存犯罪记录的未成年人，符合下列条件之一的，封存机关应当对其犯罪记录解除封存：（一）在未成年时实施新的犯罪，且新罪与封存记录之罪数罪并罚后被决定执行刑罚超过五年有期徒刑的；（二）发现未成年时实施的漏罪，且漏罪与封存记录之罪数罪并罚后被决定执行刑罚超过五年有期徒刑的；（三）经审判监督程序改判五年有期徒刑以上刑罚的。"本题D项属于该条第（一）项规定的情形，应当对甲的犯罪记录解除封存，该项正确。

答案：CD

5. 甲（2000年1月生）于2017年12月故意伤害乙，被公安机关立案侦查。检察院于2018年3月对甲提起公诉，法院于2018年4月经过开庭审理，判处甲有期徒刑1年。下列关于该案的说法，正确的是？（2022年法考延考客观题回忆版真题，不定选）

A. 应当公开审理

B. 审理时不需要通知甲的法定代理人到场

C. 不需要对甲的犯罪记录进行封存

D. 不能由少年法庭审理

［解析］ 本题考查未成年人刑事案件诉讼程序。《刑事诉讼法》第285条规定，审判的时候被告人不满十八周岁的案件，不公开审理。本题中，甲犯罪时未满18周岁，审理时已满18周岁，故应当公开审理，A项正确。讯问和审判未成年犯罪嫌疑人、被告人时，是否需要通知法定代理人或者合适成年人到场，以诉讼过程中的年龄为准，所以，审理时甲已满18周岁，就不需要通知甲的法定代理人到场，故B项正确。《刑事诉讼法》第286条第1款规定："犯罪的时候不满十八周岁，被判处五年有期徒刑以下刑罚的，应当对相关犯罪记录予以封存。"本题中，甲犯罪时未满18周岁，而且甲被判处有期徒刑5年以下的刑罚，故应当对甲封存犯罪记录，故C项错误。《高法解释》第550条第1款规定："被告人实施被指控的犯罪时不满十八周岁、人民法院立案时不满二十周岁的案件，由未成年人案件审判组织审理。"本题中，甲犯罪时未满18周岁，法院立案时未满20周岁，所以由未成年人案件审判组织进行审理。故D项错误。因此，本题的正确答案为A、B两项。

答案：AB

6. 11周岁的甲被继父长期殴打，致使甲轻伤。下列关于该案的说法，正确的是？（2022年法考延考客观题回忆版真题，不定选）

A. 检察院提起公诉时，为甲提出支持申请人身安全保护令的检察建议

B. 检察院可以结合社会调查和家庭教育状况评估制发《督促监护令》，责令甲的母亲接受家庭教育指导

C. 甲不能告诉的，检察院可代为提起自诉

D. 对甲可以进行心理测评

［解析］ 本题考查未成年人刑事案件诉讼程序。《反家庭暴力法》第23条规定："当事人因遭受家庭暴力或者面临家庭暴力的现实危险，向人民法院申请人身安全保护令的，人民法院应当受理。当事人是无民事行为能力人、限制民事行为能力人，或者因受到强制、威吓等原因无法申请人身安全保护令的，其近亲属、公安机关、妇女联合会、居民委员会、村民委员会、救助管理机构可以代为申请。"本题中，未成年人甲遭受家庭暴力，检察院提起公诉时，可以为甲提出支持申请人身安全保护令的检察建议，故A项正确。

《未成年人保护法》第118条规定："未成年人的父母或者其他监护人不依法履行监护职责或者侵犯未成年人合法权益的，由其居住地的居民委员会、村民委员会予以劝诫、制止；情节严重的，居民委员会、村民委员会应当及时向公安机关报告。公安机关接到报告或者公安机关、人民检察院、人民法院在办理案件过程中发现未成年人的父母或者其他监护人存在上述情形的，应当予以训诫，并可以责令其接受家庭教育指导。"故B项表述正确。

我国《刑法》第98条规定："本法所称告诉才处理，是指被害人告诉才处理。如果被害人因受强制、威吓无法告诉的，人民检察院和被害人的近亲属也可以告诉。"本题中，甲的继父涉嫌虐待罪，甲因受强制、威吓无法告诉的，检察院可以代为告诉，故C项正确。《高法解释》第569条第1款规定："人民法院根据情况，可以对未成年被告人、被害人、证人进行心理疏导；根据实际需要并经未成年被告人及其法定代理人同意，可以对未成年被告人进行心理测评。"本题中，甲是未成年被害人，可以对其进行心理疏导，不能对其进行心理测评。因此，D项错误。

答案：ABC

7. 下列关于刑事诉讼程序的说法，正确的是？（2022年法考延考客观题回忆版真题，不定选）

A. 未成年人甲盗窃案，甲未委托辩护人，公安机关对甲不经讯问即通知法律援助机构为其指派律师辩护

B. 律师助理在庭审中可以发表意见

C. 在犯罪嫌疑人被羁押期间，辩护律师可以带一名律师助理会见犯罪嫌疑人

D. 甲（17周岁）盗窃乙（13周岁）案审理时，经乙及其法定代理人同意，未成年保护组织派代表旁听

［解析］ 本题考查未成年人刑事案件诉讼程序、辩护律师的权利。《刑事诉讼法》第278条规定："未成年犯罪嫌疑人、被告人没有委托辩护人的，人民法院、人民检察院、公安机关应当通知法律援助机构指派律师为其提供辩护。"法律和司法解释未要求必须在讯问未成年犯罪嫌疑人后通知法律援助机构为其指派律师辩护。故A项的做法是正确的。《高法解释》第68条规定："律师担任辩护人、诉讼代理人，经人民法院准许，可以带一名助理参加庭审。律师助理参加庭审的，可以从事辅助工作，但不得发表辩护、代理意见。"故B项的错误在于，律师助理不能在庭审中发表意见。《关于依法保障律师执业权利的规定》第7条第4款规定，辩护律师可以带一名律师助理协助会见。故C项表述正确。《刑事诉讼法》第285条规定："审判的时候被告人不满十八周岁的案件，不公开审理。但是，经未成年被告人及其法定代理人同意，未成年被告人所在学校和未成年人保护组织可以派代表到场。"本题D项中的乙是未成年被害人，该

项的错误在于，不是经未成年被害人乙而是经未成年被告人甲及其法定代理人同意，未成年人保护组织可以派代表到场。因此，本题的正确答案为 A、C 两项。

答案：AC

8. 黄某（17 周岁）和张某（17 周岁）二人胁迫未成年女性甲（14 周岁）、乙（15 周岁）有偿陪侍，被追究刑事责任，下列关于该案程序的说法，正确的是？（2022 年法考客观题回忆版真题，多选）

A. 询问甲、乙时，应当有女侦查人员在场

B. 法院可以对甲、乙进行心理疏导

C. 对黄某和张某讯问时，应当通知其父母到场

D. 黄某、张某有悔罪表现，可能判处有期徒刑 1 年，检察院对其适用附条件不起诉

［解析］　本题考查未成年人刑事案件诉讼程序。依据《刑事诉讼法》第 281 条的规定，讯问女性未成年犯罪嫌疑人，应当有女工作人员在场。询问未成年被害人、证人，适用前述规定。这就意味着，询问未成年被害人，也应当有女工作人员在场。本题 A 项中，询问甲、乙两个女性未成年被害人，应当有女侦查人员在场。该项正确。《高法解释》第 569 条第 1 款规定："人民法院根据情况，可以对未成年被告人、被害人、证人进行心理疏导……"故 B 项中法院可以对甲、乙两个未成年被害人进行心理疏导，是正确的。《刑事诉讼法》第 281 条第 1 款规定："对于未成年人刑事案件，在讯问和审判的时候，应当通知未成年犯罪嫌疑人、被告人的法定代理人到场……"本题 C 项中，黄某和张某是未成年犯罪嫌疑人、被告人，讯问时应当通知其法定代理人到场。黄某和张某的父母就是其法定代理人，该项正确。《刑事诉讼法》第 282 条第 1 款规定："对于未成年人涉嫌刑法分则第四章、第五章、第六章规定的犯罪，可能判处一年有期徒刑以下刑罚，符合起诉条件，但有悔罪表现的，人民检察院可以作出附条件不起诉的决定……"本题中的黄某和张某是未成年犯罪嫌疑人，其涉嫌的是组织未成年人进行违反治安管理活动罪，该罪是刑法分则第四章规定的犯罪，若可能判处 1 年有期徒刑，检察院可以对其适用附条件不起诉。故 D 项正确。因此，本题的正确答案为 A、B、C、D 四项。

答案：ABCD

9. 小王、小李是未成年人，涉嫌共同抢劫。小李在审查起诉期间被检察院决定酌定不起诉，检察院对小王提起公诉后，法院对其决定取保候审，下列选项正确的是？（2022 年法考客观题回忆版真题，不定选）

A. 小王无固定住所、无法提供保证人的，法院为其指定合适成年人作为保证人

B. 本案的人民陪审员可以从熟悉未成年人身心特点的人民陪审员中指定

C. 小李可以以证人身份出庭作证

D. 小王的辩护人提交的关于小王因父母离异缺乏家庭教育的材料，可以作为定案依据

［解析］　本题考查未成年人刑事案件诉讼程序。《高法解释》第 554 条规定："人民法院对无固定住所、无法提供保证人的未成年被告人适用取保候审的，应当指定合适成年人作为保证人，必要时可以安排取保候审的被告人接受社会观护。"故 A 项正确。

《高法解释》第 549 条第 2 款规定："参加审理未成年人刑事案件的人民陪审员，可以从熟悉未成年人身心特点、关心未成年人保护工作的人民陪审员名单中随机抽取确定。"故 B 项错误在于，人民陪审员不能由法院指定，而是随机抽取确定。

C 项中的小李尽管是同案犯，但是，其被检察院作出不起诉，小李在审判阶段不是被告人，其与案件有利害关系，依然可以作证人。

该项正确。

《高法解释》第575条第1款规定："对未成年被告人情况的调查报告，以及辩护人提交的有关未成年被告人情况的书面材料，法庭应当审查并听取控辩双方意见。上述报告和材料可以作为办理案件和教育未成年人的参考。"本题D项中，小王的辩护人提交的关于小王因父母离异缺乏家庭教育的材料，属于对未成年人的社会调查报告，只能作为办案和教育的参考，不能作为定案依据。该项错误。

本题的正确答案为A、C两项。

答案：AC

10. 下列关于刑事诉讼程序的说法，正确的是？（2022年法考客观题回忆版真题，不定选）

A. 未成年人刑事案件中，未成年人的父母可要求公安机关对案件材料保密

B. 交通事故责任认定书只可以作为定罪量刑参考

C. 值班律师可应犯罪嫌疑人、被告人的约见进行会见，也可主动会见

D. 值班律师会见犯罪嫌疑人、被告人，须与犯罪嫌疑人、被告人签署代理委托书

［解析］ 本题考查未成年人刑事案件诉讼程序、事故调查报告、值班律师。对于未成年人刑事案件程序中的材料，在诉讼终结前一律加密保存、不得公开。故A项表述正确。《高法解释》第101条规定："有关部门对事故进行调查形成的报告，在刑事诉讼中可以作为证据使用；报告中涉及专门性问题的意见，经法庭查证属实，且调查程序符合法律、有关规定的，可以作为定案的根据。"本题B项中的交通事故责任认定书属于对交通事故进行调查后形成的报告，其属于证据的一种，并非只是定罪量刑的参考。该项表述错误。《法律援助值班律师工作办法》第6条第3款规定："值班律师办理案件时，可以应犯罪嫌疑人、被告人的约见进行会见，也可以经办案机关允许主动会见……"故C项正确。值班律师是由法律援助机构指派而产生的，并非犯罪嫌疑人、被告人委托而产生的，所以，值班律师无须与犯罪嫌疑人、被告人签署代理委托书，D项表述错误。本题的正确答案为A、C两项。

答案：AC

11. 下列关于未成年人刑事案件审判程序的说法，正确的是？（2021年法考客观题回忆版真题，不定选）

A. 曹某（14周岁）强奸案，法院对其决定逮捕，但应保证其继续接受义务教育

B. 邓某利用孙某（13周岁）运输毒品，孙某可以在不暴露外貌、声音的条件下出庭作证

C. 于某猥亵儿童案，法院询问被害人时，应同步录音录像并尽量一次完成

D. 在校大学生张某盗窃案，法院受理该案时张某刚满20周岁，不由未成年人刑事案件审判组织审理

［解析］ 本题考查未成年人刑事案件审判程序。《高法解释》第553条第3款规定："对被逮捕且没有完成义务教育的未成年被告人，人民法院应当与教育行政部门互相配合，保证其接受义务教育。"故A项正确。

《高法解释》第558条规定："开庭审理涉及未成年人的刑事案件，未成年被害人、证人一般不出庭作证；必须出庭的，应当采取保护其隐私的技术手段和心理干预等保护措施。"B项中孙某是未成年证人，其在不暴露外貌、声音的条件下出庭作证，是对其采取保护措施，故B项正确。

《高法解释》第556条第2款规定："审理未成年人遭受性侵害或者暴力伤害案件，在询问未成年被害人、证人时，应当采取同步录音录像等措施，尽量一次完成；未成年被害人、证人是女性的，应当由女性工作人员进行。"故C项正确。

《高法解释》第550条第2款规定："下列案件可以由未成年人案件审判组织审理：（一）人民法院立案时不满二十二周岁的在校学生犯罪案件；（二）强奸、猥亵、虐待、遗弃未成年人等侵害未成年人人身权利的犯罪案件；（三）由未成年人案件审判组织审理更为适宜的其他案件。"本题D项属于该条第（一）项规定的情形，可以由未成年人案件审判组织审理。该项不正确。

综上，本题的正确答案是A、B、C三项。

答案：ABC

12. 小马（15周岁，男）涉嫌强奸小刘（13周岁，女），公安机关对小马立案侦查。关于本案的处理，下列哪项表述正确？（2021年法考客观题回忆版真题，单选）

A. 由于小马涉嫌的罪名较重，不能适用附条件不起诉

B. 在审查起诉时，小马的父亲对小马认罪认罚有异议，可将异议内容在认罪认罚具结书中注明，但不影响对小马从宽处理

C. 在对小刘询问时，如果其法定代理人或其他合适成年人不在场，小刘的陈述不得作为定案根据

D. 在审理中，法院可通知侦查阶段对小马进行社会调查的社会工作者出庭说明情况，接受询问

［解析］ 本题考查附条件不起诉、未成年人案件适用认罪认罚从宽、证据的审查判断、法定代理人、合适成年人到场、社会调查。《刑事诉讼法》第282条第1款规定，对于未成年人涉嫌刑法分则第四章、第五章、第六章规定的犯罪，可能判处1年有期徒刑以下刑罚，符合起诉条件，但有悔罪表现的，人民检察院可以作出附条件不起诉的决定。本题中，小马涉嫌的强奸罪，属于刑法分则第四章规定的犯罪，可适用附条件不起诉。故A项错误。

《高检规则》第468条第1、2、3款规定："未成年犯罪嫌疑人认罪认罚的，应当在法定代理人、辩护人在场的情况下签署认罪认罚具结书。法定代理人、辩护人对认罪认罚有异议的，不需要签署具结书。因未成年犯罪嫌疑人的法定代理人、辩护人对其认罪认罚有异议而不签署具结书的，人民检察院应当对未成年人认罪认罚情况，法定代理人、辩护人的异议情况如实记录。提起公诉的，应当将该材料与其他案卷材料一并移送人民法院。未成年犯罪嫌疑人的法定代理人、辩护人对认罪认罚有异议而不签署具结书的，不影响从宽处理。"由此可知，小马的父亲是小马的法定代理人，其对小马认罪认罚有异议，小马不需要签署认罪认罚具结书，但不影响对小马从宽处理。B项中"异议内容在认罪认罚具结书中注明"是错误的。

《高法解释》第90条规定："证人证言的收集程序、方式有下列瑕疵，经补正或者作出合理解释的，可以采用；不能补正或者作出合理解释的，不得作为定案的根据：（一）询问笔录没有填写询问人、记录人、法定代理人姓名以及询问的起止时间、地点的；（二）询问地点不符合规定的；（三）询问笔录没有记录告知证人有关权利义务和法律责任的；（四）询问笔录反映出在同一时段，同一询问人员询问不同证人的；（五）询问未成年人，其法定代理人或者合适成年人不在场的。"依据《高法解释》第92条的规定，对被害人陈述的审查与认定，参照适用证人证言的有关规定。因此，本题中，未成年被害人小刘的陈述经补正或者作出合理解释的，可以采用；不能补正或者作出合理解释的，不得作为定案的根据，故C项错误。

《高法解释》第575条规定："对未成年被告人情况的调查报告，以及辩护人提交的有关未成年被告人情况的书面材料，法庭应当审查并听取控辩双方意见。上述报告和材料可以

作为办理案件和教育未成年人的参考。人民法院可以通知作出调查报告的人员出庭说明情况，接受控辩双方和法庭的询问。”故D项表述正确。

综上，本题的正确答案为D项。

答案：D

13. 未成年人小吴涉嫌盗窃罪，下列关于该案的说法，正确的是？（2021年法考福建延考客观题回忆版真题，多选）

A. 小吴的父亲对附条件不起诉有异议，则检察院不能适用附条件不起诉

B. 法院对该案可适用速裁程序审理

C. 若检察院对小吴作出酌定不起诉，应当封存

D. 司法机关和有关单位按照规定可查询小吴的酌定不起诉决定，但应当保密

［解析］ 本题考查附条件不起诉、速裁程序、犯罪记录封存。《刑事诉讼法》第282条第3款规定：“未成年犯罪嫌疑人及其法定代理人对人民检察院决定附条件不起诉有异议的，人民检察院应当作出起诉的决定。”本题A项中，小吴的父亲是小吴的法定代理人，其对附条件不起诉有异议，检察院不得对小吴适用附条件不起诉。该项正确。依据《刑事诉讼法》第223条的规定，被告人是未成年人的，不得适用速裁程序。故B项错误。《高检规则》第486条规定：“人民检察院对未成年犯罪嫌疑人作出不起诉决定后，应当对相关记录予以封存。除司法机关为办案需要进行查询外，不得向任何单位和个人提供。封存的具体程序参照本规则第四百八十三条至第四百八十五条的规定。”故C、D两项正确。综上，本题的正确答案为A、C、D三项。

答案：ACD

14. 未成年小孙、小李涉嫌共同抢夺，侦查阶段均认罪认罚，移送审查起诉时，小孙刚满18周岁，小李还差两个月满18周岁，检察院在审查起诉阶段的下列处理，正确的是？（2020年法考客观题回忆版真题，多选）

A. 如小孙没有委托辩护人，检察院可书面通知法律援助机构指派律师为其辩护

B. 小李的法定代理人认为检察院的附条件不起诉考验期过长，检察院应当提起公诉

C. 检察院应当听取小孙和小李及其法定代理人关于认罪认罚的意见

D. 小孙在审查起诉阶段不认罪认罚，但在审判阶段认罪认罚的，也可以适用认罪认罚从宽制度

［解析］ 本题考查法律援助辩护、附条件不起诉、未成年人适用认罪认罚从宽制度。《刑事诉讼法》第278条规定，未成年犯罪嫌疑人、被告人没有委托辩护人的，人民法院、人民检察院、公安机关应当通知法律援助机构指派律师为其提供辩护。故A项的错误在于，检察院不是“可”而是“应当”通知法律援助机构指派律师为小孙提供辩护。《高检规则》第470条第2款规定，未成年犯罪嫌疑人及其法定代理人对案件作附条件不起诉处理没有异议，仅对所附条件及考验期有异议的，人民检察院可以依法采纳其合理的意见，对考察的内容、方式、时间等进行调整；其意见不利于对未成年犯罪嫌疑人帮教，人民检察院不采纳的，应当进行释法说理。故B项的错误在于，检察院不是“应当提起公诉”，而是可以依法采纳其合理的意见，对考察的时间进行调整，对其作附条件不起诉。《高检规则》第467条规定，未成年犯罪嫌疑人认罪认罚的，人民检察院应当告知本人及其法定代理人享有的诉讼权利和认罪认罚的法律规定，并依照刑事诉讼法第173条的规定，听取、记录未成年犯罪嫌疑人及其法定代理人、辩护人、被害人及其诉讼代理人的意见。故C项表述正确。《关于适用认罪认罚从宽制度的指导意见》第

5条规定，认罪认罚从宽制度贯穿刑事诉讼全过程，适用于侦查、起诉、审判各个阶段。故小孙在审查起诉阶段不认罪认罚，但在审判阶段认罪认罚的，也可以适用认罪认罚从宽制度，D项表述正确。

答案：CD

15. 老王多次强迫其儿子小王（15周岁）从三轮车上跳车，以小王假装被三轮车摔伤的方式诈骗对方财物。在一次采用该方式碰瓷过程中，小王和对方三轮车上的小马（13周岁）均受重伤，检察院以诈骗罪和故意伤害罪对老王提起公诉，关于本案的说法，正确的是？（2020年法考客观题回忆版真题，不定选）

A. 小马既是被害人，也是证人

B. 可强制小马到庭作证

C. 小马可提起附带民事诉讼，要求老王赔偿医疗费、护理费

D. 由于老王对小王故意犯罪，法院可以在附带民事诉讼中一并对其撤销监护人资格

[解析]　本题考查证人和被害人的诉讼地位区分、证人出庭作证制度、附带民事诉讼解决的问题。小马既是老王诈骗和故意伤害案件的被害人，也是老王故意伤害小王案件的证人，故A项正确。《刑事诉讼法》第192条第1款规定，公诉人、当事人或者辩护人、诉讼代理人对证人证言有异议，且该证人证言对案件定罪量刑有重大影响，人民法院认为证人有必要出庭作证的，证人应当出庭作证。《高法解释》第558条规定："开庭审理涉及未成年人的刑事案件，未成年被害人、证人一般不出庭作证；必须出庭的，应当采取保护其隐私的技术手段和心理干预等保护措施。"可见，刑事诉讼法及其司法解释未禁止强制未成年证人出庭作证，故B项正确。《高法解释》第175条第1款规定："被害人因人身权利受到犯罪侵犯或者财物被犯罪分子毁坏而遭受物质损失的，有权在刑事诉讼过程中提起附带民事诉讼；被害人死亡或者丧失行为能力的，其法定代理人、近亲属有权提起附带民事诉讼。"《高法解释》第192条第2款规定，犯罪行为造成被害人人身损害的，应当赔偿医疗费、护理费、交通费等为治疗和康复支付的合理费用，以及因误工减少的收入。造成被害人残疾的，还应当赔偿残疾生活辅助器具费等费用；造成被害人死亡的，还应当赔偿丧葬费等费用。故C项正确。依据《高法解释》第175条的规定，附带民事诉讼中只解决犯罪行为给被害人造成的物质损害赔偿问题，不解决撤销监护人资格问题。D项中的监护人资格撤销只能在另行提起的民事诉讼中解决。故D项不正确。

答案：ABC

16. 王某（17周岁）多次盗窃手机被立案侦查，下列对王某适用诉讼程序正确的是？（2020年法考客观题回忆版真题，多选）

A. 王某认罪认罚，但王某父亲对王某认罪认罚有异议，不影响对王某适用认罪认罚从宽

B. 检察院在对王某讯问过程中，王某父亲的女友作为合适成年人在场，该讯问笔录不得作为定案依据

C. 检察院对王某作附条件不起诉前，应听取公安机关的意见

D. 若被害人对王某向法院提起自诉，自诉人可委托其在检察院工作的母亲担任诉讼代理人

[解析]　本题考查未成年人适用认罪认罚从宽制度、合适成年人到场、证据排除的范围、附条件不起诉、诉讼代理人的范围。《高检规则》第272条第2、3款规定："犯罪嫌疑人具有下列情形之一的，不需要签署认罪认罚具结书：（一）犯罪嫌疑人是盲、聋、哑人，或者是尚未完全丧失辨认或者控制自己行为能力的精神病人的；（二）未成年犯罪嫌疑人的

法定代理人、辩护人对未成年人认罪认罚有异议的；（三）其他不需要签署认罪认罚具结书的情形。有前款情形，犯罪嫌疑人未签署认罪认罚具结书的，不影响认罪认罚从宽制度的适用。”本题A项中，王某父亲作为王某的法定代理人对王某的认罪认罚有异议，王某不需要签认罪认罚具结书，但不影响对王某适用认罪认罚从宽制度。A项正确。

《刑事诉讼法》第281条第1款规定，对于未成年人刑事案件，在讯问和审判的时候，应当通知未成年犯罪嫌疑人、被告人的法定代理人到场。无法通知、法定代理人不能到场或者法定代理人是共犯的，也可以通知未成年犯罪嫌疑人、被告人的其他成年亲属，所在学校、单位、居住地基层组织或者未成年人保护组织的代表到场，并将有关情况记录在案。因此，B项中的王某父亲的女友不是王某的其他成年亲属，不能担任王某的合适成年人。依据《高法解释》第94条的规定，讯问未成年人，其法定代理人或合适成年人不在场的，被告人的供述不能作为定案的根据，故B项中讯问王某的笔录不得作为定案的根据，该项正确。

《刑事诉讼法》第282条第1款规定：“对于未成年人涉嫌刑法分则第四章、第五章、第六章规定的犯罪，可能判处一年有期徒刑以下刑罚，符合起诉条件，但有悔罪表现的，人民检察院可以作出附条件不起诉的决定。人民检察院在作出附条件不起诉的决定以前，应当听取公安机关、被害人的意见。”故C项正确。

《高法解释》第40条第2、3款规定：“被告人除自己行使辩护权以外，还可以委托辩护人辩护。下列人员不得担任辩护人：……（四）人民法院、人民检察院、监察机关、公安机关、国家安全机关、监狱的现职人员……前款第三项至第七项规定的人员，如果是被告人的监护人、近亲属，由被告人委托担任辩护人的，可以准许。”《高法解释》第63条规定，当事人委托诉讼代理人的，参照适用《刑事诉讼法》第33条和《高法解释》的有关规定。本题D项中尽管自诉人的母亲在检察院工作，但其属于相对禁止担任诉讼代理人的主体，其可以担任诉讼代理人。D项正确。

答案：ABCD

17. 赵某（25周岁）、何某（17周岁）涉嫌贩卖毒品罪，一并被提起公诉，正确的是？（2020年法考客观题回忆版真题，不定选）

A. 赵某和何某均认罪认罚的，法院才可适用速裁程序审理

B. 在审判阶段，检察院经羁押必要性审查，鉴于何某认罪认罚，可以建议法院对何某取保候审

C. 赵某、何某作为共同被告人，为了更好地查明案情，可由少年法庭审理

D. 侦查阶段对毒品含量进行鉴定的鉴定人张某在开庭前死亡，鉴定意见不得作为定案依据

［解析］ 本题考查速裁程序、羁押必要性审查、少年法庭审理的案件范围、鉴定意见的采纳。《刑事诉讼法》第223条规定：“有下列情形之一的，不适用速裁程序：……（二）被告人是未成年人的……”本题中何某17周岁，是未成年人，该案不能适用速裁程序审理。故A项不正确。《高检规则》第580条规定：“人民检察院发现犯罪嫌疑人、被告人具有下列情形之一，且具有悔罪表现，不予羁押不致发生社会危险性的，可以向办案机关提出释放或者变更强制措施的建议：（一）预备犯或者中止犯；（二）共同犯罪中的从犯或者胁从犯；（三）过失犯罪的；（四）防卫过当或者避险过当的；（五）主观恶性较小的初犯；（六）系未成年人或者已满七十五周岁的人；（七）与被害方依法自愿达成和解协议，且已经履行或者提供担保的；（八）认罪认罚的；（九）患有严重疾病、生活不能自理的；（十）怀孕或者正在哺乳自己婴儿的妇

女；（十一）系生活不能自理的人的唯一扶养人；（十二）可能被判处一年以下有期徒刑或者宣告缓刑的；（十三）其他不需要继续羁押的情形。”本题B项符合该条第（八）项的情形，检察院经羁押必要性审查，可以建议法院对何某取保候审，该项正确。《高法解释》第550条规定：“被告人实施被指控的犯罪时不满十八周岁、人民法院立案时不满二十周岁的案件，由未成年人案件审判组织审理。下列案件可以由未成年人案件审判组织审理：（一）人民法院立案时不满二十二周岁的在校学生犯罪案件；（二）强奸、猥亵、虐待、遗弃未成年人等侵害未成年人人身权利的犯罪案件；（三）由未成年人案件审判组织审理更为适宜的其他案件。共同犯罪案件有未成年被告人的或者其他涉及未成年人的刑事案件，是否由未成年人案件审判组织审理，由院长根据实际情况决定。”本题中，赵某是成年人，何某是未成年人，是否由少年法庭审理，由院长根据实际情况决定，故C项不正确。《高法解释》第99条第1款规定，经人民法院通知，鉴定人拒不出庭作证的，鉴定意见不得作为定案的根据。本题D项中，鉴定人张某若属于应当出庭的鉴定人，其因死亡无法出庭接受质证，其鉴定意见才不得作为定案的根据。但是，该项未明确张某是否属于应当出庭的鉴定人，故该项不正确。

答案：B

18. 未成年人小蔡和其父亲老蔡共同贩卖淫秽光盘，公安机关在立案后，小蔡被取保候审，老蔡被检察院批准逮捕。关于该案诉讼程序的说法，正确的是？（2019年法考客观题回忆版真题，不定选）

A. 检察院审查批捕小蔡和老蔡时，都应讯问两位犯罪嫌疑人

B. 检察院在对小蔡作出附条件不起诉时，应该征得老蔡同意

C. 对小蔡作出附条件不起诉的同时，可以禁止其进入娱乐场所

D. 检察院对小蔡和老蔡分案起诉，则应由不同的审判组织审理

［解析］本题考查未成年人刑事案件诉讼程序、审查批捕程序、附条件不起诉等。《高检规则》第280条第1款规定：“人民检察院办理审查逮捕案件，可以讯问犯罪嫌疑人；具有下列情形之一的，应当讯问犯罪嫌疑人：（一）对是否符合逮捕条件有疑问的；（二）犯罪嫌疑人要求向检察人员当面陈述的；（三）侦查活动可能有重大违法行为的；（四）案情重大、疑难、复杂的；（五）犯罪嫌疑人认罪认罚的；（六）犯罪嫌疑人系未成年人的；（七）犯罪嫌疑人是盲、聋、哑人或者是尚未完全丧失辨认或者控制自己行为能力的精神病人的。”本题中，小蔡是未成年人，老蔡是成年人，检察院对小蔡审查批捕时，应当讯问小蔡，对老蔡不是应当讯问。故A项错误。尽管，《高检规则》第469条第2款规定：“人民检察院在作出附条件不起诉的决定以前，应当听取公安机关、被害人、未成年犯罪嫌疑人及其法定代理人、辩护人的意见，并制作笔录附卷。”《刑事诉讼法》第282条第3款规定：“未成年犯罪嫌疑人及其法定代理人对人民检察院决定附条件不起诉有异议的，人民检察院应当作出起诉的决定。”但是，本题中，老蔡和小蔡是同案犯，二者有利害关系，所以，检察院在对小蔡作出附条件不起诉时，无须征得老蔡同意。故B项错误。《高检规则》第476条规定：“人民检察院可以要求被附条件不起诉的未成年犯罪嫌疑人接受下列矫治和教育：（一）完成戒瘾治疗、心理辅导或者其他适当的处遇措施；（二）向社区或者公益团体提供公益劳动；（三）不得进入特定场所，与特定的人员会见或者通信，从事特定的活动；（四）向被害人赔偿损失、赔礼道歉等；（五）接受相关教育；（六）遵守其他保护被害人安全以及预防再

犯的禁止性规定。"本题中，对小蔡作出附条件不起诉的同时，禁止其进入娱乐场所，属于上述第（三）项的规定。故C项正确。《高法解释》第551条第1款规定："对分案起诉至同一人民法院的未成年人与成年人共同犯罪案件，可以由同一个审判组织审理；不宜由同一个审判组织审理的，可以分别审理。"故D项表述过于绝对，表述错误。本题的正确答案为C项。

答案：C

19. 甲（17岁零10个月）将其同班同学乙（15周岁）打伤，甲在被H区公安局移送审查起诉两天后满18周岁，H区检察院对甲作出附条件不起诉决定，在附条件不起诉考察期内，发现甲有新罪，H区检察院撤销附条件不起诉，对甲向H区法院提起公诉，H区法院经审理判处甲有期徒刑6个月。关于该案，下列正确的说法是？（2018年法考客观题回忆版真题，不定选）

A. 该附条件不起诉决定违法

B. H区检察院作出附条件不起诉，须得到甲的法定代理人同意

C. H区法院公开审理，但不得组织人员旁听

D. H区法院审理时甲未满20周岁，由少年法庭审理

［解析］ 本题考查附条件不起诉、公开审理原则、少年法庭审理的案件范围等。《刑事诉讼法》第282条第1款规定，对于未成年人涉嫌刑法分则第四章、第五章、第六章规定的犯罪，可能判处一年有期徒刑以下刑罚，符合起诉条件，但有悔罪表现的，检察院可以作出附条件不起诉的决定。本条中的未成年人指犯罪时的年龄，所以，甲在被移送审查起诉两天后满18周岁，但是其犯罪时只有17岁零10个月，可以适用附条件不起诉，故A项错误。

《刑事诉讼法》第282条第3款规定，未成年犯罪嫌疑人及其法定代理人对检察院决定附条件不起诉有异议的，检察院应当作出起诉的决定。故B项正确。

《高法解释》第557条规定，开庭审理时被告人不满18周岁的案件，一律不公开审理。对依法公开审理，但可能需要封存犯罪记录的案件，不得组织人员旁听。本题中，甲在审理时已经满18周岁，对该案应当公开审理，同时，依据《刑事诉讼法》第286条第1款的规定，犯罪的时候不满18周岁，被判处5年有期徒刑以下刑罚的，应当对相关犯罪记录予以封存。本案中，甲在犯罪时未满18周岁，而且被判处有期徒刑6个月，所以对其犯罪记录应当封存，那么，在对甲公开审理时，不得组织人员旁听，故C项正确。

《高法解释》第550条第1款规定，被告人实施被指控的犯罪时不满18周岁、法院立案时不满20周岁的案件，由未成年人案件审判组织审理。本案符合少年法庭审理的条件，故D项正确。

因此，本题的正确答案为B、C、D三项。

答案：BCD

20. 未成年人小周涉嫌故意伤害被取保候审，A县检察院审查起诉后决定对其适用附条件不起诉，监督考察期限为6个月。关于本案处理，下列哪一选项是正确的？（2017/2/39，单选）

A. 作出附条件不起诉决定后，应释放小周

B. 本案审查起诉期限自作出附条件不起诉决定之日起中止

C. 监督考察期间，如小周经批准迁居B县继续上学，改由B县检察院负责监督考察

D. 监督考察期间，如小周严格遵守各项规定，表现优异，可将考察期限缩短为5个月

［解析］ 本题考查附条件不起诉。《人民检察院办理未成年人刑事案件的规定》第34条规定，未成年犯罪嫌疑人在押的，作出

附条件不起诉决定后，检察院应当作出释放或者变更强制措施的决定。故A项错误在于不是“应当释放”而是“应当释放或者变更强制措施”。

《人民检察院办理未成年人刑事案件的规定》第45条第3款规定，作出附条件不起诉决定的案件，审查起诉期限自检察院作出附条件不起诉决定之日起中止计算，自考验期限届满之日起或者检察院作出撤销附条件不起诉决定之日起恢复计算。故B项正确。

《刑事诉讼法》第283条第1款规定，在附条件不起诉的考验期内，由检察院对被附条件不起诉的未成年犯罪嫌疑人进行监督考察。《人民检察院办理未成年人刑事案件的规定》第44条规定，未成年犯罪嫌疑人经批准离开所居住的市、县或者迁居，作出附条件不起诉决定的检察院可以要求迁入地的检察院协助进行考察，并将考察结果函告作出附条件不起诉决定的检察院。由此可见，附条件不起诉的考察机关是作出附条件不起诉决定的检察院。所以，本题中的考察机关应是A县检察院，而不是B县检察院，B县检察院可以协助进行考察。故C项错误。

《人民检察院办理未成年人刑事案件的规定》第40条规定，检察院决定附条件不起诉的，应当确定考验期。考验期为六个月以上一年以下，从检察院作出附条件不起诉的决定之日起计算。考验期不计入案件审查起诉期限。考验期的长短应当与未成年犯罪嫌疑人所犯罪行的轻重、主观恶性的大小和人身危险性的大小、一贯表现及帮教条件等相适应，根据未成年犯罪嫌疑人在考验期的表现，可以在法定期限范围内适当缩短或者延长。附条件不起诉考验期的法定期限为六个月以上一年以下，D项的5个月少于法定期限，故D项错误。

本题的正确答案为B项。

答案：B

21. 未成年人小天因涉嫌盗窃被检察院适用附条件不起诉。关于附条件不起诉可以附带的条件，下列哪些选项是正确的？（2016/2/75，多选）

A. 完成一个疗程四次的心理辅导

B. 每周参加一次公益劳动

C. 每个月向检察官报告日常花销和交友情况

D. 不得离开所居住的县

［**解析**］本题考查附条件不起诉考察期内应遵守的规定。《高检规则》第475条规定，检察院对于被附条件不起诉的未成年犯罪嫌疑人，应当监督考察其是否遵守下列规定：（1）遵守法律法规，服从监督；（2）按照规定报告自己的活动情况；（3）离开所居住的市、县或者迁居，应当报经批准；（4）按照要求接受矫治和教育。

《高检规则》第476条规定，检察院可以要求被附条件不起诉的未成年犯罪嫌疑人接受下列矫治和教育：（1）完成戒瘾治疗、心理辅导或者其他适当的处遇措施；（2）向社区或者公益团体提供公益劳动；（3）不得进入特定场所，与特定的人员会见或者通信，从事特定的活动；（4）向被害人赔偿损失、赔礼道歉等；（5）接受相关教育；（6）遵守其他保护被害人安全以及预防再犯的禁止性规定。

本题中，A、B两项是《高检规则》第476条的第（1）、（2）项内容，都属于对未成年犯罪嫌疑人矫治与教育的手段，应当选。C项属于《高检规则》第475条规定的第（2）项“按照规定报告自己的活动情况”，这里的考察机关是检察院，故该项当选。依据《高检规则》第475条规定的第（3）项，可知D项的错误在于，不是“不得离开所居住的县”，而是“离开所居住的市、县或者迁居，应当报经考察机关批准”。因此，本题的正确答案为A、B、C三项。

答案：ABC

22. 全国人大常委会关于《刑事诉讼法》第271条第二款的解释规定，检察院办理未成年人刑事案件，在作出附条件不起诉决定以及考验期满作出不起诉决定前，应听取被害人的意见。被害人对检察院作出的附条件不起诉的决定和不起诉的决定，可向上一级检察院申诉，但不能向法院提起自诉。关于这一解释的理解，下列哪些选项是正确的？（2015/2/71，多选）

A. 增加了听取被害人陈述意见的机会

B. 有利于对未成年犯罪嫌疑人的转向处置

C. 体现了对未成年犯罪嫌疑人的特殊保护

D. 是刑事公诉独占主义的一种体现

［解析］ 本题考查附条件不起诉。依据《刑事诉讼法》第282条的规定，检察院办理未成年人刑事案件，在作出附条件不起诉决定前，应听取被害人的意见。《全国人大常委会关于〈刑事诉讼法〉第271条（现第282条）第2款的解释》增加规定，检察院办理未成年人刑事案件，在考验期满作出不起诉决定前，应听取被害人的意见。相比刑事诉讼法的规定，该立法解释增加了听取被害人陈述意见的机会。故A项正确。

附条件不起诉制度是对本应进入刑事诉讼程序的刑事案件转向为非刑事诉讼的方式处置的非司法化，一些国家称之为转向处置。实践证明，转向处置能避免刑事诉讼的消极性作用，从而给予犯罪未成年人实质性的保护。我国附条件不起诉制度正是在合理吸收转向处置核心要素的基础上，结合司法实践和对未成年人特别保护的现实需要，创造性地设立了中国特色的未成年人刑事案件非司法化制度，故B、C两项正确。

刑事公诉独占主义，即刑事案件的起诉权被国家垄断，排除被害人自诉。我国刑事诉讼实行以公诉为主、自诉为辅的犯罪追诉机制，故D项表述错误。

答案：ABC

23. 律师邹某受法律援助机构指派，担任未成年人陈某的辩护人。关于邹某的权利，下列哪些说法是正确的？（2015/2/73，多选）

A. 可调查陈某的成长经历、犯罪原因、监护教育等情况，并提交给法院

B. 可反对法院对该案适用简易程序，法院因此只能采用普通程序审理

C. 可在陈某最后陈述后进行补充陈述

D. 可在有罪判决宣告后，受法庭邀请参与对陈某的法庭教育

［解析］ 本题考查辩护人参与未成年刑事案件诉讼程序、未成年人刑事案件的社会调查、简易程序的适用、被告人的最后陈述权、对未成年人的法庭教育。《高法解释》第575条第1款规定，对未成年被告人情况的调查报告，以及辩护人提交的有关未成年被告人情况的书面材料，法庭应当审查并听取控辩双方意见。上述报告和材料可以作为办理案件和教育未成年人的参考。故A项正确。

《高法解释》第566条规定，对未成年人刑事案件，法院决定适用简易程序审理的，应当征求未成年被告人及其法定代理人、辩护人的意见。上述人员提出异议的，不适用简易程序，故B项正确。

《刑事诉讼法》第281条第4款规定，审判未成年人刑事案件，未成年被告人最后陈述后，其法定代理人可以进行补充陈述。而辩护人无权做补充陈述。因此，C项错误。

《高法解释》第576条规定，法庭辩论结束后，法庭可以根据未成年人的生理、心理特点和案件情况，对未成年被告人进行法治教育；判决未成年被告人有罪的，宣判后，应当对未成年被告人进行法治教育。对未成年被告人进行教育，其法定代理人以外的成年亲属或者教师、辅导员等参与有利于感化、挽救未成年人的，法院应当邀请其参加有关活动。本题中的辩护人不属于能够参与对未成年被告人进行法庭教育的人员范围，故D

项错误。

答案：AB（原答案为 ABD）

24. 甲、乙系初三学生，因涉嫌抢劫同学丙（三人均不满 16 周岁）被立案侦查。关于该案诉讼程序，下列哪些选项是正确的？（2015/2/74，多选）

A. 审查批捕讯问时，甲拒绝为其提供的合适成年人到场，应另行通知其他合适成年人到场

B. 讯问乙时，因乙的法定代理人无法到场而通知其伯父到场，其伯父可代行乙的控告权

C. 法庭审理询问丙时，应通知丙的法定代理人到场

D. 如该案适用简易程序审理，甲的法定代理人不能到场时可不再通知其他合适成年人到场

［解析］　本题考查法定代理人和其他合适成年人到场。《高检规则》第 465 条第 3 款规定，未成年犯罪嫌疑人明确拒绝法定代理人以外的合适成年人到场，且有正当理由的，检察院可以准许，但应当在征求其意见后通知其他合适成年人到场。故 A 项正确。

《刑事诉讼法》第 281 条规定，对于未成年人刑事案件，在讯问和审判的时候，应当通知未成年犯罪嫌疑人、被告人的法定代理人到场。无法通知、法定代理人不能到场或者法定代理人是共犯的，也可以通知未成年犯罪嫌疑人、被告人的其他成年亲属，所在学校、单位、居住地基层组织或者未成年人保护组织的代表到场，并将有关情况记录在案。到场的法定代理人可以代为行使未成年犯罪嫌疑人、被告人的诉讼权利。到场的法定代理人或者其他人员认为办案人员在讯问、审判中侵犯未成年人合法权益的，可以提出意见。讯问笔录、法庭笔录应当交给到场的法定代理人或者其他人员阅读或者向他宣读。询问未成年被害人、证人，适用上述规定。故 B 项的错误在于，其伯父作为合适成年人不能代为行使未成年犯罪嫌疑人、被告人的诉讼权利。C 项表述正确，因为询问未成年被害人，也应通知其法定代理人到场。D 项的错误在于，不是不再通知其他合适成年人到场，而是要通知其他合适成年人到场。

答案：AC

25. 黄某（17 周岁，某汽车修理店职工）与吴某（16 周岁，高中学生）在餐馆就餐时因琐事与赵某（16 周岁，高中学生）发生争吵，并殴打赵某致其轻伤。检察院审查后，综合案件情况，拟对黄某作出附条件不起诉决定，对吴某作出不起诉决定。

请回答第（1）~（3）题。

（1）关于本案审查起诉的程序，下列选项正确的是？（2014/2/94，不定选）

A. 应当对黄某、吴某的成长经历、犯罪原因和监护教育等情况进行社会调查

B. 在讯问黄某、吴某和询问赵某时，应当分别通知他们的法定代理人到场

C. 应当分别听取黄某、吴某的辩护人的意见

D. 拟对黄某作出附条件不起诉决定，应当听取赵某及其法定代理人与诉讼代理人的意见

［解析］　本题考查对未成年人案件的社会调查、审查起诉、附条件不起诉。《刑事诉讼法》第 279 条规定："公安机关、人民检察院、人民法院办理未成年人刑事案件，根据情况可以对未成年犯罪嫌疑人、被告人的成长经历、犯罪原因、监护教育等情况进行调查。"《高检规则》第 461 条第 1 款规定："人民检察院根据情况可以对未成年犯罪嫌疑人的成长经历、犯罪原因、监护教育等情况进行调查，并制作社会调查报告，作为办案和教育的参考。"故 A 项的错误在于，不是"应当"而是"可以"对黄某、吴某的成长经历、犯罪原因和监

护教育等情况进行社会调查。《刑事诉讼法》第281条规定，对于未成年人刑事案件，在讯问和审判的时候，应当通知未成年犯罪嫌疑人、被告人的法定代理人到场。询问未成年被害人、证人，也适用此规定。故B项正确。

《人民检察院办理未成年人刑事案件的规定》第22条第4款规定："审查起诉未成年犯罪嫌疑人，应当听取其父母或者其他法定代理人、辩护人、被害人及其法定代理人的意见。"故C项正确。

《人民检察院办理未成年人刑事案件的规定》第30条规定："人民检察院在作出附条件不起诉的决定以前，应当听取公安机关、被害人、未成年犯罪嫌疑人的法定代理人、辩护人的意见，并制作笔录附卷。被害人是未成年人的，还应当听取被害人的法定代理人、诉讼代理人的意见。"本题中，赵某是未成年人，所以，应当听取赵某及其法定代理人与诉讼代理人的意见。故D项正确，因此，本题的正确答案为B、C、D三项。

答案：BCD

(2) 关于对黄某的考验期，下列选项正确的是？(2014/2/95，不定选)

A. 从宣告附条件不起诉决定之日起计算

B. 不计入检察院审查起诉的期限

C. 可根据黄某在考验期间的表现，在法定范围内适当缩短或延长

D. 如黄某违反规定被撤销附条件不起诉决定而提起公诉，已经过的考验期可折抵刑期

[解析] 本题考查附条件不起诉。《人民检察院办理未成年人刑事案件的规定》第40条第1款规定，检察院决定附条件不起诉的，应当确定考验期。考验期为6个月以上1年以下，从检察院作出附条件不起诉的决定之日起计算。考验期不计入案件审查起诉期限。故A项错误，B项正确。

《人民检察院办理未成年人刑事案件的规定》第40条第2款规定："考验期的长短应当与未成年犯罪嫌疑人所犯罪行的轻重、主观恶性的大小和人身危险性的大小、一贯表现及帮教条件等相适应，根据未成年犯罪嫌疑人在考验期的表现，可以在法定期限范围内适当缩短或者延长。"故C项正确，D项的错误在于，附条件不起诉考验期不能折抵刑期。

本题的正确答案为B、C两项。

答案：BC

(3) 关于本案的办理，下列选项正确的是？(2014/2/96，不定选)

A. 在对黄某作出附条件不起诉决定、对吴某作出不起诉决定时，必须达成刑事和解

B. 检察院对黄某作出附条件不起诉决定、对吴某作出不起诉决定时，可要求他们向赵某赔礼道歉、赔偿损失

C. 在附条件不起诉考验期内，检察院可将黄某移交有关机构监督考察

D. 检察院对黄某作出附条件不起诉决定，对吴某作出不起诉决定后，均应将相关材料装订成册，予以封存

[解析] 本题考查附条件不起诉、不起诉、犯罪记录的封存。《刑事诉讼法》第282条第1款规定，对于未成年人涉嫌刑法分则第四章、第五章、第六章规定的犯罪，可能判处1年有期徒刑以下刑罚，符合起诉条件，但有悔罪表现的，检察院可以作出附条件不起诉的决定。由此可见，刑事和解不是对黄某作出附条件不起诉的必备条件。《刑事诉讼法》第177条第2款规定："对于犯罪情节轻微，依照刑法规定不需要判处刑罚或者免除刑罚的，人民检察院可以作出不起诉决定。"《刑事诉讼法》第290条规定："对于达成和解协议的案件，公安机关可以向人民检察院提出从宽处理的建议。人民检察院可以向人民法院提出从宽处罚的建议；对于犯罪情节轻微，不需要判处刑罚的，可以作出不起诉的决定。人民法院

可以依法对被告人从宽处罚。”但是，刑事和解不是对吴某作出不起诉决定的必备条件。由上述规定可知，A 项错误。

《高检规则》第 475 条规定，检察院对于被附条件不起诉的未成年犯罪嫌疑人，应当监督考察其是否遵守下列规定：①遵守法律法规，服从监督；②按照规定报告自己的活动情况；③离开所居住的市、县或者迁居，应当报经批准；④按照要求接受矫治和教育。《高检规则》第 476 条规定，检察院可以要求被附条件不起诉的未成年犯罪嫌疑人接受下列矫治和教育：①完成戒瘾治疗、心理辅导或者其他适当的处遇措施；②向社区或者公益团体提供公益劳动；③不得进入特定场所，与特定的人员会见或者通信，从事特定的活动；④向被害人赔偿损失、赔礼道歉等；⑤接受相关教育；⑥遵守其他保护被害人安全以及预防再犯的禁止性规定。由上述第④项的规定，可知检察院对黄某作出附条件不起诉决定时，可要求黄某向被害人赵某赔礼道歉、赔偿损失。《高检规则》第 373 条第 1 款规定：“人民检察院决定不起诉的案件，可以根据案件的不同情况，对被不起诉人予以训诫或者责令具结悔过、赔礼道歉、赔偿损失。”故检察院对吴某作出不起诉决定时，可要求吴某向被害人赵某赔礼道歉、赔偿损失。因此 B 项正确。

《刑事诉讼法》第 283 条第 1 款规定：“在附条件不起诉的考验期内，由人民检察院对被附条件不起诉的未成年犯罪嫌疑人进行监督考察。未成年犯罪嫌疑人的监护人，应当对未成年犯罪嫌疑人加强管教，配合人民检察院做好监督考察工作。”由此可知，附条件不起诉的考察机关是检察院，故 C 项错误。

《高检规则》第 486 条规定，检察院对未成年犯罪嫌疑人作出不起诉决定后，应当对相关记录予以封存。除司法机关为办案需要进行查询外，不得向任何单位和个人提供。《高检规则》第 483 条规定：“人民检察院应当将拟封存的未成年人犯罪记录、案卷等相关材料装订成册，加密保存，不予公开，并建立专门的未成年人犯罪档案库，执行严格的保管制度。”故检察院对吴某作出不起诉决定后，应将相关材料装订成册，予以封存。但是，检察院对黄某作出附条件不起诉决定，不需要予以封存，故 D 项错误。本题的正确答案为 B 项。

答案：B

26. 检察机关对未成年人童某涉嫌犯罪的案件进行审查后决定附条件不起诉。在考验期间，下列哪些情况下可以对童某撤销不起诉的决定、提起公诉？（2013/2/72，多选）

A. 根据新的证据确认童某更改过年龄，在实施涉嫌犯罪行为时已满 18 周岁的

B. 发现决定附条件不起诉以前还有其他犯罪需要追诉的

C. 违反考察机关有关附条件不起诉的监管规定，情节严重的

D. 违反治安管理规定，情节严重的

［解析］ 本题考查附条件不起诉。《刑事诉讼法》第 284 条规定：“被附条件不起诉的未成年犯罪嫌疑人，在考验期内有下列情形之一的，人民检察院应当撤销附条件不起诉的决定，提起公诉：（一）实施新的犯罪或者发现决定附条件不起诉以前还有其他犯罪需要追诉的；（二）违反治安管理规定或者考察机关有关附条件不起诉的监督管理规定，情节严重的。被附条件不起诉的未成年犯罪嫌疑人，在考验期内没有上述情形，考验期满的，人民检察院应当作出不起诉的决定。”本题 B 项符合该条第（一）项的情形，C、D 两项符合该条第（二）项的情形，均当选。

《刑事诉讼法》第 282 条第 1 款规定，对于未成年人涉嫌刑法分则第四章、第五章、第六章规定的犯罪，可能判处 1 年有期徒刑以下刑罚，符合起诉条件，但有悔罪表现的，检察院可以作出附条件不起诉的决定。由此可见，

附条件不起诉只适用于未成年人案件，对于成年人案件则不适用附条件不起诉。A 项中有新证据证明童某在犯罪时已满 18 周岁，即不得对其适用附条件不起诉，所以，A 项也当选。本题的正确答案为 A、B、C、D 四项。

答案：ABCD

27. 关于附条件不起诉，下列哪一说法是错误的？（2012/2/36，单选）

A. 只适用于未成年人案件

B. 应当征得公安机关、被害人的同意

C. 未成年犯罪嫌疑人及其法定代理人对附条件不起诉有异议的应当起诉

D. 有悔罪表现时，才可以附条件不起诉

［解析］ 本题考查附条件不起诉适用的条件。依据《刑事诉讼法》第 282 条第 1 款规定："对于未成年人涉嫌刑法分则第四章、第五章、第六章规定的犯罪，可能判处一年有期徒刑以下刑罚，符合起诉条件，但有悔罪表现的，人民检察院可以作出附条件不起诉的决定。人民检察院在作出附条件不起诉的决定以前，应当听取公安机关、被害人的意见。" A、D 项表述正确；B 项的错误在于，不是"征得公安机关、被害人的同意"，而是"听取公安机关、被害人的意见"。

《刑事诉讼法》第 282 条第 3 款规定："未成年犯罪嫌疑人及其法定代理人对人民检察院决定附条件不起诉有异议的，人民检察院应当作出起诉的决定。"故 C 项表述正确。

答案：B

28. 《刑事诉讼法》规定，审判的时候被告人不满 18 周岁的案件，不公开审理。但是，经未成年被告人及其法定代理人同意，未成年被告人所在学校和未成年人保护组织可以派代表到场。关于该规定的理解，下列哪些说法是错误的？（2012/2/73，多选）

A. 该规定意味着经未成年被告人及其法定代理人同意，可以公开审理

B. 未成年被告人所在学校和未成年人保护组织派代表到场是公开审理的特殊形式

C. 未成年被告人所在学校和未成年人保护组织经同意派代表到场是为了维护未成年被告人合法权益和对其进行教育

D. 未成年被告人所在学校和未成年人保护组织经同意派代表到场与审判的时候被告人不满 18 周岁的案件不公开审理并不矛盾

［解析］ 依据《刑事诉讼法》第 285 条的规定，审判的时候被告人不满 18 周岁的案件，不公开审理。但是，经未成年被告人及其法定代理人同意，未成年被告人所在学校和未成年人保护组织可以派代表到场。此条文并不是意味着"经未成年被告人及其法定代理人同意，可以公开审理"，而是在不公开审理的情况下，未成年被告人所在学校和未成年人保护组织经同意派代表到场，以维护未成年被告人合法权益和对其进行教育。故本题的正确答案为 A、B 两项。

答案：AB

29. 关于犯罪记录封存的适用条件，下列哪些选项是正确的？（2012/2/74，多选）

A. 犯罪的时候不满 18 周岁

B. 被判处 5 年有期徒刑以下刑罚

C. 初次犯罪

D. 没有受过其他处罚

［解析］ 本题考查未成年人的犯罪记录封存制度。依据《刑事诉讼法》第 286 条第 1 款的规定，犯罪的时候不满 18 周岁，被判处 5 年有期徒刑以下刑罚的，应当对相关犯罪记录予以封存。直接适用此法条，可知正确答案为 A、B 两项。

答案：AB

30. 根据《人民检察院办理未成年人刑事案

件的规定》，关于检察院审查批捕未成年犯罪嫌疑人，下列哪些做法是正确的？（2010/2/78，多选）

A. 讯问未成年犯罪嫌疑人，应当通知法定代理人到场

B. 讯问女性未成年犯罪嫌疑人，应当有女检察人员参加

C. 讯问未成年犯罪嫌疑人一般不得使用戒具

D. 对难以判断犯罪嫌疑人实际年龄，影响案件认定的，应当作出不批准逮捕的决定

［解析］　本题考查讯问未成年犯罪嫌疑人、对未成年犯罪嫌疑人的审查批捕程序。《人民检察院办理未成年人刑事案件的规定》第17条第4款规定，讯问未成年犯罪嫌疑人，应当通知其法定代理人到场，告知法定代理人依法享有的诉讼权利和应当履行的义务。故A项正确。

《人民检察院办理未成年人刑事案件的规定》第17条第7款规定："讯问女性未成年犯罪嫌疑人，应当有女性检察人员参加。"据此，B项正确。

《人民检察院办理未成年人刑事案件的规定》第18条规定："讯问未成年犯罪嫌疑人一般不得使用械具。对于确有人身危险性，必须使用械具的，在现实危险消除后，应当立即停止使用。"《高检规则》第466条也作出了同样的规定。据此，C项正确。

《人民检察院办理未成年人刑事案件的规定》第14条规定："审查逮捕未成年犯罪嫌疑人，应当重点审查其是否已满十四、十六、十八周岁。对犯罪嫌疑人实际年龄难以判断，影响对该犯罪嫌疑人是否应当负刑事责任认定的，应当不批准逮捕。需要补充侦查的，同时通知公安机关。"据此，D项正确。本题正确答案为A、B、C、D四项。

答案：ABCD

31. 赵某因涉嫌抢劫犯罪被抓获，作案时未满18周岁，案件起诉到法院时已年满18周岁。下列哪一说法是正确的？（2011/2/33，单选）

A. 本案由少年法庭审理

B. 对赵某不公开审理

C. 对赵某进行审判，可以通知其法定代理人到场

D. 对赵某进行审判，应当通知其监护人到场

［解析］　本题考查未成年人案件审判组织审理的案件范围、审判公开原则、审判未成年人案件时法定代理人到场。《高法解释》第550条第1款规定："被告人实施被指控的犯罪时不满十八周岁、人民法院立案时不满二十周岁的案件，由未成年人案件审判组织审理。"由于本案中，赵某在作案时未满18周岁，案件起诉到法院时已年满18周岁，但未明确说明是否不满20周岁，故A项表述不正确。

依据《刑事诉讼法》第285条的规定，审判的时候被告人不满18周岁的案件，不公开审理。而赵某在被起诉到法院的时候已经年满18周岁，故而其不适用本条之规定。所以B项错误。

依据《刑事诉讼法》第281条第1款的规定，对于未成年人刑事案件，在讯问和审判的时候，应当通知未成年犯罪嫌疑人、被告人的法定代理人到场。本题C、D项的错误在于，赵某在审判时已年满18周岁，不存在法定代理人、监护人。

综上，本题无答案。

答案：无答案（原答案为A）

第二十二章　当事人和解的公诉案件诉讼程序

点评

本章在法律职业资格考试客观题中偶尔考查1道选择题。考生需要重点掌握如下知识点：当事人和解的公诉案件诉讼程序适用的案件范围；适用的正面条件和反面条件；适用的阶段；达成和解的主体；和解的对象；自愿性、合法性的审查；和解协议书的制作；和解协议的履行；达成和解协议后提起附带民事诉讼的处理；和解协议的反悔；和解协议的无效；对和解案件的处理。

1. 甲和乙（17周岁）殴打丙和丁，致丙和丁轻伤。法院审理该案时，适用当事人和解的公诉案件诉讼程序，在和解期间，丙因病去世，丙的母亲和弟弟参与和解程序。下列关于该案的说法正确的是？（2022年法考延考客观题回忆版真题，不定选）

A. 达成和解协议，必须同时征得丙的母亲和弟弟同意

B. 双方达成的和解协议应当在签署后及时履行

C. 乙的父亲可以代为赔偿损失和赔礼道歉

D. 若丁未与甲、乙达成和解，则不得对甲、乙适用和解程序从宽处罚

［解析］　本题考查当事人和解的公诉案件诉讼程序。《高法解释》第588条第1款规定："符合刑事诉讼法第二百八十八条规定的公诉案件，被害人死亡的，其近亲属可以与被告人和解。近亲属有多人的，达成和解协议，应当经处于最先继承顺序的所有近亲属同意。"《民法典》第1127条第1款规定："遗产按照下列顺序继承：（一）第一顺序：配偶、子女、父母；（二）第二顺序：兄弟姐妹、祖父母、外祖父母。"本题A项中的母亲和弟弟不是同一继承顺序的近亲属，达成和解协议的，需要征得丙的母亲同意，无须丙的弟弟同意。故A项不正确。《高法解释》第593条第1款规定："和解协议约定的赔偿损失内容，被告人应当在协议签署后即时履行。"故B项正确。《高法解释》第589条第3款规定："被告人的法定代理人、近亲属依照前两款规定代为和解的，和解协议约定的赔礼道歉等事项，应当由被告人本人履行。"故C项中，乙的父亲可以代乙赔偿损失，但是，不能代乙进行赔礼道歉，该项不当选。本题D项中，若丁未与甲、乙达成和解，但是，丙与甲、乙达成和解，则可以对甲、乙适用和解程序从宽处罚，故该项不当选。因此，本题的正确答案为B项。

答案：B

2. 下列关于刑事诉讼程序的说法，正确的是？（2022年法考延考客观题回忆版真题，不定选）

A. 法律援助律师复制案卷材料，可减免费用

B. 附条件不起诉考察期满后作不起诉决定，应当对之前的羁押进行国家赔偿

C. 法院主持制作的刑事和解协议履行完毕后，当事人反悔的，一律不予支持

D. 公安机关对犯罪嫌疑人的抓获经过，应在签名、盖章后入卷

［解析］ 本题考查法律援助、附条件不起诉、国家赔偿、当事人和解的公诉案件诉讼程序、抓获经过说明材料的运用。《法律援助法》第 53 条第 1 款规定："人民法院应当根据情况对受援人缓收、减收或者免收诉讼费用；对法律援助人员复制相关材料等费用予以免收或者减收。"故 A 项表述正确。《国家赔偿法》未规定 B 项的情形下需要进行国家赔偿，B 项表述错误。《高法解释》第 593 条第 2 款规定："和解协议已经全部履行，当事人反悔的，人民法院不予支持，但有证据证明和解违反自愿、合法原则的除外。"故 C 项的表述过于绝对，该项存在例外。《高法解释》第 142 条第 1 款规定："对监察机关、侦查机关出具的被告人到案经过、抓获经过等材料，应当审查是否有出具该说明材料的办案人员、办案机关的签名、盖章。"故 D 项表述正确。

答案：AD

3. 甲违反交规，驾车撞倒行人乙，致其死亡，甲与乙的妻子丙在一审开庭前达成和解协议并履行完毕，但开庭审理中甲认罪态度不好，丙对和解反悔，要求法院对甲判处实刑，法院一审判处甲有期徒刑 1 年。甲提出上诉，在二审认罪态度较好，与丙又达成和解协议，二审法院改判甲有期徒刑 1 年缓刑 2 年。下列关于该案的说法，正确的是？（2022 年法考客观题回忆版真题，不定选）

A. 和解协议在一审中不能作为判决依据

B. 和解协议在二审中可以作为判决依据

C. 该案可由 1 名审判员与 2 名人民陪审员组成合议庭进行一审

D. 甲不同意法院适用独任审理，法院在一审时不能适用独任审理

［解析］ 本题考查当事人和解的公诉案件诉讼程序、审判组织。根据《高法解释》第 593 条第 2 款的规定："和解协议已经全部履行，当事人反悔的，人民法院不予支持，但有证据证明和解违反自愿、合法原则的除外。"本题题干中未出现"和解协议违反自愿、合法原则的情形"，所以，丙反悔，法院不予支持，之前的和解协议可以作为一审判决的依据，A 项不正确。本案的二审中，甲与丙达成和解协议，可以作为二审判决的依据，故 B 项正确。人民陪审员参与审理时，可以参加 3 人的或者 7 人的合议庭。人民陪审员参加 3 人的合议庭，可以由 1 名审判员与 2 名人民陪审员组成，故 C 项正确。法院适用独任审理，无须当事人同意，甲不同意法院适用独任审理，法院认为该案符合独任审理的条件，可以适用独任审理，故 D 项错误。因此，本题的正确答案为 B、C 两项。

答案：BC

4. 郎某诽谤李某从事淫秽色情行业，李某的名誉严重受损，李某提起自诉。之后，由于该案严重扰乱网络空间的社会秩序，公安机关进行立案侦查，并由检察院提起公诉。关于该案的自诉和公诉的说法，哪一项是正确的？（2021 年法考客观题回忆版真题，单选）

A. 在自诉案件中，若郎某认罪认罚并同意适用速裁程序进行审理，可以适用速裁程序

B. 在检察院提起公诉后，可以将自诉案件与公诉案件一并审理

C. 在公诉案件中，若郎某认罪认罚并同意适用速裁程序进行审理，可以适用速裁程序

D. 若郎某对李某真诚悔过，双方达成和解，无论是自诉案件还是公诉案件，都可以判决郎某无罪

［解析］ 本题考查自诉案件和公诉案

件的和解、速裁程序的适用、自诉和公诉的关系。自诉案件没有侦查阶段，所以，自诉案件中，自诉人与被告人可能对事实、证据还有争议，故自诉案件不能适用速裁程序，故A项错误。检察院对该诽谤案提起公诉后，该案就不再适用自诉程序，故B项错误。依据《刑事诉讼法》第222条第1款的规定："基层人民法院管辖的可能判处三年有期徒刑以下刑罚的案件，案件事实清楚，证据确实、充分，被告人认罪认罚并同意适用速裁程序的，可以适用速裁程序，由审判员一人独任审判。"本题的C项符合速裁程序适用的条件，故C项正确。自诉案件中当事人和解后，自诉人往往撤回自诉；依据《刑事诉讼法》第290条的规定，公诉案件中当事人和解后，法院可以依法对被告人从宽处罚，而不是宣判无罪。故D项错误。综上可知，本题的正确答案为C项。

答案：C

5. 甲因寻衅滋事致乙轻伤而被逮捕，其在侦查阶段不认罪认罚，在审查起诉阶段认罪认罚，但是没有与乙就赔偿达成和解协议。下列关于该案的程序的说法，正确的是？（2021年法考客观题回忆版真题，不定选）

A. 检察院应当及时进行羁押必要性审查

B. 检察院可以建议双方自愿达成和解

C. 检察院向法院提起公诉时，可以建议适用速裁程序审理

D. 若检察院认为可以对甲适用非监禁刑，可自行进行社会调查

［解析］ 本题考查羁押必要性审查、当事人和解的公诉案件诉讼程序适用的条件、速裁程序适用的条件、量刑程序。《高检规则》第270条第2款规定："已经逮捕的犯罪嫌疑人认罪认罚的，人民检察院应当及时对羁押必要性进行审查。经审查，认为没有继续羁押必要的，应当予以释放或者变更强制措施。"故A项正确。

《公安部规定》第334条规定："有下列情形之一的，不属于因民间纠纷引起的犯罪案件：（一）雇凶伤害他人的；（二）涉及黑社会性质组织犯罪的；（三）涉及寻衅滋事的；（四）涉及聚众斗殴的；（五）多次故意伤害他人身体的；（六）其他不宜和解的。"本题中，甲涉嫌的寻衅滋事罪属于该条第（三）项规定的犯罪，不是民间纠纷引起的犯罪，依据《刑事诉讼法》第288条的规定，不能适用刑事和解程序，故B项错误。

《刑事诉讼法》第223条规定："有下列情形之一的，不适用速裁程序：（一）被告人是盲、聋、哑人，或者是尚未完全丧失辨认或者控制自己行为能力的精神病人的；（二）被告人是未成年人的；（三）案件有重大社会影响的；（四）共同犯罪案件中部分被告人对指控的犯罪事实、罪名、量刑建议或者适用速裁程序有异议的；（五）被告人与被害人或者其法定代理人没有就附带民事诉讼赔偿等事项达成调解或者和解协议的；（六）其他不宜适用速裁程序审理的。"本题中，甲没有与乙就赔偿达成和解协议，属于上述第（五）项的情形，不得适用速裁程序，故C项错误。

《关于适用认罪认罚从宽制度的指导意见》第36条规定，犯罪嫌疑人认罪认罚，检察院拟提出缓刑或者管制量刑建议的，可以及时委托犯罪嫌疑人居住地的社区矫正机构进行调查评估，也可以自行调查评估。故D项正确。

综上，本题的正确答案为A、D两项。

答案：AD

6. 甲从驾校刚毕业，因驾驶技术不熟练撞上路边护栏，并致使行人乙重伤，丙停放在路边的宝马轿车毁损。甲在肇事逃逸后，W市公安局通过甲的哥哥提供的线索将其抓获归案。W市检察院以交通肇事罪对甲提起公诉。关于该案，下列选项正确的是？（2018年法考客观题回忆版真题，单选）

A. 乙因赔偿数额与甲不能达成和解的，丙可单独与甲和解，法院应对甲从轻处罚

B. 甲逃逸的行为系认定案件的量刑事实，而非定罪事实

C. 丙只有向法院提出附带民事诉讼后，才能委托诉讼代理人

D. 对甲的哥哥向公安机关提供线索的行为，不能认定为甲的自首情节，法院可对该情节不予审理

[解析] 本题考查刑事和解程序、定罪事实和量刑事实的区分、委托诉讼代理人、酌定量刑情节。《高法解释》第596条第1款规定："对达成和解协议的案件，人民法院应当对被告人从轻处罚；符合非监禁刑适用条件的，应当适用非监禁刑；判处法定最低刑仍然过重的，可以减轻处罚；综合全案认为犯罪情节轻微不需要判处刑罚的，可以免予刑事处罚。"本题A项中，部分被害人与被告人甲达成刑事和解，法院对被告人甲从轻处罚的做法，是正确的。

《关于审理交通肇事刑事案件具体应用法律若干问题的解释》第2条第2款规定："交通肇事致一人以上重伤，负事故全部或者主要责任，并具有下列情形之一的，以交通肇事罪定罪处罚：（一）酒后、吸食毒品后驾驶机动车辆的；（二）无驾驶资格驾驶机动车辆的；（三）明知是安全装置不全或者安全机件失灵的机动车辆而驾驶的；（四）明知是无牌证或者已报废的机动车辆而驾驶的；（五）严重超载驾驶的；（六）为逃避法律追究逃离事故现场的。"由此可见，本题中，甲致使乙重伤，同时必须符合逃逸的条件，才构成交通肇事罪，所以，该逃逸属于定罪的事实，故B项错误。

《刑事诉讼法》第46条第1款规定，公诉案件的被害人及其法定代理人或者近亲属，附带民事诉讼的当事人及其法定代理人，自案件移送审查起诉之日起，有权委托诉讼代理人。故C项错误。

《高法解释》第276条第2款规定："人民法院除应当审查被告人是否具有法定量刑情节外，还应当根据案件情况审查以下影响量刑的情节：（一）案件起因；（二）被害人有无过错及过错程度，是否对矛盾激化负有责任及责任大小；（三）被告人的近亲属是否协助抓获被告人；（四）被告人平时表现，有无悔罪态度；（五）退赃、退赔及赔偿情况；（六）被告人是否取得被害人或者其近亲属谅解；（七）影响量刑的其他情节。"本题D项中"甲的哥哥向公安机关提供线索的行为"尽管不是自首，但是属于上述条文第（三）项的酌定量刑情节，法院也应当进行审查。故D项错误。

因此，本题的正确答案为A项。

答案：A

7. 小天（4周岁）和小乐（5周岁）在H幼儿园上学，小天的妈妈某天发现小天身上有多个针眼。小乐回家告诉妈妈黄某，小天身上的针眼是幼儿园老师康某扎的。关于该案，下列说法正确的是？（2018年法考客观题回忆版真题，不定选）

A. 黄某可到公安机关报案

B. 小乐的年龄太小，公安机关不能组织其对康某进行辨认

C. 小天的妈妈可以代为与康某和解

D. 小乐的证言不能作为定案根据

[解析] 本题考查报案、举报、控告的区别，辨认，刑事和解的主体，证言的认定。黄某是第三人，知道犯罪人是谁，故黄某可到公安机关举报，而不是报案。故A项错误。

依据刑事诉讼法司法解释的规定，只要辨认人能正确表达、能辨别是非，就可以进行辨认，辨认人没有年龄的限制，故B项表述错误。《高法解释》第588条第2款规定："被害人系无行为能力或者限制行为能力人的，其法定代理人、近亲属可以代为和解。"本案中小

天只有4周岁，是无行为能力人，其妈妈作为法定代理人可以代为与被告人康某和解。故C项表述正确。未成年人尽管年龄小，但是若其证言真实、合法，具有关联性，可以作为定案的根据。故D项表述不正确。因此，本题的正确答案为C项。

答案：C

8. 董某（17岁）在某景点旅游时，点燃荒草不慎引起大火烧毁集体所有的大风公司林地，致大风公司损失5万元，被检察院提起公诉。关于本案处理，下列哪一选项是正确的？（2017/2/40，单选）

A. 如大风公司未提起附带民事诉讼，检察院可代为提起，并将大风公司列为附带民事诉讼原告人

B. 董某与大风公司既可就是否对董某免除刑事处分达成和解，也可就民事赔偿达成和解

C. 双方刑事和解时可约定由董某在1年内补栽树苗200棵

D. 如双方达成刑事和解，检察院经法院同意可撤回起诉并对董某适用附条件不起诉

［解析］ 本题考查附带民事诉讼的提起、刑事和解程序、附条件不起诉。《高法解释》第179条第1、2款规定：“国家财产、集体财产遭受损失，受损失的单位未提起附带民事诉讼，人民检察院在提起公诉时提起附带民事诉讼的，人民法院应当受理。人民检察院提起附带民事诉讼的，应当列为附带民事诉讼原告人。”本题中A项的错误在于，不是将大风公司列为附带民事诉讼原告人，而是将检察院列为附带民事诉讼原告人。

《高检规则》第495条规定：“双方当事人可以就赔偿损失、赔礼道歉等民事责任事项进行和解，并且可以就被害人及其法定代理人或者近亲属是否要求或者同意公安机关、人民检察院、人民法院对犯罪嫌疑人依法从宽处理进行协商，但不得对案件的事实认定、证据采信、法律适用和定罪量刑等依法属于公安机关、人民检察院、人民法院职权范围的事宜进行协商。”故B项的错误在于“是否对董某免除刑事处分”这是量刑问题，不得和解。

《刑事诉讼法》第288条规定：“下列公诉案件，犯罪嫌疑人、被告人真诚悔罪，通过向被害人赔偿损失、赔礼道歉等方式获得被害人谅解，被害人自愿和解的，双方当事人可以和解……”由此可见，这里的和解方式包括向被害人赔偿损失、赔礼道歉等方式，这里的“等方式”就包括提供劳务的方式。故C项正确。

《刑法》第115条规定：“放火、决水、爆炸以及投放毒害性、放射性、传染病病原体等物质或者以其他危险方法致人重伤、死亡或者使公私财产遭受重大损失的，处十年以上有期徒刑、无期徒刑或者死刑。过失犯前款罪的，处三年以上七年以下有期徒刑；情节较轻的，处三年以下有期徒刑或者拘役。”本案中，董某点燃荒草不慎引起大火是本罪的过失情形，故失火罪属于刑法分则第二章规定的罪名，不能适用附条件不起诉，D项错误。

本题的正确答案为C项。

答案：C

9. 下列哪一案件可以适用当事人和解的公诉案件诉讼程序？（2016/2/41，单选）

A. 甲因侵占罪被免除处罚2年后，又涉嫌故意伤害致人轻伤

B. 乙涉嫌寻衅滋事，在押期间由其父亲代为和解，被害人表示同意

C. 丙涉嫌过失致人重伤，被害人系限制行为能力人，被害人父亲愿意代为和解

D. 丁涉嫌破坏计算机信息系统，被害人表示愿意和解

［解析］ 本题考查当事人和解的公诉案件诉讼程序适用的条件。《刑事诉讼法》第

288条规定，下列公诉案件，犯罪嫌疑人、被告人真诚悔罪，通过向被害人赔偿损失、赔礼道歉等方式获得被害人谅解，被害人自愿和解的，双方当事人可以和解：（1）因民间纠纷引起，涉嫌刑法分则第四章、第五章规定的犯罪案件，可能判处3年有期徒刑以下刑罚的；（2）除渎职犯罪以外的可能判处7年有期徒刑以下刑罚的过失犯罪案件。犯罪嫌疑人、被告人在5年以内曾经故意犯罪的，不适用本章规定的程序。本题中，A项中，甲在5年内曾经故意犯罪，不能适用此和解程序。D项属于刑法分则第六章“妨害社会管理秩序罪”中规定的犯罪，不是刑法分则第四章、第五章规定的犯罪，不能适用此和解程序。

《公安部规定》第334条规定，有下列情形之一的，不属于因民间纠纷引起的犯罪案件：（1）雇凶伤害他人的；（2）涉及黑社会性质组织犯罪的；（3）涉及寻衅滋事的；（4）涉及聚众斗殴的；（5）多次故意伤害他人身体的；（6）其他不宜和解的。故B项中的寻衅滋事属于该条第（3）项规定的犯罪，不是民间纠纷引起的犯罪，不适用此和解程序。

《高法解释》第588条第2款规定：“被害人系无行为能力或者限制行为能力人的，其法定代理人、近亲属可以代为和解。”C项中，丙涉嫌过失致人重伤，属于渎职犯罪以外的可能判处7年有期徒刑以下刑罚的过失犯罪案件，可以适用当事人和解的公诉案件诉讼程序。被害人的父亲是被害人的法定代理人，可代为和解。因此C项正确。

综上所述，本题的正确答案为C项。

答案：C

10. 甲因琐事与乙发生口角进而厮打，推搡之间，不慎致乙死亡。检察院以甲涉嫌过失致人死亡提起公诉，乙母丙向法院提起附带民事诉讼。关于本案处理，下列哪些选项是正确的？（2015/2/75，多选）

A. 法院可对附带民事部分进行调解

B. 如甲与丙经法院调解达成协议，调解协议中约定的赔偿损失内容可分期履行

C. 如甲提出申请，法院可组织甲与丙协商以达成和解

D. 如甲与丙达成刑事和解，其约定的赔偿损失内容可分期履行

［解析］　本题考查附带民事诉讼调解和当事人和解的公诉案件诉讼程序，采用张冠李戴的方式设置陷阱。《刑事诉讼法》第103条规定：“人民法院审理附带民事诉讼案件，可以进行调解，或者根据物质损失情况作出判决、裁定。”故A项正确。B项中的调解协议约定的赔偿损失内容可以分期履行，是正确的。《高法解释》第587条规定，对符合《刑事诉讼法》第288条规定的公诉案件，事实清楚、证据充分的，法院应当告知当事人可以自行和解；当事人提出申请的，法院可以主持双方当事人协商以达成和解，故C项正确。

《高法解释》第593条第1款规定：“和解协议约定的赔偿损失内容，被告人应当在协议签署后即时履行。”故D项中的“可分期履行”，是错误的。

答案：ABC

11. 甲因邻里纠纷失手致乙死亡，甲被批准逮捕。案件起诉后，双方拟通过协商达成和解。对于此案的和解，下列哪一选项是正确的？（2014/2/40，单选）

A. 由于甲在押，其近亲属可自行与被害方进行和解

B. 由于乙已经死亡，可由其近亲属代为和解

C. 甲的辩护人和乙近亲属的诉讼代理人可参与和解协商

D. 由于甲在押，和解协议中约定的赔礼道歉可由其近亲属代为履行

［解析］　本题考查当事人和解的公诉案

件诉讼程序中的和解主体以及和解协议的履行。《高法解释》第589条第1、2款规定："被告人的近亲属经被告人同意，可以代为和解。被告人系限制行为能力人的，其法定代理人可以代为和解。"A项的错误在于，甲在押，其近亲属应经甲同意，才能代为与被害方和解。

《高法解释》第588条规定，符合《刑事诉讼法》第288条规定的公诉案件，被害人死亡的，其近亲属可以与被告人和解。近亲属有多人的，达成和解协议，应当经处于最先继承顺序的所有近亲属同意。被害人系无行为能力或者限制行为能力人的，其法定代理人、近亲属可以代为和解。故B项的错误在于，乙的近亲属是与被告人和解，而不是"代为和解"，此处表述不准确。C项的表述正确，因为辩护人、诉讼代理人均可以协助被告人、被害人，参与和解协商。

《高法解释》第589条第3款规定："被告人的法定代理人、近亲属依照前两款规定代为和解的，和解协议约定的赔礼道歉等事项，应当由被告人本人履行。"故D项不正确。

本题的正确答案为C项。

答案：C

12. 李某因琐事将邻居王某打成轻伤。案发后，李家积极赔偿，赔礼道歉，得到王家谅解。如检察院根据双方和解对李某作出不起诉决定，需要同时具备下列哪些条件？（2013/2/71，多选）

A. 双方和解具有自愿性、合法性

B. 李某实施伤害的犯罪情节轻微，不需要判处刑罚

C. 李某5年以内未曾故意犯罪

D. 公安机关向检察院提出从宽处理的建议

［解析］ 本题考查当事人和解的公诉案件诉讼程序适用的条件和处理方式。《刑事诉讼法》第288条规定，下列公诉案件，犯罪嫌疑人、被告人真诚悔罪，通过向被害人赔偿损失、赔礼道歉等方式获得被害人谅解，被害人自愿和解的，双方当事人可以和解：(1)因民间纠纷引起，涉嫌刑法分则第四章、第五章规定的犯罪案件，可能判处3年有期徒刑以下刑罚的；(2)除渎职犯罪以外的可能判处7年有期徒刑以下刑罚的过失犯罪案件。犯罪嫌疑人、被告人在5年以内曾经故意犯罪的，不适用本章规定的程序。《刑事诉讼法》第289条规定："双方当事人和解的，公安机关、人民检察院、人民法院应当听取当事人和其他有关人员的意见，对和解的自愿性、合法性进行审查，并主持制作和解协议书。"由此可知，A、C项当选。

《刑事诉讼法》第290条规定："对于达成和解协议的案件，公安机关可以向人民检察院提出从宽处理的建议。人民检察院可以向人民法院提出从宽处罚的建议；对于犯罪情节轻微，不需要判处刑罚的，可以作出不起诉的决定。人民法院可以依法对被告人从宽处罚。"故B项是检察院对李某作出不起诉决定的条件，也当选。D项不是检察院根据双方和解对李某作出不起诉决定的条件。因此，本题的正确答案为A、B、C三项。

答案：ABC

13. 对于适用当事人和解的公诉案件诉讼程序而达成和解协议的案件，下列哪一做法是错误的？（2012/2/37，单选）

A. 公安机关可以撤销案件

B. 检察院可以向法院提出从宽处罚的建议

C. 对于犯罪情节轻微，不需要判处刑罚的，检察院可以不起诉

D. 法院可以依法对被告人从宽处罚

［解析］ 本题考查公诉案件中当事人和解后的处理方式。《刑事诉讼法》第290条规

定："对于达成和解协议的案件，公安机关可以向人民检察院提出从宽处理的建议。人民检察院可以向人民法院提出从宽处罚的建议；对于犯罪情节轻微，不需要判处刑罚的，可以作出不起诉的决定。人民法院可以依法对被告人从宽处罚。"直接适用此法条，可知公安机关在当事人和解后没有最终处理权，不可以撤销案件，故A项做法错误。

答案：A

14. 关于可以适用当事人和解的公诉案件诉讼程序的案件范围，下列哪些选项是正确的？（2012/2/75，多选）

A. 交通肇事罪

B. 暴力干涉婚姻自由罪

C. 过失致人死亡罪

D. 刑讯逼供罪

［解析］　本题考查适用当事人和解的公诉案件诉讼程序的案件范围。《刑事诉讼法》第288条规定："下列公诉案件，犯罪嫌疑人、被告人真诚悔罪，通过向被害人赔偿损失、赔礼道歉等方式获得被害人谅解，被害人自愿和解的，双方当事人可以和解：（一）因民间纠纷引起，涉嫌刑法分则第四章、第五章规定的犯罪案件，可能判处三年有期徒刑以下刑罚的；（二）除渎职犯罪以外的可能判处七年有期徒刑以下刑罚的过失犯罪案件。犯罪嫌疑人、被告人在五年以内曾经故意犯罪的，不适用本章规定的程序。"

本题中，A项的交通肇事罪和C项中的过失致人死亡罪均属于过失犯罪，而且不是渎职犯罪，可以适用当事人和解的公诉案件诉讼程序，故当选。B项中的暴力干涉婚姻自由罪属自诉案件，故不当选。D项中的《刑法》第247条规定的刑讯逼供罪尽管属于刑法分则第四章规定的犯罪，但是该罪不是因民间纠纷引起的犯罪，所以，不可以适用当事人和解的公诉案件诉讼程序。因此，本题的正确答案为A、C两项。

答案：AC

第二十三章 缺席审判程序

点评

本章在法律职业资格考试客观题中偶尔考查1道选择题。对于本章，应重点掌握2021年《高法解释》对缺席审判程序增加的规定，尤其是对在境外的被告人的缺席审判的具体程序（如管辖法院、审判组织、庭前审查送达程序、委托或指定辩护人、近亲属参加诉讼、裁判方式、对缺席判决的救济程序），对严重疾病被告人的缺席审判程序适用的情形、裁判方式，对死亡被告人的缺席审判适用的情形，应当高度重视。

1. 张某因涉嫌故意杀人罪被批准逮捕。公安机关在侦查期间，又发现其还涉嫌贪污罪。检察院以故意杀人罪和贪污罪一起向法院提起公诉。在法院审判期间，张某自杀身亡。下列关于该案正确的表述是？（2021年法考客观题回忆版真题，不定选）

A. 涉嫌贪污罪的线索交给监察机关立案调查后，逮捕措施自动解除

B. 涉嫌贪污罪的线索交给监察机关立案调查后，仍由公安机关为主侦查

C. 对张某涉嫌的贪污罪，检察院可以向审理张某贪污罪的合议庭提出没收违法所得的申请

D. 法院缺席审理后，认为张某不是故意杀人案的凶手，可以宣告张某无罪并对贪污罪中止审理

［解析］ 本题考查监察机关与公安机关管辖竞合的处理、违法所得没收程序、对死亡被告人的缺席审理。本题中，公安机关在侦查张某故意杀人案期间，又发现张某还涉嫌贪污罪，在将贪污罪交给监察机关立案调查后，逮捕措施依然有效，故A项错误。《监察法》第34条第2款规定："被调查人既涉嫌严重职务违法或者职务犯罪，又涉嫌其他违法犯罪的，一般应当由监察机关为主调查，其他机关予以协助。"本题中，张某的贪污罪由监察机关调查，故意杀人罪由公安机关侦查，一般应当由监察机关为主调查，公安机关予以协助。故B项错误。

《高法解释》第626条规定："在审理案件过程中，被告人脱逃或者死亡，符合刑事诉讼法第二百九十八条第一款规定的，人民检察院可以向人民法院提出没收违法所得的申请；符合刑事诉讼法第二百九十一条第一款规定的，人民检察院可以按照缺席审判程序向人民法院提起公诉。人民检察院向原受理案件的人民法院提出没收违法所得申请的，可以由同一审判组织审理。"故C项表述正确。

《高法解释》第606条规定："人民法院受理案件后被告人死亡的，应当裁定终止审理；但有证据证明被告人无罪，经缺席审理确认无罪的，应当判决宣告被告人无罪。前款所

称‘有证据证明被告人无罪，经缺席审理确认无罪’，包括案件事实清楚，证据确实、充分，依据法律认定被告人无罪的情形，以及证据不足，不能认定被告人有罪的情形。”本题D项中，法院对已经死亡的被告人张某缺席审理后，认为张某不是故意杀人案的凶手，可以宣告张某无罪，这一表述是正确的，但是，若张某实施贪污罪的，对张某应“终止审理”而不是“中止审理”。故D项错误。

综上，本题的正确答案为C项。

答案：C

2. 张三涉嫌间谍罪被立案侦查，之后，张三逃往境外。下列关于对该案程序的说法，正确的是？（2021年法考福建延考客观题回忆版真题，多选）

A. 若对张三进行缺席审判，须报最高人民检察院核准

B. 在缺席审判中，若张三归案，法院应当重新审判

C. 在缺席审判中，若张三归案，法院拟重新审理的，检察院应商法院将案件撤回并重新审查

D. 在缺席判决生效后，若张三归案，法院应当重新审判

［解析］　本题考查对境外被告人的缺席审判程序。《刑事诉讼法》第291条第1款规定：“对于贪污贿赂犯罪案件，以及需要及时进行审判，经最高人民检察院核准的严重危害国家安全犯罪、恐怖活动犯罪案件，犯罪嫌疑人、被告人在境外，监察机关、公安机关移送起诉，人民检察院认为犯罪事实已经查清，证据确实、充分，依法应当追究刑事责任的，可以向人民法院提起公诉。人民法院进行审查后，对于起诉书中有明确的指控犯罪事实，符合缺席审判程序适用条件的，应当决定开庭审判。”本题中张三涉嫌的间谍罪是危害国家安全的犯罪，须经最高人民检察院核准，才可以缺席审判。A项正确。

《刑事诉讼法》第295条第1款规定：“在审理过程中，被告人自动投案或者被抓获的，人民法院应当重新审理。”故B项正确。

《高检规则》第510条规定：“提起公诉后被告人到案，人民法院拟重新审理的，人民检察院应当商人民法院将案件撤回并重新审查。”故C项正确。

《刑事诉讼法》第295条第2款规定：“罪犯在判决、裁定发生法律效力后到案的，人民法院应当将罪犯交付执行刑罚。交付执行刑罚前，人民法院应当告知罪犯有权对判决、裁定提出异议。罪犯对判决、裁定提出异议的，人民法院应当重新审理。”故D项的错误在于，缺少了“张三提出异议”这一前提条件。

综上，本题的正确答案为A、B、C三项。

答案：ABC

3. 程某涉嫌贪污罪，逃往国外，法院对程某进行缺席审判。下列关于该案诉讼程序的说法，正确的是？（2021年法考黑龙江延考客观题回忆版真题，不定选）

A. 对该案缺席审判，须经最高人民检察院核准

B. 程某的妻子可以直接对缺席判决提起上诉

C. 上诉期未满时，程某回国后对一审判决没有异议的，法院可以直接将程某交付执行

D. 程某的妻子可以申请参加诉讼

［解析］　本题考查对境外的被告人缺席审判的程序。《刑事诉讼法》第291条规定：“对于贪污贿赂犯罪案件，以及需要及时进行审判，经最高人民检察院核准的严重危害国家安全犯罪、恐怖活动犯罪案件，犯罪嫌疑人、被告人在境外，监察机关、公安机关移送起诉，人民检察院认为犯罪事实已经查清，证据确实、充分，依法应当追究刑事责任的，可以向人民法院提起公诉。人民法院进行审查后，

对于起诉书中有明确的指控犯罪事实，符合缺席审判程序适用条件的，应当决定开庭审判。前款案件，由犯罪地、被告人离境前居住地或者最高人民法院指定的中级人民法院组成合议庭进行审理。”由此可见，只有对危害国家安全犯罪、恐怖活动犯罪案件缺席审判，才需要经最高人民检察院核准，本题中程某涉嫌的贪污罪，无须经最高人民检察院核准，就可以对程某缺席审判。故A项错误。

《刑事诉讼法》第294条第1款规定：“人民法院应当将判决书送达被告人及其近亲属、辩护人。被告人或者其近亲属不服判决的，有权向上一级人民法院上诉。辩护人经被告人或者其近亲属同意，可以提出上诉。”本题中，被告人程某的妻子作为程某的近亲属，对缺席判决享有独立的上诉权，故B项正确。

《刑事诉讼法》第295条规定：“在审理过程中，被告人自动投案或者被抓获的，人民法院应当重新审理。罪犯在判决、裁定发生法律效力后到案的，人民法院应当将罪犯交付执行刑罚。交付执行刑罚前，人民法院应当告知罪犯有权对判决、裁定提出异议。罪犯对判决、裁定提出异议的，人民法院应当重新审理。依照生效判决、裁定对罪犯的财产进行的处理确有错误的，应当予以返还、赔偿。”本题C项中，因为上诉期未满，属于“在审理过程中”，被告人程某到案的，法院应重新审理，而不是直接将程某交付执行，该项不正确。

《高法解释》第603条规定：“人民法院审理人民检察院依照刑事诉讼法第二百九十一条第一款的规定提起公诉的案件，参照适用公诉案件第一审普通程序的有关规定。被告人的近亲属参加诉讼的，可以发表意见，出示证据，申请法庭通知证人、鉴定人等出庭，进行辩论。”可见，程某的妻子作为程某的近亲属，有权申请参加诉讼。故D项正确。

综上，本题的正确答案为B、D两项。

答案：BD

4. 下列情形下，可以缺席审判的有？（2022年法考延考客观题回忆版真题，2020年法考新疆延考客观题回忆版真题，不定选）

A. 李某涉嫌组织、领导黑社会性质组织罪，外逃至新加坡

B. 张某涉嫌职务侵占罪，外逃至美国

C. 苏某涉嫌盗窃罪，因患有严重疾病，中止审理6个月后仍无法出庭，苏某申请缺席审理

D. 周某涉嫌贪污罪，数额较大，在审理中下落不明

［解析］ 本题考查缺席审判适用的条件。《刑事诉讼法》第291条第1款规定：“对于贪污贿赂犯罪案件，以及需要及时进行审判，经最高人民检察院核准的严重危害国家安全犯罪、恐怖活动犯罪案件，犯罪嫌疑人、被告人在境外，监察机关、公安机关移送起诉，人民检察院认为犯罪事实已经查清，证据确实、充分，依法应当追究刑事责任的，可以向人民法院提起公诉。人民法院进行审查后，对于起诉书中有明确的指控犯罪事实，符合缺席审判程序适用条件的，应当决定开庭审判。”由此可见，对境外的被告人缺席审判仅限于贪污贿赂犯罪、危害国家安全犯罪、恐怖活动犯罪案件可以适用，因此，A项中的组织、领导黑社会性质组织案，B项的职务侵占案，都不符合对境外被告人缺席审判的罪名要件，A、B两项不当选。D项的贪污罪在罪名上符合要求，但是，周某是下落不明，不知是否在境外，也不能适用对境外的被告人缺席审判的程序，该项不当选。《刑事诉讼法》第296条规定：“因被告人患有严重疾病无法出庭，中止审理超过六个月，被告人仍无法出庭，被告人及其法定代理人、近亲属申请或者同意恢复审理的，人民法院可以在被告人不出庭的情况下缺席审理，依法作出判决。”故C项符合对严重疾病的被告人缺席审判的条件，该项当选。

答案：C

5. 甲和乙共同致丙轻伤，之后，甲和乙逃跑。下列关于该案的说法，正确的是？（2020 年法考新疆延考客观题回忆版真题，不定选）

A. 丙对甲和乙提起自诉，法院对甲和乙以公告的方式送达传票

B. 因甲和乙长期逃跑，法院进行缺席审判

C. 若公安机关对该案立案侦查，甲在审查起诉中委托律师丁担任辩护人，丁有权调查取证

D. 乙在审判阶段委托其在法院工作的舅舅戊担任辩护人，戊会见在押的乙，须经法院批准

［解析］　本题考查送达、缺席审判、辩护人的诉讼权利。在本案中不得适用公告送达的方式，A 项错误。依据《刑事诉讼法》第 291 条第 1 款的规定："对于贪污贿赂犯罪案件，以及需要及时进行审判，经最高人民检察院核准的严重危害国家安全犯罪、恐怖活动犯罪案件，犯罪嫌疑人、被告人在境外，监察机关、公安机关移送起诉，人民检察院认为犯罪事实已经查清，证据确实、充分，依法应当追究刑事责任的，可以向人民法院提起公诉。人民法院进行审查后，对于起诉书中有明确的指控犯罪事实，符合缺席审判程序适用条件的，应当决定开庭审判。"本案系故意伤害案，不属于贪污贿赂犯罪案件，危害国家安全犯罪、恐怖活动犯罪案件，而且，甲和乙也未明确是在境外，故不得适用缺席审判。因此，B 项不正确。依据《刑事诉讼法》第 43 条的规定，辩护律师享有自行调查取证权，故 C 项正确。依据《刑事诉讼法》第 39 条第 1 款的规定："辩护律师可以同在押的犯罪嫌疑人、被告人会见和通信。其他辩护人经人民法院、人民检察院许可，也可以同在押的犯罪嫌疑人、被告人会见和通信。"依据《高法解释》第 40 条第 2、3 款的规定，法院的现职人员，只有在是被告人的近亲属、监护人的情形下，才可以担任被告人的辩护人。本题 D 项中，在法院工作的戊是被告人乙的舅舅，不是乙的近亲属，其不得担任乙的辩护人，因此，该项不正确。

答案：C

6. 2018 年刑事诉讼法修改，确立了对贪污贿赂犯罪中在境外的被告人进行缺席审判的程序，关于该程序的说法，正确的是？（2019 年法考客观题回忆版真题，单选）

A. 是控审分离的例外

B. 体现诉讼效率价值

C. 是审判的终局性的例外

D. 是审判的亲历性的例外

［解析］　本题考查缺席审判程序、刑事诉讼价值、刑事审判的特征等。控审分离，是指控诉职能和审判职能必须分别由专门的诉讼主体来承担，而不能把两种职能集中由一个诉讼主体来承担，如果没有法定的控诉主体提起诉讼，承担审判职能的法院就不能主动审判任何案件。法院在进行缺席审判时，依然是以检察院提起公诉为前提。所以，刑事缺席审判依然遵循了控审分离，并非控审分离的例外。故 A 项错误。诉讼效率指诉讼中所投入的司法资源（包括人力、财力、物力等）与案件处理数量的比例。讲求诉讼效率，要求投入一定司法资源处理尽可能多的案件。追求诉讼效率，意味着应当降低诉讼成本，加速诉讼进程，减少案件拖延和积压。缺席审判可以防止诉讼的拖延，让案件能得到尽快地处理，从而实现诉讼效率。故 B 项正确。刑事审判的终局性，是指法院的生效裁判对于案件的解决具有最终决定意义。判决一旦生效，诉讼的任何一方原则上不能要求法院再次审判该案件，其他任何机关也不得对该案重新处理，有关各方都有履行裁判或不妨害裁判执行的义务。法院通过缺席审判程序作出的判决，若未上诉或者抗诉，将会发生法律效力。虽然，在缺席判决生效后，被告人到案并提出异议，法院应重新审判，但

是，这一点并不能否定缺席判决的终局性。故C项错误。刑事审判的亲历性，是指案件的裁判者必须自始至终参与审判，审查所有证据，对案件作出判决须以充分听取控辩双方的意见为前提。在缺席审判中，裁判者也是自始至终参与审判，尽管被告人未参与，但其近亲属、辩护人能发表意见。所以，缺席审判程序能体现亲历性。故D项错误。因此，本题的正确答案为B项。

答案：B

第二十四章 犯罪嫌疑人、被告人逃匿、死亡案件违法所得的没收程序

点评

本章在法律职业资格考试客观题中偶尔考查1道选择题。考生需要重点掌握如下知识点：犯罪嫌疑人、被告人逃匿、死亡案件违法所得的没收程序的适用条件，检察院对没收意见的审查和处理，法院对没收违法所得的申请的审查和处理，法院的管辖和审判组织，没收违法所得的公告与送达，利害关系人的认定及其申请参加诉讼，没收违法所得案件的审理程序，没收违法所得案件的第二审程序，终止没收程序案件的审理，审理过程中启动违法所得没收程序，没收程序案件的审理期限，违法所得没收程序的救济途径等。

1. 甲涉嫌组织、领导黑社会性质组织罪，被公安机关立案侦查，甲逃往美国，公安机关冻结了甲的存款，甲的前妻乙对银行卡内的存款权属提出了异议。检察院对甲提出违法所得没收申请。下列关于该案的说法，正确的是？（2023年法考客观题回忆版真题，不定选）

A. 法院作出没收裁定，乙可以上诉

B. 因为乙提出异议，法院在审理中，通知乙出庭说明情况

C. 乙须提供证据证明该财产属于合法

D. 乙有权提起附带民事诉讼

［解析］ 本题考查犯罪嫌疑人、被告人逃匿、死亡案件违法所得的没收程序。《刑事诉讼法》第300条规定：“人民法院经审理，对经查证属于违法所得及其他涉案财产，除依法返还被害人的以外，应当裁定予以没收；对不属于应当追缴的财产的，应当裁定驳回申请，解除查封、扣押、冻结措施。对于人民法院依照前款规定作出的裁定，犯罪嫌疑人、被告人的近亲属和其他利害关系人或者人民检察院可以提出上诉、抗诉。”本案中，乙作为利害关系人，对法院作出的没收裁定，可以上诉。故A项正确。依据《高法解释》第619、620条的规定，法院应当通知利害关系人参加没收违法所得案件的审理。故B项正确。《高法解释》第617条第1款规定：“犯罪嫌疑人、被告人的近亲属和其他利害关系人申请参加诉讼的，应当在公告期间内提出。犯罪嫌疑人、被告人的近亲属应当提供其与犯罪嫌疑人、被告人关系的证明材料，其他利害关系人应当提供证明其对违法所得及其他涉案财产主张权利的证据材料。”故C项正确。本案不属于附带民事诉讼的赔偿范围，乙不能提起附带民事诉讼。故D项错误。

答案：ABC

2. 甲、乙、丙、丁为了通过网络赌博盈利，从境外向境内一浏览器植入木马病毒，使得浏览器中对其赌博网站搜索命中率提高，后被发现，甲、乙、丙被抓，丁于境外在逃。甲、

乙、丙被检察院提起公诉。下列关于该案诉讼程序的说法，正确的是？（2023 年法考客观题回忆版真题，不定选）

A. 对丁通缉 1 年仍未抓捕归案，检察院可向法院提出没收违法所得的申请

B. 公安部可以商最高人民检察院和最高人民法院指定侦查管辖

C. 该案的计算机病毒无法直接展示的，检察院应当附电子数据属性、功能等情况的说明

D. 甲不接受检察院提出的量刑建议，乙、丙认罪认罚，可以不签署认罪认罚具结书

［解析］ 本题考查违法所得没收程序适用的案件范围、网络犯罪案件的管辖、电子数据的收集和提取、认罪认罚从宽制度。《刑事诉讼法》第 298 条第 1 款规定：“对于贪污贿赂犯罪、恐怖活动犯罪等重大犯罪案件，犯罪嫌疑人、被告人逃匿，在通缉一年后不能到案，或者犯罪嫌疑人、被告人死亡，依照刑法规定应当追缴其违法所得及其他涉案财产的，人民检察院可以向人民法院提出没收违法所得的申请。”本题中的甲、乙、丙涉嫌非法控制计算机信息系统罪，不属于可以适用违法所得没收程序的案件范围，故 A 项不正确。《关于办理信息网络犯罪案件适用刑事诉讼程序若干问题的意见》第 8 条规定：“对于具有特殊情况，跨省（自治区、直辖市）指定异地公安机关侦查更有利于查清犯罪事实、保证案件公正处理的重大信息网络犯罪案件，以及在境外实施的信息网络犯罪案件，公安部可以商最高人民检察院和最高人民法院指定侦查管辖。”本案属于在境外实施的信息网络犯罪案件，公安部可以商最高人民检察院和最高人民法院指定侦查管辖。B 项正确。《关于办理刑事案件收集提取和审查判断电子数据若干问题的规定》第 19 条第 1 款规定：“对侵入、非法控制计算机信息系统的程序、工具以及计算机病毒等无法直接展示的电子数据，应当附电子数据属性、功能等情况的说明。”故 C 项正确。《刑事诉讼法》第 174 条规定：“犯罪嫌疑人自愿认罪，同意量刑建议和程序适用的，应当在辩护人或者值班律师在场的情况下签署认罪认罚具结书。犯罪嫌疑人认罪认罚，有下列情形之一的，不需要签署认罪认罚具结书：（一）犯罪嫌疑人是盲、聋、哑人，或者是尚未完全丧失辨认或者控制自己行为能力的精神病人的；（二）未成年犯罪嫌疑人的法定代理人、辩护人对未成年人认罪认罚有异议的；（三）其他不需要签署认罪认罚具结书的情形。”本题 D 项不属于不签署认罪认罚具结书的情形，乙和丙应签署认罪认罚具结书。该项错误。

答案：BC

3. 下列关于刑事诉讼程序的说法，正确的是？（2022 年法考延考客观题回忆版真题，不定选）

A. 甲涉嫌挪用公款罪，逃往境外，对甲通缉 6 个月不能到案，检察院可对甲向法院提出违法所得没收的申请

B. 乙涉嫌受贿罪，在审查起诉中乙死亡，检察院对其决定不起诉，直接将其违法所得上缴国库

C. 丙公司涉嫌走私普通货物罪，该公司的总经理丁也被追究刑事责任，在开庭时，丙公司的诉讼代表人与其辩护人并列坐在审判台前左侧

D. 在 C 项的案件中，丙公司若合并到戊公司中，被告单位变更为戊公司

［解析］ 本题考查违法所得没收程序、单位犯罪案件审理程序。《刑事诉讼法》第 298 条第 1 款规定：“对于贪污贿赂犯罪、恐怖活动犯罪等重大犯罪案件，犯罪嫌疑人、被告人逃匿，在通缉一年后不能到案，或者犯罪嫌疑人、被告人死亡，依照刑法规定应当追缴其违法所得及其他涉案财产的，人民检察院可以向人民法院提出没收违法所得的申请。”本题 A 项的错误在于，对通缉“1 年”而不是

“6个月”不能到案，检察院可以提出没收申请。B项的错误在于，检察院不能直接决定将违法所得上缴国库，只有依据法院的生效裁判，才能将违法所得上缴国库。

《高法解释》第338条规定：“被告单位的诉讼代表人享有刑事诉讼法规定的有关被告人的诉讼权利。开庭时，诉讼代表人席位置于审判台前左侧，与辩护人席并列。”故C项正确。《高法解释》第345条规定：“审判期间，被告单位合并、分立的，应当将原单位列为被告单位，并注明合并、分立情况。对被告单位所判处的罚金以其在新单位的财产及收益为限。”本题D项的错误在于，被告单位依然是丙公司，而不是变更为戊公司。

答案：C

4. 张某涉嫌电信诈骗，逃往境外，A市检察院向A市中级法院提出没收违法所得的申请，张某的丈夫杨某申请参加诉讼，法院在开庭审理时，杨某擅自退庭。法院裁定没收张某的50万元违法所得，杨某上诉。在二审中，利害关系人廖某向法院申请参加诉讼。二审法院裁定维持原裁定，在裁定生效后，张某到案，A市检察院对张某的诈骗罪向A市中级法院提起公诉。下列关于该案，正确的说法是？（2022年法考客观题回忆版真题，不定选）

A. 二审法院查明廖某因病而未参加一审，应当准许，并撤销原裁定，发回重审

B. 杨某擅自退庭，法院可将该案转为不开庭审理

C. 检察院应提供证据证明申请没收的财产属于违法所得或涉案财产

D. 张某到案后，法院审理张某诈骗案时，应另行组成合议庭

［解析］ 本题考查违法所得没收程序。《高法解释》第624条规定：“利害关系人非因故意或者重大过失在第一审期间未参加诉讼，在第二审期间申请参加诉讼的，人民法院应当准许，并撤销原裁定，发回原审人民法院重新审判。”本题A项中廖某因病而不是因故意或者重大过失未参加一审，其在二审中申请参加诉讼，二审法院应当准许，并撤销原裁定，发回原审法院重新审判。故A项正确。

《高法解释》第620条第2款规定：“利害关系人接到通知后无正当理由拒不到庭，或者未经法庭许可中途退庭的，可以转为不开庭审理，但还有其他利害关系人参加诉讼的除外。”本题中，杨某擅自退庭，法院可将该案转为不开庭审理。故B项正确。

《高检规则》第529条第1款规定：“人民法院对没收违法所得的申请进行审理，人民检察院应当承担举证责任。”故检察院应提供证据证明申请没收的财产属于违法所得或涉案财产。C项正确。

《高法解释》第628条第1款规定：“没收违法所得裁定生效后，犯罪嫌疑人、被告人到案并对没收裁定提出异议，人民检察院向原作出裁定的人民法院提起公诉的，可以由同一审判组织审理。”本题D项中，法院审理张某诈骗案时，不是应当另行组成合议庭。该项不正确。

因此，本题的正确答案为A、B、C三项。

答案：ABC

5. 聋哑人周某涉嫌盗窃罗某的财物，被检察院批捕。下列关于该案程序的表述，正确的是？（2021年法考福建延考客观题回忆版真题，不定选）

A. 周某的母亲可以为周某提供翻译

B. 周某的父亲经周某同意，可以代为与罗某和解

C. 罗某可以提起附带民事诉讼

D. 若周某在审理中死亡，检察院可向法院提出没收违法所得申请

［解析］ 本题考查翻译人员、当事人和解的公诉案件诉讼程序、附带民事赔偿范围、

违法所得没收程序。《刑事诉讼法》第29条规定："审判人员、检察人员、侦查人员有下列情形之一的，应当自行回避，当事人及其法定代理人也有权要求他们回避：（一）是本案的当事人或者是当事人的近亲属的；（二）本人或者他的近亲属和本案有利害关系的；（三）担任过本案的证人、鉴定人、辩护人、诉讼代理人的；（四）与本案当事人有其他关系，可能影响公正处理案件的。"《刑事诉讼法》第32条第1款规定："本章关于回避的规定适用于书记员、翻译人员和鉴定人。"由此可见，翻译人员属于回避的对象，周某的母亲是周某的近亲属，不得为周某提供翻译。故A项不正确。《高法解释》第589条第1款规定："被告人的近亲属经被告人同意，可以代为和解。"B项中周某的父亲是周某的近亲属，其经周某同意，可代为与罗某和解。故B项正确。《高法解释》第176条规定，被告人非法占有、处置被害人财产的，应当依法予以追缴或者责令退赔。被害人提起附带民事诉讼的，法院不予受理。本题中周某涉嫌盗窃罪，属于非法占有、处置被害人财产的犯罪，被害人罗某不能提起附带民事诉讼，故C项不正确。《高法解释》第611条规定："犯罪嫌疑人、被告人死亡，依照刑法规定应当追缴其违法所得及其他涉案财产，人民检察院提出没收违法所得申请的，人民法院应当依法受理。"故D项正确。综上，本题的正确答案为B、D两项。

答案：BD

6. 王某涉嫌受贿490万元，被A省B市监察委员会立案调查，王某潜逃美国。B市监察委员会向B市检察院提出没收违法所得意见书，下列关于该案程序的表述，正确的是？（2020年法考客观题回忆版真题，多选）

A. 检察院审查时认为王某受贿的犯罪事实清楚，证据确实、充分，向法院提起公诉，要求法院对王某缺席审判

B. B市监察委员会在调查期间可决定对王某限制出境，交公安机关执行

C. 若法院适用违法所得没收程序审理中，王某的妻子刘某在诉讼中提出一部分涉案财产是婚前自己的财产，刘某只需要承担提供证据的责任，而不需要承担说服责任和结果责任

D. 若法院适用违法所得没收程序审理中，王某的妻子刘某申请参加诉讼，需要提供夫妻关系证明

［解析］ 本题考查违法所得没收程序、缺席审判、监察机关的调查。依据《高检规则》第523条第1款的规定："人民检察院应当在接到监察机关或者公安机关移送的没收违法所得意见书后三十日以内作出是否提出没收违法所得申请的决定。三十日以内不能作出决定的，可以延长十五日。"可见，本题A项中，检察院对于监察机关提出的没收违法所得意见书审查后，不得提出缺席审判的请求。该项错误。依据《监察法》第30条的规定，监察机关为防止被调查人及相关人员逃匿境外，经省级以上监察机关批准，可以对被调查人及相关人员采取限制出境措施，由公安机关依法执行。本题B项的错误在于，B市监察委员会无权决定限制出境，应由省级以上监察机关批准。《关于适用犯罪嫌疑人、被告人逃匿、死亡案件违法所得没收程序若干问题的规定》第15条第3款规定："利害关系人及其诉讼代理人对申请没收的财产属于违法所得及其他涉案财产等相关事实及证据有异议的，可以提出意见；对申请没收的财产主张权利的，应当出示相关证据。"本题C项中，王某的妻子刘某是利害关系人，其对申请没收的财产主张权利，应当出示相关证据，此处是承担提供证据的责任，而不需要承担说服责任和结果责任。故C项正确。《关于适用犯罪嫌疑人、被告人逃匿、死亡案件违法所得没收程序若干问题的规定》第13条第1款规定："利害关系人申请参加诉讼的，应当在公告期间内提出，并提供与犯罪

嫌疑人、被告人关系的证明材料或者证明其可以对违法所得及其他涉案财产主张权利的证据材料。”本题 D 项中刘某作为利害关系人，其申请参加诉讼，应提供其与王某的夫妻关系证明，该项正确。

答案：CD

7. 张某用贪污的公款购买房产数套，其被 A 市监察委员会立案调查，在调查期间，张某潜逃泰国，下列关于该案办理程序的表述，正确的是？（2020 年法考客观题回忆版真题，多选）

A. A 市监察委员会应报省级监察委员会决定通缉张某，公安部发布通缉令

B. A 市监察委员会认为有必要继续调查的，经省级以上监察机关批准，应当继续调查并作出结论

C. 对张某用贪污的公款购买的房产，A 市监察委员会可提出违法所得没收申请

D. 对张某进行缺席审判，A 市中级法院应向张某送达起诉书副本和传票

［解析］　本题考查监察机关的调查、违法所得没收程序和缺席审判。《监察法》第 29 条规定：“依法应当留置的被调查人如果在逃，监察机关可以决定在本行政区域内通缉，由公安机关发布通缉令，追捕归案。通缉范围超出本行政区域的，应当报请有权决定的上级监察机关决定。”本题中，张某潜逃泰国，不能由省级监察委员会决定通缉张某，应当报国家监察委员会决定通缉张某。故 A 项不正确。《监察法》第 48 条规定：“监察机关在调查贪污贿赂、失职渎职等职务犯罪案件过程中，被调查人逃匿或者死亡，有必要继续调查的，经省级以上监察机关批准，应当继续调查并作出结论。被调查人逃匿，在通缉一年后不能到案，或者死亡的，由监察机关提请人民检察院依照法定程序，向人民法院提出没收违法所得的申请。”本题 B 项正确，C 项的错误在于，不是 A 市监察委员会，而是 A 市检察院向 A 市中级法院提出违法所得没收申请。《刑事诉讼法》第 292 条规定，对境外的被告人缺席审判，法院应当通过有关国际条约规定的或者外交途径提出的司法协助方式，或者被告人所在地法律允许的其他方式，将传票和检察院的起诉书副本送达被告人。适用此法条可知，D 项表述正确。

答案：BD

8. 张某涉嫌贪污罪和滥用职权罪被 K 市监察委员会移送检察院审查起诉时，对其取保候审，在取保候审期间，逃往国外，下列不正确的说法是？（2019 年法考客观题回忆版真题，不定选）

A. 保证人未尽责任，对保证人的罚款由检察院决定

B. 对张某的贪污罪和滥用职权罪，均可缺席审判

C. 通缉 6 个月后未到案，可以启动违法所得没收程序

D. K 市监察委员会报主管领导决定对张某在全国范围内通缉

［解析］　本题考查取保候审、缺席审判、违法所得没收程序和通缉。《六机关规定》第 14 条规定：“对取保候审保证人是否履行了保证义务，由公安机关认定，对保证人的罚款决定，也由公安机关作出。”本题 A 项的错误在于，对保证人的罚款不是由检察院而是由公安机关决定。《刑事诉讼法》第 291 条第 1 款规定：“对于贪污贿赂犯罪案件，以及需要及时进行审判，经最高人民检察院核准的严重危害国家安全犯罪、恐怖活动犯罪案件，犯罪嫌疑人、被告人在境外，监察机关、公安机关移送起诉，人民检察院认为犯罪事实已经查清，证据确实、充分，依法应当追究刑事责任的，可以向人民法院提起公诉。人民法院进行审查后，对于起诉书中有明确的指控犯罪事实，符合缺席审判程序适用条件的，应当决定开庭审

判。”本题B项中的贪污罪属于此条中的“贪污贿赂犯罪案件”，可以缺席审判，但是，滥用职权罪不属于此条中的“贪污贿赂犯罪案件”，不能缺席审判，故B项错误。《刑事诉讼法》第298条第1款规定：“对于贪污贿赂犯罪、恐怖活动犯罪等重大犯罪案件，犯罪嫌疑人、被告人逃匿，在通缉一年后不能到案，或者犯罪嫌疑人、被告人死亡，依照刑法规定应当追缴其违法所得及其他涉案财产的，人民检察院可以向人民法院提出没收违法所得的申请。”本题C项中的“通缉6个月”是错误的，应当在通缉1年后未到案，才能启动违法所得没收程序。故C项错误。《监察法》第29条规定：“依法应当留置的被调查人如果在逃，监察机关可以决定在本行政区域内通缉，由公安机关发布通缉令，追捕归案。通缉范围超出本行政区域的，应当报请有权决定的上级监察机关决定。”本题D项的错误在于，不是“报主管领导决定”而是“报有权决定的上级监察机关”决定在全国范围内通缉。本题的正确答案为A、B、C、D四项。

答案：ABCD

9. 李某（女）家住甲市，系该市某国有公司会计，涉嫌贪污公款500余万元，被甲市监察委立案调查后提起公诉，甲市中级法院受理该案后，李某脱逃，下落不明。关于李某脱逃后的诉讼程序，下列选项正确的是？（不定选）

A. 李某脱逃后，法院可中止审理

B. 在通缉李某1年不到案后，甲市检察院可向甲市中级法院提出没收李某违法所得的申请

C. 李某的近亲属只能在6个月的公告期内申请参加诉讼

D. 在审理没收违法所得的案件过程中，李某被抓捕归案的，法院应裁定终止审理

［解析］ 本题考查中止审理和违法所得没收程序。《刑事诉讼法》第206条规定，在审判过程中，有下列情形之一，致使案件在较长时间内无法继续审理的，可以中止审理：（1）被告人患有严重疾病，无法出庭的；（2）被告人脱逃的；（3）自诉人患有严重疾病，无法出庭，未委托诉讼代理人出庭的；（4）由于不能抗拒的原因。本题A项中“李某脱逃”属于该条第（二）项的情形，法院可以中止审理。故A项正确。

《刑事诉讼法》第298条第1款规定：“对于贪污贿赂犯罪、恐怖活动犯罪等重大犯罪案件，犯罪嫌疑人、被告人逃匿，在通缉一年后不能到案，或者犯罪嫌疑人、被告人死亡，依照刑法规定应当追缴其违法所得及其他涉案财产的，人民检察院可以向人民法院提出没收违法所得的申请。”而且，依据《刑事诉讼法》第299条第1款的规定，没收违法所得案件由中级法院进行审理。故B项正确。

《高法解释》第617条第3款规定：“利害关系人在公告期满后申请参加诉讼，能够合理说明理由的，人民法院应当准许。”这就意味着李某的近亲属作为利害关系人在公告6个月期满后，也可能申请参加诉讼。故C项错误。

《高法解释》第625条规定，在审理申请没收违法所得的案件过程中，在逃的犯罪嫌疑人、被告人到案的，法院应当裁定终止审理。故D项正确。

答案：ABD

10. A市原副市长马某，涉嫌收受贿赂2000余万元。为保证公正审判，上级法院指令与本案无关的B市中级法院一审。B市中级法院受理此案后，马某突发心脏病不治身亡。关于此案处理，下列哪一选项是错误的？（2014/2/41，单选）

A. 应当由法院作出终止审理的裁定，再由检察院提出没收违法所得的申请

B. 应当由B市中级法院的同一审判组织对是否没收违法所得继续进行审理

C. 如裁定没收违法所得，而马某妻子不服的，可在5日内提出上诉

D. 如裁定没收违法所得，而其他利害关系人不服的，有权上诉

[解析] 《高检规则》第528条第2款规定：“在人民法院审理案件过程中，被告人死亡而裁定终止审理，或者被告人脱逃而裁定中止审理，人民检察院可以依法另行向人民法院提出没收违法所得的申请。”《高法解释》第626条规定：“在审理案件过程中，被告人脱逃或者死亡，符合刑事诉讼法第二百九十八条第一款规定的，人民检察院可以向人民法院提出没收违法所得的申请；符合刑事诉讼法第二百九十一条第一款规定的，人民检察院可以按照缺席审判程序向人民法院提起公诉。人民检察院向原受理案件的人民法院提出没收违法所得申请的，可以由同一审判组织审理。”本题中，A项正确，B项的错误在于，不是“应当”而是“可以”由B市中级法院的同一审判组织对是否没收违法所得继续进行审理。

《高法解释》第622条规定，对没收违法所得或者驳回申请的裁定，犯罪嫌疑人、被告人的近亲属和其他利害关系人或者检察院可以在5日以内提出上诉、抗诉。故C、D两项表述正确。本题的正确答案为B项。

答案：B

11. 关于犯罪嫌疑人、被告人逃匿、死亡案件违法所得的没收程序，下列哪一说法是正确的？（2012/2/38，单选）

A. 贪污贿赂犯罪案件的犯罪嫌疑人潜逃，通缉1年后不能到案的，依照《刑法》规定应当追缴其违法所得及其他涉案财产的，公安机关可以向法院提出没收违法所得的申请

B. 在A选项所列情形下，检察院可以向法院提出没收违法所得的申请

C. 没收违法所得及其他涉案财产的申请，由犯罪地的基层法院组成合议庭进行审理

D. 没收违法所得案件审理中，在逃犯罪嫌疑人被抓获的，法院应当中止审理

[解析] 《刑事诉讼法》第298条第1、2款规定：“对于贪污贿赂犯罪、恐怖活动犯罪等重大犯罪案件，犯罪嫌疑人、被告人逃匿，在通缉一年后不能到案，或者犯罪嫌疑人、被告人死亡，依照刑法规定应当追缴其违法所得及其他涉案财产的，人民检察院可以向人民法院提出没收违法所得的申请。公安机关认为有前款规定情形的，应当写出没收违法所得意见书，移送人民检察院。”本题中，公安机关无权提出没收违法所得的申请，只能由检察院提出没收违法所得的申请。故A项错误，B项正确。

《刑事诉讼法》第299条第1款规定：“没收违法所得的申请，由犯罪地或者犯罪嫌疑人、被告人居住地的中级人民法院组成合议庭进行审理。”故C项的错误有两处：一是，不仅“犯罪地”的法院有管辖权，犯罪嫌疑人、被告人居住地的法院也有管辖权；二是，不是“基层法院”而是“中级法院”有管辖权。

《刑事诉讼法》第301条第1款规定：“在审理过程中，在逃的犯罪嫌疑人、被告人自动投案或者被抓获的，人民法院应当终止审理。”故D项的错误在于，不是“中止审理”，而是“终止审理”。

答案：B

第二十五章　依法不负刑事责任的精神病人的强制医疗程序

点评

本章在法律职业资格考试客观题中一般考查1道选择题。考生需要重点掌握如下知识点：依法不负刑事责任的精神病人的强制医疗程序的适用条件、启动程序、决定程序、救济程序、交付执行、解除程序、检察监督等。考生应注意2021年《高法解释》对依法不负刑事责任的精神病人的强制医疗程序的修改之处。

1. 顾某殴打王某，致王某轻伤，检察院对顾某提起公诉，王某对顾某提起附带民事诉讼，经鉴定，顾某属于依法不负刑事责任的精神病人，法院对该案适用强制医疗程序审理。下列关于审理程序说法，正确的是？（2023年法考客观题回忆版真题，单选）

A. 启动强制医疗程序后，顾某的身份从被告人转为被申请人

B. 启动强制医疗程序后，合议庭成员先宣读对顾某的鉴定意见，说明顾某可能符合强制医疗的条件

C. 启动强制医疗程序前，法院应告知王某另行提起民事诉讼

D. 启动强制医疗程序前，法院判决宣告顾某不负刑事责任

［解析］　本题考查强制医疗程序。A项中，法院启动强制医疗程序后，顾某的身份无须从被告人转为被申请人。故A项错误。《高法解释》第638条规定："第一审人民法院在审理刑事案件过程中，发现被告人可能符合强制医疗条件的，应当依照法定程序对被告人进行法医精神病鉴定。经鉴定，被告人属于依法不负刑事责任的精神病人的，应当适用强制医疗程序，对案件进行审理。开庭审理前款规定的案件，应当先由合议庭组成人员宣读对被告人的法医精神病鉴定意见，说明被告人可能符合强制医疗的条件，后依次由公诉人和被告人的法定代理人、诉讼代理人发表意见。经审判长许可，公诉人和被告人的法定代理人、诉讼代理人可以进行辩论。"故B项正确。《高法解释》第175条第1款规定："被害人因人身权利受到犯罪侵犯或者财物被犯罪分子毁坏而遭受物质损失的，有权在刑事诉讼过程中提起附带民事诉讼；被害人死亡或者丧失行为能力的，其法定代理人、近亲属有权提起附带民事诉讼。"本题C项中，在强制医疗程序中，被害人王某的人身权利遭受侵害，王某可以提起附带民事诉讼，无须另行提起民事诉讼。故C项错误。《高法解释》第639条规定："对前条规定的案件，人民法院审理后，应当按照下列情形分别处理：（一）被告人符合强制医疗条件的，应当判决宣告被告人不负刑事责任，同时作出对被告人强制医疗的决定……"。本案在启动强制医疗程序前，法院无须先判决顾

某不负刑事责任。故 D 项错误。因此，本题的正确答案为 B 项。

答案：B

2. 甲涉嫌故意伤害罪，经鉴定，甲属于依法不负刑事责任的精神病人，检察院对甲向法院提出强制医疗申请。下列关于该案审理程序的说法，正确的是？（2023 年法考客观题回忆版真题，不定选）

A. 法院认为甲符合强制医疗条件，应当判决宣告甲无罪

B. 如果法院开庭审理，检察院可酌情派员出庭

C. 法院认为甲是完全刑事责任能力人，应当作出有罪判决

D. 法院应当通知甲的法定代理人到场

［解析］ 本题考查强制医疗程序。《高法解释》第 637 条规定："对申请强制医疗的案件，人民法院审理后，应当按照下列情形分别处理：（一）符合刑事诉讼法第三百零二条规定的强制医疗条件的，应当作出对被申请人强制医疗的决定；（二）被申请人属于依法不负刑事责任的精神病人，但不符合强制医疗条件的，应当作出驳回强制医疗申请的决定；被申请人已经造成危害结果的，应当同时责令其家属或者监护人严加看管和医疗；（三）被申请人具有完全或者部分刑事责任能力，依法应当追究刑事责任的，应当作出驳回强制医疗申请的决定，并退回人民检察院依法处理。"本题 A 项的错误在于，不是"应当判决甲无罪"，而是"应当作出对甲强制医疗的决定"。C 项的错误在于，不是"应当作出有罪判决"，而是"应当作出驳回强制医疗申请的决定，并退回检察院依法处理"。《高检规则》第 544 条规定："人民法院对强制医疗案件开庭审理的，人民检察院应当派员出席法庭。"故 B 项表述不正确。《刑事诉讼法》第 304 条第 2 款规定，法院审理强制医疗案件，应当通知被申请人或者被告人的法定代理人到场。故 D 项表述正确。

答案：D

3. 下列关于刑事诉讼程序的说法，正确的是？（2023 年法考客观题回忆版真题，不定选）

A. 第二审法院在审理刑事案件过程中，发现被告人可能符合强制医疗条件的，应当裁定发回原审法院重新审判

B. 法院召开庭前会议，应当通知公诉人、被告人及其辩护人参加

C. 人民陪审员可以参加庭前会议

D. 怀孕的妇女甲因盗窃罪，被判处有期徒刑 10 年，在交付执行前，甲申请监外执行，由法院负责组织对甲进行妊娠检查

［解析］ 本题考查强制医疗程序、庭前会议、监外执行。《高法解释》第 640 条规定："第二审人民法院在审理刑事案件过程中，发现被告人可能符合强制医疗条件的，可以依照强制医疗程序对案件作出处理，也可以裁定发回原审人民法院重新审判。"故 A 项表述的错误在于，不是"应当"而是"可以"裁定发回原审法院重新审判。《高法解释》第 230 条第 2、3 款规定："召开庭前会议应当通知公诉人、辩护人到场。庭前会议准备就非法证据排除了解情况、听取意见，或者准备询问控辩双方对证据材料的意见的，应当通知被告人到场。有多名被告人的案件，可以根据情况确定参加庭前会议的被告人。"由此可见，B 项的错误在于，法院召开庭前会议，不是应当通知被告人参加。C 项的表述是正确的，人民陪审员可以参加庭前会议，但不能主持庭前会议。依据《关于〈中华人民共和国刑事诉讼法〉第二百五十四条第五款、第二百五十七条第二款的解释》（现为第 265 条第 5 款、第 268 条第 2 款）的规定，罪犯在被交付执行前，因有严重疾病、怀孕或者正在哺乳自己婴儿的妇女、生活不能自理的原因，依法提出暂予监外

执行的申请的，有关病情诊断、妊娠检查和生活不能自理的鉴别，由法院负责组织进行。故D项正确。

答案：CD

4. 甲故意伤害乙，经鉴定，甲系精神病人，检察院对甲向法院提出强制医疗申请。下列关于该案适用强制医疗程序的说法，正确的是？（2022年法考延考客观题回忆版真题，多选）

A. 公安机关对该案可以向检察院提出强制医疗意见

B. 法院审理时，应当会见甲

C. 法院作出强制医疗决定，甲的近亲属可以向上一级法院申请复议

D. 甲的近亲属申请解除强制医疗的，可以由法官独任审理

[解析] 本题考查强制医疗程序。《刑事诉讼法》第303条第1、2款规定："根据本章规定对精神病人强制医疗的，由人民法院决定。公安机关发现精神病人符合强制医疗条件的，应当写出强制医疗意见书，移送人民检察院。对于公安机关移送的或者在审查起诉过程中发现的精神病人符合强制医疗条件的，人民检察院应当向人民法院提出强制医疗的申请。人民法院在审理案件过程中发现被告人符合强制医疗条件的，可以作出强制医疗的决定。"本题中，公安机关发现甲符合强制医疗条件，可以向检察院提出强制医疗意见。故A项正确。《高法解释》第635条第2款规定："审理强制医疗案件，应当会见被申请人，听取被害人及其法定代理人的意见。"故B项正确。《刑事诉讼法》第305条第2款规定："被决定强制医疗的人、被害人及其法定代理人、近亲属对强制医疗决定不服的，可以向上一级人民法院申请复议。"本题中，甲的近亲属对强制医疗决定可以向上一级法院申请复议，故C项正确。《高法解释》第647条第1款规定，强制医疗机构提出解除强制医疗意见，或者被强制医疗的人及其近亲属申请解除强制医疗的，法院应当组成合议庭进行审查。故D项的错误在于应当由合议庭进行审查，不能由法官独任审理。因此，本题的正确答案为A、B、C三项。

答案：ABC

5. 下列关于刑事诉讼程序的说法，正确的是？（2022年法考延考客观题回忆版真题，不定选）

A. 警察甲暴力取证案，检察院对该案审查起诉时，认为甲的犯罪情节轻微，可不予处罚，可以退回本院侦查部门，建议撤销案件

B. 乙因故意杀人罪被判处死刑立即执行，乙提出上诉，二审法院开庭审理时，乙申请撤回上诉，法院可准许

C. 丙因生产有毒、有害食品罪被第一审法院判处有期徒刑15年，丙提出上诉，检察院未抗诉，第二审法院改判丙有期徒刑10年，并禁止其在刑罚执行完毕5年之内从事食品加工行业

D. 丁抢劫案，公安机关移送检察院审查起诉，检察院认为丁系精神病人，符合强制医疗条件，对丁决定不起诉，同时向法院提出强制医疗申请

[解析] 本题考查审查起诉后的处理方式、上诉的撤回、上诉不加刑、强制医疗程序。《刑事诉讼法》第177条第2款规定："对于犯罪情节轻微，依照刑法规定不需要判处刑罚或者免除刑罚的，人民检察院可以作出不起诉决定。"故A项的错误在于，检察院对该情形，可以作出不起诉决定，而不能退回本院侦查部门，建议撤销案件。《高法解释》第383条第3款规定："被判处死刑立即执行的被告人提出上诉，在第二审开庭后宣告裁判前申请撤回上诉的，应当不予准许，继续按照上诉案件审理。"本题B项的错误在于，对该情形，法院不能准许撤回上诉。《高法解释》第401条规定："审理被告人或者其法定代理人、辩

护人、近亲属提出上诉的案件，不得对被告人的刑罚作出实质不利的改判，并应当执行下列规定：……（五）原判没有宣告职业禁止、禁止令的，不得增加宣告；原判宣告职业禁止、禁止令的，不得增加内容、延长期限……”本题C项中二审法院增加职业禁止，系违反上诉不加刑原则的表现。该项错误。《高检规则》第543条规定：“在审查起诉中，犯罪嫌疑人经鉴定系依法不负刑事责任的精神病人的，人民检察院应当作出不起诉决定。认为符合刑事诉讼法第三百零二条规定条件的，应当向人民法院提出强制医疗的申请。”故D项的表述正确。

答案：D

6. 甲持匕首刺伤十人，造成多人死亡，A市检察院以故意杀人罪，对甲向A市中级法院提起公诉，A市中级法院在审理时，对甲进行精神病鉴定，确认其患有精神病，认为甲符合强制医疗条件，适用强制医疗程序审理，判决甲不负刑事责任，同时决定强制医疗。下列关于该案程序的说法，正确的是？（2022年法考客观题回忆版真题，不定选）

A. 若甲不服，向上一级法院申请复议，复议期间不停止强制医疗的执行

B. 检察院对该强制医疗决定，可以提出纠正意见

C. 检察院发现甲的强制医疗的医学证明是贿赂医生得来的，应当庭提出意见

D. A市中级法院可以将该强制医疗案件交由下级法院审理

［解析］ 本题考查强制医疗程序。《高法解释》第642条规定：“被决定强制医疗的人、被害人及其法定代理人、近亲属对强制医疗决定不服的，可以自收到决定书第二日起五日以内向上一级人民法院申请复议。复议期间不停止执行强制医疗的决定。”本题A项中，被决定强制医疗的人甲对强制医疗决定可向上一级法院申请复议，复议期间不停止强制医疗的执行。该项正确。

《高检规则》第547条规定：“人民检察院认为人民法院作出的强制医疗决定或者驳回强制医疗申请的决定，具有下列情形之一的，应当在收到决定书副本后二十日以内向人民法院提出纠正意见：（一）据以作出决定的事实不清或者确有错误的；（二）据以作出决定的证据不确实、不充分的；（三）据以作出决定的证据依法应当予以排除的；（四）据以作出决定的主要证据之间存在矛盾的；（五）有确实、充分的证据证明应当决定强制医疗而予以驳回的，或者不应当决定强制医疗而决定强制医疗的；（六）审理过程中严重违反法定诉讼程序，可能影响公正审理和决定的。”故B项中检察院对强制医疗决定的监督方式是正确的。

《高检规则》第548条第1款规定：“人民法院在审理案件过程中发现被告人符合强制医疗条件，适用强制医疗程序对案件进行审理的，人民检察院应当在庭审中发表意见。”故C项的监督方式正确。

《高法解释》第638条第1款规定：“第一审人民法院在审理刑事案件过程中，发现被告人可能符合强制医疗条件的，应当依照法定程序对被告人进行法医精神病鉴定。经鉴定，被告人属于依法不负刑事责任的精神病人的，应当适用强制医疗程序，对案件进行审理。”由此可见，本题中的第一审法院即A市中级法院应当适用强制医疗程序，对案件进行审理，不能交由下级法院审理。D项不正确。

本题的正确答案为A、B、C三项。

答案：ABC

7. 叶某当街砍人，K市检察院经鉴定，确认叶某系精神病人且符合强制医疗条件。下列处理方式不正确的是？（2022年法考客观题回忆版真题，不定选）

A. K市检察院应为叶某通知法律援助机

构指派律师提供法律帮助

B. K市检察院通知公安机关撤销案件

C. K市检察院向K市中级法院提出强制医疗申请

D. K市检察院可以对叶某采取临时性保护约束措施

[解析] 本题考查强制医疗程序。《法律援助法》第28条规定："强制医疗案件的被申请人或者被告人没有委托诉讼代理人的，人民法院应当通知法律援助机构指派律师为其提供法律援助。"由此可见，公安机关和检察院没有义务为强制医疗案件的被申请人或者被告人通知法律援助机构指派律师为其提供法律援助。故A项错误。

《高检规则》第535条规定："强制医疗的申请由被申请人实施暴力行为所在地的基层人民检察院提出；由被申请人居住地的人民检察院提出更为适宜的，可以由被申请人居住地的基层人民检察院提出。"故C项中，K市检察院向K市中级法院提出强制医疗申请，是错误的，应当由基层检察院提出强制医疗申请。B项的错误在于，K市检察院无须通知公安机关撤销案件。

《刑事诉讼法》第303条第3款规定："对实施暴力行为的精神病人，在人民法院决定强制医疗前，公安机关可以采取临时的保护性约束措施。"故D项的错误在于，不是由检察院，而是由公安机关对叶某采取临时的保护性约束措施。

因此，本题的正确答案为A、B、C、D四项。

答案：ABCD

8. 下列关于刑事诉讼程序的说法，不正确的是？(2022年法考客观题回忆版真题，不定选)

A. 罪犯甲在监狱服刑期间将乙殴打成重伤，该案由监狱所在地的检察院立案侦查

B. 林某敲诈勒索案由公安机关移送检察院起诉，检察院审查后发现有证据证明林某不在案发现场，应当将案件退回公安机关，建议公安机关撤销案件

C. 检察院没有抗诉的案件，在二审中检察院无须派员出庭

D. 检察院向法院提出强制医疗申请的，法院应当开庭审理

[解析] 本题考查立案管辖、审查起诉的处理方式、二审程序、强制医疗程序。监狱内的犯罪，由监狱侦查部门负责侦查。A项中的犯罪由监狱立案侦查，而不是检察院立案侦查，因为，检察院在对诉讼活动实行法律监督中发现的司法工作人员利用职权实施的非法拘禁、刑讯逼供、非法搜查等侵犯公民权利、损害司法公正的犯罪，可以由检察院立案侦查。对于公安机关管辖的国家机关工作人员利用职权实施的重大犯罪案件，需要由检察院直接受理的时候，经省级以上检察院决定，可以由检察院立案侦查。因此，A项不正确。

依据《高检规则》第365条第2款的规定，检察院审查起诉时，对于犯罪事实并非犯罪嫌疑人所为，需要重新调查或者侦查的，应当在作出不起诉决定后书面说明理由，将案卷材料退回监察机关或者公安机关并建议重新调查或者侦查。故B项属于此条文中的犯罪事实并非林某所为，需要重新侦查的情形，检察院应当在作出不起诉决定后书面说明理由，将案卷材料退回公安机关并建议重新侦查。该项错误。

《刑事诉讼法》第235条规定，检察院提出抗诉的案件或者第二审法院开庭审理的公诉案件，同级检察院都应当派员出席法庭。由此可知，检察院未抗诉的二审案件，如果二审法院开庭审理，同级检察院也应当派员出席法庭。故C项错误。

《高法解释》第635条第1款规定："审理强制医疗案件，应当组成合议庭，开庭审理。但是，被申请人、被告人的法定代理人请求不

开庭审理，并经人民法院审查同意的除外。”由此可见，D 项的表述有例外，该项不正确。

因此，本题的正确答案为 A、B、C、D 四项。

答案：ABCD

9. 刘某持刀随机砍杀路人致多人伤亡，A 市 B 区法院一审以故意杀人罪，判处刘某有期徒刑 15 年。刘某上诉，A 市中级法院二审时委托鉴定机构鉴定，经鉴定，刘某是不负刑事责任的精神病人。下列关于 A 市中级法院对本案的处理的说法，哪一项是正确的？（2021 年法考客观题回忆版真题，单选）

A. 先判决宣告刘某无罪，再启动强制医疗程序

B. 先裁定终止审理，再启动强制医疗程序

C. 以第一审判决适用法律错误为由，裁定撤销原判，发回重审

D. 直接启动强制医疗程序

［解析］　本题考查二审中发现被告人符合强制医疗的情形的处理。《高法解释》第 640 条规定：“第二审人民法院在审理刑事案件过程中，发现被告人可能符合强制医疗条件的，可以依照强制医疗程序对案件作出处理，也可以裁定发回原审人民法院重新审判。”本题中，D 项的做法符合该法的规定。A 项的错误在于，刘某实施暴力行为，不能对其宣告无罪。B 项的错误在于，本题不属于《刑事诉讼法》第 16 条，《高法解释》第 604、625 条规定的终止审理的情形。按照《刑事诉讼法》第 236 条第 1 款第（二）项的规定，二审法院认为原判决认定事实没有错误，但适用法律有错误，或者量刑不当的，应当改判，不得裁定撤销原判，发回重审，因此，C 项发回重审的理由是错误的。综上，本题的正确答案为 D 项。

答案：D

10. 甲流浪街头，生活无着落，被送往某救助中心。甲因在救助中心杀害乙，被公安机关立案侦查，经鉴定，甲是精神病患者，对甲未找到任何亲属。法院适用强制医疗程序对甲进行审理，下列说法不正确的是？（2021 年法考客观题回忆版真题，不定选）

A. 在审理期间，法院可决定对甲采取临时保护性约束措施

B. 法院对甲决定强制医疗时应确定对其的强制医疗期限

C. 民政部门可指派人员担任甲的诉讼代理人

D. 对甲进行精神病鉴定的医生可担任该案的人民陪审员参与审理

［解析］　本题考查依法不负刑事责任的精神病人的强制医疗程序。《刑事诉讼法》第 303 条第 3 款规定：“对实施暴力行为的精神病人，在人民法院决定强制医疗前，公安机关可以采取临时的保护性约束措施。”本题 A 项的错误在于，不是“法院”而是“公安机关”对甲采取临时保护性约束措施。B 项的错误在于，法院对甲决定强制医疗时无须确定对其的强制医疗期限。《刑事诉讼法》第 304 条第 2 款规定，被申请人或者被告人没有委托诉讼代理人的，法院应当通知法律援助机构指派律师为其提供法律帮助。故 C 项的错误在于，不是“民政部门”而是“法律援助机构”指派律师担任甲的诉讼代理人。《刑事诉讼法》第 29 条规定：“审判人员、检察人员、侦查人员有下列情形之一的，应当自行回避，当事人及其法定代理人也有权要求他们回避：……（三）担任过本案的证人、鉴定人、辩护人、诉讼代理人的……”本题中，对甲进行精神病鉴定的医生参与过对甲的鉴定，其属于回避的对象，不得再参与该案审理，故 D 项错误。综上，本题的正确答案为 A、B、C、D 四项。

答案：ABCD

11. 孙某因精神病发作，用铁锹将高某殴打

成重伤，甲县检察院向甲县法院提出强制医疗申请。下列关于甲县法院审理该案的说法，正确的是？（2018年法考客观题回忆版真题，不定选）

A. 甲县检察院可以对孙某采取临时保护性约束措施

B. 甲县法院在查明案件事实的情况下，可判处孙某故意伤害罪

C. 可由审判员独任审理

D. 判断孙某是否有精神病不能仅依据精神病鉴定意见

［解析］ 本题考查强制医疗程序。《刑事诉讼法》第303条第3款规定："对实施暴力行为的精神病人，在人民法院决定强制医疗前，公安机关可以采取临时的保护性约束措施。"由此可见，本题A项的错误在于，不是由"检察院"，而是由"公安机关"采取临时保护性约束措施。

依据《高法解释》第637条的规定，对申请强制医疗的案件，法院审理后，应当按照下列情形分别处理：(1) 符合《刑事诉讼法》第302条规定的强制医疗条件的，应当作出对被申请人强制医疗的决定；(2) 被申请人属于依法不负刑事责任的精神病人，但不符合强制医疗条件的，应当作出驳回强制医疗申请的决定；被申请人已经造成危害结果的，应当同时责令其家属或者监护人严加看管和医疗；(3) 被申请人具有完全或者部分刑事责任能力，依法应当追究刑事责任的，应当作出驳回强制医疗申请的决定，并退回检察院依法处理。本题B项的错误在于，因为检察院对孙某提出强制医疗申请，故法院不得直接判处孙某故意伤害罪，若认为孙某应当追究刑事责任的，应当作出驳回强制医疗申请的决定，并退回检察院依法处理。

依据《刑事诉讼法》第304条第1款的规定，法院受理强制医疗的申请后，应当组成合议庭进行审理，不能由审判员独任审理。故C项错误。

《刑事诉讼法》第302条规定："实施暴力行为，危害公共安全或者严重危害公民人身安全，经法定程序鉴定依法不负刑事责任的精神病人，有继续危害社会可能的，可以予以强制医疗。"但是，判断被申请人是否有精神病不能仅依据精神病鉴定意见，而应结合案件其他证据综合判断，被申请人是否有精神病。因此，本题D项表述正确。

答案：D

12. 甲在公共场所实施暴力行为，经鉴定为不负刑事责任的精神病人，被县法院决定强制医疗。甲父对决定不服向市中级法院申请复议，市中级法院审理后驳回申请，维持原决定。关于本案处理，下列哪一选项是正确的？(2017/2/41，单选)

A. 复议期间可暂缓执行强制医疗决定，但应采取临时的保护性约束措施

B. 应由公安机关将甲送交强制医疗

C. 强制医疗6个月后，甲父才能申请解除强制医疗

D. 申请解除强制医疗应向市中级法院提出

［解析］ 本题考查强制医疗的执行、临时的保护性约束措施的适用、强制医疗的解除程序。《高法解释》第642条规定，被决定强制医疗的人、被害人及其法定代理人、近亲属对强制医疗决定不服的，可以自收到决定书第二日起五日内向上一级法院申请复议。复议期间不停止执行强制医疗的决定。故A项表述错误。

《高法解释》第641条规定："人民法院决定强制医疗的，应当在作出决定后五日以内，向公安机关送达强制医疗决定书和强制医疗执行通知书，由公安机关将被决定强制医疗的人送交强制医疗。"故B项正确。

《高法解释》第645条规定："被强制医疗的人及其近亲属申请解除强制医疗的，应当

向决定强制医疗的人民法院提出。被强制医疗的人及其近亲属提出的解除强制医疗申请被人民法院驳回，六个月后再次提出申请的，人民法院应当受理。”故C项的错误在于是“解除强制医疗的申请被驳回”6个月后，而不是强制医疗6个月后，再次申请解除强制医疗。D项的错误在于，申请解除强制医疗应向决定强制医疗的法院即县法院而不是市中级法院提出。

本题的正确答案为B项。

答案：B

13. 甲将乙杀害，经鉴定甲系精神病人，检察院申请法院适用强制医疗程序。关于本案，下列哪一选项是正确的？（2016/2/42，单选）

A. 法院审理该案，应当会见甲

B. 甲没有委托诉讼代理人的，法院可通知法律援助机构指派律师担任其诉讼代理人

C. 甲出庭的，应由其法定代理人或诉讼代理人代为发表意见

D. 经审理发现甲具有部分刑事责任能力，依法应当追究刑事责任的，转为普通程序继续审理

［解析］ 本题考查强制医疗案件的审理程序和处理方式。《高法解释》第635条第2款规定：“审理强制医疗案件，应当会见被申请人，听取被害人及其法定代理人的意见。”本题中，检察院申请法院适用强制医疗程序，法院审理该案时，应当会见被申请人甲，故A项正确。

《高法解释》第634条第2款规定：“被申请人或者被告人没有委托诉讼代理人的，应当自受理强制医疗申请或者发现被告人符合强制医疗条件之日起三日以内，通知法律援助机构指派律师担任其诉讼代理人，为其提供法律帮助。”故B项错误在于，不是“可通知”而是“应当通知”法律援助机构指派律师担任甲的诉讼代理人。

《高法解释》第636条第2款规定：“被申请人要求出庭，人民法院经审查其身体和精神状态，认为可以出庭的，应当准许。出庭的被申请人，在法庭调查、辩论阶段，可以发表意见。”本题中，甲出庭的，其可以自己发表意见，而不是应由其法定代理人或诉讼代理人代为发表意见。故C项错误。

《高法解释》第637条规定，对申请强制医疗的案件，法院审理后，应当按照下列情形分别处理：（1）符合《刑事诉讼法》第302条规定的强制医疗条件的，应当作出对被申请人强制医疗的决定；（2）被申请人属于依法不负刑事责任的精神病人，但不符合强制医疗条件的，应当作出驳回强制医疗申请的决定；被申请人已经造成危害结果的，应当同时责令其家属或者监护人严加看管和医疗；（3）被申请人具有完全或者部分刑事责任能力，依法应当追究刑事责任的，应当作出驳回强制医疗申请的决定，并退回检察院依法处理。本题中，检察院申请法院适用强制医疗程序，法院经审理，发现甲具有部分刑事责任能力，依法应当追究刑事责任的，应当作出驳回强制医疗申请的决定，并退回检察院依法处理。故D项表述错误。

综上所述，本题的正确答案为A项。

答案：A

14. 依法不负刑事责任的精神病人的强制医疗程序是一种特别程序。关于其特别之处，下列哪一说法是正确的？（2015/2/42，单选）

A. 不同于普通案件奉行的不告不理原则，法院可未经检察院对案件的起诉或申请而启动这一程序

B. 不同于普通案件审理时被告人必须到庭，可在被申请人不到庭的情况下审理并作出强制医疗的决定

C. 不同于普通案件中的抗诉或上诉，被决定强制医疗的人可通过向上一级法院申请复议启动二审程序

D. 开庭审理时无须区分法庭调查与法庭辩论阶段

[解析] 本题考查强制医疗程序与普通案件诉讼程序的异同点。《刑事诉讼法》第303条第2款规定："公安机关发现精神病人符合强制医疗条件的，应当写出强制医疗意见书，移送人民检察院。对于公安机关移送的或者在审查起诉过程中发现的精神病人符合强制医疗条件的，人民检察院应当向人民法院提出强制医疗的申请。人民法院在审理案件过程中发现被告人符合强制医疗条件的，可以作出强制医疗的决定。"由此可见，虽然法院审理案件时可以主动启动强制医疗程序，但是，法院的审理要以检察院的起诉为前提。因而，该程序依然遵循不告不理原则，故A项错误。

《高法解释》第635条第1款规定："审理强制医疗案件，应当组成合议庭，开庭审理。但是，被申请人、被告人的法定代理人请求不开庭审理，并经人民法院审查同意的除外。"由此可见，若对强制医疗案件不开庭审理，则被申请人无须到庭，故B项正确。

《刑事诉讼法》第305条第2款规定："被决定强制医疗的人、被害人及其法定代理人、近亲属对强制医疗决定不服的，可以向上一级人民法院申请复议。"本题C项的错误在于，被决定强制医疗的人可通过向上一级法院申请复议启动的不是"二审程序"，而是"复议程序"，故C项错误。

《高法解释》第636条第1款规定，开庭审理申请强制医疗的案件，按照下列程序进行：(1) 审判长宣布法庭调查开始后，先由检察员宣读申请书，后由被申请人的法定代理人、诉讼代理人发表意见。(2) 法庭依次就被申请人是否实施了危害公共安全或者严重危害公民人身安全的暴力行为、是否属于依法不负刑事责任的精神病人、是否有继续危害社会的可能进行调查；调查时，先由检察员出示证据，后由被申请人的法定代理人、诉讼代理人出示证据，并进行质证；必要时，可以通知鉴定人出庭对鉴定意见作出说明。(3) 法庭辩论阶段，先由检察员发言，后由被申请人的法定代理人、诉讼代理人发言，并进行辩论。由此可见，强制医疗案件的审理程序，也要区分法庭调查和法庭辩论阶段。故D项错误。

答案：B

15. 公安机关在案件侦查中，发现打砸多辆机动车的犯罪嫌疑人何某神情呆滞，精神恍惚。经鉴定，何某属于依法不负刑事责任的精神病人。关于公安机关对此案的处理，下列哪一选项是正确的？(2013/2/41，单选)

A. 写出强制医疗意见书，移送检察院向法院提出强制医疗申请

B. 撤销案件，将何某交付其亲属并要求其积极治疗

C. 移送强制医疗机构对何某进行诊断评估

D. 何某的亲属没有能力承担监护责任的，可以采取临时的保护性约束措施

[解析] 本题考查依法不负刑事责任的精神病人的强制医疗程序适用的条件。依据《刑事诉讼法》第302条的规定："实施暴力行为，危害公共安全或者严重危害公民人身安全，经法定程序鉴定依法不负刑事责任的精神病人，有继续危害社会可能的，可以予以强制医疗。"本题中，何某的确实施了暴力行为，但是，何某的行为系危害公民财产安全，而非危害公共安全或者严重危害公民人身安全，而且，题干中未提到何某"有继续危害社会可能"，因此，何某不符合强制医疗适用的条件，故公安机关应撤销案件，将何某交付其亲属并要求其积极治疗。本题的正确答案为B项。

答案：B

16. 法院受理叶某涉嫌故意杀害郭某案后，

发现其可能符合强制医疗条件。经鉴定，叶某属于依法不负刑事责任的精神病人，法院审理后判决宣告叶某不负刑事责任，同时作出对叶某强制医疗的决定。关于此案的救济程序，下列哪一选项是错误的？（2013/2/42，单选）

A. 对叶某强制医疗的决定，检察院可以提出纠正意见

B. 叶某的法定代理人可以向上一级法院申请复议

C. 叶某对强制医疗决定可以向上一级法院提出上诉

D. 郭某的近亲属可以向上一级法院申请复议

［解析］　本题考查强制医疗的监督和救济方式。《高检规则》第547条规定，检察院认为法院作出的强制医疗决定或者驳回强制医疗申请的决定，具有下列情形之一的，应当在收到决定书副本后20日以内向法院提出纠正意见：（1）据以作出决定的事实不清或者确有错误的；（2）据以作出决定的证据不确实、不充分的；（3）据以作出决定的证据依法应当予以排除的；（4）据以作出决定的主要证据之间存在矛盾的；（5）有确实、充分的证据证明应当决定强制医疗而予以驳回的，或者不应当决定强制医疗而决定强制医疗的；（6）审理过程中严重违反法定诉讼程序，可能影响公正审理和决定的。故A项正确。依据《刑事诉讼法》第305条第2款的规定：“被决定强制医疗的人、被害人及其法定代理人、近亲属对强制医疗决定不服的，可以向上一级人民法院申请复议。”本题中，叶某是被强制医疗的人、郭某是被害人，那么，叶某及其法定代理人，郭某的近亲属对强制医疗决定不服的，可以向上一级法院申请复议。故B、D两项正确，C项错误。因此，本题的正确答案为C项。

答案：C

17. 犯罪嫌疑人刘某涉嫌故意杀人被公安机关立案侦查。在侦查过程中，侦查人员发现刘某行为异常。经鉴定，刘某属于依法不负刑事责任的精神病人，需要对其实施强制医疗。请回答第（1）~（2）题。（2012/2/95~96，不定选）

（1）关于有权启动强制医疗程序的主体，下列选项正确的是？

A. 公安机关

B. 检察院

C. 法院

D. 刘某的监护人、法定代理人以及受害人

［解析］　本题考查有权启动强制医疗程序的主体。依据《刑事诉讼法》第303条第1、2款的规定：“根据本章规定对精神病人强制医疗的，由人民法院决定。公安机关发现精神病人符合强制医疗条件的，应当写出强制医疗意见书，移送人民检察院。对于公安机关移送的或者在审查起诉过程中发现的精神病人符合强制医疗条件的，人民检察院应当向人民法院提出强制医疗的申请。人民法院在审理案件过程中发现被告人符合强制医疗条件的，可以作出强制医疗的决定。”根据此条规定可知，强制医疗的启动程序可以分为以下两种方式：①检察院的申请启动方式，即对于公安机关移送的或者在审查起诉过程中发现的精神病人符合强制医疗条件的，检察院应当向法院提出强制医疗的申请。②法院的决定启动方式，即法院在审理案件过程中发现被告人符合强制医疗条件的，可以作出强制医疗的决定。上述启动方式确立了检察院和法院强制医疗启动主体的法律地位，从而明确排除了公安机关，精神病人的监护人、法定代理人以及受害人的程序启动权。故本题的正确答案为B、C两项。

答案：BC

（2）法院审理刘某强制医疗一案，下列做法不符合法律规定的是？

A. 由审判员和人民陪审员共3人组成合议庭

B. 鉴于刘某自愿放弃委托诉讼代理人，法院只通知了刘某的法定代理人到场

C. 法院认为刘某符合强制医疗的条件，依法对刘某作出强制医疗的裁定

D. 本案受害人不服法院对刘某强制医疗裁定，可申请检察院依法提起抗诉

［解析］ 本题考查强制医疗的审理程序和救济方式。依据《刑事诉讼法》第304条第1款的规定："人民法院受理强制医疗的申请后，应当组成合议庭进行审理。"《刑事诉讼法》第183条第1款规定："基层人民法院、中级人民法院审判第一审案件，应当由审判员三人或者由审判员和人民陪审员共三人或者七人组成合议庭进行，但是基层人民法院适用简易程序、速裁程序的案件可以由审判员一人独任审判。"因此，法院审理强制医疗案件，可以由审判员和人民陪审员共3人组成合议庭。故A项正确。

依据《刑事诉讼法》第304条第2款的规定："人民法院审理强制医疗案件，应当通知被申请人或者被告人的法定代理人到场。被申请人或者被告人没有委托诉讼代理人的，人民法院应当通知法律援助机构指派律师为其提供法律帮助。"故B项的错误在于，刘某放弃委托诉讼代理人，法院应当通知法院援助机构为其指派律师提供法律帮助。依据《刑事诉讼法》第305条第1款的规定，法院经审理，对于被申请人或者被告人符合强制医疗条件的，应当在1个月以内作出强制医疗的决定。故C项做法的错误在于，不是作出强制医疗的"裁定"，而是作出强制医疗的"决定"。

依据《刑事诉讼法》第305条第2款的规定："被决定强制医疗的人、被害人及其法定代理人、近亲属对强制医疗决定不服的，可以向上一级人民法院申请复议。"被害人无权对强制医疗决定申请检察院抗诉，故D项做法不符合法律规定。

因此，本题的正确答案为B、C、D三项。

答案：BCD

答案速查表

第一章

1. ABD	2. D	3. ACD	4. C	5. BC	6. D	7. B	8. C	9. ABC
10. D	11. B	12. A	13. A	14. C	15. ABC	16. D	17. D	

第二章

1. B	2. B	3. A	4. ABD	5. BCD	6. CD	7. AB	8. ABC
9. ACD	10. AB	11. ABD	12. B	13. C	14. ABCD	15. ABCD	16. BCD

第三章

1. ABCD	2. ABCD	3. ABC	4. A	5. CD	6. AB（原答案为 ABC）
7. D	8. ACD	9. AB	10. BCD	11. BD	12. D

第四章

1. BCD	2. A	3. C	4. ABCD	5. BC	6. CD	7. A（原答案为 D）	
8. C	9. ABCD	10. B	11. D	12. C	13. C	14. B	15. BCD
16. BD	17. ABC	18. BC					

第五章

1. B	2. B	3. AB	4. BD	5. ABCD	6. C	7. 无答案（原答案为 D）
8. D	9. C					

第六章

1. ACD	2. B	3. AD	4. D	5. A	6. BC	7. CD	8. BD
9. D	10. A	11. D	12. C	13. B	14. AD	15. AC	16. BCD
17. ABCD	18. D	19. A	20. B	21. A	22. B	23. ACD	24. BD
25. ABCD	26. D	27. B（原答案为 A）					

第七章

1. D	2. C	3. A	4. ABCD	5. ABD	6. ACD	7. CD	8. CD
9. CD	10. A	11. C	12. D	13. B	14. D	15. D	16. C
17. B	18. A	19. AD	20. ABC	21. AC	22. B	23. B	24. CD

25. BC	26. B	27. AD	28. D	29. B	30. ABCD	31. AC	32. C
33. D	34. B	35. ACD	36. BC	37. ACD	38. D	39. C	40. ABD
41. AD	42. BD	43. ABD	44. AB	45. AD	46. C	47. ABD	48. D
49. AB	50. ABCD	51. D	52. BD	53. ABC	54. D	55. CD	56. D
57. BC	58. C	59. A	60. BC	61. A	62. AB（原答案为 ABD）		

第八章

1. ABCD	2. ACD	3. ACD	4. D	5. BC	6. B	7. D	8. C
9. A	10. ABD	11. C	12. C	13. B	14. C	15. ABC	16. D
17. B	18. BC	19. CD	20. ABD	21. BCD	22. BC	23. AC	24. C
25. BD	26. ACD	27. C	28. 无答案（原答案为 C）			29. BCD	30. ABCD
31. C	32. ACD	33. BCD	34. BD	35. C			

第九章

1. ABD　2. BC　3. C　4. B　5. D　6. 无答案（原答案为 B）
7. ABCD　8. BD　9. ABCD　10. AC　11. B　12. （1）D（2）B　13. B
14. D（原答案为 BD）

第十章

1. D　2. B　3. C　4. A　5. 无答案（原答案为 D）　6. AB（原答案为 A）
7. ACD

第十一章

1. ACD　2. B　3. C　4. D　5. BC　6. D　7. A

第十二章

1. ABCD	2. ABC	3. BCD	4. D	5. BC	6. BC	7. ABC	8. B
9. A	10. B	11. BCD	12. BD	13. AC	14. AC	15. CD	16. C
17. BD	18. ABCD	19. D	20. ABC	21. BC	22. BCD	23. D	24. ABCD
25. AC	26. BC	27. AB	28. ACD	29. B	30. A	31. BC	32. ABD
33. AC	34. B	35. BC	36. AD	37. B	38. AB	39. B	40. AC
41. ACD	42. （1）ABCD（2）ACD（3）D			43. B	44. CD	45. D	46. D
47. B							

第十三章

1. B	2. AC	3. AB	4. AD	5. AB	6. AC	7. D	8. BC
9. 无答案（原答案为 A）		10. ABCD	11. BD	12. B	13. AC	14. ABD	15. D

16. ACD	17. B	18. BC	19. ABD	20. D	21. AD	22. D	23. D
24. D	25. B	26. D	27. D	28. ABC	29. B（原答案为 BD）		

第十四章

1. B	2. BCD	3. C	4. BD	5. BCD	6. ABD	7. B	8. C
9. B	10. D	11. ABC	12. C	13. C	14. ABC	15. ABD	16. ACD
17. ABCD	18. ABD	19. BCD	20. BCD	21. A	22. D	23. 无答案（原答案为 B）	
24. BC	25. D	26. AD					

第十五章

1. C（原答案为 ABC）　2. B　3. ABC（原答案为 AB）　4. BCD　5. B
6. ACD　7. BC　8. C　9. AC　10. BCD　11. ABD　12. B　13. ACD
14. D　15. A　16. ABC　17. CD　18. ABCD　19. B　20. C　21. ABC
22. 无答案（原答案为 C）　23. ACD　24. 无答案（原答案为 C）　25. B
26. AB　27. ABD　28. B　29. C　30. C　31. ABC　32. ABD　33. BC
34. BD　35. C　36. ABC　37. AC　38. ABCD　39. BC　40. ABCD　41. ACD
42. B　43. AB　44. ABC　45. B　46. BD　47. AB（原答案为 ABD）
48. A　49. B　50. BC　51. ABC　52. BC　53. B　54. AB　55. D
56. B　57. BC　58. AD（原答案为 ABD）　59. ABC（原答案为 BC）
60. BD　61. D　62. AD　63. AD　64. ABC　65. A　66. C　67. A
68. ABC　69. C　70. AD　71. AD　72. BC　73. BCD　74. AD　75. BC
76. C　77.（1）B（2）ABD（3）BC　78. C　79. D　80.（1）AC（2）ABCD（3）CD

第十六章

1. BCD　2. D（原答案为 C）　3. C　4. ABCD　5. ABC　6. A
7. 无答案（原答案为 D）　8. D　9. CD（原答案为 D）　10. AB　11. ACD（原答案为 AC）
12. B　13. D　14. A　15. BC　16. ABC　17. A　18. B　19. AD
20. 无答案（原答案为 B）　21. D　22. C　23. BD　24. A　25. B　26. AD
27. A　28. ABD　29. ACD（原答案为 AD）　30. BC　31. 无答案（原答案为 C）
32. ACD　33. ABD　34. BC

第十七章

1. ABC	2. AD	3. BD	4. D	5. D	6. D	7. ABC	8. D
9. ABC	10. C	11. AC（原答案为 ABCD）			12. ABD	13. B	14. C
15. C							

第十八章

1. ABD	2. ABCD	3. D	4. ABCD	5. CD	6. B	7. BD	8. D
9. AB	10. BC	11. BC	12. BCD	13. D	14. B	15. C（原答案为 B）	

第十九章

1. CD	2. AC	3. ABC	4. D	5. ABC	6. A	7. B	8. C

第二十章

1. B	2. B	3. AC	4. B	5. B	6. A	7. C	8. A
9. BCD	10. C	11. D	12. ACD（原答案为 CD）		13. BD	14. A	15. AD
16. CD	17. ABC	18. ABD	19. D	20. A	21. C	22. ABD	23. A
24. A	25. ABD	26. BD	27. BC	28. AC	29. D	30. ABD	31. AD
32. A	33. B	34. （1） AC （2） ABC					

第二十一章

1. B	2. C	3. AD	4. CD	5. AB	6. ABC	7. AC	8. ABCD
9. AC	10. AC	11. ABC	12. D	13. ACD	14. CD	15. ABC	16. ABCD
17. B	18. C	19. BCD	20. B	21. ABC	22. ABC	23. AB（原答案为 ABD）	
24. AC	25. （1） BCD （2） BC （3） B			26. ABCD	27. B	28. AB	29. AB
30. ABCD	31. 无答案（原答案为 A）						

第二十二章

1. B	2. AD	3. BC	4. C	5. AD	6. A	7. C	8. C
9. C	10. ABC	11. C	12. ABC	13. A	14. AC		

第二十三章

1. C	2. ABC	3. BD	4. C	5. C	6. B		

第二十四章

1. ABC	2. BC	3. C	4. ABC	5. BD	6. CD	7. BD	8. ABCD
9. ABD	10. B	11. B					

第二十五章

1. B	2. D	3. CD	4. ABC	5. D	6. ABC	7. ABCD	8. ABCD
9. D	10. ABCD	11. D	12. B	13. A	14. B	15. B	16. C
17. （1） BC （2） BCD							

瑞达法考直属分校联系方式

北方分校

办公地址：北京市海淀区西三环北路72号世纪经贸大厦B座27层2700

上课地址：天津市武清区新源道18号奥蓝际德商务酒店（园区免费停车）

1. 客服值班电话：400－1660－360转1转1再转1；王老师：17343174185（同微信）杨老师：17812032760（同微信）；2. 北京市面授及网课咨询：闫老师：15910626131（同微信）卜老师：15901252307（同微信）；王老师：17810798753（同微信）；3. 天津市面授及网课咨询：王老师：17810798753（同微信）；4. 河北省面授及网课咨询：卜老师：15901252307（同微信）；5. 辽宁省面授及网课咨询：陈小龙老师：17810632673（同微信）；6. 吉林省面授及网课咨询：陈鸿丰老师：17810712815（同微信）；7. 黑龙江面授及网课咨询：陈鸿丰老师：17810712815（同微信）；8. 内蒙古面授及网课咨询：陈鸿丰老师：17810712815（同微信）；9. 河南省面授及网课咨询：陈小龙老师：17810632673（同微信）；10. 山西省、陕西省咨询：卜老师：15901252307（同微信）；11. 甘肃省、新疆区域咨询：闫老师：15910626131（同微信）；12. 青海省、宁夏区域咨询：杨老师：17812032760（同微信）

南京分校

客服值班电话：4001660360转1转1再转5

江苏、安徽、山东报名咨询：沙老师13812318935；办公地址：南京市鼓楼区新楼花马路66号南邮大厦1714室

上海分校

客服值班电话：4001660360转1转1再转2

1. （市区报名）上海市静安区汉中路158号汉中广场902室；地铁1号线、12号线、13号线汉中路站下。电话：021－52902865、021－52902869、18516307172（微信同号）陈老师、13738188215（微信同号）；2. （大学城报名）上海市松江区三新北路1800弄8号楼3002室（松江大学城六期）；上海海事大学、江西省报名咨询：13052397071（微信同号）余老师；3. 上海政法学院、上海商学院、华东理工、上师大、厦门报名咨询：13052393272（微信同号）陈老师；4. 上大、贤达、金融、衫达、海关、漳州、泉州咨询：13395718787（微信同号）李老师

杭州分校

客服值班电话：4001660360转1转1转4

1. 杭州分校报名咨询：0571－87756276、13738188215（微信同号）；地址：杭州市西湖区文二路195号（靠近教工路）耀江文欣大厦1503室；2. 浙大宁波理工、温州、嘉兴地区：梅老师13738188215（微信同号）；3. 下沙地区、杭州商学院、现科、浙大城院：梅老师13738188215（微信同号）；4. 万里学院、宁波科技学院、浙江工业大学、杭州师范大学：梅老师13738188215（微信同号）；5. 绍兴地区、金华地区、农林大学、警官学院、东方财经、科艺学院：谢老师15168367817（微信同号）

广州分校

客服值班电话：4001660360转1转1再转3

广州地址：广州市天河区广州大道北613号城光大厦700A－B

咨询热线：020－62875806　手机：17688466828

乘车路线：地铁天号线平架A出口（南洋长胜酒店方向）；公交：兴华路口站

1. 广技师、五邑大学、新华学院（林老师）：16624710323；2. 广外、广大、广警、北理、北师（李老师）：18124065249；3. 广海、岭师、广油、华农、中山电子（林华老师）：13922309460；4. 广应科、培正、华师（柳老师）：13602889765；5. 韶关学院、广东工业大学、广东财经大学、广州商学院、嘉应学院、惠州学院、肇庆学院、东莞理工学院城市学院（张老师）：18620087770

深圳分校

客服值班电话：4001660360转1转1再转6

深圳地址：深圳市福田区深南中路2016号兴华大厦B座829

咨询热线：0755－23964781，手机：13316856786

乘车路线：地铁科学馆站B口出前行150米

深圳大学、海南三亚学院、海南大学咨询：13311520165（王老师）

法考 免费课程听课流程

电脑听课流程

① 通过浏览器输入瑞达法考的网址进行搜索，进入瑞达法考官网首页。

https://www.ruidaedu.com

② 进入首页后向下滑动找到 “热门课程” 点击课程即可观看。

（提示：这里展现的是近期最新部分课程，观看更多请点击右边“更多精彩课程”进行观看）

③ 进入首页后，点击导航条上的 “免费课堂” 再点击课程即可观看。

（提示：您也可以根据专业/讲师/阶段/年份来找到对应课程进行观看）

首页 免费课堂 配套教材 瑞达讲师 面授班次 加盟分校 瑞达e学 最新资讯

APP手机听课流程（提示：图书封底扫二维码下载“瑞达法考APP”）

进入“瑞达法考APP”首页—公开课—点击课程—去学习—就可以听课啦！

（提示：没有注册的瑞宝请先进入“瑞达法考APP”我的—注册/登录—登录账号）

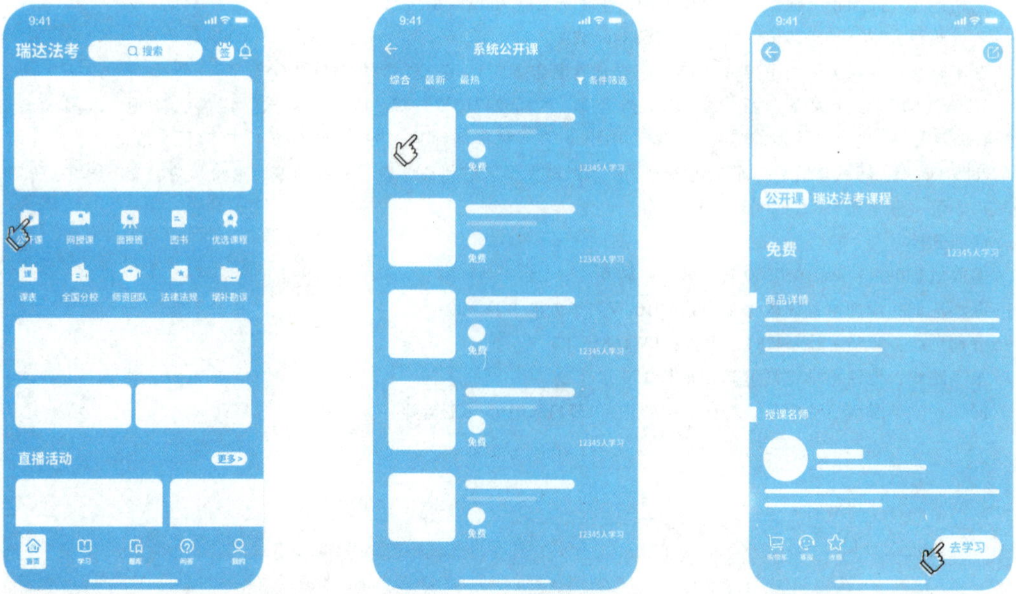